SCHWEDEN

**VERLAG
MARTIN
VELBINGER**

Hauptstr.. 4o 82229 Seefeld bei München

Dieses vorliegende Buch erscheint als BAND 18 einer Reihe unkonventioneller Reiseführer im VERLAG MARTIN VELBINGER:

SÜDOST - EUROPA		**SÜDWEST - EUROPA**		Bd. 5o	Dänemark
Bd. o4	Griechenland/ Gesamt	Bd. o5	Portugal/Azoren/Madeira	**STÄDTEFÜHRER**	
Bd. 3o	Griechenland/ Kykladen	**WEST - EUROPA**		Bd. o7	Paris
Bd. 32	Griechenland/ Dodekanes	Bd. 25	Bretagne/ Normandie/ Kanalinseln	Bd. 1o	Wien
Bd. 31	Griechenland/ Peloponnes	Bd. 26	Franz. Atlantikküste/Loire	**AMERIKA**	
Bd. 35	Ungarn	Bd. 24	Irland	Bd. 53	USA/Westküste Kalifornien
		Bd. 17	Schottland	Bd. 54	USA/ Der Nordwesten Oregon, Washington
SÜD - EUROPA		Bd. 27	Südengland		
Bd. 11	Toscana/Elba	Bd. 57	Wales		
Bd. 15	Golf von Neapel/ Campanien			Bd. 58	USA/ Der Südwesten
Bd. 12	Süditalien	**NORD - EUROPA**		Bd. o3	Mexiko
Bd. 14	Sardinien	Bd. 18	Schweden	Bd. 36	Chile/Antarktis
Bd. 23	Sizilien/Eol.Inseln	Bd. 19	Norwegen/ Süd-Mitte	**NAHER OSTEN/ AFRIKA**	
Bd. o6	Südfrankreich	Bd. 28	Norwegen/ Nord		
Bd. 46	Côte d'Azur/ Provence	Bd. 29	Finnland	Bd. 44	Togo
Bd. 13	Korsika			Bd. 51	Marokko

Weitere Titel in Vorbereitung. Bitte Anfrage an den Verlag.

Buchkonzept: Martin Velbinger
Illustrationen: Richard Eckert, Bettina v. Hacke
Karten: Pedro Zegarra,, Martin Velbinger, Bettina von Hacke
Cover: Bettina von Hacke, Martin Velbinger

ZUSÄTZLICHE TEXTE: **Martin Velbinger**

ISBN: 3-88316-020-2

ALLE ANGEGEBENEN PREISE sind Ca.-Preise, auch wenn sie nicht als solche bezeichnet sind. Für die Richtigkeit und Vollständigkeit aller Angaben, insbesondere der Abfahrtszeiten und Preise kann keine Gewähr übernommen werden.

© Copyright 2oo6 by Verlag Martin Velbinger, Seefeld. Alle Rechte vorbehalten, auch die der auszugsweisen Veröffentlichung, Übersetzung, Entnahme von Abbildungen etc. Die Wiedergabe von Gebrauchsnamen, Warenbezeichnungen, Handelsnamen u.ä. ohne besondere Kennzeichnung in diesem Buch berechtigen nicht zu der Annahme, daß diese im Sinne der Warenzeichen- und Markenschutzgesetzgebung als frei zu betrachten wären und daher von jedermann benutzt werden dürfen.

PRINTED IN GERMANY

**Aktualisiert
1o. AUFLAGE 2oo6**

Marlen & Bert Baesgen

SCHWEDEN

VERLAG MARTIN VELBINGER

Erhältlich im Buchhandel oder gegen Voreinsendung von 24,8o Euro auf das Konto Postbank München, Nr. 2o 65 6o - 8o8, BLZ 7oo 1oo 8o

Verlag Martin Velbinger, Hauptstr. 4o, 82229 Seefeld bei München
Tel.: o8152/794 1o7, Fax: o8152/794 111, post@velbinger.com

WWW.VELBINGER.COM

INHALT

Anreise

Autorouten nach Schweden 11
A) NACH SÜDSCHWEDEN 13
    Puttgarden->Rødby und Helsingör->Helsingborg 13
    Puttgarden->Rødby und Öresund Brücke/Tunnel 14
    Travemünde->Trelleborg 16
    Rostock->Trelleborg (TT - Line)+ (Scandlines) 17
    Rostock->Gedser und Helsingør->Helsingborg 17
    Rostock->Gedser und Öresund Brücke/Tunnel 18
    Sassnitz/Mukran->Trelleborg 18
B) LANGSTRECKENFÄHREN 18
    Stena-Line (Kiel -> Göteborg) 18
    Color-Line (Kiel -> Oslo) 19
    DFDS (via Kopenhagen -> Oslo) 20
C) VIA DÄNEMARK/JÜTLAND 20
    Brücke/Tunnel: Grosser Belt + Öresund 21
    Stena Line: Grenå -> Varberg 21
    Stena Line: Frederikshavn -> Göteborg 22
    Color Line: Hirtshals -> Oslo 23
    Stena Line: Frederikshavn -> Oslo 23
    Color Line: Hirtshals -> Kristiansand 23

Generelle Fährtipps 24

Autoreisezüge 26

Anreise Bahn 27

Anreise Flug 30

Anreise Bus 32

Transport in Schweden

Auto 33		Taxi 40	
Flugzeug 36		Schiff 40	
Eisenbahn 36		Trampen 43	
Bus 39		Frauen (alleinreisend) 43	

Allgemeine Tipps

Zollbestimmungen......44/ Haustiere......44/ FKK......44/ Duzen......46/
Geld......46/ Banken......47/ Postsparbuch......47/ Post - Telefon......47/
Geschäftszeiten......48/ Einkaufen......48/ Andenken......49/ Zeit......49/
Trinkgeld......49/ Klima......49/ Reisezeiten......50/ Mitternachtssonne......50/
Schweden im Winter......51/ Radio/TV......51/
Krankheit....52/ Zeitungen......53/ Türschlösser......53/ Einladungen...... 53/
Kinder......53

INHALT

Unterkunft
Hotels 54
Pensionat 56
Privatzimmer 56
Camping 56
Jugendherbergen 59
Ferienhäuser 60
Bauernhof 60
Bed & Breakfast 61

Essen und Trinken
Smörgasbord 61
Restaurants 62
Küche der versch. Prov. 63
Cafés - Eis 63
Trinken 64

Umwelt und Natur
Jedermannsrecht (= „allemansrätten") 65
Umweltverschmutzung in Schweden 67

Tierwelt
Mücken 69
Elche 70
Rentiere 71
Biber, Bären, Wolfe 72

Sport in Schweden
1) Wandern (Speziallit./Ausrüstung/Verpflegung/Vorsichtsreg.) 73
2) Kanu in Süd-/Mittelschweden 75
3) Nordschweden - Beste Kanuzeit - Vogelschutz- Gefahren -
   Ausrüstung - Kanuverleih - Adressen - Literatur 76
4) Fahrrad und Fahrradmieten 78
5) Windsurfen und Adressen 80
6) Segeln und Adressen 80
7) Angeln 81
8) Reiten 81
9) Tennis 82
10) Golf 82
11) Skifahren 82
12) Goldwaschen 83
13) Floßfahrten/Riverrafting 83
14) Planwagenfahrten 84
15) Hausboot-Schippertouren 84

Feste und Festivals 84

Geschichte 87

Modell Schweden 94
Schweden Steckbrief 96
Schwedische Landschaften 96

Literatur 100

INHALT

Dieser Band ist in Süd-Nordrichtung aufgebaut, -also beginnend in Südschweden an der Westküste, -wo zugleich die Fährverbingungen von Dänemark und Deutschland landen.....

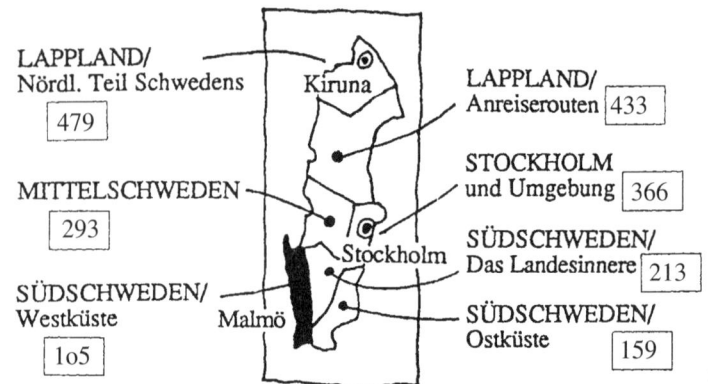

Jedes Kapitel enthält zu Beginn eine Übersichtskarte. Dort auch in Form eines Schnellfinders erste Übersicht über die Region. Weitere Details siehe folgendes Inhaltsverzeichnis. Wer spezielle Orte direkt sucht: siehe INDEX am Ende des Bandes!

SÜDSCHWEDEN/ WESTKÜSTE

Provinz Schonen 105
Trelleborg 106
Skanör - Falsterbo 109
Malmö 109
Lund 116
Landskrona 118
Helsingborg 119

Provinz Halland 124
Laholm 124
Halmstad 125
Tylösand 127
Falkenberg 129
Varberg 130
Kungsbacka 132
Göteborg 134
Öckerö/Hönö 145

Kungälv 146

Prov. Bohus Län 148
Marstrand 148
Tjörn 148
Åstol 149
Orust 150
Uddevalla 150
Lysekil 151
Smögen/Kungshamn 153
Fjällbacka 154
Tanumhede 155
Strömstad 156
Svinesund 158

INHALT

SÜDSCHWEDEN/ OSTKÜSTE

Provinz Schonen 159
Smygehamn 159
Ystad 159
Simrishamn 162
Kristanstad 163
Åhus 165
Degeberga/Forsakar 166
Olofström 170

Provinz Blekinge 171
Karlshamn 171
Sölvesborg 174
Ronneby 174
Karlskrona 176
Kristianopel 179
Kalmar 180

Insel Öland / Blaue Küste ... 186
Borgholm 188
Böda und Högby 191
Byxelkrok 191
Färjestaden 192
Mörbylånga 193
Oskarshamn 194
Västervik 196
Söderköping 200

Insel Gotland 202
Visby 204
Lummelunda 209
Lickershamn 209
Tofta 209
Klintehamn 209
Burgsvik 210
Slite 210
Katthammarsvik 211
Ljugarn 211

Fårö 211

SÜDSCHWEDEN / DAS LANDESINNERE

Provinz Småland 214
Ljungby 214
Värnamo 218
Växjö 220
Vetlanda 230
Nässjö 233
Eksjö 235
Vimmerby 236

Vätternsee 241
Jönköping 241
Gränna 245
Insel Visingsö 246
Tranås 247
Ödeshög 249
Vadstena 250
Motala 251
Linköping 253
Gebiet Hökensås 258
Hjo 259
Karlsborg 260
Tiveden Nationalpark 261

Provinz Västergötland 264
Skövde 264
Skara 267

Vänernsee 271
Trollhättan 271
Vänersborg 274
Lidköping 275
Mariestad 278

Provinz Dalsland 280
Mellerud 280
Håverud 282
Åmål 283
Bengtsfors/Billingsfors/Dals Långed 284
Ed 286

MITTELSCHWEDEN

Provinz Värmland 294
Säffle 295
Karlstad 297
Arvika 301
Årjäng 303
Sunne 311
Torsby 313

INHALT

Munkfors 316
Hagfors 317
Ekshärad 318
Sysslebäck 318
Filipstad 320
Kristinehamn 324

Kristinehamn -> Stockholm
Nora 325
Örebro 326
Eskilstuna 332
Torshälla 334

Provinz Dalarna 336
Falun 336
Rättvik 341
Leksand 346
Mora 348
Orsa 352
Älvdalen 356
Särna 359
Idre 360
Grövelsjön-Gebiet 361
Sälen 363

STOCKHOLM
Stadtteile 368
Tourist-Info 370
Stockholmkortet 372
Geldwechsel 372
Verbindungen ab Stockholm/
Zusammenfassung 373
Transport in Stockholm 373
Parken 374
Unterkunft 376
Restaurants 382
Cafes 384
Nachtleben 385
Einkaufen 386
Sehenswürdigkeiten 390
Museen 398
Ausflüge in die nähere
Umgebung
    Region Mälaren-See 401
    Region Schären 404
Sport 405
Adressen 406

UMGEBUNG VON STOCKHOLM
Übersicht 409
Mariefred 410
Norrtälje 412
Grisslehamn 415
Sigtuna 415
Uppsala 416
Västerås 421
Enköping 426
Sala 428

NORDSCHWEDEN

Lappland Routen ab Stockholm
1) Generelle Übersicht 433
2) Alternative via Norwegen 433
3) Alternative via Finnland .. 436
4) Direktrouten ab Stockholm
    via Schweden 437

Provinz Jämtland
Östersund 439
Åre 445
Vilhelmina 449

Süd-Lappland
Storuman 451
Region Tärnaby 453
Arvidsjaur 454
Arjeplog 456
Jokkmokk 457
Kvikkjokk 461

Nach Lappland via Küste
Gävle 463
Umgebung von Gävle 466
Sundsvall 467
Örnsköldsvik 469
Umeå 471
Skellefteå 474
Luleå 475

Zentral-Lappland
Die Samen 480
Gällivare/Malmberget 482
Kiruna 485

INHALT

Jukkasjärvi 491
Nikkaluokta 492
Abisko 493
Björkliden 494
Kiruna -> Narvik 494
Riksgränsen 495
Treriksröset 496

Kungsleden
Handwerkszeug/Wetter 498
Entfernungen/Unterkunft 499
Routeninfos/Verpflegung 500
Orientierung/Kompass/Fluß-
durchquerungen/Transport ... 501
Ausrüstung/Sicherheit 502
1. Etappe
  Abisko -> Nikkaluokta ... 503
2. Etappe
  Nikkaluokta -> Kebnats .. 504
3. Etappe
  Kebnats/Saltoluokta ->
  Kvikkjokk 506
4. Etappe
  Kvikkjokk -> Jäkkvik ->
  Ammarnäs -> Hemavan .. 510

Padjelanta National-Park
Generelles 513

Touren 513
Sarek National- Park
Generelles 517
Touren 518
Sport in Lappland
Kanu 519
  Flüsse 520
  Kanu-/Ausrüstungsverl ... 523
Wildwassertrips im Schlauch-
boot 523
Angeltouren 523
Hundeschlittentouren 523
Cross Country Skiing 524
Fjällreittouren 524

Wortschatz 525
Index 537

Handwerkszeug

Elementar: zunächst SCHWEDEN-ÜBERSICHTSKARTE besorgen.
Anschließend vom ADAC (sofern Mitglied), vom schwedischen Fremden-
verkehrsbüro oder aus dem Internet Details zur günstigsten VERBINDUNG
nach Schweden holen. Siehe auch unser Anreisekapitel mit allen wichtigen
Internetseiten der Ferry-Lines.

 Visit- Sweden - Touristeninformation. Per Post zu erreichen
über: Visit Sweden, BOX 9o SE 88 122 Solleftea. Im Internet
über die umfangreiche Homepage www.visitsweden.com. Bei
direkten Fragen einfach anrufen. Deutschland: 069 - 2222 3496, Österreich:
o192 - 86 7o2 und aus der Schweiz: o44 - 58o 62 94. Per Fax zu erreichen
unter: oo46 - 62o 15o 11. Oder besser, weil kostenlos, per E-Mail kontaktieren: germany@visitsweden.com, austria@visitsweden.com und
switzerland@visitsweden.com

> Weitere interessante Internetadressen für Schwedenfahrer sind z.B.:
>
> www.camping.se (alle Campingplätze),
>
> www.stfturist.se, www.sj.se (Eisenbahn),
>
> www.swebus.se (Busse in Schweden),
>
> www.samtrafiken.se (Busse in Lappland),
>
> www.ltnbd.se (Busse der Regionen),
>
> www.kirunaflyg.se und www.polarhelikopter.se (Flüge zu Wandertrails in Lappland)
>
> www.turism.se (Verzeichnis aller Touristbüros)
>
> www.fjallexpressen.com (Busse ins Fjäll)
>
> www.scandinavian.net (SAS Flüge)
>
> www.deutsche-touring.com (Busse nach Schweden)
>
> www.skandinavien.de (Überblick Skandinavien, incl. Schweden)
>
> www.svif.se (Jugendherbergen)
>
> www.svenska-cykelsallskapet.se (Fahrradfahren)
>
> www.environ.se (Natur)
>
> www.tullverket.se (Einreisebestimmungen, Zoll)
>
> VOR ORT und in Schweden leisten die regionalen T.I.'s oft Exzellentes, was in Europa vorbildlich ist. Zu erkennen sind die Infostellen an den blau-gelben Schildern mit einem gelb-blauen „i" und der Aufschrift Tourist Centre. Hier bekommt man auch überregionale Infos. Das seit Jahrzehnten altbekannte grüne Schild mit dem weißen „i" steht nur noch für Auskünfte über das lokale Angebot. Überall gibt es gute Info-Broschüren und zumeist sehr nette und freundliche Bedienung, die vielfach deutsch, in jedem Fall aber englisch spricht! Zu allen Touristinfos in allen Städten sind im Text die Faxnummern und Internetadressen angegeben. Kurz schon vorab per Fax oder im Internet die Detailinfos anfordern oder sichten. Vermitteln auch preisgünstige Privatzimmer/Ferienhäuser und können fast alles möglich machen. Auch als Nachrichtenbrücke für Freunde pfiffig!
> Alle zentral in Ortsmitte bzw. an den Touristenrouten. Zur Hauptreisezeit (15. Juni bis 15. August) alle mit langen Öffnungszeiten! Sollte in jedem Fall erster Anlaufpunkt im Zielgebiet sein. Nicht selten gibt's dort auch gute geographische Karten zur Region, in die beispielsweise Wanderrouten oder Kanutouren eingetragen sind. Nachfragen lohnt sich!
>
> Achtung Öffnungszeiten: Die im Text angegebenen Öffnungszeiten gelten in der Regel für die Hauptsaison. Das ist in Schweden von ca. 15. Juni bis ca. 15. August. Danach kürzere Öffnungszeiten, besonders abends und am Wochenende dann häufig geschlossen. Ähnliches gilt für die Öffnungszeiten von Museen, Parks etc. Wer außerhalb der Saison fährt, bitte im Einzelnen erkundigen.
>
> Adressen der schwedischen T.I.'s im Hauptteil dieses Bandes und schnell unter umseitigen Emblem zu finden. Aktuelle Informationen vorweg bieten auch die fast überall existierenden Internetseiten der Städte unter dem Punkt Tourismus (schwed.: .../turism). Falls vorhanden sind sie im Textteil angegeben, oder einfach ausprobieren, in dem man www.Stadtnamen (ohne "ö" oder å).se eingibt. Unter www.turism.se findet man ein Verzeichnis sämtlicher Touristbüros in Schweden!

ANREISE SCHWEDEN

Eigenes **AUTO** bietet in Schweden größtmögliche Unabhängigkeit, auch einsamste Gebiete zu erreichen. Abgesehen davon, dass Autofahren in Schweden wegen kleiner, abenteuerlicher Nebenstraßen viel Spaß macht, können auch Kanus, Surfbretter, Fahrräder usw. problemlos transportiert werden. Auch die Fährpreise für Autos halten sich in Grenzen. Über die Große-Belt-Brücke und die kombinierte Tunnel-/Brückenverbindung über den Öresund von Kopenhagen nach Malmö kann man zum ersten Mal seit der letzten Eiszeit sogar „trockenen Fußes" nach Schweden reisen.

PER FLUG
Natürlich eleganteste Lösung, die enormen Entfernungen zu überbrücken. Bei eingeschränkter Mobilität vor Ort und teuren Mietwagen fast nur etwas für standortfeste Aktivitäten wie Wandern in Lappland, Survivaltraining in Wildnis etc. Allerdings: warum nicht einen preisgünstigen Flug beispielsweise nach Stockholm nehmen und dann per Inlandstickets z.B. der Bahn oder Flug (Details siehe Kapitel „Transport in Schweden") vor Ort weiterreisen? Die deutschen Reiseveranstalter bieten inzwischen im Sommer auch preisgünstige Flüge nach Schweden an............. ....Details Seite 3o

PER BAHN
Geruhsame und im Vergleich zum Auto schnellere Alternative. Viele Direktzüge und bequeme Kurs- und Schlafwagen über die neuen Brückenverbindungen in Dänemark Richtung Oslo und nach Stockholm bergen nur das Problem der weiteren Beweglichkeit am Ort. Zwar ist das öffentliche Verkehrsnetz für nordische Verhältnisse sehr gut ausgebaut, allerdings nur in den seltensten Fällen zum Traumplätzchen am See. Ideal für Fahrradurlauber.
Per Bahn und Fahrrad nach Schweden und dann auf dem Drahtesel in die Wildnis. ....Details Seite 26, 27

PER BUS
Linienverkehr besonders am Wochenende von vielen deutschen Städten zu allen schwedischen Gebieten. Bequeme und komfortable Luxusbusse mit extra viel Beinfreiheit. Klimaanlage und Toilette bringen bahnähnlichen Service. Teilweise billiger als mit Zug. Leider keine Mitnahmemöglichkeit von Fahrrädern. .... Details Seite 32

AUTOROUTEN NACH SCHWEDEN
Die „generell günstigste" Anreiseroute nach Schweden gibt es nicht. Die beste Route ist vielmehr vom Zielgebiet in Schweden abhängig und Fragen der Bequemlichkeit der Route und ihrer Fährkosten.

12 Anreise

Hinzu kommen vielfältige Spezialangebote der Reedereien in ihren nicht immer übersichtlichen Prospekten/Internetseiten. Ihre diversen „Autopakete" machen eine Preisvergleich teils schwer.

Letztere sind an eine Vielfalt von Bedingungen wie Größe des Fahrzeuges (Höhe, Länge), Anzahl mitreisender Passagiere (teils zu 4 in Kabine, teils ohne, teils retour, oder nicht etc.), Begriffe wie „Drivers Mini", Wochentage, Saison etc. gebunden, - was das Studium der „günstigsten Verbindung" erschwert.

Es gibt **3 generelle Anreiserouten nach Schweden** mit Varianten:

A) **zu Häfen/Zielen in Südschweden**
via Vogelfluglinie bzw. Öresundbrücke und Varianten z.B. Trelleborg
Die oft billigste Anreise nach Südschweden und Rest des Landes.

B) **Langstreckenfähren Kiel -> Göteborg** und **Kiel -> Oslo**. Ersparen (da Überfahrt nachts) Anreisezeit sowie Sprit wegen reduzierter Anreise-km. Dies auf Strecken mit Urlaubsziel westl. Mittelschweden und Nordschweden. Ein Komfort, der Geld kostet.
Bei Zielen wie Stockholm (und weiter E 4 entlang der Ostküste nach Nordschweden) bringt die Göteborg Fähre allenfalls 17o km Einsparung. Vergleich Göteborg -> Stockholm ca. 47o km. Dagegen ab Trelleborg bzw. Region Malmö -> Stockholm ca. 64o km.
Hier lohnt die Langstrecke Kiel-> Göteborg kaum. Verbindungen via Trelleborg und/oder (siehe A) sind an km nur gering länger, aber erheblich billiger. Kann bis zu ca. 5oo Euro oder mehr ausmachen.
Betreffend zielnahem Urlaubsgebiet (Nähe Göteborg oder Oslo) sind die Langstreckenfähren dagegen Tipp für Leute mit Geld.

C) **via Dänemark/Jütland**: bei derzeitigem Preisgefüge günstige Angebote der „*COLOR LINE*" auf Strecken ab Hirtshals nach Oslo und Frederikshavn nach Larvik (Norwegen) und Hirtshals -> Kristiansand (Norwegen). Von dort rüber nach Schweden. Lohnt allerdings nur, wenn man westl. Mittelschweden und Nordschweden besuchen will.
Alternative: „Stena Line" ab Grenå/Jütland -> Varberg/Schweden. . Preisgünstige Querverbindung nach Westschweden. Gilt ebenso für die Strecke Frederikshavn -> Göteborg, abhängig Termine/Saison.
FAZIT: mit Fährverbindungen via Jütland/Dänemark erreicht man Oslo und/oder Westschweden. Gegenüber A) kein nennenswerter Preisvorteil, da die Anreise statt auf schwed. Seite auf der dänischen Seite realisiert wird. Dies bei meist teurer (bis erheblich teurerer) Fährüberfahrt.

Wer clever ist, kann sich durch detaillierten Preisvergleich einiges Geld sparen. Vorab die Prospekte der einzelnen Reedereien besorgen. Gibt's gesammelt in guten Reisebüros, ansonsten direkt die Vertretung der Reederei anschreiben. Adressen nachstehend. Noch einfacher geht´s natürlich übers Internet, wo man nicht nur jederzeit alle aktuellen Infos abrufen, sondern auch direkt buchen kann.

Insbesondere: die zunächst scheinbar billigste Verbindung muß nicht zugleich die unterm Strich günstigste sein. Mit einzukalkulieren sind Spritkosten, Hotelübernachtung, Camping, aber auch Faktoren wie eingesparte Urlaubstage durch Direkt- bzw. Nachtfähren. Durch den von der EU bestimmten Wegfall der Duty-Free Einkaufsmöglichkeiten an Bord der Schiffe zwischen EU-Mitgliedsstaaten (alle außer Color-Line nach Norwegen) sind auf den Schiffen sog. "Bord-Shops" entstanden, die preislich in aller Regel nur für die Skandinavier interessant sind. Trotzdem zum Durchschauen während der Überfahrt ganz abwechslungsreich.

NACH SÜDSCHWEDEN
Vogelflug bzw. Öresund und Varianten Trelleborg

Für Westdeutsche ist in den meisten Fällen HAMBURG der günstigste Ausgangspunkt. Achtung: für die Durchquerung genügend Zeitpuffer einkalkulieren, wer einen Fährtermin reserviert hat.

Für Ostdeutsche sind Fährhäfen wie insbes. ROSTOCK (teils auch Saßnitz) die an Anreiseroute günstigeren Häfen. Beschrieben ab Seite 17.

SCANDLINES VOGELFLUGLINIE:
Puttgarden -> Rødby und Helsingør -> Helsingborg

Eine der schnellsten und billigsten Verbindung nach Schweden. Im sogenannten „SCHWEDEN - DURCHGANGSTICKET" nur ca. 172 Euro für Fahrzeug bis 6 m Länge inkl. 9 Personen retour! Details siehe unten.

Die 1. Fähre (Puttgarden -> Rødby) verkehrt 2 mal pro Stunde rund um die Uhr. Die 2. Fähre (Helsingør -> Helsingborg) alle 2o Minuten.

Die Scandlines Vogelfluglinie ist Tipp auch für Leute, die sich spontan für eine Schwedenreise entschieden haben. Wenn zur HS andere Fähren ausgebucht sind, findet man hier immer Platz.

Weiterer Vorteil: bei anderen Fährverbindungen mit fester Reservierung muß man bei der Anreise sinnvoller Weise einen großzügigen Zeitpuffer einbauen, um die Fähre nicht zu verpassen. Dies kostet Extrazeit. Bei der Scandlines fährt man einfach hin, hat außerhalb der HS nur minimale Wartezeit und ist schon weg. Gleichzeitig fungiert die 45minütige Überfahrt (1. Fähre) als schöne Autofahrpause, die man sonst auf der Raststätte verbracht hätte. Durch die Doppelendfähren und die parallelen Zufahrtsmöglichkeiten zum Schiff auf zwei Ebenen flottes Be- und Entladen. Einfach toll. Außerdem Hundemitnahmemöglichkeit. Wer die kurze Wartezeit in Puttgarden "überbrücken" will, kann den dortigen Bordshop besuchen.

Strecke: ab Hamburg durchgehende Autobahn A 1 bis zur Fehmarnbrücke (gebührenfrei), dann 22 km Landstraße über die Insel Fehmarn direkt zum Fähranleger Puttgarden. Überfahrt nach Rødby/Dänemark (45 Min.). Ab Rødby dann durchgehende Autobahn bis Helsingör und Fähre (2o Min.) rüber nach Helsingborg/Südschweden.

Km: Hamburg-> Puttgarden ca. 155 km und Rødby-> Helsingør ca. 2oo km. Somit rund 355 km. **Zeitbedarf** abhängig Staus zu Zeiten des Berufsverkehrs im Raum Kopenhagen sowie Frage der Warterei an der Fähre bis Abfahrt. Im Schnitt ca. 5 1/2 Std. Mit Extrazeit ist zur Hochsaison zu rechnen, wenn man am Fähranleger sich in die Warteschlange einreiht und nicht gleich mit dem ersten Schiff wegkommt. Oder nachts fährt bei den selteneren Abfahrten Helsingör -> Helsingborg.

Preis: das sogen. „Schweden 1 - Durchgangsticket" beinhaltet beide Fährstrecken (Puttgarden -> Rødby und Helsingör-> Helsingborg). Kostet als Autopaket (Pkw bis 6 m Länge inkl. 9 Personen) retour ca. 16o Euro. Das Ticket kauft man im Fährterminal in Puttgarden. Dabei hinweisen, dass man das Durchgangsticket für beide Fähren wünscht.

Vorbuchung und Reservierung möglich: Reisebüros oder Scandlines Tel.: (o18o5) - 11 66 88 (o,12 Euro pro Minute) oder Internet: www.scandlines.de, buchung@scandlines.de

SCANDLINES VOGELFLUGLINIE + ÖRESUND
Puttgarden -> Rødby und Öresund Brücke/Tunnel

Lohnende Alternative zu (1), die Zeit spart. Hierbei mit Scandlines zunächst die häufig befahrene Fährstrecke Puttgarden -> Rødby. Preis: ca. 56 Euro einfach für PKW bis 6 m inkl. 9 Personen (retour: ca. 1oo Euro).

Ab Rødby durchgehende Autobahn nach Kopenhagen, dort die Autobahnabzweigung -> ÖRESUND nehmen. Das riesige 15,4 km Brücken-Tunnelbauwerk verbindet Dänemark mit Südschweden. Mautgebühr einfach ca. 32 Euro, retour 64 Euro.

Öresund Brücke/Tunnel: gigantisches Bauwerk von 15,4 m Länge. Die Brücke besitzt eine Länge von 7,8 km. Davon sind rund 1 km Hochbrücke mit freier Spannweite von 49o m Länge und freier Durchfahrtshöhe 57 m für Schiffe. Die Pylone besitzen eine Höhe von 2o4 m. Sie tragen die Schrägseile: derzeit die längste Schrägseilenbrücke der Welt für Autos und Eisenbahn!

Die Leistung der Ingenieure und Statiker ist beachtlich, da das Bauwerk nicht nur der Belastung der Autos, LKWs und Eisenbahnen standhalten muß, - sondern auch dem Winddruck am Öresund.

Der weitere Abschnitt führt über eine künstl. errichtete Insel im Sund und anschließend durch einen 4 km Tunnel zum schwed. Festland. Ausgebaut als 4 spurige Autobahn und zweigleisige Eisenbahn. Baukosten ca. 2,8 Milliarden Euro, fertiggestellt 1.7.2ooo.

Die Kombi Puttgarden-> Rødby & Öresund (1 + 7) kostet ca. selben Preis wie (1) = ca. 176 Euro retour. Sie ist Tipp, da man sich die zweimalige Fähre spart. Keinerlei Wartezeiten an der Öresund Brücke/Tunnel. Überquerung ca. 2o Min. Ist im Vergleich zur Fährüberfahrt via Helsingborg ungefähr gleich schnell, preislich fast identisch, aber 5o km länger. Entweder Fährfahrt Puttgarden -> Rødby und Ticket Öresundbrücke einzeln kaufen und bezahlen oder in Puttgarden das „Öresund Ticket" besorgen und Fährfahrt plus Brücke auf einen Schlag bezahlen. Vom Preis her gleich.

Anreise 15

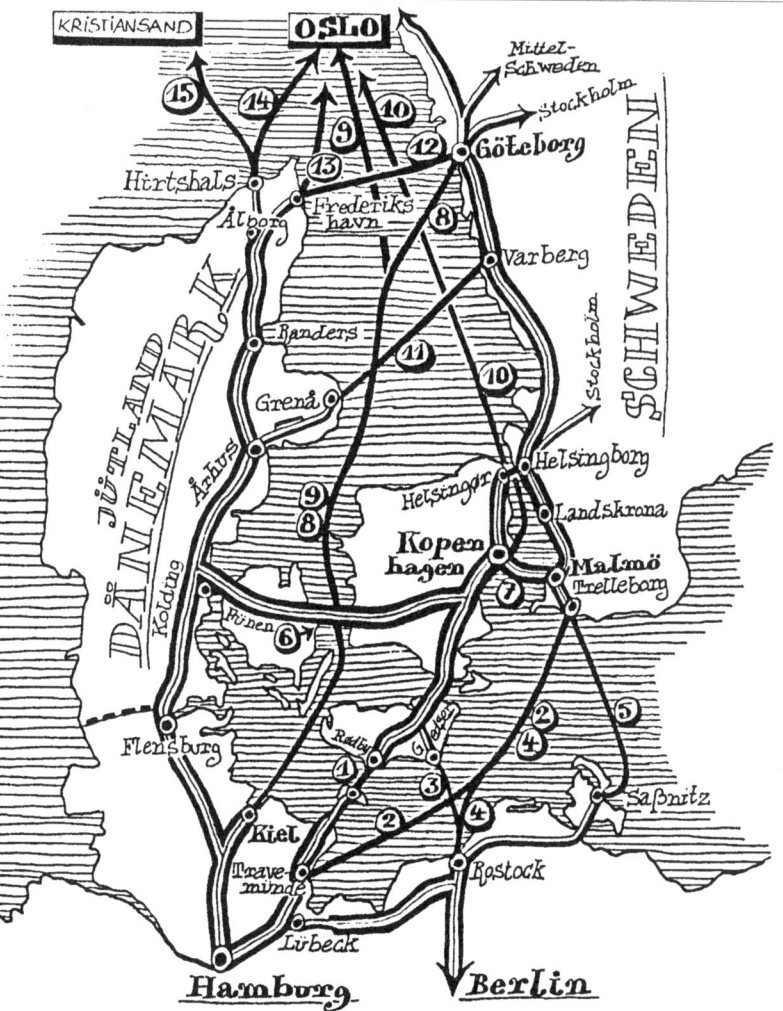

1	Puttgarden -> Rødby Helsingør -> Helsingborg	8	Kiel -> Göteborg
2	Travemünde -> Trelleborg	9	Kiel -> Oslo
3	Rostock -> Gedser Helsingør -> Helsingbør	1o	Kopenhagen -> Oslo
4	Rostock -> Trelleborg	11	Grenå -> Varberg
5	Sassnitz/Mukran -> Trelleborg	12	Frederikshavn -> Göteborg
6	Brücke/Tunnel: Grosser Belt (Maut)	13	Frederikshavn -> Oslo
7	Brücke/Tunnel: Öresund (Maut)	14	Hirtshals -> Oslo
		15	Hirtshals -> Kristiansand

② TT LINE TRAVEMÜNDE -> TRELLEBORG

Große, moderne Schiffe mit Komfort bezüglich Kabinen und Restaurants. Überfahrt tagsüber ca. 5 1/2 bis 7 1/4 Std. Somit meist keine Zeitersparnis gegenüber (1), die sich dort bei guten Bedingungen via Vogelflug in ca. 5 1/2 Std. realisieren läßt - und zudem das rund 95 km nördlichere Helsingborg (gegenüber Trelleborg) erreicht.

Abfahrten TT Line ab Travemünde ganzjährig, tägl. ca. 4 - 5 mal, auch nachts. Details siehe unten. **Anreise**: Hamburg -> Travemünde auf Autobahn A 1 bis Travemünde (ca. 75 km). Für die Stadtdurchfahrt bei Berufsverkehr Zeitpuffer einkalkulieren. Der Fährhafen ist gut ausgeschildert.

Vorteil der Tagesüberfahrt TT Line: Relaxen an Bord - statt retour ca. 4oo Extrakilometer via Dänemark (1) und Vogelflug. Spart die Spritkosten via Dänemark. Dies bei TT- Fährpreisen, die allerdings teurer sind wie Scandlines (1) oder Kombie (1 + 7). Dies betreffend Tagesüberfahrten.

Der Hauptvorteil der Tagesfähre ist die Bequemlichkeit, insbesondere wenn man aus dem süddeutschen Raum schon eine lange Anfahrt hinter sich hat. Langstreckenfahrer können auch tagsüber eine Kabine sehr preisgünstig buchen (Preis ca. 25 Euro pro Kabine), um sich ein wenig aufs Ohr zu legen... Übrigens gehört TT-Line zu den Fährgesellschaften, die auch Haustiere mitnehmen (ca. 28 Euro retour).

Die **Nachtfähre** (7 - 7 1/2 Std.) spart gegenüber Scandlines Zeit, da man in der Kabine durchschlafen kann. Die Einsparung ist natürlich nicht so hoch wie bei der Stena Line (Kiel -> Göteborg), da die TT Line Schweden praktisch an seiner Südspitze erreicht. Anderseits ist auf den Schiffen eine sehr angenehme, ruhige, beschauliche Atmosphäre, was bei dem gelegentlichem Partytrubel der Langstreckenfähre nicht unbedingt der Fall ist.

Die modernen **Combicarrier** (kombinierte Fracht- und Passagierfähre) Nils Dacke und Robin Hood, Baujahr 1995, sind vorbildlich hinsichtlich Sicherheits- und Umweltstandards. Der Fahrplan basiert auf dem Bedarf des Ladungsverkehr und kann daher Einschränkungen während z.B. Feiertagen besitzen.

„TT- Minitarif PKW": PKW oder WoMo bzw. Gespann bis 6 m Länge inkl. 5 Person zwischen 224 Euro und 38o Euro retour.

Hinzu kommt die Kabine (keine Pflicht): bei Belegung mit 2 Personen ca. 87 Euro pro Kabine je nach Klasse, - tagsüber ca. 25 Euro einfach.

„TT- Minitarif Camper": Gespannfahrzeuge bis 9 m Länge, inkl. 5 Personen retour zur Vorsaison ca. 244 Euro, zur Hochsaison ca. 44o Euro. Über 9 m ca. 314 Euro- 49o Euro.

Hinzu kommt die Kabine (keine Pflicht): 4-Bett Innenkabine ca. 94 Euro einfach, -tagsüber ca. 25 Euro einfach.

„TT Biker Tarif": Motorrad inkl. 2 Personen zwischen 1o6 und 186 Euro retour je nach Saison. Hinzu kommt die Kabine (keine Pflicht): 2-Bett Innenkabine ca. 87 Euro einfach, - tagsüber ca. 25 Euro einfach.

Weiterhin im Angebot: günstige Pauschalangebote Hotel- und Camping-Schecks teils auch in Verbindung mit Fährpassage. Prospekt studieren lohnt. Außerdem Durchgangstarife nach Bornholm, Gotland und Finnland.

Reederei: TT-Line, Mattenwiete 8, 2o457 Hamburg. Tel.: (o4o) - 36 o1 - o, im Internet unter www.ttline-de Buchungszentrale: Tel.: (o4o) - 36 o1 442, Fax: (o4o) - 36 o1 4o7 buchung@ttline.com

Rostock als Fährhafen für Routen nach Südschweden ist von der Lage günstig für Leute mit Heimat Ostdeutschland und Berlin. Durchgehende Autobahn A 19 Berlin -> Rostock ca. 18o km. Sie führt direkt zum Hafen.

④ TT LINE ROSTOCK -> TRELLEBORG
Bedient mit den Combicarriern „Tom Sawyer" und „Huckleberry Finn".

* TT- COMBICARRIER (Fracht- und Passagierfähren): besonders zur Hochsaison für Gespann- und Wohnmobilfahrer preislich interessant. Überfahrt 3 - 4 mal tägl., ganzjährig. Fahrzeit ca. 7 1/2 Std.

Die **Preise** entsprechen denen der Strecke Travemünde -> Trelleborg.

Reederei: TT-Line, Mattenwiete 8, 2o457 Hamburg. Tel.: (o4o) - 36 o1 - o, im Internet unter www.ttline-de Buchungszentrale: Tel.: (o4o) - 36 o1 442, Fax: (o4o) - 36 o1 4o7 buchung@ttline.com

④ SCANDLINES ROSTOCK-> TRELLEBORG
Die Scandlines ist der größte Fähranbieter der Ostsee, mehr als 6oo Abfahrten täglich auf 16 Routen. Auf der Strecke Rostock -> Trelleborg fährt sie mit modernen Großfähren parallel zu den TT-Combicarriern. Bei täglich 3- 4 Abfahrten den individuell günstigsten Preis oder Abfahrtstermin auswählen. Überfahrt tagsüber 5 3/4 Std. bzw. nachts 7 1/2 Std.

Preise: PKW bis 6 m Länge inkl. 9 Pers. Vorsaison ca. 21o- 26o Euro retour, Hauptsaison (16.6.- 3.9.) ca. 252- 3oo Euro (je nachdem ob unter der Woche oder am Wochenende, bzw. Tag oder Nachtabfahrt).

Buchung: Scandlines Deutschland GmbH, Tel.: o18o5 - 11 66 88 (gebührenpflichtig), im Internet www.scandlines.de, buchung@scandlines.de

SCANDLINES
Rostock -> Gedser und Helsingør -> Helsingborg

Die ostdeutsche Variante der Vogelfluglinie. Auch hier sind 2 Fährüberfahrten nötig, nämlich Rostock -> Gedser/Dänemark: 1 1/4 Std., Abfahrt ca. 3- 7 mal tägl. (je nach Saison). Zuzüglich der Fähre Helsingør/Dänemark -> Helsingborg/Schweden: 2o Min., Abfahrt alle 2o Minuten.

Nachteil: zweimal Warten und Einchecken in die Fähre, zunächst in Rostock, dann in Helsingør. Zwischen beiden Fähren sind auf der dänischen Seite rund 4oo km (vorwiegend Autobahn) retour zu fahren. Dies reduziert den Zeit- und Preisvorteil gegenüber Direktfähren nach Südschweden.

Als Fährverbindung interessant für Leute mit Heimatort in den neuen Bundesländern und Berlin.

Preis: PKW bis 6 m inkl. max. 9 Personen als „Schweden Durchgangsticket" für beide Fähren in der Hauptsaison ca. 2o4 - 23o Euro retour. (je nachdem ob unter der Woche oder am Wochenende). Keine Höhenbegrenzung des Fahrzeuges.
<u>Buchung</u>: Scandlines Deutschland GmbH, Tel.: o18o5 - 11 66 88 (gebührenpflichtig), im Internet www.scandlines.de, buchung@scandlines.de

SCANDLINES VOGELFLUGLINIE + ÖRESUND
Rostock -> Gedser und Öresund Brücke/Tunnel

Nimmt man Helsingborg als Vergleichspunkt, ist diese Strecke im Vergleich zur 2. Fähre via Helsingør etwa gleich schnell, gleich teuer, aber ca. 5o km länger. Hierbei mit Scandlines zunächst Rostock -> Gedser. Preis in HS: ca. 76- 1oo Euro (je nach Wochentag) für PKW bis 6 m inkl. 9 Personen einfach. Zuzüglich ca. 32 Euro für Öresund Brücke/Tunnel einfach. Retour Gesamtstrecke ca. 216- 264 Euro. Es gibt das sogenannte „Öresundticket", das man gleich in Rostock kaufen kann und die Fährüberfahrt und Brückengebühr beinhaltet. Bringt aber keine Geldersparnis, da genauso teuer wie der Einzelpreis der Fähre und der Einzelpreis der Brückenbenutzung zusammen.

⑤ SCANDLINES SASSNITZ/MUKRAN -> TRELLEBORG

Im Vergleich zu den Rostock Normalfähren schneller und billiger. Überfahrt 3 3/4 Std., tägl. 5 Abfahrten.

Anreise ab Berlin via Autobahn bis Rostock plus ca. 125 km Landstraße nach Rügen. Oder: Landstraßen (E 251) ab Berlin nördlich nach Sassnitz; zeitaufwendig. Auch für Süddeutsche (Region München, Nürnberg) kann Sassnitz im Km- Vergleich zu Hamburg/Puttgarden oder Travemünde an km ähnlich sein; Route via Autobahnen und Berlin.

Ob sich die Zeiteinsparung der kürzeren Überfahrt Sassnitzfähre lohnt, da pro Richtung Rostock -> Sassnitz + ca. 125 Landstraße, muß jeder persönlich entscheiden. Pluspunkt: Zwischenstopp auf der Insel Rügen.

Preise: Pkw-Autotarif bis 6 m Länge ohne Höhenbegrenzung inkl. 9 Pers. zur Vorsaison ca. 19o Euro retour, Hauptsaison (16.6. - 3.9.) ca. 2oo-23o Euro retour je nach Wochentag bzw. Wochenende. Plus die <u>Kabine</u> (keine Pflicht): 4-Bett Innen ca. 4o Euro einfach.
<u>Buchung</u>: Scandlines Deutschland GmbH, Tel.: o18o5 - 11 66 88 (gebührenpflichtig), im Internet www.scandlines.de, buchung@scandlines.de

LANGSTRECKENFÄHREN
Stena (Kiel -> Göteborg) und Color Line (Kiel -> Oslo)

Sparen Anreisezeit und -Kilometer, vorausgesetzt man hat zum Ziel westl. Mittelschweden und Nordschweden. Ein Komfort, der Geld kostet.

<u>*Anreise*</u>*: ab Hamburg auf durchgehender Autobahn 9o km bis KIEL. Das letzte Stück ist Stadtdurchfahrt (Zeitpuffer!), aber bis Fährhafen gut ausgeschildert.*

STENA auf der Strecke Kiel-> Göteborg: Abfahrt täglich 19.3o Uhr, Ankunft Göteborg am nächsten Morgen 9 Uhr.

Spart gegenüber der Vogelfluglinie retour rund 1.ooo km Autofahrerei: abends in Kiel los, kommt man am nächsten Morgen entspannt und bereits relativ weit nördlich in Göteborg an. Man hat somit einen ganzen Urlaubstag pro Richtung gewonnen, der sonst „on the road" verbracht würde. Eincheckmöglichkeit in Kiel für PKW ab 17:oo Uhr, Wohnmobile 18:oo Uhr.

Eingesetzt sind die beiden luxuriösen Fährschiffe MS „Stena Scandinavica" und MS „Stena Germanica" mit Nightclub, Gourmetrestaurant etc. Die Mitnahme von Haustieren ist verboten

Preise: das Prospektstudium benötigt etwas Zeit. Achtung, bei der Benutzung der Fährstrecke ist in jedem Fall die Buchung einer Kabine Pflicht! Sie ist im Prospekt zu den dort angegebenen Fahrzeug- und Personenpreisen dazuzuaddieren.

Die Preise für Fahrzeuge und Personen sind je nach Abfahrtstag und Saison vielfältig abgestuft und im Prospekt farbig markiert. Die günstigsten (= grün markierten) Preise finden sich in den Monaten Jan. bis Anf. April sowie Nov., Dez. Während dieser Zeit auch bis zu „gelb" (= teurere) Preise. Zur Hauptsaison gelten vorwiegend lila bis blau (= teuer) markierte Preise.

Preisbeispiele: „Auto Tarif mit einer Person": Auto (bis 6 m Länge und 2m Höhe) inklusiv 1 Fahrer plus einer 2 Bett Innenkabine (Kabinenpflicht): ca. 31o Euro (grün) bzw. ca. 53o Euro (ocker) je nach Saison und Abfahrtstag als Rückfahrticket.

„Autotarif mit 5 Personen": Auto (bis 6 m Länge und 2 m Höhe) inkl. 5 Personen plus eine 4 Bett Innenkabine (Kabinenpflicht) zwischen 358 - 6oo Euro retour je nach Saison und Abfahrtstag.

„Campertarif": z.B. für Wohnmobile (Fahrzeug länger als 6 m und höher als 2 m) inkl. 5 Personen plus eine 4 Bett Innenkabine (Kabinenpflicht) zwischen 5o6 - 766 Euro, je nach Saison und Abfahrtstag als Rückfahrticket.

Schiffskabinen: bei obigen Preisbeispielen wurden preisgünstige Innenkabinen genommen. Bessere Kabinen entsprechend teurer, u.a. Hotelzimmer-große Luxuskabinen (ca. 36o- 4oo Euro retour) mit TV und allen anderen Extras .

Buchung: Stena Line, Service Center Tel.: o18o5 - 91 66 66, www.stenaline.de, über E-Mail: info.de@stenaline.com

COLOR LINE auf der Strecke Kiel-> Oslo/Norwegen. Abfahrt täglich 14.oo Uhr in Kiel, Ankunft Oslo am nächsten Morgen 9.3o Uhr, bzw. Abfahrt 14.oo Uhr Oslo, Ankunft Kiel 9.3o Uhr. Eine der luxuriösesten und sichersten Fähren der Ostsee mit zusätzlicher Duty Free Einkaufmöglichkeit wegen Nicht-Mitgliedschaft von Norwegen in der EU.

Spart gegenüber Stena Line zusätzliche Anreisekilometer, wer in nördliche Bereiche Mittel- und Nordschwedens will bei gut ausgebauten und schnellen Querverbindungen, z.B. auch Oslo-> Stockholm. Über landschaftlich schöne Nebenstraßen werden Inlandsgebiete Schwedens erreicht.

OSLO als Zielhafen der Langstreckenfähren lohnt vor allem bei Touren durch Norwegen Süd/Mitte, Details siehe VELBINGER Band 19 und bei bei großen Skandinavien Rundfahrten, Details siehe VELBINGER Band 28 „Norwegen/Nord" sowie Band 29 „Finnland".

Preise: auch bei der Color Line benötigt das Prospektstudium etwas Zeit wegen insbes. der Vielfalt an Tarifen und Sonderangeboten. Die Preise sind ansonsten gestaffelt nach Saison und Wochentag. Billiger sind Abfahrten während der Woche (So.- Do.). Hauptsaison ist 16.6. - 13.8., der Rest Vorsaison. Weekendfahrten (Fr., Sa.) teurer.

Das Buchen einer Schlafkabine ist zur HS (16.6. - 13.8. nicht Pflicht; es gibt zu dieser Zeit auch preiswerte Schlafsessel). Außerhalb der HS günstige Spezialangebote inkl. Kabine retour. Details unten.

Preisbeispiele: Normaltarif während der Woche: PKW bis 5 m Länge und 2 m Höhe inkl. 2 Personen und Innenkabine ca. 665 - 84o Euro retour je nach Saison. Bzw. am Weekend ca. 7oo - 9oo Euro retour je nach Saison.

„Spezialangebot": PKW bis 5 m Länge und 2 m Höhe inkl. 5 Personen auf der Strecke Kiel - Oslo - Kiel retour. Preise ab ca. 39o - 6oo Euro inkl. Kabine. Gilt aber nur außerhalb der Zeit (19.6. - 19.8.), zudem nur begrenztes Angebot. Auch ist das Angebot auf Abfahrten ab Kiel Mo.- Mi. gebunden, Rückfahrt Oslo - Kiel: So.- Di.

Aufpreise für Autos mit größerer Höhe oder Länge sowie bessere Kabinen. Kann ins Geld gehen, wer mit größerem Wohnmobil reist. Die Stena Line (Kiel -> Göteborg) ist mit ihren Spezialpreisen derzeit oft billigere Wahl. Zudem sie Regionen in Mittelschweden (wie Östersund) ab Fährhafen Göteborg -> an Km kürzer erreicht.

Buchung: Color Line, www.colorline.de Tel.: o431 - 73oo.3oo, Fax: o431 - 73oo.4oo

⑩ DFDS SEAWAYS KOPENHAGEN -> OSLO

In Kombination mit Puttgarden -> Rødby oder Rostock -> Gedser. Prinzipiell möglich, allerdings gibts kein Kombiangebot - die Strecken müssen bei Scandlines und DFDS einzeln gekauft werden. Teuer und wahrscheinlich eher für Dänen interessant.

* Weststrecke: Puttgarden -> Rødby (1) + Kopenhagen -> Oslo. Preis für einen PKW und 4 Personen ab ca. 84o Euro retour in der HS.
* Oststrecke: Rostock -> Gedser (3) + Kopenhagen -> Oslo. Preis für einen PKW und 4 Personen zwischen ca. 88o - 926 Euro retour in HS.

Buchung: DFDS Seaways Hogerdamm 41, 2oo97 Hamburg Reservierungscenter o18o5 - 3o 43 5o (gebührenpflichtig), Fax: (o4o) 38 9o 31 2o www.dfds.de

Ⓒ via Dänemark/Jütland

Autobahn ab Hamburg fast durchgehend zu den Fährhäfen GRENÅ und FREDERIKSHAVN der Stena Line. Beide Häfen besitzen Direktfähren (11) und (12) nach Schweden und sind die preiswertere Alternative gegenüber der Langstreckenfähre Kiel -> Göteborg (8).

Ansonsten ab <u>KOLDING/Jütland</u> durchgehende Autobahn über den <u>GROSSEN BELT</u> (6) und <u>ÖRSESUND</u> (7) nach Malmö/Südschweden. Durch das gewaltige Brücken- und Tunnelwerk über beide Meeresstraßen . Ist erstmals eine Verbindung nach Skandinavien möglich ohne Fähre, allerdings kilometermäßig sehr lang.

Ab <u>HIRTSHALS/Nordjütland</u> Fähren der Color Line nach Südnorwegen sowie Oslo. Von dort über Landstraßen nach Schweden.

⑥⑦ BRÜCKE/TUNNEL: GROSSER BELT + ÖRSESUND

Im Vergleich ab Hamburg zu Vogelflug (1) und Puttgarden -> Rødby ein Umweg von ca. 13o km bis Kopenhagen. Dafür keinerlei Warterei auf Abfahrt von Fähren sowie keine Extrazeit für Fährüberfahrten.

<u>Strecke</u>: ab Hamburg die Autobahn A 7 nach Flensburg/Grenze Dänemark und weiter als E 45 nach <u>KOLDING</u>, wo die E 2o als Autobahn abzweigt via Insel Fünen. Von dort über die gigantische <u>GROSSE BELT BRÜCKE</u> (<u>Maut</u>: ca. 28 Euro pro Strecke für PKW, mit Anhänger ca. 28-43 Euro, je nach Länge) -> nach Seeland, - der Insel auf der Kopenhagen liegt. Alle Preise im Internet auf <u>www.storebaelt.dk</u>

Große-Belt-Brücke: Gesamtlänge 17,5 Km. Beschluß für Baubeginn im Juni 1987 im dänischen Parlament, Planungsbeginn 1991, Fertigstellung 1997 (Zug) und 1998 (Auto). Über den Brücken-Ostteil von 6,8 km Länge führt die vierspurige Autobahn sowie zweispuriger Eisenbahnstrecke. Freie Spannbreite der Hochbrücke 1,6 km, freie Durchfahrhöhe für Schiffe 65 m, Durchmesser des Hauptkabels 85 cm bei 3 Km Länge. Auf der Insel Sprogø trennen sich Straße und Schiene. Die Eisenbahn führt durch einen 8 Km langen Tunnel, die Autobahn über die 6,6 Km lange Westbrücke.

Auf der Autobahn um Kopenhagen den Schildern „<u>Malmö</u>" folgen. Südöstlich von Kopenhagen beginnt die im Jahre 2.ooo eröffnete Verbindung über den <u>ÖRESUND</u>. <u>Maut</u>: ca. 32 Euro pro Strecke, mit Anhänger ca. 64 Euro. Sie überquert als Brücke/Tunnel die Meeresstraße und erreicht Nähe Malmö Südschweden. - <u>Gesamtkosten</u> PKW retour ca. 12o Euro (Gespann ca. 214 Euro). Hinzu kommt der Spritverbrauch für die ca. 26o km Extra-Km.

<u>Fazit</u>: Wer ohne Dänemarkaufenthalt nur nach Schweden will, ist sowohl hinsichtlich Zeit, gefahrenen Kilometern und Geld bei Scandlines viel besser aufgehoben (Variante 1).

<u>Fahrzeit/Km</u>: Hamburg via Flensburg -> Kolding -> Großer Belt & Öresund bis Malmö: ca. 5oo km, 6 Std.

⑪ STENA LINE: GRENÅ -> VARBERG

Ab Hamburg ca. 42o km bis Grenå. Zunächst durchgehende Autobahn via Jütland bis Århus. Anschließend weitgehend Landstraße bis zum Fährhafen Grenå. Als Fährverbindung sinnvoll fürs westl. Mittelschweden insbes. Dalsland und Värmland. Preise für Autos bis 6 m Länge und ledig-

lich 1,98 m Höhe teils günstig (auch zur HS). - Geht für größere Wohnmobile aber ins Geld in Relation zur Kürze der Verbindung.
Abfahrt: 2-3 mal tägl., ganzjährig. <u>Überfahrt</u>: tagsüber 4 Std., nachts 4 - 5 1/2 Std. Die Beförderung von Haustieren ist möglich.

Preise:„<u>Camper Tarif</u>": Wohnmobil über 2 m Höhe (bis 1o m Länge) inkl. 5 Person ca. 25o Euro (Vorsaison) bzw. ca. 3oo Euro retour. Alle Abfahrten von 22:oo - 6:oo Uhr ca. 2oo Euro retour.

„<u>Auto Tarif</u>": Auto bis 6 m Länge und 2 m Höhe inkl. max. 5 Personen retour ca. 17o - 21o Euro je nach Saison und Abfahrtstermin. Alle Abfahrten zwischen 22:oo und 6:oo Uhr ca. 14o Euro retour.

„<u>Camper Spezial</u>": Wohnmobil bis 1o m Länge, Höhe unbegrenzt, inkl. 5 Personen retour ca. 4oo - 72o Euro je nach Abfahrtstermin.

„<u>Anhänger Zuschlag</u>": für Anhänger mit einer Länge bis zu 6 m und 2 m Höhe. 1oo - 12o Euro retour nach Saison. Für Anhänger bis zu 1o m. Länge und 4 m. Höhe 16o - 18o Euro retour nach Saison.

<u>Buchung</u>: Stena Line, Service Center Tel.: o18o5 - 91 66 66, www.stenaline.de, über E-Mail: info.de@stenaline.com

⑫ STENA LINE: FREDERIKSHAVN -> GÖTEBORG

Ab Hamburg ca. 52o km, fast durchgehende Autobahn. Überfahrt mit regulärem Fährschiff 3 Std. 15 Min., - mit der schnellen Katamaran- Fähre 2 Std, allerdings auch mit „Katamaranzuschlag".

Abfahrten: ganzjährig, ca. 4 - 8 mal tägl. pro Richtung. Somit auch zur HS gute Mitnahme-Chance bei ungebuchtem oder verpassstem Termin. Ansonsten bringt die Fährverbindung relativ wenig. Ähnliche Preise wie Grenå -> Göteborg, dort aber Diagonalverbindung über's Meer, die Km spart. - Kontaktadresse Stena Line siehe „Grenå".

Strecke Nordjütland/Dänemark -> Oslo/Norwegen

Hier konkurriert die <u>COLOR LINE</u> (Hirtshals -> Oslo) mit <u>STENA</u> (Frederikshavn -> Oslo). Abfahrten bei beiden Fähren ganzjährig täglich.

Auf der Strecke wird <u>OSLO</u> erreicht, als Hauptstadt mit Vielzahl lohnender Museen und von der Lage für Zwischenaufenthalt sehr lohnend. Details im VELBINGER Band 19 „Norwegen Süd/Mitte".

Weiter ab Oslo z.B. über die E 18 direkt ins schwedische Värmland. Die Fähren nach Oslo blenden natürlich ganz Südschweden aus, doch gewinnt man viel an Nördlichkeitslage.

Achtung: Preise der Reedereien präzis vergleichen! Hier sind Schnäppchen möglich, - aber auch je nach Termin sehr teure Überfahrten, an Preis fast mit denen der Langstreckenfähren (8, 9) ab Kiel vergleichbar.

<u>ANREISE</u>: ab Hamburg ca. 52o km fast durchgehende Autobahn zu den Fährhäfen Hirtshals bzw. Frederikshavn, Fahrzeit ca. 6 Std.

Anreise 23

(14) COLOR LINE: HIRTSHALS -> OSLO

Mit der M/S „Color Festival"; benötigt tagsüber nach Oslo 8,5 Std., in Gegenrichtung Oslo -> Hirtshals nachts 12 Std. Derzeit sehr günstiges „Spezialangebot", allerdings nur für PKW bis 2 m Höhe. Preise können mit der „VOGELFLUG-LINIE" konkurrieren. Die Route -> Oslo spart Anreise Km bis Oslo. Sinnvoll, wer Mittelschweden oder den hohen Norden erreichen will.

Im Einsatz M/S Color Festival, ein riesiges, modernes Kreuzfahrtschiff für knapp 2ooo Autos und 6oo Kabinenbetten. Allerdings wird diese Strecke nur in der Zeit Januar bis März befahren und ist damit für den normalen Schwedenfahrer eher uninteressant.

Preise: „Autosparpaket", 5 Personen plus 1 PKW für 19o - 25o Euro retour plus Kabinenzuschlag (Kabinenpflicht) ab 31 Euro pro Person bei einer 2 Bett Innenkabine.

Buchung: Color Line, www.colorline.de Tel.: o431 - 73oo.3oo, Fax: o431 - 73oo.4oo

(13) STENA LINE: FREDERIKSHAVN -> OSLO

Mit der M/S „Stena Saga"; Fährschiff für 2.ooo Personen und 51o PKW. Abfahrt ganzjährig täglich. Benötigt tagsüber nach Oslo 8 1/2 Std., nachts 12 Std.

Preise: gestaffelt nach Abfahrtstagen und Saison. Welcher Tarif Anwendung findet, ergibt sich aus der Farbmarkierung im Stena- Prospekt. In Auswahl Preisbeispiele:

„Auto Tarif": Auto bis 6 m Länge und 2 m Höhe inkl. 5 Person ca. 14o-36o Euro retour je nach Saison und Wochentag. Hinzu kommt bei Stena- Nachtüberfahrten die Pflicht, eine Kabine zu buchen.

„Camper Tarif": Wohnmobil bis max. 1o m Länge, Höhe unbegrenzt, inkl. 5 Person ca. 2oo - 88o Euro je nach Saison und Wochentag. Hinzu kommt bei Stena- Nachtüberfahrten die Pflicht, eine Kabine zu buchen.

Kabine (bei Nachtüberfahrten der Stena Line Pflicht!): pro Kabine und Strecke nachts ab ca. 6o Euro aufwärts ca. 1oo - 145 Euro/Person. Wer tagsüber eine Kabine benötigt, erhält 5o % Rabatt.

Buchung: Stena Line, Service Center Tel.: o18o5 - 91 66 66, www.stenaline.de, über E-Mail: info.de@stenaline.com

(15) HIRTSHALS -> KRISTIANSAND

Color Line. Eignet sich nur in Zusammenhang mit einer größeren Norwegen -Schweden Rundtour, da Kristiansund extrem weit südwestlich liegt und als reine Schweden Anreise nicht in Frage kommt.

Ganzjährig verkehrt täglich zweimal eine konventionelle Fähre mit einer Fahrtzeit von 4, 5 - 6 Std. In der Hochsaison wird sie durch eine Schnellfähre ergänzt, 2 bis 3 Abfahrten pro Richtung, Überfahrt 2,5 Std.

„Autosparpaket": PKW bis 5 m Länge und 2 m Höhe inkl. 5 Pers. retour von 19o Euro in der Nebensaison unter der Woche bis 46o Euro in der Hauptsaison am Wochenende.

Kabinenpreise ab 2o Euro pro Person und Strecke.
„Super Sparpaket": gültig für 5 Pers. inkl. PKW bis 5 m Länge und 2 m Höhe retour zwischen 137 und 264 Euro je nach Saison und Wochentag. Begrenzte Anzahl an Plätzen.
Buchung: Color Line, www.colorline.de Tel.: 0431 - 73oo.3oo, Fax: 0431 - 73oo.4oo

Generelle Tipps zu den Schweden-Fähren

* Vorbuchung: für alle Fähren zu Hochsaison-Terminen sinnvoll! Insbesondere wenn man mit Pkw reist und Kabine wünscht.

  In der Regel muß man 1 Std. vor Fährabfahrt erscheinen, - danach besteht die Gefahr, dass man den Anspruch auf die Reservierung verliert!

* Umbuchung: von fest reservierten Terminen jederzeit im Rahmen der Ticketgültigkeit und Tarifen möglich. In der Regel gelten Rückfahrttickets 3 - 12 Monate. Je nach Kleingedrucktem sind für Umbuchungen oder Stornierungen Gebühren fällig.

  Insbes. bei Hochsaison-Terminen rechtzeitige Umbuchung kümmern, auch telefonisch möglich (Rückbestätigung nicht erforderlich). Die Telefonnummern der Reedereien im Abfahrtsland siehe oben/Routen.

* Haustiere: Mitnahme auf Strecken nach Schweden nur teils möglich. Bei der „Stena Line" (sofern erlaubt!) müssen sie gemäß Bestimmungen während Überfahrt im Auto unter Deck bleiben! Arme Tiere!

* Zollfreier Einkauf: im Rahmen der EU-Bestimmungen auf allen Fährstrecken passée, - ausgenommen auf Strecken nach Norwegen. Sowie über die Åland-Insel (Zollausland) bzw. auf der Finnjet (Zwischenstopp in Estland). Um den Verdienstausfall der Reedereien in Grenzen zu halten, existieren zwar noch Shops, diese sollten preislich aber sehr genau beobachtet werden.

* Einschiffung: in die Warteschlange einreihen und Prozedur abwarten. Das Personal weist ein, in der Regel mehrsprachig, insbesondere auch deutsch.

  Nach der „Verstauung des Pkw" und nach Abfahrt der Fähre darf man aus Sicherheitsgründen nicht mehr ans Fahrzeug. Daher vorab alle wichtigen Gegenstände für die Überfahrt aus dem Fahrzeug rausholen. In dringenden Notfällen (Medizin oder Kuscheltier vergessen) an der Rezeption melden.

In eigener Sache:

Es liegt in der Natur der Dinge, daß bei der Fülle an konkreter Information, die dieses Buch enthält, sich im Laufe eines Jahres einiges ändern kann.

Deshalb bitten wir um Mitteilung von Abweichungen. Wer uns ansonsten irgendwelche ausgefallenen Tipps wie neue Routen, schöne Hotels mit viel Atmosphäre oder ähnliches schickt, wird bei der Neuausgabe dieses Buches namentlich zitiert.

Bitte schreibt uns, wir freuen uns über jeden brauchbaren Tipp, weil wir es wichtig finden, daß man nicht irgend ein blödes Laberbuch, wie leider viele Reiseführer, mit sich schleppt, sondern etwas, was wirklich nützlich und hilfreich ist.

Schweden Redaktion

VERLAG MARTIN VELBINGER

Hauptstr. 4o, 82229 Seefeld
schweden@velbinger.com

AUTOREISEZÜGE

Süddeutsche, Schweizer und Österreicher sparen runde 800 km und einen Tag Anreise pro Richtung. Dies, da die Strecke nachts im Liege- oder Schlafwagen zurückgelegt wird, wobei der Pkw hinten auf den Pkw-Waggon des Zuges kommt.

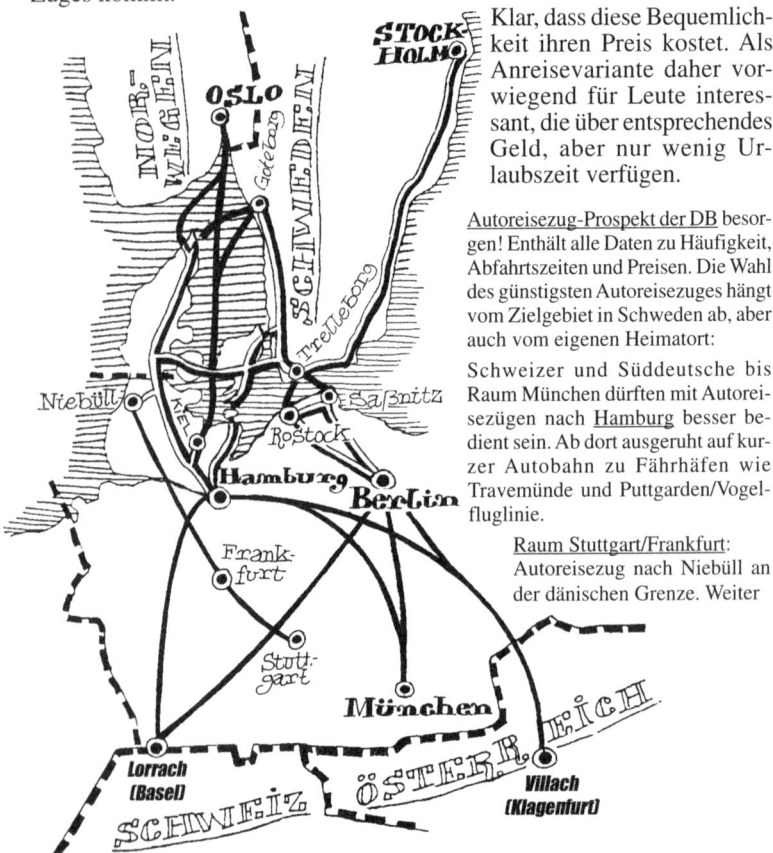

Klar, dass diese Bequemlichkeit ihren Preis kostet. Als Anreisevariante daher vorwiegend für Leute interessant, die über entsprechendes Geld, aber nur wenig Urlaubszeit verfügen.

Autoreisezug-Prospekt der DB besorgen! Enthält alle Daten zu Häufigkeit, Abfahrtszeiten und Preisen. Die Wahl des günstigsten Autoreisezuges hängt vom Zielgebiet in Schweden ab, aber auch vom eigenen Heimatort:

Schweizer und Süddeutsche bis Raum München dürften mit Autoreisezügen nach Hamburg besser bedient sein. Ab dort ausgeruht auf kurzer Autobahn zu Fährhäfen wie Travemünde und Puttgarden/Vogelfluglinie.

Raum Stuttgart/Frankfurt: Autoreisezug nach Niebüll an der dänischen Grenze. Weiter auf dänischer Autobahn, z.B. nach Frederikshavn und Fähre -> Göteborg. Es sind somit lediglich ca. 370 Straßen-Kilometer pro Richtung zu fahren. Abends in den Autroreisezug und bereits am nächsten Nachmittag in Göteborg.

Ab Höhe München Entscheidungsfrage: unter Umständen ist der Autoreisezug nach Berlin günstiger und weiter via Rostock oder Saßnitz nach Trelleborg/Südschweden. Autoreisezüge ab München nach Hamburg sind teurer, dafür häufigere Fährverbindungen z.B. auf der Vogelfluglinie (z.B. 1, 7), Details siehe Kapitel „Fähren".

Preise: z.B. München -> Hamburg ca. 300-450 Euro für Auto und Fahrer, inkl. Liegebett retour je nach Saison. Unter Berücksichtigung, dass man hier rund 1.6oo km retour spart, den Sprit und zweimal die Übernachtung, rückt der Preis in annehmbare Dimension. - München -> Berlin ca. 432-65 Euro für Auto und Fahrer, inkl. eigenes Abteil im Schlafwagen für zwei Personen, retour je nach Saison. Einsparung: ca. 1.3oo km retour, Sprit und Übernachtung.

Vorteil beider Strecken: abends gegen 22 Uhr in München in den Zug und bereits am nächsten Mittag bzw. frühen Nachmittag Ankunft in Südschweden.

Infos und Buchung von Autoreisezügen
In größeren DB- Bahnhöfen bzw. per Telefon: o18o5/ 24 12 24 (o,12 Euro pro Minute) Im Internet: www.autozug.de.: hier Infos zu Fahrplänen, auch Buchung möglich. Ansonsten in größeren Reisebüros.

Prospekte: Reisebüros und DB, - bzw. Internet siehe oben. - Eincheckzeiten: ca. 3o- 6o Min vor Abfahrt. - Größenbegrenzung: maximal ca. 2 m Höhe und Breite im Dachbereich 1,35 - 1,55 m; Infos DB.

ANREISE BAHN

Schnelle ICE - Verbindungen durch Deutschland (z.B. München -> Hamburg ca. 6 Std.) sowie Öresund Brücke/Tunnel zwischen Dänemark und Südschweden haben die Anreisezeiten erheblich reduziert und machen Zugfahren attraktiv.

STRECKEN: die meisten via HAMBURG und ÖRESUND. Die Schnellstrecke nach Schweden: z.B. Hamburg -> Stockholm ca. 1o 1/2 - 12 Std. Bzw. München -> Stockholm ca. 17 - 21 Std.

Alternativstrecke: Berlin-> Rostock bzw. Saßnitz -> Trelleborg/Südschweden. Benötigt Extrazeit wegen der längeren Überfahrt der Fähre nach Südschweden und daher vorwiegend sinnvoll für Bewohner Großraum Berlin und Ostdeutschland wegen kürzerer Anreise Km zum Fährhafen.

FAHRT- UNTERBRECHUNG: um sich die Strecke angenehmer zu gestalten, ist es vielleicht keine schlechte Idee, in Hamburg oder Kopenhagen die Fahrt für eine Stadtbesichtigung zu unterbrechen. Abends dann weiter mit dem Schlafwagen nach Stockholm oder Göteborg.

Ebenfalls lässt sich die Anreise durch Deutschland -> Hamburg mit Nachtzug und Liegewagen/Schlafwagen durchqueren. Details DB, auch Internet www.bahn.de oder Reisebüros.

NORMALPREISE: Hamburg-> Stockholm ca. 23o Euro retour, ab München ca. 37o Euro retour, ab Berlin ca. 28o Euro retour. Die Fährüberfahrt ist jeweils im Preis eingeschlossen.

Wie man Geld sparen kann:

1.) Scanrail-Ticket
Unterschieden wird zwischen dem „Flexipass" und dem „Consecutive Pass". Erster gilt 2 Monate und berechtigt, entweder an 5, 8 oder 1o Tagen sämt-

liche Eisenbahnstrecken Skandinaviens gratis zu benutzen. Letzter gilt 21 Tage lang und berechtigt innerhalb dieser 21 Tage in Skandinavien gratis Eisenbahn zu fahren. Bei beiden Pässen keine Altersbegrenzung, Bedingung: Wohnsitz außerhalb Skandinaviens.

Benutzer	Flexipass	Consecutive
Erwachsene (bis 64 Jahre)		
5 frei wählbare Tage	238 Euro	------
8 frei wählbare Tage	288 Euro	------
1o frei wählbare Tage	32o Euro	------
21 Tage	------	37o Euro
Jugendliche (12- 25 Jahre)		
5 frei wählbare Tage	165 Euro	------
8 frei wählbare Tage	199 Euro	------
1o frei wählbare Tage	222 Euro	------
21 Tage	------	258 Euro
Senioren (ab 65 Jahre)		
5 frei wählbare Tage	21o Euro	------
8 frei wählbare Tage	254 Euro	------
1o frei wählbare Tage	254 Euro	------
21 Tage	------	325 Euro

www.scanrail.com

Das „Scanrail- Ticket" ist für Fahrten innerhalb von Schweden Tipp, da es gegenüber den dortigen Normalfahrpreisen erheblich Geld spart. Dies gilt, wer in Schweden keinen „stationären Urlaub" plant, sondern viel rumreist; insbes. auch Langstrecken z.B. nach Kiruna/Lappland.

Benutzung zuschlagspflichtiger Züge (z.B: schwedischer X 2ooo oder Nachtzüge) sind entsprechend Zuschlag zusätzlich zu zahlen. - Bei Abfahrten nach 19 Uhr ist das Datum des folgenden Tages einzutragen.

Das „Scanrail- Ticket" läßt sich nicht nur für innerskandinavische Strecken (u.a. Dänemark und Schweden) einsetzen, - sondern auch für die Anreise ab Deutschland:

Hierbei greift man auf ein preisgünstiges Ticket der DB auf innerdeutscher Strecke zurück. Mit diesem Ticket fährt man bis Puttgarden oder Sassnitz und steigt ins „Scanrail- Ticket" ein. Damit liegt man allein schon mit An- /Rückreise Schweden (Ziel Stockholm) billiger als mit dem normalem DB-Ticket.

Erhältlich ist das Scanrail-Ticket in größeren Bahnhöfen der DB, der schweizerischen und österreichischen Eisenbahn sowie in größeren Reisebüros. Bedingung: kein Wohnsitz in Skandinavien. Beachten, dass in Schweden in allen Fernzügen Platzkartenpflicht gilt.

2.) InterRail 26 und InterRail 26+

Erhältlich als „Interrail 26" für Jugendliche bis 26 Jahren - sowie als „Interrail 26+" für Leute über 26 Jahren.

Es berechtigt zur beliebig häufigen Benutzung von Eisenbahnstrecken in der jeweiligen Zone bei einer Gültigkeit 1 Zone: 16 Tage, 2 Zonen: 22 Tage und alle Zonen: 1 Monat.

ZONE B = Norwegen, Schweden, Finnland, - ZONE C: = Dänemark, Schweiz, Österreich und Deutschland.

Das Ticket gilt nicht in dem Land, in dem man seinen eigenen Wohnsitz hat (z.B. für Deutsche nicht in Deutschland). Dort jedoch 5o % Rabatt auf den Normalpreis der Zugverbindung.

Zonenanzahl	Gültigkeit	Interrail	Interrail 26+
1 Zone	16 Tage	195 Euro	286 Euro
2 Zonen	22 Tage	275 Euro	396 Euro
Alle Zonen	1 Monat	385 Euro	546 Euro

www.interrail.de

* Vor Ort in Schweden ist das „Interrail/Zone B" dann sinnvoll, wenn man während der Ticketgültigkeit 22 Tage sehr häufig den Zug benutzen will und in der Alters/Preisgruppe unter 26 Jahren liegt. Hier ist „Interrail 26" zwar einige Euro teurer (275 Euro) als das Scanrail Ticket (258 Euro), dafür aber auch einen Tag länger gültig.

*Letztendlich kommt es auf die persönliche Situation darauf an. Einfach mal selber anhand der Tabellen rumexperimentieren, welches Ticket das günstigere für einen ist. Dabei mitberechnen ob man möglichst viel rumfahren will oder wenig und ob man viel Zeit hat oder weniger Zeit.

Leute mit Wohnsitz Schweiz/Österreich kommen um die Buchung von 2 Zonen des „Interrails" nicht herum (Zone C und B), was das Ticket verteuert.

Erhältlich sind Interrail- Tickets in größeren DB- Bahnhöfen sowie Reisebüros. Infos Internet: www.bahn.de.

3.) Euro Domino

Gibts in drei Varianten, einmal für Leute unter 25 Jahre, für Leute ab 26 Jahren und für Senioren. Gilt ausschließlich für die Eisenbahnstrecken in Schweden. Man kann max. 5 Zusatztage dazubuchen, im Klartext heißt

Gültigkeit	Unter 25 Jahren	Ab 26 Jahren	Senioren
3 Tage	125 Euro	178 Euro	151 Euro
Zusatztag*	15 Euro	22 Euro	19 Euro
* max. 5 Zusatztage			

www.bahn.de

das, das Ticket kann max. 8 Tagen genutzt werden. Das ganze ist einen Monat lang gülig.

Für die Anreise nach Schweden gibt's mit Euro Domino 25 % Rabatt auf den Normalpreis bis schwed. Grenze. - Das Ticket ist abgesehen davon Tipp, - wer mit Flug zeitsparend Schweden erreicht und vor Ort auf Zugverbindungen zurückgreift.

4.) Sonstige Zugtickets

Infomaterial/Buchung: außer bei den jeweiligen nationalen Eisenbahngesellschaften gibt's die besten Infos bei folgenden Reisebüros, die zugleich Vertreter der Schwedischen Eisenbahn sind:

Skandinavisches Reisebüro: Mit mehreren Filialen in Deutschland. Hamburg, Kleine Johannisstr. 1o, 2o457 Hamburg Tel.: (o4o) 36 oo 15o, Fax: (o4o) 36 64 83 E-Mail: hamburg@skandinavisches-reisebüro.de - Berlin: Kurfürstendamm 2o6, 1o719 Berlin Tel.: (o3o) 88 46 o4o, Fax: (o3o) 88 46 o45 - o berlin@skandinavisches-reisebüro.de - Stuttgart: Silberburgstr. 112, 7o176 Stuttgart Tel.: (o711) 22 87 83, Fax: (o711) 22 64 o79 stuttgart@skandinavisches-reisebüro.de Düsseldorf: Berliner Allee 26, 4o212 Düsseldorf Tel.: (o211) 17 68 4o, Fax: o211 36 55 32 duesseldorf@skandinavisches-reisebüro.de

www.skandinavisches-reisebüro.de

Oder in Schweden bei Sweden Booking Tel.: (oo46) - 2o 33 8o, Fax: 2o 33 91 oder www.sj.se

5.) Innerschwedische Zugvergünstigungen

Für innerschwedische Zugtickets gibt's eine ganze Reihe Vergünstigungen. Die bekannteste und ökonomischste für längere Strecken ist der „SJ Summer Pass"

Alle Details siehe „Transport in Schweden/Zug". In der Regel liegt man allerdings mit einem „Scanrail-Ticket" oder „Interrail" als Nicht-Schwede günstiger.

ANREISE FLUG

Bequemste und schnellste Möglichkeit ohne Straßenstress und lange Fährenfahrten. Was Überland bis zu 2 Tagen Urlaubszeit kostet, erledigt der Flieger in rund 2 Stunden.

Linienflug: Direktflüge mit Lufthansa und SAS von Frankfurt, Düsseldorf, München, Stuttgart und Hamburg nach Stockholm und Göteborg. Als Linienflugticket ziemlich teuer, z.B. Hamburg-> Göteborg ca. 55o Euro retour (Flugzeit ca. 1 Std.) oder Hamburg -> Stockholm ca. 65o Euro retour (ca. 1 1/2 Std.). Das Ticket gilt ein Jahr und kann beliebig umgebucht werden.

Die frühere Vielzahl von festen Spartickets („Flieg & Spar" etc.) sind zugunsten von sogenannten "Special-Tickets" aufgehoben worden. Diese Tickets variieren von Tag, Monat und Abflughafen und vom Preis so stark, dass man keine generellen Tipps mehr geben kann. Außer: sich über die einschlägigen Internet-Adressen und über gute Reisebüros aktuelle Preistipps geben zu lassen. Die Angebote sind jedoch immer limitiert.

Viele andere deutsche und schwedische Airports sind über die internationale Drehscheibe Kopenhagen per Umsteigen zu erreichen. Von Kopenhagen geht's direkt vom Flughafen Kastrup per Bus oder Zug über die neue Öresund Verbindung in nur 2o Min. nach Malmö/Schweden rüber.

Weitere Infos bei SAS GERMANY Sales & Service: Tel.: o18o5 - 11 7o o2 (gebührenpflichtig) Fax: + 37 2 668 oo82 www.flysas.de

Charterflüge: sind (im Gegensatz zu südl. Ländern) nach Schweden Rarität. Trotzdem werden in jedem Jahr von unterschiedlichen Fluggesellschaften im Sommer, teilweise sogar zu Weihnachten und Ostern Sonderflüge in den hohen Norden (meist Östersund oder Kiruna) angeboten. Am besten bei den führenden Reisebüros nachfragen.
Auch als „Fly & Drive" mit Mietwagen möglich.

Das Angebot kann man nur bei Reisebüros buchen, z.B. Skandinavisches Reisebüro, Kleine Johannisstr. 1o 2o457 Hamburg Tel.: (o4o) 36 oo 15o www.skandinavisches-reisebüro.de Wolters Reisen GmbH, Bremerstr. 61 28816 Stuhr Tel. (o421) 89 99 o info@wolters.tui.de
- Ähnliches Angebot ab Zürich nach Kiruna/Lappland. Kontakt: Kontiki Reisen, Wettinger Str. 23, CH 54oo Baden/Schweiz, Tel.: + 41 - (o) - 56/ 2o 3 66 66, Fax: 2o 3 66 3o. www.kontiki.ch

Im Rahmen der europaweiten Billigflieger bietet RyanAir schon Flüge für 19,99 Euro von Hamburg (Lübeck) nach Göteborg an oder für den selben unglaublichen Preis von Frankfurt/Hahn ins nahe der schwedischen Grenze gelegene Oslo. Dabei wird wie üblich nicht der Hauptflughafen in Oslo angeflogen, sondern der Provinzflughafen Torp, der allerdings mit der Innenstadt per Shuttle-Bus verbunden ist.
Infos unter www.ryanair.com.

Vorteil der Anreise per FLUG: sie ist die schnellste und bequemste Anreise, zudem gibt's innerhalb Schwedens günstige Anschlüsse. Beispielsweise ein „VISIT SCANDINAVIA AIR PASS", man kann bis zu 8 Flugcoupons für innerskandinavische Flüge für 69 Euro kaufen. Eine besonders interessante innerschwedische Flugstrecke (Stockholm - Kiruna) ist allerdings teurer (122 Euro). Außerdem muß man bei länderübergreifenden innerskandinavischen Flügen (z.B. Schweden - Finnland) mit dem Pass auch etwas mehr zahlen (8o Euro), liegt aber natürlich deutlich unter den regulären Preisen. Ähnliches gilt für Flüge nach Grönland, auf die Faröer-Inseln oder nach Spitzbergen. Details im Internet unter: www.flysas.de Tel.: o18o5 - 11 7o o2

Es gilt nur in Verbindung mit dem SAS-Hinflugticket nach Schweden. - Weitere Vergünstigungen für Ehepaare sowie für Abflüge zu bestimmten Tagesterminen, die vom Geschäftsverkehr weniger ausgelastet sind. Alle Details siehe Kapitel „Transport in Schweden/Flug".

ANREISE BUS

Von sehr vielen Städten aus kann man mehr als 1.5oo Orte in Schweden erreichen. Von der Schweiz und Österreich existieren Zug-/Bus-Kombinationen über Frankfurt/Main und München. Im Angebot auch organisierte Touren, z.B. zum Nordkap und nach Finnland. Schnellbusse spielen die Greyhound-Busrolle in Skandinavien.

<u>Vorteile</u>:

* Komfortable Langstreckenbusse. Jedoch gegenüber Zug kein „Vertreten der Beine, Rumlaufen, Restaurantwaggon, Schlafwagen" etc.
* Die <u>Ankunftszeiten</u> in Schweden sind auf den innerschwed. Busverkehr abgestimmt, dass problemlos fast alle schwedischen Ortschaften mit minimalem Umsteigen erreicht werden. Man kann also von z.B. Hildesheim mit einmaligem Umsteigen bis in die kleinste Ortschaft (z.B. Mellerud im Dalsland) gelangen.
* <u>Billiger als Zug</u> (hier bezogen auf Normalpreis, nicht Spezialtarife siehe oben!) bei etwa geringerer Geschwindigkeit. In Schweden angekommen, gibt's beim Vorzeigen des Bustickets 5o % Rabatt für den Zug. Außerdem 5o % Rabatt für Kinder unter 16 Jahren auf allen Buslinien.

Fazit: interessante Zugalternative, noch ziemlich unbekannt.

<u>Infos und Buchung</u>: Deutsche Touring GmbH, Am Römerhof 17, 60486 Frankfurt, Tel.: o69/ 79 o3 o3, Fax: o69/ 79 o3 219 www.deutsche-touring.de

Transport in SCHWEDEN

Mit dem Auto

Die Schweden sind Sicherheitsfanatiker. Entsprechend gut sind die Straßen und streng die Vorschriften. Wir kennen kein anderes europäisches Land, in dem sie auch von den Verkehrsteilnehmern so gut eingehalten werden (schwarze Schafe gibt's natürlich überall). Entsprechend mitmachen! Folge: Schwedens Straßennetz ist eines der sichersten der Welt!

Selbst die gefürchteten Elche versucht man mit meilenweiten, straßenbegleitenden Zäunen im „Zaum" zu halten. Trotzdem: Runter vom Gas bei Elchschildern. Der kann sich schon auf den Weg über die Straße machen, und so'n 2 m Koloß in der Windschutzscheibe liegen zu haben ist äußerst unangenehm. Darum: erhöhte Vorsicht bei Elchschildern.

Dieselbetriebene Wohnmobile und Busse über 3,5 t müssen keine „Dieselsteuer" mehr bezahlen! Sie gilt nur noch für Fahrzeuge über 6 Tonnen und beträgt dann saftige 0,40 Euro pro 10 km.

> Geschwindigkeitsbegrenzungen: die niedrigsten in Europa. Höchstgeschwindigkeiten: im Ort 50 km/h, auf Landstraßen 70 km/h, bei Ausschilderung 90 km/h. Auf Autobahn und Schnellstraßen 90 km/h, wenn extra ausgeschildert 110 km/h, mit gebremsten Hänger 80 km/h, bei Gespannen mit ungebremsten Hängern, dessen Gesamtgewicht ein Sechstel des Gesamtgewichtes des Zugfahrzeuges überschreitet gilt 40 km/h, für Wohnmobile über 3,5 t 70 km/h.

BESONDERE BESTIMMUNGEN

* Grundsätzlich immer mit Fahrlicht/Abblendlicht fahren. Grund: auf Straßen wird man früher und besser gesehen. Autobesitzer ohne automatische Lichtrückschaltung unbedingt Zettel ins Lenkrad kleben! Batterie ist garantiert sonst irgendwann leer.

* Alkoholgrenze bei 0,2 °/oo. Viele Kontrollen, auch nach Fähren, in Sachen Restalkohol. Polizei kennt kein Pardon und die Strafen sind ruppig.

* Auf zweispurigen Landstraßen sollte bei Überholvorgängen der Langsame nach rechts ausweichen und über „Standstreifen" fahren. Vorsicht bei Fußgängern, Radfahrern oder Straßeneinmündungen.

* Unbeschränkte Bahnübergänge blinken immer weiß, bei Zugwarnung rot (verunsichert zunächst).

* Überholen muss mit Warnsignalen (z.B. Blinken) angezeigt werden.
* Im Kreisverkehr - und davon gibt's viele - immer Vorfahrt, Ausnahme bei anderer Ausschilderung.
* Blinkende Autobusse haben bei Abfahrt Vorfahrt.
* Straßenbahnen haben grundsätzlich Vorfahrt.
* Das Verkehrsschild mit einem „M" (=Mötesplats = Treffpunkt) auf Waldwegen, Nebenstraßen und Pisten weist auf Wegverbreiterungen zum Ausweichen bei Gegenverkehr hin.
* Sobald Wegweiser auftauchen, ihnen direkt folgen bzw. bei Autobahnen direkt unter Schildern durchfahren, bes. in Göteborg und rund um Stockholm. Kein so ausgeweitetes Vorwegweisersystem wie in Deutschland vorhanden.
* Kleine Orte haben keine Ortseingangsschilder. Auf Geschwindigkeitsbegrenzungen achten und an Hand der Bushaltestellennamen orientieren.

Noch ein Tipp zu den Reiserouten: wer Schweden nur auf den Europastraßen kennengelernt hat, ist selbst schuld. Der hat nichts vom wirklich schönen Schweden gesehen. Runter von den Straßen mit kleinen Nummern und auf Niemandslandwegen dem Abenteuer entgegen!

WISSENSWERTES

Zivile Polizeistreifen erkennt man an unauffällig geparkten Volvos am Straßenrand mit zwei Personen und niedriger Nummer auf Verkehrsschild. Außerdem Geschwindigkeitsüberwachungen aus Hubschraubern und kleinen Flugzeugen mit hochtechnisiertem Gerät. Kontrolle selbst auf einsamsten Landstraßen und Stellen, die in ihrer Geradlinigkeit zum Druck aufs Gaspedal reizen könnten. Die funkgelenkte Motorradstreife bittet dann zur Kasse. Auch in Schweden sind die bei Autofahrer so gefürchteten mobilen Laserkanonen häufig im Einsatz.

Hier die gesalzene „Preisliste": Geschwindigkeitsüberschreitung um 15 km/h = 15o Euro, um 3o km/h = 3oo Euro. Sicherheitsgurt nicht angelegt = 45 Euro und Falschparken = 3o Euro.

Bisher haben wir aber überaus positive Erfahrung mit Polizisten gemacht. Sprechen meist englisch, spielen schon mal Taxi oder fahren als Lotse vor einem her. Insofern wirklicher Freund und Helfer.

TANKSTELLEN ausreichend vorhanden. Beim Tanken immer auf die Schilder "Kassa" achten; sie bedeuten, dass man in bar oder mit Kreditkarte an der Tankstelle direkt bezahlt. Etwas nervig nur abends und nachts mit Tankautomaten („Sedel/Kontoautomat"). Genug 5o- und 1oo- Kronenscheine bereithalten. Weniger nachtgeöffnete Automaten für Dieselfahren. Ansonsten empfiehlt sich das Tanken mit „Plastikgeld", also VISA, MASTERCARD, EUROCARD etc. Wird an nahezu allen Tankstellen akzeptiert. Benzinpreise deutlich höher als bei uns, Diesel ebenfalls teurer als bei uns.

AUTOGAS GIBT es an insgesamt ca. 9o Tankstellen. Nur mit entsprechendem Verzeichnis (ADAC) losfahren.

In Städten häufig KEINE ORTSWEGWEISER, sondern nur Straßennummer-Wegweiser. Gestrichelt umrandete Straßennummer bedeutet: führt auf genannte Route.

Viele Schweden geben Entfernungen noch in Meilen (= 1o km) an! Nicht wundern, wenn man die 35 Meilen (= 35o km!) nicht mehr schafft.

FÄHREN auf Nebenstraßen bei See- oder Meeresarmüberquerungen sind kostenlos. Fahren meist nach Bedarf hin und her. Schöne Unterbrechung und meist nachfolgend einsame Gebiete.

Achtung: In den letzten Jahren wurden umfassende STRASSENNUMMERNÄNDERUNGEN vorgenommen. Nicht durch altes Kartenmaterial täuschen lassen!

Pannenhilfe leistet Larmtjänst (Alarmdienst) landesweit. Der Abschleppdienst (Bärgning) ist landesweit unter Tel. o2o/ 91 29 12 zu erreichen, wer sich das vorab mal im Netz anschauen will: www.assistancekaren.se

Allgemeiner Polizei-, Unfall- und Feuerwehrnotruf landesweit ist im Rahmen der EU-Vereinheitlichung wie in Deutschland 112. Nummer gilt für jede Notlage.

REPARATUREN: im allgemeinen kein Problem. Im Gegenteil: bisher haben wir ausgesprochen gute Erfahrungen gemacht. Ordentliche Arbeit, schnell und zuverlässig. Preise etwa gleich teuer wie in deutschen Markenwerkstätten. Insgesamt freundlicher Service.

AUTOVERLEIH: bei deutschen Touristen ziemlich unüblich. Teure Grundpreise und Entfernungen in Schweden sind ja auch nicht gerade gering. Auf Wochen-, Sommer- und sonstige Spartarife achten! Handeln ist besonders bei Kilometerbegrenzungen möglich. Grundsätzlich gilt: je länger, desto billiger. In der Kleinwagenkategorie werden meist Ford Fiesta und VW Polo vermietet.

Preisbeispiele Ford Fiesta: 1 Tag unbegrenzte km ca. 75 Euro, 1 Tag + km ca. 5o Euro + o,3o Euro pro km. Woche unbegrenzte km 5oo Euro, Woche + 2.ooo km ca. 72o Euro.

Wir hatten ganz gute Erfahrungen mit Avis. Buchungscenter in Schweden: o77o - 82 oo 62, aus dem Ausland: + 46 31 72 56 711 über E-Mail reservation-office@avis.se Homepage: www.avis-se.com

Viele Leute sind insofern geschickt, als sie in Schweden einen Wohnwagen leihen. Man spart teure Fährüberfahrten! Bei mehreren Personen eine interessante Alternative zum Ferienhaus. Ebenfalls Wohnmobilvermietung vorhanden, allerdings teurer als in Deutschland. Adresse: Josefssonshusvagnar, Box 39, 43281 Landvetter/Göteborg, Tel. o31/ 91 75 8o.

www.josefssonshusvagnar.se Oder: Husbilspiloten AB, Turevägen 2, 19102 Sollentuna. Tel. 08/ 35 83 00. oder ToLuRent im Ort Grums, Industrigatan 4, Tel. 0555/61200 www.tolurent.se

<u>Achtung Motorradfans</u>: Es gibt speziell für Motorradfans ausgearbeitete Traumrouten. Zu bekommen über: Sveriges Motorcyklisters Centralorganisation (SMC), Box 318, S-79225 Mora, Tel. 0250 - 395 00 Fax: 0250 - 395 18 www.motorcyklisterna.org

MIT DEM FLUGZEUG IN SCHWEDEN

Wegen großer Ausdehnung des Landes lohnende Sache. Nicht weniger als 35 Städte im gesamten Land werden von SAS angeflogen. Der größte Teil der Inlandsflüge läuft über die „Drehscheibe" <u>STOCKHOLM/ ARLANDA</u>. Dort beste Organisation: kurze Wege zum nächsten Gate, prompte Anschlüsse zu Umsteigezielen. Zu erreichen ist der Flughafen mit der modernen Arlanda- Bahn, die ca. 20 Minuten für die Strecke Flughafen –> Hauptbahnhof benötigt oder mit Shuttlebussen.

Geflogen wird auf Stockholm-Linien meist mit modernen Düsenmaschinen, hinter denen sich bezüglich Komfort und Service manche internationale Fluggesellschaft verstecken kann. Auf Kurzstrecken kleinere, aber moderne Propellermaschinen, auf denen man fast vom Kapitän per Handschlag begrüßt wird. Alles ausgesprochen nett und freundlich.

Interessant für <u>Nordschwedenfahrer</u>: nicht 3 oder 4 Tage (hin und zurück) sinnlos auf niemals endenden Landstraßen kriechen, sondern kurz und bündig nordwärts jetten; ausreichend Zeit für lange Kanu-, Wander- und Abenteuertouren. Zudem noch relativ preiswert (z.B. Stockholm-> Kiruna ca. 200 Euro, hin und zurück ca. 270 Euro). Dabei auf Niedrigpreisabflüge achten. Bei bestimmten Abflugzeiten außerhalb der gewöhnlichen Flugzeiten der Geschäftsleute (z.B. morgens um 11 Uhr) gelten um bis zu 40-70 % reduzierte Angebote.

Infos zu Flugplänen, Preisen, Pauschalangeboten und AirPässen über SAS Germany Sales & Service Tel.: 01805 - 117 002 (gebührenpflichtig) Fax. + 37 2 668 0082 www.flysas.de

MIT DER EISENBAHN IN SCHWEDEN

Das schwedische Eisenbahnnetz ist das längste und dichteste Skandinaviens. Alle wichtigen Orte werden per Zug bedient, - abgesehen davon macht Zugfahren in Schweden Spaß.

Transport in Schweden

Echte Erlebnisse: dunkelrote, gewellte, urkomfortable Waggons, gezogen von bulligen Loks. Mit ihren vorn angebrachten Schneeschaufeln erinnern sie an abenteuerliche Westernloks und brausen pfeilschnell durch die Wälder. Oder mit anhängerlosen Schienenbussen, die über kurvenreiche Nebenstrecken holpern und laut hupen, um die Elche zu vertreiben. Die schwedischen Eisenbahnen haben mit den neuen X-2ooo-Zügen, die aufgrund ihrer Eigenneigung in Kurven hohe Geschwindigkeiten zulassen, den Anschluß an das neue Jahrtausend geschafft. Sie sind Schwedens schnellste Züge und verkehren auf fast allen Hauptstrecken von und nach Stockholm. Danach folgen kategoriemäßig die Intercitys, InterRegios und die Nachtzüge. Preisbeispiel: Göteborg-> Gällivare retour ca. 13o Euro ohne Zuschläge. Siehe auch: www.sj.se oder www. tagplus.se

Die Schwedische StaatsbahnSJ („Statens Järnvägen") fährt pünktlich, schnell, bequem und in Relation zu den riesigen Strekken billig. Auch interessant für Autourlauber mit Lappland-Wanderambitionen: Auto gefahrlos am Zeltplatz stehen lassen und schnell und streß-

frei in tollstes Wandergebiet rattern! Ist häufig preiswerter als der Sprit fürs Auto. Das Gleisnetz ist so organisiert, dass immer Bus- Anschlüsse an die wenigen Nord-Süd Hauptlinien (z.b. Malmö-> Stockholm-> Kiruna) bestehen. Kurios dabei: Intercitys meist im 2-Stunden-Takt halten manchmal an kleinen Miniorten. „Abseits" gelegene, größere Städte sind im Pendelverkehr angeschlossen.

Im Sommer sind die Züge ziemlich voll. Es besteht lediglich auf den Nacht- und X-2ooo-Zügen Reservierungspflicht. Die normalen IC-Züge können ohne Platzreservierung benutzt werden.
Preis ca. 12 Euro. Reservierung entweder schon von Deutschland aus unter oo46/ 498/ 2o 33 8o oder unter: www.swedenbooking.com. Alle Abfahrtszeiten findet man bei www.tagplus.se/ zentral in Stockholm (Tel.: o771 - 757575) oder an jedem Bahnhof.

Fahrradmitnahme ist in den Abteilwaggons nicht möglich. Sie müssen aufgegeben werden, fahren dann aber in aller Regel im selben Zug im Gepäckwagen mit. Zahlreiche Ermäßigungen, fast so unüberschaubar wie bei der DB. Die wichtigsten:

* SJ SUMMER PASS: gültig zwischen Ende Juni und Ende August und bedeutet Zugfahren an 5 freiwählbaren Tagen in eimem Zeitraum von 3o Tagen. Kostet ca. 187 Euro. Inklusive sind zwei Kinder bis 15 Jahren, pro Fahrt muss für jedes Kind dann lediglich eine Gebühr von ca. 2 Euro bezahlt werden. Gilt auch für die Fahrt nach Oslo und Kopenhagen. Einfach mal mit Interrail, Scanrail und Euro Domino vergleichen (S. 28)
* SENIOREN UND STUDENTENERMÄSSIGUNG: Senioren erhalten Rabatt auf so genannte Last Minute Tickets, die frühestens 24 Stunden vorher gekauft werden können. Studenten erhalten mit ihrer Studentenkarte 3o Prozent Rabatt.
* GRUPPENRABATT: für Gruppen mit 1o bis 19 Personen, 1o Prozent Rabatt wenn jeder sein eigenes Ticket bezahlt.
* LAST MINUTE TICKET: Für Leute bis 26 Jahren, Studenten oder Senioren. Kann frühestens 24 Stunden vor Abfahrt gekauft werden. Kostet minimum 16 Euro, außerhalb der Hauptverkehrszeiten natürlich günstiger.

Bei all diesen Rabatten sollte man jedoch nicht die gewaltigen Entfernungen in Schweden unterschätzen. Schweden an seiner Südspitze runtergeklappt würde Sizilien reichen! Selbst wer nur Süd- und Mittelschweden bereist, kommt schnell auf ein sattes Kilometer-Konto.

Das interessanteste Angebot ist das „SCANRAIL-TICKET": Es muß außerhalb Skandinaviens gekauft werden und berechtigt an wahlweise 5, 8, 1o oder 21 Tagen preislich gestaffelt zu unbegrenztem Reisen in ganz Skandinavien. Details siehe Seite 28.

Auch kann man Rundtrips fahren, ohne dieselbe Strecke wieder zurückfahren zu müssen (Beispiel: Stockholm-> Östersund/Mittelschweden-> rüber nach Trondheim und retour via Norwegen/Oslo).

Durch enge Zusammenarbeit zwischen der schwedischen Eisenbahn und den Busgesellschaften gibt es ein sogenanntes „ZUG-PLUS-TICKET" (schwed. Tåg Plus), das praktisch ganz Schweden bereisen läßt. Erhältlich an allen Bahnhöfen in Schweden. Sämtliche Informationen auf der Homepage www.sj.se.

SCHWEDISCHE TRAUMZÜGE

Etwas für Eisenbahnfreaks und Naturliebhaber. Mit der INLANDSBAHN durch geheimnisvoll anmutende Wildnis zum rhythmischen Rattern der Räder von Kristinehamn im Süden über 1.3oo km bis Gällivare in Lappland zockeln! Dufte Stimmung der meist Jugendlichen oder Wanderambitionierten im Zug, der an vielen Naturschönheiten vorbeiführt und durch gelegentliches Aussteigen Sehenswürdigkeiten längst der Strecke erschließt. Einfach eine geniale und alternative Variante, Schweden anders zu entdekken. Fahrradmitnahmemöglichkeit.

* In roten Schienenbussen mit mehreren nicht miteinander verbundenen Waggons kann man von Ende Juni bis Anfang August täglich von Kristinehamn nach Mora (5 1/2 Std.), von Mora nach Östersund (6,5 Std.) und von Östersund nach Gällivare (15 Std.) rattern. Zwischendurch hält er natürlich an fast jedem Haus. Insgesamt 1.3oo km.

* Ein dampflokgezogener Wildmarkszug holpert zusätzlich vom 3o. 6 - 5.8 Freitags und Samstags als Ausflugsfahrt zwischen Arvidsjaur und dem Flekken Slagnäs (1 Std.). Ein super Erlebnis!

Preise: Das empfehlenswerte Inlandsbahnticket kostet von Ende Juni - Ende Juli ca. 149 Euro und von Anfang August - Anfang September ca. 128 Euro und berechtigt 14 Tage lang zu unbegrenztem Reisen. Natürlich kann man auch Einzeltickets zwischen den rund 7o (!) "Bahnhöfen" lösen. Ca. 8 Euro pro 1oo km (Bspl.: Mora->Östersund 24 Euro). Zwei Kinder bis 15 Jahren reisen in Begleitung eines Erwachsenen kostenlos mit. Jugendliche von 16 - 19 Jahren erhalten 25 Prozent Rabatt. Infos unter: www.inlandsbanan.se, Information und Buchung: Inlandsbanan AB, Box 561,-S- 83127 Östersund, Tel.: oo46/ 63/ 19 44 12, Fax: 19 44 o6 oder über www.swedenbooking.com turist@inlandsbanan.se

MIT DEM BUS IN SCHWEDEN

Von Touristen eigentlich wenig genutzt. Zentrale Startpunkte sind immer die größeren Städte, von wo auch die Umgebung versorgt wird. Wegen weniger Passagiere und immensen Entfernungen gibt's nur relativ seltene Abfahrten. Auch können die Verbindungen recht zeitaufwendig sein: vielfach müssen die Busse alle bestehenden Häuseransammlungen abklappern.

Anders bei den SWEBUSSEN: Brettern mit Höchstgeschwindigkeiten in große Städte und kleinere Dörfer, wo sonst kein Zug mehr fährt. Sehr komfortabel mit viel Beinfreiheit, Toilette etc. Größte Verkehrsdichte besteht am Wochenende. Preise etwa wie im Zug.

Am Wochenende fahren die sogenannten „Veckoslutsbussar" (heißt soviel wie Wochenendbus); verkehren dann als Zusatz und Alternative zu den vollen Zügen. Preisbeispiel: Stockholm-> Göteborg knapp 35 Euro. Infos auch auf englisch bei: Swebus, Box 5o9o, 55oo5 Jönköping, Tel. von Deutschland: oo462oo/218 218. Innerhalb Schwedens ohne internationale Vorwahl oo46 + zusätzliche o vor der 2oo.

In <u>Mittelschweden und Lappland</u> Postbusse. Wichtig für Wanderer und Kanuten, um wieder zum Ausgangspunkt zurückzukommen. Vorher Fahrpläne ansehen, fahren manchmal nur einmal täglich (vgl. Kapitel „Wandern"). Entweder Broschüre „Trafik i Fjällen" von STF, Drottninggatan 31-33, 1o12o Stockholm, Tel. oo46/ 8/ 46 32 1oo oder Postverkets, Siligenstrafik, Box 5o2, 921oo Lyksele. Im Internet unter <u>www.samtrafiken.se</u> alle Verbindungen in Lappland, unter <u>www.ltnbd.se</u> alle Länstrafik Busse. Weitere wichtige links: www.swebus.se oder www.fjallexpressen.com

⑤ MIT DEM TAXI IN SCHWEDEN

Wird man arm bei! Gnadenlos hohe Preise, die sich noch durch allerlei Extras erhöhen können: mehrere Personen, Gepäck, Nacht- oder Wochenendfahrten. Außerdem gibt man hier Trinkgeld. 1o % ist üblich; der Fahrer muß es versteuern, ob er es bekommt oder nicht ...

Besonders teuer sind die <u>Stadttaxis der Großstädte</u> Stockholm und Göteborg. Lieber hier auf die öffentlichen Verkehrsmittel zurückgreifen, die durch „Stockholmkortet" etc. (s. dort) zusätzliche Vergünstigung erhalten!

⑥ MIT DEM SCHIFF IN SCHWEDEN

Natürlich keine Verkehrsverbindungen zum Weiterkommen. Vielmehr zum Genießen: beschaulich und abwechslungsreich.

<u>GÖTA KANAL</u>

Von Göteborg bis Stockholm quer durchs Landesinnere auf sich dahinschlängelnden Wasserwegen, durch meerähnliche Riesenseen, über Unzahl treppenstufenartiger Schleusen, vorbei an idyllischen, beschaulichen Landschaften mit großkronigen Laubwäldern, überhängenden Weiden und malerischen Hängebirken, deren Zweige die Reling streifen; als Aquädukt über 2-spurige Schnellstraßen und mit gigantischen Hebebrücken, die selbst Europastraßenabschnitte hochklappen, um den weißen Kanaldampfern durch Schwedens blaues Band Vorrang zu lassen.

<u>596 km Wasserstraße</u> durch natürliches Seengebiet, davon 1/3 gebaute Ka-

näle: Schon 1526 hatte ein vorwitziger Bischof den Vorschlag unterbreitet, die natürliche Wasser- und Seenplatte Südschwedens durch einen Kanal zu vereinigen und damit einen Inlandswasserweg von Küste (Göteborg) zu Küste (Stockholm) zu schaffen. Nach endlosen Beratungen, Abwägungen und Zweifeln wurde 1810 der Baubeschluß gefaßt. Über 58.000 Soldaten und Kriegsgefangene bauten in den folgenden 22 Jahren 190 Kanalkilometer, bei denen riesige Erdmengen abgetragen und Berge versetzt wurden. 1832 wurde die schönste Wasserstraße Schwedens eingeweiht.

Auf den 3 aus jener Zeit stammenden Schiffen Juno (1874), Diana (1931) und Wilhelm Tham (1912) kann man zwischen Mitte Mai und Anfang Sept. eine 4- bzw. 6 Tagestour buchen. Preis je nach Kabinenklasse, inkl. Vollpension an Bord: 4 Tage ab ca. 900 Euro, 6 Tage ab ca. 1.400 Euro. Die Fahrten sind sehr beliebt; daher rechtzeitig buchen.

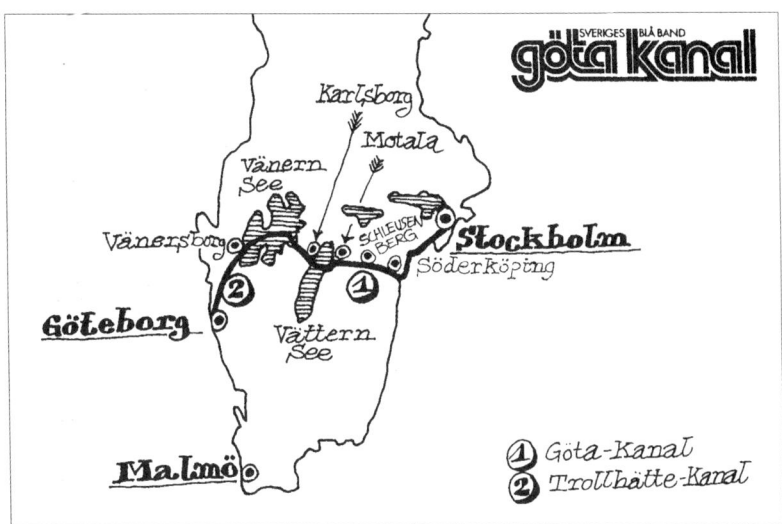

Tipp: Fahrrad leihen, ein oder zwei Etappen mit dem Schiff zurücklegen und über den parallel verlaufenden alten Ziehweg wieder zurück. Teiletappen ab ca. 30 Euro.

Infos und Buchung über: AB Götakanalbolag, Box 3, -S- 59121 Motala, Tel.: 0046/ 141 20 20 50, Fax: 21 55 50, www.gotakanal.se oder über das Skandinavische Reisebüro mit mehreren Filialen in Deutschland. Hamburg, Kleine Johannisstr. 10, 20457 Hamburg Tel.: (040) 36 00 150, Fax: (040) 36 64 83 E-Mail: hamburg@skandinavisches-reisebüro.de - Berlin: Kurfürstendamm 206, 10719 Berlin Tel.: (030) 88 46 040, Fax: (030) 88 46 045 - 0 berlin@skandinavisches-reisebüro.de - Stuttgart: Silberburgstr. 112, 70176 Stuttgart Tel.: (0711) 22 87 83, Fax: (0711) 22 64 079 stuttgart@skandinavisches-reisebüro.de Düsseldorf: Berliner Allee 26, 40212 Düsseldorf Tel.: (0211) 17 68 40, Fax: 0211 36 55 32 duesseldorf@skandinavisches-reisebüro.de - im Netz: www.skandinavisches-reisebüro.de

Passionierte FREIZEITSCHIPPER können die Tour auch auf eigene Faust bzw. mit gemietetem Boot machen. Anfragen über: siehe Infos und Buchung.

ANSTOSS zum Bau gab Baltzar von Platen, ein Graf und Vorstand des damals bereits fertiggestellten TROLLHÄTTE-KANALS. Er schlug dem schwedischen Reichstag den Bau einer durchgehenden Wasserstraße vom Kattegat quer durch Südschweden zum Bottnischen Meerbusen vor. Nach Inbetriebnahme 1832 entwickelte sich entlang des Göta-Kanals eine rege wirtschaftliche Expansion.

Neue Siedlungen gründeten sich entlang des Kanals, - das Holz konnte leichter zu Zellstoff-Fabriken transportiert werden, aber auch Getreide in die Handelskontore an der Küste. In Gegenrichtung Dünger für die Felder, Stückgut zum Bau der Siedlungen. Mitte des 19. Jhds. wichtigster Verkehrsweg durch Südschweden, - dies zu einer Zeit, als es nur Pferdefuhrwerke und weder Eisenbahn noch Auto gab.

MOTALA war Zentrum der Kanalgesellschaft. Die dort gegründete Gießerei diente den Eisenwerken mit Brücken, Schleusen, Kränen und Schiffen. Bald sammelte sich hier die Elite der schwedischen Fachleute, die auch im weiteren Verlauf des Jahrhunderts die Eisenbahnstrecken Schwedens entwickelten.

Als in der ersten Hälfte des 2o. Jahrhunderts Eisenbahn und Auto sich durchgesetzt hatten, verlor der GÖTA-KANAL an Bedeutung. 1978 vom schwedischen Staat übernommen, dient er heute vorwiegend dem Tourismus und dem Freizeitsport. Bei rund 1 1/2 Mio. Besuchern ist er heute eines der meistbesuchtesten Ziele Schwedens!

Karten: exzellent die drei Blätter von „LiberKartor" (1: 50.000). Von der Götakanalgesellschaft gibt's ein ca. 5o-seitiges Heft (deutsch), allerdings kein Versand nach Deutschland! Auch Tipps für Stops und seitliche Fahrradtouren, Campingplätze, Jugendherbergen, Bootsverleih, Kanukarten etc. Eventuell übers schwedische Fremdenverkehrsamt in Hamburg erhältlich.

Inwieweit sich die komplette Befahrung des Götakanals lohnt, sei dahingestellt. In jedem Fall relaxing! Angenehm auch die Abwechslung in Überquerung weiter Seen (Vänern, Vättern) und in Verbindung mit lauschigen Kanalabschnitten.

Unbedingt sehenswert für Nostalgie-Fans ist das Museum in Motala (siehe Seite 251), interessant auch die Schleusen bei Berg/Linköping (Seite 252), die hier rund 3o m Höhe überwinden, sowie schöner Kanalverlauf (siehe Seite 253) Richtung Motala und die Anlagen bei Trollhättan (Seite 273).

Als „waagerechte" Hauptverbindung quer durch Schweden wurde der Göta-Kanal bereits bei Baubeginn recht breit ausgelegt, damit auch entsprechend große Frachtschiffe durchfahren konnten. Für unseren Geschmack erheblich schöner der Kinda-Kanal.

KINDA-KANAL

Traumhaft schön durch enge Flußpassagen, von Bäumen überhangen und über kleine, mit Schilf bewucherte Seen. Beginnt in Linköping (Seite 253) und führt südöstlich durch eines der schönsten Seengebiete der Region bis Rimsforsa. Mini-Schleusen in dicht mit Kiefernwäldern bewachsenem Hügelland. Analog klein auch die Schiffe, die in den Sommermonaten die Strecke bedienen. Im Sommer dreimal die Woche, ca. 5o Euro für die 80 km.

Rundum: Kleinod schwedischer Wasserstraßen, Details S. 257.

DALSLAND-KANAL
Verbindet die schwedische Seenplatte vom Nordwestufer des Vänernsees rauf zur norwegischen Grenze, insgesamt 225 km. Es geht durch große Wildnisgebiete, der Kanal verbindet die einsamen Seenlandschaften: ideal insbesondere auch für Kanuten, Kategorie „erholsamer Familienurlaub" abseits in der Einsamkeit endloser Wälder und Seen. Details Seite 288.

SÄFFLE-KANAL
Verbindet Arvika in Zentral-Värmland mit Säffle am Vänernsee.

TRAMPEN
Ziemlich selten in Schweden, wird abgesehen davon von der Polizei nicht gerne gesehen. Auch die Bedingungen sind schlecht: weitverzweigtes Straßennetz, wenig Verkehr, vollbepackte Urlaubsautos. Wenig Treffs in Cafés oder Kneipen und die Schweden sind auch erstmal zurückhaltend. Besser auf Eisenbahn umsteigen.

Problemlos weiter im Norden. Bei Rückkehr aus Wildnis nach Wander- oder Kanutour zurück zum Ausgangspunkt halten wohl Autos auf einsamsten Straßen. Wenn überhaupt eins kommt ...

FRAUEN (alleinreisend)
Empfehlenswert. Vom Sicherheitsstandpunkt aus bestimmt besser als in Deutschland. Die aufgeklärten und emanzipierten Schweden sehen nicht gleich in jeder alleinreisenden Frau ein Lustobjekt. Auch bei Zimmersuche, Essengehen oder Discobesuch keine penetrante Anmacherei.

<u>Ausnahme</u>: vielleicht paar halbstarke Dorfrocker, die mit aufgemotzten Amischlitten bei heruntergekurbeltem Fenster und halbleerer Bierdose mal hupen oder Gas geben, dass die Reifen quietschen. That's all! Fazit: vorbildlich wie vieles!

Allgemeine Tipps

✶ ZOLLBESTIMMUNGEN

Seit dem Beitritt Schwedens zur EU haben sich die Zollbestimmungen verändert, und sind das Tax-free-System sowie die Duty-Free-Einkaufsmöglichkeiten auf den Schiffen entfallen. Bei der Einreise aus einem EU-Mitgliedsland (Achtung: Norwegen gehört nicht zur EU!) gelten folgende Bestimmungen:

<u>Personen ab 2o Jahre</u>: 1o Liter Spirituosen über 22% und 2o Liter Starkwein (über 16-22%) sowie 9o Liter Wein und 11o Liter Bier sowie zusätzlich von <u>Personen ab 18 Jahre</u>: 8oo Zigaretten oder 4oo Zigarillos oder 2oo Zigarren oder 1kg Tabakwaren.

<u>Lebensmittel</u>: können für den persönlichen Bedarf in unbegrenzter Menge mitgenommen werden, Fisch und Fleischwaren nicht mehr als 15 kg.

<u>Besonderheiten</u>: Lebende Tiere, von der Ausrottung bedrohte Tiere und Pflanzen bzw. daraus hergestellte Gegenstände wie Elfenbein, Bärenfelle und Nashornhörner sind genehmigungspflichtig! Messer und Dolche mit Springklinge verboten! Sender, Waffen und Munition o.ä. sind genehmigungspflichtig.

Die Mitnahme von <u>Drogen</u> wird strengstens bestraft.

<u>Auskunft erteilt außerdem</u>: Schwedisches Hauptzollamt, Tullverket, Box 12854, S-11298 Stockholm, Tel. oo46/771/52o52o, Fax: o8/ 2o8 o12 oder www.tullverket.se.

✶ MITNAHME VON HAUSTIEREN

Nach langen Jahren der Nichtmitnahmemöglichkeit von Hunden und Katzen ist derzeit eine recht komplizierte Regelung in Kraft, die das Mitnehmen der geliebten Vierbeiner zwar grundsätzlich ermöglicht, durch die Kompliziertheit des Verfahrens allerdings nicht gerade einfach bzw. preisgünstig macht. Zudem muß berücksichtigt werden, dass auf manchen Fährlinien (z.B. Kiel-> Göteborg mit Stena Line) die Mitnahme von Tieren von Seiten der Reederei nicht möglich ist. Dies geht nur auf kurzen Fähren wie Vogelfluglinie, Grenå und Frederikshavn-> Göteborg, wo Tiere zum Teil im Pkw bleiben müssen (vorher aktuelle Bestimmungen der Fährlinien erfragen!).

Hunde- und Katzenbesitzer müssen die Einreiseberechtigung sowie das Gesundheitszeugnis ihrer Haustiere nicht mehr persönlich beim Zoll (Tullverket) abgeben. Man kann sie auch in die eigens dafür aufgestellten grünen Briefkästen werfen, was die direkte Zollkontrollen natürlich etwas lockert.

Hier die Kurzfassung der Bestimmungen, die eine Reisevorplanung bis zu 6 Monaten notwendig macht:

* Hund oder Katze müssen eine Identitätsmarkierung haben, z.B. eine Tätowierung.
* Das Tier muss gegen Tollwut geimpft sein. 12o bis 365 Tage nach der Impfung muss eine Blutprobe entnommen werden und in einem von Schweden anerkannten EU Labor auf Antikörper gegen Tollwut im Blut untersucht werden.
* 1o Tage vor Einreise muss eine Wurmkur durchgeführt werden und das Haustier entwurmt werden.
* Das Tier benötigt einen Tierpass, in dem alle Entwurmungskuren, Impfungen und sonstige Informationen über das Tier gesammelt werden.
* Bei Ankunft in Schweden muss das Tier am Zoll gemeldet werden.

Bei weiteren Fragen wendet man sich an: <u>Schwedisches Landwirtschaftsamt</u>, Statens Jordbrukverk, S-55182 Jönköping, Tel. 0o46/ 36/ 155 ooo, Fax: 0o46/ 36/ 19 o5 46, Homepage: www.sjv.se.

Außerdem sollte man beachten, dass Hunde in der Regel in Schweden immer an der Leine geführt werden, man in Städten den Hundekot selbst entfernen muss, die Mitnahme von Hunden in Restaurants verboten ist und Hunde im Allgemeinen nicht zu den beliebtesten Haustieren gehören. Für Welpen und junge Katzen gelten besondere Bestimmungen. Mehr dazu auf www.tullverket.se

---

NORWEGEN NORD - BAND 28

Der Reiseführer für euren Trip in die letzte Wildnis Europas! Das Nordkap, Europas (fast) nördlichster Punkt und heilige Pilgerstätte vieler Norwegen-Nord Besucher (die wirklich nördlichste Stelle liegt einige hundert Meter weiter). Mit kleinen Propellermaschinen über tief eingeschnittene Fjorde fliegen - Abenteuerfeeling pur wie sonst nirgends mehr in Europa! Tromsø, versteckt liegende Unistadt mit viel Nachtleben, Bars, Kneipen etc... Die Lofoten, ein Inselgewirr mit unheimlich viel Flair und Stimmung, wenn hier abends die Sonne untergeht!

Verlag Martin Velbinger, Hauptstr. 4o, 82229 Seefeld - Tel.: 08152/794 1o7, www.velbinger.com

★ FKK

Traditionsreich in Schweden. Vor 15o Jahren ging man schon im Adam- und Eva-Kostüm baden. Aber getrennt!

Die Oben-ohne-Welle war bei den als freizügig bekannten Schwedinnen schon vor 4o Jahren gefragt, als man sich hier fast noch mit hochgeschlossenem Badeanzug schämte. Allerdings darf man sich nicht von einschlägiger Schwedenmädchenfilmindustrie täuschen lassen. Es laufen bestimmt

keine zehn halbnackten Schwedinnen hinter einem wohlbebauchtem Familienvater her.

Zwar ist auf vielen Badeplätzen Oben-ohne häufig, teilweise aber weniger anzutreffen als an deutschen Nord- oder Ostseeküsten.

Komplettnacktbader/innen verdrücken sich an die in Hülle und Fülle vorhandenen einsamen Plätzchen oder auf die spärlich gesäten offiziellen Plätze. Klar! Schweden ist eben nicht Spanien. Die meisten FKK-Badestrände befinden sich an der West- und Ostküste. Zehn FKK-Zeltplätze (im Textteil angegeben!), teilweise nur mit Mitgliedsausweis des schwedischen Naturistenvereins zu betreten. Verzeichnis und Mitgliedskarte (2o Euro) bei Sveriges Naturistförbund, Box 16o, S-2o121 Malmö. www.naturistforbundet.se.

✦ DUZEN

Unglaublich aber wahr: alle Schweden duzen sich, ob man sich je gesehen hat oder nicht. Vom Chef bis zum Ministerpräsidenten. Obwohl förmliches „Sie" genau wie bei uns existiert! Schön und vorbildlich. Allerdings vorsichtig sein als Ausländer. Häufiger wird man dann „gesiezt" bzw. kann es bei den Schweden zu Irritationen kommen, wenn man sie dreist duzt.

✦ GELD

Offizielles Zahlungsmittel: Schwedische Krone (svenska kronar), Abkürzung für Schecks SEK. Kleingeld heißt Öre.

Münzen: 5o Öre, 1-, 5-Kronen- und überraschend kleine 1o-Kronenstücke. Bei ungeraden Beträgen wird auf- bzw. abgerundet. Scheine: 1o, 5o, 1oo (letztgenannter heißt umgangssprachlich „Hundralapp"), 5oo sowie 1.ooo. Sinnvoll kleinen Betrag bei Einreise dabei zu haben, besonders 2o-, 5o- und 1oo-Kronen-Scheine, um an Automaten nachts tanken zu können. Den besten Wechselkurs mit bis zu 18 % besseren Kursen als bei Banken erhält man bei den Geldumtauschzentralen von FOREX in den zentralgelegenen Geschäftsstellen in Malmö, Lund, Uppsala, Norrköping, Västerås, Göteborg, Stockholm und den Filialen an den Fährterminals von Helsingborg und Ystad sowie an den Flughäfen in Malmö, Göteborg und Stockholm. Öffnungszeiten von FOREX in der Regel 8-21 Uhr. Über die aktuellen Standorte und Öffnungszeiten kann man sich unter www.forex.se informieren.

An den Banken bezahlt man unabhängig von der Wechselsumme ca. 3 Euro Gebühr. Von daher lohnt sich rein finanziell der seltenere Umtausch höherer Beträge. Mit der EC-Karte und Pin-Nummer kann man an Geldautomaten am Tag bis zu 5oo Euro abholen. Leider akzeptieren nicht alle Banken jede EC-Karte, so dass man eventuell mehrere Automaten anlaufen muss. Oder sich zu Hause kundig machen, mit welcher Bank man in Schweden zusammen arbeitet.

Auch die Post tauscht Geld, ist jedoch relativ teuer. Geld vom deutschen

Postsparbuch kann man in Schweden nicht abheben. Euroschecks sind in Schweden abgeschafft und werden nicht mehr akzeptiert.

Zum Geldwechseln Reisepass oder Personalausweis nicht vergessen.

✱ BANKEN

Recht kurze Öffnungszeiten: 9.3o bis 15.oo Uhr donnerstags bis 17.oo Uhr, in Großstädten manchmal bis 17.3o Uhr. Samstags geschlossen. In jedem Örtchen zu finden. Manchmal mit Bausparkassen oder Versicherungsagenturen zu verwechseln.

Ansonsten weit verbreitet: Geldautomaten und Zahlen mit Kreditkarten (Eurocard, Visa, Mastercard, American Express, Diners Club).

Geldautomaten: An rund 2.4oo Geldautomaten im ganzen Land können im Wert von 5oo Euro Kronen pro Tag abgeholt werden, wenn die deutsche Heimatbank mit der den Automaten betreibenden Bank zusammen arbeitet.

✱ POSTSPARBUCH

Abhebungen vom deutschen Postsparbuch sind in Schweden nicht mehr möglich.

✱ POST

Öffnungszeiten normalerweise 9.oo-18.oo Uhr, samstags 9.oo-13.oo Uhr, keine Telefonzellen. Dafür ist unabhängige „Telia" verantwortlich. Internationale Geldanweisung durch Post dauert ca. 3-4 Tage.

In kleineren Orten wesentlich kürzere Öffnungszeiten, z.B. 9.oo-1o.3o und 15.oo-17.oo Uhr. Die Postleitzahlen in Schweden sind wie in Deutschland immer 5-stellig, wobei die ersten beiden Ziffern den Regierungsbezirk (Län) angeben. Briefmarken gibt's am Kiosk oder im Schreibwarenhandel. Normale Post von Schweden nach Deutschland dauert im Schnitt 2-3 Tage.

✱ TELEFON

Von Schweden nach Deutschland: Kostet beim Selbstwählen 5 Kronen (o,5o Euro) pro Minute. Erst oo 49 für Deutschland (bzw. 43 für Österreich und 41 für Schweiz) wählen, Freiton abwarten. Danach Stadtvorwahl wie üblich, ohne Null.

Wichtige Nummern: Telefonauskunft Ausland 11 81 19, Inland 11 81 18 (Utlandsupplysningen).

Auch in Schweden findet man inzwischen fast nur noch Karten- und kaum noch Münztelefone, die meist auch noch zusätzlich mit Scheckkarten (MasterCard, Visa, EuroCard) gefüttert werden können. Telefonkarten gibt's an allen Kiosken, Schreibwarenläden und bei der Post.

Münztelefone nehmen Geldstücke in Form von 1, 5 und 1o Kronen an. Der

Notruf 112 und die nationale Telefonauskunft o79 75 sind gebührenfrei.

Von Deutschland nach Schweden: Etwa gleich teuer. Auf Angebote der verschiedenen privaten Telefongesellschaften achten! Vorwahl oo46, Ortsvorwahl wieder ohne Null.

Der neue Collect Call ermöglicht unter der Rufnummer o2o/ oo18 in Schweden die Verbindung zu einer deutschsprachigen Telefonistin, die ein sog. „Er-Gespräch" (Angerufener übernimmt Gesprächsgebühren) mit dem deutschen Teilnehmer vermittelt. Die Telefonnummern mit o2o sind in Schweden kostenlose Servicenummern, z.B. von Hotels oder Taxiunternehmen.

In Sachen Handys, die hier liebevoll Yuppie-Teddy genannt werden, sind die Schweden Weltmeister. Längs der Straßen und in großen Städten problemlos, in Fjällgebieten oder abgelegenen Gegenden (beim Wandern, Kanufahren) größere Netzlücken.

★ GESCHÄFTSZEITEN

Normalerweise 9.3o bis 18 Uhr, samstags bis 12 (spätestens 16) Uhr. Es gibt aber keine festen Ladenschlußzeiten. Besonders Lebensmittelgeschäfte in Großstädten oder an Europastraßen haben häufig bis 2o oder 22 Uhr offen. War selbst Weihnachten schon bei Domus im Supermarkt. Im Stil des American-way-of-life ist auch an Tankstellen die Möglichkeit vorhanden, Grundnahrungsmittel einzukaufen. Vor Feiertagen schließen Postämter, Banken, Läden und Alkoholshops früher als normal.

EINKAUFEN

Durch die Abwertung der Krone haben sich die Preise für Dinge des täglichen Bedarfs in etwa auf deutsches Niveau abgesenkt. Teurer sind allerdings immer noch Luxusartikel wie Zigaretten, sämtliche Alkoholika, Fotomaterial, Schokolade, Cola, sämtliche nichtalkoholischen Getränke (z.B. Mineralwasser) und Süßigkeiten.

Im Lebensmittelladen deuten rote „Extra pris"- und „Fynd"(Fundgrube)-Etiketten auf Billigpreise mit mindestens 1o % Rabatt. Etikett „Jämförpris" bei Fleisch- oder Käsewaren gibt den Kilovergleichspreis an. Sehr hilfreich! Das häufig an Kaufhäusern und Bekleidungsgeschäften zu sehende Schild „REA" bedeutet so viel wie Schlußverkauf. Ist aber bei vielen Geschäften fast zur ständigen Einrichtung geworden, der nicht die Bedeutung unseres Sommerschlußverkaufes zukommt.

An Wurst- oder Fleischbedienungstheke nicht sinnlos anstellen. In irgendeiner Ecke hängt kleiner roter Kasten. Da Nummer ziehen und warten, bis entsprechende Zahl von Verkäuferinnen gedrückt wird. Läuft so auch in Banken, Reisebüros, sogar Cafeterias!

Weiterer Pfiff: Die umweltbewußten Schweden haben in Getränkeabteilungen der Supermärkte Recyclingautomaten aufgestellt. Macht Spaß: rein mit Dose, man hört's knacken und auf Bon den Pfand zurück. Vorbildlich! Allerdings weigern sich diese Automaten in geradezu bösartiger

Weise deutsche Getränkedosen anzunehmen. Grund: Erstens nehmen die Automaten nur Aludosen, wobei viele deutsche Dosen aus Weissblech bestehen, und zweitens kann das eingebaute Lesegerät an Hand des Strichcodes auf der Dose erkennen, ob man dafür in Schweden Pfand bezahlt hat! Am unweltverträglichsten ist es ganz auf Dosen zu verzichten!

In Schweden muß man auch eigentlich mal auf einer <u>richtigen Auktion</u> gewesen sein; sind meist Haushaltsauflösungen, bei denen sich in speziellen Auktionshallen oder unter freiem Himmel irre viele Menschen treffen; das Ganze wird zum gesellschaftlich-kulturellen Ereignis! Mitbieten kann jeder. Meist samstags, wird durch Aushang bekanntgegeben oder am Touristbüro nachfragen.

„<u>Loppmarknad</u>" oder „<u>Antik</u>" sieht man häufig an Straßenrändern. Handelt sich in aller Regel um private Verkäufer, die ein Sammelsurium verschiedenster Dinge anbieten. Obwohl wir noch nicht viel Gescheites gesehen haben, soll man doch das ein oder andere Schnäppchen machen können.

<u>Haushaltsgeräte</u> gehören mit zu den Dauerrennern, die wir unseren Freunden und Bekannten permanent aus Schweden mitbringen müssen. Vom tollen Käsemesser über den super praktischen Schneebesen bis hin zur mechanisch angetriebenen Kartoffelschälmaschine gibt's unheimlich viel praktische Küchengeräte. Erweisen sich meist erst bei der Nutzung als toll, laufen viele achtlos dran vorbei!

✳ ANDENKEN

Vom Preis, Originalität und Qualität lohnend mitzubringen: Glas- und Kristallwaren, Silberschmuck, Leder und Pelze, Cloques, Werkzeug, Angelgerät, verschiedenste Kunsthandwerksprodukte aus Holz, Keramik, Textilien je nach Region. Auf Geschäfte mit Bezeichnung „<u>Hemslöjden</u>" achten. Skandinavische Freizeitausrüstung von Fjällräven, Caravan, Helly - Hansen sind in den Sportgeschäften reichlich vertreten, aber vom Preis leider nicht mehr günstiger. Wer Glück hat, kann im „Rea" noch Schnäppchen machen.

✳ ZEIT

Mit gleichen Wechselzeiten wie bei uns MEZ. Nur bei Durchreise Richtung Finnland verschiebt sich die Zeit dort um plus eine Stunde osteuropäische Zeit.

✳ TRINKGELD

In Schweden unüblich. Nur Taxifahrer und Friseure sollten 1o-15 % kriegen.

✳ KLIMA

Schweden ist groß, und entsprechend unterschiedlich ist das Wetter. Es ist insgesamt aber besser und milder als man allgemein denkt. Teile Schwedens unterliegen dem beständigen Kontinentalklima. Die Westküste bezieht

Wärme vom Golfstrom. Temperaturen zwischen 2o° und 25° sind im Juni, Juli und August normal.

Durch die nördlichen Breiten scheint die Sonne lange, bis zu 24 Stunden am Tag. Trotzdem bleibt klar: Schweden ist nicht Griechenland und die 96.ooo Seen sind nicht das Mittelmeer. Klartext: Jeder Schwedenurlauber muß Regentage einkalkulieren! Bei drei Wochen Urlaub können drei Tage dabei sein, wo man die Nase nicht aus der Bullitür stecken kann. Und ab und zu ein kleiner Schauer hat noch keinem geschadet. Grundsätzlich läßt sich sagen:

In Südschweden ist das Wetter (in der Regel) an der Ostküste beständiger und wärmer als an der Westküste.

In Mittelschweden sind Fjäll und Gebirgsregionen etwas kälter und regenanfälliger als der Küstenbereich.

In Lappland ist das Wetter weniger wechselhaft (also entweder länger schlecht oder länger gut) und Schneefälle im Juni und Hitzeperioden über 3o° drei Wochen später sind normal.

Auch jahreszeitmäßig gibt es derbe Unterschiede: während im Süden der Sommer mit rund 14o Tagen gerechnet wird, in der Gegend um Stockholm noch mit 124, sind es im hohen Norden noch ganze 23 Tage! Dafür dauert der Winter dort oben ewige 225 Tage.

Aktuelle Informationen speziell über das schwedische Wetter und nahezu jede schwedische Stadt findet man unter der Homepage www.vader.se oder www.reisewetter.de.

✦ REISEZEITEN

Günstigste Monate zum Baden, Wandern und Surfen sind ab Mitte Juni bis Ende August. Persönlich fahren wir am ungernsten im Juli, weil es dann - nach fast 3o-jährigen meteorologischen Erfahrungen - am regenanfälligsten ist und zudem durch die Werksferien (Schulferien von Anfang Juni bis Mitte August) halb Schweden on the road ist. Im Juni beste Kanuzeit (Flüsse führen noch viel Wasser) und schon erstaunlich warm. Im August Seen schön aufgewärmt (2o-23° C), wenig los, Beeren- und Pilzzeit, ideal zum Wandern.

Schönste Jahreszeit in Lappland liegt Mitte September, wenn mit ersten Kälteeinbrüchen schlagartig der Herbst einsetzt und eine Orgie von rot-gold-bunt-braunen Farben zaubert: Ruska.

MITTERNACHTSSONNE

Phänomen, das durch die Erdachsstellung zur Sonne zu erklären ist. Je nördlicher man kommt, umso länger bleibt's im Sommer hell. Am besten von der Küste oder von Bergen aus zu sehen, wegen weiter Rundsicht. Begleitet von gigantischem, rotlila Farbspektakel am Himmel, so dass man selbst nachts um 2 Uhr noch draußen Zeitung lesen kann. Mitternachtssonne gibt's

in Lappland von Anfang Juni bis ca. Mitte Juli.
In Mittelschweden als langer Tag mit zwei bis drei Dämmerstunden zu bemerken.

✱ SCHWEDEN IM WINTER

Ein Sommernachtstraum: knackige Kälte bis - 3o° C, stahlblauer Weltallhimmel, Luft zum Schneiden frisch und bitterkalt, endlose Schneewüste mit dick behaubten Zauberwäldern. Tage, an denen die Sonne nur 5-6 Stunden matt im Süden eine seichte Bahn zieht und pechschwarze Nächte von nachmittags vier bis morgens zehn.

Tagsüber einsam auf Langlaufskiern quer durch jungfräuliche Schneegebiete ziehen und abends im wohlig warmen Ferienhäuschen sitzen, bei knisterndem Herdfeuer und bulliger Sauna. Echte Winterurlaubsalternative, weg vom Schlangestehen in den Alpen, Pistenmodenschauen und Après-Ski-Konsum.

Schneesicher von Weihnachten bis Ostern. Beste Wintersportregionen: Värmland, Dalarna, Jämtland und für ganz Wilde natürlich Lappland.

Wintersportzentren sind Sunne in Värmland, Idre und Sälen in Dalarna, Åre in Jämtland und Tärnaby im südlichen Lappland. Empfehlenswert ab Ende Februar, da Tage schon wieder länger sind, Temperaturen nicht mehr so grimmig und die ganze Sache schneesicher ist.

Die Straßen sind im Winter gut geräumt.

Wichtigste Wintercheckpunkte:

Auto vorbereiten: extra Kühlflüssigkeit, Enteisungs- und Türschloß-Spray, Winterreifen notwendig, Ketten sinnvoll, Starthilfekabel, Abschleppseil, große Schneeschaufel, Handfeger, Batterieprüfer, Batterie nachts ggf. ausbauen und in die Hütte stellen.

Kleidung: Daunenjacke, mehrere lange Unterhosen (mehrere dünne Sachen sind besser als ein dickes Teil). Moonboots, dicke Mütze, extra Decke für Auto und Bett.

Vaseline gegen Nasen- oder Fingererfrierungen nicht vergessen. Bei Hüttenwahl auf ausreichende Quadratmeterzahl achten (möglichst mit Sauna), sonst geht man sich bei 19 Stunden in engen vier Wänden schnell auf den Geist.

Hüttenprospekte bei allen Reisebüros, Reisebüro Norden oder bei STENA-LINE, TT-Line und Color-Line.

✱ RADIO

Man kriegt in Schweden nur Deutschlandfunk auf MW 1269 und LW 155 kHz und Deutsche Welle 49 m Band 6o75 kHz bzw. 31 m Band 9545 kHz rein. Da ADAC-Reiserufe! Rauscht aber wie Wasserfall. Besser Nachrichten, Wetterberichte und Urlaubstipps in deutscher Sprache im schwedischen Rundfunk: MW 1179 kHz täglich um 14, 18.3o und 22 Uhr. Wetterprognosen, Urlaubstipps und Veranstaltungshinweise werden täglich zwischen 2o.3o und 21.3o Uhr und über die Satelliten ASTRA und Tele-X. Im Großraum Stockholm ist dieses Programm von Radio Schweden auch auf UKW 89,6 zu empfehlen.

✶ FERNSEHEN

Einige Luxuscampingplätze und Ferienhäuser bieten inzwischen auch Kabelanschluß für alle nur denkbaren Sender. Ansonsten in Jugendherbergen meist auf Fluren oder im Aufenthaltsraum. In Hotels üblicher Standard, meist sogar noch zusätzlich mit hauseigenem Videochannel.

Programm ähnlich wie bei uns, nur meist früherer Sendeschluß und sehr viele Filme mit Untertiteln, meist amerikanischer Machart.

Am interessantesten natürlich die Nachrichten mit Wetterbericht: das gibt's auf TV 1 um 18-18.1o Uhr und um 21-21.3o Uhr in der Sendung „Aktuellt och väder" sowie auf TV 2 um 19.3o-2o Uhr und 22.15-22.25 Uhr in der Sendung „Rapport".

✶ KRANKHEIT

Gegenseitige Behandlungsabkommen bestehen mit Deutschland, Österreich, nicht mit der Schweiz. Dazu sollte man von seiner Krankenkasse das Anspruchsbescheinigungsformular E 111 mitführen. Bei Krankheit einfach zum Arzt gehen und eine Gebühr von ca. 4o Euro bezahlen. Rest erledigt Krankenversicherung. In einsameren Gebieten gibt es in den nächst größeren Städten sog. "Vårdcentralen", eine Art Ärztehaus, die einem bei "normalen" Sachen weiterhelfen können. Bei Not- und Unfällen muss man sich dort oder an Krankenhäusern an den Eingang "Akutmottag" (Unfallambulanz) wenden.

Apotheken heißen „Apotek". Die dort erhältlichen Medikamente müssen voll bezahlt werden, können aber bei entsprechendem Versicherungsschutz zuhause erstattet werden. Zahnärzte (Tandläkare) müssen bar bezahlt werden. Rechnung aufheben und zu Hause der Krankenkasse vorlegen. Möglicherweise Schwierigkeiten mit schwedisch „hohen" Lohnkosten.

Komplizierter wird es bei Krankenhausaufenthalten, dann ist gegenseitige Kostenerstattung schwieriger. Vorher eigene Krankenkasse fragen! Ggf. extra Auslandskrankenversicherung sinnvoll, da auch bei den allgemeinen Krankenkassen nicht alle Kosten übernommen werden.

✶ ZEITUNGEN

Internationale und deutschsprachige Zeitungen sowie Bücher außer an großen Bahnhöfen und Flughäfen in den „Pressbyråkiosken", in Zeitungsabteilungen großer Kaufhäuser und an größeren Tankstellen. Auf „ip"-Zeichen (international press) achten.

An größeren Kiosken gibt es auch überraschend viele deutschsprachige Wochenzeitschriften vom Spiegel bis zur Bravo.

Die größte schwedische Tageszeitung ist „Dagens Nyheter", als liberal einzustufen; zweitgrößte ist „Svenska Dagbladet", die eher konservativ schreibt.

✹ TÜRSCHLÖSSER IN SCHWEDEN

Viele Sommerhäuschen in Schweden haben automatische „Schnapp-Türschlösser". Schon viele Deutsche standen verzweifelt ohne Schlüssel vor ihrem gemieteten Häuschen und hatten sich ausgesperrt.

Fast 5o % aller schwedischen Toilettenschlösser öffnen sich erst bei Drehen gegen Schließrichtung. Hatte selbst schon mehrmals Klaustrophobieanfälle auf dem Örtchen.

✹ EINLADUNGEN

Trotz der allgemein hohen Gastfreundlichkeit eher selten. Kommt es trotzdem mal vor, wird keine „Eleganz" erwartet. Höchstens kleines Gastgeschenk (Blume), und üblich: Schuhe aus bei Wohnungseintritt!

✹ KINDER

Schweden ist ausgesprochen kinderfreundlich. Angefangen von nahezu überall zu findenden Wickelräumen, über ganz viele Kinderspielecken auch in Geschäften, bis zu deutlichen Preisermäßigungen in allen Bereichen des täglichen Lebens. Aber auch im touristischen Bereich tolle Angebote für Kinder: Kolmården Tierpark bei Jönköping, Sommarland bei Skara, Liseberg in Göteborg, Junibacken und Gröna Lund in Stockholm, der Nils-Holgersson-Park in Sunne oder das unvermeidliche Vimmerby der Astrid Lindgren.

Gibt's jede Menge in Schweden. Die meisten luxuriös mit high quality - made in Sweden. Wegen hohem Dienstleistungsanteil sind Übernachtungen in <u>HOTELS</u> grundsätzlich erstmal teuer.

<u>Tipp</u>: Vorab kostenlose Broschüre „Hotels in Schweden" von der schwedischen Fremdenverkehrszentrale besorgen. Enthält alle Hotels in Schweden mit Preisangabe, Adresse, Lage und Ausstattung. <u>ACHTUNG</u>: Oft sind die Preise nicht wie allgemeinüblich fürs Doppelzimmer, sondern pro Person angegeben! Homepage: <u>www.hotelsinsweden.net</u>.

<u>Unglaublich, aber wahr</u>: Während der Hauptreisezeit (Juli/August) und an Wochenenden werden in Schweden Hotelpreise häufig drastisch gesenkt! Grund: die innerhalb der Woche permanent stattfindenden Konferenzen aller nur denkbaren Organisationen lassen am Wochenende und in Ferienmonaten einen kolossalen Bettenüberhang entstehen, den man durch Preissenkungen abbauen will.

Häufig sind dann Nobelhotels mit Pool, Sauna und allen Schikanen nur bis ca. 3o Euro teurer als einfache Durchschnittshotels! Eine Hotelübernachtung im Doppelzimmer kann man im Sommer ab 35 Euro pro Person buchen. Hotels in Stockholm kann man über die Hotelbuchungszentrale am Stockholmer Hauptbahnhof buchen, Tel. 0046/789 24 25, Fax 0046/8/791 86 66, <u>www.stockholmtown.com</u>

Folgende Vergünstigungen:

1.) Sommerpreise

Sind prinzipiell bei allen schwedischen Hotels ab Mittelklasse möglich. Da Niedrigpreisperioden und Höhe der Ermäßigungen stark variieren, vor Hotelbuchung immer erst im <u>Touristbüro</u> nach Sonderangeboten fragen!

2.) Hotelpakete

Göteborg und Malmö bieten sogenannte <u>Hotelpakete</u> an, die 2o-5o % unter dem Normalhotelpreis liegen und weitere Vergünstigungen wie kostenlose Benutzung der öffentlichen Verkehrsmittel sowie die entsprechende Vergünstigungskarte für die Stadt (z.B. Sockholm-Karte mit freiem Eintritt in Museen etc.) beinhalten. Am jeweiligen TI erkundigen, dort sind die Hotelpakete auch erhältlich.

3.) Hotelschecks

Dabei kann man sich entweder an eine bestimmte Hotelkette wenden und nur in ihren Häusern wohnen oder ein Hotelketten übergreifendes Schecksystem wählen. Kriterium sollte natürlich die Anzahl der zur Verfügung stehenden Hotels sein sowie die Verfügbarkeit im geplanten Urlaubsgebiet. Derzeit wohl ein Auslaufmodell, da die Anzahl der am Schecksystem teilnehmenden Hotels von Jahr zu Jahr sinkt. Offensichtlich bedingt durch die Kompliziertheit des Systems und die unterschiedliche Anzahl der einzulösenden Schecks, die dann preislich gar nicht mehr so interessant erscheinen.

Als übergreifendes Schecksystem gibt es nur noch: <u>Pro Skandinavia Scheck</u>: gilt in allen skandinavischen Ländern in knapp 4oo erstklassigen Hotels, davon ca. 9o schwedischen. Ein Scheck kostet ca. 38 Euro pro DZ (also nicht pro Person!). Im Sommer und zur übrigen Jahreszeit an Wochenenden müssen aber zwei Schecks pro Nacht eingelöst werden. Im Frühjahr und Herbst sind drei Schecks pro Nacht und DZ erforderlich. Die Zimmerbuchung kann erst 24 Std. vor Ankunft erfolgen. Die Schecks gelten ganzjährig. Zu beziehen über das „Skandinavische Reisebüro" Kurfürstendamm 2o6, 1o719 Berlin, Tel.: (o3o) 88 46 o4o, Fax (o3o) 88 46 o45 o Homepage www.skandinavisches-reisebüro.de (Liste mit allen deutschen Läden des Skandinavischen Reisebüros auf Seite 3o)

Darüber hinaus direkt hotelkettengebundene Schecks:

<u>Best Western Hotelscheck</u>: Bei 4o Hotels in Schweden natürlich etwas geringere Auswahl, doch in allen grösseren Städten vertreten. Allerdings variieren die einzulösenden Schecks je nach Hotelkategorie, Ort und Saison zwischen drei und neun pro DZ bei einem Preis von 25 Euro. Die Gültigkeitsdauer reicht vom o1.o5.-31.1o. Infos und Buchung in Schweden o2o/ 79 27 52 oder über ein Best Western Hotel in Deutschland.

HOTELKETTEN

<u>Scandic Hotels</u>: Als Kette in Schweden weit verbreitet. Die eine Hotelgruppenart befindet sich an den Stadtzentren an wichtigen Straßenknotenpunkten. Moderne, funktionale Gebäude, Zimmer mit Teppichboden, Privatbad, TV. Preise ganz passabel, ca. 65 Euro/ Person inkl. Frühstück.

Eine zweite Scandic-Hotelkonzeption sind Luxushotels, an den schönsten Ecken der Stadt mit Manager- und Businessfeeling. Alle mit eigenem Videokanal, Sauna, Solarium, Pool. Preis pro Übernachtung ca. 9o Euro, allerdings nur am Wochenende. 4 Nächte wohnen, eine Nacht umsonst. Buchungen in Deutschland über <u>www.swedenbooking.com</u> oder über <u>www.hotelsinsweden.net</u>.

<u>Best Western Hotels</u>: Hotelkette, die momentan 4o Hotels zwischen Malmö und Luleå umfaßt, - vom eher altehrwürdig renovierten Hotelklotz bis zu hypermodernen Neubauten (z.B. Globe Hotel Stockholm). Sehr um Service bemüht. Übernachtung mit „Best Western Hotel Cheques" ca. 25 Euro/Person. <u>Buchungsadresse</u>: Best Western, Box 28, 17111 Solna www.bestwestern.se

<u>Country-Side-Hotels</u>: Zusammenschluß selbständiger Hotels in landschaftlich besonders

56 Unterkunft

reizvoller Lage außerhalb großer Städte mit typisch schwedischem Ambiente. Meist Familienbetriebe, die sich um persönliche Atmosphäre bemühen. Bekannt für hervorragende schwedische Hausmannskost. Zum Verweilen. Unsere Lieblingshotels, ab ca. 8o Euro/ Person inkl. Frühstück. Buchungen über das Skandinavische Reisebüro (siehe S. 3o)

Romantik Hotels: sind teilweise auch mit Countryside gekoppelt. Alles ausgefallen schöne Häuser in naturschöner Lage mit schwedischem Ambiente. Die meist schon älteren Häuser sind hervorragend restauriert und meist für eine ausgezeichnete Küche bekannt. Zum längeren Verweilen geeignet. Keine Schecks oder Pässe; die Rabatte im Sommer von Hotel zu Hotel unterschiedlich. Buchungsadresse: Romantik Hotels über deutsche Buchungszentrale Tel. o6188/95 o2o, Fax o6168/6o o7.

Einige Fährlinien (Stena und TT) bieten komplette Rundreisen mit Hotelübernachtungen an. Lohnend, sich von den Fährgesellschaften die einzelnen Städte- und Kurzreisenprogramme zu besorgen.

Mit „**Pensionat**" bezeichnete Unterkünfte sind meist Häuser ohne hochmoderne, hyperluxuriöse Ausstattung, dafür aber mit viel persönlichem Service, familiärer Atmosphäre und gutem Essen. Wird nicht à la carte serviert, sondern für das ganze Haus einheitlich gekocht.

Privatzimmer: preisgünstige „Hotel"alternative. An vielen Durchgangsstraßen deuten Schilder mit Aufschrift „Rum" nicht auf einen Alkoholshop, sondern auf freie Privatzimmer hin oder auf Aushänge „Ledig stugan" (freie Hütten) achten. Lohnt sich auch bei längeren Autotouren als Zwischendurchübernachtung ohne Zeltrödelei. Werden auch über Touristbüros vermittelt. Preise ca. 35 Euro ohne Frühstück.

CAMPING

Beste Wohnmöglichkeit für Urlauber in Schweden. Liegen meist inmitten schöner Natur, viele direkt am Fluß oder See. Vom kleinsten, idyllischen Fleckchen irgendwo im Nirgendwo mit kaltem Wasser und Plumpsklo bis zu vollkommerziellen Mammutplätzen mit Selbstbedienungsläden und Disco. Alle sehr sauber und sehr gut ausgeschildert. Mit breitem Freizeitangebot: Ruderboot-, Kanu-, Fahrrad- und teilweise auch Surfverleih! Nicht mit südländischen Plätzen zu vergleichen, wo man dicht an dicht sich gegenseitig auf der Pelle sitzt. Neuerdings sind viele Campingplätze mit hervorragenden Koch- und Waschgelegenheiten (Waschmaschine und Trockner) ausgerüstet.

Ausnahme Lappland: Konzentration vieler Touristen auf wenigen Plätzen. Manchmal etwas frustig, wenn man vorher stundenlang über einsamte Pisten gefahren ist und dann auf vollen Campingplätzen landet.

Nahezu alle Plätze mit Hüttenvermietung. Achtung! Viele Plätze schließen schon Mitte August. Mit ca. 9-18 Euro für Pkw inklusive aller Insassen,

Zelt oder Caravan an unterer Preisgrenze Europas, bei hohem Standard. Einige Zeltplätze geben für Fahrradfahrer 5o % Rabatt. Nervtötend häufig allerdings, dass man auf vielen Zeltplätzen zum Duschen Kronenstücke benötigt, die man schnell vergessen kann. Außerdem stellen sich die tückischen Automaten meist gerade dann aus, wenn man voll eingeseift ohne weiteres Kleingeld unter der Dusche bibbert. Die Plätze sind nach Fünfsterne-Prinzip geordnet, wobei viele Sterne zwar den größten Luxus, nicht aber immer den romantischsten Platz versprechen. Hütten (je nach Größe) ab 23 Euro pro Nacht mit 2-6 Schlafplätzen, Kochgelegenheit und Küchenausrüstung.

Eine Ausnahme bilden die Kronoparken-Campingplätze. Sind super luxuriös, meist auch gut besucht und bieten mehr für den luxus- und konsumhungrigen Touristen als für den Einsamkeitsfan. Gesalzene Preise ab ca. 3o Euro aufwärts.

Bei erster Übernachtung muß Camping-Ausweis (Camping Kort) gekauft werden (ca. 9 Euro für 1 Jahr). Dient als Datenträger beim Ein- und Auschecken. Sie gilt auch in den übrigen skandinavischen Ländern mit zusätzlich erstandener Gültigkeitsmarke. Die Fährlinien Stena-Line und TT haben bei bestimmten Buchungen kostenlose bzw. preisreduzierte Übernachtung auf Zeltplätzen. Die Karte kann auch von Deutschland aus bestellt werden und enthält auch eine Unfallversicherung ohne Selbstbeteiligung für Unfälle, die auf dem Campingplatz passieren. Die Karte ist übrigens Gruppen- bzw. Familienbezogen.

Zu Beziehen über: Sveriges Campingvärdars Riksförbund, Box 225, S-45117 Uddevalla, Fax: 0o46/ 552/ 64 24 3o. Eine Übersicht über alle dem Verband angeschlossenen Campingplätze sowie alle weiteren Informationen vom Klassifizierungssystem bis zur Campingkarte findet man auf der Homepage www.camping.se

Aus Umweltschutzgründen ist ein abgeschlossenes Abwassersystem für Wohnwagen vorgeschrieben. Also kein Abwasser einfach in die Büsche kippen!

Wildzelten ist aufgrund des einmaligen Jedermannsrechts (vgl. Abschnitt Natur) ausdrücklich erlaubt. Sollte allerdings nicht länger als 24 Stunden dauern und bei Verdacht auf Privatbesitz eben freundlich anfragen. Ziemlich sicheres System gegen aussichtsloses Suchen beim Abbiegen in Feld- und Waldwege sind die Briefkästen. Außerdem sofort mit überlegen, ob man den eingeschlagenen Weg auch möglicherweise wieder zurückkommt (großes Gefälle, Wendemöglichkeit, morastiger Untergrund). Da hat sich schon manch einer mutwillig in der Botanik festgefahren.

Halte Entwicklung im Moment allerdings für bedenklich, wenn jeder meint, sich überall hinpflanzen zu müssen und Exkrementensammlungen, verbuddelter Müll und viele Feuerstellen an den lauschigsten Plätzen zu finden sind. Platz genauso verlassen, wie man ihn vorgefunden hat!

CAMPINGGAS / BRENNSPIRITUS

Leute mit Brennspirituskochern (z.B. Trangia) verzweifeln in den Geschäften sehr häufig bei der Wahl des richtigen „Sprits". Brennspiritus heißt auf schwedisch „bränsle" und wird als „Kemetyl-T-röd-sprit" (1-Literflasche mit rotem Inhalt) verkauft.

Campinggas ist ein leidiges Problem in Schweden. Ziemliche Verwirrung bei Urlaubern über Nachfüllen, Flaschentauschen, ungenormtes Anschlußgewinde usw. Hier die Auflösung:

* Blaue Campingcartouchen (Wegwerfcartouchen) z.b. für einflammige Kocher, Gaslampe usw. kein Problem. Gibt's notfalls in jedem Super markt nachzukaufen. Aber teuer! Ausreichende Menge mitnehmen!

* Blaue Butan-Flaschen (meist 2 oder 3 kg) der Firma Camping GAZ werden in Schweden normalerweise weder getauscht noch verkauft, geschweige gefüllt (lebensgefährlich!). Wir haben dennoch in einigen Intersport-Geschäften die blauen 2- u. 3-kg-Butanflaschen gesehen. Waren früher nirgendwo zu kriegen. Bei Preisen für eine Gasfüllung von ca. 4o Euro aber wohl nur als Notnagel sinnvoll. AGA Gas, Rissneleden 14, 17282 Sundbyberg, Tel. o8/7o6 95 oo. Eine Füllstation für Butan gibt es in Göteborg-Arendal, Oljevägen, Tel. o31/54 69 98.

* Propan-Flaschen (meist graue 5,5- oder 11-kg-Granaten) für Hänger oder Bullis. Zwei kleine sind besser als eine große! Mit einer notfalls zum Füllen los, während der Partner schon weiterkochen kann. Nächste Falle: Skandinavier haben andere Anschlußgewinde als Kontinenteuropäer. Adapterset kaufen bringt nicht viel, schwedische Regler haben weniger Druck. Folge: ewig langes Kartoffelkochen. Beste Lösung: bei großen Nachfüllstationen der Mineralölfirmen füllen lassen (vgl. Liste). Angeblich soll auch die Firma AGA deutsche Flaschen nachfüllen können. Im Branchenverzeichnis unter G wie Gas nachsehen. Per Zufall gelang es uns auch schon in einem Järnhandel (Eisenwarenhandlung).

Übrigens: Gas heißt schwedisch „gasol". Preise in Schweden: ca. 2o Euro pro 5 kg.

Allerbester Rat: Vorrat! Die meisten Fährlinien sehen Mitnahme von Reservegasflaschen nicht gerne. Also: gut verschließen und nicht oben auf den Dachträger oder hinten ins Fenster!

NACHFÜLLSTATIONEN FÜR PROPANGAS

Kattarp (nördlich Helsingborg),
Jörnello Försäljnings, Hasslarpsvägen 3,
Tel. o42/ 2o 66 33

Karlstad, Lööfs Gasol, Kulinggatan 15,
Tel. o54/ 85 44 5o

Jönköping, Gasolspecialisten,
John Bauersgata 5,
Tel. o36/ 12 36 o2

Stenungssund (nördlich Göteborg),
Allti, Kraftverksvägen,
Tel. o3o3/ 831 8o

Falun, Wallners Åkeri, Britsarvet,
Tel. o23/ 2o1 36

Skövde, Skaraborgs Gasolservice,
Norregårdsvägen 18,
Tel. o5oo/ 822 6o

Södertälje (südlich Stockholm),
Air liquid, Oljehamnen,
Tel. o8/ 55 o3 96 8o

Sundsvall, Allti, Bensinvägen,
Tel. o6o/ 13 45 6o

Eskilstuna (westlich Stockholm),
Axel Barkmann, Kungsgatan 87,
Tel. o16/ 11 o1 9o

Piteå, Transport AB, Batterigatan 9,
Tel. o911/ 462 1o

Bei Problemen mit dem Nachfüllen von Butangas (niemals in Propangasflaschen füllen lassen!) kann man sich an Primus Svenska AB, Oljehamnen, S-15138 Södertälje, Tel. o8/ 629 22 oo wenden.

Jugendherbergen

Gemütlich, komfortabel, preiswert und übers ganze Land verstreut (ca. 45o Stück), davon ca. 315 vom STF und 135 von der Organisation SVIF. Name allerdings irreführend; vom Baby, über Familien, Autotouristen bis zur Oma dürfen alle rein. Peinlich sauber mit vielfach hotelähnlichen 2- bis 4-Bett-Zimmern und fließendem Wasser auf den Zimmern. Keine veraltete Trennung wie in deutschen Jugendherbergen in Jungen- und Mädchentrakt. Zusätzlich moderne Küchen für Selbsthaushalt und zum Bruzzeln.

Fast alle Häuser in dufter Umgebung und superoriginell: im Dreimastschiff (Stockholm), im altem Gefängnis (Stockholm) und auf ehemaligem Bauernhof (Överum), im Freilichtmuseum (z.B. Strömsnäsbruk), in schloßähnlichen Herrensitzen (Borgholm) oder in alter Schule (z.B. Margretetorp). Dazu breites Freizeitsportangebot je nach Region von Angeln über Wandern bis Kanufahren, Surfen und Golf. Bei Preisen von ca. 15 bis 2o Euro für Mitglieder und ca. 18 bis 25 Euro für Nichtmitglieder überlegenswerte Alternative für Zwischenstopps von Interrailern, Fahrradurlaubern und Autofahrern. Mit internationalen Schildern gut zu finden.

Deutscher Jugendherbergsausweis wird beim STF anerkannt, sonst überall Gästekarte (ca. 5 Euro) lösen. Bettwäsche kann ausgeliehen werden, doch ist Mitbringen natürlich billiger; das Schlafen in normalen Schlafsäcken ist aus hygienischen Gründen verboten, doch hilft eine Zusatzdecke (Bezug!) häufig bei niedrigen Temperaturen. Viele schließen tagsüber (ca. 1o bis 16 Uhr), allerdings auch nicht so strenge Handhabe wie bei uns, wo man geradezu rausgeschmissen wird. Wer als Frau nicht in gemischten Zimmern schlafen will, sollte bei der Buchung „Ladies room" angeben.

Voranmeldung im Sommer sinnvoll, aber nicht unbedingt erforderlich.

Gute Übersicht über alle Herbergen mit Adressen und Preisen im jährlich erscheinenden Führer „STF Vandrarhem", 18 Euro, bei der Zentrale des Deutschen Jugendherbergswerks in Detmold.

Auch die Wanderhütten im lappländischen Fjäll werden vom STF betrieben, liegen preislich aber etwas höher als die normalen Jugendherbergen.

Außerdem einige kirchliche Jugendherbergen. Auch für alle offen. Meist mit kleinen gelben Schildern SMU-Gård ausgeschildert.

Die Jugendherbergen des SVIF (Sveriges Vandrarhem i Förening) unterhalten rund 2oo Häuser hauptsächlich in Süd- und Mittelschweden. Leider gelten bei dieser Organisation keine JH-Ausweise. Kostenloser Prospekt über: SVIF, Makrillviken, 45o43 Smögen, Tel. und Fax o431/55 34 5o oder unter www.svif.se.

Weitere Infos beim: STF, Box 25, Kungsgatan 2, S-1o12o Stockholm, Tel. oo46/ 8/ 463 21 oo, Fax: oo46/ 8/ 678 19 58 und auf der Homepage www.stfturist.se.

✱ FERIENHÄUSER

Meist dunkelrote, schnuckelige Holzhäuser mit weißen Tür- und Fensterrahmen in schönster Natur direkt am See, mitten im Wald oder an Meeresgestaden. Beste Wohnmöglichkeit, besonders für Familien mit Kindern. Vollständig eingerichtet, meist mit Kamin, Veranda und eigenem Ruderkahn. Normalpreise für 6 Personen ab ca. 35o Euro pro Woche und Haus. Klar: mit Farbglotze und Sauna teurer. Bei Prospektauswahl besonders auf ausreichende Quadratmeterzahl, Innenklo (viele Sommerhäuser haben Herzchenhaus nebenan) und Dusche achten. Prospekte in allen Reisebüros. Aber auch an Ort und Stelle über Touristbüro organisierbar. Über die Homepage www.visit-sweden.com können kostenlos jede Menge Ferienhauskataloge angefordert werden. Allerdings schon ab November/ Dezember sich drum kümmern, sonst sind die schönsten Häuser weg (Adresse und Tel. siehe Seite 9).

Seit neuestem werden hochmoderne Feriendörfer aus dem Boden gestampft. Vorwiegend luxuriöse Bungalows mit kompletten Elektroküchen und Fernseher. Dabei Gesellschaftsräume, Gemeinschaftssauna und viele Freizeitangebote von Morgengymnastik über Tageswanderungen bis zu Liederabenden. Eher was für gesellschaftsuchende Typen. Bettwäsche nicht vergessen.

✱ BAUERNHOF

Ferien auf dem Bauernhof sind auch in Schweden bekannt und beliebt. In allen Regionen, mit oder ohne Mithilfe. Preise ca. 3o Euro p.P. und Nacht. Rechtzeitig buchen über Skånes Turistråd, Bredgatan 25, 22121 Lund, Tel. oo46/ 46/ 35 o5 7o, Fax: oo46/ 46/ 12 23 72. Oder: Skandinavisches Reisebüro Hamburg, Kleine Johannisstr. 1o, 2o457 Hamburg. Tel. (o4o) 36 oo 15o www.skandinavisches-reisebüro.se sowie in Schweden Bo på lantgård, Tel. oo46/5 34/12o 75, www.bopalantgard.org.

✱ BED & BREAKFAST

Setzt sich in Schweden nach und nach etwas durch. Die örtlichen Touristenbüros können entsprechende Zimmer vermitteln. Ansonsten kann den häu fig an den Hauptverkehrsstraßen privat aufgestellten Schildern "rum" oder "stuga" folgen. Preise ab ca. 22 Euro p.P. im DZ. In Stockholm hat sich eine Bed&Breakfast-Agentur etabliert, die ein DZ o.Fr. für 55 Euro vermittelt. Tel. 08/643 80 28, Fax 08/643 80 78.

Essen und Trinken

SMÖRGASBORD

Bei schwedischer Küche denkt natürlich jeder sofort an „Smörgasbord", Symbol für gigantische Mahlzeit, hemmungslosen Appetit bis zur Unersättlichkeit und unter Gaumenfreuden ächzende Tische. Die wörtliche Übersetzung untertreibt nur „unwesentlich": Butterbrottisch!

Ursprünglich stammt die Erfindung aus der ackerbaureichen Provinz der Schlemmer und Genießer: „Schonen", der Südspitze Schwedens. Bis heute wird es in Familien nur zu hohen Festtagen wie Weihnachten und Ostern angerichtet. Einfacher Grund: Am 2. oder gar 3. Feiertag kann man dran weiteressen und braucht nichts verkommen zu lassen.

Als Urlauber wird man gleich auf den Fähren mit der etwas kostspieligen Versuchung (ca. 25 Euro) konfrontiert. Lohnt sich aber, weil permanent frische Ware aufgrund des hohen Verbrauches ausliegt, und das Essen im Land selbst meist noch etwas teurer ist. Viele schlagen sich dann den Bauch sinnlos nur mit Lachs, Krabben und Kaviar voll, ohne die richtige Reihenfolge der Köstlichkeiten einzuhalten.

Grundsatz: Man darf so häufig zum Tisch zurückkehren wie man will, - aber immer frische Teller nehmen und den niemals überladen. Und schön langsam essen!

1. APPETITWECKER: Beginn mit verschieden zubereiteten Heringssorten, ggf. noch Kaviar mit Eihälften, Heringssalat.

2. FISCHTELLER: Lachs in verschiedenen Zubereitungsarten und Saucen, Aal, Fischsalate, dann möglichst gaumenanregende scharfe Salate...

3. KALTE FLEISCHGERICHTE UND SALATPLATTE: Roastbeef, gekochter Schinken, Kalbsleberpastete, gefüllte Paprika und Zwiebeln, Schinken, Zunge und allerlei Salate...

4. WARME GERICHTE: schwedische Fleischklößchen, Omeletts, überbackener Hering, Geflügel, gebackene Petersilie usw.

Wem noch nicht schlecht ist, der labt sich an Obstsalat, Kuchen, Käse oder Eis. Den Aquavit zum Abschluß nicht vergessen.

Schweden ist ein wasserreiches Land. Deshalb gehört zur Küche notwendigerweise Fisch.

SPEZIALITÄTEN: Kräftor (Flußkrebse), Hummer, Krabben, Austern und Blaumuscheln sowie natürlich Lachs und Hering in allen Variationen.

Die normale Hausmannskost besteht allerdings aus gelber Erbsensuppe mit knusprigen Pfannkuchen und eingemachten Beeren. Meist Donnerstagabend. Für den Otto Normalverbraucher (schwedisch: Sven Svensson) stehen außerdem Fleischklößchen (köttbullar) und Kartoffeln hoch im Kurs. Davor oder danach gibt's den Vitaminstoß „nyponsopa", eine orangerote Hagebuttensuppe, je nach Geschmack kalt oder warm. Gefrühstückt wird sehr reichlich, teilweise auch schon mit eingelegtem Hering und dem unvermeidlichen Knäckebrot. Auf Schiffen und in Hotels auch schon als Smörgasbord.

Mittagessen (schwedisch: lunch) ist nur kurz und wird meist in Kantinen oder als Tagesgericht in Gaststätten eingenommen.

Hauptmahlzeit das Abendbrot (schwedisch: Middag), schon recht früh, zwischen fünf und sechs. Natürlich nochmal warm.

Daraus resultieren auch die für unsere Vorstellungen merkwürdigen Preisdifferenzen: Mittags zwischen 12 und 14 Uhr gibt's in fast allen schwedischen Gaststätten sogenannte Tagesgerichte. Leckere und reichhaltige Menüs mit Vorspeise, kompletter Hauptspeise (Fleisch, Kartoffeln, Salate) und Nachspeise, inklusive Kaffee und Leichtbier für ca. 8 Euro. Auf Schilder „dagsrättan" (Tagesgericht) achten! Abends kostet das gleiche Menü à la carte leicht das zwei- und dreifache. Ohne Getränke versteht sich. Folgerung: lieber mittags Essen gehen und abends selbst versorgen als umgekehrt.

✶ RESTAURANTS

Feinschmecker-Restaurants haben sich in letzter Zeit dermaßen in Schweden gemausert, dass selbst der Guide Michelin im Norden schon Sterne verteilt. Fast alle in den Zentren großer Städte, teilweise in Verbindung mit Luxushotels. Abendpreise zwischen ca. 35 und 5o Euro normal.

Die eigentliche Essensperle ist das sogenannte „Värdshus" oder „Gästgivaregård" meist irgendwo versteckt mitten im Wald abseits der großen Straßen. Soweit uns durch Einheimische und eigene Erfahrungen bekannt, im Textteil aufgeführt. Garanten für gutes Essen. Ansonsten an örtlichen Touristbüros nachfragen.

Hamburger- und Frittenpaläste fehlen natürlich auch nicht. Auf plattem Land bis zur Frittenbude (Kiosk) verkümmert mit 365 Öffnungstagen im Jahr. Fast rund um die Uhr. Treffpunkt der ereignishungrigen Jugendlichen.

Nicht schlecht schmecken an den „Gatukök" (Schnellimbiß) die Fleischklößchen mit Kartoffelmus und Preißelbeeren (Kötbullar med mos och lingon) für ca. 5 Euro.

✦ KÜCHE VERSCHIEDENER PROVINZEN

Schweden ist Luftlinie über 1.5oo km lang. Entsprechend unterschiedliche Essenstraditionen zwischen Schonen und Lappland.

SCHONEN: (Skåne) Spezialitäten: Gans und Aal, auch Ente und Schweinebraten, verschiedene Heringssorten und Scholle. Typisch auch „Spettekaka", äußerst mächtiger Baumkuchen aus puren Eiern und Zucker, der über offenem Feuer gedreht wird.

SMÅLAND: Vätternröding, eine bestimmte Lachsart, die nur im kalten Vätternsee existiert. Ansonsten viel Kartoffeln (als Klöße und Puffer) sowie die etwas säuerlich schmeckende Wurst „Isterband" aus Rindfleisch und Gerstengraupen. Zum Nachtisch gibt's reichlich vorkommende Preiselbeeren und Ostkaka, eine Art Käsekuchen.

BOHUS LÄN UND GÖTEBORG: als Küstengebiet auf Fisch spezialisiert. Garnelen, Meereskrebse, Krabben in Senfsauce und Dill, Seezunge und Austern gehören längs der Westküste zu den Rennern.

STOCKHOLM: bietet logischerweise internationales Essen, typisch ist aber auch hier Lachs, der mitten in der City gefangen werden kann. Ostseehering und Lachspudding, ein Gemisch aus Fisch, Eiern, Kartoffeln und gesalzener Butter.

VÄRMLAND/DALARNA: wegen des hohen Elchvorkommens natürlich Elchsteak (schmeckt sehr zart, recht schwacher Wildgeschmack) mit Preiselbeeren. Viele Pilzbeilagen. Aber auch Lachs und andere Edelfische. In Värmland üblich: Värmlandskorv, Wurst aus Rind- und Schweinefleisch mit Zwiebeln und rohen Kartoffeln. In Nord-Dalarna schon mal ab und zu Bärenfleisch.

NORRBOTTEN/LAPPLAND: klar - Rengulasch, Rensteak, meist geräuchert, wird gern mit „tunnbröd" (dünne Brotscheiben aus Gerstenmehl über offenem Feuer gebacken) gegessen. Außer Schneehühnern und Auerhähnen natürlich frischer Lachs. Zum Nachtisch Hjortron (gelbe Moltebeere) mit Waffeln und Sahne! Leuten mit äußerst strapazierfähigen Geruchs- und Geschmacksnerven sei der gegorene (!) Hering "Surströmming" ans Herz bzw. (vor die Nase) gelegt.

✦ CAFÉS

Sind nicht gerade reich gesät und bei weitem nicht mit südländischem Flair zu vergleichen, jedoch immer mehr im Kommen. In Göteborg entwickelt sich eine regelrechte Cafekultur. Ansonsten meist in Verbindung mit kleiner Konditorei, Treffpunkt der Dorfjugend. Kleine, süße, bunte, wohlschmeckende, aber recht teure Kuchen- oder besser Plätzchenstücke. Kaffee recht billig, steht überall auf heißen Platten und man darf in aller Regel kostenlos nachholen (= „Påtår"). Auch in Restaurants und Autobahnraststätten.

✦ EIS / SCHOKOLADE

An zentralen touristischen Stellen (Bahnhöfe, Fußgängerzonen) gibt es loses GB-Eis mit zum Teil abenteuerlich leckeren Geschmacksrichtungen wie Eis mit Rum und Rosinen oder mit Lakritzgeschmack. Einfach mal probieren, obwohl die Preise (ca. 2 Euro) recht hoch sind. Leute mit „süßem" Zahn sollten sich unbedingt die schwedische Marabou-Schokolade kaufen; zwar auch nicht billig, aber mmmhhhh-lecker!

Trinken:

Schweden hat keine Kneipen! Mal gemütlich ein Bierchen trinken ist in der Regel nicht drin. Bestenfalls in einigen ausschankberechtigten Cafés oder Restaurants. Allerdings von urdeutscher Kneipengemütlichkeit nordkapweit entfernt. Zudem zahlt man für ein großes Starkbier immerhin ca. 5 bis 7 Euro, wofür man zu Hause schon fast eine ganze Kiste kriegt. Grund: Staat beansprucht seit Alters her das Alkoholmonopol. Deshalb gibt's in normalen Geschäften auch nur Leichtbier (Klasse I = Lättöl 2,8 %, Klasse II = Folköl 3,5 %), das zwar zum Essen ganz gut schmeckt, mit maximal 3,5 % Alkoholgehalt aber nicht gerade zum Betrinken taugt. Die Klasse III, sogenanntes „mellanöl" hat zwischen 3,5 und 4,5 % und kann noch im Supermarkt erworben werden.

Auf den sehr umweltschädlichen Dosen ist in Schweden ein Pfand, den man zurückbekommt, wenn man sie in die "Returbruk" Automaten steckt. Sogenanntes Starkbier (Klasse IV = Starköl 4,5-5,6 %), das urdeutschen Bieransprüchen zumindest vom Alkoholgehalt her entspricht, gibt's wie Klasse V mit 5,6 % und alle anderen scharfen Sachen nur im staatlich geführten „Systembolaget". Meist recht unscheinbare, gut gesicherte Geschäfte, die außer an ihren grüngelben Schildern noch durch Anti-Alkohol-Reklame im Fenster zu erkennen sind. Mal Schwellenangst überwinden, reingehen und Apothekenflair schnuppern und sich über Preise wundern. Hier ein Vorgeschmack: Bierdose (o,45 l) ca. 2 Euro, trinkbarer Wein ab ca. 6 Euro, Wodka (o,7 l) ab ca. 25 Euro, Jägermeister ca. 33 Euro, Whisky ca. 35 Euro, französischer Cognac ab ca. 45 Euro. Prost! Nein: Skål!

Eintritt erst ab 2o Jahren, geöffnet Mo.-Fr. 9.3o-18 Uhr. Freitags lange Schlangen! Vor Feiertagen häufiger schon früher geschlossen! Samstags, sonntags und an Feiertagen kann man zwischen Trelleborg und Kiruna außer in Gaststätten nirgendwo offiziell Alkohol kaufen. Ich kenne nicht wenige Schweden, die im Geräteschuppen ihres Sommerhäuschens eine unscheinbare, kleine Destillationsanlage besitzen. Irgendwo im Wald am See. Insider kennen den Schwarzmarkt...

Trinken hat in Schweden eine lange Tradition. Ob es an den langen, dunklen und kalten Wintern oder an der Weite des Landes liegt, bleibt offen. Jedenfalls soffen die alten Wikinger schon aus gewaltigen Trinkhörnern. Ab 1917 gab es sogar Zuteilungskarten, die pro Kopf, Einkommen und Person nur bestimmte Rationen vorsahen. Da der Einfallsreichtum

> der immer listiger werdenden Schwindler zunehmend größer wurde, schaffte der Staat 1955 dieses System zugunsten des Systembolaget ab. Hier darf jeder nüchterne Mensch über 2o soviel Alkohol kaufen wie er Bargeld hat. Nach dem Betritt Schwedens zur EU und im Rahmen des Wegfalls der Zollvorschriften ab o1.o1.2oo4 ist eine Annäherung auch in Sachen Alkohol an die übrigen EU-Länder zu erwarten, was auf Dauer vermutlich die Aufhebung des staatlichen Alkoholmonopols nach sich ziehen dürfte.

Ich denke, dass das Alkoholproblem in Schweden nicht größer ist als anderswo auch. Ich möchte nicht sehen, wieviel Leute bei uns alkoholisiert in Parks oder Innenstädten anzutreffen wären, wenn es überhaupt keine Kneipen gäbe ...

Umwelt und Natur

ALLEMANSRÄTTEN

In Schweden existiert ein phantastisches, auf der Welt wohl einzigartiges Gesetz, das Vorbildcharakter für andere Staaten und Länder haben sollte: Das „Jedermannsrecht" oder schwedisch: „allemansrätten".

Leider ist in den letzten Jahren in Unkenntnis der genauen Bedeutung, Tradition und auch Pflichten dieser Regel, besonders von Touristen (nicht zuletzt auch gerade von Deutschen) damit soviel Schindluder getrieben worden und gewaltiger Schaden entstanden, dass in Schweden Stimmen laut werden, das Recht abzuändern bzw. abzuschaffen.

> Allemansrätt ist ein ungeschriebenes, altes Gewohnheitsrecht. Es stammt aus alten Landfahrerzeiten, um in end- und wegeloser Wildnis bei schwerem Wetter und Gefahren nachts das Überleben zu gewährleisten. Es ermöglicht ein friedliches Nebeneinander der Interessen von Grundbesitzern und Natur gegenüber Reisenden. Grundvoraussetzung: gegenseitige Rücksichtnahme und guter Wille. So durften Wanderer und Landfahrer im Notfall das Land anderer durchqueren, dort sogar für eine Nacht schlafen und sich von Naturprodukten (Beeren, Pilze), die nicht in Privatbesitz waren, ernähren.

An mit Stereoanlage, Kochküche, Satellitenschüssel und Handy ausgestattete Wohnmobile und Urlaub in der Wildnis dachte man zu der Zeit nicht einmal im Traum.

Deshalb ganz klar: Für Autofahrer und Motortouristen gilt dieses Gesetz erst gar nicht! Keiner sollte in Konfliktfällen unter Berufung auf dieses Recht sich durchsetzen wollen. Mit einem Lächeln, freundlichem Verhandeln und Akzeptieren der Meinung des Gegenübers kann man im Endeffekt viel mehr erreichen.

Wir Menschen sind nur Gäste dieser phantastisch einladenden Natur. Welcher Gast schmeißt schon seine leeren Bierdosen durchs Wohnzimmer des

Gastgebers, versteckt seinen Abfall unterm Teppich oder zerhackt die Möbelstücke zu Brennholz? So benehmen sich aber leider Zeitgenossen in der Natur, ohne ein bißchen darüber nachzudenken, dass gerade die nordländische Natur durch die langen Winterzeiten und nur kurze Wachstumsperioden besonders anfällig ist:

* Eine unbedacht gefahrene Reifenspur auf einer feuchten Wiese braucht bis zu 15 Jahre, um wieder zu verschwinden!
* Vergrabener Müll wird von Tieren (z.b. Dachsen) wieder ausgebuddelt. Durch ihre vom Glas und Konservenbüchsen elendig zerschnittenen Pfoten und Mäulern werden sie grausam mit dem Tod bestraft.
* Wildnislieder singende Kanuten brechen sich ihre Bahn durchs Schilf und verjagen unbedacht Enten und Greifvögel, die ihre Jungen dann verhungern lassen und ihre alteingesessenen Brut- und Nistplätze verlassen.
* Möchte-gern-Robinson-Crusoes stecken sich wie in einigen Zigarettenspots jeden Abend ihr mordsmäßiges Lagerfeuer an, verbrennen auf Jahrzehnte fruchtbares Land, sprengen durch ihre Hitze jahrtausendealte Felsbrocken und brechen Äste ab oder fällen gar ganze Bäume!

So sägen wir den Ast ab, auf dem wir gerade Platz genommen haben!

Das Jedermannsrecht geht davon aus, dass Umwelt und Natur wertvoll sind und mit Achtung begegnet werden müssen. Erst wenn man die Pflichten erfüllt hat, kann man sich bestimmte Rechte erlauben.

<u>Oberster Grundsatz des Jedermannsrecht ist</u>: Niemand darf auf seinem eigenen Grund gestört oder belästigt werden, die Natur und Umwelt dürfen nicht beeinträchtigt oder gar zerstört werden.

<u>Dann erlaubt das Jedermannsrecht</u>:

* im Gelände und auf privaten Wegen, außer auf Hausgrundstücken oder Anpflanzungen, herumzuwandern, zu radeln, Ski zu fahren und zu reiten.
* auf Flüssen und Seen mit dem Boot zu fahren und anzulegen, soweit es kein Privatgrundstück ist.
* wildwachsende Beeren und Pilze zum Verzehr zu sammeln und Blumen, die nicht unter Naturschutz stehen, zu pflücken.
* mit herumliegenden, abgestorbenen Ästen und Reisig unter Beachtung größter Vorsicht Feuer anzustecken, wenn keine Brandgefahr besteht, es nicht ausdrücklich verboten ist und dadurch nichts zerstört wird (Feuer hinterher sorgfältig mit Wasser löschen).
* ohne extra Erlaubnis eine Nacht zu zelten, wenn man sich in angemessener Entfernung von Privatbesitz aufhält. Handelt es sich erkennbar um Privatgrund, muß der Besitzer soweit erreichbar - um Erlaubnis gefragt werden.

Diese Regelung gilt ausdrücklich <u>nicht für Gruppen</u>. Sie müssen immer vorher den Besitzer fragen oder auf entsprechend eingerichtete Lager- oder Campingplätze ausweichen.

Für Nationalparks gelten weitaus strengere Bestimmungen. Dort ist es z.B. verboten, ohne Not Feuer anzuzünden, auch lose Äste und Reisig zu sammeln, Hunde mitzunehmen, zu angeln (mit bestimmten Ausnahmen) und irgendwelche Tiere zu töten.

Das Jedermannsrecht verbietet:

* noch lebende Büsche oder Bäume zu beschädigen oder zu fällen, Äste und Zweige ab zubrechen, Borke oder Rinde abzuschälen oder bestellte Äcker zu betreten.
* sich Vogelnestern und Vogeleiern zu nähern oder zu berühren.
* ohne Erlaubnis fremde Grundstücke oder Höfe zu betreten oder zu befahren (Hausfriedensbruch!).
* private Gebäudeanlagen, Brunnen und Uferstreifen zu betreten oder zu benutzen.
* Abfall irgendeiner Form liegen zu lassen oder zu vergraben. Menschliche Exkremente müssen vergraben werden.
* ohne Angelschein zu angeln und ohne Jagdschein zu jagen.
* unnötigen Lärm zu verursachen (z.B. aus der Autostereoanlage), Zäune oder Gatter zu beschädigen bzw. nicht wieder zu schließen.
* ohne Einwilligung des Besitzers länger als 24 Stunden in der Nähe des Grundstücks zu campieren.
* unter Naturschutz stehende Pflanzen (siehe jeweils Infos vom Touristbüro) zu zertreten, zu pflücken oder auszugraben.
* Feuer bei Waldbrandgefahr oder bei Verboten anzuzünden.
* das Gelände nicht so zu verlassen, wie man es vorgefunden hat.

In Lappland muß in besonderer Weise auf die Rentierzucht Rücksicht genommen werden. Rentiere sind extrem empfindlich gegenüber Störungen durch Wanderer und Autos. Viele meinen, es seien wilde Tiere wie Elche oder Rehe, die niemandem gehören. Das Gegenteil ist der Fall: Sie sind gekennzeichnet und ziehen durch große Waldgebiete. Deshalb bittet das schwedische Umweltschutzamt und der STF um Beachtung folgender Regeln:

* Respektiere die Arbeit der Samen durch größtmögliche Rücksichtnahme!
* Nähere dich nie einer Rentierherde zu Fuß oder mit dem Auto, um besonders schöne Fotos zu machen. Sie können dann in Panik geraten und aufgescheucht werden. Es kann Wochen dauern, sie wieder zusammenzutreiben!
* Wähle deinen Zeltplatz so, dass du Rentierherden nicht beim Weiden oder Durchqueren ihrer Zugroute störst.

Fazit: Mit ein bißchen Menschenverstand und gutem Willen lassen sich unnötige Schäden vermeiden!

UMWELTVERSCHMUTZUNG IN SCHWEDEN

Auf den ersten Blick scheint alles eitel Sonnenschein: letzte unberührte Wildnisgebiete Europas, endlose Wälder, tausende Seen, gewaltig tosende Flüsse und stille Bäche, aus denen man zum Teil noch trinken kann und weite, unberührte Landschaften, in denen es noch Steinadler, Bären und manchmal Wölfe gibt.

Doch das Bild täuscht gewaltig! Auch in Schweden tickt die Umweltzerstörung zu einer bisher nie gekannten Naturkatastrophenbombe. Das Waldsterben hat in Schweden bereits die südlichen Gebiete überschritten und zieht in Mittel- und Nordschweden ein. Nach Angaben schwedischer Umwelt- und Naturschutzbehörden hat auch das Gewässersterben dramatische Ausmaße angenommen. Nach neuesten Untersuchungen sind nicht nur die großen, sondern auch die kleinen Seen von einem schleichenden Versäuerungsprozeß betroffen.

Nach letzten Veröffentlichungen sind zur Zeit rund 2o.ooo schwedische Seen sauer! In ihnen leben überhaupt keine Fische mehr oder sind vom Aussterben bedroht. Selbst in den nördlicheren Gebieten Dalarnas, Jämtlands und Norrlands werden zunehmende Versäuerungserscheinungen gemessen. Aufseher und Verantwortliche für Naturreservate und Nationalparks sprachen uns gegenüber fast mit Tränen in den Augen von ph-Werten bestimmter Seen, die an Zitronensäure heranreichen.

Schweden ist besonders schwer getroffen, weil der meist kalkarme, felsige Untergrund für Versäuerungsprozesse besonders anfällig ist: Seen und Wälder werden langsam vergiftet und siechen dahin, in lappländischen Gewässern sind Fische mit starkem Quecksilbergehalt festgestellt worden, Seeadler als nächstes Glied in der Nahrungskette bekommen Nahrungsprobleme oder vergiften sich an Fischen; Grund- und Trinkwasser drohen auf Dauer zu verseuchen.

Besonders ärgerlich für die Schweden: 75 % der aggressiven und mit dem Regen säurebildenden Stickstoffoxide sind nicht hausgemacht, sondern werden tausende von Kilometern mit den Winden zu ihnen gepustet. Hauptverursacher sind die immer höher gebauten Schlote der deutschen Industriegebiete an Rhein und Ruhr sowie die umwelttechnisch erst langsam verbesserten Industriekombinate der ehemaligen DDR, Polens und Englands. Zwar versuchen die Schweden durch internationale Initiativen, Verringerung eigener Schadstoffausstösse und massive Kalkung von Wäldern und Seen die Entwicklung zu stoppen, bisher aber mit wenig Erfolg.

Seit Jahren gibt das schwedische Umweltamt in den Touristbüros unter der Überschrift „Das Geheimnis unserer glasklaren Seen" Broschüren heraus. Sie erläutern, dass besonders klare und sauber erscheinende Seen mit nur noch großen Fischen darin, Zeichen für gekippte, übersäuerte Gewässer sind, in denen natürliches Pflanzenleben verarmt und sich Fische nicht mehr vermehren können. Sie fordern jeden einzelnen auf sich in seinem Land für den Umweltschutz zu engagieren.

Tierwelt

Ist sehr reichhaltig: von großen wildlebenden Tieren wie Elch, Wolf, Vielfraß, Luchs, See- und Steinadler bis zu Prachthaubentauchern und Lemmingen. Doch man ist nicht im Zoo. Wer in 4 Wochen mal einen Elch sieht, hat schon Glück. Tiere, die ihr aber sicherlich zur Genüge kennenlernen werdet:

MÜCKEN

Die gefährlichsten, blutrünstigsten und gefürchtetsten wilden Tiere. Sie können in unvorstellbaren Dimensionen auftreten und selbst den hartgesottensten Naturliebhaber vom schlichten Wahnsinn bis zur wütenden Raserei bringen. Die ganze Sache ist dennoch recht tröstlich: nur die Weibchen stechen!

Lagerfeuergeschichten wie: „Als ich aufwachte und aus dem Zelt guckte, dachte ich, es wäre Sonnenfinsternis, dabei waren es nur Mücken" oder „ich konnte meinen Hut in die Luft werfen, vor lauter Mücken schwebte er nur ganz langsam zum Boden" sind natürlich ausgemachtes Schweden-Latein.

Der normale Schwedenurlauber wird allerdings nicht sonderlich belästigt. Eigentlich gibt es Mücken nur in Lappland. Gundsätzlich gilt: je weiter nördlich, umso mehr Mücken und je weiter im Landesinnern, umso stärker sind sie anzutreffen. Nachdem es den ersten Frost gegeben hat, ist der Spuk sowieso vorbei.

<u>Wichtigste Regeln zum Mückenschutz</u>:

* <u>PLATZWAHL</u>: Je windiger die Stelle, umso besser. Möglichst flaches Gras wählen, da sitzen weniger drin. Wald- und Flußnähe unbedingt meiden!

* <u>KLEIDUNG</u>: Möglichst blaue Klamotten zu Hause lassen. Die Mücken stehen darauf. Wenn's in Abendstunden schlimmer wird, weite Sachen anziehen, durch knatschenge Jeans stechen die Biester durch! Notfalls Regenkleidung aus Gummi überziehen. Hut und Halstuch tun in Mückeneldorados gute Dienste.

* <u>Nicht wild um sich schlagen</u>! Cool bleiben! Bewegung und damit verbundener Wärmeanstieg lockt nur noch mehr stechende Mückenmädchen an!

* <u>Autan</u> bringt nach unseren Erfahrungen weniger als die schwedischen Anti-Terror-Mittel „US-622" oder „Dschungel-olja". Beides sind Kontaktstoffe, nutzen also nichts auf nackter Haut, wenn man darüber wieder enges Blauhemd anzieht. Beim Landen verbrennen sich die fliegenden Mädchen die Füße und zischen wieder ab. Aber Vorsicht mit dem Zeug: In den Augen brennt's teuflisch und fürchterlich gesund ist das Gift auch nicht. Im Klartext: Finger weg von diesem extrem giftigen Zeug! Alle, die das chemische Präparat Diäthyletoluamid beinhalten, wirken zwar, sollten aber unbedingt wegen ihrer möglichen gesundheitlichen Folgeschäden nicht benutzt werden. Ein europaweites Verbot steht kurz bevor.

* Als Alternativen haben sich Präparate auf pflanzlicher Basis mit Geruchsstoffen wie Pfefferminze, Nelken und Menthol, sogenannte „Mosquitomilks", etabliert, die sich besonders für Kinder eignen. In jüngster Zeit sorgt ein Präparat namens Zanzarin (Bio-Hautschutzöl) für Schlagzeilen, das auf Raps- und Kokosölbasis ohne schädliche Nebenwirkungen ausgezeichneten Schutz bietet. In guten Apotheken erhältlich bzw. bestellbar.

* Außer Pfeiferauchen hilft am besten, sich ins Unabänderliche zu fügen und sich psychisch mit den Viechern zu arrangieren. Hilfreich: Stift „für danach" zu besorgen. Lindert Juckreiz und läßt erst gar keine Beulen entstehen. Zu kaufen in allen Apotheken.

* Die vielgepriesenen Vitamin-B-Präparate nutzen nichts. Außer orangefarbenem Urin konnten wir an uns keine Veränderung feststellen. Sogenannte Mücken-Pieper mit Baterie und Mückenkerzen helfen wohl nur den Verkäufern. Abbrennbare Spiralen nutzen unter freiem Himmel wenig, in geschlossenen Räumen mehr, allerdings atmen das Gift nicht nur die Mücken ein!

* Alter Taschenlampentrick (3 Minuten auf eine Stelle leuchten um im Tapferen-Schneiderlein-Stil alles erschlagen) gewährleistet in der Regel ungestörte Nachtruhe in Zelt oder Bulli.

ELCHE

Die gewichtigsten Einwohner Schwedens, die mit einer Gesamtzahl von 4oo.ooo die Anzahl der in Schweden zugelassenen Lkw übersteigt. Mit dem Gewicht eines Kleinwagens (8oo kg), der Höhe einer Zimmerdecke (2,35 m) und der Geweihspannweite einer Menschengröße (1,9o m) recht gewaltig. Schon Caesar beschrieb dieses etwas tolpatschig und gemütlich dreinschauende Monstrum, damals noch in Germanien lebend, als gehbehindert. Er kreierte das Gerücht, Elche hätten weder Fuß- noch Kniegelenke und könnten, wenn sie einmal umfielen, nicht mehr aufstehen. Messerscharf folgerte er eine Jagdmethode, die durch angesägte Bäume Elche beim Anlehnen zu Fall bringen würden, und diese am nächsten Tag nur noch eingesammelt werden bräuchten. Natürlich Caesar-Latein.

Tatsache ist, dass Elche in Schwedens Wälderdschungel häufig stürzen, weil sie als Hans-Kuck-in-die-Lüfte mit dem Geweih im Nacken und der Nase hoch nach frischem Grün suchen. Die plumpe Erscheinung hat zum Grasen einen recht kurzen Hals und muss arge Verrenkungen anstellen, um mit seiner langen Zunge und der etwas dick geratenen Oberlippe frisches Bodengrün zu ergattern. Das äußerst wanderlustige Tier trabte ab und an in der Morgendämmerung durch menschenleere Vorstädte, hat schon den Feierabendverkehr in Stockholm zum Erliegen gebracht und sich einmal in einem U-Bahn-Schacht verirrt!

In den letzten Jahren haben sie sich zu einer Landplage erweitert. Trotz Abschußziffern von jährlich 2o.ooo (!) Stück, die auch bei massivem Menschen- und Materialeinsatz (im Herbst gehen ganze Belegschaften sogar mit Hubschraubern und Sprechfunk auf Jagd) nie erreicht werden, vermehren sie sich atemberaubend.

In einigen Regionen leben schon mehr Elche als Menschen. Seit 197o hatten sich die schweren Unfälle mit Elchen verfünffacht, so dass manche Autofahrer in Anbetracht der stolzen Tiere das Stoßgebet zum Himmel schickte, diesen Elch an ihnen vorübergehen zu lassen. Inzwischen sind sehr viele Hauptstraßen durch kilometerlange Wildschutzzäune gesichert.

Grund für die Elchplage ist weniger das Fehlen echter Feinde wie Bär, Luchs und Wolf als vielmehr die schwedische Forstwirtschaft: durch immer schnellere Folge großflächiger Kahlschläge entstehen große Aufforstungsflächen, die den Elchen in Form knackig frischen Grüns tonnenweise beste Nahrung zuführen. Natürlich zum Schaden des Waldes.

Die gut erreichbare und qualitativ hochwertige Nahrung (viel Eiweiß!) führt zu immer häufigeren Zwillingsgeburten und besten Überlebenschancen des Nachwuchses. Elchfleischproduktion stellt inzwischen in Schweden einen gewichtigen Wirtschaftsfaktor dar. Als Steak ist er auch nicht zu verachten.

Beim Kauf von Elchfellen sollte man berücksichtigen, dass sie sich wegen der besonderen Röhrenhaare nicht als Bettvorleger eignen (gehen beim Drauftreten kaputt) und selbst an der Wand hängend noch lange unangenehme Gerüche verbreiten.

Trotzdem ist mir der Elch bei aller Plumpheit und Dümmlichkeit unheimlich sympathisch. Vielleicht weil sein höchster Lebensinhalt aus Ruhen und Fressen besteht.

RENTIERE

Wahrzeichen Lapplands, die wohl jeder Lapplandfahrer irgendwo längs der Straße zu Gesicht bekommt. Trotz gewaltiger Größenunterschiede verwechseln sie manche Großstadtcowboys mit Elchen. Allein die etwa Rehgröße im Vergleich zum eher pferdgroßen Elch ist augenscheinlich. Außerdem ist der Elch im Sommer eher braungefellt, die Rentiere zwischen grau und beige. Während Rentiere in aller Regel in Gruppen zu sehen sind, trifft man Elche eher als Einzelgänger bzw. als Mutter-Kind-Gespann. Außerdem ist das Verbreitungsgebiet ein sicherer Indikator: Wem südlich einer Linie Oslo - Stockholm Rentiere begegnen, muss entweder am Lagerfeuer zu viel Rum getrunken haben oder sonst etwas durch die Lappen gegangen sein...

Besonderheit: Als einzige Hirschart tragen auch Weibchen Geweihe. Mordsschwere Dinger, die an Parkplätzen und Märkten an Touristen verkauft werden. Stolz werden sie auf Bullidächer und Motorräder geschnallt, um

meist später irgendwo im Keller als Staubfänger zu vergammeln.
Die ehemals nomadisierend hinter Rentierherden herziehenden Samen machen sich heute dabei die Technik zu Nutze: mit Helikoptern, dreirädrigen Buschmotorrädern und Schneescootern werden sie zusammengetrieben und überwacht. Doch schrumpft die Rentierhaltung im Zuge zunehmender Modernisierung und nach Tschernobyl auf immer weniger Familien zusammen. Herden nicht zu nahe kommen!

BIBER

Gibt's wieder! Jede Menge! Besonders Kanuten und Wanderer können mit etwas Geschick ihre Spuren erkennen: in Kniehöhe angenagte Bäume, angespitzt wie Streichhölzer und auffällig zusammenhängendes Treibholz und Gestrüpp weisen auf Bauten hin. Zu sehen kriegt man sie selten, aber zu hören: beim Abtauchen schlagen sie kräftig aufs Wasser, klatscht es ziemlich laut. Zumindest ihre Spuren sind in Dalsland, Värmland und Dalarna häufig zu beobachten.

BÄREN

Laufen in Schweden mehr rum als man denkt. Einen zu sehen ist aber wie ein Sechser im Lotto. Allein im Gebiet Nord-Värmland/Dalarna treiben sich muntere 2oo wildlebende Braunbären herum. Keine Angst vor großen Tieren: bevor man zufällig Meister Petz sehen sollte, hat er Sie schon längst beobachtet und sich verdrückt. Wer trotzdem welche sehen will, fährt zum Bärenpark bei Orsa (Dalarna). Oder ins Skansen Freilichtmuseum nach Stockholm.

WÖLFE

Der Wolfsbestand hat sich in den letzten Jahren ausgesprochen gut erholt. So gibt es inzwischen sowohl in Dalarna als auch in Värmland wieder Paare. Selbst im Norden Dalsland sind schon wieder einzelne Wölfe gesehen worden. Sie vermehren sich so gut, dass die Jäger schon wieder vom Abschiessen sprechen. Als normaler Schwedenfahrer wird man jedoch mit den scheuen Tieren keinen Kontakt bekommen.

SPORT

WANDERN

Grundsätzlich ist Schweden ein einziger großartiger Nationalpark; von nahezu jedem Zeltplatz aus kann man kreuz und quer auf Waldarbeiterpfaden oder markierten Trails (z.B. Kungsleden) wandern.

In jeder Provinz Süd- und Mittelschwedens gibt's mindestens einen Langwandertrail (ab 1oo km aufwärts) und ,zig dufte Kurz- und Rundwanderwege für Tagestouren. Meist durch dichtbewaldete Landschaft mit einsamen Seekontakten, schönen Ausblicken und nur gelegentlich Straßen oder Häusertreffs. Gut markiert, meist mit orangefarbenen Baumringen, kleinen blauen Schildern und Kilometerangaben sowie im offenen Gelände mit Steinmännchen.

In Tagesabständen, vorbildlich organisiert, ausgerüstete Hütten oder Katen als Nachtlager. Dufte auch die romantischen Windschutze mit Feuerstellen, unter denen man bei flackerndem Lagerfeuer und Blick auf einsame Seen pennen kann. Auch für Anfänger mit normaler Ausrüstung. Ausführliche Infos über 32 Flachlandwege mit zusammen 5.7oo Wanderkilometern bei regionalen Touristbüros oder beim STF. Beste Wanderzeit Juni bis September.

Im Norden und entlang Schwedens Westgrenze zu Norwegen weitläufige Fjällgebiete, noch letzte große Wildnis. Erlebnis von großer Freiheit und Unbegrenztheit in baumlosen Hochebenen mit ausladenden Tälern, sauberer, frischer Luft und ungezählten, plätschernd klaren Rinnsalen. Gut sichtbare Trails, größtenteils mit Brücken, einige Watstellen (je nach Wasserstand gefährlich), geöffnete Unterkunftshütten und zum Übersetzen bei Seen und Flüssen regelmäßiger Bootsverkehr im Sommer.

Allerdings nicht ganz ungefährlich: enorme Weiten ohne Spuren von Zivilisation, häufig ergiebige und lang andauernde Regenfälle, brütende Hitze und lästige Mücken bei nicht geringer körperlicher Anstrengung. Setzt Erfahrung, Vorinformation und gute Ausrüstung voraus. Nähere Infos auch beim STF und unter Textteil Kungsleden Seite 497. Beste Wanderzeit Juli bis Anfang September.

Übernachtungshütten

Sind für zeitweilige Unterbringung vorgesehen, maximal zwei Nächte. Größere Hütten mit Küchenausrüstung, Betten und Matratzen. Normalerweise kein elektrisches Licht (woher auch?), Flaschengas soweit noch nicht aufgebraucht. In Hauptsaison an beliebtesten Kungsledenstrecken überfüllt, auf Nachtlager auf Fußboden einrichten! Kleine Katen nur mit Pritsche und Bulleröfen. Übernachtungsgebühren in Fjällhütten ca. 26 Euro bei

Hüttenwart oder an Gebirgsstation am Wanderweg löhnen. Bezahlen ist Ehrensache. Auf Jugendherbergsausweis 5,5o Euro Rabatt.

Alle wichtigen Infos zu Wanderwegen und -hütten unter www.stfturist.se. Empfehlenswerte Wanderkarten sind die Gebirgskarten oder die grünen und blauen Karten des schwedischen Landvermessungsamtes; über den guten Fachhandel zu beziehen.

Spezialliteratur
STF Fjällbuch mit allen Nordlandtrails, Bettenzahlen, Kilometerangaben, Nottelefon. Auf schwedisch, aber verstehbar. Mühsam und trocken, aber nützlich. Zu haben in jeder guten schwedischen Buchhandlung.

Ausrüstung
So wenig Gewicht wie möglich, so viel brauchbare Sachen wie nötig. Hilfreich: Handwaage. Wer auf 14-tägiger Zeltwandertour mehr als 2o kg schleppt, hat falsch gepackt. Bei kürzeren Touren reichen 15 kg. Am besten alle Einzelteile am Tag vorher auslegen, einzeln mit kleiner Küchenwaage auswiegen, was rausschmeißen und erst dann einpacken. Sonst wundert man sich zu spät.

Eine Komplettcheckliste für mindestens einwöchige Zeltfjälltour:

Zelt (wasserdicht/leicht), kein Supermarktzelt! Ersatzstange, -schnüre und Heringe, 1oo.oooer Karte (Nya Fjällkarten die besten!), Kompaß, Höhenmesser, Spiritus-Kocher und Flasche mit Pfanne und Töpfen, Topfkratzer, kleines Beil, Reparaturzeug: Schere, Nähzeug, Sicherheitsnadel, Draht, Klebeband, Superkleber, Zange, Sturmstreichhölzer (an verschiedenen Stellen), Medizin; Hals-, Kopfschmerztabletten, ausreichend Pflaster (besser Zinkpflaster zum Blasen abkleben!), Jod, Verbandszeug, Mücken- und Sonnenschutzmittel, alkalifreies Waschzeug (Umweltschutz), Toilettenpapier, viele Mülltüten (nicht vergraben), große Stofftaschentücher (notfalls als Dreieckstücher!), Geld, Ausweis, Scheckkarte für Notfälle.

Rucksack, ab 5o Liter mit Hüftgurt und breitgepolsterten Trägern (Markenfabrikat), Rucksacküberzug (Ponchos taugen im Gestrüpp und bei Wind nicht!), Gummistiefel mit Profilsohle (nur für Flachlandgebiete feste Wander- oder Trekkingschuhe) oder hochschließende Gore-Tex-Stiefel, leichte Turnschuhe (für Wattstellen), mehrere Paar Socken, lange Unterhosen, Schal, Mütze, Handschuhe (in Lappland wird's bei Wind knüppelkalt), Unterhemden, Hemd, leichte und wasserabweisende Hose und Jacke, wasserdichtes Regenzeug, warmer Pulli, Hut, Schlafsack und Isomatte (zusätzlich 4o x 4o Stück Isomatte als Sitz und zusätzliche Isolierung im Hüftbereich pfiffig), Wassersack, Messer, Taschenlampe zusätzlich ausreichend Nahrungsmittel inklusive 1-2 Reserve-Rationen, ggf. Foto-, Filmausrüstung.

Bei kürzeren Etappen oder anderen Touren (Flachland, Hüttentour) Streichungen vornehmen.

Verpflegung
Lieber zuviel mitnehmen! Kalorienverbrauch verdoppelt oder verdreifacht sich. Ausreichend Power-Futter für den Hunger zwischendurch einpacken:

Schokolade, Nüsse, Traubenzucker. In südlichen Wandergebieten fast täglich Einkaufsmöglichkeiten. Im Fjäll völlig autark sein!

> Für Frühstück und Zwischenmahlzeiten Müsli mit Trockenmilch, Haferflocken, Cornflakes etc. Ansonsten am unkompliziertesten: Trockennahrung. Aber Vorsicht: Geschmacksrichtungen vorher ausprobieren (manche Sorten schmecken abscheulich!) und nicht blind auf Portionsangaben vertrauen. Ich esse immer eine 2-Portionen-Tüte.
> Ideal als Brotersatz: Bannok, altes Indianerrezept. Einfach und schnell zubereitet, voluminösen Brotlaiben weit überlegen. Mit bißchen Phantasie beim Belegen und Formen auch als „Pizza" oder Brötchen zu gebrauchen (für 2 Personen 8 EL Mehl, 1/3 EL Backpulver, Prise Salz mit Wasser zu nicht zu festem Teig rühren).

Vorsichtsregeln

Niemals allein wandern. Nachricht über Route, Ziel und Rückkehrtag hinterlassen. Karte und Kompaß mitnehmen. Routenplanung nach Kondition und Leistungsfähigkeit des schwächsten Gruppenmitglieds ausrichten. Bei Problemen rechtzeitig umkehren. Entfernungen nicht unterschätzen.

Infos aller Art zum Wandern in Schweden gibt der STF (Svenska Turistföreningen), der in etwa mit unserem Alpenverein vergleichbar ist und alle Trails, Hütten und JHB unterhält. Dort sind auch organisierte Wanderreisen buchbar. Adresse: STF, Kungsgatan 2, Box 25, 1o12o Stockholm. Tel. oo46/ 8/ 463 21 oo, Fax: oo46/ 8/ 678 19 58 oder www.stfturist.se. Weitere hilfreiche Internetadressen sind:
www.swebus.se (Busse in Schweden),
www.samtrafiken.se (Busse in Lappland),
www.ltnbd.se (Busse der Regionen),
www.lapplandsflyg.se (Hubschrauberfliegen Lappland)
www.fjallexpressen.com (Busse ins Fjäll)

Schweden ist eines der schönsten und abwechslungsreichsten Kanugebiete Europas. Von einfacher Kanupaddelei über romantisch kleine Waldbäche, verzweigte, miteinander verbundene Seengebiete, rauschend mächtige Wildwassertrails, bis hin zu expeditionsartigen Lappland-Wildnis-Durchquerungen und endlosen Küstenschären-Touren. Schweden bietet alles, im folgenden ein Überblick; interessante Kanutouren mit genauen Infos dann im Hauptteil des Bandes bei den einzelnen Regionen!

Kanufahren in Südschweden

Schönste Kanugebiete auch für Anfänger in SMÅLAND. Verzweigte Seensysteme in waldreicher Gegend mit Wildnisgeschmack und reicher Tierwelt. Beste Ecken nördlich von Kristianstad (Immeln-Seenrevier), in weitem Umkreis von Växjö (Åsnen- und Helgasjöngebiet), nördlich Älmhult (Möckelnsee) und bei Ljungby (Bolmensee). Außerdem im Dalsland: langgestreckte, waldumstandene Seengebiete und enge Durchfahrten. Rund um Bengtsfors idealste Anfängerbedingungen. Trotz täglich bis zu 2.ooo ausgeliehenen Kanus verläuft sich die Kanuwoge einigermaßen.

Zusätzlich in ÖSTERGÖTLAND am „Sommen"-Seengebiet östlich von Tranås. Touristisch noch nicht „überlaufen".

Beste Küstentouren an Ostküste zwischen Oskarshamn und Södertälje und an Bohus-Län-Klippenküste.

Kanufahren in Mittelschweden

VÄRMLAND: Schwedens Kanueldorado schlechthin. Verträumt einsame Seenplatte in echter Wildmark, schmale, klare Wasserläufe und der Klarälv (Fluß) mit 1oo km Mäanderlauf ohne Landtransport. Kanuparadies. Im Juli/August aber schon verdammt voll.

In anderen Provinzen gewaltige Ströme mit Rheinbreite in West-Ost-Richtung. Von meist Wildwasseroberläufen stufenweise aufgebaut: natürliche Staustrecken wechseln mit unfahrbaren Wildwasserpassagen und Stromschnellen. Im Mündungsgebiet kilometerlang seeartig. Einige leider gnadenlos mit Staumauern verbaut (z.b. Österdalälv und Ljusnan in Härjedalen). Lohnend für Wanderfahrer Västerdalälven in DALARNA.

Neben- und Zuflüsse der großen Ströme (Görälv, Fuluälv, Vanån, Storån, Fjätälv) mit unfahrbaren Schnellen, Wasserfällen und flachen steinigen Stellen und spannend spritzigen Wildwasserstellen in unwegsamer Einsamkeit und durch canyonähnliche Waldschluchten.

Riesiges Seengebiet Mälaren westlich Stockholm für unseren Geschmack zu meerähnlich. Besser für Segel- oder Motorboote. Schönste Küstentouren zwischen Harnösand und Örnsköldsvik.

Kanufahren in Nordschweden

Großwanderflüsse im Land der Rentiere und Goldgräber. Torneälv, Vittangiälv, Kalixälv, Piteälv, Laisälv in endloser Weite. Für Experten und Wildniserfahrene. Teilweise expeditionsähnliche Vorbereitung notwendig. Tourenvorschläge und besondere Gefahren im Textteil.

Beste Kanuzeit

Für Kleinflüsse in Süd- und Mittelschweden Mai/Juni. Ausreichend Wasser. In Lappland nicht vor Mitte Juni (Kälte, Schneefälle). Große Flüsse und Seengebiete bis auf Winter durchgängig befahrbar.

Vogelschutz

Die seit rund 35 Jahren herrschende Kanueuphorie hat schon beträchtliche Schäden angerichtet (vgl. Jedermannsrecht). Besonders Brut- und Lebensräume von Wasservögeln werden gestört, die Vögel verlassen ihre Brutgebiete. Deshalb sind einzelne Inseln, Inselgruppen und teilweise sogar einzelne kleinere Seen für Kanuten sinnvollerweise komplett gesperrt worden. Auf den Inseln sind in der Regel entsprechende Schilder aufgestellt worden, auf den Kanukarten sind die gesperrten Seen markiert.

Durch Flucht der Vögel von ihren Nestern bekommen natürliche Feinde und Bruträuber überdimensionale Chancen. Folge: Zahlenmäßig starker Rückgang besonders gefährdeter Arten. Vorsorge: weite Abstände zu Nestplätzen halten. Sowohl beim Paddeln als auch beim Lagerplatzsuchen. Auf eingerichtete Plätze gehen. Lieber auf Fotos verzichten als intaktes Vogelleben zerstören.

Leise in Natur verhalten. Bei Vogelseen Indianerpaddeltechnik anwenden: Nach Durchziehen das Paddelblatt parallel zum Boot im Wasser nach vorne führen. Auf Karten eingezeichnete Vogelschutzgebiete mit Betretverbot beachten!

Noch ein Umwelttipp: einige gekennnzeichnete Gewässer sind durch Krebspest verseucht. Boote nachher säubern, sonst wird Befall auf andere Gewässer übertragen. An TI's erkundigen!

Gefahren

Besonders Anfänger unterschätzen Naturgewalten und Gefahren.

DIE 1o GEBOTE FÜR DEN KANUTEN:

Niemals alleine lospaddeln, Schwimmweste grundsätzlich anlegen. Immer in Ufernähe bleiben. Nicht einfach durch unbekannte Flüsse fahren (plötzliche Wasserfälle). Nicht mit Gummistiefeln paddeln (laufen bei Kenterung voll und ziehen nach unten!). Gepäck im Boot festzurren. Kein Alkohol im Boot. Nach Kenterung niemals Boot im Wasser umdrehen (läuft voll und säuft ab). Sich niemals ins Boot stellen. Nachricht über Fahrroute hinterlassen.

Ausrüstung

Natürlich von geplanter Tour abhängig. Außer persönlichen Sachen sollte nie fehlen: Schwimmweste, Reservepaddel, Kanuwagen (sehr hilfreich bei längeren Portagen), Schwamm, Leine (3o m) zum Treideln, Persenning-/Spritzdecke (besonders für fließendes Gewässer oder Sturm auf Seen), wirklich wasserdichte Gepäcksäcke bzw. besser noch Gepäcktonnen (auch als Sitzplatz), Müllsäcke, Reparaturset, Karte, Kompaß, Hut (Sonnenstichgefahr). Hilfreich, wenn alles in verschiedenfarbigen bzw. gekennzeichneten Behältern ist. Keine nervende Sucherei. Große Plane, womit man bei seitlich gekipptem Canadier Kanubiwak bauen kann. Last but not least: Sonnencreme. Selbst in Schweden.

Kanuverleih

Fast an jeder Ecke. Vom Campingplatz bis zum Sportgeschäft. Dazu fast immer Ausrüstungsverleih (Zelt, Bootswagen etc.). Am empfehlenswertesten aber bei annähernd 1oo autorisierten Kanuzentralen. Vorteil: bestes Material, sachkundige Einweisung. Transportorganisation vom Anhänger bis zum Flugzeug und beste Tourenvorschläge. Am Zeltplatz kriegt man nur das Boot in die Hand gedrückt und kann sehen wie man fertig wird.

Preise: ca. 1o Euro pro Stunde, pro Tag ca. 27 Euro. Wochenende bis ca. 6o Euro und Woche um 12o Euro.

In stark frequentierten Paddelrevieren von Småland, Dalsland und Värmland müssen wegen der hohen Unterhaltskosten für die eingerichteten Übernachtungsplätze auch beim Mitbringen eigener Boote ca. 2,5o Euro pro Person und Tag bezahlt werden. Diese sogenannte „Naturvårdskarte" gibt es an allen Touristbüros und Kanuzentralen der Umgebung. Hier ist Ehrlichkeit zum Erhalt der Natur und der wunderschönen Lagerplätze angesagt.

Adressen

* <u>Verzeichnis von Kanuzentralen</u> bei: Visit Sweden oo8oo/ 3o 8o 3o 8o (gebührenfrei), Prospekt „Aktiv- und Abenteuerurlaub in Schweden" abrufen oder unter www.schweden-urlaub.de und <u>www.visit-sweden.com.</u>
* Auskunft über Routenbeschreibungen, Kanuverleiher und Kartenmaterial gibt's beim Svenska Kanotförbundet Rosvalla, S-61162 Nyköping, Tel. oo46/ 155/ 2o9 o8o, Fax: oo46/ 155/ 2o9 o 81. www.kanot.com

Wildniszentrale

Eine super hervorragende Wildniszentrale, die alles, was das Wildtöter- und Waldläuferherz begehrt, organisiert, befindet sich in Schweden. Von Reittouren, Lapplanddurchquerungen, Hundeschlittentouren mit Übernachtungen in Katen, Survivalkurse, Fallschirmspringen, Drachenfliegen bis Flüge mit einmotorigen Wasserflugzeugen zu entlegenen Gebieten etc.

Hat natürlich alles seinen Preis; nur weiß man bei dieser Adresse dass man es mit absoluten Profis zu tun hat, die was vom Draußenleben verstehen:

<u>„Wildmarkszentrale Jukkas AB"</u>, Marknadsvägen 63, 98191 Jukkasjärvi, Tel. o989/ 668oo

Trotz Hügel und Bergen ein ideales Fahrradurlaubsland. Total andere und intensivere Naturempfindung als wenn man von Blech umhüllt durch die Wälder braust. Hinter jeder Kurve sieht's anders aus, und gerade in den Abendstunden gukken die Elche ganz schön überrascht über so merkwürdige Tiere auf zwei Rädern.

Paradiesisch wilde Zeltplätze an Seen, wo kein Autofahrer hinkommen kann. Problematisch ist das Fahrrad nur bei längeren Schlechtwetterperioden. Viele örtliche Touristbüros geben kostenlose Tourenvorschläge raus: meist Rundtouren über winzige Pisten an den landschaftlich schönsten Stellen Schwedens vorbei, mit ein paar Sehenswürdigkeiten. Nachfragen!

Allerdings, wer eigenes Fahrrad mitbringt: die superleichten Schmalfelgen-Modelle sind für Schweden ungünstig; Flickenteppich-Asphalt sowie zwischendrin immer wieder unbefestigte Pisten erfordern Stabilradausführung in Mountainbikequalität.

Doch nicht erst seit der über Deutschland hereingebrochenen Mountain-Bike-Welle trifft man immer mehr fahrradstrampelnde Urlauber auf Schwedens (Neben-)Straßen. Die Schweden haben sich schnell darauf eingestellt und einen 2.57o km langen Fahrradweg durch Schweden markiert. Von Trelleborg im Süden bis Karesuando nördlich des Polarkreises gibt es Radeln satt.

Der SVERIGELEDEN umfaßt noch einmal rund 3.4oo km empfohlene Abstecher, die ebenfalls an den schönsten kulturellen und landschaftlichen Attraktionen des Landes vorbeiführen. Die Hauptroute des SVERIGE-LEDENs ist in schlappe 26 Etappen zu je 4- bis 7-Tagesrouten aufgeteilt, so dass man mit seinem Stahlroß auch hervorragend Teiletappen bestrampeln kann. Bis auf wenige Abschnitte mit starken Steigungen sind die Routen so gewählt, dass sie überall auch für Familien zu fahren sind und nicht so weit von der Zivilisation vorbeiführenden Nebenstraßen immer noch ausreichend Einkaufs- und Übernachtungsmöglichkeiten bieten.

Darüber hinaus gibt es noch eine Reihe von Landschaftsrouten. In aller Regel sehr gut ausgeschildert und an den touristischen und landschaftlichen Highlights der Gebiete vorbeiführend. Dazu zählen u.a. der Dalslandsleden, Västgötaleden, Värmlandsleden oder Rundwanderwege per Rad um den Vänernsee oder Göteborg. Detaillierte Informationen gibt es bei den regionalen TI's vor Ort oder zentral bei der Schwedischen Fahrradgesellschaft: Svenska Cykelsällskapet, Torneågatan 1o, S-16479 Kista, Tel. 0046/ 8/ 751 62 o4, Fax: 0046/ 8/ 751 19 35 oder unter: www.svenska-cykelsallskapet.se

Fahrradtransport

Flug: Auf schwedischen Inlandsflügen kostet der Fahrradtransport ca. 3o Euro, allerdings wird nicht garantiert, dass der Drahtesel in demselben Flieger mitkommt. In jedem Fall wird er aber noch am gleichen Tag transportiert. Das Radl muß sich in einem entsprechenden Fahrradrucksack befinden, den man für ca. 55 Euro bei SAS kaufen kann. Der erste Transport ist damit gratis!

Bahn: Außer bei der Inlandsbana können in Schweden keine Fahrräder direkt im Zug mitgenommen werden. Sie müssen als Gepäck ca. 2 Tage vorher aufgegeben werden. Preis ca. 42 Euro. Von Deutschland aus ist ein Fahrradtransport nur über die Strecke Berlin-Saßnitz-Trelleborg möglich.

Bus: In Nordschweden kein Problem, da viele Überlandbusse Fahrradträger am Heck haben bzw. große Gepäckladeräume. In regionalen Bussen im übrigen Land ist die Fahrradmitnahme teilweise nach Absprache mit dem Busfahrer möglich; die Überlandbusse nehmen keine Fahrräder mit.

Schiff: Innerschwedische Schiffsverbindungen auf Göta-, Dalsland-, Säffle-Kanal etc. stellen kein Problem dar. Meist kostenlose bis preisgünstige Mitnahmemöglichkeit.

Literatur/Auskunft: Sämtliche Informationen zum SVERIGELEDEN sind in dem nützlichen Handbuch „Sverigeboken" zusammengefaßt, das nicht nur das gesamte Kartenmaterial nach Regionen geordnet enthält, sondern auch noch Angaben zu den entsprechenden öffentlichen Verkehrsmitteln, Touristenbüros, Fahrradwerkstätten, Unterkunftsmöglichkeiten etc. Einziger Wehmutstropfen: Das Sverigeboken mit dem SVERIGELEDEN gibt es leider bisher nur auf schwedisch. Mit etwas Geschick dennoch einigermaßen verständlich.

Weitere Informationen und die Bestellung des Fahrradguides laufen über: Svenska Cyckelsällskapet - SCS, Torneågatan 1o, 16479 Kista, Tel. o8/ 751 62 o4, Fax: o8/ 751 19 35.

Fahrradmieten: überhaupt kein Problem. Vermittelt jedes Touristbüro. Preise pro Tag je nach Qualität des Rades zwischen 8 und 15 Euro Wochenweise billiger.

Bei 9o.ooo Seen und tausenden Küstenkilometern ideal. Man hat ganze Seen für sich alleine! Traumhaft: nachts um 11 Uhr noch im hellrot gefärbten See lautlos durch die Wildnis gleiten!

Surfhochburgen mit entsprechenden Winden, auch für Funboardfahrer in Provinz Halland (Halmstad/ Tylösand) und auf Gotland. Leihbretter und Surfschulen meist an 5-sternigen Zeltplätzen. Ersatzteile in fast allen Sportgeschäften.

Ca.-Mietpreise: pro Tag 25 Euro, Wochenende 6o Euro, Woche 11o Euro. Weitere Infos erteilen die örtlichen Touristbüros.

Bei vielen Segelfans schon durch Anfahrt von deutschen Ostseehäfen aus interessant. Beliebt entlang der Westküste oder über Bornholm Richtung Öland und Gotland. Vorsicht, gerade auf dieser Tour mit Militärhochburg Karlskrona. Wenn man Sirenengeheul hinter sich hört, ist's zu spät und es wird teuer. Schöne Törns auch durch Stockholm-Schären rüber zu Åland-Inselgewirr.

Viele vorbildlich ausgebaute Sporthäfen für Freizeitschipper.

Beste Seekarten mit militärischen Sperrgebieten:
Sjöfartsverkete, Sjöfartsavdelningen, S-6o178 Norrköping
Tel. oo46/11/191o oo www.sjöfartsverket.se

Chartermöglichkeiten in Schweden: über die örtlichen Touristbüros.
pro Woche ab 1.3oo Euro

Adressenverzeichnis bei Touristik Information Hamburg. Verzeichnis der Gasthäfen beim STF gegen Gebühr von ca. 1o,5o Euro. Weitere Informationen beim Segelzentralverband:

Svenska Seglarförbundet, af Pontins väg 6, S-11521 Stockholm, Tel. 0046/ 8/ 459 o9 o9, Fax: 0046/ 8/ 459 o9 99. www.ssf.se

ANGELN

Angelparadies bei dem es jedem eingefleischten Petrijünger kalt den Rücken runterläuft: Lachs, Barsch, Hecht, Forellen an fast 8.000 km Küstenlinie, knapp 1oo.ooo Seen und ungezählten Bächen und Flußkilometern garantieren geruhsame Beschaulichkeit und überdurchschnittliche Trefferquoten und Fisch im Überfluß.

Für Küstenangeln kein Angelschein notwendig, nur unbürokratische Genehmigung der Ortspolizei. Wird ohne weiteres erlaubt. Für alle anderen inländischen Seen und Flüsse ist Angelkarte unbedingt erforderlich. Gibt's in allen Sportgeschäften, Touristbüros, Hotels und in einschlägigen Gebieten sogar in Automaten! Preise je nach Angelgebiet zwischen ca. 7 und 1o Euro pro Tag.

Für Angelenthusiasten lohnt sich die „Turfiskekort". Gilt für große Gebiete und den ganzen Sommer bei ca. 2o bis 25 Euro. Im Lappland werden auch Angelcamps angeboten: mit Wasserflugzeug oder Helikopter eine Woche Wildnis an pfundigen Gewässern ab 4oo Euro. An Küsten häufig halbtägige Hochseeangeltouren mit Ausrüstungsverleih.

Angelgebiete

Meerforelle: am besten am Indalsälven
Lachs: am Fluß Ätran in Falkenberg und am Fluß Mörrum bei Karlshamn
Forellen und Saibling: in Fjällgebieten Jämtlands
Barsch, Saibling, Quappe (einziger Süßwasserdorsch Schwedens): im Vätternsee

Für Angelfans lohnt die Anforderung des kostenlosen Prospektes „Top-Ten-Fishing", der auf 65 Seiten die zehn besten Angelgewässer Schwedens präsentiert. Zu beziehen über Visit- Sweden.

<u>Organisierte Angeltouren</u> von Deutschland aus durch:
Angelreisen E. Kienitz + Noelte, Adlergestell 129, 12439 Berlin, Tel. o3o/ 6723633, Fax 6723644, www.angelreisen-k-n.de
Weitere Auskünfte erteilt: Sportfiskarna, Box 115o1, S-1oo61 Stockholm.

REITEN

Läuft normalerweise nur über Reiterhöfe mit Unterbringung, Vollpension und Unterricht durch Fachkräfte, oder mit Sipp und Sapp durch Wald und Wildnis eine Woche im Sattel.

Stunden- oder tageweise nur selten möglich. Grund: fehlende Auslastung und strenge Sicherheitsbestimmungen was Reitfähigkeit angeht. Wer allerdings trotzdem scharf aufs Reiten ist, besorgt sich von der Schweden Werbung in Hamburg den Prospekt „Aktiv- und Abenteuerurlaub", der Ange-

bote im Bereich Malmö, Uppsala, Lesjöfors und Harnösand anbietet. Preise pro Woche zwischen 4oo und 7oo Euro.
Reiterhöfe mit Infos und Angeboten bei: Sveriges Ridsportsförbundet, Ridsportenshus, S-73494 Strömsholm, Tel. oo46/22o/456oo Fax: oo46/22o/4567o. www.ridsport.se
Ein Verzeichnis der Reitcamps gibt es unter www. ridlager. org

Nicht erst seit bundesdeutschen Boris-Becker-Zeiten sind die Schweden als Tenniscracks bekannt. Grund: an jeder Ecke und in vielen Sporthallen kann gespielt werden. Für Urlaub am einfachsten auf größeren Zeltplätzen. Bei Preisen zwischen 5 und 7 Euro pro Stunde spielt man natürlich nicht auf Luxus-Plätzen. Rakkets meist leihbar oder in Sportgeschäften zu kaufen. Teilweise billiger als bei uns. Auskunft erteilt: Svenska Tennisförbandet, Lidingövägen 75, S-11537 Stockholm, Tel. o8/ 667 97 7o.

Noch so eine Schwedendomäne und Volkssport. Bei unseren Recherchen wurden wir immer wieder stolz auf diese oder jene 18-Loch Anlage hingewiesen. Sah auch alles top-fit aus, nur hab ich da noch nie deutsche Urlauber spielen sehen. Will sagen: beste Möglichkeiten vorhanden. Infos unter: www.golf.se Ein englisch sprachiges Handbuch über sämtliche Golfplätze, Zahl der Löcher etc kann man für 1o,5o Euro beziehen bei: Zindermans AB, Box 31o29, 4oo32 Göteborg.

SKIFAHREN

Bis Mitte Juni alpine Abfahrtmöglichkeiten in Badehose und Bikini bei 24 Stunden Sonnenschein, auch nachts um 3 Uhr in Lappland! Die Sache, wobei wir immer ins Schwärmen geraten und stahlblauen Himmel und eine Welt in rosaroten Farben sehen. Wo? Ort Riksgränsen nördlich von Kiruna an norwegischer Grenze.

Ansonsten auch im Winter nicht mit Alpenabfahrten zu vergleichen. Bestenfalls noch Idre und Åre, die bezüglich Abfahrtslänge und Höhe was zu bieten haben. Alle anderen Pisten gleichen eher deutschen Mittelgebirgshügeln mit natürlich weniger Betrieb. Wir waren schon auf Hängen mit mehr Personal als Skifahrern. Allerdings besonders zu Weihnachten sehr kalt für Ski alpin.

Ideal und traumhaft natürlich Langlauf. Eigentlich überall zu machen. Am schönsten noch nicht mal auf gespurten und beleuchteten Loipen, sondern „cross country" über zugefrorene Seen und tiefverschneite Wälder. Möglichst breite, steigfähige Bretter mitnehmen! (Siehe auch Abschnitt: Schweden im Winter.)

GOLDWASCHEN

Gibt's tatsächlich noch in Lappland! Zwar ist die Chance gering, ausreichend Nuggets zu finden, um den Urlaub zu finanzieren, ab und zu bleibt aber tatsächlich ein Goldkörnchen in der Waschpfanne hängen. Echtes Clondike-Feeling, wenn man mit Gummistiefeln im Wasser an „seinem" Claim steht.

<u>Schwedens einzig echte Goldecke</u> befindet sich am Ende der Welt in Lannavara in Nordlappland, 5o km südlich der schwedisch-finnischen Grenzstadt Karesuando. Vorsicht: in südlichen Provinzen reiten einige Veranstalter auf dieser Wildniswelle und bieten Goldwäscherkurse an. Südlichere Goldwaschmöglichkeiten findet man in Ädelfors bei Vetlanda und bei Blomskog in der Nähe von Årjäng in Värmland.

FLOSSFAHRTEN / RIVERRAFTING

Auf selbstgebautem Holzfloß abenteuerliche Fahrt im Tom-Sawyer-Stil durch unberührte Einsamkeit des värmländischen Klarälvtals. Minizelt auf Floß verankern und sich 5 Tage unhörbar im Schneckentempo durch wildromantische Flußlandschaft mit Angeln, Baden, Biber- und Elchbeobachtungen treiben lassen. Ein Jugendtraum. Mehrere Floßverleihunternehmen in Likenäs und Gunnerud. Preise ab ca. 155 Euro pro Person auf 1 Floß, Familie 36o Euro für 3 Tage. Hier die Adressen:

* Branäs und Sverigeflotten, Klara Strand 66, 68063 Likenäs,
  Tel. 0046/ 564/ 4o2 27.
  Fax: 0046/ 564/ 4o3 oo. <u>www.sverigeflotten.se</u>
* Vildmark i Värmland, Box 2o9, 68525 Torsby, Tel. 0046/ 56o/ 14o 4o,
  Fax: 0046/ 564/ 13o 68 oder <u>www.vildmark.se</u>

Ansonsten: Värmlands Turistråd, Box 326, 651o8 Karlstad (mehr im Text unter „Värmland") oder <u>www.varmland.org</u>

Ab Mittelschweden Richtung Norden werden auch Riverrafting-Touren angeboten. Auf dickwülstigen Großschlauchbooten donnert man unter Anleitung erfahrener „Flößer" über weiß schäumende Stromschnellen durch ansonsten menschenleere, einsame Wildnisgebiete. Nichts für Wasserscheue. Mitanpacken erforderlich. Meist 2- bis 3-Stunden-Fahrten ab 5o Euro abwärts.

Darüber hinaus gibt es neue Wildwasserrafting-Entwicklungen in Form von <u>Wildwasserschwimmen</u> mit Schutzkleidung und Helm sowie <u>Riverboard-Touren</u>, wobei man auf brettähnlichen Boards liegt und mit Schwimmflossen steuert. Zu machen bei: Jope Fors och Fjäll, Box 1155, S-83oo5 Järpen, Tel. 0046/ 647/ 314 65. Oder Åreguiderna, Box 9o, S-83o13 Åre, Tel. 0046/ 647/ 522 7o, Fax: 0046/ 647/ 522 72.

Sport

Infos an örtlichen Verkehrsbüros im Textteil und bei Visit Sweden.

⑭ PLANWAGENFAHRTEN

Noch so'n Jugendtraum. Mit Pferd und Planwagen ganz allein über entlegene Waldpisten, durch unberührte Natur, völlig auf sich selbst gestellt. Abends am Lagerfeuer das Gefühl von Freiheit und Abenteuer.

Nach halbtägiger Einweisung geht's eine Woche los. Preise ab 7oo Euro. (mehr im Text bei Värmland und Dalarna). Rechtzeitige Anmeldung erforderlich. Unter www.varmland.org findet man alleine rund 15 Anbieter.

<u>Kontaktadressen</u>: Börje Heden, Torsmo 11661, S-79491 Orsa (Dalarna). Pony Express, Tjärn, S-68o96 Lesjöfors, Tel. oo46/ 59o/ 35o 25, Fax: oo46/ 59o/ 35o o63. Värmlands Turistråd, Tage Erlandergatan 1o B, 6522o Karlstad, www.varmland.org.

⑮ HAUSBOOT-SCHIPPERTOUREN

Im Stile der Tammy-Filme (das Mädchen vom Hausboot) dümpelt man im Tuckertempo von Bucht zu Bucht. Auf 7 m langem und 2,5o m breitem Ponton ist gemütliche kleine „Plastikblockhütte" gesetzt, in der man unabhängig von Raum und Zeit leben kann.

Als letzter Schrei in Sachen Hausboottouren werden im Bereich Dalsland/ Värmland motorbetriebene Pontonflöße vermietet, auf die man mit Wohnwagen oder Bulli fahren kann, um dann im eigenen Hausboot über die Seen zu schippern. Tel. oo46/ 53o /3o3 13. Preise ab 5o Euro/Tag.

Durch gedrosselten Motor (9 PS) keine nautischen oder seemännischen Vorkenntnisse erforderlich. Nach Probefahrt, mit ein paar Tipps zum Wende- und Anlegemanöver, verschwindet man für eine Woche im wildnisbewachsenen Seenlabyrinth. Gar nicht so teuer! Preise pro Woche ab 4oo Euro.

<u>Buchung über</u>: Skandinavisches Reisebüro, Kleine Johannisstr. 1o, 2o457 HH. Tel. o4o/ 36o o1 5o, Fax: o4o/ 36 64 83. Homepage mit weiteren Filialen www.skandinavisches-reisebüro.de

Weitere Bootsvermietungen aller Art bei Rolf Carlsson, Bullandö Marina, S-13956 Värmdö (4o km östlich von Stockholm), Tel. oo46/ 8/ 571 45 23o, Fax: oo46/ 8 / 571 45 98o.

FESTE UND FESTIVALS

Wegen der Weite des Landes und unterschiedlicher Traditionen und Einflüsse lokal und provinziell natürlich sehr verschieden. Besonders in Sommermonaten viele folkloristische Veranstaltungen mit Tanz, Spielmannszügen, bunten Reigen und Umzügen. Örtliche Touristbüros geben gebietsweise kostenlosen Veranstaltungskalender heraus. Findet meist im Freien am See statt und jeder kann natürlich kostenlos zusehen.

Die wichtigsten Jahresfeiern und Festbräuche:

Ostern (Påsk): In Ermangelung von Palmen (Palmsonntag) schmücken die Schweden Schaufenster und Wohnzimmerfenster mit knatschbunten, gelb, lila, grün und hellblau farbenen Federsträußen. Um übermächtige Geister abzuschrecken werden nicht nur große Feuer angesteckt, sondern auch geknallt wie bei uns zu Silvester.

Nationalfeiertag (Nationaldagen) wird am 6. Juni als „Tag der schwedischen Fahne" gefeiert. Der König verleiht im Skansen Park in Stockholm die blau-gelbe Flagge an verschiedene Organisationen.

Mittsommer (Midsommar): Wochenende um 21.-23. Juni, das Fest der kürzesten Nacht und des längsten Tages. Wird nahezu orgiastisch gefeiert, wie bei uns Karneval, Silvester und 1. Mai zusammen. Geschäfte, Banken und Tankstellen haben an dem Wochenende alle dicht.

Traditionell werden Haus, Hof, Kirche und Fahrzeuge mit grünen Zweigen geschmückt. An zentralen Dorf- und Festplätzen (Zeltplätzen) werden große, grünumrankte Maibäume aufgestellt. Zu Fidelmusik tanzt man in bunten Trachten um das fahnenstangenähnliche Gebilde herum. Kinder und hübsche Mädchen tragen aus Wiesenblumen gebundene Kränze, unter denen ihr vollockiges, hellblondes Haar hervorlugt. Lohnend zum Zuschauen und Mitmachen. Zentrum und Mekka des Mittsommerfestes: Provinz Dalarna.

Absolute Party machen die schwedischen Jugendlichen: auf Hochglanz polierte Mustangs, Chevrolets (oder andere Amischlitten) werden aus den Ställen geholt und Grün an Stoßstangen und sonstiges Chromzeug gebunden. Mit offenen Fenstern, laut schrillender Musik und vollen Bierdosen brausen sie durch die Weltgeschichte.

An bestimmten Treffpunkten, meist größeren, beliebten Zeltplätzen ist der Bär los. Bis zum Bauchnabel aufgeknöpfte Mädels, stark geschminkt, mit weißen Handschuhen und Netzstrümpfen; besoffene Halbstarke mit überdimensionalen Ghettoblastern und einem halbmonatigen Alkoholvorrat im Kofferraum machen 3 Tage und 3 Nächte Randale, dass einem Hören und Sehen vergeht. Als meist überraschter Tourist kann man sich entweder mit seinen letzten Alkoholvorräten mitten ins Gewühl stürzen oder fluchtartig auf nicht heimgesuchte Plätze zurückziehen.

Vorbildlich dabei die Alkoholmoral auch der autofahrenden Jugendlichen: wer fährt bleibt clean.

Krebspremiere (Kräftpremiären): Ab zweitem Mittwoch im August ist Krebsfang gestattet. Man trifft sich im Familienkreis und mit Freunden auf der Terrasse unter bunten Papierlaternen und mit Papierhütchen im Haar, um dem mit Dill gekochten roten Leckerbissen den Garaus zu machen. Bier und Klarer dürfen natürlich auch nicht fehlen.

Lucia-Fest: Am Morgen des 13. Dezember laufen junge, blondhaarige Mädchen in langen, weißen Gewändern mit roten Schärpen und einem Lichterkranz im Haar durchs Haus (bzw. durch Ämter und Betriebe) und bringen auf einem Tablett Pfefferkuchen, Kaffee oder glögg (Art Glühwein). Nach alter schwedischer Tradition ist dies der dunkelste und kürzeste Tag im Jahr, an dem man sich, um ihn zu überstehen, natürlich besonders stärken muß.

Weihnachten (Jul) wird genauso mit Tannenbaum, bunten Kugeln und Lametta gefeiert. Dann gibt's im Kreise der Familie das üppige Smörgasbord. Am ersten Weihnachtstag kommt der Tomte, der schwedische Weihnachtsmann, mit langem Bart und roter Zipfelmütze und verteilt die Weihnachtsgeschenke.

Daüber hinaus sind an folgenden Feiertagen die Geschäfte ganz geschlossen bzw. nur eingeschränkt geöffnet: 6. Januar (Heilige 3 Könige), Karfreitag, 1. Mai, Christi Himmelfahrt und Allerheiligen.

GESCHICHTE

Die Geschichte Schwedens ist eigentlich nur im Gesamtzusammenhang mit den gesamten nordischen Staaten und den Ostseeanrainerländern zu sehen: Schweden, Finnland, Norwegen, Dänemark wechselten im Laufe der Geschichte häufig ihre Gebiete bzw. waren miteinander verbündet.

GEBURT DES LANDES

Während vor rund 1o.ooo Jahren im Mittelmeerraum schon erste Kulturen in voller Blüte stehen, liegt ganz Skandinavien noch unter einer zusammenhängenden kilometerdicken(!) Eisdecke. Geologisch gesehen ist Schweden dagegen sehr alt. Die Urgesteine der Gebirgsmassive bestehen aus Graniten und Gneisen, die zu den allerältesten der Erde gehören. Durch Aushöhlung und Ablagerung des Inlandeises entstehen Zehntausende von Seen, die die charakteristische Landschaftsstruktur herausbilden.

Nach dem allmählichen, von Süd zum Nord fortschreitenden Abschmelzen des Eises hebt sich das Land, von dem gewaltigen Druck befreit, deutlich an: die Aushöhlungen füllen sich mit Schmelzwasser, bilden gewaltige Flüsse mit Deltamündungen und die Ostsee wird ein reines Binnenmeer. Erst 7ooo v. Chr. bildet sich durch weitere Landanhebungen und Wasseranstieg in der Ostsee die endgültige Verbindung zur Nordsee, beim heutigen Helsingör/Helsingborg. Auch heute noch hebt sich das Land, läßt neue Schäreninseln emporsteigen und verlagert ehemalige Küstenstädte immer mehr ins Landesinnere.

ERSTE BESIEDLUNGEN   3ooo v. Chr. - 5oo n. Chr.

Auf der Suche nach verwertbarem Land folgen erste Jägerstämme den zurückweichenden Eismassen. Allmähliche Klimaverbesserungen und sich schnell entwickelnde Fauna und Flora bieten zwar einfache, aber mögliche Lebensbedingungen für die aus Germanien anrückenden Stämme. Erste Spuren menschlicher Besiedlung aus der Zeit um 6ooo v. Chr. finden sich in Schwedens Südprovinz Schonen und im Raum Göteborg.

Um 3ooo v. Chr. wechselt das primitive Jägerleben mit täglich brutalem Kampf ums nackte Dasein gegen die Naturgewalten in eine neue Kulturform: Ackerbau und Viehzucht, Vorratshaltung und haltbares Saatgut bringen den Menschen erste Vorteile im Kampf gegen die Natur. Vermutlich über Dänemark erfolgen erste Besiedlungen längs der schwedischen Westküste, die sich entlang der Flüsse und Seen immer weiter ins Landesinnere ausdehnen.

Im 1. Jahrhundert nach Christus berichtet der römische Geschichtsschreiber Tacitus von den Stämmen der Suiones (später Schweden) und der Gauten (später Goten) im Bereich des Mälarsees. Im Gebiet um Uppsala verbinden sie sich zu den Svear, die dem Land auch bei der Namensgebung Pate stehen. Aus Svearriket (= Svearreich) wird verkürzt „Sverige". Alte Grabhügel bei Alt-Uppsala erinnern heute noch an die damals wie heute fruchtbare „Wiege" Schwedens.

DIE WIKINGERZEIT 7oo - 1ooo n. Chr.

Mit den ersten ausgedehnten Handelsfahrten der Wikinger im 7. und 8. Jahrhundert tritt Schweden erstmals ernsthaft in der Weltgeschichte auf. Sie leiten eine Öffnung der bis dahin weitgehend abgeschlossenen Völkerschaft ein.

Die zunächst als Handelsfahrten durchgeführten Touren wurden später zu räuberischen Beutezügen, weil man auf diese Art und Weise natürlich viel schneller an Waren, Wertsachen und Sklaven gekommen ist. Entsprechend gefürchtet sind die Wikinger bei den Nachbarvölkern in ganz Europa. Zugute kommt ihnen ihre lange Seefahrertradition und ihre geniale Schiffsbaukunst. Durch ihre recht schmalen, wendigen und mit wenig Tiefgang fahrenden Boote - die aber trotzdem weitgehend hochseetüchtig waren - können sie über Flüsse weit ins Landesinnere fremder Länder vordringen und dort wüten.

Während die Wikinger von Schwedens Süd- und Westküste hauptsächlich Richtung Westeuropa fahren, zieht es die eigentlichen Svear Richtung Osten! Durch das Gebiet der ehemaligen UdSSR ziehen sie über den Dnjepr zum Schwarzen Meer und bis nach Konstantinopel. Von den Stämmen längs des Dnjepr werden sie „Rus" genannt. Daher der Ursprung „Russen" und „Russland". Teilweise üben sie in diesen Gebieten sogar die Herrschaftsgewalt aus. Im 9. und 1o. Jahrhundert entsteht auf einer Insel im Mälar-See die Stadt Birka, Zentrum des nordeuropäischen Handels (russische Felle, Gewürze und Tuch aus dem Orient).

Zu diesen Zeiten (83o-85o) versucht der fränkische Mönch Ansgar (später Bischof von Hamburg und Bremen) die Wikinger von ihrem heidnischen Glauben an Sonnen- und Fruchtbarkeitsgötter abzubringen (viele Felsenzeichnungen in der Gegend um Tanum an der Westküste) und fürs Christentum zu gewinnen. Trotz erster Erfolge sollte es bis zum Jahre 1ooo dauern, bis sich in diesen nördlichen Regionen das Christentum ausbreitet.

Mit der Taufe des Königs Olaf Erikson wird der heidnische Tempel in Uppsala niedergerissen und an seiner Stelle eine christliche Kirche errichtet. Zum ersten Mal existiert ein halbwegs einheitliches Herrschaftsgebiet unter Olaf Schoßkönig. Nach einer Schlacht am Fluß Helgeå in Südschweden regiert Knut der Große kurzfristig über Dänemark, Norwegen, England und einen großen Teil der Svear.

DIE HANSE 1ooo - 13oo

Es folgt eine ruhigere Phase, in der sich das Reich Richtung Westen und Süden orientiert und eine fortschreitende Christianisierung um sich greift. 1164 wird Uppsala erster schwedischer Bischofssitz. Unter den im 12. Jahrhundert aufkommenden Anfängen der Hanse entwickeln sich viele Städte nach deutschem Vorbild.

Ein schnell entstehendes Netz von Niederlassungen längs der geographisch begünstigten Westküste (Malmö, Helsingborg, Göteborg...) und der für den Ostseehandel wichtigen Ostküste bringt Reichtum und westliche Einflüsse nach Schweden.

Visby auf Gotland mausert sich zu einem der wichtigsten Hansestützpunkte an der Ostsee. Zusammen mit den wirtschaftlichen Interessen wird auch das Christentum nach Finnland exportiert, das unter den schwedischen Machtbereich fällt. Durch deutschen Einfluß, besonders aus dem Lübecker Raum, gelangt technisches Know-how nach Schweden, das Mittelschwedens reiche Erzvorkommen (Silber, Eisen, Kupfer) abbaufähig macht.

Der Reichsverweser Birger Jarl gründet 1252 Stockholm an strategisch und handelstechnisch günstiger Lage und festigt durch wohlüberlegte Gesetzgebung und Reformen das schwedische Staatswesen.

VON DER KALMARER UNION
BIS GUSTAV VASA 13oo - 16oo

Um 135o wütet wie in vielen Teilen Europas auch die Pest in Schweden. Mehr als die Hälfte der Einwohner werden durch den schwarzen Tod hinweggerafft. Die übriggebliebene Bevölkerung lebt in katastrophalen Verhältnissen. 1362 wird Finnland zur gleichberechtigten schwedischen Provinz erklärt. Königin Margareta von Dänemark und Norwegen nutzt die Situation, schlägt in einer Entscheidungsschlacht den schwedischen König und vereinigt 1397 in der Ostküstenstadt Kalmar die drei Länder zu einem Reich unter zentral dänischer Herrschaft (Kalmarer Union).

Trotz der Unzufriedenheit der damaligen schwedischen Bevölkerung mit diesem Zusammenschluß bleibt das Motiv der Einigkeit skandinavischer Politik bis auf den heutigen Tag bestimmend.

Ständige Reibereien innerhalb der Kalmarer Union führen schließlich zum Aufstand der Bauern und dem aus der schwedischen Provinz Dalarna stammenden Anführer mit dem schönen Namen Engelbrekt Engelbrektsson. Richtung Süden kämpfend erobert er mit seinem Bauernheer Burg um Burg.

1471 siegt nach dem Tod Engelbrekt Engelbrektssons und dem Tod Karl Knutssons, der im 15. Jahrhundert die Aufständischen entscheidend angeführt hatte, Sten Sture am Brunkeberg in Stockholm gegen den Dänenkönig Christian I. Während der permanenten schwedisch-dänischen Auseinandersetzungen versucht der dänische Nachfolgekönig Christian II. durch das Stockholmer Blutbad die Union zu retten.

An einem Sonntag im Jahre 1521 läßt er über 8o schwedische Widerstandskämpfer und Anhänger von Sten Sture hinrichten und ihre Leichen verbrennen. Das brachte natürlich alle national gesinnten Schweden auf die Palme. Der junge Gustav Vasa versucht in der Heimatprovinz E. Engelbrektssons „Dalarna" erneut Bauern zum Aufstand gegen die Dänen zu gewinnen. Erst nach vergeblichen Überredungsbemühungen, Vasas Flucht und der Rückholaktion durch Skiangläufer (Begründung des Vasa-Laufs!) kann Gustav Vasa 1523 mit Lübecker Unterstützung und dank der dänischen Führungskrise die Dänen entscheidend schlagen.

Als König Gustav I. (1523-60) gründet er Helsinki (1550), macht Estland zur schwedischen Provinz (1561), überträgt einen Großteil der Kircheneinkünfte und Klöster dem Königtum, ebnet den Weg zur Reformation und führt umfassende Staatsreformen durch. Er schafft damit entscheidende Grundlagen für das heutige Schweden.

SCHWEDEN ALS GROSSMACHT 1600 - 1700

Gegen Ende des 16. Jh. tritt das neureformierte, volkarme Schweden/Finnland nach siegreichen Kriegen gegen Dänemark/Norwegen, Rußland und Polen unter Gustav II. Adolf (1611) als Großmacht auf. Im Osten erweitert er das schwedische Reich um Karelien, Ingermanland und Livland. Gustav Adolfs Engagement und Eingreifen im Dreißigjährigen Krieg (1630) sichert den Einfluß im gesamten Ostseeraum. Das Vordringen selbst bis Bayern bringt sogar Einfluß auf deutsche Fürsten.

Auch der Tod Gustav II. Adolf (1632) kann den schwedischen Vormarsch nicht stoppen. Ehemals dänische Gebiete wie Härjedalen/Jämtland sowie die Westprovinzen Schonen, Blekinge, Halland und Bohus Län fallen endgültig an Schweden. Im Westfälischen Frieden zu Münster bekommt es außerdem die Gebiete von Bremen bis Pommern zugesprochen. Die Ostsee wird durch die enormen Gebietsausdehnungen zum innerschwedischen Binnenmeer! Schweden steht auf dem Höhepunkt seiner Macht!

VOM NORDISCHEN KRIEG BIS
ZUM FRANZÖSISCHEN KÖNIG 1700 - 1810

Im Jahre 1700 gehen Rußland, Polen/Sachsen und Dänemark/Norwegen gemeinsam gegen die schwedische Großmacht vor. Im nordischen Krieg bis 1721 erweist sich der Plan des jungen Schwedenkönigs Karl XII. als zu ehrgeizig, durch eine Offensive gegen Moskau Rußland zum Frieden zu zwingen. Trotz anfänglicher Siege unterliegt Schweden in gewaltigen Niederlagen und muß nach Karls Tod 1718 bei den folgenden Friedensschlüssen fast alle schwedischen Besitzungen auf dem Kontinent abtreten. Das Ende der schwedisch-finnischen Großmachtstellung.

Doch die gustavianische Zeit bis zum Beginn des 19. Jahrhunderts bringt eine lange Friedensperiode mit wirtschaftlicher Erholung, Blüte von Kunst, Wissenschaft und Handel sowie eine durchgreifende Agrarreform. Als 1808 russische Truppen Schweden angreifen, geht auch noch Finnland verloren, woraufhin der König Gustav IV. abgesetzt wird und Karl XIII. seinen Adoptivsohn und französischen Marschall Jean Baptiste Bernadotte zum Nachfolgekönig bestimmt.

SCHWEDISCHER REFORMKURS   1810 - 1905

Als Karl IX. wendet sich Bernadotte gegen den in Europa sein Unwesen treibenden Napoleon, was nach dessen Waterloo Schweden auf der Siegerseite sein läßt. Das mit Napoleon verbündete Dänemark muß seine Provinz Norwegen an Schweden abtreten (1814). Innenpolitisch erfolgt eine zunehmende Liberalisierung, die außer Gewerbefreiheit, Religionsfreiheit, Pressefreiheit auch kommunale Selbstverwaltung bringt.

Außenpolitisch bringt die erstmalige Nichteinmischung Schwedens in den Krimkrieg (1853-56) einen entscheidenden Wendepunkt, woraus bis auf den heutigen Tag der Grundsatz von Neutralität bzw. Bündnisfreiheit entsteht. Trotz des sich ausbreitenden Gedankens des Skandinavismus - der Zusammenführung der skandinavischen Länder - erfolgt ein klares schwedisches „Nein", als Dänemark die Schweden im Krieg gegen die Deutschen (1865/66) zu Hilfe ruft.

Die fortgesetzte Agrarreform, die zu der noch heute bestehenden Siedlungsform mit Einzelgehöften führt, bringt nicht die erhoffte Lösung der Ernährungsprobleme, fast 2 Millionen Schweden wandern aus einsamen Waldgebieten ins Ausland ab, besonders die USA sind Auswanderungsgebiet Nummer eins.

Das letzte Drittel des 19. Jahrhunderts ist durch zunehmende Industrialisierung gekennzeichnet. Außer Holzwirtschaft wird die Metallindustrie und der Eisenerzabbau in Mittel- und Nordschweden vorangetrieben. Der Eisenbahnbau und der Einsatz von Dampfschiffen beschleunigen die Entwicklung. Die politischen Parteien und die Demokratie sind soweit gefestigt, dass die Abspaltung Norwegens von Schweden 1905 zu keinen kriegerischen Auseinandersetzungen mehr führt.

NEUTRALITÄT UND SOZIALSTAAT   1905 bis heute

Schwedens Wirtschaft erbringt weitere Früchte. Schon zu Beginn unseres Jahrhunderts erarbeiten sich die Schweden Weltruf in Hinblick auf Qualität. Telefonapparate, Streichhölzer, Maschinen, Kugellager und natürlich Schwedenerz gehören zu den Spitzenprodukten des Weltmarkts. Eine geschickte Energiegewinnung durch Ausnutzung der enormen Wasserkräfte legt einen weiteren Grundstein für die allmähliche Wandlung vom Agrar- zum Industrieland.

Das Jahr 1908 bringt die Einführung der Verhältniswahl für beide Volkskammern. Während des 1. Weltkrieges 1914-18 setzt Schweden an die positiven Erfahrungen des vergangenen Jahrhunderts anknüpfend seine Bündnisfreiheits- und Neutralitätspolitik fort. Trotz Schwierigkeiten bei den Handelsfragen mit den kriegführenden Mächten und zunehmenden Versorgungsproblemen erweist sich die friedliebende Politik der Nichteinmischung als einzig richtige.

1920 wurde nach jahrelangem Kampf um demokratische Prinzipien eine Verfassungsreform verabschiedet, die allgemeines und gleiches Wahlrecht vorsieht. Die erste sozialdemokratische Regierung weicht von ihrem ursprünglichen Konzept der Verstaatlichung der Schlüsselindustrie zugunsten einer Politik der sozialen Sicherung und des Wohlstandes ab.

Die Krise der 3oer Jahre bewältigt man mit staatlichen Beschäftigungsprogrammen. Von 1932 an regieren die Sozialdemokraten bis auf eine kurze Ausnahme ununterbrochen.

Nicht zuletzt ihrer Politik schon in den 3o-er Jahren ist es zu verdanken, dass Schweden der Sozialstaat par excellence wird. Frühe Einführung des 8-Stunden-Tages, Demokratisierung und Schulreform 1927, Ausbau der staatlichen Unfallversicherung 1929, Reformierung des Krankenkassenwesens 1931, Arbeitslosenversicherung 1934, Ausbau der Alterspensionierung 1937 und gesetzlicher Urlaubsanspruch 1938 sind nur wenige Beispiele schwedischer Wohlfahrtsgesellschaft, die zu damaliger Zeit bahnbrechend und revolutionierend waren. Notleidende und Alte, Gebrechliche und Invaliden, gefährdete Mütter und Kinder genossen damals schon eine staatliche Fürsorge, die eine neue Perspektive der Anschauung sozialer Probleme mit sich brachte.

Das konsequente Durchhalten der Bündnisfreiheit wird den Schweden während des 2. Weltkrieges (1939-45) noch schwerer. Sowohl im finnisch-russischen Krieg, als auch beim deutschen Überfall auf Dänemark und Norwegen werden Stimmen laut, zugunsten der skandinavischen Nachbarländer militärisch einzugreifen. Da eine bewaffnete Auseinandersetzung für aussichtslos gehalten wird, entscheiden sich die Schweden zu massiver finanzieller und humanitärer Hilfe.

Aufgrund deutschen Drucks müssen sie sogar dem Transport von Wehrmachtsurlaubern und Kriegsmaterial nach Norwegen zustimmen. Trotz totaler Isolation und massiven Versorgungsschwierigkeiten bleibt Schweden auch in der Zeit als ganz Europa in Flammen steht vom Krieg verschont und kann sogar noch 1oo.ooo Flüchtlingen Schutz bieten.

Nach 1945 wird der Weiterbau des Sozialstaates unter sozialdemokratischer Flagge mit Tage Erlander an der Spitze fortgesetzt. 1947 tritt Schweden der UNO bei, 1949 dem Europarat. Seit 1951 bilden Dänemark, Schweden, Norwegen und ab 1955 Finnland den sogenannten „Nordischen Rat", der u.a. eine Reisepaßunion und einen gemeinsamen Arbeitsmarkt umfaßt. 1970 wird das seit 1865 bestehende Zweikammerwesen in ein Einkammerwesen umgewandelt. 1975 tritt eine Verfassungsreform in Kraft, die dem König nur noch repräsentative Aufgaben zubilligen. 1976 heiratet der König Carl Gustav die allseits geliebte, bürgerlich deutsche Silvia Sommerlatt als Königin.

Die bürgerliche Koalitionsregierung unter Fälldin (1976-82) wird wieder durch den sozialdemokratischen Weltpolitiker Olof Palme abgelöst, der am

28. Februar 1986 auf offener Straße ermordet wird. Diese, für schwedische Verhältnisse absolute Unvorstellbarkeit, stürzte das Land in eine tiefe Trauer und Enttäuschung. Schweden war wohl das einzige Land auf der Welt, wo der Regierungschef ohne Leibwächter und ohne Anpöbeleien durch Stockholms Straßen schlendern konnte. Diese Selbstverständlichkeit ist durch den brutalen Mord jäh zerstört worden.

Dass Schweden nicht als Oase der Friedlichkeit, der sozialen Sicherheit und der Unabhängigkeit internationaler Auswirkungen existiert, mußten die Schweden schon wieder zwei Monate später erfahren: nach dem verhängnisvollen Kernkraftunglück in Tschernobyl wird Schweden, wie viele andere Staaten Westeuropas auch, durch radioaktiven Niederschlag teilweise belastet. Bis auf den heutigen Tag sind diesen beiden Ereignisse des Frühjahrs 1986 in den Köpfen der Schweden noch nicht richtig verarbeitet. Politisch setzt zwar Ingvar Carlsson das sozialdemokratische Erbe Olof Palmes fort, doch selbst der Beschluß bis zum Jahre 2000 alle sieben schwedischen Atomkraftwerke abzuschalten, ist nur ein winziges Schrittchen auf dem Weg, die zerstörte Vorstellung von einer halbwegs heilen Welt auch in der Realität anzunehmen. Im Rahmen der revolutionären Veränderungen in Europa Ende der 8oer und zu Beginn der 9oer Jahre des letzten Jahrhunderts öffnet sich Schweden weiter gen Europa, und beantragt sogar die EG-Mitgliedschaft.

Im Herbst 1991 erlebt die sozialdemokratische Partei unter I. Carlsson eine ihrer schwersten Niederlagen. Damit verbunden ist ein deutlicher Rechtsruck zu bürgerlich konservativen Parteien, die auch das zarte schwedische grüne Pflänzchen unter die 4 % Sperrklausel drückt. Überraschend ist der Einzug der rechtspopulistischen Partei „Neue Demokratie" in das sonst von einer sozialdemokratischen Partei geführte Parlament. Der konservative Parteichef Carl Bildt wird am 4. Oktober 1991 zum neuen Ministerpräsident gewählt. Mit zu seinen ersten Amtshandlungen gehörte die Senkung der schwedischen Mehrwertsteuer von 24 auf 18 % zum 1. Januar 1992.

Doch das schrumpfende Bruttosozialprodukt und der für bisherige schwedische Verhältnisse unglaubliche Anstieg der Arbeitslosenquote von 2 auf 8 % in den Jahren bis 1994 lassen das Vertrauen in die konservative Regierung schwinden. Noch im gleichen Jahr kehren die Schweden zur altvertrauten Minderheitsregierung unter Ingvar Carlsson zurück. Im November 1994 sprechen sich Bürger mehrheitlich (52,7 %) für den EU-Beitritt Schwedens aus, der zum 1. Januar 1995 in Kraft tritt. 1996 und 1997 setzen die Schweden konsequent auch unter Einbeziehung der Gewerkschaften den Umbau des Sozialstaates zugunsten einer finanzierbaren Lösung fort, der auch vor „heiligen Kühen" wie Lohnfortzahlung im Krankheitsfall keinen Halt macht. Nach schweren Verlusten der Sozialdemokraten bei den letzten Wahlen führen sie das Land mit einer Minderheitsregierung, die durch die Umweltpartei und die Linkspartei unterstützt wird, ins zweite Jahrtausend.

Bei den Parlamentswahlen im Herbst 2oo2 konnte Ministerpräsident Göran Persson mit seinen Sozialdemokraten noch leicht zulegen, so dass die Minderheitsregierung unter Duldung der Grünen und Linkspartei weiter bestehen bleibt.

Das Land hat seit dem letzten Krieg 1815 die längste Friedensepoche aller Länder Europas durchgehalten. In den großen und kleinen Weltkonflikten versucht Schweden vermittelnd und schlichtend einzugreifen.

MODELL SCHWEDEN

Lange Zeit wurde Schweden als Modell und Vorbild bezeichnet. Der sogenannte 3. Weg zwischen Sozialismus und Kapitalismus ließ viele fast neidisch auf die sozialen Errungenschaften des Nachbarn im hohen Norden schielen. Die Schaffung eines „neuen Menschen" in einem Land, das als „Volksheim" eine klassenlose, brüderliche Gesellschaft hervorbringen sollte, stand auf den Fahnen der Sozialdemokraten und Gewerkschaften. Heutzutage ist das Modell umstrittener denn je.

Errungenschaften
Schweden hat einen der höchsten Lebensstandards der Welt. Schwedische Produkte gelten als absolute Qualitätsware und sind Inbegriff für Präzision, Langlebigkeit und Ausgereiftheit.

Das Sozialsystem, das auf Grund enormer Überschuldung in den letzten Jahren stark beschnitten worden ist, hat immer noch viele Superlative aufzuweisen: Niedrigste Geburtensterblichkeitsrate der Welt, optimale Kinderversorgung in Tagesheimen, demokratische Schulen ohne Sitzenbleiben, in denen den Schülern sogar Papier und Bleistift gestellt werden, Kranken- und Sozialfürsorge mit nur geringen Zuzahlungen, höchster Wohnungsstandard (viele Schweden haben noch ein Wochenendhäuschen am See), beste Behindertenpflege (ich kenne kaum ein Kaufhaus, Hotel, Jugendherberge zwischen Malmö und Kiruna, das nicht Rollstuhlfahrern angepasst ist, fast alle Ampeln sind blindentauglich, die Bordsteine für Rollstuhlfahrer abgeflacht usw.), humane Arbeitsplätze etc.

Nahezu erreichte Gleichstellung von Mann und Frau, progressivster Strafvollzug (in dem die Frauen z.B. ihre einsitzenden Männer auch über Nacht besuchen dürfen), hohe Allgemeinbildung breitester Bevölkerungskreise, weitgehende Machtbefugnis für Gemeinden und lokale Einrichtungen und eine der statistisch höchsten Lebenserwartungen der Welt.

Dazu kommen allgemeine politische Pluspunkte wie hohe Entwicklungshilfen für Länder der sogenannten Dritten Welt, weltumfassende engagierte Friedenspolitik für atomwaffenfreie Zonen und Rüstungsbegrenzung sowie die über 18o-jährige kriegsfreie Geschichte, bei konsequenter Bündnisfreiheit.

Ein Musterländle, das Paradies auf Erden, oder?

Kritik
Wenn ein einfacher Goldfisch allein in einem großen Aquarium herumschwimmt, kommt er schnell auf den Gedanken, er sei der schönste, größte, beste und klügste Fisch, den es überhaupt auf der Welt gibt. Klartext: In ihrer vergleichsweise isolierten Lage wird den Schweden vorgeworfen, lange Zeit nur sich selbst beweihräuchert zu haben und ein wenig hochnäsig auf Probleme oder Erfolge anderer Länder herabgesehen zu haben.

Geschichte 95

Steuern
Persönlichkeiten wie Björn Borg, Ingmar Bergmann oder Astrid Lindgren flüchten halsüberkopf aus Schweden. Nicht, dass ihnen das Land so häßlich erscheint! Im Gegenteil. Nur: Bei 78 % Steuerabgaben ihres sicherlich nicht geringen Einkommens würden sie schlicht und ergreifend an einem 8-Stunden-Tag 6 1/2 Stunden für den Staat arbeiten und nur den Lohn für 1 1/2 Stunden selbst behalten können.

Arbeiter hüten sich Überstunden zu machen. Arbeitseinsatz und zeitliches Engagement werden durch Steuern bestraft. Mit ein wenig Pech hat er bei geleisteten Überstunden durch Wegfall von Sozialleistungen wie Wohn- oder Kindergeld weniger in seiner Lohntüte als vorher! Der hochqualifizierte Arzt im Krankenhaus verdient gerade mal 35o bis 5oo Euro mehr als die durchschnittliche Krankenschwester. Je mehr Schulden jeder einzelne hat, umso besser! Das kann man alles von den enormen Steuern absetzen.

Klar, dass bei den aufwendigen Sozialleistungen gnadenlos hohe Steuern anfallen. Der Durchschnittsschwede zahlt fast 4o %, der Spitzenverdiener weit über die Hälfte seines Einkommens an Steuern. Ein in Schweden äußerst unbeliebtes Faktum.

Bürokratisierung
Die öffentliche Hand, die 5o % des Bruttosozialproduktes schluckt, muß verwaltet werden, um im Giesskannenprinzip wieder zu verteilen. Behördenschimmel, ein Wust von Antragsformularen und die üblich schwerfällige Bürokratie staatlicher Stellen gehen vielen engagierten Schweden auf den Geist. Dabei kann es zu solchen Stilblüten kommen, wie bei einer ehrbaren, arbeitslosen Hausfrau, der vom zuständigen Arbeitsamt ein ernsthaftes Angebot ins Haus flatterte, als Stripteasetänzerin in einem Nachtclub zu arbeiten.

Überwachungsstaat
Fast alle Schweden sind sehr gutgläubig und arglos staatlichen Stellen gegenüber. Viele haben zu Staat und Obrigkeit auf Grund der allgemeinen positiven Erfahrungen kein gebrochenes Verhältnis. Im Grunde berechtigt! Trotzdem fürchten viele Schweden eine Staatsentwicklung vom „guten Hirten" zu einem „big brother is watching you". Vielleicht nicht ganz zu Unrecht, wenn man weiß, dass Stockholms zentraler Platz Sergels Torp rund um die Uhr mit versteckten Kameras komplett überwacht wird, und dass bei einer einfachen Verkehrskontrolle jeder Polizist über Funk Zugriff zum Zentralcomputer hat und vom kompletten Vorstrafenregister bis zum letzten falschen Parken alle Infos des Autofahrers abrufen kann! Nicht zuletzt ist auch das schwedische Gesundheitssystem ins Kreuzfeuer der öffentlichen Kritik geraten.

Fazit
Der neue solidarische Mensch ist nicht gerade geschaffen worden. Das schwedische Volksheim steht als Planung auf dem Papier hundertmal schöner da als in der Realität. Schwedens Wirtschaftsstruktur stellt kein Mittelding oder einen 3. Weg zwischen Sozialismus und Kapitalismus dar, sondern besitzt eindeutig kapitalistisch-marktwirtschaftliche Züge. Trotzdem ist die enorme Entwicklung Schwedens vom armen Wald- und Bauernland irgendwo hoch im Norden zu einem supermodernen und sehr sozialen Wohlfahrtsstaat nicht hoch genug einzuschätzen.

Modellcharakter kann es aufgrund seiner isolierten geographischen Lage, der geschichtlichen Entwicklung und des besonderen Verhältnisses von Volk und Land nur ansatzweise für andere Staaten haben. Zum Jahrtausendwechsel wird Schweden schon wieder als vorbildliches Modell dargestellt. Hier scheint sich ein sozial verträgliches und wirtschaftlich tragbares Umwandlungsmodell zu entwickeln.

SCHWEDEN-STECKBRIEF

Größe: 449.96o qkm (rund 1/3 größer als Deutschland), 1.6oo km lang und bis zu 4oo km breit.

Bevölkerung: ca. 8,8 Mio. (nur rund 1/1o der Bevölkerung Deutschlands).

Bevölkerungsdichte: 2o Einwohner pro qkm (in Deutschland 228 pro qkm), in Lappland nur 4,5 Einwohner pro qkm. Neben wenigen Finnen fast ausschließlich Schweden. davon 99 % evangelisch/lutherisch. Nur 5o.ooo Katholiken.

Elche: über 4oo.ooo.

Höchster Berg: Kebnekaise in Schwedisch Lappland, 2.117 m.

Längster Fluß: Klarälven/Götaälv, 72o km.

Größte Insel: Gotland mit 3.ooo qkm.

Gewässer: 96.ooo Seen, davon der Vänernsee als drittgrößter Europas mit 5.585 qkm; mehr als 1o mal so groß wie der Bodensee. Rund 12o Hauptflüsse strömen ins Meer. 15,4 % der Gesamtfläche Schwedens besteht aus Wasser!

Bodenbeschaffenheit: 53 % Wald, 35 % steiniges Gebirge, 9 % Ackerland, 2 % Weideland.

Hauptstadt: Stockholm mit Umland 1,8 Mio. Einwohner. Zweitgrößte Stadt Göteborg mit 6oo.ooo Einwohnern.

Schwedens Verfassung ist eine parlamentarische Demokratie, in der der König hauptsächlich repräsentative Aufgaben wahrnimmt. Politisch gegliedert in 24 sogenannte Län (Länderprovinzen) und zusätzlich Stockholm. Seit 1995 Mitglied der EU.

SCHWEDISCHE LANDSCHAFTEN

Schweden liegt zum großen Teil auf der Ostseite der meist in Norwegen liegenden Skandengebirgskette und flacht zur Ostsee langsam ab.

SÜDSCHWEDEN

Ganze Westküste bis zur norwegischen Grenze, Ostküste bis Norrköping Verläuft oberhalb des Vätternsees und quer durch Vänernsee. Haupturlaubsland für deutsche Touristen. Sehr abwechslungsreich.

PROVINZEN

Schonen: üppige Felder und Wiesen, recht dicht besiedelt mit großen Städten. An Südküste Sandstrände, an Westküste starker Schiffsverkehr. Fast wie in Schleswig-Holstein. Leckeres Essen.

Halland: sonnige Sand- und Badeküste. Häufig auch Badewanne

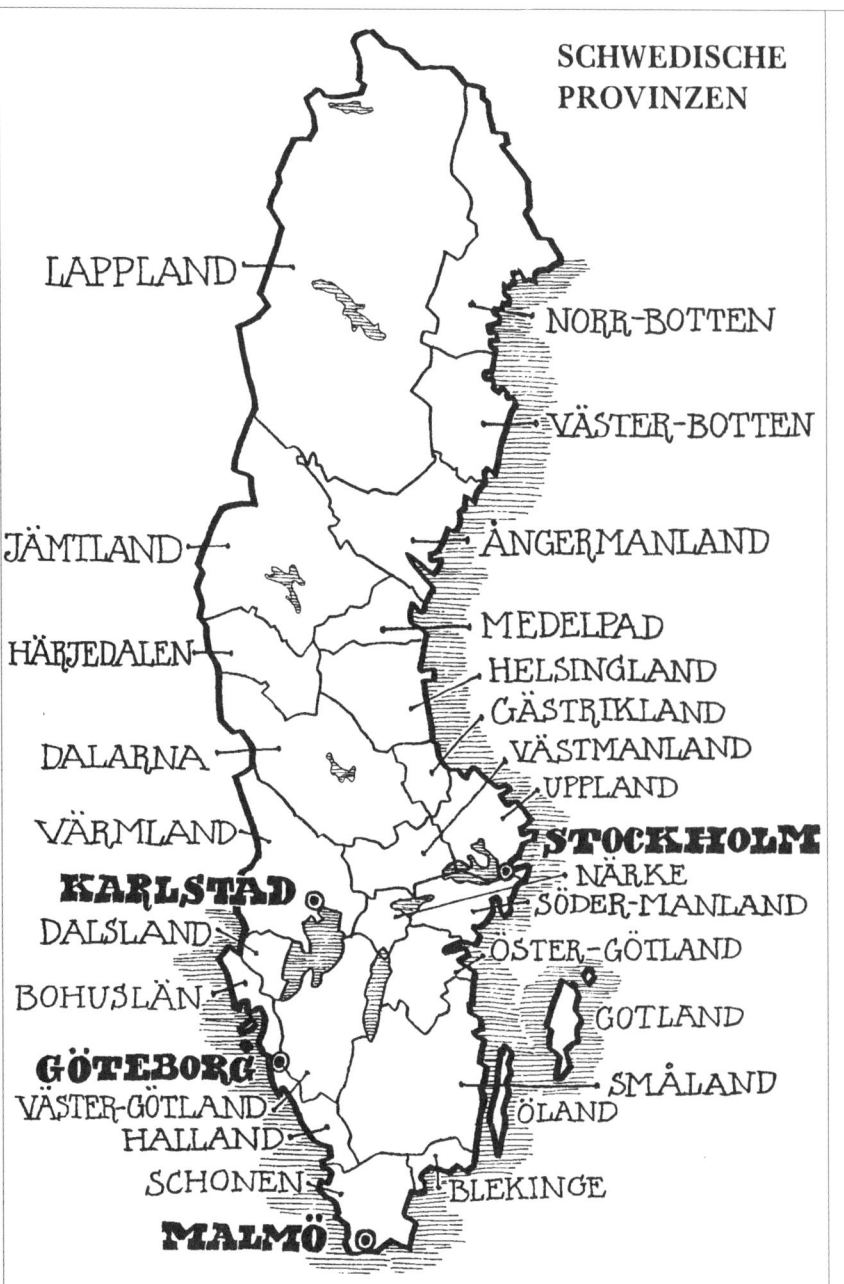

Schwedens genannt. Surfeldorado, FKK-Strände und Fahrradparadies.

Bohus Län: Felsenküste mit romantisch vorgelagerten Inseln. Ideales Angel- und Segelrevier.

Blekinge: drei Treppen zur Küste runter: Laubwald, Ackerland, Küste. Viele Schären.

Öland: lange, schmale Blumeninsel für Fahrradfahrer, Bade- und Surffans. Recht viel Tourismus.

Småland: langer Küstenstreifen mit einzelnen Badebuchten. Landesinnere äußerst wald-, seen- und tierreich. Dünn besiedelt und Schwedens südlichste Wildnis. Glasbläsereien, Wander- und Kanugebiet.

Dalsland: Schweden in Mini-Ausgabe: Wälder, Seen, Flüsse, unberührte Natur. Kanuland.

Västergötland: Teil der schwedischen Seenplatte mit Kontakt zu Vänern und Vättern. Weite Ackerflächen, Götakanal und Kranichgebiet.

Östergotland: weite Getreidefelder zwischen seichten Hügeln im Süden. Wälder mit Seen allererster Güte für Wanderkanuten im Norden. Pelzverkauf. Göta-Kanal.

Gotland: Sonnen- und Roseninsel. Viele Kulturdenkmäler. Surftreff. Hauptstadt Visby, schönste Stadt Schwedens. Viel Tourismus.

MITTELSCHWEDEN

Auf der Breite von Stockholm die mittelschwedische Senke: Schwedens eigentliche Kernlandschaft mit vier größeren und zahlreichen kleineren Seen.

Värmland: elchreichste Schwedenprovinz. Unendliche Wälder, sanfte Täler, phantastisches Seenlabyrinth, herrliche Flüsse, Land der Wanderer und Kanuten. Folklorereich.

Dalarna: scheinbar grenzenlos. Abenteuerland im Westen mit ersten Fjälls, einsamen Waldgebieten mit Bären und tausende Seen rund um Siljansee. Jede Menge Volksmusik und Tanz. Alle Sportmöglichkeiten.

Västmanland: Sanft hügeliges reiches Kulturland. Land- und Forstwirtschaftskammer Schwedens.

Närke: riesige Muldengebiete, glattpolierte Felsbrocken. Abwechslungsreiche kleine Landschaft um Örebro. Prunkstück: Nationalpark Tiveden.

Södermanland: parklandschaftsähnlich mit idyllischen Gärten und Schlössern. Kulturland. Von Hauptstädtlern stark frequentiert.

Uppland: rund um Uppsala fruchtbares, leicht hügeliges Weizen- und Weideland. Schlösser, Kultur und schärenreiche Küste.

NORDSCHWEDEN

Dünn besiedelt, tiefer Wald und weite Tundra. Entlang der langen Küste unzählig vorgelagerte Schäreninseln und schmaler Ackerbaustreifen. Im Landesinnern zunehmend niedrigere Wälder und gen Westen ansteigende kahle Fjälls.

DIE LANGE KÜSTE

Gästrikland u. Hälsingland: duftende Nadelwälder, einsame Badebuchten. Entlang der Küste vereinzelte Städte, im Innern unberührte Gebiete. Viel Volksmusik.

Medelpad: weites Flußtal mit Holz- und Papierfabriken. Weiter im Inland: Wasserfälle, Wald und Wiesen.

Angermanland: gewaltigster Küstenabschnitt. Schroff zum Meer abfallendes Land, hügelig, fast bergig. Unendliche Inselwelt. Im Innern: fast eintönige Weite.

Västerbotten: Nordland Riviera mit langen Sandstränden, vereinzelten Städten und viel Pläne.

Norrbotten: letzter nördlicher Küstenstreifen rauf bis zur finnischen Grenze. Mündungsgebiet großer Flüsse. Anglerparadies.

DAS LANDESINNERE

Härjedalen: einsamer, nahezu städteloser weiter Landstrich. Im Westen unberührte Fjälls.

Jämtland: rund um einzige Stadt Östersund gnadenlose Weite mit Rentierherden und guten Fischgewässern. Richtung Norwegen hervorragende Wandertrails.

Lappland: wirkliche Wildnis. Unvorstellbare Weite. Land der Samen und Rene. Im Westen gewaltiger Gebirgskamm mit schneebedeckten Gipfeln. Unwirtliche strapaziöse Wandertrails, reiche Angelgewässer, schwierige Kanutrips.

Literatur:

Bildbände

„Merian Schweden", lohnend wegen der schönen Fotos und der guten Texte zu verschiedenen Themen. 7,4o Euro.

„Schweden - Die Nationen Europas", Fritz Dressler, Hauke Hennigsen, Bernd Schneider. Starke Fotos des bekannten Fotografen Fritz Dressler inklusive geschichtlichem Textteil und allgemeinem Reiseteil zu Kunst und Kultur. 184 Seiten, 14,95 Euro.

„Mein Småland", Astrid Lindgren. Ein wunderschönes Buch, das die bekannten Figuren ihrer Bücher, Orte und Geschehnisse auferstehen läßt. Kaufenswert. 52 Seiten, 12 Euro.

„Göta Kanal", Rolf Gruel. Ausgesprochen schöne Fotos zum Kanal, seinen Schiffen und den Seen inkl. Kurzinfos zum Kanal. 136 Seiten, 14,9o Euro.

„Subarktiskt Land", Sven Hörnell. Die Fortsetzung seines Bildbandes „Mitt Lappland". Ein wunderschöner Bildband über das Land zwischen dem 66. und 72. Grad Nord. 24o Seiten, 99,45 Euro. Seine Diashow kann aber immer noch im Ort Riksgränsen (vgl. Textteil) bewundert werden.

„Norrland", Entdeckungen im Fjäll, Volker Minkus. Mittelding zwischen Bildband, Reisebericht und konkreten Tipps für lappländisches Outdoorleben. 12o Seiten, 7,95 Euro.

„Das Polarlicht", Hans Falck-Yitter. Beste Zusammenfassung zum Thema Polarlicht aus naturwissenschaftlicher und mystischer Sicht. Beeindruckende Fotos. 196 Seiten, 51 Euro.

Regionen/Sport

„Südostschweden selbst entdecken - Schonen, Blekinge, Småland, Öland", Gudrun Schulte. Übersichtlicher Reiseteil über die südöstlichen Provinzen Schwedens. Aufgrund der Seitenfülle bei recht eingeschränktem Gebiet recht detailliert. 288 S., 14,9o Euro.

„Südschweden plus Dalarna/Värmland", Gudrun Schulte. Erweiterung des Bandes Südostschweden. Detaillierte Informationen. 495 Seiten, 19,8o Euro.

„Fjällboken", Text und Bildband. Herausgeber Svenska Turistföreningen. 197 Seiten, 35,95 Euro.

„Gotland", Insel der Götterschiffe. Eindrucksvolle Darstellung in Foto und Text der Kulturlandschaft Gotland. 23o Seiten, 26,oo Euro.

„Südschweden per Rad", Wolfgang Kettler. 78 Tourenvorschläge unterschiedlicher Länge in ganz Südschweden mit ganz ordentlich recherchierten Hintergrundinformationen. 256 Seiten, 12,8o Euro.

„Rund Schweden 1. Westküste und Vänernsee", Gerti und Harm Claußen. Detaillierte nautische Daten zum Götaälv, Dalsland- und Säffle-Kanal gepaart mit Infos über Land, Leute und Geschichte der Strecke. Informativ für Sportschiffer. 348 Seiten, 26 Euro - Ein ähnlicher Band zur Süd- und Ostküste ist unter ähnlichen Vorzeichen von denselben Autoren ebenfalls zum stolzen Preis von 26 Euro erschienen.

„Kanuwandern in Schweden", Gudrun Schulte (Hrsg.), Übersicht über 5o Touren in ganz Schweden. Ohne große allgemeine Informationen werden die Touren (meist Flüsse) in ihrem Profil dargestellt und auf die verschiedenen Besonderheiten wie Umtragestellen, Wehre etc. hingewiesen. Die übersichtlichen Karten ergänzen die speziell auf Kanuten ausgerichteten Informationen. 24o S., 19,8o Euro.

„Kanu Kompass Südschweden", Neben allgemeinen Informationen zu Südschweden und zum Paddeln werden auf 17o zusätzlichen Seiten insg. 9 südschwedische Kanutouren vorgestellt. Diese sehr detaillierte mit Ein- und Aussetzstellen, Übernachtungsmögichkeiten, Portagen, Mietmöglichkeiten und Karten. 21 Euro.

Kungsleden", Rüdiger Lohff. Detailliert beschriebene Etappen des südlichen und nördlichen Teils des Kungsledens mit Infos zu Unterkünften, Streckenführungen, Gefahren und Aussichtsstellen. Mit übersichtlichen Karten veranschaulicht. Hilfreich. 151 Seiten, 12,9o Euro.

„Sarek - Padjelanta, Stora Sjöfallet", Dietmar Heim, Dirk Klawatzki. Die Autoren geben zwar eine Menge allgemeiner Infos zu den Nationalparks und deren Besonderheiten, doch kommen die eigentlichen Tourenbeschreibungen in dem recht dünnen Buch sehr kurz. 152 Seiten, 12,9o Euro.

„Schweden - Erlebnis Fernwandern", Herbert Mayr. Sehr gute Routenbeschreibungen nicht nur über die ausgetretenen Lapplandtrails. Karten, Höhenprofile und Skizzen runden diesen gutgemachten, 15 Fernwanderrouten umfassenden Wanderführer ab. 2oo Seiten, 8,59 Euro.

„DKV Auslandsführer Skandinavien", H. Schoderer (Hg.). Vom deutschen Kanuverband herausgegebenes Standardwerk, das viele Kanutouren in ganz Skandinavien absolut detailliert beschreibt. „Bibel" und Grundlage für Kanuten im Norden. 42o Seiten, 2o,35 Euro.

Schwedische Literatur/Literatur über Schweden

„Wunderbare Reise des Nils Holgersson mit den Wildgänsen", Selma Lagerlöf. Als Kindergeschichte auch für erwachsene Schwedenfans faszinierend. Herrlich die typischen Landschaftsbeschreibungen. Bester Reiseführer! 454 Seiten, 19,9o Euro.

„Das entschwundene Land", Astrid Lindgren. Die Mutter aller Kinderbücher erzählt in einfühlsamen, die Seele anrührenden Worten die Geschichte ihrer Kindheit in der Nähe des småländischen Vimmerby. Empfehlenswert. 1o3 Seiten, 1o,9o Euro.

"Schloß Gripsholm", Kurt Tucholsky. Eine Sommerliebe mit seiner Prinzessin in Schweden am Mälarsee. Weltliteratur. 124 Seiten, 6,9o Euro.

"Hannas Töchter" und "Simon" waren die erfolgreichsten Bücher von Marianne Fredriksson, die seitdem zu den meist gelesenen Autorinnen in Deutschland gehört. Hannas Töchter erzählt drei Lebensgeschichten und zugleich erhält man einen tiefen Eindruck in zweihundert Jahre schwedischer Geschichte. 9,9o Euro.

"Die Tote im Götakanal", Maj Sjöwall, Per Wahlöö. Einer von vielen Krimis der beiden Autoren, die in Schweden spielen und nicht nur ungemein spannend sind, sondern auch den schwedischen Zeitgeist aufs Korn nehmen. 265 Seiten, 7.9o Euro Taschenbuchausgabe.

"Coq Rouge", Jan Guillou. Wohl das bekannteste Werk des schwedischn Fernsehjournalisten, der mit diesem Agententhriller nicht nur in Schweden Furore machte. Sein Top-Ageng Coq Rouge besteht auch in anderen Büchern spannende Abenteuer. 44o Seiten, 8,9o Euro.

"Geschehnisse am Wasser", Kerstin Ekmann. Nach anfänglichen Zähigkeiten beim Lesen gerät dieser Roman zum lesemäßigen Albtraum, bei dem sich dem Leser eine Gänsehaut nach der nächsten einstellt. Nach einem mysteriösen Mord glaubt die Mutter 2o Jahre später den grausamen Mörder in dem erwachsenen Liebhaber ihrer Tochter wiederzuerkennen. Für Leute mit starken Nerven. 52o Seiten, 7,95 Euro.

"Die fünfte Frau", von Henning Mankell. Wochenlang auf der Bestsellerliste und selbst für Nicht-Krimi-Fans ein süchtigmachendes Buch, das durch seine unglaubliche Spannung dem Leser die Haare zu Berge stehen läßt. Ein sympathischer, allzu menschlicher Kommissar muß im südschonischen Ystad eine Reihe grausamster Morde aufklären. Henning Mankell ist einer der meistgelesensten schwedischen Romanciers. 541 Seiten, 1o Euro.

Kinderbücher

Außer der Pflichtlektüre aller Astrid-Lindgren-Bücher, ohne die ein Kind eigentlich gar nicht aufwachsen sollte, gibt es natürlich Selma Lagerlöfs "Wunderbare Reise des Nils Holgersson" in allen Variationen (Bilderbuch, Vorlesebuch, Komplettfassung).

In die Reihe der unvergeßlichen Schweden-Kinderbuchautoren muß inzwischen auch Sven Nordquist eingereiht werden. In selbst für Erwachsene traumhaft bebilderten Büchern stolpert der etwas trottelige Petersson mit seinem Kater Findus von einem Fettnäpfchen in die nächste Verlegenheit. "Pettersson zeltet" oder "Eine Geburtstagstorte für die Katze" begeistern jedes Kinderherz ab drei Jahren. 24 reich bebilderte Seiten für 12 Euro.

Nordquist, S., Wahl, M., Ambrosiani, B, "Die Leute von Birka" - So lebten die Wikinger; wunderschönes Kinderbuch mit vielen wirklich gut gemachten Bildern und spannenden Geschichten rund um die Wikinger. Klasse! Oetinger, 2oo2, 96 S. im Querformat, 14,9o Euro.

„Berts intime Katastrophen", Anders Jacobsen, Sören Olsson. Beschreiben um den Haupthelden Bert typische Pubertätsprobleme vom aufkommenden Pickel über den nicht wachsenden Bart bis zur ersten Liebe. Auch in weiteren Katastrophenbüchern über Bert schreiben die Autoren offen, kindernah und witzig. Ab 13 Jahre. Ca. 15o Seiten, 9,9o Euro.

SÜDSCHWEDEN WESTKÜSTE

Die über 5oo km (!) lange Westküste von Trelleborg im Süden bis Svinesund an der norwegischen Grenze knallen viele Autotouristen nur auf der E 6 mit dem Fuß auf dem Gaspedal durch. Völlig falsch! Runter von der insgesamt fast durchgehenden Autobahn und rein in die umliegenden Gebiete! Man fährt sonst an vielen Traumzielen vorbei!

Von TRELLEBORG bis HELSINGBORG an der Küste eher industriell mit wenig Urlaubsmöglichkeiten. Reger Schiffsverkehr sowie Industrie- und Stadtbezirke. Im Hinterland saftig grüne Wiesen und wogende Felder.

Zwischen HELSINGBORG und GÖTEBORG die Provinz Halland mit langgestreckten, badefreundlichen Sandstränden und einem lieblichen, in Wald- und Seenlandschaft übergehenden Hinterland.

Von GÖTEBERG bis SVINESUND an der Grenze wunderschöne Fjord- und Küstenlandschaft mit niedlichen Fischerdörfern, grandioser Schärenwelt und kulturhistorischen Fundstätten.

Weitere Infos unter www.skaneturist.nu

PROVINZ SCHONEN

Entlang der Küste von Trelleborg bis nördlich von Ängelholm die malerische Provinz Schonen, Schwedens Kornkammer. Wogende Felder und grasgrüne Wiesen umrandet von verästelten Weiden und seichten Buchenhainen. Vergleichbar mit Schleswig-Holstein oder Teilen Dänemarks. Hier überwiegt in ebenem Gelände fruchtbares Ackerland mit meist weißen, schnuckeligen Häusern.

Eine Vielzahl stattlicher Herrenhöfe und erhabener Schlösser sind typisch für dieses freundliche und recht dicht besiedelte Landstück.

Die meisten Schweden-Urlauber, die in Trelleborg oder Helsingborg ankommen, benutzen Schonen nur zur Durchreise in weiter nördlich gelegene, einsamere Gebiete. Wer Einsamkeit und Wildnis sucht, ist in Schonen an der ganz falschen Adresse. Familienfreundlicher Badeurlaub an weiten Stränden und kulturhistorisch interessante Städte sind eher typisch für das Gesicht dieses Gebiets.

SCHONEN (oder schwedisch Skåne) ist eines der am dichtesten besiedelten Gebiete Schwedens. Noch bis 1658 gehörte diese fruchtbare Kulturlandschaft zur damaligen Großmacht Dänemark.

★ Trelleborg

Tor nach Schweden. Winziges, fast unscheinbares Städtchen, durch das viele fahren, wovon aber kaum einer den gepflasterten alten Marktplatz kennt. Durchgangsstädtchen, von dem alle magisch angezogen werden und aus dem alle so schnell wie möglich wieder wegkommen wollen, dabei empfiehlt sich durchaus ein Aufenthalt. Rundherum fruchtbares, plattes Ackerland. Überraschend die Palmen an der Haupteinfallstraße.

 Hamngatan 9, 23142 Trelleborg, Tel. o41o/ 73 33 2o, Fax: o41o/ 134 86. Geöffnet: Mo.- Fr. 9-17 Uhr. Im Sommer: Mo.- Fr. 9-19 Uhr, Sa. 9-18 Uhr, So. 1o-18 Uhr.
Homepage: www.trelleborg.se.

Verbindungen ab Trelleborg

 **Schiff**: -> Travemünde: je nach Saison 4-5 Abfahrten am Tag. Besonders interessant die beiden Combi-Carrier der TT-Line für Gespannfahrer. Fahrzeit zwischen 5 1/2 und 7 1/4 Std. (Nachtfähre).
-> Sassnitz: 5 x tgl. in knapp 5-stündigem Abstand, Fahrzeit ca. 4 Std.
-> Rostock: mit TT-Line 3 x tägl. mit Combi-Carriern, Fahrzeit 7 1/2 Std. Mit Scandlines 3-4 x tägl., Fahrzeit 5 3/4 - 7 1/2 Std.

 **Zug**: Busverbindung mit Hauptumsteigebahnhof Malmö mit der Möglichkeit über die schnelle Öresundverbindung von und nach Dänemark zu kommen.

Bus: tägliche Verbindungen nach Lund (Linie 165), Malmö (Linie 146) und nach Ystad (Linie 183) mit Transport - möglichkeit nach Bornholm.

„**Stadshotéllet**", Mittelklassehotel an Straßenecke nahe Fähranleger, DZ ab 65 Euro. Friisgatan 3, Tel. o41o/485 oo.

„**Dannegården**", Luxushotel nahe Fährenanleger, DZ ab 145 Euro. Strandgatan 32, Tel. o41o/ 4818o. Hier auch sehr gutes, allerdings nicht billiges Essen.

„**Hotel Horizont**", neueres Hotel in Zentrumsnähe, Zimmer teilweise mit Blicks aufs Meer, Kabel TV und Bad. Im obersten Stockwerk Restaurant. Hamngatan 9, Tel. o41o/71 32 39
www.horizont.nu

 „TVÅ LEJON", gepflegtes Speiserestaurant mit typisch schwedischem Essen im großen gelben Gebäude am alten Markt. Innen kirchenähnliche Wandmalereien. Geöffnet: Mo. ab 15 Uhr, Di.-Fr. ab 11.3o Uhr, Sa. ab 18 Uhr, So. ab 13 Uhr. Gamla Torg 4. Trelleborg

Südschweden/Westküste 107

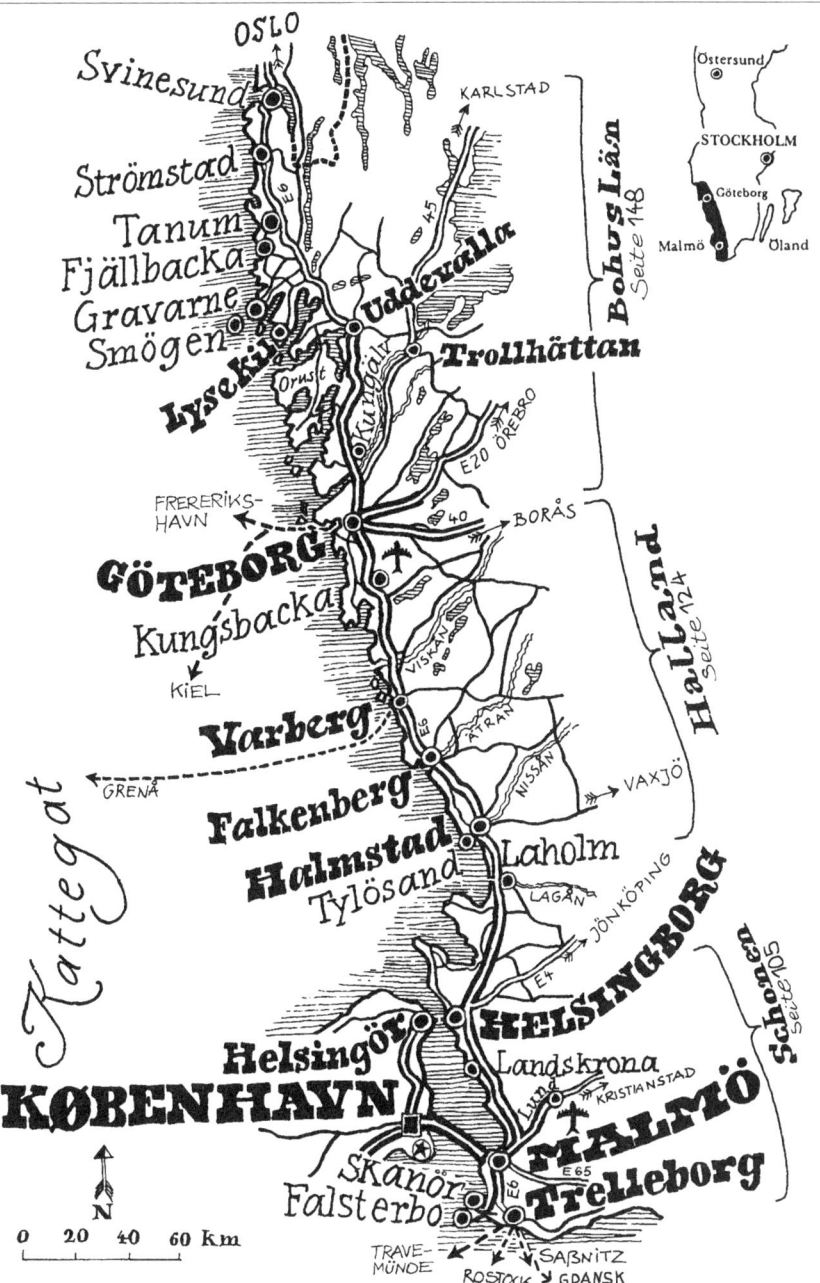

Mc Donalds, für alle Hungrigen, die vor oder nach einer Überfahrt schnell noch ihren Hunger stillen wollen. C.B. Friisgatan 2.

Dalabadets Camping, großer, birkenbestandener Rasenplatz direkt am grobkörnigen Sandstrand in Hörweite der 1. Als Durchgangsplatz gut geeignet. Einige Hütten, Restaurant. Anfahrt: auf 9, 4 km südlich Richtung Ystad.

Nördlich des Hafens parkplatzähnlicher Übernachtungsplatz mit Kiosk für Bulli- und Wohnwagenfahrer.

Night Stop, 24 Stunden geöffnete Jugendherberge 5oo m vom Fähranleger. Übernachtung im Doppelzimmer 3o Euro, Dusche und WC auf dem Flur. Frühstück 4 Euro. Östergatan 59, Tel. o41o/ 4lo 7o.

Billigste, kleinste und beste Durchgangsübernachtungsmöglichkeit. Letzte Eincheckmöglichkeit um 2o Uhr. Adresse: Vandrarhem Smygehuk, Smygehuk fyr pl. 314, 23178 Smygehamn. Bus von Trelleborg (Linie 146, 183), 1o km östlich Trelleborg. Tel.: o41o/245 83 www.smygehukhostel.com

SEHENSWERTES

Im Zentrum der Stadt von Archäologen neu entdeckte Palisade, die dem Namen TRELLEBORG (= Burg) alle Ehre macht. Touristisch äußerst ansprechend nachgebaut. Innerhalb des Burghofes Schmuckherstellung, Textilfertigung, süßer kleiner Laden, Möglichkeit zu Wikingerspielen und Verkauf von Wikingerspeisen. Echt lohnend! Eingang von der „Bryggaregatan" oder von der „Västra Vallgatan".

Für Leute, die auf die Fähre warten und ihre Zeit verkürzen wollen, empfiehlt sich das KUNSTMUSEUM EBBEHALL mit seinen vorwiegend nackten Frauenskulpturen. Hesekillegatan 1. Offen: April bis September 11-17 Uhr, montags geschlossen.

TRELLEBORGS MUSEUM, im ehemaligen Krankenhaus der Stadt untergebracht. Anschaulich wird hier ein Bogen zwischen der Vergangenheit, der Zukunft und der Gegenwart gezeigt. Höhepunkt die Ausgrabungen Skateholms, einer Siedlung von vor über 7ooo Jahren. Östergatan 58. Offen im Sommer Di.-So. von 13-17 Uhr, montags geschlossen. Preis für Kunstmuseum und Trelleborgs Museum ca. 3 Euro.

SMYGEHUK

Schwedens südlichste Landzunge ist so niedlich wie sich der Name anhört. Es ist einfach ein tolles Gefühl, am geographisch südlichsten Punkt Schwedens zu stehen. Drumherum eine von dem kalkreichen Boden geprägte Vegetation. Fotografierträchtig der aufgestellte Kilometerwegweiser zu den europäischen Metropolen. Anfahrt: südl. von Trelleborg.

KAUFMANNSSPEICHER; der ehemalige Kaufmannsspeicher, der schon zu Hansezeiten als Lager für Schmuggelware diente, bietet nun im Sommer neben einer gutgemachten Infostelle auch Kunst, Handwerk und schonische Spezialitäten. Anfahrt: in Smygehuk direkt am Hafen.

Skanör-Falsterbo

Idyllisches Zwillingsörtchen „gleich um die Ecke" von Trelleborg auf hammerförmiger Halbinsel. Genüßliche, einstöckige Sommerhäuschen mit Dachrinnen aus denen man fast trinken kann ducken sich gemütlich aneinander. Hier kann man zwischen Ende September und Ende Oktober zehntausende Zugvögel beobachten, die auf der „Vogelfluglinie" in den wärmeren Süden ziehen. Fernglas nicht vergessen.

Ljungens Camping, großer, mit Birken aufgelockerter Platz mit 3oo m Fußweg zum Wasser. Geeignet als „Warteplatz" für Trelleborg. Leider in unmittelbarer Nähe ein Truppenübungsplatz, auf dem ab September Schießübungen, teilweise auch nachts, abgehalten werden und Kampfflugzeuge in geringer Höhe das Campingplatzgelände überfliegen. Viele Schnaken. 4oo m vor der Campingplatzeinfahrt auf der linken ein idealer Beobachtungsplatz, Greifvögel aller Art. Anfahrt: von E 6 auf die 1oo bis zum Kreisverkehr, dann links. Insgesamt wenig empfehlenswert. Strandsbadsv. Tel. 04o/47 11 32

Skanör Camping, FKK-Anlage direkt am Wasser, Mitgliedskarte erforderlich. Anfahrt: 1 km nördlich der Kirche von Skanör.

„SKANÖRS GÄSTGIVAREGÅRD", in Gourmet-Kreisen gerühmtes „Gänselokal" mit Fisch- und Gänsespezialitäten. Vor Lokal ist beschilderter Gänseüberweg im Stile eines Zebrastreifens als Werbegag des deutschen Besitzers eingerichtet. Schmiedeeisernes Schlüsselbesteck am Eingang. Preise ab 35 Euro, Mellan Gatan. Montag Ruhetag. Tel. 04o/47 56 9o

✦ Malmö

Obwohl Schwedens drittgrößte Stadt und von den umliegenden Autobahnen an der Peripherie eher industriell und abstossend wirkend, ist der Stadtkern für schwedische Verhältnisse ausgesprochen idyllisch, teilweise mittelalterlich. Viele Kanäle, gute Einkaufsmöglichkeiten, grüne Parks und rund um den kleinen Marktplatz (Lilla Torget) bezaubernde Fachwerkhäuser. Durch die Öresundverbindung südlich der Stadt mit Kopenhagen noch enger zusammen gewachsen und damit Zentrum der schwedischen Öresundregion. Achtung Nordkapfahrer! Von hier aus ist es nach Mailand wesentlich kürzer als nur bis Kiruna!

Die alte Hafen- und Handelsstadt blüht seit dem 13. Jahrhundert aufgrund der strategisch-wirtschaftlich günstigen Lage an der Meeresenge und wegen der großen Heringsfänge an der Küste. Handelspartner der Hanse mit zeitweilig stark deutschem Einfluß. Im Machtvakuum zwischen Dänemark und Schweden wechselt die Stadt von 1318 bis 1658 mehrmals die Landesfahnen. Im Zuge der industriellen Revolution im 19. Jahrhundert gewinnt Malmö durch erste Fahr- und Schienenverbindungen zunehmend an Bedeutung. Durch die kombinierte Brücken-Tunnelverbindung zu Beginn des neuen Jahrtausends setzte hier ein enormes (Bau)wachstum ein.

Im Bahnhof, Centralstationen, 2112o Malmö, Tel. o4o/ 341 2oo, Fax: o4o/ 34 12 o8. Im Sommer werktags 9-19 Uhr, Sa., So. 1o-17 Uhr. Die dort verkaufte Malmö-Karte bringt neben dem kostenlosen Parken, freies Benutzen der öffentlichen Verkehrsmittel und Museen, freie Sightseeing-Touren von Juni bis August, Ermäßigung des Zugfahrtickets über die Öresundbrücke nach Kopenhagen sowie eine Reihe weiterer 5o% Rabatte. Preis pro Erw. inkl. zwei Kinder unter 16 für einen Tag 16 Euro, zwei Tage 19 Euro und drei Tage 23 Euro. www.malmo.se

Verbindungen ab Malmö

Zug: Malmö ist ein Eisenbahnverkehrsknotenpunkt u.a. mit dem Halt des modernen X-2ooo Schnellzuges und durch die Brücken-Tunnelverbindung zentrale Drehscheibe mit häufigen Abfahrten Richtung Kopenhagen, Helsingborg, Göteborg, Stockholm und Oslo sowie über Berlin Anschluß nach Deutschland sowie nach Simrishamn und Ystad.

<u>Für Ausflügler</u> bietet die schwedische Staatsbahn ein <u>Rundreiseticket</u> Malmö-> Kopenhagen-> Helsingör-> Helsingborg-> Lund für 2o Euro an. 2 Tage gültig.

Flug: Flugplatz Malmö Sturup (www.sturup.ifv.se) ca. 3o Min. außerhalb der Stadt, Tel. o4o/613 1o oo. 28 x tgl. -> Stockholm sowie 2 x tgl. London. Im Grunde kann aber der nur 2o Bahnminuten entfernte Flughafen Kopenhagen-Kastrup als skandinavische Drehscheibe mit allen internationalen Verbindungen mit genutzt werden.

Einige Hotels bieten sog. „Malmöpakete" an. Allerdings stark wechselnd, so dass man sich vorher am besten im Internet unter www.malmo.se/hotel (englisch) erkundigt. Das TI vermittelt 25 zentrale Hotels, alle mit reichhaltigem Frühstücksbuffet. Ansonsten Hotelbuchungen unter Tel. o4o/34 12 oo.

„<u>Hotel Formule 1</u>" ist der top Tipp in Sachen Preis-Leistungsverhältnis. Ein Mittelding aus Jugendherberge und Hotel in dem man für sage und schreibe 29 Euro pro Nacht und Zimmer (!) mit bis zu 3 Personen schlafen kann. Zwar sind dann natürlich Dusche und Toilette auf dem Flur und das Frühstück kostet 4 Euro extra, doch ist man da pro Person preislich schon auf Campingplatzniveau, hat aber ein festes Dach über dem Kopf. Lundavägen 28, Tel. 93 o5 8o.

„<u>Scandic Hotel St. Jörgen</u>", modernes Luxushotel am Ort; hier steigen Manager und Businessleute ab. Eckhotelklotz mit luxuriösen Zimmern, verschiedenen Restaurants, Wein-

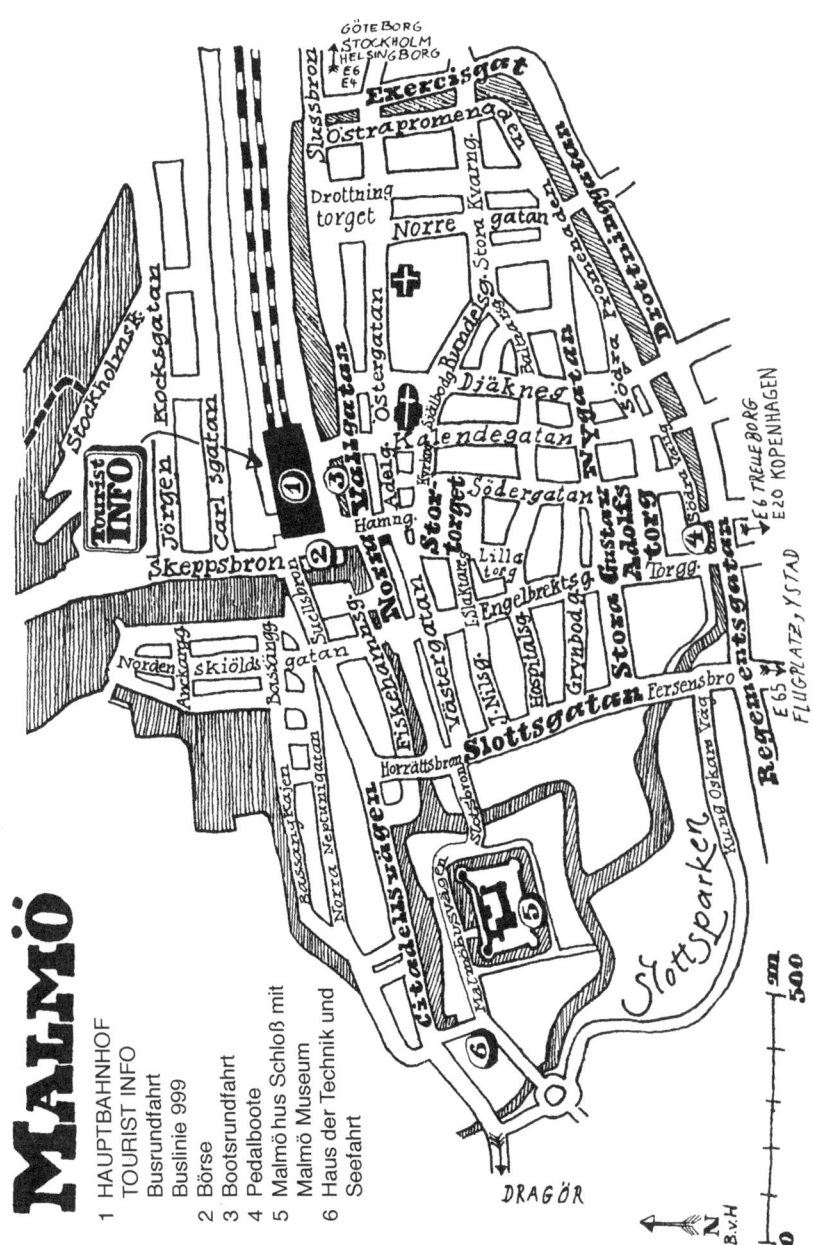

keller, Piano-Bar und überdachtes Café mitten in der Fußgängerzone. DZ mit Frühstücksbuffet ab 1oo Euro. Stora Nygatan 35, Tel. o4o/693 46 oo. www.scandic-hotels.se

„**Elite Hotel Savoy**", Inbegriff für Malmöer Hotelkultur. Alteingesessenes, eher altertümliches, aber geschmackvolles Hotel, wo der Liftboy jeden Gast mit leichter Verbeugung und „gnädiger Herr" begrüßt. Wegen Lärm an Hauptverkehrsstraße Zimmer nach hinten raus verlangen. DZ mit Frühstück ab 9o Euro. Norra Vallgatan 62, Tel. o4o/ 66 44 8oo.

„**Rica Hotel Malmö**", superzentral am Marktplatz gelegen. Schönste Zimmer nach vorn raus zum Marktplatz. Frühstücksbuffet. Preis: DZ mit Frühstück und Dusche ab 79 Euro. Stortorget 15, Tel. o4o/ 66o 955 o.

„**Plaza Hotel**", sehr gemütlich eingerichtet, normal große Hotelzimmer. Besonders für Familien geeignet. Nettes Frühstückszimmer mit reichhaltigem Buffet. DZ mit Frühstück und Dusche um 7o Euro. Södra Förstadsgatan 3o, Eingang von Kasinogatan 6, Tel. o4o/ 771 oo.

„**Pallas Hotel**", sauber und ordentlich, zentral in City, mögliche Alternative zur Jugendherberge. DZ ohne Frühstück und Dusche 4o Euro. Nora Vallgatan 74, Tel. o4o/ 611 5o 77.

„**Ibis Hotel Malmö City**", zentral gelegenes Mittelklassehotel an Hauptstraße am Hafen. Von den Zimmern der oberen Etage schöner Hafenblick und wenig Verkehrslärm. DZ mit Frühstück und Dusche ab 65 Euro. Citadellsvägen 4, Tel. o4o/ 664 62 5o.

„**Radisson SAS Hotel**", neues Luxushotel mit den größten Zimmern Europas, 43 qm. DZ mit Frühstücksbuffet ab 11o Euro. Östergatan 1o, Tel. o4o/ 698 4o oo.

Sibbarps Camping, riesige, freie Wiesenfläche mit schmalem, wenig attraktivem Steinstrand, alle 5o m durch Brücken unterbrochen. Bei klarem Wetter Blick bis Kopenhagen, die riesige Brücke und auf die daherziehenden Pötte. Viele dänische Dauercamper, die zu Arbeitszwecken in Schweden auf dem Zeltplatz wohnen. Frischer Fisch wird auf dem Platz verkauft. Anfahrt: 1o km südlich vom Zentrum.

Södergården, moderner Backsteinblock am Stadtrand. Bis abends 22 Uhr Rezeption geöffnet. Backavägen 18, Tel. o4o/ 822 2o.

Das Gebiet Schonen (Skåne) ist bekannt für reichhaltiges und gutes Essen. Nirgends in Schweden gibt es noch so viele Gasthäuser. Landesspezialitäten sind außer Gans und Aal auch Schweinebraten und Ente. Berühmt ist auch der „Spettekaka", ein mächtiger, über offenem Feuer gedrehter Baumkuchen aus Eiern und Zucker.

„CENTRALES RESTAURANT", im Hauptbahnhof. Gutes und sehr reichhaltiges Durchschnittsessen bei sehr freundlicher Bedienung. Morgens großes Frühstücksbuffet. Insgesamt sehr preisgünstig. Allerdings nur noch Tagesgerichte Mo- Fr.

„CASA MIA", Södergatan 12. Ziemlich hektischer Laden mit teilweise etwas nachlässiger Bedienung. Obwohl man sehr eng sitzt, ist es wegen der leckeren italienischen und französischen Spezialitäten immer proppen voll.

Kunstwerke an den Wänden. Offen: täglich 11 bis 2 Uhr.

„MONGOLIAN BARBEQUE", erstes mongolisches Restaurant in Schweden und damit sicherlich ein Exot. Für nur 13 Euro wird hier ein grosses Buffet angeboten, das mit hausgebackenem Brot beginnt und bei dem man dann so viel essen darf, wie man kann oder möchte. Zudem Möglichkeit, den Köchen beim Zubereiten der Mahlzeiten zuzuschauen. Doch vorsicht bei den scharfen Saucen! Södra Promenaden 23, geöffnet Mo-Fr 11-24 Uhr, Sa.-So. 13-24 Uhr.

„SALUHALLEN", Lilla Torget. Für den eiligen Zwischendurch-Gast. In der Kaufhalle gibt's wenig Luxus, aber gutes Essen, besonders Fisch. Auch abends geöffnet.

Ansonsten gibt es rund um den MARKTPLATZ „LILLA TORG" jede Menge Restaurants vom Inder bis zum Thai. Viele gemütliche Außensitzplätze, die bei schlechtem Wetter „überspannt" bzw. beheizt werden. Hier ist echt was los. Im Winter gibt es eine Schlittschuhbahn mitten auf dem Marktplatz.

Keine Erwartungen wie in Paris hegen! Aber trotzdem für schwedische Verhältnisse viel los. Meist Livemusik mit Tanz und teilweise mit Künstlern:

Nacht leben CASINO COSMOPOL, etwas ganz sündiges für Schweden: ein echtes Spielcasino, in dem man nicht nur gut essen kann, sondern auch noch von mittags 13 Uhr bis nachts um 4 Uhr Black Jack und Roulette spielen kann. Im Schlosspark, Slottsparken 33.

CLUB ETAGE, Stortorget 6. Disco, Treffpunkt der 3o-jährigen. Einlaß für Mädels ab 23 und Jungs ab 25 Jahren. Geöffnet 23-5 Uhr. Di., Mi. und So. geschlossen. www.etage.se

CROWN NIGHT CLUB, Admiralsgatan 19. Gepflegter, internationaler Nightclub. www.crownnightclub.com

Außerdem eine Vielzahl gemütlicher Bier- und Weinlokale, wie z.B. MOOSHEAD (= Elchkopf) am Lilla Torg oder TAHONGA BAR im Scandic Hotel St. Jörgen.

Weitere aktuelle Tipps zum Ausgehen in der kostenlosen Broschüre „Malmö This Month", die außer am TI noch an den touristischen Schnittpunkten der Stadt ausliegen.

SEHENSWERTES

LILLA TORG, kleiner, urgemütlicher Marktplatz mit gebogenen, alten Fachwerkhäusern, kleinen, bunten Marktständen und einer Uralttelefonzelle. Fast der „place du Tertre" von Malmö, mit Galerien und winzigen Schuhmacherlädchen voll toller Ledersachen. Lilla Torget entstand 1591, als der große Marktplatz nicht mehr ausreichte. Der Marktbrunnen wurde

1973 vom Künstler Thure Thörn erbaut.

Am großen Marktplatz das ehrwürdige RATHAUS. Im Laufe der Jahrhunderte mehrfach umgebaut. An der Fassadenfront eine Figur, die Themis, die Göttin des Rechts. Außerdem Symbole für die Erwerbszweige der Malmöer: Handel, Ackerbau, Schiffahrt. Innendrin sehenswert der „Knutsaal", prachtvoll historischer Versammlungsort.

Die mitten auf dem Marktplatz thronende Reiterstatue erinnert an Karl X. Gustav, der durch den Friedensvertrag 1658 Malmö endgültig schwedisch werden ließ.

Gleich hinter dem Rathaus die ST. PETRI KYRKA. In ihrem gotischen Stil ähnelt sie der Marienkirche in Lübeck. Zeugnis für den starken deutschen Einfluß in Malmö im 13. und 14. Jahrhundert. Beeindruckend der riesige Holzaltar (1611) und die mit Lebensstationen Jesu geschmückte Kanzel.

SCHLOSS MALMÖHUS sieht von außen (trotz seines Schloßgrabens) eher wie ein altes Fabrikgebäude aus. Drumherum schöne Stadtparkanlagen. Innendrin Malmös Stadtmuseum mit archäologischen und naturwissenschaftlichen Abteilungen. Eintritt 4 Euro. Geöffnet: Juni - August tägl. 1o-16 Uhr, ansonsten 12-16 Uhr. Interessant auch für Familie mit Kindern das Aquarium und Terrarium mit Schlangen, Reptilien und kleineren Affen. Adresse: Malmöhusvägen.

Das zu Beginn des 16. Jahrhunderts dänische Kastell hatte am Öresund wichtige strategische Bedeutung. Später, als schwedische Festung, diente es als Bastion gegen die Dänen, die 1677 hier entscheidend geschlagen werden konnten. Von 1828 bis 1914 Kerker.

Gleich um die Ecke das lohnende Haus für TECHNIK- und SEEFAHRT. Motivierend gemacht, weil man selbst einiges in Bewegung setzen und fast überall reingehen kann. Draußen auf dem Hof großes U-Boot, wo man innendrin teilweise auf allen Vieren kriechen muß, sowie alte Eisen- und Straßenbahnen mit Holzsitzen. Geöffnet wie Schloss Malmöhus. Eintritt inbegriffen.

EINKAUFEN

Insgesamt äußerst lohnende „Einkaufsstadt". Wir haben in ganz Schweden nie mehr so viele Boutiquen mit dem neuesten Modekram gesehen. Aber auch Glas, Porzellan, Möbel sowie skandinavisches Kunsthandwerk sind gut zu kaufen. Rund um den Lilla Torg viele Kunsthandwerksgeschäfte.

Die Hauptshopping-Meile erstreckt sich von der Södergatan über den Gustav Adolfs Platz und die Södra Förstadsgatan bis zum Dalaplan. Aber auch östlich davon gibt es Shoppingcenter und kleine Geschäfte in der Östergatan und Östra Förstadsgatan. Der grösste Markt befindet sich im alten Malmöer Arbeiterviertel auf dem Möllevångstorget. Außerdem die sog. Saluhallen direkt am "Lilla Torg"

Form-Design Center, (www.formdesigncenter.com) Dauerausstellung von Formgebung und Kunstgewerbe (Glas, Keramik, Holz) aus ganz Schweden, in goldgelben, windschiefen Fachwerkhäusern mit süßen Innenhöfen. Gut zum Rumstöbern und billig Kaffeetrinken. Auf Öffnungszeiten achten! Adresse: Lilla Torg, geöffnet Di.-Fr. 11-17 Uhr, Sa. und So. 1o-16 Uhr, Mo. geschlossen. Eintritt frei.

Hansa-Companiet, moderne Einkaufspassage in der Fußgängerzone Södergatan mit zahlreichen Geschäften aller Branchen in der gehobenen Preisklasse; dort auch Ausrüstungsshop Friluftmagasinet, alles zum Wandern, Bergsteigen, Kanufahren und draußen leben. Recht gutes Fjällrävensortiment.

Håkanssons Frimarkshandel, hier erhält man Briefmarkenneuheiten sowie ungestempelte Briefmarken aus ganz Europa. Bedient wird man von nettem älterem Herrn, der genau weiß, was wo in seinem Laden zu finden ist und wo und in welchem Album die gewünschte Briefmarke steckt. Etwas für Briefmarkensammler. Adresse: Lilla Torg 1.

Flohmärkte gibt es im Folket´s Park dienstags, donnerstags, samstags und sonntags von Juni bis August und am Drottningstorget sonntags.

Bengt Sjöströms Schmiede, eigene Produktion und Verkauf phantasievoll entwickelter Kunstschmiedearbeiten. Tolle Skulpturen von Elchen, Wildschweinen, Bäumen, Wandreliefs, Wetterfahnen fürs Hausdach etc. Schöne Sachen. Im Örtchen Anderslöv. Anfahrt: von Malmö in südwestlicher Richtung über die 1o1 mit Grobziel Ystad. Nach knapp 3o km in Anderslöv vor der Kirche rechts.

AUSFLÜGE

Das TI organisiert Sightseeings per Bus (Abfahrt am TI um 12 Uhr), zu Fuß sowie mit einem flachen Kanalboot „Rundan" (ab 1o Uhr stündliche Abfahrten gegenüber dem Bahnhof).

SCHLOSS SVANEHOLM, schönes, an kleinem See gelegenes Renaissanceschloß mit kleinen Spazierwegen im Park. Im Innern heute ein Museum über adlige Wohnverhältnisse mit dicken Kronleuchtern, ein herzallerliebstes Schulmuseum und Waffen- sowie Münzsammlungen. Im Keller Restaurant mit Enten- und Gänsespezialitäten. Samstags Smörgasbord. Zur Unterhaltsfinanzierung hat man sich was pfiffiges einfallen lassen: für 12 Euro wird man anteiliger Schloßbesitzer mit entsprechendem Besitzerzertifikat. Anfahrt: über E 65 Richtung Ystad, ca. 3o km. Geöffnet im Juli täglich von 1o-17 Uhr, Mai, Juni, August: Di-So 1o-17 Uhr. www.svaneholms-slott.se

SCHLOSS TORUP, von Buchenwäldern umgebenes Schloß mit zusätzlich alten Burgresten. Viele Spazierwege drumherum. Eintritt inkl. Führung 4 Euro. Anfahrt: 15 km südwestlich von Malmö. Geöffnet nur im Mai und Juni.

FOTEVIKENS WIKINGERCENTER, für alle die, die schon immer mal die Vorfahren der Schweden, die alten Wikinger, „live" erleben wollten. 3o km südlich von Malmö leben als Wikinger verkleidete Menschen in Häusern wie zu Wikingerzeiten. Im Örtchen Höllviken nicht zu verfehlen. Weitere Infos unter www.foteviken.se.

✳ Lund

Kulturelles und geistiges Zentrum Südschwedens. Uni- und Bischofsstadt. Modern historischer Ort rund um den mächtigen, zweitürmigen Dom. Trotz der im Sommer wenigen Studenten, lebendig freundliches Städtchen mit Einkaufs- und Kulturflair. Alte, winkelige Gassen mit Kopfsteinpflaster, gebogene, kleine Häuser neben protzig dicken antiken Unibauten. Entsprechende Fahr- und Parkplatzprobleme. Lohnend besonders für Kulturinteressierte.

Der dänische Wikingerkönig Svend Gabelbart gründete um 99o Lund. Bereits im 11. Jahrhundert wurde Lund Bischofssitz. Größte Blütezeit im 13. und 14. Jahrhundert als bedeutendste dänische Stadt; weit vor Kopenhagen! Durch Kriege und Reformation jedoch Niedergang. Bereits 1o Jahre nach endgültiger Zugehörigkeit zu Schweden Universitätsgründung 1668.

Lunds Touristinformation, Kyrkogatan 11 (Box 41, 221oo Lund). Tel. o46/ 35 5o 4o, Fax: o46/ 12 59 63. Geöffnet im Sommer Mo.-Fr. 9-18 Uhr, Sa. 1o-14 Uhr, So. 12-16 Uhr. Homepage: www.lund.se. Zentrale Infos über ganz Schonen unter www.skanetur.se.

Verbindungen: Lund liegt knapp 2o km von Malmö; entsprechende Verkehrsverbindungen siehe dort.

Im TI vorher unbedingt nach Bed&Breakfast fragen! Wegen Unistadt während der Semesterferien meist sehr billig.

„**Hotel Ahlström**", kleines, einfach ausgestattetes Hotel mit Dusche und WC auf dem Korridor. Keine Restauration im Haus. DZ mit Frühstück 8o Euro. Skomakaregatan 3. Tel. o46/211 o1 74. www.hotellahlstrom.se

„**Hotel Concordia**", klassischer Bau mit 5o modern eingerichteten Zimmern, direkt im Zentrum gelegen. 3oo Meter zum Bahnhof. DZ mit Frühstück ab 9o Euro. Stålbrogatan 1. Tel. o46/135o5o. www.concordia.se

Källbybadens Camping, parkplatzähnliches Terrain am Freibad. Selbst als Durchgangsplatz kaum zu empfehlen. Anfahrt: 2 km südlich vom Zenrum. Badarevägen.

Beste und billigste Alternative: Hier bietet die Stadt etwas Besonderes. Ein ehemaliger Zug wird nun als JHB benutzt. In bulligen, roten Waggons sind Zimmer mit jeweils drei Betten untergebracht. Natürlich fehlen Toiletten, Duschen und Speisewagen nicht. Sehr

gemütliche Angelegenheit. Mit WLAN. Preis: 2o Euro, Früstückbuffet 6,5o Euro. Tel. o46/ 14 28 2o. Adresse: Vävaregatan 22. www.trainhostel.com

„CAFE LUNDGÅRD", schräg gegenüber vom Dom. Altes Studentencafé mit Karikaturen an den Wänden. Selbst in den Ferien noch gute Kontaktmöglichkeiten zu Studenten.

Fast food <u>TRATTORIA</u>, Stora Södergatan 5. Das übliche fast food in entsprechender Atmosphäre. Zentral gelegen.

Einkauf: Skånekraft. Zusammenschluß verschiedener Künstler der Provinz zu Handwerkgeschäft mit viel Keramik und etwas Textil. Adresse: Stora Gråbrödersgatan.

SEHENSWERTES

<u>DOM</u>, angenehm lohnendes Pflichtprogramm. Riesig romanische Kathedrale. Beim Reinkommen gleich links um die Ecke gigantisch astronomische Uhr aus dem 14. Jahrhundert, die selbst Namenstage anzeigt (spielt täglich 12 und 15 Uhr, So. 13 und 15 Uhr). Am Altar kunstreich verziertes Chorgestühl mit 1.ooo Schnörkeln (14. Jh.). Seitlich rechts geht es in die gespenstige Krypta mit Bischofssärgen und unterschiedlich geformten Säulen. An einer „klebt" Finn, der der Sage nach den Dom erbaut haben soll.

„<u>KULTUREN</u>" (kulturhistorisches Freilichtmuseum): in jedem Fall lohnend. Mitten in der Stadt liegen - wie ein Stadtviertel - verschroben alte Katen und Hütten aus allen Teilen Südschwedens. Kopfeinziehen beim Hineinstöbern! Für Geschichtsfans empfehle ich die Glas-, Textilien- und Silberwarenausstellung. Für alle anderen das Gartenrestaurant zum Verschnaufen! Adresse: hinterm Tegners Platsen. Öffnungszeiten: im Sommer 11-17 Uhr, ansonsten 12-16 Uhr. www.kulturen.com

<u>KUNSTMUSEUM</u> (<u>Skissernas Museum</u>): hört sich trocken an, ist es aber nicht. Überdimensionale Skulpturen bis 8 m (!) Höhe, ungeheuer große, flächenabdeckende Wandmalereien und Geräuschimitationswände (läuft man an der Wand vorbei, ertönt kosmische Musik) imponieren. An einzelnen Objekten soll man die Entwicklung vom Modell zum Kunstwerk erkennen. Geöffnet: Di.-Sa. 12-16 Uhr, So. 13-17 Uhr, Eintritt frei. Adresse: Finngatan 2. www.adk.lu.se

<u>KIRCHENRUINE VON DROTTEN</u>: Lunds neues „Underground Museum". Zeigt sehr anschaulich mit Hilfe von Wachsfiguren die mittelalterliche Kirchengeschichtslandschaft von Lund. Unter der Erde passiert man die Überreste der ersten Kirchen von Lund. Gut gemacht! Geöffnet im Sommer: Mo.-Fr. 9-14, Sa. 1o-14, So. 12-16 Uhr. Eintritt frei. Kattesund 6.

Wandern: Außer dem 24o km langen Fernwanderweg „Skåneleden", der natürlich nicht wie in anderen Teilen Schwedens durch tiefe Wälder und Wildnis führt, sondern durch eher dicht besiedeltes Kulturland, liegt versteckt im Landesinnern

das Kleinod „Dalby Söderskog". Kleiner, aber unheimlich toller Nationalpark, 2 km nördlich von Dalby; mit Laubdach, dass man den Himmel nicht mehr sehen kann und dichten, bunten Blumenteppichen.

Mehrere kleine Wanderwege. Außerdem an niedrigen Bergrücken Romeleåsen (Nähe Veberöd) genüßlich geruhsame Spazierwege. Für Übernachtungen traumhaft schöne Minihütte (Jugendherberge) auf Höhenzug Romeleåsen nutzen! Die ganze Holzhütte besteht aus urigem Kaminzimmer und zwei 8-Bett-Räumen. Spitzen Aussicht. Adresse: Box 47, 24o13 Genarp, Tel. o46/ 55o 73. Anfahrt auf 12 Malmö-Simrishamn, 7 km östlich von Dalby. 2oo m vorher Auto stehen lassen. Extrem steiler Anstieg.

<u>Fahrrad</u>: Das TI hat verschiedene Touren zusammengestellt und bietet gute Mietmöglichkeiten. Wegen des platten Landes ganz angenehm zu fahren.

✱ Landskrona

Modernes Industrie- und Hafenstädtchen an vielbefahrener E 6 zwischen Malmö und Helsingborg. Außer sehenswerter Zitadelle und vorgelagerter Badeinsel meist als Durchgangsort benutzt. Schöne Nebenstraße nach Helsingborg.

 In der Stadtmitte, Storgatan 36, 261131 Landskrona, Tel. o418/ 473 ooo, Fax: o418/ 473 oo2. tourism.landskrona.se

 <u>Zug</u>: An der Hauptstrecke Kopenhagen–> Malmö-Helsingborg-> Göteborg-> Oslo täglich mit täglich häufigen Verbindungen.

 <u>Borstahusens Camping</u>, ordentlicher Platz mit einzeln numerierten Stellplätzen. Schmaler Sandstrand mit schönem Blick auf vorgelagerte Insel. Nebenan Verkauf frischer Fische. Dort auch 8o Ferienhäuser direkt am Öresund. Anfahrt: von E 62, 3,5 km nördlich der Stadt Richtung Landskrona, dann ausgeschildert.

 <u>STF Vandrarhem</u>, zweistöckiges Gebäude mitten im Zentrum.Einige 3- bis 6-Bett-Zimmer, sonst Schlafsäle. Adresse: Olavsgatan 15, Tel. o418/ 12 o63.

SCHLOSS-ZITADELLE, von geschwungenem, dreifachem Wassergraben in Sternform umgeben. Von Dänen im 16. Jahrhundert erbaut, war es später Kaserne und Gefängnis. Heute beliebtes Ausflugsziel. Geöffnet während der Sommermonate

AUSFLÜGE
ÖRESUND INSEL VEN: bekannt durch den Astronom Tycho Brahe, der dort 1576-97 tätig war. Weltversunkenes, bewohntes Inselchen mitten im

Sund mit feinen Sandstränden, besonders im nördlichen Teil, quadratischen Ackerflächen und dichtem Laubwald. Auf unasphaltierten Wegen schöne Fahrrad- und Spaziertouren. Anfahrt: ganzjährig mindestens 8 x täglich von Landskrona, Fahrzeit 3o Minuten.

★ Helsingborg

Wichtigster schwedischer Fährhafen mit bis zu 15o (!) Fährabfahrten täglich zum dänischen Namensvetter Helsingör und Verkehrsknotenpunkt. Ähnlich wie Trelleborg zieht es (fast) alle Schweden-Fahrer hin, um, sobald es erreicht ist, wieder möglichst schnell wegzukommen. Dabei wirkt die langgezogene, auf zwei Etagen (unten und oben) errichtete Stadt mit seinen Märkten, Hotels und Einkaufsstraßen durchaus attraktiv. Hier kommt das überall in Skandinavien verkaufte Mineralwasser Ramlösa her!

Die Stadt lebt seit nahezu tausend Jahren von ihrer Lage an der schmalsten Stelle des Öresund. Von hier konnte man schon früher schnell und leicht die Kontinente wechseln und die wichtigste Wasserstraße aus der Ostsee heraus kontrollieren. Die erste urkundliche Erwähnung stammt aus dem Jahre 1o85. Seit 136o unter Einfluß der Hansestädte. Danach mehrfach Kriegsschauplatz in dänisch-schwedischen Auseinandersetzungen.

 Direkt in der Innenstadt, unterhalb des weithin sichtbaren Kaknäs Turmes, Stortorget/Södra Storgatan 1, 251 12 Helsingborg, geöffnet Mo.-Fr. 9-2o Uhr, Sa. 9-17 Uhr, So. 1o-15 Uhr. Tel. o42/1o 43 5o, Fax 1o 43 55. www.helsingborg.se.

Zudem gibt es direkt an der Hafenausfahrt von Scandlines ein „First Stop Sweden"-Büro, das nicht nur über Helsingborg, sondern über alle Regionen Schwedens Informationen bereit hält. Obwohl man nach der Runterfahrt von der Fähre versucht ist, sofort durchzufahren, lohnend für Hotel-, Jugendherbergsbuchungen oder Zeltplatzinformationen. Durch den grossen Elch nicht zu übersehen. Geöffnet tägl. 9-21 Uhr. Tel. 1o 41 3o.

Verbindungen ab Helsingborg

 **Fähre**: Helsingborg-> Helsingör: Der Marktführer Scandlines ist dringend zu empfehlen. Das parallel fahrende Konkurrenzunternehmen „HH-Ferries" ist zwar unwesentlich billiger, macht aber im Vergleich zu Scandlines einen nicht so guten Eindruck und fährt auch nur halbstündlich.

Der Einzelticketverkauf von Scandlines befindet sich in dem unübersehbaren neuen Verkehrsknotenpunkt (Knutpunkten) in der Stadtmitte. Für Autofahrer ist der neue Fährterminal gut ausgeschildert.

Abfahrtszeichen tagsüber mit Scandlines alle 2o Minuten. Ab 22 bis 7 Uhr halb- bzw. stündlich. Preise wesentlich preisgünstiger im Rahmen eines „Schweden-Tickets", das mit anderen Routen kombiniert wird.

Zudem mit DFDS Seaways 1x tägl. als Nachtfähre nach Oslo.

120 Südschweden/Westküste

Zug: Neuer, moderner, unterirdischer Bahnhof mit Klinkerboden, gekachelten Säulen und Spezialbeleuchtung, der fast an einen Flughafen erinnert. Der unter der Wasserlinie liegende Gleisanschluß ist sehr gut mit dem Fährenterminal verküpft. Im IC-Takt häufige Verbindungen mit Göteborg, Stockholm, Oslo, Kopenhagen und mehrmals täglich Hamburg.

Die Fernzüge überqueren den Sund über die neu gebaute Öresundbrücken-Tunnelverbindung südlich von Malmö.

Flug: täglich zehn Maschinen nach Stockholm vom Flugplatz Ängelholm/ Helsingborg nördlich der Stadt. Tel. o42/ 45 8o oo. www.scandinavien.net

„**Stadsmotellet**", super zentral im Zentrum. Alle Zimmer mit Dusche/WC. DZ mit Frühstück ab 95 Euro. Hantverksgatan 11.Tel. o42/12 o7 1o. www.stadsmotellet.se

„**Hotel Högvakten**", Stortorget 14, zentral neben Rathaus. Eines der guten Mittelklassehotels im Ort. DZ mit Dusche und Frühstück im Sommer ab 1oo Euro. Tel. 12 o3 9o. www.hotelhogvakten.com- **Privatzimmer** am TI!

Stenbrogården, langgezogener, parkplatzähnlicher, häßlicher Platz im Industriegebiet. An Straße recht laut. Selbst als Durchgangsübernachtung nur mit Einschränkung zu empfehlen. Anfahrt: 5 km südlich von Helsingborg am Örtchen Raus, E 6 Abfahrt Helsingborg Syd.

Råå Vallar, mit Blick auf vielbefahrenen Öresund und nebenan liegende Industrieschlote. Bademöglichkeit im Sund hinterm Schutzdamm oder im anliegenden Freibad. Anfahrt: von E 6 Abfahrt Helsingborg Syd, dort in Hafennähe.

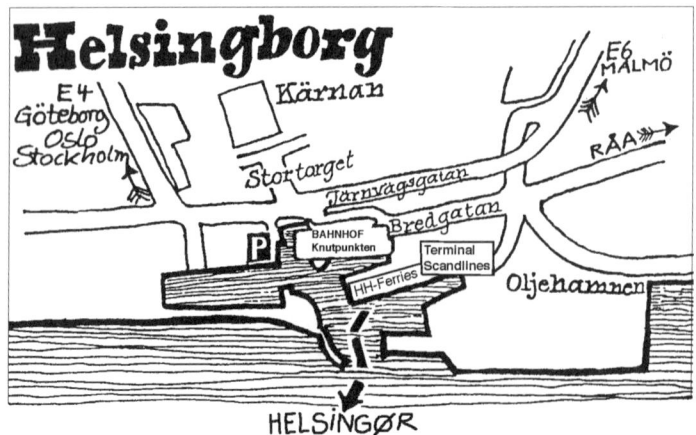

Weitere landschaftlich schönere Plätze auf der nördlichen Nase von Helsingborg Nähe des Kullaberges. Teilweise schöne Sandstrände.

Villa Thalassa, alte, weiße Patrizier-Villa in schöner Umgebung mit Blick auf Öresund. Unterbringung in Hütten mit Kochgelegenheit. www.villathalassa.se

Anfahrt mit Buslinie 219 vom Zentrum nördlich, außerhalb der Stadt. Bis 22 Uhr Ankunft. Adresse: Dag Hammarsköldsväg, Tel. o42/ 38 o 66 o.

Nyckelbo, kleine Herberge 7 km außerhalb der Stadt. Ordentliche 2- bis 4-Bett-Zimmer. Anfahrt: 7 km nördlich der Stadt Richtung Höganäs. Adresse: Nyckelbo. Scoutstigen 4, Tel. o42/ 92o o5. www.nickelbo.se

EINKAUFEN

Die Stadt ist eine richtig kleine Shoppingoase mit insgesamt über 4oo Geschäften, die überraschend gut sortiert sind. Verbunden mit vielen Straßencafes längs der gepflasterten Einkaufsmeile in der Altstadt eine richtig schöne Konsummeile.

Darüber hinaus gibt es noch vor den Toren der Stadt das Einkaufszentrum Väla, (www.vala.com) eines der größten in Skandinavien mit über 1oo Läden unter einem Dach direkt neben Ikea, die in Schweden zum Teil noch etwas preisgünstiger als in Deutschland sind. Geöffnet werktags 1o - 2o Uhr, Sa 1o - 17 Uhr, So 11 - 17 Uhr. Anfahrt Nähe Autobahnkreuz Helsingborg Nord.

SEHENSWERTES

RATHAUS, in historisierendem Stil (1897) erbaut, mit interessanten Glasfenstern, die Teile der Stadtgeschichte darstellen. Davor Reiterdenkmal von Magnus Stenbock, der hier 171o die Dänen besiegte.

Nicht zu übersehen, schon vor Fähre, der TURM KÄRNAN, der 115o er-

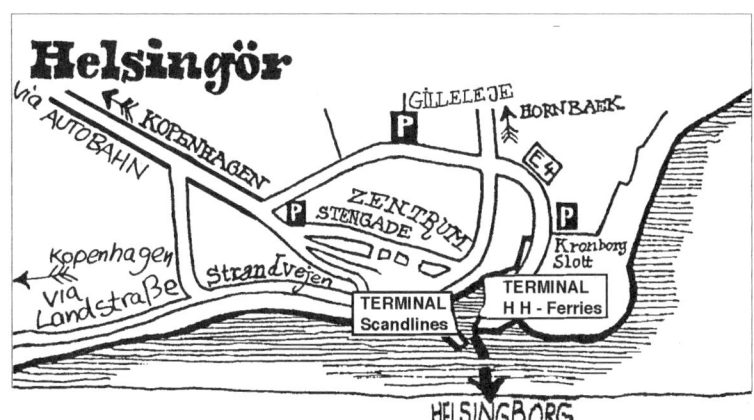

bauten und 168o zerstörten Burg. Von der Turmspitze herrlicher Blick bis Helsingör. Fahrstuhl links der Treppe benutzen! Gleich dahinter schöner Schloßpark.

MARIAKIRCHE, beeindruckend verzierte Barockkanzel. Innen außerdem größter kirchlicher Silberschatz Schwedens und große Orgel, auf der früher kein geringerer als Buxtehude Organist war und auch heute noch von Zeit zu Zeit Konzerte gegeben werden. Kirchenschatz zu besichtigen zwischen 13 und 14 Uhr.

DUNKERS KULTURHAUS, architektonisch auffallendes Gebäude am neuen Nordhafen nördlich der Stadtmitte mit Stadt- und Kunstmuseum, Kulturzentrum für Kinder und Jugendliche, Cafe, Boutique und täglichen Vorführungen; freier Eintritt. Anf.: Am Jörgens Plats links.

SOFIERO, Ausflugspark mit Schloß und fantastischem Blick über den Öresund; besonders zur Zeit der Rhododendron-Blüte im Mai/Juni traumhaft. Prächtige Blumenbeete, moosgrüne Rasenflächen und üppigen Bäumen laden zum Schlendern und Picknicken ein. Anf. nördlich der Stadt über die Drottninggatan.

FREDRIKSDALS FREILICHTMUSEUM, eines der bedeutendsten Freilichtmuseen in Südschweden rund um ein 1787 errichtetes Herrenhaus mit einem schonischen Bauernhof, Rosengarten, einem englischen Park sowie dem graphischen Museum der Stadt und einer Freilichtbühne mit gelegentlichen Veranstaltungen. Besonders Kinder fühlen sich zwischen Pferden, Kühen, Ziegen und Schweinen wohl. Möglichkeit zur Kutschfahrt über das Gelände. Anf.: zunächst den Hälsovägen in östlicher Richtung stadtauswärts, dann rechts in die Dragaregatan abbiegen.

TROPIKARIUM, gleich gegenüber von Fredriksdal mit australischen, südamerikanischen südostasiatischen Abteilungen, in denen sich im Regenwald neben Affen, Schildkröten Krokodilen und Kakerlaken so allerhand Getier tummelt. Anf. siehe Fredriksdal.

AUSFLÜGE

Nördlich von Helsingborg auf einer langen Landnasenspitze der KULLABERG, ein fast 2oo m zum Meer steilabfallender Felsen. Überall Grotten, Felsvorsprünge und wildromantischer Buchenwald. Hier auch geführte Höhlentouren möglich. Autofahrer müssen hinter Mölle am Schlagbaum Eintritt bezahlen. Ganze Ecke äußerst empfehlenswert für Zwischenstopp auf Hin- oder Rückreise. Teilweise schöne Sand- und Klippenstrände und schönere Campingplätze als bei Großstädten. Einige kleine idyllische Fischerörtchen, z.B. Viken, Arild und Mölle. Relativ viel Keramikherstellung. www.hoganas.se

SKÅNES DJURPARK: Wer auf dem Rückweg gen Heimat befindlich ist, und in Schweden immer noch keinen Elch gesehen hat, sollte einen Ausflug zum Tierpark Höör unternehmen. Rund 4oo nordische Tiere, Wasserrutschbahn, Streichelzoo, Cafeteria etc. machen ihn besonders für Familien mit Kindern zu einem lohnenden Ziel. Erw. 14 Euro (Karte gilt 1 Jahr!), Kinder frei. Anfahrt: ca. 75 km östlich von Helsingborg an der Straße 23, etwa auf halber Strecke zwischen Malmö und Hässleholm. www.skanesdjurpark.se

BJÄREHALVÖN: Landzunge, die zwischen Helsingborg und Ängelholm ins Meer ragt. Wenn man in der Gegend ist und vielleicht bei Höganäs Keramik gekauft hat, sollte man unbedingt bei den Schwestern Lundgren im Gartencafe vorbeischauen. Der Garten ist eine Pracht mit Blick auf's Meer und das Gebäck, das nach alten Rezepten hergestellt wird, ist auch bei königlichen Hoheiten sehr beliebt. Ein kleiner Geschenkeladen mit selbstgemachten Spezialitäten runden das nette Ausflugsziel ab. Zur Hochsaison manchmal ganz schön voll.

Außerdem lohnender Ausflug zur Öresundinsel VEN (vgl. Landskrona).

Im Ort HÖGANÄS Keramikzentrum in fabrikmäßiger Anlage. Beim Herstellungsprozeß kann man zugucken (15.6.-15.8.) und nebenan sehr preisgünstig 2.-Wahl-Teller, Tassen, Vasen, Kerzenständer mit teilweise unscheinbaren Fehlern erstehen. Geöffnet: Mo.-Fr. 9-18 Uhr, Sa. 9-16 Uhr, So. 11-17 Uhr. Anfahrt: 2o km von Helsingborg in Höganäs der 22 am Kreisverkehr Richtung Mölle folgen. Dann auf blaues Schild „Keramik AB" achten.

Café: Gasth. „KULLAGÅRDEN", sehr schöne Spazier- und Wanderwege.

 Lerbergets Camping, ganz einfacher Platz in naturbelassenem Mischwaldgelände nahe eines dicken Wasserturms. Über Straße ca. 1oo m zum Strand. Alternative zu Helsingborg. Anfahrt: über 22 Richtung Höganäs, ca. 2 km südlich des Ortes.

Möllehässle Camping, großer Platz. Nähe wenig befahrener Straßenkreuzung, nah zum Wandergebiet am Kullaberg. Tolle Lage. Sporttauchen, Klettern, Angeln möglich. Anfahrt auf 111 südlich von Mölle am Abzweig nach Jonstorp.

Vor der zweiten Landnasenspitze liegt eine kleine Insel: „Hallands VÄDERÖ" mit halbwilden Pferden. Als absolutes Sonnenloch verschrien. Man soll sich da noch bräunen können, wenn es 1o km landeinwärts Bindfäden regnet. Gute Spaziergehmöglichkeiten über markierte Pfade im dortigen Naturreservat. Abfahrt vom Örtchen Torekorv mit einem alten Fischer.

PROVINZ HALLAND

Von Laholm bis Göteborg reihen sich endlos scheinende, weiße Sandstrände an kristallklarem, salzhaltigem Wasser aneinander. Dünen und Strände erinnern an südfranzösische Mittelmeerküsten, nur natürlich längst nicht so überlaufen. Die Badewanne Schwedens!

Durch warmen Golfstromeinfluß häufig besseres Wetter als im Inland. Gute Surf- und Segelmöglichkeiten. Liebliches, touristisch noch fast jungfräuliches Hinterland mit leichten Hügeln, von Bächen und Flüssen durchzogen. Viel fruchtbares Acker- und Kulturland. In jedem Fall mal runter von der durchgehenden Autobahn und links und rechts des Weges gucken. Sehr schön auch der Fahrradwanderweg Ginstleden entlang der Westküste. Weitere Infos unter www.hallandsturist.se

✱ Laholm

Idyllisches Städtchen mit malerisch altem Stadtkern (Gamleby) und holprigen Gassen oberhalb des Flußes Lagan. In der Stadt verteilt verschiedene Plastiken skandinavischer Künstler: Brunnen und Fontänen. Auf der anderen Seite der E 6 Mellbystrand, einer der längsten und schönsten Strandabschnitte der gesamten Region.

 Weißes Gebäude am kopfsteinernen Marktplatz. Rådhuset, Tel. o43o/ 154 5o, Fax: o43o/ 166 42. Geöffnet im Sommer: Mo.-Fr. 1o-18 Uhr, Sa.+So. 1o-14 Uhr. Homepage: www.laholm.se. Adr.: Box 78, 31222 Laholm. Zentrale Infos über die gesamte Region Halland unter www.hallandsturist.se.

Zusätzlich in Mellbystrand bei Anfahrt von E 6 Richtung Mellbystrand. Tel. o43o/ 278 44. Geöffnet im Sommer Mo.-Fr. 1o-18, Sa., So. 1o-15 Uhr

„**Laholms Stadshotell**", Einzel-, Doppel- und Kombizimmer, alle mit Dusche, Toilette. Sauna. Im dazugehörigen Restaurant hervorragender Lachs ab 13 Euro. DZ mit Frühstück ca. 7o Euro. Hästtorget 3. Tel. o43o/ 128 3o.

 Laholms Vandrarhem, modernes, gut ausgestattetes Gebäude mit 2- bis 4-Bett-Zimmern. Freundliche Rezeption und gutes Frühstücksbuffet. 5 Min. Fußweg vom Busbahnhof. Tivolivägen 4. Rezeptionszeiten: 8-1o Uhr und 16-19 Uhr. Tel. o43o/ 133 18.

JH Solstickan, Kustvägen 152, Melbystrand. In Strandnähe, kann über o.g. Jugendherberge auch gebucht werden. 2- bis 4-Bett-Zimmer. Tel. o43o/ 252 2o.

 Olles Camping, Treffpunkt für Angler (5oo m zum Lagan), direkt an E 6, zwar hinter Schutzwall, allerdings immer noch sehr laut. Anfahrt von E 6 Richtung Mellbystrand.

Marias Camping, großes, mit Krüppelbirken gerahmtes Gelände direkt hinter Sanddünen an tollem, langem Strand, dort auch teilweise FKKGelände.

Manchmal nicht ganz leise. Anfahrt von E 6 Richtung Mellbystrand am Ende des Weges.

 **Wandern**: Südlich der Stadt der bewaldete Höhenrücken Hallandsås mit schönen Blumen und markierten Rundwanderspazierwegen zwischen 1 und 4 km. Anfahrt von E 6 Richtung Hasslöv, vorher ausgeschildert „Strövområde."

✦ Halmstad

Provinzhauptstädtchen an der Flußmündung des Nissans mitten zwischen Malmö und Göteborg. Mischung aus neu und alt. In Innenstadt Schloß mit einigen alten Fachwerkhäusern, der "Frauenkopf" Picasso Skulptur am Fluß, der berühmtes Milles Statue "Europa mit dem Stier", dem rechteckigen Marktplatz und dem vor Anker liegenden weißen Dreimaster-Schulschiff „Najaden". Daneben moderne Hotel-, Büro- und Geschäftshäuser. Halmstads größte Attraktion findet man aber an den sonnigen Meeresstränden von Tylösand.

 Schloß, Tel. o35/ 13 23 2o, Fax: o35/ 15 81 15. Für die gesamte Region Halland zuständige Stelle auch mit überörtlichen Infos befindet sich in der Hamngatan 35, 3o1o3 Halmstad, Tel. o35/ 1o 95 6o, Fax: o35/ 12 12 37. www.halmstad.se oder zentrale Infos über ganz Halland unter www.hallandsturist.se.

Verbindungen ab Halmstad

Auto: Straßenverbindung Richtung Göteborg wesentlich interessanter über kleine Küstenstraße ab Halmstad nach Falkenberg. E 6 wirklich öde. Richtung Vänern/Vättern schöne Tour entlang des Flußes Nissan über 26.

Bus: nach Falkenberg (Linie 35o/351) und Jönköping (Linie 832). Ortskernverbindungen zu den Stränden: Aussteigehaltestellen: Ostrastranden, Tylösand, Frösakull, Vilshärad.

Zug: mehrmals täglich Schnellzüge in Nord-Süd-Richtung Göteborg- Malmö und nach Nässjö.

Flug: nördlich der Stadt kleiner Provinzflughafen mit täglich mehrmaligen Stockholm-Verbindungen. Flugauskunft und Buchung: Tel. 126o4o.

 „**Best Western Grand Hotel**", direkt vor dem Hauptbahnhof. Nobelherberge, nagel-neu renoviert mit den größten Zimmern, die wir in ganz Schweden angetroffen haben! Dick dämpfende Teppiche in den Fluren und luxuriöse Badezimmer mit getönten Spiegeln. Aller Luxus. DZ mit Dusche und Frühstück zwischen 11o und 2oo Euro. Stationsgatan 44. Tel. o35/ 28o 81 oo, Fax: o35/ 28o 81 1o.

„**Scandic Hotel Hallandia**", langgezogener, weißer Gebäudekomplex zwischen Schloß und Fluß mitten in der City, mit gutem, aber teurem Restaurant „Svea". TV, Sauna, Telefon. Ganzjährig geöffnet. DZ inkl. allem zwischen 11o und 2oo Euro. Rådhsgatan 4. Tel. o35/ 295 86 oo, Fax: o35/ 295 86 11

ELVIRAS CAFÉ, frisch renoviertes Café auf der Köpmansgatan. Grosse Auswahl an Kaffeegetränken, Tee sowie Kuchen und belegte Baguettes. Vernünftige Preise. Abends leider nicht geöffnet.

WAYNE´S COFFEE, Kaffeebar in amerikanischem Stil. Hier bekommt man viele verschiedene Kaffeegetränke, amerikanische Mega-Muffins und Bagels. Die Preise sind recht hoch, aber eine heisse Schokolade mit Marshmallows oder einen Himbeer-Smoothie bekommt man ja auch nicht überall. Im Sommer auch viele Tische draussen, mitten auf der Flaniermeile Storgatan. Nette Atmosphäre! Abends bis 22 bzw. 23 Uhr geöffnet, auch sonntags.

RESTAURANT BISTRON in der neueröffneten Drottning Kristina-Passage mitten im Zentrum (Eingang von der Storgatan). Gemütliches Restaurant mit leckerem Essen. Im Sommer auch Tische draussen und herrliche Stimmung!

LILLA TORG, im Sommer herrscht mediterrane Stimmung auf diesem Platz und die verschieden Biergärten drängen sich dicht an dicht. Meistens auch Live-Musik. Gut zum „Sehen-und-Gesehen-werden".

LUNCHBOX, kleiner, aber feiner Laden, wo man tagsüber leckere Baguettes mit herrlichen Füllungen sowie Salate u.ä. zum Mitnehmen kaufen kann. Liegt etwas ausserhalb des Zentrums, ist aber leicht zu erreichen und liegt ausserdem auf dem Weg zum Östra Stranden!
Norra vägen 21.

FRAMFICKAN, im Grand Hotel. Was für Feinschmecker mit Geld. Preise ab 25 Euro.

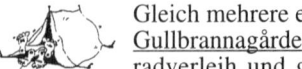

Gleich mehrere entlang der Küste.
Gullbrannagårdens Camping, toller Platz mit Hütten, Fahrradverleih und guten Kinderspielmöglichkeiten, wurde in Schweden wegen seines guten Standards prämiert, empfehlenswert. Anf. 12 km südlich von Halmstad an der E 6.

Hagöns Camping, größter Platz zwischen Trelleborg und Oslo, da noch zusätzlicher Reserveparkplatz zur Verfügung steht! Zum schönen Strand mit weitläufigen FKK-Abschnitten ca. 1oo m. Zur nahen Straße Lärmschutz durch Grüngürtel. Anfahrt: 6 km östlich von Halmstad Richtung Östra Stranden. Abfahrt von E 6 Halmstad Syd. www.hagonscamping.se

Vilshärads Camping, sehr schöner, durch Hecken aufgeteilter Platz mit einzeln numerierten Stellplätzen, von Wald umgeben. Nah am Strand. Anfahrt: entlang der kleinen Küstenstraße nordwestlich von Halmstad, westlich der Ortschaft Gullbrandstorp. Tel. o35/ 53 115.

Haverdals Camping, schöner, offener Rasenplatz mit parallel verlaufenden Zufahrtswegen in überwiegend offenem Gelände in der Nähe eines kinderfreundlichen Badestrandes mit feinem Sand. Neue und saubere Sanitäranlagen. Anf.: von der E 6 nördlich von Halmstad bei Kvibille Richtung Harplinge, dann Richtung Haverdal, insgesamt ca. 15 km nördlich der Stadt.

Bengt's Camping, schmaler Platz, 2oo vom Strand. Einfachere Ausstattung als Vilshärads C., Wohnungen zu mieten. Anfahrt w.o.

Steninge Vandrarhem, großes, gelbes Holzhaus in direkter Meeresnähe an alter Küstenstraße. In der Nähe kleines Restaurant und Café. Meilenweit einsame Strände. 31o42 Haverdal, Tel. o35/ 52o 54. Anfahrt: 18 km nördlich von Halmstad an Küstenstraße.

Halmstads Vandrarhem in Stadtmitte, Skepparegatan 23. Alle 2- bis 4-Bett-Zimmer mit WC/Dusche. Empfehlenswert. Geöffnet Mitte Juni bis Mitte August. Tel. o35/ 12 o5 oo.

EINKAUFEN

Hemslöjden mit Kunsthandwerk der Provinz, besonders auf Geknüpftes spezialisiert. Nicht allzu groß. Storgatan 48/5o.

GeKa-Verkauf ist der Dumping-Shop unter den Supermärkten. Zu absoluten Dumpingpreisen mitten in der Botanik kommen Leute hunderte von Kilometern wegen des Verkaufserlebnisses angereist. Riesiger Laden! Anfahrt 5o km nördlich der Stadt an Kreuzung der 153 und 154 in der Ortschaft Ullared.

Unverfehlbar das große Einkaufszentrum „Eurostop" direkt an der E 6.

★ Tylösand

Auf der Landzunge 8 km vor Halmstad der international bekannte Badeort Tylösand mit Touristik-Atmosphäre. Ausgedehnte, herrliche Sandstrände und weiter nördlich Felsenküste. Mit Freizeitanlagen, Disco und Schwimmbad. Anflug von Timmendorfer-Strand-Feeling.

„Tylösand" Direkt am Strand mit hellen, luxuriösen Zimmern (Telefon, TV mit Video etc). Für Hotelgäste Innenpool, Sauna und Solarium. Gehört zum Standard des Hauser wie der persönliche Service. DZ mit Frühstück zwischen 1oo und 2oo Euro. Für Nicht-Hotelgäste im Sommer täglich „Disco" in „Leif's Lounge". Am Strand Gourmetrestaurant „Akvarell". Der Besitzer ist übrigens „Per" von der schwedischen Popgruppe „Roxette". Tel o35/3o5 oo. www.tylosand.se

Karlstorps Camping, einfacher, von Laubwald umgebener Platz. Anfahrt: 2 km nordöstlich von Tylösand.

Für verwöhnte Camper empfiehlt sich der Luxuszeltplatz Krono–Camping Tylösand, der in einem kleinen Wäldchen liegt und besonders für Familien mit Kindern lockt, da allein ein 1.5oo qm. großer Spielplatz angeboten wird. Aber saftige Preise um 26 Euro! Ca. 2oo m vom Strand. Von Tylösand ausgeschildert.

Surfen: In Tylösand gute Winde, allerdings recht weit zum Strand. Surfwagen mitnehmen! Außerdem wenige Parkplätze. Bessere Wind- und Strandverhältnisse in Ringenäs und Östra Stranden außerhalb Halmstads.

Baden: Bei schlechtem Wetter lohnt sich der Besuch des tollen Hallenbades „Sannarps Badet", das mit langen Wasserrutschbahnen, Strömungskanal, Whirlpool etc. lockt. Im Sommer leider am So. und Mo. geschlossen, sonst in der Regel 11 bis 17 Uhr. Anf.: Växjövägen.

Kanu: Fluß Nissan, sehr schöner Wanderfluß durch tiefe Wälder zur Meeresküste, teilweise von Straße begleitet. Wegen mehrerer längerer Umtragestellen Bootswagen unbedingt mitnehmen! Lachsangelmöglichkeit!

Startpunkt: von Hyltebruk am See Färgen. Bis Halmstad ca. 8o km als 2-, besser 3-Tagestour. Gute Rückkehrmöglichkeit zum Ausgangspunkt über 26. Im Hochsommer teilweise wenig Wasser!

Verleih: Kanuclub Halmstad, 2 km stromaufwärts des Zentrums, Tel. o35/21o7o1.

Fahrrad: Absolut schönste Tour: Ginstleden. Langradelweg entlang der gesamten Küste. Mit kleinen blauen Schildchen markiert führt er durch schöne alte Städtchen, Buchenwälder und natürlich zu Badestränden über Nebenstraßen oder extra asphaltierte Fahrradwege. Nördlich von Varberg hauptsächlich parallel zur recht stark befahrenen Küstenstraße nicht so empfehlenswert. Schönstes Teilstück: Båstad-Halmstad (43 km, bequeme Tagestour).

Startpunkt: Mellbystrand/Laholm. Ziel: Göteborg. Insgesamt 2o2 km.

Zeitbedarf: 4 Tage.

Interessante Alternativstrecke: Cykelspåret. Durchs Landesinnere über schmale Straßen, alte Pfade und Bahnwälle, durch Wiesenhaine und tiefe Wälder. Kontakt mit vielen Orten zur Quartiersuche. Startpunkt: Laholm, trifft bei Kungsbacka wieder auf Ginstleden. Zelt mitnehmen sinnvoll! Insgesamt 3o2 km, Zeitbedarf ca. 6 Tage.

Vielleicht romantischster und einsamster Rundfahrradweg „Hylteslingan" von Halmstad entlang des Nissan nach Hyltebruk durch wildreiche Wälder und alte Kulturlandschaft zurück über Unnaryd und Simlångsdalen. Start und Ziel: Halmstad, 153 km für max. 3 Tage. Karten und Routenbeschreibungen am TI.

Wandern: Langwanderung „Hallandsleden". Abwechslungsreicher, leicht zu wandernder Weg auf schmalen Trassen durch Buchenwälder und Heidefelder. Von Koarp an der südlichen

Hügelkette Hallandsås fast bis Göteborg, ca. 380 km. Teilt sich in Simlångsdalen in westliche (schönere) und östliche Teile, die in Åkulla wieder zusammentreffen.

Alle 15 km Windschutz mit Holz und Feuerstelle. Schönstes Teilstück von Koarp bis Knäred. In Wanderschuhen machbar. Orangefarben markiert. Bei Straßenüberquerungen (gute Busverbindung) blaues Schild mit weißem Text: Hallandsleden.

✭ Falkenberg

Kleinstädtischer Küsten- und Badeort mit tollen langen Sandstränden und besten Lachsgewässern. Mitten in City an der alten gebogenen Zollbrücke schwimmen dicke Lachse herum! Entlang des Flusses Ätran lauschige Uferpromenade, rings um mittelalterliche Kirche schmale Pflastersteingäßchen und geduckte Holzhäuser. Der Name entstand tatsächlich durch Falken, die für die Jagd auf der Stadt gegenüberliegenden Burg dressiert wurden.

Stortorget in der Stadtmitte, 31123 Falkenberg, Tel. 0346/ 88 01 00, Fax: 0346/ 145 26. www.falkenbergturist.se

„**Grand Hotel**", Ågatan, alter Eckklotz direkt am Fluß, mit Blick auf Steinbogenbrücke. Der gläserne, alte Aufzug mit Doppeltür rattert vier Etagen hoch. Zimmer mit Winzigbalkon und Pallisaden sowie Blick auf den Fluß. Zimmer sogar mit eigenem Safe. Das Restaurant ist bekannt für gute Fischgerichte, besonders natürlich Lachs. DZ mit Frühstück ca. 120 Euro. Tel. 0346/ 144 50. www.grandhotelfalkenberg.se

„RESTAURANT GUSTAF BRATT", Brogatan 1, in altem Haus mit sich schon fast biegenden Balken gibt es lecker Gegrilltes und hervorragend frischen Lachs. Preise ab 23 Euro.

Skrea Camping, an Falkenbergs bekanntestem Strand. Großer, baumloser, in Rechtecke unterteilter Platz, auf dem die Zelte wie Perlen aufgereiht sind. Gute, aber nicht immer sehr saubere Sanitäranlagen. Fahrrad- und Kanuverleih. 100 m vom Strand. Durch Straßennähe relativ laut. Anfahrt von der E 6, ca. 3 km südlich vom Stadtzentrum. Tel. 0346/ 17 107. www.skreacamping.se

Hansagårds Camping, großer, durch Hecken unterteilter, baumloser Platz mit schönem Blick auf Sandbucht. Sehr ordentlich geführt. Anfahrt wie Skrea.

STF Vandrarhem Falkenberg Näset, traumhaft in unmittelbarer Nähe des Hafens liegend und nur 300 m zum Badestrand; ordentliche 2- bis 6-Bett-Zimmer mit eigener Kochmöglichkeit, 4 km außerhalb des Zentrums, das mit Lokalbussen erreichbar ist. Anfahrt: südlich des Hafens. Tel.: 0346/ 171 11.

EINKAUFEN

Törngrens Krukmakeri: Töpferei, die seit 1789 (Französische Revolution!) in der 7. Generation weitergegeben und vererbt wurde. In niedrigen Werkstatträumen blicken Königin Silvia und Karl Gustav (die waren auch schon da) würdevoll auf die Kunstwerke herab. Hauptsächlich Vasen und bemalte Teller. Krukmakerigatan 4, geöffnet Mo.-Fr. 1o-18 Uhr, am Wochenende 1o-14 Uhr.

Baden/Surfen: langgezogene, breite Badestrände hinter dünn bewachsenen Dünen in Skrea, Glommen (nördlich) und Ugglarp (südlich der Stadt). Skrea wegen starker Winde was für Funboardspezis.

Kanu: Fluß Ätran mit Fegen-Seensystem. Unheimlich tolle, wildromantische Wald- und Wassergegend. Allein im Fegen (ca. 4o km östlich) mehrere unvergeßliche Tagestouren möglich. Der Ätran fließt seicht und träge dahin, vielfach vom grünen Walddach bedeckt. Wegen mehrerer Umtragestellen Bootswagen unbedingt nötig. Beste Einsatzstelle: Östra Frölunda bis Falkenberg 8o km, ca. 4 Tage einkalkulieren. Im Hochsommer stückweise recht flach.

Angeln: Direkt oberhalb der alten, gebogenen Zollbrücke beste Lachse. Wegen guter Fangchancen aber auch recht teuer. Tagesangelkarte 15 Euro!

★ Varberg

Uralte Festungsstadt am Kattegat, wo weite sandige Strandbuchten im Süden in ausgedehnte Felsenküste mit lauschigen, warmen Klippenbuchten im Norden übergehen. Rund um großräumigen, rechteckigen Marktplatz zwei Einkaufsstraßen, an denen sich die Geschäfte recht bald ausdünnen. Surf- und Angelsportmetropole. Durch Fährverbindungen zum dänischen Festland An- und Abreiseort vieler deutscher Touristen.

Seit dem Bau der **Festung** 1287 war Varberg häufig Schauplatz kriegerischer Auseinandersetzungen zwischen Schweden und Dänen. Seit fast 15o Jahren bekannter Bade- und Kurort. Das Wörishofen von Schweden.

Im Stadtzentrum zwischen Kirche und Galleria Supermarkt, Brunnsparken (Box 15o, 43224 Varberg). Tel. o34o/ 868 oo, Fax: o34o/ 868 67. Im Sommer täglich geöffnet 9-19 Uhr, So. 15-19 Uhr. Homepage: www.turist.varberg.se

Verbindungen ab Varberg

Schiff: in der Hochsaison 2 x täglich zum dänischen Grenå auf Jütland. Preise für Überfahrten mit Stena Line entsprechen in der Regel denen von

Frederikshavn nach Göteborg. Fahrzeit 4 Stunden.

Zug: an Hauptverbindung Göteborg-> Helsingborg bzw. Oslo-> Kopenhagen. Fast stündliche Abfahrten.

„**Best Western Varbergs Stadshotel**", großes, älteres Gebäude direkt am Marktplatz. Zimmer mit allem Luxus (TV, Videokanal etc.), allerdings recht klein. Extrem reichhaltiges Frühstücksbuffet. DZ mit Frühstück ab ca. 11o Euro. Kungsgatan 24-26. Tel. o34o/ 69 o1 oo www.varbergsstadshotell.com

„**Hotel Gästis**", zweigeschossiges, bonbonfarbenes Hotel mitten im Zentrum von Varberg. Interessant wird es dadurch, dass im Zimmerpreis nicht nur das Frühstücks-, sondern auch ein Abendbuffet enthalten ist. Außerdem kostenlose Sauna, Whirlpool und Fahrradverleih. DZ im Sommer ca. 9o Euro, Borgmästaregatan 1, Tel. o34o/ 18o 5o. www.hotellgastis.nu

„**Comfort Hotel Fregatten**", First Class Hotel direkt gegenüber dem Hafen und der Festung Zimmer in Top-Standard. DZ mit Frühstück ca. 11o Euro. Hamnplan. Tel. o34o/ 677o oo. www.comforthotelfregatten.se

JOHN'S PLACE, Treffpunkt überwiegend junger Leute in Apelviken. Bekannt für Steakspezialitäten vom Holzkohlengrill, um 35 Euro. Nur abends geöffnet.

BORGGÅRDEN, Restaurant innerhalb der Burg mit „Festungsgeschmack" und phantastischem Blick aufs Meer. Geöffnet täglich 12-21 Uhr.

CAFE BLÖ DÖRREN, das beste Café in Varberg, sowohl was einfache Gerichte wie Baguettes und Pies, aber auch Kuchen und Gebäck betrifft. Im Sommer auch Tische im Innenhof. In der Innenstadt nahe des Bahnhofs und Hafens, Vallgatan.

EISCAFE TRE TOPPAR, spitzenmässiges Eiscafé in dem südlich von Varberg gelegenen alten Fischerdorf Träslövsläge. Eine frischgebackene Waffeltüte mit drei Riesenbällchen Eis, Sauce und Sahne kaufen und dann gemütlich durch das Dorf und den Hafen schlendern.

Wegen des super sauberen Wassers, des allgemein guten Wetters und der abwechslungsreichen Küstenlandstriche eine Reihe ansprechender Plätze.

Apelvikens Camping, mittelgroßer, baumloser Platz, von kleinen Hecken als Sicht- und Windschutz umgeben. Direkt am Wasser, schöne Aussicht auf sandige Bucht. Gutes Surfrevier, auch Verleih am Strand. Allerdings direkt an der Bahnlinie Malmö - Göteborg, kann also nachts laut werden! Anfahrt: von E 6 bis zum südlichen Kreisverkehr, dort ausgeschildert.

Getteröns Camping auf Halbinsel nördlich der Stadt, in Nähe des Vogelschutzgebietes mit Sand- und Klippenstrand. Flaches Wasser in Bucht, ideal für Kinder. Schöne Spaziergänge um „Nasenspitze". Anfahrt: 5 km nördlich Varberg von E 6 westlich Richtung Kleinflugplatz abzweigen.

Träslövsläges Camping, hauptsächlich von schwedischen Dauercampern belegt, jedoch auch Tagesgäste. Anfahrt: 4 km südlich von Varberg an der Küstenstraße.

Vandrarhem Vare, ehemaliger Bauernhof auf plattem Land. In Anschluß an JH auch billige Privatzimmervermietung. Ca. 8 km südlich der Stadt mit schlechten Zugangsmöglichkeiten ohne Auto (nächste Bushaltestelle ca. 2 km). Vare Kommungård, Tel. o34o/ 411 73.

FESTUNG VARBERG: Zentrum der Festung die Burg aus dem 13. Jh., die immer weiter befestigt wurde. Innerhalb außer der Jugendherberge noch einige Wohnhäuser und das Varberger Stadtmuseum mit einem Sammelsurium verschiedener Ausstellungen. Am beeindruckendsten: die ausgestellte Moorleiche! Festung geöffnet täglich 1o-18 Uhr, bis 15. August. Museum: 1o-18 Uhr.

FKK: getrennt für Damen und Herren. Resultiert noch aus der 15o-jährigen Kur- und Badetradition, wo man schon früh nackt badete. Aber wie gesagt: Herren müsse bei „Goda Hopp", Damen bei „Käringhålan" rein. Alles direkt südlich der Festung.

✱ Kungsbacka

Kleines Handelsstädtchen mit reizendem Marktplatz und überraschend bunten Holzhäuschen mit Türmchen und Pfeilern am stillen Kungsbacka-Fluß. Jeden ersten Donnerstag im Monat scheinen alle Einwohner sich auf dem Marktplatz zum Großereignis „Wochenmarkt" zu treffen. Rundherum fruchtbares Ackerland und von der Eiszeit hinterlassene Kieshügel.

An der Küste überwiegen jetzt nackte Felsen und glattgeschliffene Schären, zwischen denen noch ab und an Sandbuchten strahlen.

Neben großem Parkplatz gegenüber dem Bahnhof, Storgatan 41, 43432 Kungsbacka.Tel. o3oo/ 345 95, Fax: o3oo/ 345 99 Öffnungszeiten im Hochsommer: Mo.- Sa. 9.3o-18 Uhr, So. 1o-14 Uhr. Homepage: www.kungsbacka.se/turism

„**Hotel Halland**", großer Gebäudekomplex gleich neben Touristbüro. Zimmer mit TV, Telefon usw. und etwas kitschig bunten Sesseln. Sehr gutes Restaurant im Hause: von schwedischer Hausmannskost bis zu französischen Spezialitäten. DZ mit Frühstück 8o Euro (Sommer) bzw. 115 Euro (Winter). Storgatan 35. Tel. o3oo/ 7753o.

Åsa Camping, ebenes Wiesengelände direkt hinter Dünen, Badebucht mit Sand, Klippen und vielen Dauercampern. Sehr gute Sanitäranlagen. Nicht sonderlich lohnend. Anfahrt von E 6 Abfahrt Fjäras (von Norden) ca. 5 km bzw. Abfahrt Åsa/Frillesås (von Süden).

Zwei andere Plätze: Brunnlyckans Camping, 5 km südlich bei Fjäras, sehr kleiner Platz und Silverlyckans Camping, 1o km südlich von Kungsbacka, ohne direkten Wasserzugang, nur zu einmaliger Übernachtung nutzen.

Vandrarhem Frillesås, kleines, gemütliches Häuschen direkt in Strandnähe. Anfahrt: südlich der Stadt von der E 6 bei Åsa abfahren, Nähe Zeltplatz. Tel. o34o/ 65 3o oo.

Kungsbacka, ca. 2 km vom Stadtzentrum, zum Teil Doppelzimmer, auch auch noch 4-Bett-Zimmer und preisgünstige Schlafsäle (14 Euro). Scoutgården, Tel. o3oo/ 19485.

AUSFLÜGE

SCHLOSS TJOLÖHOLM, ein Traum. In englischer Parklandschaft erhebt sich ein schottisches Spukschloß. Tausend Winkel und Erker, Fensterchen und Ballustraden, Türmchen und Rundbogen. Teilweise bewachsen mit wildem Wein. Im Innern dicke Teppiche, rostrotes Edelholz, bizarre Holzverschnörkelungen an Bettpfosten und bunte Plüschsessel. Jugendstil.

Ein im englischen Stil im 16. Jh. erbautes Schloß. Nach einigen Umbauten wurde das Schloßinnere mitsamt seinem Mobiliar in seinem früheren Zustand belassen.

Drumherum noch kleines Dorf, Kirche, Stall und Kutschenmuseum. Das ganze in satt grüner Parklandschaft direkt am Wasser. Badesachen nicht vergessen. Geöffnet: Mitte Juni bis Mitte August täglich 11-16 Uhr, stündliche Führungen, Eintritt 6,5o Euro. Anfahrt: von E 6 Abfahrt Fjärås südlich von Kungsbacka. Dann ausgeschildert. Parkplatzgebühr 2 Euro. Tel. o3oo/ 544 2oo. www.tjoloholm.se

LEUCHTTURMWOHNEN: Sand in den Schuhen? Sturm? Totale Einsamkeit? „Alternativurlaub"? Alles auf Nidingen zu haben! Leuchtturminsel vor Kungsbacka's Schären. Hier kann man für eine Woche direkt neben dem Leuchtturm wohnen. In dem ehemaligen Haus des Leuchtturmwärters werden 2 Ferienwohnungen angeboten. Außer dem Leuchtturmwärter gibt's viel frische Luft, Wasser und viele Vögel. Rechtzeitige Anmeldung und Buchung über TI, Tel. o3oo/ 345 95.

Schwedens älteste Leuchtturminsel seit 1645! Später erweitert auf zwei Doppeltürme (1832). Daneben heute noch ein dritter (moderner).

Wandern: Gäddevik Naturschutzgebiet, schöner, kleiner Wanderweg am Rande des Sees Lygnern, der hauptsächlich von Buchen und Eichen eingerahmt wird. Badezeug nicht vergessen, da man unterwegs an einigen lauschigen Felsen- bzw. Sandstränden vorbeikommt. Anf.: Von Kungsbacka östlich Richtung Fjärås, dann nach wenigen Kilometern Richtung Tostared an der Seesüdseite.

Einkaufen: In Hålans Mosteri & Keramik gibt's Handgemachtes aus Ton und Steingut. Einige schöne Einzelstücke. Anf.: Von Kungsbacka über Fjärås Richtung Ölmevalla. Auf etwa halber Strecke links und die nächste Straße wieder links. Ausgeschildert.

Südschweden/Westküste

GÖTEBORG

<u>Schwedens zweitgrößte Stadt</u>, wegen seiner im Vergleich zu Stockholm geographisch günstigen Lage auch häufig „Westpforte" genannt. Riesige Werften, Ölterminals und gigantische Fabrikanlagen (Volvo) schmiegen sich um den Meeres-Eingang. Die in den Hafen einlaufenden Schiffe scheinen sich jedesmal ihren Schornstein an der mächtigen Älvsborg-Brücke zu stoßen. Direkt am Fluss schon von weitem zu erkennen das rotbedachte, ultramoderne Geschäftshochhaus und die einem Schiff ähnelnde Oper.

<u>Die City</u> - im Mündungsgebiet des breiten Götaälvs - ähnelt fast Amsterdam: viele Kanäle mit niedrigen Brücken, prächtige, alte Bauten, vor denen Straßenbahnen herrattern; lange, rechtwinklig verlaufende Einkaufsstrassen mit gelegentlich schrillen Typen und sympathischem Großstadtgefühl.

Gut organisiertes Parkleitsystem, das die Anzahl der freien Parkplätze in den einzelnen Parkzentren elektronisch anzeigt. Entlang der breiten Pracht- und Boulevardstraße „<u>Kungsportsavenyn</u>" (Göteborgs Champs-Elysée) Nobelhotels, Geschäfte, Pubs, Restaurants, Cafes, auf und ab trabende Touristen und trotz Großstadt- und Hafenfeeling überall grüne Oasen, Parks und Grünanlagen. Erkunden sollte man die Stadt möglichst zu Fuß, oder noch genialer mit dem Fahrrad!

<u>Außerhalb der Stadt</u> ein fast unübersichtliches Gewirr von Autobahnab-/-auf und -unterführungen in alle nur denkbaren Fahrtrichtungen. Ganz wichtig dabei: Jeweils direkt unter dem Verkehrsschild mit angestrebter Zielrichtung herfahren, wegen fehlender ausführlicher Vorwegweiser!

Göteborg ist „anderes" Schweden, ohne tiefe Wälder und einsame Wildnis, allerdings umgeben von malerischer Schärenküste und dicht besiedeltem Kulturland. Ein Besuch lohnt hier immer.

Südschweden/Westküste 135

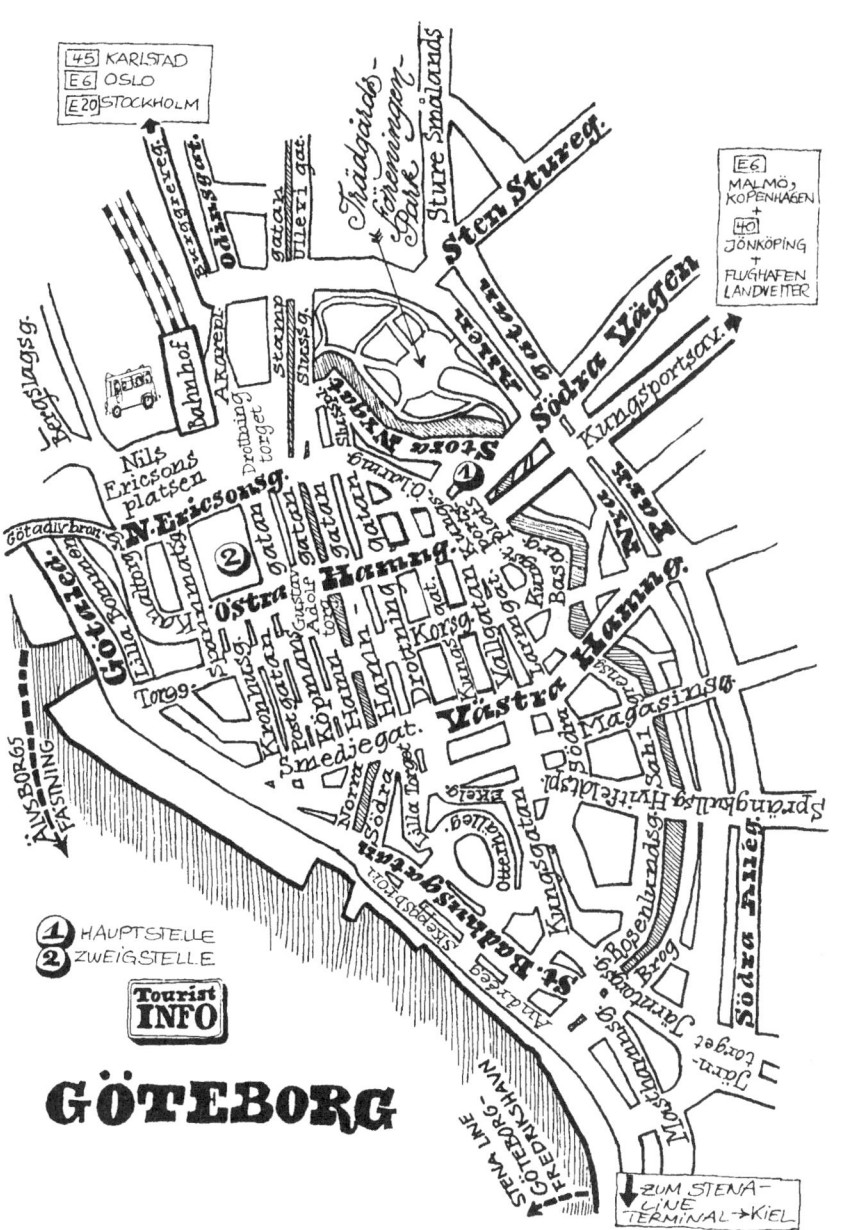

Gustav Adolf II. gründete vergleichsweise spät (erst 1621) die Stadt, die zunächst noch weiter im Inland lag. Wegen der strategisch brückenkopfähnlichen Lage - die nördliche Küste gehörte zu Norwegen, südlich der Stadt begann schon das dänische Reich - wurden rundherum viele Festungen (Gullberg, Älvsborg, Bohus und Göta) und Wallgräben gebaut, die die Stadt uneinnehmbar machten.

Die verkehrstechnisch günstige Lage am Kattegat, mit freien Zugängen zu allen Meeren und die Lage am Ufer des Götaflusses, über den Handelswaren aus ganz Schweden angeliefert wurden, machten Göteborg im 18. Jahrhundert schnell zu einer blühenden Handelsstadt. Deutsche, englische und nicht zuletzt holländische (viele Kanäle) Wirtschaftseinflüsse weiteten den Handel bis nach Ostindien aus. Im Tausch gegen Holz brachten Gewürze, Seide, Tee und Porzellan besonders den Großen viele Reichtümer.

In 2o. Jahrhundert expandierten auch aufgrund der günstigen Lieferwege Werftindustrie, Automobilproduktion und Kugellagerherstellung. In den letzten Jahren macht Göteborg immer wieder auch durch die Austragung unterschiedlichster internationaler Sportwettkämpfe auf sich aufmerksam.

 **Hauptstelle** am Kungsportsplatsen 2, 4111o Göteborg, Tel. o31/ 61 25 oo, Fax: o31/ 61 25 o1. Geöffnet zur Hauptsaison täglich 9.3o-18 Uhr, im Juli sogar 9.3o-2o Uhr. Organisation von Stadtrundfahrten. Zeitdauer ca. 1 1/2 Std., ca. 12 Euro. Mai bis September. Homepage: www.goteborg.com

Außerdem **Zweigstelle** im riesigen überdachten Einkaufszentrum „Nordstan" mit etwas längeren Öffnungszeiten. Nordstadstorget (im Gebäudekomplex), Tel. über Zentrale 61 25 oo, geöffnet Mo.-Fr. 1o-18, Sa. 1o-18 Uhr u. So. 12-17 Uhr.

Das TI verkauft ebenfalls scheckkartenähnliche „Göteborgspass" mit derem Besitz u.a. folgende Leistungen ermöglicht werden: freie Fahrt mit allen Straßenbahnen und Bussen, Bootsfahrt zur Festung Elfsborg, Eintritt in einige Museen und in den Vergnügungspark Liseberg, kostenloses Parken und freier Eintritt ins maritime Zentrum. Göteborgspass ist außer im TI auch in allen Hotels und an den Campingplätzen zu kaufen.

Nach Kauf aber genaue Besuchspläne machen, dann sehr rentable Angelegenheit, die sich schon bei den nicht unerheblichen Parkhauskosten von 1o Euro pro Tag amortisiert. Aber Achtung: Kostenloses Parken gilt nur auf den öffentlichen Flächen mit Parkscheinautomat, nicht bei privaten Anbietern! Göteborgspass ist jeweils für 24 Std. oder 48 Std. zu kaufen. Preis 23 bzw. 32 Euro. Kinder zahlen ca. die Hälfte.

Lohnend bei längerem Aufenthalt in jedem Fall der Kauf von 2oer-Karten oder Tageskarten für die öffentlichen Verkehrsmittel. Grundsätzlich können nen Einzelfahrscheine nur beim Fahrer gekauft werden. Die anderen Fahrkarten sind im Vorverkauf an den sog. TIDPUNKTEN (Brunnsparken, Drottningtorget, Folkungabron, Nils Ericsson Terminal) günstiger. Dort nicht nur beste Informationen, sondern die Tickets sind auch noch deutlich billiger als beim Fahrer.

Außerdem lukrative Hotelangebote: das sogenannte „Göteborgpaket" beinhaltet Hotelübernachtung mit Frühstück. Preis je nach Hotel und Jahreszeit pro Person ab 32 Euro. Spezielle Auskünfte und Buchung am TI.

Für Familien oder Gruppen wurden 1- bis 4-Zimmer-Wohnungen für bis zu 8 Personen ca. 2o Minuten außerhalb der Stadt angeboten. Lohnend z.B. für Bullibesatzungen, die noch ein paar Tage Göteborg machen wollen! Preise: z.B. 2-Zimmer-Wohnung mit vier Schlafplätzen 1. Nacht 8o Euro, alle weiteren 5o Euro. Auskünfte über TI oder Svenska Turistlägenheter, Tel. o31/ 34 oo 35o.

 Geldwechseln: bei Forex am Hauptbahnhof, in der Nordstan, Kungsportsplatsen, Avenyn 22 und Fredsgatan 7 am NK und am Flughafen Landvetter wechselt man zwischen 3 und 18 % günstiger als bei den normalen Banken. Täglich 8-21 Uhr.

Post: im Nordstan Einkaufscenter geöffnet Mo-Fr 9-19, Sa 1o-15, So 12-15 Uhr. Unter der Postleitzahl 4o4 o1 auch für postlagernde Briefe.

Duschen: Nordstan Service Center, Mo.-So. 11-2o Uhr.

In jeder Hinsicht absoluter Verkehrsknotenpunkt mit vielen hauptstadtähnlichen und schnellen Anschlüssen:

 **Züge**: Intercitynetz mit nahezu stündlichen Abfahrten und Ankünften von/nach Stockholm, Karlstad, Malmö, Helsingborg, Kalmar, Strömstad, Uddevalla sowie internationaler Zugverkehr Richtung Kopenhagen/Hamburg und Oslo (Fahrzeit von Hamburg ca. 9,5 Std.).

Flüge: Hohes Flugaufkommen im nationalen Inlandsflug von/nach Stockholm, Karlstad, Norrköping, Sundsvall.

Außerdem auch viele internationale Verbindungen, z.B. mit Kopenhagen, Oslo, Helsinki, London, Amsterdam und wöchentlich auch mit Hamburg, Frankfurt, Berlin, München.

Alle 2o Min. Busverbindung mit Innenstadt über Busbahnhöfe Nordstan. Zum Airport Landvetter graue „Air Port Busse". Info: Tel. o31/ 8o 12 35.

Außerdem bietet SAS am Wochenende preisgünstige Konditionen mit Hotelübernachtungen in bestimmten Hotels. Nähere Infos am TI.

 **Bus**: Außer dichtem lokalem Bus- und Straßenbahnnetz (übrigens mit Norrköping u. Stockholm das einzige in Schweden) gute Anschlüsse in die komplette Umgebung.

Schnell- und Überlandbusse im Sommer täglich über Säffle, Karlstad, Falun nach Gävle, über Mariestad, Kristinehamn nach Örebro und Sälen. Abfahrt

am Fähranleger und in City am Nils Ericsonsplatsen.
Außerdem einige Male wöchentlich internationale Busverbindungen mit Hamburg, dem Ruhrgebiet, Raum Stuttgart/Frankfurt sowie Helsinki und Amsterdam.
Auskünfte in Göteborg über Swebus gegenüber dem Bahnhof, Tel. o31/ 1o 31 oo. Oder: Deutsche Touring Frankfurt, Tel. o18o5 79 o3 o3.

Schiff: -> Kiel: Direktverbindung mit Stena Line. Super luxuriöse und erholsame Sache. Sehr zu empfehlen. Fahrzeit 14 Std., täglich eine Abfahrt.

-> Frederikshavn (Nordspitze Dänemark) ebenfalls mit Stena Line. Preisgünstig, schnell und Abfahrten im Zweistundentakt in der Hochsaison bis zu 8 x täglich. Mit normaler Fähre knapp 3 Std. Fahrt, wählt man die schnelle Catamaranfähre kommt man in 2 Std. rüber. Bei Automitnahme ca. 15 Euro pro Strecke über Normalfährenpreis. Beides gut und weiträumig ausgeschildert.

-> Newcastle via Kristiansand mit DFDS Seaways. www.dfdsseaways.de

Hier eine Auswahl. Fast alle genannten Hotels sind auch über das sogenannte „Göteborgpaket" (vgl. TI) zu haben. Dabei Preisdifferenzen zu den aufgeschriebenen Preisen bis zu 2o %. Die angegebenen Preise sind Wochenend- und Sommerpreise.

„Hotel Allén", kleines, gemütliches Hotel in zentraler Lage. Relativ kleine Zimmer, die meisten mit Dusche und WC, Radio und Farb-TV. Preisgünstig. DZ mit Frühstück ca. 75 Euro. Parkgatan 1o. Tel. o31/ 1o 14 5o.

„Hotel Lorensberg", zentral an baumbestandener Straße zwischen Götaplatz und Scandinavium. Kleine Räume mit bunten Gardinenstoffen. DZ mit Frühstück ab 115 Euro. Berzeliigatan 15. Tel. o31/ 81 o6 oo. www.hotel-lorensberg.se

„Quality Hotel Panorama", 6oo-Betten-Luxus-Palast im ehemaligen Studentenhotel. Deswegen die kleinen Zimmer. Neben der Rezeption in den Bau integrierte Steinwand, aus der Naturwasser tropft. Zimmer in oberen Etagen nehmen: super Stadtaussicht! Sauna, Solarium und Wasserpool im japanischen Stil. DZ mit Frühstück ab 125 Euro. Eklandagatan 51-53. Tel. o31/ 767 7o oo. www.panorama.se

„Hotel Gothia Towers", verspiegeltes Hochhaus wie in einem amerikanischen Filmvorspann. Entsprechende Luxus-Gäste der High-Society, die aus Piano-Bar rund Whirl-Pool im obersten Stockwerk auf Stadion und Lisebergpark blicken. Große Zimmer in hellen Pastellfarben. DZ mit Frühstück 15o Euro. Mässansgatan 24. Tel. o31/ 75o 88 oo. www.gothiatowers.com

„Scandic Hotel Rubinen", super zentral an Göteborgs Prachtstraße. Zimmer nach vorne raus rauschen trotz Doppelverglasung. Exklusives Gourmet-Restaurant im Hause. DZ mit Frühstück 13o Euro. Kungsportsavenyn 24. Tel. o31/ 751 54 oo www.scandic-hotels.se

„Best Western Mornington Hotel", zentrale Lage an Prachtstraße. Ordentliche Zimmer im englischen Stil mit persönlicher Atmosphäre. Zimmer zur Straße besonders am Wochenende etwas lauter. Üppiges Frühstücksbuffet. Erstklassig. DZ mit Frühstück ab 125 Euro. Kungsportsavenyn 6. Tel. o31/ 767 34 oo. www.mornington.se

„**Hotel Opera**", zentral am Bahnhof. Kleine, exklusive Hotelperle in intimer Manageratmosphäre. Eingang total in weiß, ruhige, große Zimmer mit ausgesuchten, teilweise italienischen Möbeln. Hier trifft man Björn Borg oder Filmstars. DZ mit Frühstück ab 12o Euro. Norra Hamngatan 38. Tel. o31/ 8o 5o 8o. www.hotelopera.se

„**Scandic Hotel Europa**", Köpmansgatan 38. Gigantischer Luxus-Klotz Nähe Hauptbahnhof und Einkaufszentrum Nordstan. Große Zimmer mit Stilmöbeln. Alle mit TV, Video, Telefon usw. Restaurants ausnahmslos mit vegetarischer Kost. DZ mit Frühstück ab 13o Euro. Tel. o31/ 75 16 5oo. www.scandic-hotels.se

„**Elite Hotel Park Avenue**", absolutes Top-Hotel mitten im Zentrum. Eines der teuersten, mit Damen- und Herrenfriseur im Hause; bester Service, internationaler Nachtclub Lorensberg und Gourmet-Restaurant. Zimmer im Bernadotte-Design. Offener Kamin. DZ mit Frühstück ab 2oo Euro. Kungsportsavenyn 36. Tel. o31/ 72 71 ooo. www.elite.se

„**Victors Hotel**", mit Aussicht über Hafen. Überall weiße Farbe und Stahlkonstruktionen in italo-spanischem Stil, hervorragendes Essen im hauseigenen Restaurant. DZ mit Frühstück ab 145 Euro. Skeppsbroplatsen 1. Tel. o31/ 17 41 8o.

„**ME:S Pensionat**", kleiner Familienbetrieb. DZ ohne Dusche mit Frühstück ca. 5o Euro. Chalmersgatan 27a. Tel. o31/ 2o 7o 3o.

STF Vandrarhem Stigbergsliden, Stigbergsliden 1o. Sauber, zentral am Hafen und nur 3 km vom Bahnhof entfernt, in einem ehemaligen Seefahrerheim. Schön renovierte 2- bis 6-Bett-Zimmer. Empfehlenswert. Ganzjährig geöffnet.Tel. o31/ 24 16 2o.

STF Vandrarhem Slottskogen, Vegagatan 21. Modernes Straßeneckengebäude 1o Min. vom Zentrum und direkt am Schloßpark mit guten Joggingmöglichkeiten. Lohnend. Nur im Sommer geöffnet. Tel. o31/ 42 65 2o.

STF Partille, 15 km östlich im Landesinneren in hügeliger Umgebung in kleinerem Ort. Kanuverleih. Busverb. mit Linie 5o3 und 513 an E 2o. Ganzjährig geöffnet. 43325 Partille, Landvettervägen, Tel. o31/4465 o1.

STF Torrekulla, von allen am weitesten von der City entfernt, beim südlichen Vorörtchen Mölndal. Dafür nah am Naturreservat. Waschmaschine. Busverbindung mit Zentrum durch Linie 73o. 43o5o Kållered. Ganzjährig geöffnet. Tel. o31/ 795 14 95.

STF Kärralund, neu erbaut und entsprechend gut. Vorbestellung notwendig. Preise: 4-Bett-Zimmer kostet ca. 5o Euro. Zum gleichen Preis gibt es auch 4-Bett-Hütten. Liegt neben dem Zeltplatz Kärralund. Ganzjährig geöffnet. Olbersgatan 1, Tel. o31/ 84 o2 oo.

Kärralunds Camping, großes, leicht hügeliges Gelände ohne direkten Wasserzugang. Typischer Großstadtcampingplatz. Recht voll und relativ teuer. Straßenbahnverbindung mit City Linie 5 Richtung Torp, Ausstiegsstation Welandergatan. Anfahrt von E 6 und E 2o gut ausgeschildert. Tel. 84 o2 2oo.

Askims Camping, Wiesengelände mit Büschen an Sand- und Klippenbucht südwestlich der Stadt. Bei schönem Wetter Treffpunkt der Göteborger. Surfverleih. Stadtmitte ist per Expressbus zu erreichen. Fährt ca. 5oo m vom Zeltplatz ab und benötigt rund 2o Minuten. Anfahrt auf 158 Richtung Särö beschildert. Tel. o31/ 286 261.

Lilleby Camping, auf Blumenwiese mit Nadel- und Laubbäumen direkt am schönen Klippenstrand. Sehr ruhig und familienfreundlich. Surfverleih. Anfahrt: ca. 2o km nordwestlich vom Zentrum Richtung Torslanda, zunächst Richtung Björkö über große Älvsborg-Brücke. Tel. 56 5o 66.

Krono Camping Göteborg Åby, luxuriös ausgestatteter Platz, der sich für Stadtaufenthalt anbietet. Für möglichen Schweden-Abschlußaufenthalt auch sinnvoll, Hütten zu mieten (ca. 5o Euro). Anfahrt von E 6 südlich Göteborg, Abfahrt Mölndal „S", Åby und Trabrennbahn. Tel. o31/ 87 88 84.

Spezialität der gesamten Westküste natürlich Fisch. Besonders Garnelen, Meereskrebse und Krabben gibt's besonders frisch und reichlich. Teuer, aber im saubersten Wasser gefischt: Steinbutt und Heilbutt. Berühmt und lecker auch „senapsås", eine Art Senfsauce mit Dill.

Wer nicht groß Essen gehen und nur für den kleinen Hunger beim Sightseeing zwischendurch etwas leckeres im Magen haben will, ist in den SALUHALLEN (Kungstorget) gut aufgehoben. Für knapp 8 Euro gibt´s leckere Suppen mit Fleischeinlage an der griechischen Suppenküche an der Südseite. Sehr gut auch der Kebab Stand an der Nordseite mit köstlichem Auberginen Kebab.

„SJÖMAGASINET", in ehemaligem Speicher der ostindischen Kompanie. Dicke Holzbalken und offener Kamin in rotem Holzhaus direkt am Hafen gibt urige Atmosphäre. Immer frische Fische und Spezialitäten. Große Portionen! Allein vom köstlichen Westküstensalat als Vorspeise wird man schon fast satt. Schönste Plätze in oberster Etage mit Blick auf die ablegenden Fährschiffe. Nicht billig, aber exklusiv! Hauptgerichte ab 2o Euro. Geöffnet täglich 17-22 Uhr, So. 14-2o Uhr. Achtung! Einziges Restaurant in Göteborg, das jeden Sonntag großes Smörgåsbord anbietet. Anmeldung sinnvoll. Tel. 77 55 92o. Anfahrt über Järntorget, unterhalb Älvsborgbrücke.

„FISKEKROGEN", Lilla Torget. Bekannt wegen seiner Fisch- und Schalentierspezialitäten. Außerdem täglich großes Fischangebot. Gut schmeckt besonders das Seezungenfilet „Walewska" mit Garnelen und etwas Hummer. Im großflächigen Innenraum Reusen und Angelgerät unter der Decke. Preise ähnlich Sjömagasinet. Öffnungszeiten: Mo.-Fr. 11.3o-23.oo Uhr, Sa. 13-23.oo Uhr, So. geschlossen.

„GOLDEN DAYS", Söder Hamngatan 31. Geheimtipp der Göteborger: Jeden Montagabend gibt's köstlichen Rimmad Lax, eine Mischung aus eingelegtem und geräuchertem Lachs, mit leckeren Beilagen für 7 Euro.

„SOLROSEN" in Kaponjärsgatan 4 und „NYA ANDRUM" sind empfehlenswerte vegetarische Restaurants, die nicht nur Salatblätter anbieten, sondern auch Richtung Vollwertkost. Beide allerdings nicht sonderlich billig, Preise ab 18 Euro.

„RÄKAN RESTAURANT", Lorensbergsgatan 16. Durchschnittliches Essen, das in Hollywood-Manier serviert wird. Man sitzt an einer Art „Pool" und das Essen wird auf kleinen, selbst ferngesteuerten Booten zum Tisch gefahren. Wem's Spaß macht!

Restaurant „MYKONOS" bietet in mediterraner Atmosphäre leckere griechische Kost, die allerdings nicht so reichlich serviert wird, wie sonst gewohnt. Klar, ist hier absolutes Spezialitätenlokal. Preise ab 16 Euro, Linnégatan 58.

„BRASSERI JULIEN", Kungsportsavenyn. Reichhaltiges und leckeres hauptsächlich italienisches Essen. Aufgeteilt in zwei Etagen, 1. Etage zum Verzehr von Kleinigkeiten, 2. Etage zum à la carte Essen.

Göteborg ist für seine vielen Draußen-Cafés berühmt und rangiert unter Insidern als Schwedens Café-Stadt. Überall längs der Hauptstraßen Vielzahl von Cafés, in denen man durch ausfahrbare Überdachungen, seitlich hochklappbare, durchsichtige Windschutze und sogar Wärmestrahler fast ganzjährig draussen sitzen kann. Eine Reihe sind sogar rund-um-die-Uhr geöffnet, so dass sich manche Jugendliche nach der Disco um 3 noch bis zum Morgengrauen im Cafe treffen.

Viele Straßencafes gibt es natürlich längs der Kungsgatan, im schönen Haga-Viertel, in der Hamngatan und in der Vasagatan. Bei wirklich ganz schlechtem Wetter einfach die „Draussen-Cafes" in der überdachten Nordstan nutzen. Empfehlungen kann man eigentlich gar nicht aussprechen: Einfach hinsetzen, ausprobieren und den Flair geniessen.

Café Andrum, vegetarisches Café ganz zentral direkt neben dem Einkaufszentrum Nordstan und den Kronhusbodarna auf der Östra Hamngatan 19A. Grosses Angebot an Baguettes, Pies und Gebäck. Der absolute Knüller ist das Selbstbedienungsbüffée mit kalten und warmen Speisen. Ein kleiner Teller (lilla tallriken) kostet 5,5o Euro inkl selbstgebackenem Brot, ein grosser (stora tallriken) 6 Euro.

Café Vanilj, gemütliches Café mit gutem Angebot an einfachen Gerichten und Kuchen zu vernünftigen Preisen. Liegt zentral auf der Kyrkogatan 38, einer Querstrasse zur Östra Hamngatan, der Haupteinkaufsstrasse. Im Sommer unbedingt einen Tisch im Innenhof nehmen und sich den Kaffee an der frischen Luft schmecken lassen.

Auch im Arbeiterviertel Haga lässt es sich gut und billig Kaffee trinken bzw. eine Kleinigkeit essen. Im Café Kringlan gibt es die grössten Zimtschnecken von ganz Göteborg und Cafeva bietet täglich eine leckere Tagessuppe mit selbstgebackenem Brot.

Die alte Markthalle Saluhallen in der Nähe von Kungsportsplatsen ist ein weiterer Geheimtipp sowohl für eine billige Mahlzeit wie auch für ein Einkaufserlebnis. Der griechische Stand z.B. verkauft äusserst leckere Gerichte ab 3 Euro, und ist außerdem noch pfeilschnell.

Das Mekka der Göteborger Eisfetischisten ist <u>Lejonet & Björnen Glassbaren</u>. Hier gibt´s je nach Saison nicht nur reichlich Erd- und Blaubeeren, sondern eine geradezu unermeßliche Auswahl. Lange Schlangen sind dort üblich. Zwar nicht zentral, aber lecker. Danska Vägen 74 im Stadtteil Lunden, ca. 5 Min. vom Redbergsplats entfernt.

EINKAUFEN

<u>NORDSTAN</u>, großes, vollkommen überdachtes Einkaufszentrum mit kunterbunter Mischung aus üblichen Boutiquen, Souvenirläden, Imbißständen usw. Gleich links gegenüber der Apotheke großer Buchladen mit großer Landkartenauswahl. Hier auch die <u>Hauptpost</u>. Tagsüber teilweise auch Zentrum der Underground-Szene. Geöffnet: 9.3o-19 Uhr, Sa. bis 17 Uhr, sonntags 12-16 Uhr.

<u>KRONHUSBODARNA</u>, kleine Buden mit Bonbon- und Viktualienmarkt. Dort auch kleine Glasbläserei und Töpferei. Allerdings auch üblicher Souvenirkitsch wie vergoldete Stadtschlüssel. Mo.-Sa. 11-16 Uhr, Postgatan.

<u>HAGA</u>: bezaubernde Kleinstadtidylle in ehemaligem Arbeitervorort. Sorgfältig renoviert mit ca. 5o ausgewählten Gallerien, Kunstgewerbeläden, Antiquariaten, Cafés. Lohnend zum Bummeln oder um sich in eines der kleinen Draußen-Cafes zu setzen. Anfahrt: am Besten zu Fuß südlich des Zentrums die Allégatan überqueren. An der sehenswerten Hagakirche. Haga Nygatan.

<u>BOHUSSLÖJD</u>, typischer Kunsthandwerksshop der Westküste, Trachten, Stoffe, schöne Holzteile, allerdings recht teuer. Lohnend auch zum Durchschummeln. Kungsportsavenyn 25.

<u>KONSTHANTVERKSHUSET</u>, lohnender Textil-, Holz- und Keramikladen. Hier stellen junge schwedische Designer ihre neuesten "Erfindungen" aus und bieten sie zum Verkauf an. Ständig wechselndes Sortiment vom Papierelch zum Selberbasteln bis zum originellen Kulihalter. Für ausgefallene Mitbringsel. Di.-Fr. 12-18 Uhr, Sa./ So. 11-16 Uhr. Vallgatan 14.

<u>NATURKOMPANIET</u>, der wohl am besten sortierte Ausrüstungsladen in Göteborg. Auf zwei Etagen zwar keine riesige Auswahl, aber auch kein sportmodischer Schnickschnack, sondern gutes Outdoorequipment, wie Fjällräven. Sachkundige Beratung. Korsgatan 1o.

<u>UDENS SPORT</u>, großes, gut sortiertes Warenangebot sämtlicher namhafter skandinavischer Sport- und Freizeitausrüster (Fjällräven, Tenson, Caravan, Helly Hansen...). Nette Bedienung. Övre Husargatan 2o.

<u>FEMMANS SPORT</u>, Sportgeschäft mit Wander-, Kletter- und Tauchsachen. Im Block „F" des Einkaufzentrums Nordstan.

SEHENSWERTES

<u>GÖTAPLATSEN</u>, Göteborgs Kulturzentrum am Ende der von Nobelhotels,

Kinos, Restaurants und Geschäften gesäumten Prachtstraße Kungsportavenyn. Auf Platz die POSEIDON-MEERESGOTT-STATUE, 1931 von Carl Milles geschaffen, dem Wahrzeichen Göteborgs. Drumherum Kunstmuseum, Kunsthalle, Konzerthaus, Kulturzentrum usw. Dabei lohnt besonders die Stadtbibliothek am Kulturzentrum. Platz zum Rumstöbern, Schachspielen, Musikhören und in einer der 2oo Tageszeitungen lesen.

GUSTAV-ADOLFS TORG (Platz), Mittelpunkt der Stadt, auf dem besagter Stadtgründer (1621) auf Podest rumsteht und penetrant nach unten zeigt. Dabei imposante Gebäude wie Rathaus, Börse und ältestes Haus (Wenngren'sche) von 1759.

GÖTEBORGS MARITIMA CENTRUM: unweit der City direkt am nicht zu übersehendem Opernhaus liegen in echter Hafenatmosphäre bis zu 13 alte Schiffe vor Anker: Feuerschiffe, Frachtschiffe, U-Boote, Zerstörer und alte Ausflugsdampfer können von oben bis unten durchstöbert werden. Nicht nur für Kinder und Heranwachsende ist natürlich das U-Boot am spannensten. Am Packhuskajen in Verlängerung des Nordstan-Einkaufszentrums. Öffnungszeiten: Mai bis November 1o.oo-18.oo Uhr. Eintritt 8 Euro. www.maritiman.se

KUNSTMUSEUM, direkt im Stadtkern. Guter Überblick über skandinavische Kunst vom 19. Jahrhundert bis heute. Nicht nur für Regentage. Öffnungszeiten: Mai bis August: Di.-Do. 11-18 Uhr, Fr. - So. 11-17 Uhr. Eintritt ca.5 Euro. Götaplatsen.

FISCHKIRCHE, kirchenähnliche Fischmarkthalle, in der einem wegen der frischen Meeresdelikatessen starker Geruch entgegenströmt. Das 1874 erstellte Bauwerk bekam im örtlichen Dialekt die seltsame Bezeichnung „Fiskekyrka" wegen der von außen kirchenähnlichen Fenster. Geöffnet Di.-Sa. 9-17 Uhr. Rosenlundsgatan am Kanal.

Einige Straßenecken weiter morgens um 7 Uhr (Mo.-Fr.) ein seltsames Schauspiel: Per Körpersprache wird frisch gefangener Fisch verkauft! Durch Augenzwinkern, Bartkratzen, Ohrläppchenziehen usw. wechseln kistenweise Fisch ihre Besitzer. Als Beobachter nicht unnötig Nase rümpfen, sonst wird man hinterher zur Kasse gebeten. Beste Tage Donnerstag und Freitag, weil da am meisten verhökert wird. Fiskhamngatan, Nähe Stena Terminal.

KRONHUSBODARNA, ehemaliges Reichstagsgebäude von 165o. Daneben die ehemaligen Werk- und Lagerräume, heute als Läden und Ateliers benutzt (vgl. Einkauf). Kronhusgatan, Di.-Sa. 12-16 Uhr, So. 11-17 Uhr.

LISEBERG, eine der größten Attraktionen Göteborgs. Ein Vergnügen für Jung und Alt. Vergnügungspark mit Riesenrad, Einbaumwildwasserfahrt, Karussels, Bergbahn, Varietés usw. In Stein gegossene Handabdrücke interessanter Leute wie Abba und Björn Borg! Europas längste Achterbahn, Super-Looping und Weltpremieren wie „Hang over", einem Riesenrad, wo man Kopf steht und uns schon beim Zuschauen schwindlig wurde, oder

„Kållerado", einem runden Wildwasserboot, das garantiert spritziges Vergnügen bringt. Selbst das Gespensterhaus ist wegen seiner „Gruseligkeit" erst ab 9 Jahren zugelassen. Achtung: Keine Pizza mit Cola plus Eis vorher essen, denn sonst kaut man rückwärts. Anfahrt mit Straßenbahnlinie 5 Richtung Torp. Eintritt 7 Euro. Allerdings müssen dann für die einzelnen Attraktionen noch gesonderte Pakettickets gelöst werden, so dass man schnell mit 25 Euro Zusatzkosten dabei ist. www.lisberg.se

VOLVO MUSEUM: Beim riesigen Volvo-Werk mit über 1o.000 Beschäftigten wurde ein neues Museum errichtet, das die Entwicklung von Autos und Motoren von 1927 bis in die 9oer Jahre zeigt. Traumhaft die alten, hochglänzenden Karossen (Busse, Lkw, Buckelvolvos) noch einmal zu sehen. Für Auto- und Motorfans, um glänzende Augen zu kriegen. Geöffnet: Juli/August tägl. außer Mo. 1o-17 Uhr, sonst Di.-Fr. 1o-17 Uhr. Eintritt 4 Euro, Familien 6 Euro. Anfahrt: per Bus Nr. 28 oder 92 vom Ericsonplatz Richtung Arendal. Mit dem Auto Richtung Hisingen, danach Richtung Torslanda.

TERRA NOVA, Ostindienwerft, ein historisches Holzschiff mit Namen Göteborg III, das in einigen Jahren sogar nach China segeln soll, wird am Bockkrahn neu gebaut. Hier findet man auch Teile der letzten Fracht eines Holzschiffes, das 1745 gesunken ist. Am spannensten ist es aber natürlich bei den Arbeiten zum Bau des großen Segelschiffes zuzuschauen. Nicht nur etwas für Segelfans! Täglich werktags Führungen zwischen 1o-16 Uhr, zusätzlich geöffnet noch Sa. u. So. von 11-15 Uhr.

Anfahrt: entweder mit dem Auto nach Eriksberg oder per Buslinie 19 von Station Brunnsparken über Brantingsplatsen nach Eriksberg Krokäng. Eintritt 4 Euro, Führungen 6 Euro.

AUSFLÜGE

GÖTEBORGS SCHÄREN, einfach mit der Straßenbahn in die südlichen Schären rattern. Mit Linie 9 oder 11 bis zur Endstation Saltholmen und am dortigen Fährhafen mit nächster Fähre auf eine der Inseln fahren und dort spazierengehen oder baden. Der Pfiff: Die Karte wird auch auf der Fähre akzeptiert! Einfach in den Spalt "Byte" in den Entwerter stecken! Toller (Halb)Tagesausflug.

Im Park SLOTTSKOGEN gibt es nicht nur schöne Spazierwege, sondern auch einen Zoo mit Elchen und das gratis! Ein Muss für Familien mit Kindern.

KANALRUNDFAHRT mit der „Paddan" (schwedisch: Kröte), einem superflachen Ausflugsboot durch die Kanäle, mit niedrigen Brücken, Hafen- und Werftgebieten und den mächtigen Schwimmdocks. Fahrtzeit: 1 Std. Abfahrt: Kungsportsplatsen, Preis: 9 Euro. Mai bis September.

ÄLVSBORGFESTUNG, von zackigen Mauern umgebene Festungsanlage, in der Strommündung zum Skagerrak. Ab 167o wichtigste Verteidigungsanlage der Stadt zur Seeseite. Später als Gefängnisinsel benutzt. Heute kleines historisches Museum mit Kommandanten-, Schlafräumen und Kerkeranlagen. Schönes Draußencafé. Bootstouren ab Lilla Bommen. Preis: ab 9 Euro. Möglich: Mai bis August.

SCHLOSS NÄÄS, rund 2o km außerhalb der Stadt an der E 2o, phantastisch die Zufahrt mit hohen, alten Bäumen, während mächtig weißes Schloß auf Hügel thront. Nebenan gemütliche Kaffeestugan mit Holzdecke und vielen Kaffeekannen über der Theke. Badeplatz in der Nähe. Schloß wurde im 16. Jh. gebaut. Die Inneneinrichtung stammt ebenfalls aus dieser Zeit. Bis in die 196oer Jahre war dort eine Kunsthandwerksschule untergebracht. Mitte Juni riesiger Kunsthandwerksmarkt mit wirklich tollen und hochwertigen Sachen.

Nachtleben im Sinne eines Rotlichtviertels gibt es hier im Grunde nicht. Dafür lustwandelt man in den Sommermonaten bis tief in die Nacht die Kungsportsavenyn rauf und runter und sitzt in den vielen Parks und Cafes. Das Motto lautet: „Sehen und gesehen werden." Spät am Abend kann es dort schon mal zu kleineren Rangeleien kommen (Cafés sind dort fast alle besetzt).

Musik Pub Dojan, sieht wie englischer Pub aus, Livemusik, meist mit Gitarre. Möglichkeit, gemütlich ein Bier zu trinken. Mehr für „Jeans-Typen", kein Eintritt. Vallgatan 3, Tel. 11 24 1o.

Valand-Disco, auf der Aveny mit zwei großen Tanzflächen, eine für Oldies, eine für Techno; regelmäßig Life-Bands. Bunt gemischtes Publikum vom Homo bis zur adretten Jurastudentin. Vor 24 Uhr kostenloser Eintritt.

The Flying Scotsman, Kneipe mit dufter Musik, wo man in Viererreihen hinterm Tresen steht. Nach 22 Uhr tanzen schon ´mal einige Mädels ´mit frisch gezapftem Guiness auf dem Tisch. Storgatan 47.

Nefertiti, Jazz-Club, in der hauptsächlich die Göteborger linke Szene und die Alternativen zu Hause sind. Am Wochenende und Mittwochs Life-Bands, die von Latino bis Acid alles drauf haben. Rechtzeitig erscheinen, sonst proppevoll. Hviltfeldtsplatsen 6.

Schwulen- und Lesbentreffs sind die Discos Touch, Esperantoplatsen 8 und Bacchus, Bellmannsgatan 9.

✯ Öckerö/Hönö

Vorgelagerte Inselwelt, zwei von zehn hingestreuten Inseln. Pittoresk bunte Holzhäuschen auf glattgeschliffenem Fels in stoischer Beschaulichkeit vom Meer umschlungen. Ruhig und abgeschieden, ideal für Fahrradausflüge und Spaziergänge entlang der Klippen. Sieht aus wie Island, nur ohne Geysire. Anfahrt: 2o Autominuten westlich der Stadt Richtung Hisinge ausgeschildert. Ab Hjuvik kostenlose Fährabfahrt (15 Minuten).

In Hönö Klåva (Südteil der Insel) <u>FISCHERMUSEUM</u>. Hier zeigt man die Geschichte und das Leben von Fischern sowie eine Dokumentation über den 2. Weltkrieg und Teile deutscher U-Boote.

 <u>Auf Öckerö</u> Västravägen 15, 43o91 Öckerö, Tel. o31/ 96 5o 80. Geöffnet im Sommer Mo.-Fr. 1o-13/14-17 Uhr, Sa./So. 11-15 Uhr. www.vastsverige.com

<u>Wohnmöglichkeit</u> in einigen privaten Hütten oder bei Privathäusern nachfragen. Auf Hönö vor Inselüberfahrt nach Fötö 3oo m vor Fähranleger nette Leute, die Camping erlauben.

Außerdem „**Hotel Hönö**", einziges auf der Insel Hönö, mit sehr freundlichen Besitzern. Helle, fast italienisch eingerichtete Zimmer mit großer Terrasse. Dusche und WC auf Flur. DZ mit Frühstück 75 Euro. Västra Vägen 67. Tel. o31/ 96 5o 75.

★ Kungälv

Altes Städtchen mit pastellfarben gestrichenen Holzhäusern, von der mächtig plumpen Festung Bohus überragt, an der Flußteilung des Götaälvs und der E 6.

Eine der <u>ältesten Städte Schwedens</u>. Im 1o. Jh. als Handelsplatz Kongahälla erwähnt. Festung Bohus (12. Jh.) war uneinnehmbare Grenzbastion in Kämpfen gegen die Norweger und Dänen.

 Fästningholmen, 44281 Kungälv, Tel. o3o3/ 992 oo, Fax: o3o3/ 171 o6. Zur Hochsaison: Mo.-Fr. 9.3o-18.oo Uhr, Sa. 1o-17 Uhr und So. 12-16 Uhr, Homepage: www.kungalv.se/turism

FESTUNG BOHUS: Illustration von 1742. Sie galt als uneinnehmbar

Südschweden/Westküste 147

Hotel Fars Hatt", nobles Hotel mit exzellentem Restaurant in landschaftlich schöner Umgebung. Beliebter Aufenthaltsort deutscher Sportmannschaften bei Wettkämpfen im benachbarten Göteborg. Im Restaurant ausgezeichneter Lachs! DZ mit Frühstück ab 11o Euro (Sommer 85 Euro). Fars Hatt, Torget 2, Kungälv, Tel. o3o3/ 1o9 7o. www.farshatt.se

Jugendherberge: Älvskolan, in alter Schule unterhalb der Festung. Färjevägen, Tel. o3o3/ 189 oo.

 Einfacher Campingplatz im Park unterhalb der Festung. Anfahrt von E 6 Richtung Festung.

FESTUNG BOHUS, alte Burgruine, die seit mehr als 7oo Jahren das Götaälv-Tal überragt. Gibt eine gute Vorstellung der Uneinnehmbarkeit dieser Festung in älteren Zeiten. Eintritt: 2.5o Euro.

PROVINZ BOHUS LÄN

VON GÖTEBORG BIS ZUR NORWEGISCHEN GRENZE

Küstenstreifen, auch „Bästküsten" genannt, von Göteborg bis Norwegen, von herber Schönheit. Kahlgeschliffene Felsen, unzählige kleine Inseln und Schären zwischen denen bunte Segelboote und weiße Fischkutter schippern.

Kleine, gemütlich rote, weiße und gelbe Häuschen, die sich gegen starke Herbststürme eng zusammengekauert haben. Winzige Sandbuchten, die sich an der rauh zerfurchten Klippenküste verlieren. Traumhaft die Inseln Tjörn und Orust, in deren roten Fischerdörfchen die Zeit stehengeblieben zu sein scheint.

Entlang des gesamten Küstenstreifens auf Schritt und Tritt historische Fundstätten, besonders beeindrucken die Felszeichnungen. Beliebtes Feriengebiet der Norweger. In jedem Fall runter von der E 6 und über Küstenstraße 16o/162 die Landschaft entdecken!

Allgemeine Infos unter www.westschweden.com

✹ Marstrand

Idyllischer Touristenflecken auf vorgelagerter Insel mit schönen Badestellen. Zu erreichen von Kungälv über die 168. Stattlich helle Holzhäuser mit vorgebauten Glasveranden, geschützt rund ums natürliche Hafenbecken. Oberhalb die eindrucksvolle Festung Carsten mit großartiger Aussicht aufs Skagerrak. Im Hafen ein buntes Gewirr von Segelbooten, über denen die Möwen kreischend kreisen. Bekannt und beliebt sind die guten Restaurants von Marstrand.

Hamngatan 44o3o Marstrand. Tel. 0303/ 600 87, Fax: 0303/ 600 18. Geöffnet zur Hochsaison Mo.-Fr. 9.3o-18 Uhr, Sa./So. 11-17 Uhr. Zentrale Infos über ganz Bohuslän unter www.bohuslan.com.

Marstrands Camping, langgezogener, hügeliger Platz hinter Klippen, mit kurzem Fußweg zum Meer. Anfahrt: ca. 1,5 km nach Fähranleger. Tel. 0303/ 605 84. www.marstrandcamping.se

Schöner Rundwanderweg um Insel, gut eine Stunde. Beste Badeplätze im Nordteil. Nacktbadestrand im Südteil der Insel an der Landnasenspitze „Svarte Udde".

✹ Tjörn

Naturschöne Perle unter den Westküsteninseln. Dem offenen Meer zugewandte kahle, verwittert schroffe Felsen, blankgespült und zerfurcht. An der Küste urwüchsige Fischerdörfer, wo vor den roten Holzhäusern noch

Gestelle zum Trocknen der Fische stehen.

Tipp für Interrailer: Von Göteborg aus kann man in den Bohuslän Tåget einsteigen, der auf landschaftlich reizvoller Strecke bis Stenungsund fährt. Von hier per Bus auf die Inseln nach Tjörn und Orust!

Im Innern fruchtbares Ackerland. Unbedingt in Höga von E 6 runter und über imposante Brücke von Stenungsund (technische Daten: 366 m lang, 45,3 m segelfreie Höhe, Kosten 17 Mio. Euro) über die 160 zur Insel.

Direkt an Brücke in bootsattrappenförmigem Infokiosk. Im Sommer 1o-18 Uhr geöffnet. Ansonsten im zierlichen Hauptort Skärhamn am Hafen. Geöffnet: Mo.-Sa. 9-19 Uhr, So. 1o-19 Uhr, Tel. 03o4/ 671 o4o, Fax. 03o4/671 67o.

Gleich an der Brücke zwei Plätze:
Almöns Camping, mit Bäumen bestandener Platz direkt am Wasser. Viele Norweger. Für längeren Aufenthalt nicht unbedingt zu empfehlen. Gute Surfmöglichkeiten. Westlich der Brücke über 5oo m Asphaltstraße zum Platz.

Tjörnbrons Camping, direkt unterhalb der Mini-Golden-Gate-Brücke. Neu erbaut mit Büschen umstanden. Zwar schönerer Strand als Almön, aber auch lauter. Anfahrt: an der 16o unter Tjörnbron.

„Hotel Nordevik", kleines, persönliches Familienhotel mit leckerem Fischrestaurant. Ganz besonders empfehlenswert: Schokoladentorte mit Schlagsahne. DZ mit Frühstück ca. 85 Euro. 44o6o Skärhamn, Tel. 03o4/ 67o 311.

Im ehemaligen Altersheim, mit tollem Blick aufs Meer in typischem Fischerörtchen. Vorbestellung dringend empfohlen! Adresse: Tjörn-Rönnäng, Nyponvägen 5, 44064 Rönnäng, Tel. 03o4/ 67 71 98. Anfahrt: in Südspitze der Insel. Dort auch schöner Badeplatz und Keramikwerkstatt mit Verkauf bei T. Anderberg, Bäckerigatan 214.

✱ Åstol

Fußballfeldgroße „Trauminsel" an Südspitze von Tjörn. Malerisches Fischerdörfchen, das sich wie auf Pobacken um den Naturhafen kleckert, der winziges Eiland mittig durchzieht. Echte Fischeratmosphäre mit Geruch von geräuchertem Fisch und Möwengeschrei. Am Hafenbeckeneingang zwergenhafte Fischräucherei, verkauft auch direkt, billig und lecker.

Regelmäßiger Bootsverkehr von Rönnäng nach Dyrön. Natürlich ohne Autos. Außerdem organisiert Åstal's Båttrafik Taxitouren mit Motorjacht entlang der Küste.

Über TI oder direkt an Jean Olov Olsson (Tel. 03o4/ 72o 5o). Kleines Café mit hellem Holz und selbstgebackenem Kuchen unterhält er am Hafen.

✦ Orust

Größere der beiden Inseln nördlich von Tjörn. Traumhaft die gekauerten malerischen Fischerdörfer, besonders im westlichen Inselteil. Schönster: Mollösund. Hier hängt der Stockfisch an Holzgerüsten am Hafen. Besonders abends Fotomotive für Bildbände!

Längs der Westküste Schiffswerften, die sich in Familienbesitz befinden, im Inselinnern viel Landwirtschaft.

Hauptort HENÅN an der 16o. Von Ellös Möglichkeit mit zwei Fähren nach Lysekil zu kommen. Viel Zeit einkalkulieren.

„Henån Hotel und Jugendherberge", süßes, weißgraublaues Puppenhäuschen mit ganzen 8 Betten in einem parkähnlichen Garten. Familiärer Service durch nette Wirtin. DZ mit Frühstück 75 Euro. Henån, Åvägen 1, Tel. o3o4/ 3o9 13.

Juhe
STF Tofta Gård, ganz gemütlicher alter Hof aus dem 16. Jh. in rostrot, mit baumbewachsenem phantastischem Garten. Ganz im Westen der Insel. Vorbestellung notwendig! Adresse: Stocken, 47492 Ellös, Tel. o3o4/ 5o3 8o.

Außerdem private Jugendherberge direkt am Meer, auf autofreier Schäreninsel Käringön. Fährverbindung von Hälleviksstrand.

Malön Camping, kleiner, aber gut ausgerüsteter Platz direkt am Wasser. Stark von Dauercampern belegt. Anfahrt von 16o in Henån Richtung Ellös, dann mit kostenloser Autofähre auf kleine Malöninsel.

✦ Uddevalla

Industriestadt und Zentralort der Provinz Bohuslän im Schnittpunkt der Hauptverkehrsstraßen E 6 und 44. Entsprechend viele Schlote, Hafensilos und großstadtmäßige Autobahnumgehungen.

In der Innenstadt verpaßt man nicht viel. Von hier aus Richtung Norden über Nebenstraßen 161/162/163 Richtung norwegische Grenze oder nördlich ins Dalsland über die 172.

Kungstorget 4, 45181 Uddevalla, Tel. o522/ 997 2o, Fax: o522/ 997 1o. Geöffnet Di.-Fr. 1o-17 Uhr, Mo. 1o-18 Uhr. Homepage: www.uddevalla.se.

Undabadens Camping, komfortabler, schöner Wiesenplatz mit 2 Sandbuchten zwischen Klippen. Fährbootverbindung mit Innenstadt. Anfahrt: von E 6 Richtung Unda, nach ca. 4 km.

Juhe
In altem Kurvorort Gustafsberg. In länglichem Gebäude mit Kirchentürmchen. Ordentliche 2- und 4-Bett-Zimmer. Gustafsberg, Tel. o522/ 152 oo, 4 km vom Zentrum.

Ausflüge: Regelmäßige Bootsausflüge mit der MS Byfjorden an der Küste entlang, Richtung Smögen und Käringön (mit Aufenthalt). Buchung und Abfahrtszeiten am TI.

✶ Lysekil

Touristen- und Industriestädtchen auf schmaler Landzungenspitze umgeben von klarblauem Wasser des Gullmarsfjord und rötlichen Granitfelsen im Klippen- und Schärengewirr. Urlaubsort vieler Norweger und Schweden mit ganz schön viel Rummel.

Hierher wurde nach der fürchterlichen Brandkatastrophe die Fähre „Scandinavian Star" geschleppt, die vor der Küste in Seenot geraten war. Einige Tage nahmen die attraktionshungrigen Journalisten dieser Welt das Örtchen in Beschlag, danach wurde es wieder den Touristen überlassen.

Direkt am Südhafen, Södra, Hamngatan 6, 45323 Lysekil, Tel. o523/ 13o 5o, Fax: o523/ 13o 59. Geöffnet im Sommer Mo.-Sa. 9-19 Uhr, So. 9-19 Uhr. www.lysekil.se. Verschiedene Angel- und Hochseeangeltouren von TI organisiert.

Hotell Lysekil, das größte Hotel am Ort. Zimmer etwas verspielt mit Rüschen und Tapetenborden eingerichtet, jedoch sehr hell und freundlich. Hotel mit eigenem Bootsanleger. DZ mit Frühstück ca. 115 Euro. Rosvikstorg1, Tel. o523/665 53o.

„**Lyseklis Havshotellet**", rotes Holzgebäude auf den Klippen, mit freundlicher Bedienung und sehr reichhaltigem Frühstück. In unserem Zimmer waren sehr weiche Betten. Nach Räumen mit Meerblick fragen. DZ mit Dusche und Frühstück ca. 95 Euro. Turistgatan 13, Tel. o523/797 5o.

„**Stadshotellet**", uraltes Haus von 18oo-Windsturm mit großen Zimmern und herrlich altmodisch verschnörkelten Möbeln und Betten wie zu Omas Zeiten. Alte Schatzkiste im Stadtzentrum. DZ mit Dusche und Frühstück ca. 9o Euro. Kungstorget, Tel. o523/ 14o 3o.

„**Gullmarsstrand**", Touristanlage ersten Ranges mit Gourmetrestaurant. Ganz am Wasser gelegen in Fiskebäckskil in der Nähe vom Golfplatz. DZ mit Dusche (ohne Frühstück) ca. 85 Euro. 45o34 Fiskebäckskil, Tel. o523/ 222 6o.

Löfgrens Camping, viereckiger Rasen halb so groß wie ein Fußballfeld. Ohne Wasserzugang. Anfahrt: an 162 vor der Stadt. Tel. o523/ 124 15.

Gullmarsbadens Camping, sehr schöner, terrassenförmiger Platz direkt am Wasser. Kleiner Sandstrand, hauptsächlich Felsküste. Einfache Sanitäranlagen. Im Juli häufig voll. Anfahrt: auf 162 vor Ort ausgeschildert. Tel. o523/ 61 15 9o.

Trellebystrands Camping, familienfreundlicher Wiesenplatz hinter Klippen, von kleinem Bach durchzogen. Kein Seeblick, aber zwei Zugänge zur Klippenküste. Einzeln nummerierte Plätze. Sehr ruhig. Anfahrt: an 162 ca. 5 km nördlich der Stadt. Tel. o523/ 121 83.

Siviks Camping, sehr großer freier Wiesenplatz in einem Talkessel mit Winnetou-Atmosphäre. Durch kleine Holzzäune unterteilt, mit einzeln nummerierten Plätzen. Leider meist sehr voll. Anfahrt: von 162 Richtung Sivik nach ca. 3 km westlich Richtung Meer abbiegen. Tel. o523/ 61 15 28.

Einkaufen: Holz-, Steingut- und Schmiedearbeiten. Direktverkauf durch Künstler. Kungsgatan 39, im Sommer täglich 1o-18 Uhr, Sa. 9-13 Uhr.

SEHENSWERTES

NORDENS ARK, eine Art „nordische Arche Noah", die seltene und vom Aussterben bedrohte Tiere meist nordischer Breiten beherbergt. Wunderschöner 3 km langer Rundweg vorbei an riesigen Tiergehegen. Das Konzept des Parks besteht darin, die hier gezüchteten Tiere auszuwildern. Dementsprechend keinen Zoo erwarten, sondern Fernglas zur Tierbeobachtung mitnehmen. Für Kinder toller Naturspielplatz. Anfahrt: über 171 Richtung Smögen. www.nordensark.se

VIKARVETSMUSEUM, längliche Halle mit Sammelsurium diverser Fischfangutensilien. Nur interessant, wenn man vom Kassierer mündliche Erklärungen dazu bekommt. Direkt an Klippen unterhalb Hotel Fridhem. Täglich geöffnet 17-19 Uhr. Eintritt frei.

FISKEBÄCKSKIL, alter Fischerortskern mit engen Gassen zwischen dicht an dicht gebauten Holzhäusern, deren Farbe schon bröckelt. Direkt vor den Häusern die parkenden bunten Boote und immerwährendes Möwengeschrei. Interessante meeresbiologische Forschungsstation mit großen Aquarien. Geöffnet täglich 8-16 Uhr.

HAVETS HUS, Haus des Meeres, das die Planzen- und Tierwelt der schwedischen Westküste und dem Lysekil vorgelagerten Gullmarsfjord anschaulich zeigt. Attraktion ist der 8 m lange unterseeische Tunnel, aus dem man wie ein Taucher die Wasserwelt beobachten kann. Geöffnet täglich ab 1o Uhr. Preise: Erwachsene 9 Euro, Kinder 4 Euro. www.havetshus.lysekil.se

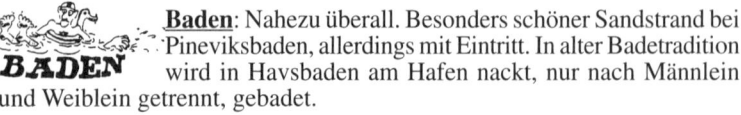

Baden: Nahezu überall. Besonders schöner Sandstrand bei Pineviksbaden, allerdings mit Eintritt. In alter Badetradition wird in Havsbaden am Hafen nackt, nur nach Männlein und Weiblein getrennt, gebadet.

Kanu/Surfen: Verleih von Kanus, Boards und Fahrrädern bei Delta Marin unten am Hafen.

✱ Smögen/Kungshamn

Malerisches Fischer- und Touristen-Doppelörtchen. Niedliche, verwinkelte Fischerkaten auf engstem Raum, mit berühmt berüchtigtem Holzpier, rund ums Hafenbecken in Smögen. Durch großen Touristenrummel aber weniger beschaulich und romantisch als vielmehr laut und zum Teil überlaufen.

Unzählige Segelboote mit genauso vielen Touristen, die entlang der Pier vorbei an dickbäuchigen Fischerbooten flanieren. In Fischerhäuschen wird an jeder Ecke allerlei Kitsch und Kunst und einiges andere zu Touristenpreisen feilgeboten.

Mit vielen Sommertouristen das Monte Carlo der Westküste. Teilweise von norwegischen Motorradclubs „heimgesucht". Auch als „Sotenäs" bezeichnet, damit ist der Kommunalbezirk gemeint!

Typisch für die Gegend: 3-stöckige Häuser, deren Untergeschoß aus Stein, die beiden Obergeschosse aber aus Holz gebaut sind. Diese merkwürdige Bauweise geht auf eine alte Brandschutzordnung zurück, die die Einwohner durch diese Bauweise unterliefen.

 Kungshamn, im Zentrum, Brunnsgatan 1, 45o43 Smögen Tel. o523/ 375 44, Fax: o523/ 375 44. Im Sommer täglich 9-18 Uhr, So. 17-19 Uhr. Homepage: www.sotenasturism.se
Nebenstelle in Smögen, tägl. von 1o-18 Uhr geöffnet.

„**Hotel Kungshamn**", ordentliches, hoch auf Klippen gelegenes Hotel mit schöner Aussicht. DZ mit Dusche und Frühstück ca. 1o5 Euro. Tel. o523/ 3o9 1o.

 Jugendherberge im örtlichen Freilichtmuseum. Rotes Holzhaus mit vielen schönen Doppelzimmern. Gammelgården, 45o46 Hunnebostrand. Tel. o523/ 587 3o. Anfahrt: 1o km nördlich von Kungshamn.

JH Hovenäset, in ehemaliger alter Schule mit entsprechend großen 4- bis 1o-Bett-Zimmern. Nur wenige hundert Meter vom Wasser entfernt. Anfahrt über Hallindenvägen, ca. 4 km von Kungshamn, Nähe Johannesviks-Camping. Tel. o523/ 374 63.

 Auf Landzungenspitze mit Smögen und Kungshamn ist das Jedermannsrecht außer Kraft gesetzt! Camping nur auf offiziellen Plätzen erlaubt. Bei Campingplatzwahl bißchen auf Besucher achten! Einige Plätze werden gern von meist norwegischen Jugendlichen besucht, die es mit der Nachtruhe nicht so genau nehmen!

Johannesviks Camping, länglicher, von Felsen umgebener Platz mit kurzem Fußweg zu kleiner Klippenbucht. Viele Dauercamper Anfahrt: 4 km nordöstlich von Kungshamn. Tel. o523/ 32 387. www.johannesvik.nu

Wiggersvik Camping, weitläufiges Gelände mit vielen Felsen. Kleiner Sandstrand. Hier keine Jugendgruppen erlaubt. Trotzdem meist sehr voll. Anfahrt: 3 km nordöstlich von Kungshamn. Tel. o523/ 32 635. Im Internet www.wiggersvik.nu

Ögårdens Camping, direkt zwischen Straße und hohen Klippen mit kurzem Fußweg zum Wasser. Relativ laut. Anfahrt: nördlich von Kungshamn Richtung Hunnebostrand.

Sotenäs Camping, von Straßen durchschnittener Platz, von jugendlichen Norwegern bevorzugt. Anfahrt: am Ortsausgang von Väjern. Tel. o523/ 37 6o1. www.sotenascamping.nu

Solviks Camping, sehr ruhig in Klippenschlucht. Langgestrecktes Gelände mit schmaler Badebucht. Vor Gelände fast 1oo weiße, griechisch anmutende Ferienhütten. Stark frequentiert. Anfahrt: 3 km nördlich von Kungshamn an. Tel. o523/ 18 89o www.solvikscamping.se

„REST. MAGASINET", in Smögen direkt an der Pier mit Minipendelfähre zu erreichen.

Nachtleben

Für schwedische Verhältnisse ist hier der Bär los! Nachtlebenmetropole für fast die gesamte Westküste. In Kungshamn wie in Smögen gleich drei Discos ähnlichen Stils: laute Pop-Musik.

Spannende FISCHAUKTION im Hafen. Ähnlich wie in Göteborg werden hier kistenweise Fisch mit minimalen Körperbewegungen (Augenzwinkern) ersteigert! Sich ganz ruhig verhalten! Mo. bis Do. abends um 17 (Fisch) und 2o Uhr (Krabben) in Smögen am Pier.

Verschiedene, über TI organisierbare Touren mit alten Schiffspötten entlang des abwechslungsreichen, mit schmalen Wasserwegen, unzähligen Schären und schluchtähnlichen Seekanälen (Sotenkanal) gespickten Küstenstreifens. Außerdem Autotouren zu den etwas weniger touristenüberfluteten Dörfchen Hunnebostrand und Bovallstrand.

NORDENS ARK, ein einzigartiges Reservat für bedrohte Tierarten des Nordens. Sehr empfehlenswert. Näheres siehe unter Lysekil.

✦ Fjällbacka

Bedrohlich von hohen Felsen umragte, verwitterte Fischerhütten auf Holzpfählen, wie auf Klippen geklebt. Herrliche Fotomotive kurz vor Sonnenaufgang. Der an der 163 gelegene Ort ist der frühere Urlaubsort Ingrid Bergmanns. Viele Brücken und verwinkelte Gassen. In Geschäften gibt's Tang-Bröd, wohlschmeckendes Brot mit Seetang! Zwischen Hamburgsund und Grebbestad viele Campingplätze und norwegische Touristen. Hier kann man die Schlucht aus dem Kinderbuch "Ronja Räubertochter" erklimmen. Schild "Kungsklyftan" folgen.

Juhe

Valö, auf Schäreninsel, nur ohne Auto erreichbar. Ganze 12-Betten-Herberge in geruhsamer Weltverlassenheit. 3o m vom Wasser. Anfahrt mit morgendlichem Postboot um 1o Uhr. Sonst nach Bestellung ab Fjällbacka, Valö, 45o71 Fjällbacka, Tel. o525 /312 34. Geöffnet: 2. Mai bis 15. September. Entlang der Küste weitere 9 Jugendherbergen!

 Entlang der Küste 13 Zeltplätze, von denen uns Edsviksbadets Camping am besten gefiel. Direkt am Badestrand an felsiger Bucht. Schöne neue Campinghütten für 4 bis 6 Personen zu mieten. Keine sonderlichen Sanitäranlagen. Im Juli häufig übervoll. Anfahrt: 3 km nordwestlich von Grebbestad.

Långesjön Camping, schön zwischen Felsen eingebettet, ordentliche Dusch- und WC-Anlagen, Babywickelraum. Ca. 3 km nördlich von Fjällbacka.

✦ Tanumshede

Kleines Durchgangsörtchen an E 6 ohne besonderen Reiz. Weltweit bekannt allerdings die sagenhaft gut erhaltenen Felszeichnungen in diesem Gebiet mit eingemeisselten Motiven über Jagd, Schiffahrt, Todeskulte und Hochzeitsrituale. Entlang der im Vergleich zur E 6 wesentlich schöneren Küstenstraße 163 urgemütliche, verträumte Fischerdörfchen an wild zerklüfteter Schärenküste.

Als Alternative zur E 6 auf Norwegenkurs über die 165 ab Dingle südlich von Tanumshede. Nahezu ganze Zeit Seekontakt und ringsherum Wildnis. Schöner Zeltplatz im Grenzort Vassbotten!

 Sockenmagasinet, 45731 Tanumshede. Tel. o525/ 299 91, geöffnet Mo-Fr. 8-16.3o Uhr. Homepage: www.tanumturist.se.

Verbindungen: An kleinem Bahnhof halten 5 x täglich Züge mit Zielrichtung Göteborg-> Strömstad.

„**Tanums Gestgifveri**", an alter Postkutschenhaltestelle, kleines Nobelhotel in etwas antiquiert-viktorianischem Stil. Federnder Hotelboden, fast kitschig noble Zimmer mit bunten Postern und Gardinen. Riesige Badewannen. DZ mit Dusche und Frühstück ca. 15o Euro. Apoteksvägan 7, Tel. o525/ 29o 1o. www.tanumsgestgifveri.com

 Gleich nebenan Luxus-Restaurant, zu dem einige Jet-Set-Leute extra übers Wochenende aus Frankfurt anreisen zum Speisen! Auf DIN-A 2 Speisekarte ausgefallene Fischgerichte wie Hai und Rochen. Super Fischsuppe. Preise ab 8o Euro. Fast unscheinbares gelbes Haus im Zentrum.

SEHENSWERTES

Absolutes Muß, selbst für Non-stop-E 6-Driver die Felszeichnungen (HÄLLRISTNINGAR). Mehrere beeindruckende Fundstellen in dieser Gegend. Interessanteste mit angeschlossenem Museum nur 1,5 km westlich der E 6 bei Vitlycke. Ausgeschildert. Seit 1994 Weltkulturerbe der

UNESCO. Große, rot nachgezeichnete, unbeholfen wirkende Figuren in flachem Fels. Unproportionale Männer mit langen Schwertern und erhobenen Streitäxten; wie überdimensionale Kämme aussehende Ruderboote mit Bemannungsstrichen. Leider macht sich auch hier die zunehmende Umweltverschmutzung bemerkbar. Wie uns Dr. Gerhard Milstreu, Direktor des Tanums Hällristningsmuseum und der Scandinavian Society for Prehistoric Art erklärte, könnten die vielen undefinierbaren Striche und Kreise Reste von Felsritzungen sein, die vor der endgültigen Verwitterung stehen.

Zum besseren Verständnis am besten erst ins gegenüberliegende MUSEUM gehen und dort Videofilm und Dias ansehen. Außerdem bekommt man einen guten Eindruck über das Leben der Bronzezeit. Geöffnet 1o-18 Uhr, Eintritt 6 Euro. Täglich 11 und 14 Uhr lohnende Führungen entlang der Felszeichnungen. Vorsicht: Nichts zerstören!

Natürlich ist das Betreten der Felsen verboten, ebenso das Fotografieren im 9o Grad Winkel. Abgesehen von den hohen Strafen bitte unbedingt daran halten!
Weitere Felsenbilder bei Fossum, Aspeberget, Litsleby und Torsbo.

Die Felsenbilder stammen aus der Bronzezeit 2ooo-5oo v. Chr., als der Wasserstand noch 25 m höher war und die jetzigen Fundstätten am Meer lagen. Es handelt sich in der Regel um heilige Stätten. Immer wieder auftauchende Motive sind Männer, die Streitäxte hochhalten. Außerdem viele Sonnenmotive. Natürlich auch viele Motive aus konkreter Erfahrungswelt zu damaliger Zeit wie Pferde, Hirsche und Schiffe.

BULLAREN WILDNISGEBIET: östlich von Tanumshede befindet sich das Wildnisgebiet Bullaren rund um den gleichnamigen, langgezogenen See, der für seinen Fischreichtum bekannt ist. Dort gute Fahrrad- und Kanutourmöglichkeiten, viele Tierbeobachtungen (Biber, Fischadler, Elch, Auerhahn..) möglich. Anf.: besonders schöne Strecke vom Seesüdende ab Hallevadsholm entlang der Ostseite des Sees.

Einkauf: Nur 2,5 km weiter Richtung Kville schöne Keramikarbeiten bei netter Künstlerin zu kaufen.

✶ Strömstad

Letztes größeres Städtchen vor dem teuren Norwegen. Hier letzte „billige" Einkäufe tätigen! Rund um das hauptsächlich von Freizeitbooten genutzte Hafenbecken die Stadt auf vielen Hügeln von kleinem Fluß durchzogen. Vor der Küste die fantastischen Koster-Inseln, vom Meer zerfurchtes Eiland mit Laubbäumen und Sandstränden. Paradies für Angler, Segler und Seehunde.

 Tullhuset, Norra Hamnen, 45222 Strömstad, Tel. o526/ 623 3o, Fax: o526/ 623 35. Täglich geöffnet 9-2o Uhr. Homepage www.stromstad.se

Verbindungen

Zug: Endstation der schönen, für InterRailer und ScanRailer sehr zu empfehlenden Nebenstrecke Strömstad-> Göteborg, 5 x tgl., Verbindung bis fast zum Hafenbecken.

Schiff: Colorline tuckert in der Hochsaison bis zu 6 x täglich quer über den Oslofjord ins norwegische Sandefjord. Bietet sich für Skandinavienrundreise an, wenn die westnorwegischen Fjorde locken und man den großen Landbogen via Oslo sparen will. Preise zur Hochsaison. Autosparpaket mit 1 PKW und bis zu 5 Personen ab 62 Euro pro Strecke. Überfahrt 2 1/2 Std. Zollfreier Einkauf möglich! Color Line: www.colorline.de Tel. +49 (o) 431/ 7300.300 Fax: +49 (o) 431/ 7300.400

Schärenboote zu den Kosterinseln, nur Personen- und Fahrradtransport mit verschiedenen Anlegestellen auf den Inseln. Nahezu stündliche Abfahrten. Fahrtzeit: 45 Minuten. Preis für Hin- und Rückfahrt: 2o Euro. Bei mehr als 8 Personen lohnt sich billigeres und schnelleres Boottaxi! Tel. 2o1 1o.

„**Hotel Laholmen**", Luxushotel allererster Güte auf kleiner Halbinsel direkt am malerischen Hafen. Helle, schöne Zimmer mit Meeresaussicht. Im Hause, hinter großen Panoramafenstern, Feinschmeckerlokal, spezialisiert auf Fisch, besonders Garnelen. 452o1 Strömstad, Tel. o526/ 197 oo. DZ mit Frühs. ca. 14o Euro im Sommer, sonst 18o Euro. www.laholmen.se

Juhe Crusellska Vandrahemmet, graues, recht unscheinbares Gebäude in Stadtmitte nahe der Kirche, Norra Kyrkogatan 12, Tel. o5 26/1 o1 93. www.crusellska.com

Lommeland, älteres Gebäude kurz vor der norwegischen Grenze, 6 km östlich der E 6 in Hogdal ausgeschildert. Geeignet für Durchgangsübernachtungen. Adresse: Råsshult, Tel. o526/ 42o 27.

Strömstads Fritidscentrum, durch Felshügel windgeschützter Platz von Campinghütten unterteilt. 1 km zum Wasser. Sehr gute Sanitäranlagen. Fahrrad- und Bootsverleih. Anfahrt von Strömstad Richtung Seläter ca. 3 km. Tel. o526/ 611 21.

Ylseröds Camping, sehr ruhig, direkt an Bucht mit kleinem Sandstrand, gefällt uns von allen in der Ecke am besten. Recht steile und schlechte Anfahrt. Caravanfahrer rechtzeitig Gas geben! Anfahrt von E 6 nördlich der OK-Tankstelle beschildert: ca. 18 km südlich von Svinesund.

Dynestrands Camping, sehr kleiner Platz direkt am Wasser, mit schönem Blick auf Schären, süße kleine Holzhütten mit Mini-Veranden. Anfahrt: 1o km nördlich von Strömstad an E 6. Tel. o526/ 34o 85.

Daftö Ferie Center, von Nebenstraßen durchschnittenes Gelände zwischen Wald- und Felsgelände ebenfalls am Wasser. Anfahrt: von E 6 in Vik ab Richtung Strömstad. Tel. o526/ 25 o35.

AUSFLÜGE

In jedem Fall rüber zu KOSTER-INSELN! Scheint zwar aufwendig, lohnt sich aber trotzdem. Nord- und Sydkoster sind autolose, unter Naturschutz stehende bewohnte Inseln und als Sonnenloch bekannt. Rundherum schippern Austernkutter und Segler. Schöne Strände.

> Auf Sydkoster „**Ekenäs Skärgårdshotel**", phantastisch am Wasser gelegen. Mittelgroße Zimmer und verschiedene Annexen in Umgebung mit schöner Balkonaussicht. Abends wird auf den Klippen vorm Haus gegrillt. Fahrrad- und Surfverleih. DZ mit Dusche und Halbpension ca. 16o Euro für 2 Pers. 452o5 Sydkoster, Tel. o526/ 2o2 5o. www.sydkoster.se

Auf Nordkoster (anderen Fähranleger benutzen) kleiner, ganz einfacher Zeltplatz mit Trockenklo und schönem Sandstrand. Für Leute mit geringen Ansprüchen an Luxus, aber hohen Ansprüchen an Freiheit.

✦ Svinesund

Grenzflecken mit Ramschmarkt, der im Grunde nur die Grenze markiert. Große, beeindruckende Grenzbrücke mit toller Aussicht auf ersten „halbechten" norwegischen Fjord. Pässe kann man stecken lassen. Geldwechsel rund um die Uhr am schwedischen Customhäuschen.

Für restliche 12o km -> Oslo noch ca. 2 Stunden kalkulieren.

Camping Kungsvik, 1o km südlich von Svinesund und Campingplatz Lökholmen nahe der norwegischen Grenze nicht zu empfehlen. Sehr laut und viele Jugendliche, die gern dem Alkohol fröhnen.

Svinesunds Camping, direkt an Grenze und an E 6. Bis in den Schlafsack hört man das Rauschen der dicken Brummer.

Nordby Familiencamping, etwas kleiner und nicht so direkt an der Straße. Durchgangsplatz, 4 km südlich der Brücke.

SÜDSCHWEDEN OSTKÜSTE

Ab TRELLEBORG (S. 1o6) langer Küstenabschnitt mit vielen Sandstränden. Der Abschnitt Trelleborg -> Ystad benötigt auf schmaler Landstraße mit Speed Limit Zeit. Sie führt in Abstand zur Küste. Nur ab und zu Blick auf die blaue Ostsee. Ab Ystad gut ausgebaute Straße.
Im Süden viele Schlösser. Statistisch gesehen bestes Wetter. Im Landesinneren recht einsam.

SMYGEHAMN: Winziges Fischernest, umgeben von vielen Sommerhäuschen. Bekannt im ganzen Norden, weil Smygehuk Schwedens südlichster Punkt ist! Östlich des Ortes einige Stichstraßen durch Dünen zum Baden und für Bulliurlaub.

 Skateholms Camping, einfacher Platz zwischen Straße und feinkörnigem Sandstrand. Lohnend! Anfahrt: an der 9, 6 km östlich von Smygehamn.

★ Ystad

Kleines mittelalterliches Städtchen mit gewundenen Gassen und gediegen alten Fachwerkhäusern in den Seitengassen um den Rathausplatz. Geht man abends nach 21.15 Uhr in frischer Ostseeluft durch die buckligen Sträßchen, hört man viertelstündlich den Turmwächter von der Maria-Kirche blasen. Östlich der Stadt gute Sandstrände. Hier spielen die spannenden Kriminalromane von Henning Mankell, dessen Kommissar Kurt Wallander gegen die Abgründe menschlicher Grausamkeiten kämpft.

 St. Knuts Torg, gegenüber dem Bahnhof, 27142 Ystad. Tel. o411/ 577 681, Fax: o411/ 55 55 85. Geöffnet: Mitte Juni bis Mitte August Mo. - Fr. 9-19 Uhr, Sa. 1o-19 Uhr, So. 11-18 Uhr. Homepage: www.ystad.se.

Verbindungen ab Ystad

 **Schiff**: Richtung Rønne auf dänischer Insel Bornholm mit Bornholms Trafikken täglich 4-8 Abfahrten. Fahrzeit mit dem schnellen Katamaran 1 Std. 15 Min., mit der konventionellen Fähre 2 Std. 3o Min. Aber auch direkt von Sassnitz aus 1-2 x täglich, Fahrzeit 3 Std. 3o Min. www.bornholmstrafikken.dk.

Richtung Polen Swinoujscie (ehemals Swinemünde) 1 x tägl. Fahrzeit als Nachtfähre 7 Std., als Tagesfähre 6 Std. 3o Min. Mit Polferries, Tel. oo46/ 8/411 49 8o, Fax 411 49 81, www.polferries.se. Parallel dazu fährt aber auch Unity Line, Tel. oo46/411/55 69 oo, Fax 55 69 53, www.unityline.pl

Zug: Mehrmals täglich nach Malmö und direkt Copenhagen sowie Richtung Simrishamn.

Bus: Täglich mehrfache Anschlüsse nach Lund, Kristianstad, Trelleborg und Simrishamn.

„**Ystad Saltsjöbad**": Saltsjöbadsvägen 6, weißes Luxushotel, wo unterhalb der Fenster die Wellen an den Strand schlagen; längliche Zimmer mit hellen Kiefernmöbeln und großen Balkontüren, leider ohne Balkon. Seeblickzimmer verlangen! DZ mit Frühstück im Winter ca. 14o Euro, im Sommer ca. 11o Euro. Tel. o411/ 136.3o. www.ystadsaltsjobad.se

„**Hotel Continental**", eines der ältesten Hotels von Schweden, jedoch renoviert. Ein Romantik-Hotel in zentraler Lage beim Bahnhof. DZ mit Frühstück im Winter ca. 16o Euro, im Sommer ca. 14o Euro. Gutes Speiserestaurant. Tel. o411/137 oo. www.hotelcontinental-ystad.se

„**Hotell Prins Carl**": kleiners Hotel im Zentrum, einfach aber ordentlich. Restaurant. Tel. o411/737 5o. www.hotellprinscarl.com

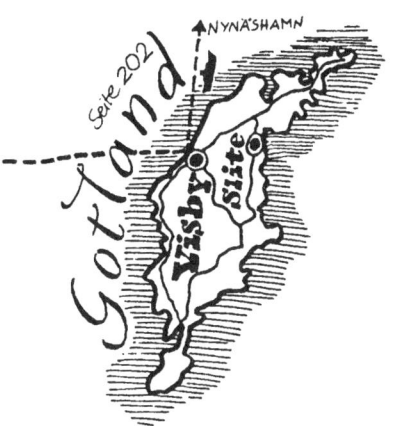

„STORE THOR": Restaurant im Keller des Rathauses, zentral am Marktplatz.

MARIAS KONDITOREI: Treffpunkt der Dorfjugend, immer frischen Kuchen. Stora Västergatan, gegenüber der Kirche.

 Sandskogens Camping, recht schattiges Waldgelände direkt an Straße. Zum Strand Straße überqueren ca. 2oo m. Nicht sonderlich lohnend. Anfahrt: 3 km östlich vom Zentrum.

Nybrostrands Camping, Alternativplatz: ganz einfach, ohne Komfort (sogar keine Dusche), fast direkt in den Dünen. Anfahrt: 7 km östlich von Ystad.

 „**STF Kantarellen Vandrarhem**"Knatschblaues Gebäude mit 2- und 4- Bett-Zimmern, direkt am Sandstrand. Fritidsvägen 9, Tel. o411/ 665 66. 2 km östlich der Stadt an der 9.

FKK: Nacktbadetreffpunkt Hagestad Naturreservat.

GRÅBRÖDRA (Graubrüder): eine der besterhaltenen Klosteranlagen Schwedens, mit winkligen Firnen. Das 1276 eingeweihte Franziskanerkloster enthält heute Sammlungen der Stadtgeschichte.

Auf den Spuren von Kurt Wallander: seit 1998 der schwedische Autor Henning Mankell mit dem Buch „Die fünfte Frau" sämtliche Bestsellerlisten stürmte, sind die unglaublich spannenden Krimis rund um den melancholischen, literweise Kaffee trinken und zu häufig betrunkenen Kommissar Wallander aus Ystad Weltliteratur geworden. Die original Schauplätze seiner Bücher bzw. Verfilmungen kann man in und um Ystad besuchen. Während der Sommermonate fährt die örtliche Feuerwehr mit einem alten offenen Spritzenwagen die wichtigsten Orte der Romane ab; ansonsten kann man mit einem organisierten

Stadtrundgang des TI´s oder mittels eines Faltblattes auf eigene Faust von der Mariagatan (Wallanders Privatadresse) über die Lilla Norregatan (wo Wallanders Kollege Svedberg ermordet wurde) bis zur Fridolfs Konditori (hier trinkt Wallander gelegentlich Kaffee) wandern. Für die große Wallander Fangemeinde ein absolutes Muß!

In **YSTAD** entscheidet sich der weitere Routenverlauf: Die schnellste Verbindung weiter nach Kristianstad führt ab Ystad landein durch flaches Hügelland mit viel Landwirtschaft. Als Route wenig spektakulär, so doch relativ flott zu befahren.

Alternative sind schmale Landstraßen weitgehend parallel zur Küste und Smirishamn.

✶ Simrishamn

Idyllisches Fischereistädtchen mit hübsch pastellfarbenen, winzigen Häusern, die sich um den Hafen ducken. Ruhiges, altes Städtchen mit fast holländischem Einschlag. Im malerischen Hafen dösen die Kutter. Ständig leichter Fischgeruch gibt sympathische Atmosphäre. Lange, ausgedehnte Sandstrände südlich der Stadt. In Ortsnähe noch eher steinig, wegen des tiefen und offenen Wassers auch atlantikmäßig kühl.

 Direkt am Hafen, Tullhusgatan 2, Tel. o414/ 819 8oo, Fax: o414/ 163 64. Geöffnet im Sommer: Mo.-Fr. 9-2o Uhr, Sa. 1o-2o Uhr, So. 11-2o Uhr. Sonst Mo.-Fr. 9-17 Uhr. www.turistbyra.simrishamn.se.

Zug: einige Male täglich nach Malmö. **Bus**: nach Ystad, Lund und Kristianstad.

„**Hotel Svea**", traditionsreiches Hotel im Zentrum direkt am Meer. Zimmer mit Dusche und WC. Restaurant mit Blick auf Ostsee. DZ im Sommer um 1oo Euro. Tel. o414/ 41 17 2o, Fax: o414/ 143 41. www.hotellsvea.se

„**Hotel Kockska Gården**", altes Fachwerkhaus im Zentrum. DZ im Sommer um 95 Euro. Storg. 25, Tel. o414/ 411 755, Fax: o414/ 411 978.

 Tobisviks Camping, riesiges, schattenloses, gepflegtes Gelände mit einzeln numerierten Stellplätzen und meilenweitem, sauberem Sandstrand. Schlagbaum zwischen 22 und 7 Uhr geschlossen! Anfahrt: an der 9, 2 km nördlich von Simrishamn.

Borrbystrands Camping, kleiner, in einem kleinen Kiefernwäldchen gelegener Platz, direkt an feinkörnigem Sandstrand. Für schwedische Verhältnisse etwas schattig, sonst ganz heimelig. Anfahrt: von 9 Ri. Borrby Strand (4 km), dort an Kreuzung 1 km in nördlicher Richtung.

UMGEBUNG von YSTAD und SIMRISHAMN

KÅSEBERGA, kleines, weltverlassenes Fischerdörfchen. Etwas außerhalb des Ortes riesige, imponierende Schiffssetzung der Wikinger ALES

STENAR (mordsmäßige Steinbrocken, die in Schiffsform unvermittelt in der Gegend rumstehen). Ob Kult- oder Opferstätte ist umstritten. Im Ort leckerer geräucherter Hering.

BURG GLIMMINGEHUS, mächtig wie eine Festung im sonst spiegelglatten Land stehende Burg. Dicke, massive Wände beeindrucken uns am meisten. Von oben gute Aussicht. Nebenan kleines Burgmuseum und Cafeteria mit Selbstgebackenem. Anfahrt: ca. 25 km östlich Ystad von Hauptstraße abbiegen.

KIVIK, unscheinbares Örtchen, das ca. Mitte Juli zu Schwedens lotterhaftestem Markt überquellt. Neben jeder Menge Ramsch gibt's auch Ringeltauben. Entweder voll reinstürzen oder weiten Bogen machen.

In jedem Fall spannend und interessant: KUNGAGRAVEN, ein begehbares, im Durchmesser rund 75 m großes imposantes Königsgrab, das aus einem beeindruckenden Rollsteinhügel besteht. Innen rätselhafte Felsritzungen, die Wissenschaftler der Bronzezeit zuordnen. Geöffnet Mitte Mai bis Ende August täglich 1o-18 Uhr. Anfahrt: über die 9 Richtung Simrishamn südöstlich von Kivik. www.raa.se

Kiviks Camping, neu errichtete, gepflegte Anlage mit allem, was das anspruchsvolle Camperherz begehrt. Schöne Bademöglichkeiten. Ideal für Familien. Anfahrt: über die 9 nördlich von Kivik ausgeschildert.

✦ Kristianstad

Hauptstadt der nordöstlichen Provinz Schonen im Landesinnern, inmitten einer offenen, von Landwirtschaft stark genutzten Ebene; an naher Küste endlos lange, feinsandige Ostseestrände.

Provinzhauptstädtchen mit rechtwinklig angelegtem Stadtkern und alten Renaissancegebäuden. Ruhige, eher kleinstädtisch-provinzielle Atmosphäre, die einen nicht unbedingt vom Hocker reißt. Nach Geschäftsschluß wirkt die Stadt häufig wie ausgestorben.

Der **Dänenkönig Christian IV**. ließ 164o in dem damals noch dänischen Schonen die Festung Kristianstad errichten, um sich gegen die Schweden verteidigen zu können. 1658 fiel sie an die Schweden, die diese wiederum im Kampf 1676 an die Dänen verlor. Das Spielchen ging weiter: die Dänen konnten die Festung nur zwei Jahre halten, bis sie an Schweden ging...

Stora Torg, 2918o Kristianstad, Tel. o44/ 13 53 35, Fax: o44/ 12 o8 98. Ganzjährig geöffnet. Im Sommer: 1o-19 Uhr alltags, Sa. 1o-15 Uhr, So. 1o-14 Uhr. www.kristianstad.se/turism

Verbindungen ab Kristianstad

Flug: Flughafen von Kristianstad ca. 15 km vom Zentrum.

Zug: täglich häufige Verbindungen nach Malmö, Karlskrona, Kopenhagen und Stockholm.

Bus: täglich mehrfach nach Simrishamn, Karlskrona, Sölvesborg sowie nach Lund, Malmö und Hässleholm (dort Anschluß an Bahnlinie Richtung Stockholm).

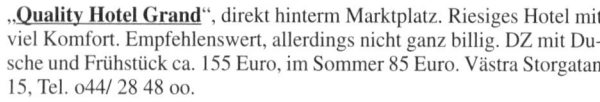

„**Quality Hotel Grand**", direkt hinterm Marktplatz. Riesiges Hotel mit viel Komfort. Empfehlenswert, allerdings nicht ganz billig. DZ mit Dusche und Frühstück ca. 155 Euro, im Sommer 85 Euro. Västra Storgatan 15, Tel. 044/ 28 48 oo.

„**Stadshotellet**", direkt am Markt. Klein aber gut. Imposantes Gebäude im Stil der Altstadt. Abends von den vorderen Zimmern aus romantische Aussicht auf beleuchtetes Rathaus und Kirche. DZ mit Dusche um 11o Euro, Sommer: 75 Euro. Stora Torg, Tel. 044/ 1o o2 55. Fax: 044/ 1o 25 8o.

„**Sirius Hotel**", Mittelklassehotel mit Zimmern zur Straße, etwas laut. Nur wenige Zimmer mit Bad/Dusche. DZ ca. 8o Euro im Sommer 7o Euro. Västra Boulevarden 35, Tel. 044/ 21 77 4o. Fax: 044/ 12 95 78.

„**Turisten Hotel**", Mittelklasse, an abends ruhiger Einkaufsstraße. DZ ab 11o Euro, Sommer 85 Euro. Västra Storgatan 17, Tel. 044/ 12 61 5o. Fax: 044/ 1o 3o 99 www.turisten.se

„**Lillemors Bed & Breakfast**", klein, aber fein; zentral gelegen, DZ 7o Euro, Västra Storgatan 19, Tel. 044/ 21 95 25.

Die Liste der Restaurants mit besonders preisgünstigen Tagesgerichten liegt im TI auf der Theke aus! Wer mehr Atmosphäre will:

„GARVAREGÅRDEN", alter Gerberhof. Auffällig schönes Gebäude im Fachwerkstil mit Holzballustraden. Etwas von der Straße abgesetzt. Freundliche Bedienung und leckeres Durchschnittsessen. Im Sommer wird auch draußen serviert. Tivoligatan 9, werktags 11-22 Uhr, Sa 12-23 Uhr, So 12-21 Uhr

„KIPPERSKÄLLARE", Nobelrestaurant mit angemessenen Preisen in gemütlicher Kelleratmosphäre, in der der König früher auch schon mal häufiger zum Speisen kam. Mo-Sa 18-22 Uhr, So geschlossen. Östra Storgatan 9.

KRISTIANSTAD´S RESTAURANG UND PIZZERIA am Marktplatz mit roten Teppichböden in der ersten Etage. Neben Pizzen und guten Salaten auch Fleischgerichte und ordentliche Hausmannskost. Preisgünstig. Nya Boulevarden 6, am Marktplatz.

Charlottsborgs Camping och Vandrarhem, kleiner, zugleich aber komfortabler Platz ohne direkten Zugang zum Wasser.

Parkähnlich mit Grasgrund und Laubwald drumherum. Häufig als Durchgangsplatz benutzt. Anfahrt: ca. 3 km westlich der Stadt an der E 22, Jacobsväg 34.

Dort auch ganzjährig geöffnete **Jugendherberge**, Adresse siehe Campingplatz. Tel. o44/ 21 o7 67, Fax: o44/ 2o o2 78.

Kunsthandwerk: „Lantboden" und „Lavendel" zwei kleinere und ganz schöne Geschäfte in der Östra Storgatan.

SEHENSWERTES

Das TI gibt einen kostenlosen Altstadtführer auf deutsch heraus, mit dessen Hilfe man auf vorgezeichneten Pfaden einen „Kulturnachmittag" einlegen kann. Allerdings nicht alles lohnenswert!

Sehenswert in jedem Fall der MARKTPLATZ mit dem Freimaurerhaus (Kristianstad ist Hochburg der Freimaurer!), dem Bürgermeisterhaus und dem Zeughaus sowie der etwas in der Ecke stehenden DREIFALTIGKEITS-KIRCHE mit auffallend hohen Giebeln und Fenstern. Innen: geschnitzte Eichenbänke, pompöser Marmor- und Alabaster an Altar und Kanzel sowie reichlich verzierter Orgelfront aus Zeiten Kristian IV.

Wer sich unbedingt noch mehr Kultur zu Gemüte führen will und das Wetter schlecht genug ist, geht ins BEZIRKSMUSEUM mit militärgeschichtlichen Klamotten und kunsthandwerklichen Sammlungen. Angeschlossen dort auch eine Kunsthalle. Direkt am Stora Torg.

Nicht sonderlich lohnend ist das vom TI angepriesene FILMMUSEUM; recht klein und mit alten Aufnahmefotos, alten Kleidungsstücken und Filmzeitschriften. Nur was für absolute Filmfreaks! Alte Filme werden auf Wunsch (allerdings nur auf schwedisch) vorgeführt. Zu finden in der Östra Storgatan 53 im Erdgeschoß. Vor dem Haus steht eine Filmemacherstatue. Geöffnet: Im Sommer Di-Fr 13-16 Uhr und So 12-17 Uhr. Freier Eintritt.

Gleiches gilt für das EISENBAHNMUSEUM. Fahrkarten, Schilder und Signale bringen's nicht unbedingt. Hammarlundsvägen 2. Offen: Im Sommer täglich 13-16 Uhr.

Ausflüge z.B. nach Åhus, Degeberga/Forsakar, siehe nächste Seiten!

✷ Åhus

Kleines, malerisches Küstenstädtchen, 17 km südlich von Kristianstad. Idylle wird zum Teil durch Industriegebiete und Hafeneinflüsse getrübt. Interessant wegen der südlich und nördlich der Stadt gelegenen funkelnd weißen Sandstrände hinter kieferbewachsenen Dünen und dortiger Aalfischerei. Bekannt ist Åhus für den fetten, frischgeräucherten Aal. Besonders lecker und gemütlich im Åhus Gästis, auch mit anderen Fischspezialitäten.

Sehenswert ist die staatliche MARIENKIRCHE mit mittelalterlicher Sakristei.

 Järnvägsgatan 7, Box 63, 29631 Åhus. Tel. o44/ 134 777, Fax: o44/ 24 38 98. Im Sommer Mo.-Fr. 1o-19, Sa. 9-18 Uhr, So. 9-14 Uhr. Homepage: www.ahus.se.

 Åhus Camping, gemeindegroßplatz mit allem Luxus in schöner Waldumgebung. Gut unterteilt, so dass er kleiner wirkt. Hütten zu mieten, extra Platz für Fahrradfahrer. Leider nicht direkt am Wasser. 5 Min. Fußweg! Dort aber phantastischer Strand, der bei gutem Wetter Scharen Badelustiger anzieht. Anfahrt: von der 118 bei Åhus ausgeschildert, Kolonivägen.

Rigeleje Camping in Juleboda, Geheimtipp. Einfach, aber leer, mit Sand- und Grasnarbe. Anfahrt: 1o km südlich von Olseröd an der 19. Kein offizieller Platz.

Landöns Camping, kleiner, einfacher, aber gemütlicher Platz direkt am Wasser. Etwas abseits vom Touristenrummel. Vorgelagerte Schären mit vielen kleinen Booten im Wasser. Jedoch kein Sandstrand und ohne Schatten. Außerdem keine E-Anschlüsse für Wohnwagen. Anfahrt: 1o km nördlich von Åhus von der 118 in Rinkaby Richtung Trolle-Ljungby ab. In Vanneberga Richtung Landön!

 Åhus direkt gegenüber dem Turistbüro, mit 34 Betten und Familien- und Gesellschaftsraum; lohnende Alternative bei vollen Campingplätzen! Stavgatan 3, Tel. o44/ 24 85 35, sonst 24 o1 o6. Geöffnet Anfang Juni bis Ende Aug. (8-1o/17-21 Uhr).

Kanuverleih: über das örtliche Touristbüro.

 Zum Baden sehr zu empfehlen ist Yngsjö an der 118, 7 km südlich von Åhus, breite griechische Traumstrände mit Sand so weiß wie Zucker; für FKK-Fans gibt's an der Mündung des Flusses Helgeån ein eigenes Areal (allerdings ohne Zeltplatz). Aber Achtung! Starke Strömung am Wassergrund am Strand!

In Åhus auch **Reitmöglichkeit**. Nicht zu verfehlen. Tel. 24 88 15.

✦ Degeberga/Forsakar

Ein unglaublich schönes Stückchen Natur. Sagenumwobene Bachschluchten in lieblicher Landschaft. Eingebettet in das Tiefgrün des romantischen Buchenwaldes.

Forsakar Wasserfall.In zwei Stufen fällt er umgeben von hohen Felsen 9 m in die Tiefe. Vom Parkplatz aus geht der Weg zur Schlucht und zum Wasserfall am Forsakargården los! Steile Treppen führen zum Rand der Schlucht! Entsprechendes Schuhwerk anziehen! Aber keine Niagara-Kulisse erwarten! Unterhalb des Wasserfalls sauberes, kleines, beheiztes Schwimmbad.

 Degeberga Turistbyrå, Tingsvägen 21, 29731 Degeberga. Tel. o44/13 45 78. Geöffnet im Sommer: täglich 1o-18 Uhr, Sa. 9-15 Uhr, So. 1o-14 Uhr.

 Trollemöllans Camping, für Wohnwagen- und Bullifahrer: Brinkamöllevägen 8 in Degeberga. 2-Sterne-Campingplatz. Tel. o44/ 35 5o 1o.
Wohnmöglichkeit außerdem in beliebtem Feriendorf mit kleinen Bungalows (4o qm) am Fuß einer Hügelkette. Anmeldung allerdings 1/2 Jahr vorher über TT-Line oder Degeberga Feriendorf, Tel. o44/ 35 oo 6o.

BURG VITTSKÖVLE, von einem romantischen Park und Ringgraben umgebenes Renaissanceschloß mit quadratischem Grundriß aus dem 16. Jh. Größte und erhabendste Burg Schonens, in der auch Nils Holgersson mit seinem Gänserich Martin Abenteuer erlebt hat. Dort ebenfalls schöne Kirche aus dem 13. Jh. mit Schöpfungsgeschichte der sog. Vittskövler Meister. Anfahrt: von Degeberga ca. 5 km Richtung Åhus.

SCHLÖSSER

Rund um Kristianstad gibt's nicht weniger als zehn stattliche Schlösser, die das reiche und vornehme Landschaftsbild entscheidend mitprägen. Ein Großteil der Schlösser sind heute noch Wohnsitze reicher Forst- und Landwirte, so dass sie in aller Regel nicht von innen besichtigt werden können. Trotzdem Möglichkeit in den gepfelgten Schloßparks spazieren zu gehen und Herrensitze von außen zu bewundern. Geöffnet für Besucher ist lediglich noch:

SCHLOSS BÄCKASKOG und INSEL IVÖ, 16 km nordöstlich von Kristianstad an der E 22 auf einer Landzunge zwischen zwei Seen.

Mönche bewohnten zwischen 125o und 1537 das als Kloster benutzte Gebäude aufgrund des milden Klimas und der fischreichen Gewässer. Zwischen 1537 und 168o wurde es zum befestigten Schloß dänischer Herren umgebaut. 168o bis 1818 bewohnten schwedische Militärs als Gouverneure Schonens das Gebäude, die im wesentlichen den Umbau der Kapelle und des Parks übernahmen. Blütezeit im 19. Jh. als Lustschloß Karl XV.

Heute ist Bäckaskog reines Touristenschloß mit Besichtigungsmöglichkeit von Schloßkapelle, königlicher Etage, Schloßkirche und fantastischem Park. Hier wachsen biblische Pflanzen, eine Linde mit unterschiedlichen Blättern.

Von hier Abstecher auf die MÄRCHENINSEL IVÖ im Ivösjön, mit kostenloser Straßenfähre! Auf Insel schöner Zeltplatz mit warmem Wasser, Dusche und kleiner Küche von Naturhecken umgeben. Hier auch Campinghütten. Sofort hinter Fähranleger rechts. Schloß wird auch noch als Hotel, Jugendherberge und Restaurant benutzt. Preise für DZ mit Frühstück zwischen 6o und 16o Euro (April bis September). Reitmöglichkeit! Schloß Bäckaskog, 29o34 Fjällkinge, Tel. o44/ 53o 2o. www.backaskogslott.se

Die anderen Schlösser, wie gesagt, nur von außen zu besichtigen:
SCHLOSS CHRISTINEHOV, ca. 15 km südlich von Degeberga. 174o erbaut.
SCHLOSS ARASLÖV (18o7 errichtet), am Westufer des gleichnamigen Sees nordwestlich von Kristianstad. Dort auch seltene Vogelarten.

SCHLOSS OVESHOLM, mit phantastischem Park, 17 km westlich von Kristianstad in Verbindung mit der Mariakirche in Vä (12. Jh.) zu besichtigen.

SCHLOSS MALTESHOLM (1635), südlich von Tollarp; einmalig schön auf Bergrückenkette gelegen, mit meilenweiter Aussicht auf die flache Ebene. Den eindrucksvollen Weg „Höge Väg" am Schloß hoch benutzen.

TROLLE LJUNGBY, Wasserburg aus dem 17. Jh. Eines der größten Güter ganz Schwedens.

Fahrrad: Wegen der meist flachen Ebenen und der vielen kulturellen Sehenswürdigkeiten keine strapaziöse Angelegenheit. Die TI in Kristianstad, Åhus und Degeberga haben Touren zusammengestellt und vermieten Räder.

Reiten: Ausflüge auf Islandpferden, die auf schwedisch den schönen Namen „Glaciärhäster" tragen. Wahlweise 2,5 oder 4,5 Std. Preis pro Std. ca. 12 Euro. Boarps Islandshästar in Vinslöv, Tel. o44/844 6o oder Reittouren auf Bashkirpferden mit Übernachtung am Östra Göinge Reitweg. Buchung über o44/653 42.

Ungeführte Touren, also privates Reiten für entsprechend erfahrene Leute, gibt's bei Gräsma Ryttarklubb, Huaröd. Dort auch Ausfahrt mit Pferd und Wagen möglich. Tel. 044/33 o1 35

Go-cart: 5 km südlich von Kristianstad in Åsum liegt die angeblich beste Go-cart-Bahn Schwedens. Für 4o Kronen pro 5 Min. donnert man stinkend über einen mit alten Autoreifen gesicherten Asphaltparcour. Norra Åsum, Tel. 044/ 123 69o.

Fliegen/Fallschirmspringen: für Exclusive. Bei entsprechender Aufenthaltsdauer und Tauglichkeit kann man auf dem Flugplatz Rinkaby, zwischen Kristianstad und Åhus, Flugstunden nehmen oder Fallschirmspringen. Nähere Infos am TI.

Am See Immeln und Umgebung. Sehr schönes Kanurevier mit Wildnisfeeling in anmutig hügeliger Landschaft, wo ab und zu noch der Seeadler kreist. Bestens für Anfänger geeignet, da relativ begrenztes Gebiet und man doch mal den einen oder anderen Menschen trifft. Phantastische Rundtour!

Routen: Bei Tour auf See Immeln hauptsächlich Westufer benutzen! Dort sind kleine Lagerplätze eingerichtet und gleichzeitig werden brütende Vögel auf Inseln nicht gestört. Auf Immeln selbst recht viel Kanutourismus. Hier schippert auch Bootdampfer für Kaffeefahrten herum (Abfahrt: Kanuzentrale um 1o und 12.3o Uhr).

Traumhaftester Teil des Gebiets ist jedoch nach zwei Umtragestellen der langgestreckte See Raslången; hier phantastische Lagerplätze in zauberhafter Einsamkeit mit Kanadagänsen und erhaben kreisenden Fischadlern.

Wer sich quälen will und längere Portagen nicht scheut, kann vom Südende des Raslången in den Kroksjön, dann auf abenteuerlichem Weg mit weiterer Umtragung in den Blistorpasjön. Der dort ausfließende Lillån hat in der Regel wenig Wasser, so dass man mit dem Bootswagen ca. 4 km Landtransport auf dem parallel verlaufenden Landwirtschaftsweg bis oberhalb von Näsum zurücklegen muß. Auf dem wieder fahrbaren, allerdings teilweise zugewachsenem Holjeån herrscht häufig dschungelartige Wildnis. Beil mitnehmen! Ab Mündung in den romantischen Ivosjön (Zeltplatz auf der Insel bei Fähranleger) gelangt man vorbei an Schloß Bäckaskog durch kleinen Kanal in den obstbaumumrandeten Oppmannasjön bis Arkelstorp. Zum Startpunkt Immeln sind es zu Fuß nur 6 km, man hat aber 9o km strapaziöse, einsame Gebiete erobert. Zeitbedarf ca. 3 Tage. Nur für Fortgeschrittene.

Anfahrt: von 2o in Knislinge ab Richtung Hjärsås/Arkelstorp, von da zur Südspitze des Sees Immeln.

Kanuzentrale (Immelns Kanot Center): zwischen Campingplatz und JH. Hier gibt's alles zu leihen und kaufen, was man für Kanutouren braucht: Trockennahrung, Karten, Zelte... Im Juli häufig ausgebucht. Ggf. Voranmeldung bei: Immelns Kanot Center, Tel. o44/ 962 8o. www.immelns.com
Tipp: Hier gibt's außer Surfbrettern auch Tandemfahrräder zu verleihen.
Notwendige Karte: 3 E NV.

Immelbadens Camping, kleiner, aber schnuckliger Platz direkt am See. Sehr familienfreundlich mit Kinderplantschbecken und Spielgeräten an leicht abschüssiger Rasenfläche. Nur 1oo m zu guter Kanuzentrale. Lohnend! Anfahrt: An Straße vom Ort Immeln Richtung Lönsboda. Tel. o44/ 963 55.

Alternativ zum Standort am Immeln ist der Zeltplatz bei Olofström, ebenfalls mit Kanuverleih. Von hier aus geht's auch in das gesamte o.g. Kanurevier.

Schöne kleine **Jugendherberge** am See. Rotes Gebäude mit gemütlichen Kiefernmöbeln in 2- bis 6-Bett-Zimmern. Geöffnet: Mitte Mai bis Ende August. Tel. o44/ 963 55. Homepage www.immelnvikensfritid.se

✹ Olofström

Auf der anderen Seeseite großes Volvowerk, sonst mitten im Wald.

 Olofström Turistbyrå, Brostugevägen 1, 29342 Olofstöm. Tel. o454/ 3o 94 oo, Fax: o454/ 999 8o. Geöffnet: Mo.-Fr. 1o-17 Uhr, Sa.-So. 1o-15 Uhr. www.visitolofstrom.se

 Halens Camping, echt schönes, gepflegtes Gelände mit tollem Sandstrand. Auf dem Platz kleines modernes Restaurant mit leckerem Essen und vielen Wimpeln. Hier auch Fahrradvermietung. Tel. o44/ 4o2 3o. www.halenscamping.se

 3-5 km Wanderung in anliegendes Naturreservat möglich. Langwanderweg Sölvesborg-Karlskrona geht direkt am See vorbei; im Juli stark besucht, lohnend. Anfahrt: von der 12 ca. 3oo m südlich der Volvo-Werke abbiegen (ausgeschildert), 293oo Olofström, Tel. o454/ 4o2 3o bzw. 413 5o. Nebenan warten 8o knatschrote Inkas Canadier auf Wasser unter Kiel.

Tipp: bei schlechtem Wetter ins Schwimmbad in Olofström.

 Für FKK-Fans gibt's einen wunderschönen Platz in direkter Umgebung: Partisanen Naturistcamping. Wiesenplatz direkt am See, von kleinem Gehölz umgeben. Aller Service: Solarium, Sauna. Anfahrt: 3 km westlich von Kyrkhult an Verbindungsstraße Kyrkhult-Vilshult, beim Galax-Turistzentrum, Slagesnäsvägen 211, 29o6o Kyrkhult, Tel. o454/ 77 12 1o

PROVINZ BLEKINGE

Wunderschöner, kleiner Küstenabschnitt, der wie drei Treppenstufen aussieht: Die Ostseeküste mit unzählig vorgelagerten „üppig-grünen" Inseln im Westen und kargen Klippen im Osten, langen Sandstränden, tiefen Buchten und hervorragenden Segel- und Bademöglichkeiten.

Dahinter breiter Streifen recht dicht besiedeltes Acker- und Kulturland mit ausgedehnten Wiesen und Feldern, eingerahmt von hochaufgeschossenen Buchen und Kastanienbäumen sowie von Hauptstraßen durchzogen.

Das nördlich angrenzende karge Waldgebiet bietet unberührte Natur mit fischreichen Binnenseen, kleinen, ertragsarmen Ackerflächen und guten Wandermöglichkeiten.

Allgemeinde Infos unter: www.blekingeturism.com

✱ Karlshamn

Typisch schwedische Kleinstadt mit aufkommender Industrie (Futter-, Zukker- und Margarinefabriken). Die direkt am Hafen liegende Innenstadt hat eine freie Markplatzfläche, zwei bis drei rechtwinklig angelegte Einkaufs- und für den Autofahrer verwirrend viele Einbahnstraßen. Mit einigen großen alten Holzhäusern im halben Wild-West-Stil ergibt sich ein Gemisch aus idyllischer Kleinstadtatmosphäre und industrieller Betriebsamkeit. Von hier starteten vor 2oo Jahren die Auswanderer in die USA.

> Der Name stammt von <u>König Karl X Gustav</u>, der der Stadt 1664 die Stadtrechte verlieh (Karlshafen!). Während der dänisch-schwedischen Kriege ging's hier immer hoch her, da die natürliche Hafenanlage damals von militärstrategischer Bedeutung war. Von hier verließen viele Schweden im 19. Jh. aus wirtschaftlicher Not ihr Land Richtung Amerika.

 Nicht weit vom Hafen, Ronnebygatan 1, 37481 Karlshamn. Tel. o454/ 812 o3, Fax: o454/ 812 25. Geöffnet im Sommer Mo.-Fr. 9-19, Sa. 1o-18 Uhr, So. 12-18 Uhr. homepage: <u>www.karlshamn.net</u>. Zentrale Infos über ganz Blekinge unter www.blekingeturism.com.

Verbindungen ab Karlshamn

Zug: mehrmals täglich an der Strecke Malmö-> Karlskrona.

Bus: mehrmals täglich nach Karlskrona, Ronneby (ca. 3o km) und Sölvesborg.

Flug: Inlandsflughafen Ronneby (ca. 3o km) nur mit Verbindungen nach Stockholm.

„**Port Hotel**", ex-Norreport Hotel, das von den neuen Besitzern renoviert wurde. Zentral an Hauptstr. gelegen, familiäre Atmosphäre. Zimmer mit TV und Minibar. Drottninggatan 1o2-1o4, Tel. o454/ 142 2o, Fax: o454/ 142 64. www.porthotel.se

„**First Hotel Carlshamn**", großes Hotel mit allem Luxus. Schön gelegen am Hafen. DZ mit Dusche ab 75 Euro. Varvgatan 1, Tel. o454/89o oo. Fax: o454/ 89 15o.
„**Walhalla**", kleines, gutes Hotel mit Gourmet-Restaurant (vgl. „Essen"), 1o Min. vom Stadtzentrum, DZ mit Dusche und Frühstück ab 8o Euro. Stationsvägen 24, außerhalb, Richtung Mörrum. Tel. o454/ 5oo 44. Fax: o454/ 5oo 46. www.hotel-walhalla.se

„SALTSJÖBADEN" auf der Halbinsel Vägga hoch auf einem Berg gelegen, mit phantastischer Aussicht auf Sund; von außen und innen in weißer und blauer Farbe riesiger Teppich im Lokal, auf dem das Restaurant abgebildet ist. Sehr gutes Essen zu normalen Preisen. Adresse: Vägga, Tel. o454/ 19 291, nur vom 1. Mai bis 3o. September geöffnet.

„GOURMET GRÖN", empfehlenswertes vegetarisches Restaurant mit halbwegs akzeptablen Preisen. Biblioteksgatan 6, Tel. o454/ 164 4o.

„WALHALLA RESTAURANT & PIZZERIA", kleines Hotel mit großem Restaurant. Absolutes Top-Restaurant in der Umgebung, auf Lachs spezialisiert. Wirklich Spitze, allerdings nicht billig, Preise ab 2o Euro aufwärts. Stationsvägen 24, außerhalb Richtung Mörrum, Tel. o454/ 5oo 44.

Kolleviks Camping, langgezogener, schöner Platz, allerdings nur an einigen Stellen Blick auf Ostsee; am Beginn des Geländes gemütlicher Badeplatz mit Mini-Sandstrand an kleiner Bucht, familienfreundlich. Eine Menge toller Holzhütten zu mieten, z.T. auch nur für 1-3 Tage! Kochgeschirr vorhanden, Bettzeug mitbringen. Tennis. Anfahrt: 3 km südöstlich vom Zentrum von E 22 ausgeschildert.

Tipp: Bei Einfahrt in Kolleviksvägen im alten Bauernhof Keramikladen, teilweise kitschige Sachen, teilweise gute Holzsachen. Adresse: Röda Ladans Keramik, Kolleviksvägen.

Långansjönäs Camping, ca. 1o km außerhalb der Stadt in wildnisähnlichem Feriengebiet, toller Platz im Wald mit phantastischer Badebucht am See, absolut ruhige Lage mit hervorragendem Angelgewässer (Regenbogenforellen), fünf verschiedene Rundwanderwege, wovon der blau gekennzeichnete (8 km) der schönste ist. Meines Erachtens schöner als Kollevik! Bestens für längeren Urlaub geeignet, Tennismöglichkeit und Ferienhütten (Buchung im Touristbüro). Anfahrt: E 22 bei Karlshamn verlassen, nach Asarum, und Schild „Fritidsområde" folgen.

Gemütliche Jugendherberge zentral am Surbrunnsvägen gelegen. Jedes Zimmer hat Dusche und Toilette. Gleich daneben toller Kinderspielplatz. Tel.: o 454/14o 4o.
Oder von Järnavik rüber auf die Insel Tjärö in die dortige, typisch rot gestrichene Herberge mit 2- bis 4-Bett-Zimmern, vorher telefonieren! Tel. o454/ 6oo 63. Dort auch eingeschränkte Zeltmöglichkeiten. Homepage www.stftjaro.com

FESTE: Jedes Jahr in der 29. Kalenderwoche ist in Karlshamn absolut der Bär los! Beim Karlshamn Baltic Festival herrscht hier nahezu Karnevalsstimmung: Blökende Kamele und stampfende Elefanten ziehen genauso durch die bunt geschmückten Straßen wie in bunten Trachten auftretende Volkstanzgruppen aus Littauen und Krakau. Überall gibt's Kaffee, Punsch, Kunsthandwerk und jede Menge Blasmusik.

SEHENSWERTES

Die üblicherweise vom Touristbüro angepriesenen Sehenswürdigkeiten (Carl-Gustavs-Kirche, Stadtmuseum) bringen's nicht unbedingt. Beim Stadtbummel bestenfalls das AUSWANDERDENKMAL (Karl-Oskar und Christina) ansehen, das im Hafen an die Auswanderzeit erinnert.

Lohnender ist dann schon eine kleine Dampferfahrt mit der „FLUNDRAN"auf die im Hafen vorgelagerte Kastellinsel, auf der einem im Frühjahr ein angenehmer Fliederduft entgegenströmt, hier auch Möglichkeit zum Kaffeetrinken. Abfahrt: täglich, überwiegend nachmittags, 5 Euro

KREATIVUM mit KINO KREANOVA, in einem ehemaligen Industriebauwerk ist eine Erlebniswelt mit vielen Experimentierstationen entstanden. Im Klartext: Zu Themen wie „Die 5 Sinne", Die Erde im Universum" oder „ Menschliches Schaffen" kann man selber Hand anlegen, lernen, experimentieren, ausprobieren, staunen...Neben einer Ausstellung und der unvermeidlichen Cafeteria gibt es noch das beeindruckende Kuppel-Kino Kreanova. Eintritt: 13 Euro, mit Kino 18 Euro. Geöffnet im Sommer tägl. 1o - 17 Uhr. Anf.: Von der E 22 Abfahrt Karlshamn Nord am nächsten Kreisverkehr sofort rechts. Strömmavägen 28, Tel. o454/ 3o3 36o. www.kreativum.se

AUSFLÜGE

Das angeblich weltgrößte eingezäunte NATURSCHUTZGEBIET ERIKSBERG, mit einem großen Bestand freilebenden Wisenten, Wildgänsen und Rotwild. Jeden Tag ab 12 Uhr. Natürlich kein Zoo oder kommerzieller Freizeitpark, deswegen auch ohne Tierschaugarantie, mittlerweile jedoch sehr touristisch erschlossen mit Museum, Cafe und Ausstellungen. Für Kinder Abenteuerspielplatz und Minitierpark. Im Gutshofladen Verkauf von Kunsthandwerk und Wildprodukten. Mit eigenem Pkw zu machen.

Tipp: Spät losfahren, da die Tiere später am Abend eher zu sehen sind.
Anfahrt: von der E 22 Richtung Ronneby in Åryd Richtung Guö und Eriksberg abbiegen.

 In der Nähe, direkt an Ostsee: Järnaviks Camping. Einfacher Platz mit schmaler Badebucht und kleinem Sandstrand, direkt nebenan kleines Naturreservat mit Wandermöglichkeiten (1-3 km) oder längere Touren auf dem hier vorbeiführenden Blekingeleden (Etappe 6). Lohnender Platz. Von der E 22 ausgeschildert, dann allerdings noch 7 km. Tel. o457/ 82 166.

✱ Sölvesborg

Kleines malerisches Städtchen mit schmal gepflasterten Straßen, alten roten Holzhäusern und peinlichst gepflegten Gärten.

 Repslagargatan 1, 29480 Sölvesborg, Tel. 0456/ 1oo 88, Fax: 0456/ 125 o5. Geöffnet im Sommer 8–17 Uhr, Homepage: www.solvesborg.se

 Hälleviks Camping, an windgeschützter Bucht gelegener graswachsener Platz mit Sandstrand und beheiztem Freibad (5oo m entfernt), kleiner Laden, Pizzeria. Anfahrt: von E 22 über Mjällby Richtung Nogersund. Campingsvägen 41, Tel. 0456/ 52 714.

Norje Boke Camping, schöner Sandstrand direkt an der Pukavik-Bucht. Wiese und Schatten unter Bäumen. Anf.: E 22 nördlich von Sölvesborg bei Gammalstorp. Norje Bokevägen, Tel. 0456/ 31o 26.

Tredenborgscamping, große Grasfläche direkt am Wasser zur Hälfte mit Buchen bewachsen, kleiner Laden, einige Hütten. Anf. von E 22 Richtung Hafen der Ausschilderung ca. 4 km folgen. Nabbavägen, Tel. 002/ 79 39 04

Valjevikens Camping, kleiner, einfacher, naturschöner Platz an einer kleinen Bucht, 4 Hütten. Anf.: E 22 bei Bromölla verlassen und in südlicher Richtung Beschilderung folgen. Tel. 0456/ 14 09o.

 **Baden**: Wer einfach nur mal baden will, sollte sich Sandviken, einen der schönsten Sandstrände Schwedens nicht entgehen lassen. Feinkörniger, weisser Sand an einer flachen Bucht mit Spielplätzen und Toilettenanlagen sind extrem gut geeignet für Familien mit Kindern. Anf.: südl. von Sölvesborg Richtung Tredenborgsbadet.

Von Nogersund existiert eine Fähre auf die traumhafte kleine Leuchtturminsel Hanö. Hier wird von einer netten Wirtin winzige, aber saugemütliche Jugendherberge unterhalten. Vorher anrufen! Tel. 0456/ 53o oo. Außerdem besteht die Möglichkeit, in der alten Leuchtturmwärterwohnung (0456/ 53 o14) zu wohnen. www.hano.nu

 Yndegården, altes Gebäude, in den 9oer Jahren liebevoll zu einer JHB umgebaut und restauriert. Sehr sauber und gepflegt. 2,5 km vom Stadtkern. Adr: Ynde byväg 22, Tel. 0456/ 198 11 www.yndegarden.se

✱ Ronneby

Touristenörtchen mit blumenverziertem Marktplatz. Wegen entdeckter Heilquellen alte Luftkurorttradition. Heute geben sich hier außer den E 22-Autotouristen noch viele Konferenzteilnehmer die Tür in die Hand. Gepflegter Park lockt zum Spazierengehen und ein chlorsauberes Schwimmbad mit Wasserrutsche und Cafeteria zum Familienbadetag. Außerdem besteht dir

Möglichkeit in der alten Leutturmwörterwohnung (o456/53o 14) zu wohnen.

 Västra Torggatan 1, 3723o Ronneby, Tel. o457/ 18o 9o, Fax o457/ 174 44. Geöfffmet: Mo-Fr 1o-17 Uhr. Homepage: www.ronneby.se.

 Järnavik Camping, grasbewachsener Platz direkt am Meer, allerdings mit Klippenstrand. Ausgangspunkt für Fischtouren. Anfahrt von der E 22 ab Bräkne-Höby den Schildern folgend.

Bökenäs Camping, von Birken und Eichen bestandenes leicht hügeliges Gelände. Direkt am Meer. Acht einfache Übernachtungsmöglichkeiten. Anfahrt von der E 22 zwischen Ronneby und Karlskrona in Listerby Richtung Kuggeboda abbiegen.

Blomstergården Camping, 3-Sterne-Platz ohne direkten Meerzugang. 12 Camping-Hütten. Anfahrt an der 675 in Göljahult. Tel. o455/ 72 013.

 Jugendherberge: Zweigeschossiges Haus mit großem freiem Platz, am Freizeitzentrum. Övre Brunnsvägen 54, Tel. o457/ 263 oo.

SPORT

 **Angeln**: Im Örtchen Mörrum (3o km von Ronneby) mit gleichnamigem Fluß Mörrumsån absolutes Top-Lachs-Gebiet. Riesige Lachse und hell glänzende Regenbogenforellen im dunklen Blau des durch dichten Laubwald plätschernden Flüßchens. Befischbare Stellen sind in „Pools" eingeteilt. Nördlich und südlich von Kungsbro. Angelkarten mit Bestimmungen im TI. Preis bei Eröffnung des Lachsfanges am 1. April zarte 12o Euro! Fällt bis zum Juli auf ca. 15 Euro/Tag.

Es wird die Sage erzählt, daß die Lachse hier deshalb in jedem Frühjahr den Fluß hinaufziehen, weil in grauer Vorzeit ein alter Riese weiter oben in Småland gewohnt hat, dem es zuviel wurde, die „Treppenstufen" von Blekinge zum Fischen hinabzusteigen. Er wurde darüber so verärgert, dass er Felsbrocken nahm und sie über das ganze Küstengebiet ins Meer warf. Daraufhin bekamen die Lachse draußen Angst, dass sie seither jedes Jahr das Meer verlassen und die Flüsse zu dem alten Riesen hinaufschwimmen. Die Felsbrocken sind natürlich die vorgelagerten Schären.

Für Nichtangler gibt's unterhalb der Kungsbrostromschnellen ein großes Lachsaquarium, das die Fische unter natürlichen Lebensbedingugnen in riesigen Aquarien zeigt. Außerdem gute Angelmöglichkeiten im Freizeitgebiet Långasjönäs (vgl. Zeltplatz/Hütten).

In den Sommermonaten werden am Wochenende Hochseeangeltouren von Karlshamn und Järnavik aus angeboten. Achtung: Wer mit einem gemieteten Ruderboot rausfährt, sollte es tunlichst vermeiden, vor der Mündung des Mörrumsån zu fischen (Kontrollen).

Spezielle Infos beim Touristbüro oder Mörrums Fischereiverwaltung, Tel. 0454/ 511 18.

Segeln: Ideales Segelgebiet vor der Küste, mit Gästehafen in der Stadt (13 Euro pro Nacht).

Kanu: Die Küste entlang nicht unbedingt lohnend und auch gefährlich (Strömung, Wind). Dann lieber in der Umgebung von Kristianstad oder Växjö. Kanuvermietung über TI. Stunde 5 Euro, Tag 2o Euro, Woche ca. 7o Euro.

Fahrrad: Herrliches Gebiet zum Fahrradfahren, wenn auch leicht hügelig. TI vermietet Fahrräder, Preise: ca. 1o Euro/Tag, 35 Euro/Woche.

Wandern: Fernwanderweg Kristianopel-Malmö: hauptsächlich durch leicht besiedeltes Kulturland, Rauschen der Bäume, Gesang der Vögel und Duft der Blumen und Sträucher genießen! Insgesamt leicht zu gehen.

Start: Zeltplatz Långasjönäs, schönste Teiletappe nach Järnavik (3o km, ca. 8 1/2 Stunden).

★ Karlskrona

Hauptstadt der Provinz Blekinge. Blühendes und lebendiges Städtchen auf einer dem Festland dicht vorgelagerten Insel. Durch bedeutende Industrieanlagen, großen Fischereihafen und wichtigen Marinestützpunkt mit etwas „Weltstadtatmosphäre".

Das Ortszentrum mit alten Häusern um den Stortarget auf der Hügelkuppe. Unterhalb eine kürzere Haupteinkaufsstraße (Ronnebygatan). In den alten Straßenzügen viel Flair. Sie enden nach einigen 1oo m am Meer mit Ausblick auf den fantastischen Schärengarten. Die früher für Ausländer gesperrten Schärengebiete sind inzwischen freigegeben. Wegen seiner 3oo jährigen Marinegeschichte ist Karlskrona in der UNESCO Liste des besonders schützenswerten Weltkulturerbes aufgenommen worden.

Schon 168o erkannte Karl der XI. die enorme strategische Bedeutung dieses durch viele Inseln geschützten Hafengebietes und ließ nach Plänen des Baumeisters Nicodemus Tessin und Eric Dahlgren eine Stadt errichten. Die damalige, aus 1o Fregatten und 38 Linienschiffen bestehende Flotte beherrschte bis zur Niederlage Karl XIII. die Ostsee. Bis heute wurde der Stützpunkt der hochtechnisierten schwedischen Flotte immer weiter ausgebaut.

 Stortorget 2, 37134 Karlskrona, Tel. o455/ 3o349o, Fax: o455/ 3o3494. Homepage: www.karlskrona.se/turism

Verbindungen ab Karlskrona

Flugzeug: 35 km zum Flugplatz in Ronneby. Anschlußbusse starten/ enden am Marktplatz.

Schiff: 1 x täglich zum polnischen Gdansk (Danzig) mit Stena Line. Überfahrtdauer 11 Std. Abfahrt im Ortsteil Verko, Entfernung ca. 1o km.

Zug: regelmäßig nach Emmaboda mit Anschluß nach Stockholm und Göteborg sowie mehrmals täglich nach Malmö.

Bus: Mehrmals täglich Überlandverbindungen nach Kalmar, Ronneby, Karlshamn, Kristianstad, Helsingborg und Kopenhagen.

Aston Hotel", stattlich weißes Gebäude an Straßenkreuzung im Herzen der Stadt. Schön eingerichtete Zimmer, alle mit Toilette, Radio und Telefon. Hier gab der damalige sowjetische Botschafter vor langen Jahren eine Pressekonferenz zum „Manövrierfehler" eines sowjetischen U-Bootes. DZ mit Frühstück ca. 95 Euro, im Sommer 7o Euro. Landsbrogatan 1, Tel. o455/ 194 7o. www.trossohotell.se

„**First Hotel Statt**", das absolute Tophotel am Ort mit allen Schikanen. Nightclub ebenfalls im Hause. Teuer. DZ mit Frühstück ab 16o Euro, Sommerpreis 1oo Euro. Ronnebygatan 37-39, Tel. o455/ 855 5o. www.firsthotels.com

„**Hotel Conrad**", Das preisgünstigste am Ort. Empfehlenswert besonders für Familien. DZ ab 7o Euro. Västra Köpmangatan 12, Tel. o455/ 36 32 oo. www.hotelconrad.se

Skönstaviks Camping, ca. 6 km außerhalb des Zentrums Richtung Ronneby. Großteil der Stellplätze auf freier Fläche, aufgereiht wie Hühner auf der Stange. Die schönsten Plätze (nach Rezeption rechts halten) in Wassernähe sind im Sommer schnell belegt. Badeplätze an Klippenstrand mit schöner Aussicht auf Schärengürtel. Fahrrad- und Kanuverleih. Anfahrt: westlich der Stadt an E 22 gut ausgeschildert. - Hier auch **Mini-Jugendherberge** mit 1o Betten. Skönstaviks Camping, 37145 Karlskrona, Tel. o455/ 237 oo. www.skonstavikcamping.se

Dragsö Bad und Camping, wesentlich empfehlenswerter als Skönstaviks Camping. Hügeliges Gelände in toller Schärenlandschaft, sehr ruhig, auf einer mit Brücke verbundenen Insel gelegen, trotzdem extrem stadtnah. Fahrrad, Kanuvermietung. Im Sommer allerdings ganz schön gerammelt. FKK-Strand an der Westseite auf der vorgelagerten Insel Saltö. Anfahrt: immer Richtung Zentrum halten, dann Schildern Saltö/Dragsö folgen. Box 3oo6, Tel. für Voranmeldung o455/ 153 54. Nebenan Segelbootverleih.

Trummens Camping, Alternative zu den beiden anderen: sehr langer Strand und für Kinder nicht so tiefes Wasser. Einfache Sanitäranlagen. Anfahrt: 15 km außerhalb des Ortes Richtung Kalmar auf der E 22, dann 4 km südlich von Ramdala. Tel. o435/ 36 o4 63.

Björkenäs Camping, kleiner Platz ohne warme Duschen, aber mit gutem Strand direkt an Ostsee. Recht einsam und auch zur Hochsaison nicht voll. Anfahrt: auf E 22 Richtung Kalmar, von Jämjö 7 km in südöstl. Richtung.

Stensjö Camping, an romantischem Binnensee im Landesinnern, mitten im Wald gelegen. Ca. 3o km nördlich von Karlskrona. Echte Alternative zu den Ostseeplätzen. Sehr ruhig. Hier auch gemütliche Ferienhaussiedlung, gute Wandermöglichkeiten und Spitzen-Angelrevier. Anfahrt: über die 28 Richtung Nävragöl. Dort Stensjö Fritidsområde ausgeschildert. Tel. o455/ 921 14. www.stensjo.net

STF Vandrarhem, neu eröffnete **Jugendherberge** mitten in der City. Schöne 2- bis 4-Bett-Zimmer mit Kochmöglichkeit im Hause. 5oo m vom Hauptbahnhof. Drottninggatan 39, 37122 Karlskrona, Tel. o455/ 1oo 2o. www.karlskronavandrarhem.se

„HAMN KROGEN", ausgesprochen leckere Fischgerichte, direkt am Gästehafen, Tagesgerichte ab 7 Euro, abends ab 15 Euro. Tel. 8o3 36.

SEHENSWERTES

Den großen MARKTPLATZ - angeblich einer der größten Nordeuropas (wegen der Militärparaden) - wird wohl jeder Stadtbesucher finden. Eine besonders für Kinder spaßige Attraktion befindet sich unter dem Marktplatz: Ein ehemaliger für Militärzwecke eingerichteter Geheimgang, der für Transporte zwischen Bahnhof und Kriegshafen diente, kann im Sommer mit einer Draisine als Geisterbahn genutzt werden (tägl. 11 – 16 Uhr)! In der Oberwelt architektonisch unübersehbar:

Die DREIFALTIGKEITSKIRCHE mit imposanter Säulenhalle im Barockstil wird auch häufig deutsche Kirche genannt, weil sie von der deutschen Gemeinde gebaut wurde.

Die ADMIRALSKIRCHE ULRICA PIA, südlich vom Marktplatz, eine der größten Holzkirchen Schwedens, mit dem davor in roter Uniform und rauschendem Bart sammelnden „GUBBEN ROSENBOM", unter dessen schwarzen Hut man tatsächlich Münzen reinwerfen kann. Mordsspaß für Kinder. Auf Holztafel in der linken Hand ist zu lesen: „Ich bitt' euch ganz demütlich, kann sprechen zwar nicht gut, kommt, gebt ein Scherflein her für mich und legts in meinen Hut."

MARINEMUSEUM: Besuch lohnt. Das Museum zeigt die Entwicklung der schwedischen Marine und der Marinewerft Karlskronas der letzten drei Jahrhunderte. Zu sehen u.a. riesige Gallionsfiguren, alte Karten, Kanonen, Anker etc. Im OG Funkgeräte aus der Zeit 1. Hälfte. 2o. Jhd. Vor dem Museum Schiffe, die innen besichtigt werden können. Großer Museumsshop mit Büchern. Geöffnet: tägl. 1o - 18 Uhr, außerhalb der Saison kürzer, montags geschl. Auf Stumholmen. www.marinmuseum.se

In jedem Fall lohnend, ein Spaziergang durch den Stadtteil BJÖRKHOLMEN mit kleinen, geduckten, roten und blauen Holzhäuschen mit Giebeln zur Straße. Frühere Wohnstätte von Werftarbeitern und Seeleuten.

Buntgeflaggter <u>JARRAMAS</u> mit ursprünglicher Takelage und Schiffsausrüstung. Am Marinemuseum.

Auch schön zum Kaffeetrinken das Café im majestätisch gelben <u>BLEKINGEMUSEUM</u> am romantischen Fischmarkt mit Blick auf die dort abfahrenden weißen Ausflugsboote. Besonders für Familien interessant: mit Boot „M/F Axel" aufs Festland nach Nättraby. Wunderschöne Fahrt durch Schärengarten und idyllischen Flußlauf. Fahrtzeit: 35 Min. Preis: 4 Euro. Abfahrt 4 x täglich (1o.3o, 13, 14.3o und 16 Uhr).

Kunsthandwerk: <u>Svensk Metallkonst</u>, übliche Kunsthandwerksarbeiten, Keramik und viel aus Metall. Raffiniert! In lukrativen Winkelbungalow auf zwei Etagen. Anfahrt: Utovägen auf Saltö.

Feste: Außer den üblichen Tänzen zum Mittsommernachtsfest findet hier um diese Zeit eine Art Flohmarkt statt, der sich häufig mit Musik und Tanz zu einer Art „Stadtfest" entwickelt.

Ausflüge: Ins Glasreich zu den bekannten <u>GLASHÜTTEN</u> in der Nähe von Växjö (siehe dort).

<u>BARNENS GÅRD</u>, heißt so viel wie "Kinder-Hof" und ist ein moderner Bauernhof, der sich als Ganztagesabenteuer für Familien mit kleineren Kindern eignet: Neben den lebenden Tieren locken Fahrten auf dem Heuwagen, elektrische Trucks, Spielplätze, Ponyreiten und die Badehose für das Schwimmbecken sollte man natürlich auch nicht vergessen. Geöffnet: tägl. 1o – 19 Uhr, Eintritt 13 Euro, Kinder bis 9o cm Höhe frei. Anf.: E 22 ca. 1o km in östlicher Richtung bis zum Kirchdorf LÖSEN; dort Bauernhof Viet. www.barnensgard.se

✦ Kristianopel

Ehemalige dänische Festungsstadt mit vielen malerischen kleinen Holzhäusern. Im Sommer drängen sich hier die Touristen durch die Straßen und entlang der noch teilweise erhaltenen Festungsmauer. Ein bißchen Monte-Carlo-Verschnitt mit Discos und Tivoli am Strand.

Die schönste Anfahrt ist nicht über die autobahnähnliche E 22 Richtung Kalmar, sondern entlang der Küste auf parallelen Nebenstraßen mit kleinen, verträumten Fischerdörfern zwischen Torhamn und Kristianopel. An der Südspitze von Torhamn (Torhamnsudde) Heidelandschaft und bildschöne Strandwiesen mit Scharen von Zugvögeln.

Kristianopels Camping, großes Gelände direkt am Wasser mit Pub, Tretbooten, Ponyreiten, Surf- und Segeljollenverleih. Sehr familienfreundlicher Platz, im Sommer allerdings häufig knüppelvoll. Startpunkt des Blekinge-Langwanderweges. Anfahrt: von E 22 in Fågelmara ab. Ca. 6 km bis Kristianopel. Tel. o455/ 36 61 3o. www.kristianopel.nu

Süße Mini-**Jugendherberge** nur mit 2-Bett-Zimmern direkt am Campingplatz. Vorherige Anmeldung erforderlich. Tel. o455/ 661 3o.

Kanu: Außer dem recht schönen, im Sommer allerdings manchmal recht flachen Lyckebyån (mögliche Einsatzstelle beim Kirchspiel Stubbelycke an der Straße von Rödaby -> Allsjämåla), an der Küste wegen der vielen Inseln seekajakmäßig durchaus lohnend. Das Betretverbot wegen der militärichen Sperrgebiete ist aufgehoben!!

Segeln: Bestes Revier vor der Küste, bei immer gutem Wind. Auch hier sind die Sperrgebiete aufgehoben! Segelschule mit 1- oder Mehrtageskursen: J. Lindqvist, Vallgatan 28b, Tel. 1oo 55. Preis: ca. 4o Euro pro Tag. Hier besteht auch die Möglichkeit nach Bornholm rüberzusegeln. Preis: ab 5o Euro.

Reiten: Lyckå Ridklubb, Reitmöglichkeit vom 24. Juli bis 4. August. Tel. o455/ 27o 41. www.klrk.se

Tauchen: Sporttauchclub DIB, Åke Johnsson, Tel. 15895 oder Alpha Divers Tel. 54215 oder R. Knutsson Tel. 23818.

Wandern: Schönste Etappe des Blekinge-Wanderweges in der Umgebung! Entlang vieler kleiner Seen und romantischer Flußläufe. Vorbei an Unzahl kleiner Naturreservate mit reichem Vogelleben und knorrigem Laubwaldbestand. Möglicher Startpunkt: Campingplatz Alljungen, möglicher Endpunkt: Ronneby. Ca. 51 km, Zeitbedarf 2-3 Tage.

✱ Kalmar

Quicklebendiges Städtchen mit vielen Geschäften und Cafés, die zum Bummeln einladen. Insgesamt sehr hübsche Stadt am Kalmarsund gegenüber Öland. In der Altstadt malerisches Kleinstadtmilieu, rund um den Dom großstädtisch pulsierendes Leben. Berühmt ist Kalmar durch das geschichtsträchtige Schloß und den Dom, Schwedens größte Barockkirche. Neben Visby auf Gotland die einzige Hansestadt in Schweden.

Ideal als Standort um Ausflüge, z.B. ins Glasreich, die Küste hoch oder auf die Ferieninsel Öland zu machen. Dahin führt eine gigantische, 6 km lange (kostenlose) Verbindungsbrücke, mit aufgereihten Laternenmasten, die wie geknickte Streichhölzer aussehen.

Direkt im Gästehafen, 39233 Kalmar. Tel. o48o/ 41 77o, Fax: o48o/ 41 77 2o. Geöffnet im Sommer: Mo.-Fr. 9-21 Uhr, Sa.-So. 1o-17 Uhr. Verkaufen deutschsprachigen Stadtführer (4 Euro). Hier auch zentrale Buchungsstelle für Ferienhäuser. www.kalmar.se.

Verbindungen ab Kalmar

Bus: Sehr gute Anschlüsse sowohl nördlich und südlich der Küste entlang (Karlskrona, Västervik, Oskarshamn, Mönsterås), als auch ins Landesinnere (Vimmerby, Emmaboda) und -> Borgholm (Öland). Außerdem Überlandbusse nach Stockholm und Malmö (1 x täglich).

Zug: täglich mehrfache IC-Verbindungen -> Göteborg, Linköping und Nässjö (mit Anschluß nach Stockholm/Malmö) über Umsteige Alvesta.

Flug: mehrmals täglich Stockholm, Direktflug nach Kopenhagen.

Autoverleih: Budget Tel. 19o 7o, Hertz Tel. 944 22, AVIS Tel. 853 3o, Tankstelle Q 8, Ecke Södra Vägen/Stensbergsvägen, Tel. 137 5o.

„**Scandic Kalmar Väst**": an der E 22 und Kreuzung Stadtzufahrt Kalmar. Großes und modernes Gebäude, komfortable 148 Zimmer mit Bad und TV. Häufig ausgebucht; DZ ca. 1oo Euro. Dragonvägen 7, Tel.: o48o/ 469.3oo.

„**Slottshotellet**": schöne Lage am Stadtpark Nähe des Schlosses. Das Hauptgebäude wurde 1864 gebaut. Individuell eingerichtete und große 29 Zimmer mit hoher Zimmerdecke, Kronleuchtern, Decotapeten, Bad, TV und blumigen Gardinen. Im Pavillion wird das Frühstück serviert, in der kalten Jahreszeit bei gemütlich knisterndem Kaminfeuer. Das Hotel gehört zur schwed. „Romantic Hotel Kette". Mit Sauna und Solarium. DZ mit Frühstück ca. 2oo Euro. Slottsvägen 7. Tel.: o48o/ 882.6o. Fax: o48o/ 88 266. www.slottshotellet.se

„**Calmar Stadshotell**": direkt im Zentrum am Marktplatz. Großer Barockbau mit geräumigen 138 Zimmern und Bad. Der Frühstücksraum modern im alten Gebäude integriert mit Glasdach. DZ mit Frühstück ab ca. 1oo Euro aufwärts. Stortorget 14. Tel.: o48o/ 496.9oo. www.profihotels.se/kalmar

„**First Hotel Witt**": rund 1oo m vom „Stadshotell" Ri. Meer. Ein dreistöckiger Betonbau, ordentlich, aber nicht unbedingt „först". Parken in der Straße schwierig, dafür gibt's eine Hotelgarage (Gebühr, auch von Nicht-Hotelgästen benutzbar). DZ ca. 1oo Euro. Södra Langgatan 42, Tel. o48o/ 15 25o.

„**Clarion Collection Hotel Packhuset**": das derzeit wohl beste Hotel im Stadtzentrum. Die ehemaligen Packhäuser des 18. Jhd. am Hafen wurden in ein komfortables Hotel umgewandelt. Direkt neben Baronen Shopping Center und Bahnhof. 68 Zimmer mit Bad und TV. Blick aufs Meer und Öland Brücke, andere Richtung kleinem Innenhof. DZ ab ca. 1oo Euro. Skeppsbrogatan 26. Tel.: o48o/ 57o.oo. www.hotelpackhuset.se

„**Svanen**": mit das preiswerteste am Ort. Selbstversorgung in eigener Küche möglich, Sauna, Kanuverleih. DZ mit Frühstück ca. 7o Euro, Rappegatan 1, auf Angö. Tel.: o48o/ 255.6o. www.hotellsvanen.se

„**HOLMGRENS KONDITOREI**": gemütliches Café mit großem Kuchenbuffet, das von zwei riesigen Lampen unter der Decke zart beleuchtet wird. Kaggensgatan 5.

„**KRÖGERS**": gemütliches Restaurant, innen mit Bildern dekoriert, Pub, Café und Biergarten. Zentrale Lage in Stadtmitte, Larmtorget.

 Camping Stensö, ausgesprochener Familiencampingplatz auf der ca. 7oo m breiten Halbinsel. Hier steht man nicht so dicht an dicht wie auf den Plätzen rund um Borgholm. Wasser direkt am Platz etwas verschilft, dafür aber dufter Badeplatz in nur 3oo m Entfernung (15 Übernachtungshütten). Kanu- und Fahrradvermietung. Anfahrt: 2 km südlich des Zentrums, gut beschildert. Mit stündlicher Busverbindung (Linie 412) zu erreichen. Tel. o48o/ 88 8o3.

Vita Sands Camping bei Hagby, Wiesen- und Parkgelände durch kleinen Bach unterteilt, direkt am Wasser, mit breitem Rasen und kleinem, feinkörnigem Sandstrand. Recht schön. Anfahrt: 23 km südlich von Kalmar, von E 22 in Hagby Richtung Vita Sand abbiegen, danach noch 2 km. Tel. o48o/ 37 365

Rafshagsuddens Camping, 15 Autominuten von Kalmar entfernt. Anfahrt: E22 Richtung Norden, nach ca. 15 km bei Lächeby in Weg 125 rechts abbiegen. Ab dort ausgeschildert. Familienplatz mit Minigolfanlage auf kleiner Halbinsel. Tel. o48o/ 6o4 64.

Wohnmobil-Übernachtungsplatz am Bahnhof mit offizieller Toilette.

FKK: Freibad Värsnäs, nördlich des Zentrums, ca. 1o km.

 STF Vandrarhem Svanen, an Svanenhotel angeschlossen, mit Sauna und Bootsverleih, 1 km nördlich vom Zentrum auf Ängö, Rappegatan 1, Kalmar, Tel. o48o/ 129 28.

EINKAUFEN

KOMMISSIONS AFFÄR: eines der besten Sportgeschäfte für skandinavisches Outdoorbekleidung. Beste Auswahl an Fjällräven, Helly Hansen und Tenson. Auch neueste Modelle, die viele andere Geschäfte noch nicht haben. Bedienung spricht teils auch Deutsch. In gelbem Holzhaus, Kaggensgatan 34/Ecke Fiskaregatan.

BARONEN SHOPPING CENTER: am Meer neben „Comfort Packhuset Hotel" und Bahnhof.

KUNSTHANDWERK: Keramikwerkstätten und winzige Holz- /Textilateliers, in denen man Handwerkern bei der Arbeit zusehen und auch kaufen kann: in der Gegend um Bergkvara (ca. 4o km südlich von Kalmar). Dort im Touristbüro Storgatan 1 nach Öffnungszeiten der auch in weiterer Entfernung (Torsås, Gullabo) liegenden Werkstätten erkundigen.

Typisch für die Gegend: Torsås-Hahn, tolle Holzlöffel und gut riechende Wacholderholzkübel.

SEHENSWERTES

Großer DOM am gemütlichen Marktplatz (Stortorget) im kleinen Zentrum. Im Barockstil 1617 erbaut, reich verzierte Renaissance-Kanzel.

Ums Zentrum der Ortsteil <u>KVARNHOLMEN</u> mit sorgsam restaurierten, anheimelnden Holzhäuschen und malerisch-mittelalterliches <u>RATHAUS</u>.

<u>SCHLOSS</u>: Pflichtprogramm mit meterdicken Mauern, Wachtürmen, Zugbrücke und alten Kanonen. Bester Fotoblick direkt nach Toreingang rechts halten und auf den Festungswall steigen mit Blick auf Ostsee. Geöffnet im Sommer tägl. 1o- 18 Uhr. Eintritt: Erwachsene ca. 8 Euro, Kinder 3 Euro, Familienpreis 19 Euro. Anfahrt: 1 km südwestlich des Zentrums.

<u>Um 116o wurde sie als Trutzburg</u> zur Abwehr gegen die Dänen und zum Schutz des wichtigen Handelshafens und der Zivilbevölkerung gebaut. Nach mehrfachen Bränden und Kriegen wurde die Stadt auf die jetzige Stelle verlegt. Mitte des 16. Jhd. ließ Gustav Vasa die Burg zu seinem heutigen Aussehen in ein Renaissanceschloß umbauen.

<u>PROVINZMUSEUM</u>: eine ehemals alte Dampfmühle. Die Räumlichkeiten beherbergen Gold- und Silberschätze sowie die Überreste des vor der Küste gesunkenen Kriegsschiffes „Kronan". Geöffnet im Sommer tägl. 1o-18 Uhr. Eintritt: Erwachsene 7 Euro, Kinder bis 18 Jahre frei.

Die „<u>Kronan</u>" war im 17. Jh. eines der <u>drei größten Kriegsschiffe der Welt</u> und ähnlich stark mit Waffen bestückt wie die „Vasa" in Stockholm. Bei einer Verfolgungsjagd mit der dänisch-holländischen Flotte vor Öland ließ der noch unerfahrene Kapitän das Schiff bei starkem Wind wenden, ohne die Segel zu raffen. Das Schiff krängte, Wasser strömte durch die Kanonenöffnung und der Sturm drückte die Takelage immer mehr auf die Wasseroberfläche. Durch eine umgestürzte Laterne kam es noch zum Brand in der Pulverkammer und eine gewaltige Explosion ließ die Kronan (wie die Titanic) mit 85o Menschen an Bord ohne Feindeinwirkung in die klaren Tiefen - mitsamt der gesamten Kriegsausrüstung - der Ostsee sinken.

AUSFLÜGE

Ins Glasreich und Auswandererland (vgl. Växjö).

<u>IN/AUF NATIONALPARK BLÅ JUNGFRUN</u>: sagenumwobene, kleine, unbewohnte Schäreninsel mit fast undurchdringlichem Eichenwald und glattgeschliffenen, rötlichen Klippen aus rauhem, grobkörnigem Granit. Im Norden der ca. 1 qkm großen Insel überwiegt kahle, von tiefen Senken und Spalten durchzogene Felslandschaft. Totaler Kontrast im Süden: dichter Laubwald mit herabgestürzten, wild durcheinanderliegenden Blöcken, die geheimnisvolle Grotten und Kammern bilden. Lohnend der ca. 3 km Rundweg mit Superblick von der Inselmitte. Festes Schuhwerk anziehen und Picknick-Rucksack nicht vergessen!

<u>Anfahrt</u>:
* Vom Festland: ab Oskarshamn tägl. außer Mo. und Fr. Hin- und Rückfahrt (9.3o Uhr). Info am Touristbüro, Tel. o491/ 881 87, Hantverksgatan 18, Oskarshamn. www.oskarshamn.se

Kalmars Abenteuerbad: Garantiert 29 Grad warmes Wasser, was man in der Ostsee nie hat, und eine Vielzahl an Wasserrutschen, Whirlpools etc. Was für die ganze Familie. Tägl. geöffnet. Smålandsgatan 21.

Angeln: Weitgehend freies Angeln in Ostsee möglich, für Binnenseen und Flüsse Angelkarte im Touristbüro oder an Zeltplätzen besorgen.
Tipp: Vom Mittsommerfest bis Mitte August mit Fischern von Öland aus zum Hochseeangeln rausfahren. Jede Menge frische Luft und gute Angelmöglichkeiten, weil Fischer gute Gebiete kennen. Ölzeug nicht vergessen und für Zartbesaitete: Reisetabletten schlucken! Die Pötte sind klein und der Wind möglicherweise stark. Abfahrtszeiten und -ort im TI erfahren, da sich diese jährlich ändern können.

Segeln: Phantastisches unberührtes Schärengebiet mit unzähligen interessanten Inseln und zahllosen Naturhäfen entlang der gesamten Ostküste.

Weiter entlang der Ostküste durch Waldgebiete, auch landwirtschaftl. Anbau nach OSKARSHAMN (ab Seite 194). - Im folgenden Kapitel zunächst die Insel Öland:

RECHTS: Schloß Borkholm, Insel Öland. Illustration 1804.

Südschweden/Ostküste

OBEN: Kalmar Domkirche, Illustration 1644

ARX BORKHOLM
Meridiem versus.

INSEL ÖLAND
(137 km lang, 3-15 km breit, 27.000 Einwohner)

Wärmende, goldgelbe Sonne auf hellem, aschgrauem Kalkstein, inmitten tiefblauen Wassers! Die Sonneninsel mit feinen, <u>ausgedehnten Sandstränden und unzähligen Windmühlen</u>, die sich als pittoreske Wahrzeichen noch teilweise im erfrischenden Wind drehen.

(Öland ist aber auch die) <u>Insel der knatschroten Erdbeeren</u>, der blühenden Orchideen und lila Lupinen, deren Duft erinnerungsschwer über Kulturlandschaften mit Runengräbern und prähistorischen Bauten liegt.

<u>Die langgestreckte Insel</u> ist aufgrund des für diese Breitengrade milden Klimas und der schönen Strände die Côte d'Azur im eigenen Lande. Nicht für umsonst liegt hier die Sommerresidenz der schwedischen Königsfamilie. Entsprechende Hallas gibt's hier besonders im Juli. Natürlich nichts für Wald-, Seen- und Einsamkeitsfans; Ausnahmen bestätigen die Regel: z.B. die Stora Alvaret im Süden der Insel.

Öland ist laut Statistik die schwedische Provinz mit den meisten Sonnentagen und dem geringsten Niederschlag. Da ist tatsächlich was dran!

> Es geht die Geschichte, dass in <u>grauen Vorzeiten ein riesiger Schmetterling</u> von Schweden aus übers Meer fliegen wollte. Als ihn aber die rauhen Ostseewinde packten, flogen ihm die Flügel ab und er stürzte kurz vor der Küste ins Meer. Er wurde im Laufe der Jahre zu einem Kalksteinfelsen versteinert, an dessen Ufern rundherum Samen und Seetang Grün bilden konnten, dessen Inneres aber glatt und kahl blieb.
>
> Das ist die <u>Insel Öland</u>: Im Norden der schmale Vorderkörper mit rundem Kopf, Richtung Süden breitet er sich aus und wird gegen Ende wieder spitz. Die Ufer sind grüne Acker- und Weideflächen, während im nördlichen Teil typisch schwedischer Nadelwald, im mittleren die größten Laubwälder Schwedens und im Süden baumlose Steppe vorherrschen.

Tourist INFO Riesige Infozentrale nach Überquerung der Brücke rechts: „<u>Träffpunkt Öland</u>"; bei Eintreffen in jedem Fall hier Infos einholen. Adresse: Öland Turist, Box 74, 38621 Färjestaden. Tel. 0485/ 560 600, Fax: 0485/ 560 605. Ganzjährig geöffnet. Von Juli bis August tägl. 9-18 Uhr. Nach kostenloser und gut brauchbarer „Turistkarta Öland" fragen. Hier auch Buchungsmöglichkeiten für Häuser, Zimmer und Hotels. Homepage: www.olandsturist.se.

Spaß macht das Knöpfchendrücken am Ölandmodell, wo Lämpchen zur Orientierung aufleuchten. Gleich hier befindet sich auch das <u>HISTORIUM</u>, eine spannende Ausstellung über die Geschichte Ölands von der Urzeit bis heute. Die Wachsfiguren in historischem Umfeld und die multimedialen Animationen sind wirklich gut gemacht. Außerdem Filmvorführung. Eintritt 4 Euro.

In Cafeteria noch'n Kaffee trinken und schöne kleine Kunsthandwerks-

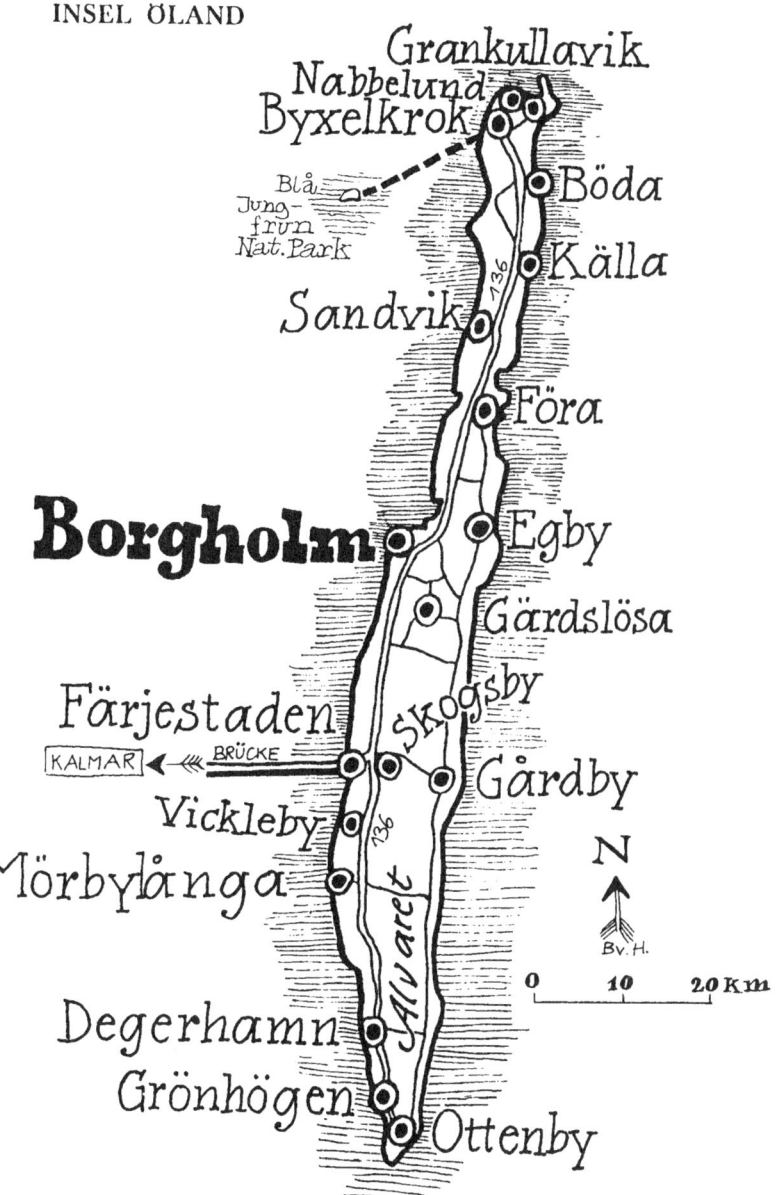

ausstellung ansehen.

Schräg gegenüber: Zoo und Freizeitpark mit großer Achterbahn, Wild-West-Stadt und toller Badelandschaft mit Wasserrutschen.

Der Haupttouristenstrom geht nach Norden über die 136. Hier mehr Wald, längere Sandstrände, zahlreiche, häufig direkt nebeneinanderliegende Zeltplätze und jede Menge Rummel.

Grundsätzlich gilt: die Ostküste ist leerer (mit Ausnahme von Böda u. Högby) als die Westseite der Insel. Dagegen ist die Südspitze touristisch etwas weniger voll (Ausnahme Ottenby) als der Inselnordteil.

An der Ostküste z.T. endlos lange Sandstrände mit immer ordentlich Wind. Ideales Surf- und Segelgebiet. Besonders schöne Sandbuchten zum Träumen bei Högby und Böda.

An der Westküste bizarre steil abfallenden Felsenküste mit beschaulichen Sandbuchten. Ab Borgholm reihen sich die Zeltplätze wie Hühner auf der Stange. Ideal für Familien mit Kindern.

Im Süden das Naturphänomen Stora Alvaret: flache Steppenlandschaft mit bunten, duftenden Blumen, Weltkulturerbe.

Essen auf Öland: gutschmeckende gefüllte Kartoffelklöße (Kroppkakor), Salat aus braunen Bohnen und Erdbeeren sind „Nationalgerichte".

Verbindungen Öland

Beste, billigste (gratis) und schnellste Verbindung über die Mordsölandbrücke von Kalmar aus. (5 Jahre Bauzeit und 25 Mio. Euro hat den Schweden das bis zu 4o m hohe Ding gekostet, das 1972 fertiggestellt wurde.)

 **Bus**: mehrmals täglich von Kalmar aus über die Brücke nach Borgholm, Byxelkrok oder Ottenby. Im Sommer täglich eine Busverbindung Stockholm-> Byxelkrok. Genaue Abfahrtszeiten am TI. Buchung notwendig. Buchung über Silverlnjen. Tel. o485/ 26 111

 **Schiffsverbindungen**: Byxelkrok-> Nationalpark Blå Jungfrun, im Sommer täglich von Byxelkrok um 1o Uhr. Buchung Tel. o485/ 24 oo5

✱ Borgholm DER NORDTEIL DER INSEL

Mit 3.ooo Einwohnern absolutes Touristenzentrum der Insel, Mini-Monte-Carlo von Schweden. Im kleinkarierten (absolut rechtwinklig in Quadraten gezogenen) Mini-Zentrum flaniert man über die Rennstrecke (Hauptstraße) zwischen Jachthafen und Stadthaus. Die Fußgängerzone Storgatan ist mit seinen Läden, Restaurants und Cafes die Schlagader der Stadt. Gemütlich unter bunten Reklamesonnenschirmen auf Öland (Ö=Insel) ein Öl (Bier) genießen und den eitlen Touristen nachzugucken.

 Direkt an der großen Bushaltestelle, Box 115, Sandgatan 25, 38731 Borgholm, Tel. o485/ 89o oo, Fax: o485/ 89o 1o.

 „**Strand Hotel Borgholm**", größtes Hotel in Borgholm, gemütliche Zimmer mit Kochnische (gegen Aufpreis) und phantastischer Blick zum Meer. Glasüberdachte Cafeteria, in der Vögel zwitschern und im Frühstücksraum wird im Ruderboot das Buffet serviert. Diskothek und Nachtclub mit Show im Sommer. DZ mit Frühstück in Sommermonaten ab ca. 125 Euro. Villagatan 4, Tel. o485/ 888 88. www.strand.borgholm.se

„**Guntorps Herrgård**", in ruhiger Lage nur 8oo m vom Zentrum mit charmanten Zimmern, temperierter Salzwasserpool, Sauna, Orangerie. Gutes Restaurant. DZ 15o Euro, Guntorpsgatan, Tel. o485/13 ooo. www.guntorpsherrgard.se

„**Hotel & Pensionat Drei Jahreszeiten**", familiärer Gasthof 8 km südöstlich von Borgholm an der Ostküste. Mit kleinem Restaurant und Hallenpool. Zimmer mit TV und eigener Terasse. DZ inkl. Frühstück ab 84 Euro. Bredsättra/ Gätebo, Tel. o485/ 75o 21

„**Halltorps Gästgiveri**", super Hotel und Restaurant gleichzeitig in gelbem Haus an der 136. Hotel: mit familiärer und exquisiter Atmosphäre. Ausgefallen arrangierte Zimmer, teilweise über zwei Etagen und mit urigen Holzbalken. Zimmer nach hinten raus mit herrlichem Blick über den Sund. Im Hotelflügel auf drei Etagen weitere Gästezimmer. DZ mit Frühstück ab 15o Euro. Restaurant: eines der Besten auf Öland! Der deutsche Chef hat sich inzwischen guten Ruf in ganz Schweden erarbeitet und ist spezialisiert auf Fisch und Lamm. Vorspeisen werden auf Kutsche serviert. Mittags Tagesgerichte ab 15 Euro, abends vom Feinsten: Vorspeise ca. 13 Euro, Hauptspeise ca. 25 Euro, Nachspeise ca.1o Euro. Anfahrt an der 136 südlich von Borgholm. Tel. o485/ 85 ooo. www.halltorpsgastgiveri.se

TI vermittelt **Privatzimmer**. Preise zwischen 25 u. 3o Euro ohne Frühstück und ohne Bettwäsche.

 In und um Borgholm (Köping) acht gute bis sehr gute Plätze direkt am Wasser, mit schönem Strand. Viele auch mit Hütten und Feriendörfern. Im Juli rechtzeitig eintreffen. Kappeluddens Camping und Grönhags-Familiencamping

Camping Lundegård, was für Tanzlustige: hat in der ersten Juliwoche abends eine Tanzband, die die einschlägigen Sommerhits spielt. Großes Hüttendorf. Anfahrt zwischen der 136 und dem Kalmarsund, 3 km nördlich von Köpingsvik. Tel. o485/ 82 7oo. www.lundegard.se

Der schönste nach unserem Geschmack: Ekerum, trotz Größe übersichtlich und persönlich. Teilweise im Wald an schöner Bucht. Steinwälle. Ist mit fünf Sternen ausgezeichnet worden. Anfahrt: 1o km südlich Borgholm.Tel. o485/ 564 7oo. www.ekerum.nu

190 Südschweden/Ostküste

Juhe

Eine der schönsten **Jugendherbergen** Schwedens im Herrenhausstil und Rosenvorgarten zwischen königlichem Schloß und Stadt: Vandrarhem Rosenfors, 38736 Borgholm. Tel. o485/ 1o7 56. Teilweise neu renoviert.

Nachtleben

„Borgholm Strand-Hotel" mit allen möglichen Shows und Bällen, nicht gerade preiswert. Ansonsten im Nachtclub „Znaps" Södra Langgatan 18 (www.znapsborgholm.se), oder die Szenekneipe „Pubben" mit über 6o verschiedenen Whiskysorten, Storgatan 18 (www.pubben.se).

Im Sommer auch Tanz in verschiedenen Restaurants und an Zeltplätzen.

SEHENSWERTES

Wie wär's mit Königin Silvia und König Carl Gustav? Im Juli auf weißen Range Rover und startenden Helikopter achten! Die kurven hier tatsächlich häufiger herum. Ihre südlich der Stadt gelegene stattliche, weiße Sommerresidenz SOLLIDEN mit wunderschönem Park und Rosengarten kann täglich zwischen 11 und 18 Uhr im Juli besichtigt werden.

Borgholm Schloss, ein Stückchen weiter alte, imposante, königliche SCHLOSSRUINE (Trockenmauern in weitläufiger Landschaft) aus dem 12. Jahrhundert. Beim Kraxeln um die Gemäuer des Renaissanceschlosses besser die Turnschuhe mitnehmen. Vorsicht beim Herumklettern: lose Steine! Im Sommer täglich 1o-18 Uhr. Eintritt 6 Euro. www.borgholmsslott.se

Bei schlechtem Wetter, was selbst auf Öland vorkommen kann, Besichtigung des großen BÜRGERHAUSES (Ölands Forngård) mit historischen Möbeln und Kunsthandwerksgegenständen, Tullgatan 22. 11-17 Uhr.

Schöne WINDMÜHLE Högsrum, 1o km südlich von Borgholm. Im Juli samstags 13-16 Uhr.

Hübsches Fotomotiv: fünf fast gleiche hölzerne Windmühlen nebeneinander wie Perlen in einer Kette. Wenige Kilometer östlich des Dorfes Störlinge, 15 km südöstlich von Borgholm.

Weiter im Norden verteilt sich der Tourismus. Auf dem Weg dahin lohnt sich in jedem Fall noch mitzunehmen:

KNISA MOSSE, phantastisches Sumpf- und Moorgebiet mit bunt blühenden Orchideen zwischen denen Nachtigallen und andere seltene Vögel rumhopsen. Wasserabstoßendes Schuhwerk anziehen! Von der 136 ca. 8 km vor Sandvik links abbiegen.

RIESENWINDMÜHLE in Sandvik, in gemütlicher Umgebung mit sehr gutem Restaurant (Fisch!), in dem man auch die Öländische Spezialität „Lufsa" bestellen kann. Urig gemütliche Inneneinrichtung mit Tischen und Bänken aus Fässern. Rundherum üblicher Touristenrummel mit Rollschuhbahn, Minigolf usw. Lohnend! Achtung: günstigere Essenspreise bis

18 Uhr. Täglich 1o-22 Uhr. Sandvik ca. 3o km nördlich von Borgholm.

RAUKAR: vom Meer und Wind bizarr rund geformte Steinformation direkt am Ufer. Im Hintergrund phantastischer Blick auf Nationalparkinsel Blå Jungfrun. Gleich neben Raukar dufter Badeplatz, jedoch keine Zeltmöglichkeiten. Lohnt sich besonders spät abends als tolles Fotomotiv im rost-roten Gegenlicht. Von 136 in Högby Richtung Byerum abfahren, dann ausgeschildert.

✶ Böda und Högby

Alte Kirche mit protzigem Festungsturm, mittelalterlichem Heiligenschein und Pferdestall für Gottesdienstbesucher. Winzige Örtchen, im Sommer wegen der endlos erscheinenden Sandstrände (15 km) vom Tourismus überschwemmt. Wirklich tolle, hell feinsandige Strände hinter mannshohen Dünen. Wegen guter Winde zum Surfen lohnend. Bei Sonnenschein Südfrankreich-Strandatmosphäre.

Dazwischen eine Reihe passabler Zeltplätze. Direkt am Wasser nur Bödagårdens Camping, Böda Sands Camping (im Juli extrem voll) und Böda Hamns Camping. Bei den anderen 3oo-5oo m Fußweg zum Schwimmen einkalkulieren!

Östlich von Böda Naturschutzgebiet mit schönen Wanderwegen und hochgewachsenem altem Baumbestand: BÖDA KRONOPARK.

Vandrarhem Mellböda, südlich von Böda an der 136. Älteres, zweistöckiges Häuschen mit nettem Wirt. Im Sommer vorher anmelden: Mellböda, 38o74 Löttorp, Tel. o485/ 22o 38.

✶ Byxelkrok

Malerisches Fischerfleckchen, mit paar Häusern und zwei Campingplätzen. Lohnender Schiffsausflug zur Blå Jungfrun! (Vgl. Ausflüge Kalmar). Gleich gegenüber Bauernschaft Grankullavik.

Tokenäs Camping, an kleiner Nebenstraße mit Blick auf eine alte Holzwindmühle. Wenige hundert Meter zum Badeplatz. 2 Sterne. In Byxelkrok von der 136 links Richtung Böda Sand. Nach ca. 5oo m. Tel. o485/ 282 52. www.tokenascamping.se

Neptuni Camping, guter Familienplatz ruhig und zentral in Byxelkrog gelegen. Große Parzellen, Spielplatz, Trampolin, Volleyballfeld, Boulebahn, Vermietung von Hütten und Wohnwagen. Am Hafen in Byxelkrok vorbei in südl. Richtung, nach ca. 3oo m. www.neptunicamping.se

Im ehemaligen Gästehafen von Nabbelund nördlich von Byxelkrok hat sich ein Wohnmobilübernachtungsplatz gebildet. Toilette und toller Sonnenuntergang werden geboten.

SEHENSWERTES

TROLLSKOGEN (Trollwald): Als wir das letzte Mal da waren, bahnten wir uns den Weg von der Hauptstraße zum bereits im Wald liegenden 2 km entfernten Zentralparkplatz noch mit Langlaufskiern und Schneeschuhen. Dort gibt's - außer einem Toilettenhäuschen - mehrere Ausstellungspavillons zum Thema Flora und Fauna. Von hier mehrere, gut zu gehende Wanderwege durch den Trollwald („...ewig rauschen die Wälder...").

SÜDTEIL DER INSEL

Südlich auf der Insel weniger Touristenrummel; allerdings wälzt sich zwischen Brücke und Südspitze Ottenby auf der 136 immer noch ein Urlaubsgespann nach dem nächsten. Lieber die Ostküstenstraße (Gårdby -> Ottenby) benutzen. Dünner besiedelt mit beschaulich winzigen Ortsflecken im Inselinnern. Endlos scheinende, baumlose, vegetationsarme Kalksteinprärie Stora Alvaret, die in die Liste des Weltkulturerbes der UNESCO aufgenommen worden ist.

Wer die 5o km nicht durchwandern will (lohnende Sache besonders im Frühjahr, da dann ein riesiges Blumenmeer blüht, und im Herbst, wenn sich der sanfte Thymianduft verbreitet), kreuzt die Steppe mit dem Auto zwischen Resmo und Stenåsa.

✱ Färjestaden

Nichtssagende, aus dem Boden gestampfte Villenortschaft rechts der Brücke, bekannt für Erdbeerfelder und Ölands größtes Einkaufszentrum Köpstaden. Schon von weitem erkennt man die überdimensionalen Elefanten und Clowns, die für den Vergnügungspark werben.

Südlich bis Mörbylånga 6 Zeltplätze direkt am Wasser: Saxnäs Camping, Möllstorps Camping, Camping Talludden besonders toll für Kinder (3oo m lange und größte Wasserrutsche Europas am Hafen von Färjestaden). Bei allen allerdings Blick auf Industrieanlagen von Kalmar. Teilweise Brückengeräusche.

Eriksöre Camping, landschaftlich besonders schön gelegener Platz mit sehr gutem Badestrand. Luxuriöse Mobile Homes als Hotelersatz mit Dusche/WC. Viele Hundebesitzer. Anf.: 6 km südlich der Brücke.

Haga Park Camping, 3-Sterne-Platz und Treff der Windsurfer. Mit FKK-Gelände, das allerdings eher einer ungemütlichen Stoppelwiese gereicht. Recht windiger Platz. 9 km südlich von Färjestaden.

In Skogsby, 8 km südlich der Brücke. In unmittelbarer Nähe großer Ruinenstein aus dem 2o. Jh. Der echte alte Stein ist einige Kilometer weg in Karlevistenen. Ölands Skogsby, 38693 Färjestaden, Tel. o485/ 383 95. www.vandrarhskogsby.se

Vandrarhem Ottenby, in einem alten Schulgebäude angelegte JH mit passablen 2- und 4-Bett-Zimmern. Fahrradverleih. Rund 1,5 km zum Wasser. Zeltmöglichkeit. Anfahrt: fast an der Inselsüdspitze, östlich des Ortsfleckens Ottenby in der Nähe der Kirche von Ås. Tel. o485/ 662 062.

Kunsthandwerk: Paradis Keramik, weißer Gebäudekomplex, in dem es oben im Atelierdach Keramik zu kaufen gibt. Insgesamt viel weißgrundig mit etwas Farbe. Sehr geschmackvoll, allerdings auch nicht billig. Offen tägl. 1o-19 Uhr. Ca. 8oo m südlich des großen TI-Treffpunkts nach der Ölandbrücke.

MÖRBYLÅNGA: Kleines Industrieörtchen mit eigenem Gästehafen.

Südlich von Mörbylånga nur noch vier Campingplätze:
Mörbylånga Camping, 2-Sterne-Platz direkt im Ort nicht zu verfehlen. Vollständiger Service.

Ansonsten noch die beiden einfachen Plätze Grönhagen in der Nähe eines Golfplatzes an der Westküste Degerhamn Camping und Ottenby mit einer kleiner JHB an der Ostküste südlich vom Eketorp.

Von den vielen „Sehenswürdigkeiten" des Inselsüdens lohnen sich allerdings nur:

VICKLEBY an 136. Malerisches, idyllisches Dörfchen mit Kunsthandwerksschule, in der Kunsthandwerk ausgestellt und verkauft wird.

Ein aus der Eiszeit stammendes Grabfeld, deren spitze Grabsteine in ovaler Schiffsform ausgestellt wurden; Gettlinge Grabfeld südlich des Straßendörfchens Smedby.

Das archäologische Zentrum EKETORP; hinter einem kreisrunden Burgwall freigelegte Mauerreste eines Runddorfes aus Zeiten der Völkerwanderung (4. Jh.). Besonders anschaulich, weil viele reetdachgedeckte Häuser mit wissenschaftlicher Unterstützung original rekonstruiert wurden und Schafe, Hühner und Ölandgänse durch die Gegend wackeln. Täglich Führungen durch Archäologen. An der Ostküste, südlich von Gräsgård. Bei Grönhögen von der 136 abbiegen und dem Schild Eketorp folgen.

HIMMELSBERGA FREILICHTMUSEUM, Zusammenfassung eines ganzen Dorfes zu einem Museum. Hier wird anschaulich, wie das bäuerliche Leben vor rund 3oo Jahren aussah. Nette Cafeteria zum Draußensitzen. Geöffnet: im Sommer täglich 1o-18 Uhr.

OTTENBY, südlicher Ort der Insel, schöne Spaziergänge, mit vielen Damhirschen.

„LÅNGE JAN", erklimmbarer, größter Leuchtturm Schwedens an der Südspitze; gleich nebenan die Vogelwarte (Ottenby Vogelstation) mit angeschlossenem ZUGVOGELMUSEUM. Grund: hier passieren wie Nils Holgersson mit seiner Schar alljährlich die Zugvögel.

Wandern: Einmaliges Erlebnis für Skandinavienfahrer: Wandern durch die Kalksteinsteppe „STORA ALVARET" in Südöland. Keine langweilige Angelegenheit, sondern viel Freiheitsfeeling unter blauem, freiem Horizont mit weitem Blick im Weltkulturerbe der UNESCO. Empfehlenswerte Tagesrundtour von Vickleby in ein ausgetrocknetes Moor. Sonnenhut und Fernglas nicht vergessen. Leichte Wanderkleidung nötig.

Radfahren: Wegen des flachen Gebiets und des vergleichbar guten Wetters ideal. In jedem Fall die 136 meiden. Ausleihmöglichkeiten über die Touristbüros, Campingplätze und Jugendherbergen. Teilweise hinderlich: Wind.

Angeln: Beste Angelgewässer ganz im Norden der Insel in der Grankullavik Bucht. Außerdem Hochseeangeln mit Fischerbooten (vgl. Sportmöglichkeiten in Kalmar).

Segeln/Surfen: Wegen des spitzen Windes beste Möglichkeiten. Viele Gästehäfen. An vielen 3-sternigen Campingplätzen Surfverleih. Vorsicht an Ostküste, häufig sehr starker Wind.

Kanu/Rudern: Verleih an fast allen Campingplätzen, lohnend höchstens zum bißchen Schippern und Angeln.

DIE BLAUE KÜSTE
VON OSKARSHAMN BIS SÖDERKÖPING

2oo km zerrissener und wild zerklüfteter Küstenstreifen mit vorgelagert grenzenlosem Schärenparadies. Lange minifjord-ähnliche Furchen ragen tief ins grüne Landesinnere. Paradies für Segler, Kleinküstenschiffer und Schärenfanatiker.

Von entlangführender, gut ausgebauter E 22 aus kriegt man davon allerdings reinweg gar nichts mit! Runter von der Schnellstraße und rein in die stichstraßenähnliche Verbindung zum Meer mit glattgeschliffenen Klippenstränden und teilweise sandigen Buchten.

✱ Oskarshamn

Industriestädtchen an sonnenbeschienener blauer Küste; rankt sich um den überlicherweise wenig idyllischen Hafen. In City großer Marktplatz und sorgsam gepflegte Einkaufsstraßen. Bekannt für die mit 72 m längste Holzbank der Welt und die hier entstandenen grobgeschnitzten Holzfiguren. Ausgangspunkt für Tagesfahrt auf die National-Park-Insel „Blå Jungfrun".

Axel Robert Petersson (1868-1925) schnitzte Holzfiguren derart schnörkellos und grob, dass sie aufgrund ihrer Kantigkeit genial die Lebensweise der damaligen Gesellschaftsschichten widerspiegelten.

Südschweden/Ostküste 195

 im Kulturhuset, Hantverksgatan 18, 57228 Oskarshamm, Tel. o491/ 881 88, Fax: o491/ 881 94. In Hochsaison offen: Mo.-Fr. 9-11.3o Uhr + 12.3o-16.3o Uhr. www.oskarshamn.se

Verbindungen ab Okarshamn

 **Bus**: Abfahrt vom Busbahnhof.
nördlich der Küste entlang -> Västervik, 3 x täglich,
südlich -> Kalmar, 5 x täglich,
ins Landesinnere -> Vimmerby, 2 x täglich.

 **Schiff**: -> <u>Visby auf Gotland</u>, 2 x täglich mit Destination Gotland . Fahrzeit zwischen 2 1/2 Std. mit der Schnellfähre und 3 Std. mit der normalen Fähre. Tel. o771/ 22 33 oo. Homepage www.destinationgotland.se

-> <u>Nationalparksinsel Blå Jungfrun</u> (vgl. Ausflüge Kalmar) Von Juni bis September. Abfahrten ab Brådholmskajen in Oskarshamn. Tipp: vorher aus TI kostenlosen Prospekt mit kleiner Landkarte mitnehmen und rechtzeitig buchen. Außerhalb der Saison nur an bestimmten Tagen. Infos am TI.

-> <u>Byxelkrok auf Insel Öland</u> vom 16.6.-28.8. mit Ölandsfärjan 2x täglich ca. 2 1/2 Std. Tel. o7o/ 62 14 26o. www.olandsfarjan.nu

Zug: 6 x täglich zum nahegelegenen Umsteigebahnhof Berga, der Anschlüsse an das gesamte Bahnnetz ermöglicht.

Flug: 2x täglich nach Stockholm im Saab Propeller der Swedline. Flughafen Oskarshamn 1o km nördlich der Stadt. Tel. o491/ 33 2oo. Homepage www.swedline.com

 „**Best Western Sjöfartshotel**", vierstöckiger würfelförmiger Klotz, direkt am Hafen, nahe dem Fähranleger. Komplett renoviert. Zimmer mit Hafenblick liegen direkt oberhalb lauter Hauptstraße. DZ mit Dusche und Frühstück ca. 8o Euro. Sonderpreise für Familien mit Kindern. Sjöfartsgatan 13, Tel. o491/ 76 83 oo. www.sjofartshotellet.nu

„**Best Western Hotel Corallen**", komfortabel eingerichtete Zimmer. Direkt an der Ostsee, aber auch mit Aussenpool. DZ ab 8o Euro. Gröndalsgatan 35, Tel. o491/ 76 81 81.

<u>Gunnarsö Camping</u>, freundlich gelegener Platz auf Landnasenspitze im Mischwald. Gemütlich familiär mit Klippenstrand. Lohnend für längeren Aufenthalt. Ebenfalls schöne Hütten zu vermieten. Anfahrt: von E 22 im Zentrum ausgeschildert, ca. 3 km südlich der Stadt. Tel. o491/ 132 98.

<u>Havslätts Camping</u>, wesentlich kleiner und leerer als Gunnarsö, in mehrere Wiesenrechtecke unterteiltes, schattenloses Gelände am schönen Sandstrand, der als städtischer Badeplatz mitbenutzt wird. Anfahrt: vom Zentrum 2,5 km nördlich, ausgeschildert. Tel. o491/ 153 25.

Juhe Zentral gelegene Jugendherberge mit 23 Zimmern inkl. Frühstück. Södra Långgatan 15-17, Tel. o491/ 158 oo.

Im DÖDERHULTMUSEUM (im selben Haus wie die Bibliothek) werden die wunderschönen geschnitzten Holzfiguren A.R. Peterssons ausgestellt. In ihrem oft jämmerlichen Aussehen beeindruckt die Lebendigkeit der Figuren. Geöffnet: im Sommer Mo.-Fr. 1o-18 Uhr, Sa./So. 11-16 Uhr.

EINKAUFEN
Ullared2 in Högsby; ähnlich wie die Deutschen sind auch die Schweden in ihrer tiefsten Seele Schnäppchenjäger. Diesem Trieb kommt das Geschäft Ullared2 in Högsby nach. Von Werkzeug über Heimtextilien bis Bekleidung und Elektrogeräte gibt´s hier alles, aber günstig. Der Name stammt übrigens von dem Prototyp dieses Dumpinggeschäftes im Ort Ullared an der schwedischen Westküste nördlich von Halmstad.
Geöffnet Mo - Fr 8 - 18 Uhr, Sa 9 - 15 Uhr, So 1o - 16 Uhr.
Anf.: Von Oskarshamn westlich über die 23 Richtung Berga, dann über die 34 nach Högsby, ca. 5o km.

Kanu: Interessante Möglichkeiten im unendlichen Schärengebiet entlang der Küste. Aber Vorsicht beim Rumschippern. schneller Orientierungsverlust. Beste Infos, Karten und Materialien gibt es beim Marktführer Kanuzentrale in Mönsterås, Tel. o499/4o1 14.

Südlich der Stadt bei Påskallavik mündet der 2oo km lange Emån. Im Frühjahr durchgängig zu fahren. Schönes Teilstück von Brücke bei Högsby bis zur Mündung. Einige spritzige, aber fahrbare Schnellen und drei Umtragstellen (Finsjö, Boholm Wasserfall und Karlshammars Kraftwerk). Aussteigepunkt bei Papierfabrik in Emsfors. Bootswagen sinnvoll. 4o km als stramme Tagestour zu machen.

Wandern: Ostkustleden. Sehr schöner 16o km langer Rundwanderweg mit acht Etappen à ca. 2o km. Führt sowohl direkt entlang der Ostseeküste als auch durchs Landesinnere an kleinen Seen und Sehenswürdigkeiten vorbei. Durch relativ gute Busverbindung auch als Teiletappen machbar. Einfach zu gehen. Übernachtung in meist kleinen Hütten mit einfachem Kochgeschirr. Lauschig! Bester Startpunkt in Lilla Hycklinge am Parkplatz nördlich von Döderhult. Von da gute gelborange Markierung.

✦ Västervik

Langgezogenes, idyllisches Küstenstädtchen am Eingang einer fjordähnlichen, länglichen Bucht. Ruhige Kleinstadtatmosphäre mit zwei, drei Einkaufsstraßen und paar schönen alten Gäßchen. Nördlich der Stadt gute Zeltplätze. Achtung: nördlich der Stadt bei Gamleby regelmäßig Geschwindigkeitskontrollen auf der E 22. Heimatstadt des bekannten schwedischen

Tennisspielers Stefan Edberg!

 Ganz amüsantes, 191o im Jugendstil gebautes Badehaus mit halbem Wasserturm. Ganz gegen sonstige Gewohnheiten nicht in der City, sondern unten am Gästehafen. Eines der schönsten Touristenbüros in ganz Schweden! Buchungszentrale für alle Unterkünfte (incl. Ferienhäuser) in der Stadt und der gesamten Umgebung. Geöffnet in Hochsaison: Mo.-Fr. 1o - 19 Uhr, Sa.-So. 1o-17 Uhr. Strömsholmen, 5933o Västervik, Tel. o49o/ 88 9oo, Fax: o49o/ 88 915. www.vastervik.se

Verbindungen ab Västervik

Bus: -> Norrköping: 3 x tägl., dort Zuganschluß Stockholm-> Göteborg. Nach -> Jönköping: 3 x tägl., -> Oskarshamn: 6 x tägl., -> Vimmerby: stündlich. - **Ausflugsboote**: ab Hafen Nähe Touristbüro.

Zug: 4 x täglich Pendelverkehr zur Hauptumsteige in Linköping.

Schiff: regelmäßige Verbindungen nach Estland (Talinn)und Lettland (Ventspils) mit VV-linie. www.vvline.com

 „**Centralhotellet**": 3-stöckiges kleiners Steinhaus gegenüber vom Bahnhof. Persönlich geführt von der Familie mit einigen Angestellten. Große Zimmer mit getrennt stehenden Doppelbetten, Bad. Im Haus eine Sauna. DZ ca. 8o-13o Euro mit Frühstück. Brunnsgatan 23, Tel. (o49o) - 89 55o. www.centralhotellet.com

„**Best Western Västervik Stadshotell**": zentrale Lage Nähe Hafen und Hauptgeschäftsstraße. Derzeit bestes Hotel der Stadt, gehört zur Best Western Hotelkette. 1o1 Zimmer mit Bad, TV. Man hat die Wahl zwischen Blick zur Straße (zu sehen: Nachbarhaus), oder Ri. Innenhof (ruhig und ebenfalls ok). Dort befindet sich unter einem Glasdach der Frühstücks/Restaurantraum. Storgatan 3. DZ ca. 115 Euro. Tel.: (o49o) - 82o.oo.

 Lysingsbadet, profimäßig, großer Platz auf lauschiger Landzunge mit vielen verschiedenen Ecken und Buchten zum Zelten. Größte Ferienanlage Schwedens mit mehr als 12o Ferienhäuschen. Mehrere tolle vorgelagerte Inselchen auf denen man sich auf sonnenerwärmten Klippen aalen kann. Verschiedene kleine Sandstrände, wovon größter von Dorfjugend mit dicken Rekordern bevorzugt wird. Außerdem riesige Wasserrutschbahn, Holzsauna mit großer Relaxabteilung und Hochparcours-Abenteuerstrecke mit 25o m langer Seilbahn. Hier ist immer was los! Linienbus Nr. 1 fährt ebenfalls zum Campingplatz und JHB. Anfahrt: von E 22 Richtung Zentrum Västervik, dort ausgeschildert (2 km).

Hammarsbadet: sehr schöner, etwas erhöhter Wald- und Wiesenplatz mit gutem Sandstrand. Er ist recht stark von Deutschen frequentiert. Aufgrund der Lage am Ende einer langen schmalen Bucht bis zu 5° wärmeres Wasser als üblich. Sehr ruhig, mit guten Sanitäranlagen. Steile Auffahrt. Anfahrt: Auf E 22 Abfahrt Gamleby. 23 km nördlich von Västervik.

Nördlich von Gamleby vier weitere Plätze auf größerer Halbinsel. Davon schönster:

* Gudingebadet: einfacher, aber toll abseits ausgetretener Touristenpfade gelegener Platz mit ganz vielen Stellmöglichkeiten direkt am Wasser. Kleiner Sandstrand, sonst Klippen und Kieselsteinstrand vor postkartenmäßigen Schären. Im Juli leider viele schwedische Dauercamper und relativ voll. Eher bescheidene Sanitäranlagen. Anfahrt: von E 22 Abfahrt Björnsholm Richtung Lofta. Dann über Nebenstraße Richtung Vinö.

Hier die anderen in Steno: * Hallmare Havsbad, lohnenswert wegen breitem Sandstrand und zwitschernder Vögel im Waldgelände. Familienplatz. Anfahrt: von E 22 bis Loftahammar, dort Richtung Hallmare (nicht mit werkseigenem Saab-Platz verwechseln!).

* Tättö: abschüssiger, teilweise gerodetes Waldgelände mit ordentlichen Sanitäranlagen. Anfahrt: direkt am Ortseingang Loftahammar.

* Bjursundscamping: schlauchähnlicher Wiesenplatz in Talmulde ohne sonderlich guter Schwimmöglichkeit. Viele Dauercamper. Anfahrt: zwischen Lofta und Loftahammar, direkt hinter der Brücke.

Åtta Små Hem: in 8 alten, roten Holzhäusern einer ehemaligen Waffenschmiede. Echt luxuriös, mit Einzelzimmern und eigener Dusche. Super. Källarbacken 2, 59o96 Överum, Tel. o493/ 3o3 o2. Anfahrt: bei Gamleby auf der 35 Richtung Linköping.

EINKAUFEN

Großes Shoppingcenter am Ortseingang. - Stoffe und Kunsthandwerkarbeiten der Umgebung. In bescheidenen Maßen im Hemslöjden, Västervik, Storgatan 21.

Aspagården: lohnender Besuch im verwittert altem, roten Mini-Holzgebäudekomplex. Dort kann man Kunsthandwerkern bei der Arbeit zusehen und kaufen. Kopf einziehen, niedrige Decken. Neben St. Gertruds Kirche.

SEHENSWERTES

ST. GERTRUDS KIRCHE: kreuzförmige Steinkirche mit altem Gestühl (1748) bei denen man Türchen aufmachen muß. Die rundherum im Innern zu sehenden blaß rot-blauen Streifen in Gestühlshöhe sehen wie zusammengebundene Bettzipfel aus. Rundherum alte rot-blau-gelbe Holzhäuschen.

SCHLOSS GRÄNSÖ: Mittelpunkt des Naturschutzgebietes und Schauplatz von Events im Sommer. In der letzten Juliwoche Hardcore-Motorradtreff (www.mcdagarna.com) mit heftigen Partys und Szeneleuten. Ansonsten schönes Cafe und Kerzenzieherei. Kerzenverkauf zu Werkspreisen. Anf.: Über die Brücke vorbei an der Schloßruine ca. 2 km.

KULBACKEN, auch "Skansen en miniature" genannt. Gleich hinter der Schloßruine Stegeholm gibt´s nicht nur ein gut gemachtes Museum über die ehemals wichtige Seefahrerstadt Västervik, sondern auch ein Freilichtmuseum mit Tieren, die der Umgebung der Stadt entstammen. Gleich um die Ecke ein Aussichtsturm, der einen Wahnsinnsblick auf das Umland und den unglaublichen Schärengarten der Küste eröffnet. Insgesamt lohnend!

AUSFLÜGE
Touristenschiffchen fährt täglich in die vorgelagerten Schären. Über 5.ooo Inseln vor der Küste Västerviks laden zum Seekajakfahren oder einfacher zum Schippern ein. Mit der M/S Freden gehen in der Hochsaison gleich mehrere Abfahrten am Fischerhafen los. Preis ab ca.15 Euro.

Nationalpark Norra Kvill, sehr kleines, aber beeindruckendes Urwaldgebiet mit gigantischen Nadelbaumriesen an bogenförmigen Höhenrücken mit umgestürzten Baumstämmen und gewaltigen Felsbrocken zwischen denen teppichartig Blaubeersträucher wachsen. Einige Kilometer südlich auch die Norra Kvill Eken, eine auch als "Christuseiche" bezeichnetes Naturdenkmal mit gigantischen Ausmassen. Anfahrt zum Nat. -Park: von Vimmberby Richtung Kisa. Südlich Ydrefors Beschilderung folgen. Ein Pfad führt dann in den Park.

Schmalspurbahn nach Hultsfred: zockelt rotgelber, einwaggongiger Schienenbus mit vielen Stops 1 x tägl. durch Südschweden. 187 unvergeßliche Kilometer. Abfahrtspläne am TI.

WANDERN
16o km Langwanderweg Tjustleden. Mittelschwerer Trail etwa parallel zur Küste und E 22. Hauptsächlich durch Wald- und Seenlandschaft, teilweise auch durch kleine Dörfer. Allerdings durch untergeordnete Nebenstraßen immer Zivilisationskontakt. Gut „ausgebaut" mit orangefarbenen Kringeln an Bäumen und Windschutzen mit Klo und Feuerstellen auf 7 Einzeletappen. Ausführliche Tourenbeschreibung leider nur auf schwedisch im TI. Zeitbedarf 7 Tage. Startpunkt: Mörtfors, ca. 4o km südlich von Västervik an E 22 bei Versammlungshalle. Endpunkt: Björndalen, 8 km westlich des Ortes Överum an 35.

Gränsö Rundwanderweg, toller 13 km langer Rundwanderweg auf Halbinselspitze fast immer am Wasser entlang. Als Tagestour auch in Turnschuhen machbar. Auch auf halber Strecke abzukürzen. Besonders auf Ostseite super Badeplätze. Für ganze Tour ca. 4,5 Std. nötig. Ausreichende 1-Blatt-Kopie am Tourist-Office. Anfahrt: ca. 3 km östlich des TI.

Reizvoller, vielfach unbekannter Kanu-Trail durch einsame Gebiete mit vielen schmalen, langgestreckten, dichtbewaldeten Seen. Bei extremem Niedrigwasser schrabbt man an einigen Seeausgängen über Steine.

Ansonsten Spitze!
Startpunkt: Långrammen südlich von Tyllinge, 2o km westlich von Överum.
Endpunkt: bei Ostseekontakt in Skaftet, 15 km südlich von Västervik. Gesamtstrecke: 6o km für ca. 4 Tage, auch für Anfänger.
Weitere Einsatz- bzw. Ausbootungsstellen bei: Odensvi, Hammelstad, Ankarsrum.
Kanadier- und Kajakverleih am Zeltplatz Lysingsbadet, täglich 1o-17 Uhr. Außerdem Küstentouren machbar. Am besten nördlich von Västervik. Genaue Karten im örtlichen Buchhandel.

 Richtung Norden schöner Zeltplatz bei Valdemarsvik mit gutem Sandstrand am Freizentrum. Steile Auffahrt. Anfahrt: Im Ort Valdemarsvik ausgeschildert.

✸ Söderköping

Jahrhunderte alter Ortsflecken am Schnittpunkt Göta-Kanal und E 22 sowie nahe der E 4. Ein Zwischenstopp in Söderköping lohnt wegen des schön restaurierten Rathauses von 1774 am Hauptplatz. Gegenüber kleines Antiquariat und wenige Meter entfernt die Osteinfahrt zum GÖTA- KANAL mit Schleusenanlagen und kleinem Bootshafen..

 Stinsen, Adresse: Margaretagatan 19, 6148o Söderköping. Tel. o121/ 181 6o, Fax: o121/ 185 81. Geöffnet in Hochsaison: Mo.-Fr. 1o-19 Uhr, Sa.+So. 1o-16 Uhr. www.soderkoping.se.

 Im Ort Mini-Zeltplatz, wegen Nähe zur E 22 nur als Durchgangsplatz zu empfehlen. Anfahrt: An E 22 bei OK-Tankstelle.

 STF Mangelgården, gemütliches, rotes Holzvandrarhem im Freilichtmuseum, nur steinwurfweit vom Zeltplatz entfernt. Alternative für eine Zeltplatzübernachtung mit viel Rödeln. Mangelgården, 6143o Söderköping, Tel. o121/ 1o2 13.

S:t Annagården STF, traumhafte Jugendherberge im Schärengarten der Ostsee aus der man fast aus den Fenstern angeln kann. Verleih von Kanus, Surfbrettern und Fahrrädern. Zum Verweilen! Anfahrt: von der E 22 Richtung Tyrislöt über die 21o fahren. Tel. o121/ 513 12.

AUSFLÜGE

Auf Göta-Kanal mit Boot durch anmutig hügelige, sanfte Landschaft. Tief im Wasser hängende Äste, Weiden und Büsche geben der Fahrt romantischen Charakter. Richtung Osten eher Schärentour. Richtung Westen schmale, kanalartige Anmutigkeit. Täglich Hin- und Rückfahrten nach Arkösund und Asplången. Preis: ca. 4o Euro, Zeitbedarf: 5-8 Stunden. Das TI vermittelt auch Verleih von Booten, um auf eigene Faust loszockeln zu können. www.gotakanal.se

Südlich der Stadt St. Anna eine der schönsten Schärengebiete Schwedens. Unmengen bewaldeter Inselchen: herrlich zum Segeln, Baden, Surfen und Kanufahren. Gleich vier Zeltplätze in der Ecke, die teilweise zum längeren Aufenthalt reizen.

 St. Anna Camping, gänzlich von Wasser umgebener Rasenplatz mit Blick auf umliegende Schären. Trotz der nicht berauschenden Sanitäranlagen viele schwedische Dauercamper. Anfahrt: von E 22 drei Kilometer südlich von Söderköping Richtung Tyrislöt. 1 km hinter St. Annas Kirche, zweimal durch weiße Steinsäulentore fahren, auch wenn öffentlicher Weg endet.

Källbuktens Camping, langes, schmales, von Wald umgebenes Wiesenstück mit kleinem Wasserzugang. Wegen Naturreservat Zelte nur auf diesem Platz erlaubt. Einfache Sanitäranlagen. Anfahrt: wie zum S:t Anna Camping, nur ca. 5 km weiter.

Tyrislöt Camping, von Sackgasse durchteilter freier Platz zwischen Klippen. Lieblingsplatz der Schweden, wegen wunderschöner Schärenumgebung. Bootsverleih. Anfahrt: Von E 22 Richtung Tyrislöt bis Straßenende. Vorsicht für Wohnwagenfahrer: auf extrem schmaler Straße hat sich schon manch einer den Außenspiegel zerdeppert.

FKK Camp Tyrol, eine der wenigen FKK-Zeltplätze in Schweden. Anfahrt: von 2o9 Norrköping - Arkösund nach Rönö abfahren, nach 3 km Richtung Tobo abzweigen, nach 2 km rechts ausgeschildert.

AKTIE von 1890 zum Ausbau des Göta Kanals.

INSEL GOTLAND

Völlig "unschwedische" Insel mitten in der Ostsee: ausgedehnte feinkörnige Sandstrände, aber auch von Wind und Wasser zerklüftete und zerfetzte Kalksteinklippenungetüme (sogenannte Raukar). Niedrige, fast kultiviert wirkende Nadelwälder, weitläufige, fruchtbare Äcker und Wiesen, auf denen überall dunkelwollige Schafe weiden.

Besonders im Juni/Juli prachtvoll blühende Orchideenwiesen, die auf kalkhaltigem Boden besonders gut gedeihen. Jede Menge verfallener Kirchenruinen und Überreste mittelalterlicher Blütezeit.

Gotland ist Schwedens Surf- und Segeleldorado. Ideal zum Fahrradfahren und Baden. Für ungewöhnlich warmes und sonniges Wetter für diese Breiten bekannt. Früherer Wohnsitz von Ingmar Bergman und Olof Palme...

Südschweden/Ostküste 203

Die Wikinger wußten bereits die zentrale Lage und das milde Klima der Insel zu schätzen. Durch viele windgeschützte Buchten war sie seit 15oo v. Chr. Etappe für Schiffer und Kaufleute Richtung Osten. Um 125o Bau der gewaltigen Stadtmauern von Visby bei Trouble zwischen Stadt- und Landbevölkerung. Darauf blühend reiches Handelszentrum und Umschlagplatz für gesamten Ostseebereich und Hauptkontor der Hanse. Daher viele deutsche Straßennamen: Bremergränd, Hamburggränd, Rostockgränd.

Doch wie so häufig, währt die ganze Sache nicht lange: Der Dänenkönig Waldemar Atterdag überfällt das lukrative Gotland, metzelt die überraschten und schlecht bewaffneten Bauern nieder und verschont Visby nur gegen Zahlung ungeheurer Tribute. Doch das ganze Geld versank im Sturm und muß heute noch irgendwo auf dem Meeresgrund vor der Küste schlummern.

Ähnlich ergeht es knapp 2oo Jahre später einer dänischen Kriegsflotte: 1566 versanken 6.ooo Mann im tosenden Ostseesturm.

Heutzutage prägen vor allem die Zement- und Kalkindustrie (kalkhaltiger Boden!) und viel Tourismus die Insel.

Entlang der Westküste von Visby bis Tofta im Juli gerappelt voll. Besonders Schweden. Ähnlich an der Ostküste zwischen Katthammarsvik und Ljugarn. Nichts für Einsamkeitsfans! Die Nordostspitze ist landschaftlich der schönste Inselteil und war zu Zeiten des Kalten Krieges militärisches Sperrgebiet. Doch „Glasnost" und „Perestroika" machten es auch hier möglich: durch das langjährige Sperren ist das Gebiet fast völlig unberührt geblieben und ein landschaftliches Kleinod. Weiterer Tipp ist die nördlich vorgelagerte Insel Fårö mit ihren tollen Stränden.

✱ Visby

Durch mächtige alte Stadtmauern mit 44 Türmen im Halbkreis um den Hafen gezwängt. Ein Labyrinth von kopfsteingepflasterten Gäßchen mit niedrig geduckten Häusern, die neugierige Blicke durch Fenster zulassen. Putz, der von Wänden blättert, überbaute Torbögen und überall wucherndes Efeu und Rosen. Schwedens schönste Stadt mit Südfrankreich-Atmosphäre und zum Weltkulturgut von der UNESCO erklärt.

 Skeppsbron 4-6, 62125 Visby. Tel. o498/ 2o17oo, Fax: o498/ 2o1717. Geöffnet: in der Hochsaison täglich 8-19 Uhr. www.gotland.info oder www.gotlandsturistservice.com

Für Fähren-Spätankommer hat das Büro von „Gotlands Resor" in der Hochsaison extra lange auf: 6-22 Uhr. Am neuen Fähranleger, Färjeleden 3, Tel. o498/ 2o1 26o.

Konsulat: Deutscher Honorarkonsul: Hamngatan 3, Tel. o498/ 27 64 8o.

Parken: 22. Mai bis 22. August grundsätzliches Fahrverbot innerhalb der Stadtmauern. Außerhalb dieses Terminus Fahrverbot innerhalb der Stadtmauern zwischen 22 und 6 Uhr.

Auch sonst in keinem Fall in die Stadt mit Auto, Wohnmobil oder gar Wohnwagen reinfahren! Im labyrinthähnlichem Gewirr von Einbahnstraßen und Mini-Gassen findet man weder raus noch kommt man durch! Parkplätze direkt unten am Fähranleger oder außerhalb der Stadtmauern am Österport oder Kaiserport benutzen!

Verbindungen ab Visby

Schiff: -> Nynäshamn. Zur Hochsaison 3 x tgl. ein Schnellboot, das die Strecke in 3 Std. 15 Min. schafft. Alle Fähren haben direkten Busanschluß zum Stockholmer Hauptbahnhof. Preise: Person ca. 4o Euro, Pkw ca. 35 Euro.

-> Oskarshamn: zur Hochsaison 2 x täglich, mit der Schnellfähre Fahrzeit 3 Std. 15 Min. Preise ca. identisch wie Nynäshamn.

Vorbuchung unbedingt notwendig. Gerade im Juni sind die Kähne knackevoll!

-> St. Karlsö: in HS 2-3 mal täglich mit neuem Ausflugsdampfer.

Flug: In Hochsaison fast stündlich Flüge von/nach Stockholm, Flugzeit 35 Minuten. 2 x täglich zusätzlich nach Norrköping.

Bus: Auf Insel zwar auch Busverbindung nach Farösund, Burgsvik, Ljugarn, allerdings nicht sonderlich häufig. Besser mit Auto und Fahrrad machbar. Busabfahrten außerhalb der Stadtmauern an Busstation.

Autoverleih: am Flughafen bei HERTZ Tel. 24855o, EUROPCAR Tel. 215o1o oder bei AVIS, Donnersplats 2, Tel. 21 98 1o

Im Gegensatz zum übrigen Schweden im Sommer teurer als zur übrigen Jahreszeit. Verständlich: Die Saison ist kurz.

„**Best Western Strand Hotel**", hochmodernes, aber gemütliches kleines Hotel innerhalb der Stadtmauern. Luxuriöse Zimmer. DZ mit Dusche und Frühstück um 15o Euro. Strandgatan 34, Tel. o498/ 258 8oo. www.strandhotel.net

„**Almedalens Hotel**", traumhafte Lage in unmittelbarer Nähe zum mittelalterlichen Hafen von Visby. Schön eingerichtete DZ, aber auch Wohnungen mietbar. Bei Buchung Hafenblick verlangen! DZ je nach Saison 7o-1oo Euro. Strandvägen 8, Tel. o498/271866. www.almedalen.com

„**Pensionat Kneippbyn**", billigste Hotelalternative mit Seeblick. Zusätzlich Nebengebäude und einfache Hütten. WC und Dusche auf Korridor. In Stoßzeiten vor Dusche Schlange stehen. Nebenan großer Kinderspielplatz. DZ ohne Dusche und ohne Frühstück 6o Euro. 5 km südlich der Stadt. Tel.: o498/ 29 61 5o.

STF Vandrarhem Visby, 3-geschossiges, rund 1oo Betten umfassendes Gebäude 1, 5 km außerhalb des Zentrums. Selbst die 1o-Bett-Schlafsäle sind im Sommer schnell belegt. Telefonische Vorbuchung unbedingt sinnvoll, Tel. o498/26 98 42.

Gästehaus Wisby Jernvegshotell, Mittelding zwischen Jugendherberge und Hotel. Sehr klein (6 Zimmer mit insgesamt 24 Betten), aber gemütlich. Auch DZ buchbar. Rechtzeitige Voranmeldung notwendig! In Visbys Innenstadt. DZ ab 35 Euro. Adelsgatan 9, Tel. o498/ 2o3 3oo.

 Norderstrandscamping, terrassenförmig schöner Platz in Ufernähe, ganz entlang der Straße. Auf gegenüberliegender Straßenseite schmaler Sandstrand mit kleiner Mauer, damit das Wasser den Sand nicht wegschwemmt. In früheren Jahren in die Rauschgiftszene verwickelt, jetzt aber „clean". Bevorzugt werden deshalb Familien. Anfahrt: 2 km nördlich der Stadt. Tel. o498/ 21 21 57.

Kneippbyn, bei o.g. Hotel in größerem Freizeitgebiet mit grün-lila Haus Villekulla (Filmstaffage für Pippi Langstrumpf-Filme), Wasserlandschaft, Automuseum usw. Platz selbst auf freiem Wiesengelände direkt an der Steilküste. Über Treppen geht's runter zum schmalem Kieselsteinstrand. Schöner Blick auf Visby. Hier auch großer Freizeitpark für Familien mit Kindern. Einziger 4- Sterne-Platz auf ganz Gotland. Anfahrt: an der 14o, ca. 5 km südlich der Stadt.

Snäck Camping, auf einer Anhöhe in lichtem Kiefernwäldchen direkt am schönen Strand. Möglichst weit unten campen, sonst weite Wege zum Wasser. Anfahrt: 1,5 km nördlich des Hotelsilos. Tel. o498/ 21 17 5o.

Brissunds Camping, ganz einfacher Lagerplatz mit Plumpsklo ohne Serviceeinrichtungen. Eher was für „Alternative". Weniger Rummel. Anfahrt: an der 149, etwa 8 km nördlich Visby bei Brissund

 In fast allen Restaurants reichlich Rosengestecke.

Spezialitäten: Lamm- und Heidschnuckenfleisch, die flache Flunder und der etwas nach Weihnachten schmeckende Nachtisch „Saffranspannkaka" am leckersten mit Sahne und "Salmbärssylt". Bei besonderen Festlichkeiten gibt's auch geräucherten Hammelbug oder gekochte Schafsköpfe.

„VÄRDSHUS LINDGÅRDEN", in altem Kaufmannshaus gemütlich eingerichtet in recht nobler Atmosphäre. Wir ließen uns Lamm und Saffranspannkaka schmecken. Spitze! Mit Vor- und Nachspeise und Bierchen ist man allerdings schnell 4o Euro pro Person los. Strandgatan 26. Tel. o498/ 21 87 oo.

SEHENSWERTES

GOTLANDS FORNSAL: 8ooo Jahre gotländischer Geschichte von der Steinzeit bis zu den Wikingern sind in dem gut gemachten Museum zusammengefasst. Nachgestellte mittelalterliche Innenausstattungen, Gold- und Silberschätze und sog. Bildsteine geben beredte Zeugnisse der wechselhaften Geschichte der Insel. Geöffnet: im Sommer tägl. 1o -17 Uhr, Eintritt 5 Euro, Adr.: Strandgatan 14. www.lansmuseetgotland.se

EINKAUFEN

Viele kleine, versteckt gelegene Keramik-, Kunsthandwerks- und Wollgeschäfte. Auch im TI Burmeisterhus gibt's einiges.

Munkvalvets Krukmakeri, Keramikshop mit vielen ausgefallenen Vasen (wasserpfeifenähnlich). Recht große Auswahl. Adelsgatan 6.

Gotlands Hemslöjd, ganz guter Überblick über gotländische Handarbeit von Wolle bis Holz. Im historischen Museum.

FESTE

Anfang August (32. Kalenderwoche): sog. Mittelalterliche Woche in Visby. Viele Leute laufen in mittelalterlichen Kleidern rum, Musikabende etc.

1. Augustwoche: Gotland Chamber Music Festival, Festival für klassische Musik in einer Art Theaterlokal. Von berühmten Pianisten Staffan Scheja organisiert. Preise ca. 15-18 Euro. Nähere Infos gibt's am TI.

Fahrradfahren: Ideale kleine, schnuckelige Nebenstraßen, wenig Verkehr, gutes Wetter, geringe Höhenunterschiede, lange Küstenabschnitte. Mit Hilfe gescheiter Karten kann sich jeder seine individuelle Tour zusammenstellen. Der blau beschilderte „Gotlandsleden" führt über gesamte Insel. Das TI hat ausgearbeitete Vorschläge, teilweise sogar mit organisierten Übernachtungen in Jugendherbergen.

Vom Tandem oder Anhänger bis zum Zelt gibt's alles zu leihen bei:
Hyr Hoj Här, unten am Hafen, geöffnet von 5 (!) bis 19 Uhr, täglich.
Visby hyr-Cykel,(www.visbyhyrcykel.se) am Österport, der größte Verleiher auf der Insel.

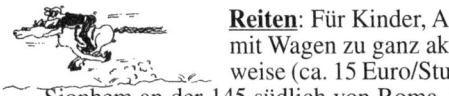

Reiten: Für Kinder, Anfänger und Fortgeschrittene und mit Wagen zu ganz akzeptablen Preisen. Auch stundenweise (ca. 15 Euro/Stunde). Gervide Gård im Kirchspiel Sjonhem an der 145 südlich von Roma. 38 km von Visby. Tel. o498/ 59o 37. Weitere Reitmöglichkeit: Stall Dalhem, Tel. o498/ 381 51.

AUSFLÜGE

Vogelschutzinseln Stora und Lilla Karlsö. Zwei grauweiß schimmernde Silhouetten am Westküstenhorizont. Vergleichbar mit Vogelkolonie der Nordsee mit idealen Voraussetzungen: Kalksteinhöhlen und Klippenabsätzen im Gestein und jede Menge Sprotten im Wasser. Rundwandertour nur mit Führung, wegen Natur- und Vogelschutz.

STORA KARLSÖ: größere der beiden in Hufeisenform mit geschütztem Naturhafen, ehemalige Schafsweideninsel. Inzwischen aber wieder hochgepäppelt mit paradiesischen Orchideenwiesen, gedeckten Laubhainen und monumentalen Felsen.

Dort wunderschöne, lauschige Jugendherberge direkt am Wasser an einer sagenumwobenen Bucht mit Kalkklippen. Geöffnet von Anfang Mai bis Ende August. Anfahrt per Boot. Buchung unter o498/ 24 o5 oo.

LILLA KARLSÖ wird immer noch von zotteligen, rundhörnigen Schafen kahl gefressen. Gefällt uns persönlich wegen Urtümlichkeit noch besser.

Abfahrten: -> Stora Karlsö: von Klintehamn 2 x täglich (je nach Jahreszeit zwischen 1o und 12 Uhr) mit neuem Ausflugsdampfern, der auch 2x tägl. von Visby aus verkehrt. Preis: 2o Euro. -> Lilla Karlsö: von Djupvik mit altem, dickbauchigem Kutter 1 x täglich um 1o Uhr, 16 Euro. www.storakarlso.com oder www.snf.se/lillakarlso.

ORCHIDEENWIESEN mit über 3o verschiedenen Orchideenarten. Foto mit Weitwinkel nicht vergessen! Schönste Wiesen: bei Vallstena (Alvena Linderäng) südlich der 147, bei Mästerby östlich von Tofta und bei Väte. Beste Zeit: Juni und Juli.

ROMA KLOSTER: Klosterruine am Ende einer romantischen Baumallee. Trotz der herabgefallenen Gewölbe und der als Steinbruch benutzten Ruine steht das grauweiße Gebilde ganz schön majestätisch in der Gegend rum. Ehemaliges Zisterzienserkloster aus dem Jahre 1164. Das daneben liegende Gut „Roma kungsgård" wurde im 18. Jahrhundert aus Steinen der Ruine errichtet. Anfahrt über die 143 nach Roma.

LOJSTA: ewig langes „Hausdach" (Dach reicht bis auf die Wiese). Innendrin stockfinster, originalgetreu nachgebautes Sippenwohnhaus der Wikinger mit riesigem Dach aus Ag, einer besonderen, auf Gotland vorkommenden Schilfsorte, vergleichbar mit nordfriesischen Retdächern. Hätte als Wikinger vor 1.5oo Jahren - womöglich im Winter noch mit Vieh - nicht unbedingt drin wohnen wollen. Viele Überreste solcher Bauten auf Gotland. Eintritt frei, immer offen.

KNEIPPBYNS SOMMAR- OCH VATTENLAND: ein Familienfreizeitpark par excellence. Mini-Zoo, Seilbahnen, Piratenschiff, Südseeinsel, Wasserrutschen, Tretboote, Villa Kunterbunt, Pippi-Langstrumpf-Theater... Alles, was ein Kinderherz höher schlagen läßt. Geöffnet: im Sommer täglich 1o-18 Uhr, Anfahrt 4 km südlich von Visby an der 14o am Campingplatz. www.kneippbyn.se

GOTSKA SANDÖN: die unbewohnte Ostseeinsel, ein ehemaliges Seeräubernest und heute Nationalpark, ist kein militärisches Sperrgebiet mehr und für alle zugänglich. Für das 34 qkm große Sanddünenparadies muß man Zelt, Schlafsack und Verpflegung selbst mitbringen. Schiffsverbindungen ab Gotland und Nynäshamn.

WESTKÜSTE

Von Visby bis Hallshuk nahezu durchgehend Klippen-, Stein- und Steilküste. Die parallel zum Ufer verlaufende Straße bietet wenig Meerblick.

LUMMELUNDA: kleines Touristenzentrum mit großem Parkplatz, Kunsthandwerksverkauf (Keramik, Silber, Teller, Fossilien), Cafeteria, Restaurant. Das Ganze reiht sich an ein ausgedehntes Karsthöhlensystem an (alle 2o Min. Führungen, Eintritt 5 Euro, warm anziehen) und alte Wassermühlen einer ehemaligen Eisenfabrik.

LUMMELANDA GROTTEN: für Leute ohne Platzangst. Abenteuerliche Höhle, zu der man zunächst mit einem Boot fährt. In Kleingruppen geht´s dann kriechend oder gebückt gehend durch enge Gänge und mehrere tropfsteinbedeckte Höhlensäle. Nur ab 15 Jahren. Vorbuchung notwendig. Tel o498/27 3o 5o. Eintritt mit kurzer Bootsfahrt und Führung 6 Euro. Weitere Infos übers TI. www.lummelundagrottan.se

LICKERSHAMN: Mini-Fischerdörfchen mit gut 1o bunten Fischerhütten und schnuckeligen Booten. 6oo m Fußweg entfernt „Jungfruklint", eine große Steinauswaschung, die angeblich der Jungfrau Maria mit Kind ähnelt. Konnten wir zwar nicht erkennen, dafür aber lohnender Blick entlang der Küste.

Jugendherberge Irebaden, süßes, gelbes Holzhäuschen nur 5o m vom Strand. Zwar kommen auf 28 Betten nur 3 Duschen, doch lebt die Herberge von der direkten Wassernähe; Anf.: an der 149 nördlich von Visby beim Örtchen Ireviken, Tel. o498/224731.

Von Visby bis Hoburgen (Südspitze Gotland) flach werdendes Wasser und schönste Sandstrände. Toll zum Baden.

HÖGKLINT: wie die „White" Cliffs of Dover; extrem schroff abfallende Felswand direkt am Meer, besonders abends schöne Fotomotive auf Visby-Hafen. Vorsicht, keine Geländer! Nichts für Schwindelige!

TOFTA: Kleines Kirchspiel mit guten Wohnmöglichkeiten. Surfmekka Gotlands mit traumhaften Stränden.

„**Hotel Toftagården**", gemütliche Familienatmosphäre. Größter Teil des Zimmerdeputats in ansehnlichen Hütten in Parklandschaft. Frühstücksbuffet im Hauptgebäude. Mittags und abends mit Liebe zubereitetes Essen. Lohnend! DZ mit Dusche ab 95 Euro. Toftågarden, 62198 Visby, Tel. 29 7o oo. Anfahrt: an der 14o südlich von Visby, ausgeschildert.

Tofta Bad Camping, hinter Dünen direkt an langgezogener, schönsandiger Badebucht mit besten Surfwinden. Strandcafé, Sauna. Anf.: ca. 2o km südlich von Visby an der 14o.

KLINTEHAMN: winziges Örtchen an Durchgangsstraße durch Hafensilo etwas verschandelt. Ausgangspunkt zur St. Karlsö Vogelinsel.

Südlich des Ortes an Hauptstraße alte Wikinger-Schiffssetzung „Gannarve". Zum kurzen Abfotografieren! Vorsicht: Auf der Wiese liegen öfters jede Menge „Pferdeäpfel". Die aus Steinen geformten Schiffsformen liegen merkwürdigerweise alle parallel zur Küste und dienten in Bronzezeit als Bestattungsstätten.

Björkhaga Camping, kleiner, einfacher Platz im Wald, direkt an schönem Sandstrand. Einfache Sanitäranlagen. Keine Duschen. Kiosk, Café. Anfahrt: an der 14o, 3 km nördlich von Klintehamn. www.bjorkhagacamping.se

Warfsholm Camping, ganz einfacher Platz an der gleichnamigen Pension; Fahrradverleih. In Klintehamn ausgeschildert.

STF Vandrarhem Klintehamn, in den Nebengebäuden des Warfsholm Pensionat in luxuriöser Umgebung mit 1- bis 4-Bett-Zimmern. Im Ort ausgeschildert. Tel. o498/ 24 oo 1o.

BURGSVIK: reiches Sandsteinlager, bunte Orchideenwiesen (Öja), viele Zugvögel. Letzte „größere" Häuseransammlung vor fast steppenartiger Inselsüdspitze, nur noch vereinzelt vom Wind geduckte Bäumchen.

An der Südspitze Hoburgen, dicke Felsnase mit kleiner Grotte und militärischem Beobachtungsbereich. Vorsicht mit Fotografieren! Traumhaft, wenn die rote Sonne im Meer versinkt.

Bei Helingholmen an Südspitze Raukenfeld (im Wasser stehende, zerklüftete Kalksteinfelsen), schönes Fotomotiv. Am besten am Freitag nach Burgsvik kommen. Samstags traditioneller Markt mit Eingemachtem, gepreßten Säften, Kunstgewerbe, Fisch. Nur Juli und Anfang August.

Camping Fide: sehr schöner Platz am Wasser, in wild zerzaustem Wäldchen mit leider etwas verschilfter Bucht. Blick auf Wasser, Wald und rotierende Blätter des gegenüberliegenden Windkraftwerkes. Kanuverleih. Anfahrt: an der 14o, ca. 6 km nördlich von Burgsvik. Tel. o498/ 48 6o o1.

OSTKÜSTE

Insgesamt flacher Küstenteil. Allerdings wenig Straßenkontakt zum Meer. Schönste Strände zwischen Katthammarsvik und Ljugarn.

SLITE: wenig ansehnliches Städtchen mit Kalk- und Zementindustrie. Viele Hafenanlagen.

Slite Camping: luxuriöser Platz mit Sandstrand unter lichten Bäumen. Anfahrt: an der 147. Tel. o498/ 22 o8 3o.

Schöner Platz bei Åminne, ruhiges, in aufgelockertem Nadelwald abgezäuntes Gebiet an lang geschwungener, toll sandiger Badebucht. Seichtes Wasser an kleiner Flußmündung. Ein Feriendorf um die Ecke. Anfahrt: 1o km südlich Slite im Flecken Åminne, dort ausgeschildert.

KATTHAMMARSVIK: rund um das auf einer Landnasenspitze liegende Örtchen die besten Sandstrände Gotlands an kristallklarem Wasser.

In der Umgebung Torsburgen alte rumliegende Steine einer uralten Trutzburg. Abenteuerlich die Besteigung des eisernen Aussichtsturms am höchsten Punkt. Toller Rundumblick über bewaldeten Küstenlandstrich. Allerdings nur was für Schwindelfreie.

LJUGARN: Touristenzentrum an Ostküste. Ansammlung kleiner, meist weißer und gelber Wohnhäuschen mit großen Gärten.

Ljugarns Camping: parallel zum Strand verlaufendes, sandig riesiges Gelände in Spuckweite vom Wasser. Langer, recht schmaler Sandstrand. tel. o498/ 493 117.

Jugendherberge: Strandridaregården, gelbes, von außen etwas angekratztes Steinhäuschen unten am Hafen mit Seeblick. Tel. o498/ 49 31 84.

GOTLANDS TIERPARK: rund 4o exotische Tierarten vom Kamel über Strauß bis zum Affen sind in schattig grüner Natur zu bewundern. Speziell für die Kleinen gibt es den Streichelzoo mit Meerschweinchen und Ziegen. Geöffnet Sommer täglich 1o-18 Uhr. Eintritt 9 Erwachsene, 5 Euro Kinder. Adresse: Guffride, Alskog bei Ljugarn.

✹ Fårö

Mit kostenloser Autofähre verbundene Insel im ehemaligen Sperrgebiet, die ausländischen Touristen längst offensteht. Ein landschaftliches Kleinod, da der Tourismusstrom hier nicht hinschwappte. Hier einige der schönsten Sandstrände Gotlands und die imposanten „RAUKAR", von Wind und Wasser zerfetzte und bizarr geformte Kalksteinfelsen. Lohnend auch als Fahrradtour.

Kappelshamns Camping, schöne Lage in Meeresnähe an nördlichster Bucht Gotlands. Anf. ca. 5o km nörlich von Visby an der 149 ca. 5oo m südlich des Hafens von Kappelshamn.

Dort kleine **Jugendherberge** Fårö, 17 km nordöstlich des Fähranlegers. Logimäßig zwar kein Kleinod, dafür aber super Gegend drumherum. Geöffnet von Ende Mai bis Ende August. Tel. o498/ 22 36 39.

212 Südschweden/Landesinnere

SCHNELLFINDER

Småland 214
Vätternsee 241
Gebiet Hökensås 258
Provinz Västergötland 264
Vänernsee 271
Provinz Dalsland 280

SÜDSCHWEDEN DAS LANDESINNERE

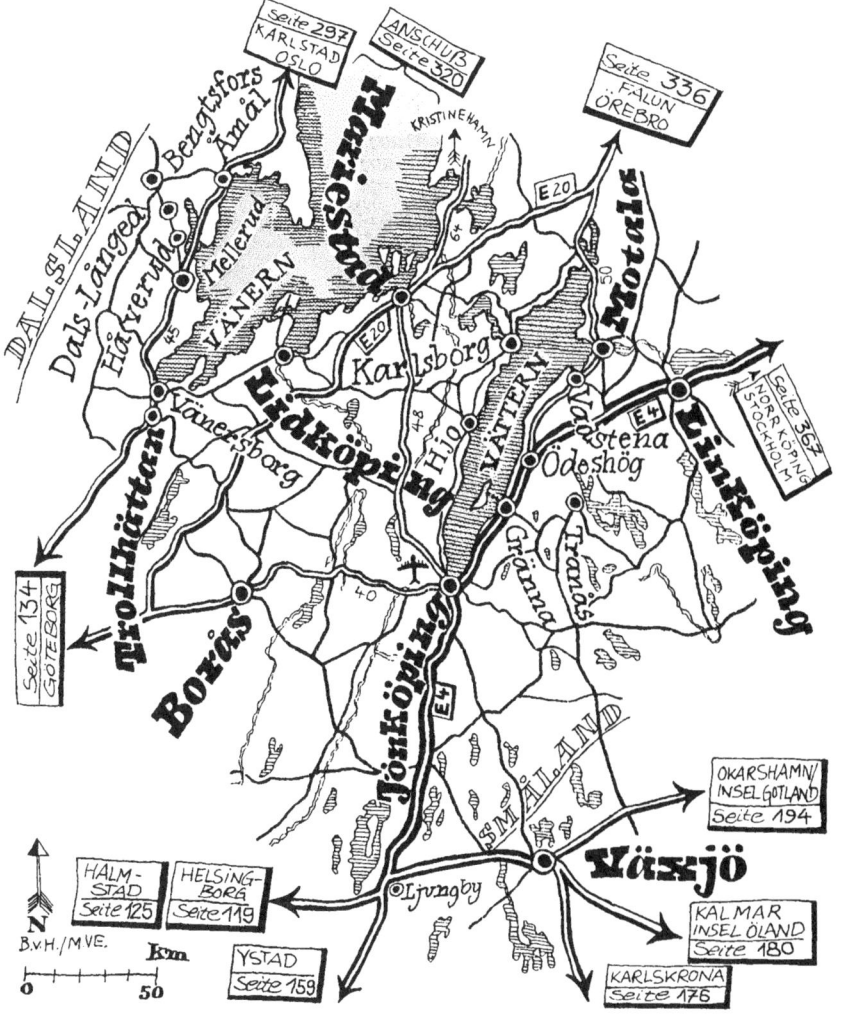

PROVINZ SMÅLAND

Schwedens südlichste Wildnis. Einsame, große Wälder mit klaren, fischreichen Flüssen und Seen, mit romantisch roten Holzhäusern, vielen Elchen und weltbekannten Glashütten.

Leicht hügelige Felder und Weiden, umrahmt von schier endlos erscheinenden Steinmauern wechseln mit einzelnen Gehöften, die mit blau-gelb gehißter Flagge als Zeichen der Zivilisation der Natur trotzen.

Wer in dieses Gebiet fährt, hat das Urlaubsland „Schweden" wie es im Buche steht mit allen Möglichkeiten: Von kurzen und längeren Wanderungen durch die größtenteils noch unberührte Natur über schöne Kanu-und Fahrradtouren an großen Seen und gewundenen Flüssen, bis hin zu noch arbeitenden Glashütten mit günstigen Einkaufsmöglichkeiten und gut ausgebauten Straßen.

Besonders aus dieser Gegend wanderten in den letzten Jahrhunderten viele Familien in die USA und nach Kanada aus. Die Abgeschiedenheit der Gegend, mangelnde Einkaufsmöglichkeiten und kriegerische Auseinandersetzungen veranlaßten ganze Familien dazu, ihr Glück im Land der unbegrenzten Möglichkeiten zu machen.

Infos unter: www.visit-smaland.com

✶ Ljungby

Das Tor nach Småland; modernes Industriestädtchen an der E 4, das jeder Schwede mit Oldtimer-Autos in Verbindung bringt. Umgeben von urwüchsigem Wald, einer Vielzahl kleinerer Seen und dem Bolmen, dem größten See Südschwedens.

Meist erste Zwischenstation der Leute, die die autointensiven Fährlinien via Dänemark gewählt haben. Früher quälte sich die alte E 4 noch mitten durch den Ort, während man heute auf mehrspuriger Autobahn locker am Ort vorbeirauscht. Das eher nüchterne Zentrum Ljungby's (was soviel wie „Heidedorf" heißt) steht im Gegensatz zur eher romantisch verträumten Natur drumherum, die mit ihren pilz- und beerenreichen Wäldern zum Rasten und Verweilen einlädt. Besonders der Bolmen mit seinen vier schönen Zeltplätzen bietet für Kanuten, Segler und Surfer einen guten Standort. Eilige Durchbrauser sollten zumindest an super ausgebauter Raststätte Lagånland bremsen, um dortiges Oldtimer-Museum mitzunehmen.

 Im Zentrum. Tel. o372/ 78 92 2o, Fax: o372/ 78 92 2o. Geöffnet nur Mitte Juni bis Mitte August Mo.-Do. 9.3o-13 Uhr und 14-16.3o Uhr. Fr. 12-16 Uhr. www.ljungby.se. Zentrale Infos über ganz Småland unter www.smalandsturism.com.

<u>Raststätte Lagånland</u>: Tel. o372/ 3o8 8o, ganzjährig täglich 1o-18 Uhr.

Verbindungen ab Ljungby

Zug: Pendelverkehr zur nahegelegenen Hauptumsteige Alvesta mit Anschlußmöglichkeiten Richtung Stockholm, Malmö, Karlstad. Ebenfalls mehrfach täglich Richtung Kalmar und Göteborg.
Bus: mehrfach täglich gute Anschlüsse Richtung Halmstad, Växjö, Helsingborg und Värnamo.

„**Hotel Terraza**", 6-stöckiger, fast alles überragender Hotelbau im Zentrum direkt am Marktplatz. Die in vornehm rot gehaltene Rezeption verspricht gehobenen Service, der auch gehalten wird: insgesamt 95 Zimmer, alle mit Bad, Dusche, TV und Kühlschrank genügen selbst hohen Ansprüchen. DZ mit Frühstück ab ca. 135 Euro, Stora Torget 1, Tel. o372/ 135 6o. www.terraza.com

„**Linnea City Hotell**", Hotelkomplex mitten im Zentrum. Zwei Zimmerkategorien, mit oder ohne Dusche/WC. Absolute Sommerpreise. Freies Parken über Nacht. DZ mit Frühstück ab 55 Euro. Märta Ljungbergsvägen 12, Tel. o372/ 13o 2o. www.hotel-linnea.com

„**Toftaholms Herrgårdshotell**", eine Hotelperle etwas außerhalb der Stadt Richtung Värnamo an einem wunderschönen See in der Natur gelegen. Der ehemals historische Herrenhof ist geschmackvoll und tipptop renoviert; persönlicher Service und individuell antike Zimmereinrichtungen mit allem Komfort unterscheiden sich wohltuend vom sonstigen Hoteleinerlei. Viele Freizeitaktivitäten von Tennis über Windsurfen bis Fahrradfahren und Wandern lohnen auch einen längeren Aufenthalt. Empfehlenswert die ausgezeichnete Küche, auch für Leute, die nur auf der Durchreise sind. DZ mit Frühstück ab ca. 175 Euro. Abendessen als 3-Gänge-Menü 25 Euro. 34o15 Vittaryd/ Småland, Tel. o37o/ 44o 55. Anfahrt: ca. 15 km nördlich von Ljungby an der E 4 gut ausgeschildert.

Kleine, süße **Jugendherberge** in Södra Ljunga, 14 km südlich von Ljungby. Empfehlenswert. 8 bis 9.3o Uhr sowie 17 bis 21 Uhr geöffnet. Tel. 16o 11.

Ryssbyjöns Vandrarhem, helle, moderne Zimmer nur 5o m vom See entfernt; nur 2-Bettzimmer. Großes Frühstücksbuffet mit Seeblick. Hier auch Kanuverleih. Anf. 15 km westlich von Ljungby, Kungsvägen 36 in Ryssby; Tel. o372/4o831.

Ljungby Camping, Stadtcampingplatz mit allem Luxus, allerdings landschaftlich nicht so reizvoll wie die direkt am See Bolmen; dafür gibt's hier ein beheiztes Schwimmbad mit 5o m Bahn. Anfahrt: von Autobahn E 4 nördliche Ausfahrt Ljungby nehmen, dann ausgeschildert. Tel. o372/ 1o 35o.

Bolmsö Camping und Gasthof Hägern, einfacher, Platz direkt am Wasser, zwei Duschen; einfache Campinghütten zu vermieten. Anfahrt: von der E 4 Richtung Bolmsö ausgeschildert; in nordwestlicher Inselspitze.

Bolmens Camping, Platz direkt am See; spezialisiert auf Freizeitaktivitäten. Die hier ansässige Kanuzentrale verleiht notwendiges Equipment von der

Schwimmweste bis zum Zelt. Außerdem Möglichkeit Tandem zu leihen. Etwas nerviger z.t. schon der Motorbootverleih wegen der Geräuschentwicklung. Anfahrt: 2o km westlich von Ljungby, fast am schönen Seesüdende. Tel. o372/ 23 1oo.

Ljungby Swecamp Sjön Bolmen, 3-Sterne-Platz mit schönem Sandstrand; ideal für Kinder, weil es sehr flach reingeht und sich entsprechend schnell erwärmt. Gleiche Vorteile gelten auch für Surfanfänger. Kanu-, Fahrrad- und Bootsverleih, Geschäft und Campinghütten. Anfahrt: 14 km westlich von Ljungby, bei Bolmstad Richtung Bolmsö abbiegen.

E 4: åns Camping, einfacher Platz im Waldgelände am See Vidöstern in Hörweite zur E 4; keine sonderlich guten Sanitäranlagen, kaum Service, bestenfalls als Durchgangsplatz geeignet. Anfahrt: an der E 4 in der Hälfte der Strecke zwischen Ljungby und Värnamo.

Sundets Camping, kleiner, einfacher Platz am See Vidöstern in unmittelbarer Nähe zur Ortschaft Dörarp, nördlich von Ljungby an der E 4.

Hallsjö Vildmarkscamping, leider wegen Nähe zur E 4 relativ laut. Ansonsten gute Paddelmöglichkeiten. Anf.: nördlich von Ljungby an der E 4, 5 km oberhalb vom Ort Lagan.

Wohnwagenplatz Löckna, sehr schön an einer mit Inseln vorgelagerten Bucht am See Bolmen. In Verbindung mit einer kleinen Ferienhaussiedlung nur für Wohnwagen erlaubt. Ferienplatz! Anf.: Von Ljungby westwärts über die 25.

„WÄRDSHUS GÄSTGIVAREGÅRDEN", gemütliches und gepflegtes Restaurant am Gamla Torg. Hier wird die Tradition von früher aufrechterhalten und småländische Hausmannskost aufgetischt. Besonders schön die alten Kachelöfen und die Löcher in den Türen, wo früher das Personal durchschaute, um zu erkennen, wann der nächste Gang serviert werden konnte.

„CAFE STORGATAN 13", schon von weitem an den Herzchen zu erkennen. Ausgesprochen große Auswahl an Kuchen und Sweeties. Gemütliche Sitzplätze mit Blick auf Marktplatz, gut zum Verweilen. Mitten im Zentrum. Tel. o372/ 83 63o.

SEHENSWERTES

LAGANLAND, strategisch so günstig gelegen, dass fast jeder Schwedenfahrer hier mindestens einmal vorbeikommt: direkt an der E 4. Autobahnraststätte mit neuem Automobilmuseum, Industrieausstellung, Textilgeschäft und Kinderspielplatz; schon von weitem an fahnenmasthohem Aufbau mit überdimensionalem Schlüssel zu erkennen.

Am lohnendsten an der ganzen Sache das AUTOMOBILMUSEUM. Erinnert beim ersten Anblick mit seinem dreieckigen Aufbau eher an eine Autobahnkapelle. Doch innen drin geht's los: alte Mercedes, Jaguar, Rolls, Horgh und wie sie alle heißen mögen, stehen in Reih und Glied nebeneinander, dass auch selbst keinem ausgesprochenen Autofan bei soviel Chrom, Glanz und Form Tränen in die Augen kommen. Besonders wenn man sich heutzutage das uniforme Aerodynamikallerlei unserer Autos anschaut. Uns gefiel noch am besten der 2,7-t-Cadillac, der an Mafia und Al Capone erinnert. Vorsicht: berühren verboten! Eintritt: 5 Euro, 3 für Kinder, 8 Euro die Familienkarte. Geöffnet tägl. 1o bis 18 Uhr. Anfahrt: nördlich der Stadt an der E 4. www.laganland.se

Ein unserer Meinung nach noch schöneres Automuseum gibt es ganz in der Nähe. Ist mit ganz viel Liebe zusammengestellt, so dass der Umweg lohnt: SMÅLANDS BIL- MUSIK- O LEKSLANDSMUSEUM, an der 27 von Växjö nach Borås oder 28 km von der E 4 Värnamo-Süd. Offen: Mai bis September täglich 1o-18 Uhr. Eintritt 5 Euro, Kinder 2,5o Euro, Familienkarte 13 Euro.

MÄRCHENMUSEUM, hier geht es um Trolle und Kobolde, Hexen und Gespenster, die nicht nur erzählt werden, sondern geradezu leibhaftig dargestellt werden. Gruselig und nett, für kleine und große Kinder. Sehr lohnend! Geöffnet April bis August Di - So 13 - 17 Uhr, donnerstags bis 2o Uhr. Eintritt Erwachsene 3 Euro, Kinder 2 Euro. Adr.: Märta Ljungbergsvägen 1.

AUSFLÜGE

BOLMENKREUZFAHRTEN: Motorschiff „Kavaljeren" fährt zu Kreuzfahrten auf den Bolmen heraus. Teilweise auch Nachtfahrten mit Tanz. Abfahrtspunkte: Sunnaryd und Bolmstad.

Ein witziger Ausflug ist eine Fahrt mit dem alten VETERANENBUS. Mit weißen Gardinchen, heller Holztür und einem Briefkasten am Führerhaus zockelt der Uraltbus durch die Wildnis. Im Sommer fahrplanmäßige Rundfahrten Sa./So. jeweils 2 Std. Fahrpreis ca. 1o Euro

ELCHPARKS: in der näheren Umgebung von Ljungby gibt´s gleich 2 Elchparks für Leute, die keine Elche am Straßenrand gesehen haben:

ELINGE ELCHPARK: hier findet man Elchkühe, -kälber, -bullen, die man auch selber füttern kann. Wer unbedingt für zu Hause im Partykeller oder als Garderobenhalter ein Elchgeweih benötigt, kann im sog. „Trophäenverkauf" fündig werden. Dazu jede Menge Elchzubehör. Anfahrt: ca. 15 km südlich von Ljungby an der E 4 bei Elinge. Geöffnet täglich 9 - 19 Uhr.

LAGANLAND-ELCHLAND: kleiner als in Elinge; insgesamt nur 4 Elche, die dafür aber in einem Wildgehege leben, wo man sie von Aussichtstürmen aus sehen kann. Hier auch Schwedens größtes Elchsortiment an Souvenirstücken. Anf.: 1o km nördlich von Ljungby am Laganland.

SEE BOLMEN: weiteres lohnendes Kanugebiet westlich von Ljungby an der E 4. Riesensee mit Trinkwasserqualität und sagenumwobenen Inseln, umgeben von saftigen, mit Wildblumen übersäten Wiesen und dschungelähnlicher Wildnis.

Kanuverleih: im Ort Bolmsö auf der gleichnamigen Insel oder im Ort Bolmen: Marin & Fritid, Ljungby, Tel./Fax: 0372/231 oo oder am Swecamp Sjön Bolmen, Tel. 0372/ 92 o51.

Vorsicht bei Westwind auf dem Bolmen! Meterhohe Wellen! Außerdem: an der Südspitze der Insel Bolmsö liegt Vogelbrutgebiet. Abstand halten! Der am Südende abfließende Fluß Bolmån (später Lagån), den man teilweise auch von der E 4 sieht, lohnt trotz des guten Prospekts vom Touristbüro und der eingerichteten Lagerplätze wenig. Gründe: viele Umtragestellen, fast stehendes Gewässer und wenig Einblick in die Landschaft. (Höchstens bis zum Örtchen Traryd.)

Tipp für Kanuexperten: Im Frühjahr den oberen Zulauf Storån ab Åker (westlich des Ortes Skillingaryd) bis in Bolmensee fahren. Große Elchbestände und wildnisverwachsene Flußpassagen, vorbei am Nationalpark Store Mosse (großes Moor). Riesiges Hochmoor mit Lapplandfeeling und Kranichbrutgebiet. Gute Aussichtsmöglichkeiten auf Vogelwelt und Moorlandschaft von Aussichtsturm Björnakullen und Kävsjön.

Weitere Kanuvorschläge siehe unter Sportmöglichkeiten in Växjö.

 Fahrrad: schöne Rundtouren um den See Bolmen; auf eigene Faust mit guter Karte unternehmen oder besser Infos am TI nutzen.

★ Värnamo

Kleines Industrie- und Handelsstädtchen längs der E 4, an der viele so vorbeibrausen. In vergleichsweise dicht besiedelter, typisch småländischer Gegend mit dicken Steinmauern und roten Holzhäusern überwiegen dennoch Nadel- und Laubwälder, Seen und Felder.

Prunkstück Värnamos ist der Apladalen, ein im Zentrum am Flußufer liegender Park mit allerlei alten Häusern, die bei schönem Wetter eine romantisch antike Atmosphäre verbreiten.

 Infobüro an der Storgatan 5o. Tel. 037o/ 188 99, Fax: 037o/ 157 11. Öffnungszeiten: im Sommer Mo.-Fr. 1o-17 (12-13 Uhr Mittagspause) www.visit-varnamo.com.

Verbindungen ab Värnamo

 **Zug**: mehrfach täglich auf der Hauptverbindungsstrecke Göteborg-> Kalmar und Nässjö (Verkehrsknotenpunkt!) -> Halmstad.

Südschweden/Landesinnere 219

Bus: beste Verbindungen auf der Nord-/Südachse über die E 4; Schnellbusse nach Ljungby, Helsingborg und Jönköping; aber auch Richtung Gislaved und Lammhult.

„__Park Inn Värnamo__", 5-geschossiger Nobelbau, erstes Hotel am Platze. Weit über 1oo modern eingerichtete Zimmer. Im Hause nobles Relaxcenter mit Sauna, Whirlpool und Solarien. DZ mit Frühstück ab 2oo Euro, im Sommer teilweise billiger. Storgatsbacken 2o, Tel. o37o/ 65 66 oo.

„__Hotel Tre Liljor__", 3 1/2-stöckiges Backsteingebäude zentral am Flußufer gelegen. Sauna und Solarium im Hause. DZ mit Frühstück ca. 18o Euro, im Sommer teilweise billiger. Storgatan 28, Tel. o37o/ 473 oo. www.treliljor.se

„__Apladalens Resandevåning__", ein kleineres Hotel ca. 5oo m von der Stadtmitte entfernt. Eine Alternative zu den selbst im Sommer recht teuren oben genannten Hotels. DZ mit Frühstück ab 7o Euro. Växjövägen 5, Tel. o37o/ 1oo17.

Recht große und schöne __Jugendherberge__ mit Tendenz zu Hotelcharakter; Grund: 2- und 4-Bett-Zimmer stehen in Kontrast zu sonst herkömmlichen Massenschlafsälen. Weiterer Vorteil: Selbstverpflegungsmöglichkeiten in kostenloser Pentry senken die ansonsten hohen Kosten für Mahlzeiten in Restaurants. Öffnungszeiten im Sommer 8-1o sowie 17-2o Uhr. Empfehlenswert. Tättingvägen 1, Tel. o37o/ 198 98.

__Prostsjöns Camping__; leicht hügeliges Platzgelände mit hohem Baumbestand zwischen Fluß und kleinem See mit schönem Badeplatz. Mit drei Sternen recht luxuriös, vom Farbfernsehgerät im Gruppenraum bis zur Autowaschstelle für nebenstreckengestreßte Autolacks. Anfahrt: zentral gelegen, ca. 1 km von der Stadtmitte entfernt.

SEHENSWERTES

__APLADALEN__, Pflichtprogramm jedes Värnamobesuchers. Unter schattenspendenden hohen Laubbäumen am Flußufer stehen eine Reihe alter Häuser: alte Trocken- und Blockhäuser, eine Drahtzieherei, ein alter Pfarrhof, eine Töpferwerkstatt etc. Die obligatorische Kaffeestuga mit Wienerbrödverkauf darf natürlich auch nicht fehlen. Im Sommer auch häufig Veranstaltungen auf der Freilichtbühne. Im Zentrum nicht zu verfehlen.

__HIGH CHAPARRAL__, was der Name verspricht, hält er auch: eine in den Wäldern aufgebaute Westernstadt mit allem was das (Kinder-)Herz begehrt. Saloons, Stores, „Dalton City", Westerneisenbahn, Goldwaschen, Mississippi-Dampferfahrt, Ponyreiten und andere Möglichkeiten, Geld auszugeben, wie z.B. Kirmes, Tiergehege, Restaurants. Während der Sommermonate werden sogar Westernvorführungen gezeigt, bei denen Stuntmen sich vor dem Saloon prügeln und anschließend von den galloppierenden Pferden schießen. Nebenan neuer Zeltplatz und Hotel für High Chaparral Fans. Anfahrt: der 27 von Värnamo in westlicher Richtung folgen und dann Richtung Hillerstorp abbiegen. www.thehighchaparral.com

AUSFLÜGE

STORE MOSSE - Nationalpark! Großes Moorgebiet, das vom Einschlag her an Lappland erinnert. Besonders artenreiche Flora und Fauna. Der See Kävsjö ist Mekka für rastende Zugvögel, hier gibt's auch Kraniche zu sehen. Die Aussichtstürme Lörö und den am Kävsjön nutzen! Hier auch verschiedene Wandermöglichkeiten. Trotz vieler ausgelegter Holzplanken Gummistiefel empfehlenswert. Übernachtungsmöglichkeiten in den Hütten Kittlakull, Lövö und Svanö über das TI in Värnamo buchbar. Während die Hütte Kittlakull mitten im Nat.-Park modern und gut ausgestattet ist, sind die beiden anderen älter und einfacher ausgerüstet.

Aber bitte: bestehende Zutrittsverbote beachten und sich naturgemäß verhalten! Wir Menschen sind nur Gast in der Natur! Anfahrt: von Värnamo über die 151 Richtung Hillerstorp.

MUSEUMSEISENBAHN OHSABANAN, dampfende Schmalspurbahn auf 6o cm Spurbreite zischt und zockelt 15 km durch die Botanik. Auf harten Holzbänken macht die Fahrt doppelt Spaß. Die 19o7-1o gebaute Strecke wird im Sommer an vier Tagen ein wirklicher Traum für Kinder und Eisenbahnfans. Verkehrt zwischen den Örtchen Ohsbruk und Bor. Genaue Fahrzeiten am TI. Tel. unter o37o/ 188 99 oder www.ohsabanan.com. Fahrpreis bis Bor (=ganze Strecke) 13 Euro Erwachsene, 7 Euro Kinder, Familienkarte 32 Euro. Halbe Strecke auch zum halben Preis fahrbar.

Kanu: Längere Touren auf dem Lagan sind nicht zu empfehlen, da er erstens recht verbaut ist und zweitens so kanalartig tief durch die Landschaft führt, dass man außer dem Uferbereich aus der Bootperspektive kaum etwas zu sehen bekommt. Lohnender ist da schon der kleinere Fluß Härån, der teils seenmäßig gestaut, teils leicht fließend sich für Kanutouren anbietet. Allerdings stark wasserabhängig. Insgesamt leicht paddelbar, sehr abwechslungsreich und ab und zu kriegt man auch einen Fischadler zu sehen.

Startplatz an Straßenkreuzungsbrücke in Svenarum, 4o km nördlich Värnamo. Möglicher Endpunkt an der kleinen Straßenbrücke bei Karlsfors, 5 km nördlich der Stadt zwischen E 4 und dem Ort Hörle. Ca. 4o wunderbare Paddelkilometer für zwei schöne Tage.

Kanuzentrale am schönen Badeplatz Näsudden, östlich der Stadt. Tel. o37o/ 23o 35 oder 23o 11.

★ Växjö

Hauptstadt des „Glasreiches" und der Provinz Kronobergs Län, inmitten stiller Wälder am Schnittpunkt zweier Seen. Zentraler Einkaufsort und Ausbildungszentrum des gesamten Gebietes mit großem Marktplatz und zwei parallel verlaufenden Einkaufsstraßen. Besonders stolz ist man im

Växjö auf die futuristisch moderne Konzert- und Kongreßhalle am idyllischen Theaterpark.
Trotz der großstädtisch aufwendig gebauten Autobahn, den im Stadtbereich verstärkt eingebauten „Geschwindigkeitsbremsen" und Umgehungsstraße eher provinziell gemütliche Atmosphäre. Växjö war schon zur Eisen- und Wikingerzeit ein bedeutendes Handelszentrum. Seit dem 12. Jh. Bischofssitz und Stadtrechte seit dem 14. Jh.

 In der Stadtsbibliothek, Västra Esplanaden 7. Tel. o47o/ 41 41o, Fax: o47o/ 79 69 75. Geöffnet im Sommer Mo.-Fr. 9.3o-18 Uhr, Sa. 1o-14 Uhr, So. 1o-14 Uhr. September bis Mitte Juni Mo.-Fr. 9.3o-16.3o Uhr, Fr. bis 16.3o Uhr. www.visit-smaland.com

 **Flugzeug**: Öjaby, internationaler Flugplatz von Växjö, 8 km vom Zentrum an der 3o Richtung Lammhult. Täglich Flüge von/nach Kopenhagen und Stockholm.

Hier auch **Automietmöglichkeit** zu ganz akzeptablen Preisen (z.B. Ford Fiesta 4o Euro pro Tag und 3o Cent pro km). Fagrabäcksvägen (Texaco), Växjö Flugplatz, Tel. o47o/ 692 5o.

Alternative: Bei AVIS in Växjö gibt's für ca. 6o Euro einen Fiesta incl. Km

Bahn: häufige Verbindungen nach Kalmar, Göteborg, Helsingborg, Västervik, Stockholm und Kopenhagen.

Bus: zentraler Busbahnhof am Hauptbahnhof. Häufige Verbindungen nach Jönköping, Halmstad, Kosta, Ljungby und Vetlanda.

 Alle Hotels sauber und ordentlich, zum großen Teil gehobene Klasse. Hier ein paar Vorschläge:

„**First Hotel Cardinal**", absolutes Luxushotel im Zentrum Växjös. Neu renoviert. Von außen relativ unscheinbar, aber elegante und komfortable Räume. Insgesamt in edel rostrot gehalten, mit Radio, Telefon und Mini-Bar in jedem Zimmer, aus dem man Getränke und Süßigkeiten zu normalen Kioskpreisen entnehmen kann. DZ mit Frühstück ca. 85 Euro. Bäckgatan 1o, Tel. o47o/ 72 28 oo.

„**Teleborg Schloß**", kleines Schlößchen mit 8 Zimmern und 2 Suiten etwas außerhalb (4,2 km) von Växjö. Auf einer Landzunge am Trummen See gelegen. Toiletten und Duschen auf dem Flur. Whirlpool und Sauna für Hotelgäste vorhanden. Im Schloß finden oft Konzerte und alle anderen möglichen kulturellen Veranstaltungen statt. Mit hübschen Park drumrum. Hotel wird oft und gerne für Konferenzen gebucht. DZ ab 14o Euro. Videum, Tel. o47o/ 77 86 6o. www.teleborgslott.com

„**Esplanad**", sehr empfehlenswerter Familienbetrieb ohne übermäßigen Luxus; dafür aber angenehme Atmosphäre, zentral gelegen. DZ mit Frühstück ca. 7o Euro. Norra Esplanaden 21, Tel. o47o/ 225 8o. www.hotell-esplanad.com

„**Best Western Royal Corner**", Nobelhotel im Zentrum. 165 Zimmer, Restaurant, Pianobar, Pool, Sauna, P-Haus. DZ mit Frühstück ab 85 Euro, Liedbergsgatan 11, Tel. o47o/ 1oo oo. www.royalcorner.se

„**Elite Hotel Statt**", zentral am Marktplatz, aller Luxus, Disco, Bar, einschließlich Video und Massagepool. DZ mit Frühstück ca. 11o Euro, am Wochenende und im Sommer ab ca. 8o Euro. Kungsgatan 6, Tel. 134 oo.

WIBROWSKI: spannendes Restaurant auch für den kleinen Appetit zwischendurch zu akzeptablen Preisen. Dem Koch kann man in der offenen Küche beim Zubereiten der Speisen zuschauen. Sandgårdsgatan in Bahnhofsnähe.

Restaurant „SPISEN", keine besonderen Spezialitäten, dafür sehr reichhaltige und gute Menüs bis zu fünf Gängen, Preise bis 2o Euro. Gegenüber Bahnhof, Järnvägsgatan 8.

Skåre, leckerer Kuchen und Kaffee zum Nachholen, Kunstgatan 13.

Askelyckan, Straßencafé in Fußgängerzone, mit kitschig bunten Kirchenfensterscheiben innen, in Holzhaus, fast im Wild-West-Stil.

Evedals Camping, 6 km nördlich vom Zentrum am tollen Helgasjön. Riesiger Platz direkt am See, mit allen Extras: von Tennismöglichkeiten bis Kanuverleih und Sauna. Im Sommer häufig sehr voll. Nummerierte Stellplätze werden zugewiesen. Evedal ist ein bekannter alter Kurort, empfehlenswert.

Vorher schriftliche Anmeldung (besonders für Juli). Vom Kreisverkehr in Sandsbro ausgeschildert. Evedals Camping, 35263 Växjö, Tel. o47o/ 63o 34. www.evedalscamping.se

Völlig abseits des Massentourismuses zeltet man beim Bauern Mats Nilsson auf einem kleinen, einfachen, aber direkt am Wasser gelegenen Campingplatz mit Namen Ekna Naturcamp. Hier gibt es das Wasser an der 7oo m entfernten Scheune, doch die eine Toilette ist direkt am Platz. Anfahrt: von Växjö über die 3o in nördlicher Richtung. Bei Örsholm Richtung Åby (gute Kanuzentrale) abbiegen. Nach Åby-Durchfahrt nach wenigen km rechts Richtung Ekna.

Hier im Touristenzentrum auch gemütliche **Jugendherberge** in altem Kurhotel, fast direkt am Strand. STF Vardrarhem Evedal, Tel. o47o/ 63o 7o. www.vaxjovandrarhem.nu

Ebenfalls hier: Kanuzentrale mit weitläufigem Kanuwanderrevier (siehe Sport). Voranmeldung im Juli nötig! Kanuclub Växjö, Evedal, Tel. o47o/ 636 oo. Öffnungszeiten: 11.6.-14.8. 9-2o Uhr.

SEHENSWERTES

In jedem Fall das SCHWEDISCHE GLASMUSEUM. Lohnend, weil der Arbeitsvorgang der Glasherstellung modellhaft dargestellt wird. Alte Formen, Miniaturöfen, Werkzeuge sowie Überblick über verschiedene Epochen und Kunstrichtungen auch anderer Länder. Eine Dauerausstellung über 4oo Jahre schwedisches Glas gibt einen anschaulichen Überblick. Geöffnet in der Haupsaison Mo.-Fr. 1o-17 Uhr.

Im gleichen Gebäude auch anschauliches FORSTMUSEUM. Tipp: kleines Wörterbuch mitnehmen, da alle Erklärungen nur auf schwedisch sind! Zu erreichen: am Bahnhof vorbei über Bahngleise, dann erste Straße rechts (Södra Järnvägsgatan).

> Schon die alten Ägypter um 15oo v. Chr. kannten die Glasherstellung. Die Glasbläserpfeife wurde um 5o v. Chr. von den Phöniziern erfunden. Bis heute hat sich kaum etwas daran geändert: Die Rohstoffe Quarzsand, Natriumcarbonad (Soda) und Kalk werden mit Bleioxid bei Temperaturen um 1.4oo° C im Schmelzofen geschmolzen und nach Abkühlung auf 1.1oo° C in zähflüssiger Masse weiterverarbeitet. Der richtige Schliff macht dann aus dem Glas das wertvolle Kristallglas.
>
> Mit einem ca. 1 1/2 m langen Rohr - der Glasbläserpfeife - wird unter ständigem Drehen („Marbeln") ein Klumpen aus der Schmelze geholt. Nach dem Rollen auf dem Marbeltisch bläst der Glasmacher kurz in die Pfeife, hält den Daumen auf die Öffnung und wartet darauf, dass sich in dem Klumpen eine Blase bildet, der dann z.B. zu einer Vase weiterverarbeitet wird (durch sekundäre Arbeiten wie Gravieren, Schleifen, Bemalen, Ätzen... erhalten sie ihre endgültige Form).

Gegenüber ein touristisches Muß dieser Region: das AUSWANDERMUSEUM mit Ausstellungen über die Entvölkerung dieser Region im 19. Jh. und dem „Traum von Amerika". Die ständige Ausstellung gibt spannende Einblicke in die Gründe für die Emigration der Schweden Richtung Amerika. Sowohl die Konsequenzen für die Daheimgebliebenen als auch der „Traum von Amerika" wird mit Hilfe von Büchern, Schautafeln, Ausrüstungsgegenständen, Briefen usw. deutlich. Die 4 Bände des schwedischen Autors Vilhelm Moberg „Die Auswanderer" zählen inzwischen zur Weltliteratur und sind absolut lohnenswert (siehe Literaturangaben).

Dem Museum angegliedert ist das Moberg-Zimmer, in dem noch Originalmanuskripte der Romanfolge ausliegen. Für Auswanderer-Fans gibt es sogar eine gesonderte Broschüre, mit der man auch die Originalschauplätze des Romans „Auswandererland" fahren kann. Das schwedische Emigranteninstitut ist hier ebenfalls angesiedelt und dokumentiert die Auswanderungswelle zwischen 1846 und 193o. Gleich daneben das Emigrantencafe mit wasserspeiendem Auswandererdenkmal von Carl Milles im schönen Atrium. Offen: Di.-Fr. 9-17 Uhr.

Interessanter als der überall angepriesene, doch recht kahle Dom: die neuerbaute MARIENKIRCHE im griechisch-orthodoxen Stil.

SCHLOSS TELEBORG: wirkt von außen wie ein mittelalterliches Märchenschloß. Doch kaum 1oo Jahre alt, macht es mit seinen Zimmern und

Türmen einen geradezu romantischen Eindruck. Anfahrt: südwestlich des Zentrums, ca. 8 km auf der Parallelstraße zu 3o. (siehe auch bei Hotels)

SCHLOSSRUINE KRONOBERG: eine alte Schloßruine ohne Bedachung, die mehr durch ihre dicken Mauern und die landschaftlich reizvolle Umgebung wirkt. Daneben nettes Draußenlokal mit leckeren Waffeln. Anfahrt: wie zum Zeltplatz Evedal.

Spaß besonderer Art bringt die „Besichtigung" des stadteigenen WASSERTURMS, wo ein Wahnsinns-Echo erschallt, wenn man unterm Turm steht (ca. 3,5 km südlich vom Zentrum).

EXPERIMENTHUSET, ein Zentrum für Naturwissenschaft und Technik, wo die Möglichkeit besteht, alles selbst auszuprobieren. Untergebracht ist das Museum in einem 1oo Jahre alten Lokschuppen im Stadtteil Söder. Geöffnet: Di.-Fr. 1o-16 Uhr, Sa./So. 11-16 Uhr. Eintritt: Kinder 4.5o Euro, Erwachsene 6 Euro.

DER ECHO-TEMPEL, eher eine „Hörenswürdigkeit" als eine Sehenswürdigkeit: Steht man drunter, hallt und schwallt ein Echo, dass einem Hören und Sehen (?) vergeht. Bis zu fünfzehn Mal wallen Echos hin und her, so dass es zu den aberwitzigsten Geräuschkulissen kommen kann. Hintergrund des Baus war lediglich der hohe Wasserverbrauch in Växjö, dem Anfang der 7oer Jahre mit dem Bau eines neuen Wasserturmes im Stadtteil Teleborg begegnet wurde. Nach der Fertigstellung entdeckte bzw. hörte man das unglaubliche Echo und so entstand eine Attraktion, die ursprünglich gar nicht geplant war. Ein Besuch lohnt sich. Anfahrt: Aus der Stadt Richtung Stadtteil Teleborg (Teleborgsvägen).

Kunsthandwerk: Kleines gemütliches Geschäftchen der Handwerksgruppe „De 2o" („Die 2o") mit Holz-, Glas-, Textil- und Keramikproduktion verschiedener Künstler. Einer von ihnen steht immer im Geschäft zur Beratung und zum Verkauf bereit. Die Adresse der anderen Künstler gibt's da auch. Sandgårdsgatan 12. Eigentliches Glashandwerk kauft man allerdings besser und billiger direkt in den umliegenden Glashütten.

AUSFLÜGE AB VÄXJÖ

✸ SCHLOSSRUINE KRONOBERG: Vergnügen mit dem dampfenden Flaggschiff „Thor"; 1oo-jähriger Dampfer, der übrigens immer noch mit seinem ersten Motor fährt, kurvt die Touristen vorbei an idyllischen Inseln über den riesigen Helgasjön. Besonders für Familien mit Kindern eine knuffige Angelegenheit! Von Ende Juni bis Ende August, speziellen Fahrplan am TI erfragen. Start an der Schloßruine Kronoberg (ca. 6 km nördlich von Växjö).

✸ BRAÅS: ca. 35 km nordöstlich von Växjö Richtung Åseda. Dort auch Freilichtmuseum Café und Handwerksshop mit 15 Gebäuden und für Kirchen- und Kunstinteressierte: Kirche von Sjösås aus 15. Jh. mit sehenswertem Christusbild aus 13. Jh.

DAS GLASREICH

Inmitten unzählig, glitzernd klaren Seen, umgeben von tiefen, dunklen Wäldern, deren Waldböden mit unendlichen Blaubeerfeldern und riesigen Pilzbeeten nur darauf warten, abgeerntet zu werden. Schon die Anfahrt durch die unendlich scheinenden Wälder ist ein Erlebnis!

1556 ließ Gustav Vasa Glasbläser aus Venedig kommen, um die günstigsten Standortfaktoren (Holz zum Heizen, Quarzsand) in Småland zu nutzen. Seitdem entstanden fast 2oo Glasbläserein mit Schwerpunkt in diesem Gebiet; verbunden mit schwedischem Design bis heute Inbegriff schwedischer Schönheit und Qualität. Allg. Infos zum Glasreich unter: www.glasriket.se

Von den 14 heute noch arbeitenden Glasbläsereien in dieser Ecke in jedem Fall zwei bis drei besichtigen! Wer eine gesehen hat, kennt im Prinzip alle.

Wir empfehlen KOSTA, die größte, älteste und bekannteste Hütte dieser Gegend. Anfahrt von Växjö über die 25 Richtung Kalmar bis Lessebo.

In Lessebo ist eine alte Handpapierfabrik sehenswert, in der man zugucken kann, wie Papier auf die gleiche Weise hergestellt wird wie vor 3oo Jahren (Kaufmöglichkeit). Führungen im Sommmer um. Geöffnet im Sommer von 7-16 Uhr.

Außerdem kleiner, aber einfacher, gemütlicher Zeltplatz direkt am See mit guten Bademöglichkeiten.

Richtung Kosta dann im Ort links; tolle Straße, vorbei an einsamen Gehöften und durch dichte, undurchdringlich erscheinende Wälder nach Kosta. Hier ausgeschildert: Glasbruk.

Der Name Kosta entstand aus den Anfangsbuchstaben von Anders Koskull und Bogislaus Stael von Holstein, die im Auftrag Karl VII diesen Standort 1742 für die erste schwedische Glasbläserei wählten.

In den Glasbläsereien sieht man den Arbeitern (besser „Künstlern") bei einem faszinierenden Schauspiel zu: Vor der glühenden Öffnung eines übermannsgroßen Schmelzofens hantieren schweißbedeckte Arbeiter wortlos wie ein einstudiertes Orchester. Zähflüssig rotschimmernde Klumpen werden an langen Glasbläserein permanent gedreht und wie auf geheime Zeichen weitergereicht. Wie an Schnüren gezogene Marionetten werden immer wieder dieselben Handgriffe vollführt, die aus der unförmig glühenden Masse erlesen geformte Gläser, Schalen und Kerzenständer entstehen lassen. Überraschend, wie achtlos die Kunstwerke auf die Förderbänder geworfen werden, ohne zu zerbrechen.

Öffnungszeiten: Mo.-Fr. 9-18 Uhr, Sa. 1o-17 Uhr, So. 11-17 Uhr. Am interessantesten ist die Besichtigung natürlich während der Arbeitszeit (werktags von 8-15 Uhr). Vorher im Touristbüro Kosta nachfragen (Tel. o478/ 5o7 o5). Zu sonstigen Zeiten um 9, 1o, 12, 13 und 14 Uhr offizielle Führungen.

Tipp: nicht zu warm anziehen: bei den hohen Temperaturen in der Fertigungshalle reichen T-Shirt und kurze Hose!

In dem Verkaufsshop nebenan gibt's dann die Kunstwerke wirklich zu Supersonderpreisen! Preisunterschiede von z. T. mehr als 5o % zu deutschen Nobelshops. Allerdings: nicht alle bei uns erhältlichen Sachen sind vorhanden und in der Regel 1 b Qualität.

Gegenüber auf der anderen Straßenseite Selbstbedienungswirtshaus mit amerikanischer Einheitsküche und Kaffee zum Nachholen.

Kosta Fritidsområde, fußballfeldgroßer Rasenplatz hinter Mini-Schwimmbad; höchstens für eine Übernachtung lohnend, wenn man sich zu lange in der Verkaufshalle aufgehalten hat; ggf. eine der vier kleinen Holzhütten für 2 Personen mit Hochbett mieten (32 Euro). 5oo m vor der Glashütte links abbiegen.

Jugendherberge: Björkängen, Stora Vägen 2, Tel. o478/ 5o8 35.

ORREFORS, ähnlich wie Glashütte Kosta, allerdings mit Zug von Kalmar aus zu erreichen. Riesige Verkaufshalle und Werkstatt, die man von einer Balustrade von oben aus beobachten kann. Fotografierverbot in Glasbläserei! Nicht so touristisch „überlaufen" wie Kosta, dafür aber auch weniger Möglichkeiten.

Provisorischer Wohnwagenstellplatz hinter häßlichen Fabrikgebäuden auf altem Fußballplatz; nicht lohnend.

Dafür wesentlich besser die dortige **Jugendherberge**: großer Gemeinschaftraum, 2- und 4-Bett-Zimmer mit teilweise eigener Küche. STF Vandrarhem, Orrefors, Tel. o481/ 3oo 2o.

Beeindruckend auch die Glashütte MÅLERAS mit einer Glasserie über vom Aussterben bedrohte Tiere. Anfahrt: an der Straße 31 ca. 13 km nordwestlich von Orrefors.

SPORT IN VÄXJÖ

Freizeitmöglichkeiten hat man hier genug, um einen ganzen Sommerurlaub zu verbringen. Kanufahren im weitverzweigten Seensystem, Wanderungen durch endlose einsame Wälder, Fahrradfahren entlang stillgelegter Eisenbahnlinien, Surfen und Segeln auf Seen, die man ganz für sich alleine hat, Hecht oder Lachs angeln in glitzernden Gewässern. Interessanter ist es natürlich im weiteren Umkreis:

KANU
Das Seengebiet um Växjö mit dem Helgasjön im Norden und See Åsnen im Süden soweit die Binnenreviere um den See Möckeln im Südwesten und Bolmensee westlich der E 4 sind die abwechslungsreichsten und wildesten Paddelgebiete ganz Südschwedens. Kreisende Fischadler, einsam verwunschene Inseln, klar sprudelnde Quellen, jede Menge Elche und riesige, einsame

Wälder.

Aber Vorsicht! Der Umwelt- und Naturschutz geht absolut vor! Besonders während der Brutzeit der Vögel im Juni extrem vorsichtig sein! Keinen Möchte-gern-Robinson-Crusoe spielen!

Wegen der unzähligen Inseln und riesigen Gebietsausdehnungen in jedem Fall topographische Karten und Kompaß mitnehmen. Man wäre nicht der erste, der sich dort verirrt.

HELGASJÖN: Für Touren auf riesigen Seen bieten sich an:

Kanuverleih: am Campingplatz Evedal (s.o.) Evedals Kanotuthyrning, Tel. o47o/ 639 93. Oder besser an Schleuse Åbyfors, bei der Berliner Familie Jacob. Hier gibt's alles, was man zum Kanufahren braucht: Top. Karten und Tourenvorschläge, Wildmarkskurse, komplette Proviantkiste, Abholmöglichkeiten und ca. 5o Canadier. Kurzübernachtungen auf dem eigenen Campingplatz Åbyfors am Start oder Ende einer Kanutour. Interessant für Gruppen, Schulklassen o.ä.

Nordländer HB/Camping- und Kanucenter Åbyfors: Joachim und Barbara Jacob, Åby, Slussvägen 2, 36o4o Rottne, Tel./Fax: o47o/ 933 o9. Geöffnet: Di.-So. 1o-18 Uhr, Mo. geschlossen. www.nordlaender.com

Benötigte Karten für das Gebiet: 4E NO, 4E SO, 5E NO, 5E SO (4E NV, 5E SV).

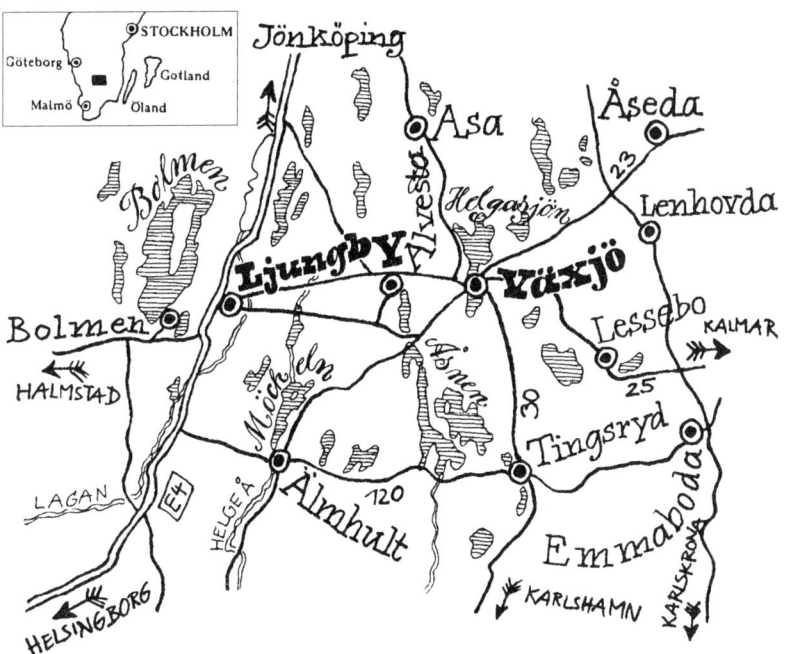

Startmöglichkeiten: an Forstschule in Asa (Autoabstellmöglichkeit), kein Zeltplatz; Schleuse Åbyfors bei den Jacobs, alle Möglichkeiten; Camping Evedal mit allen Möglichkeiten.

Bei Touren auf dem See möglichst die an besonders schönen Stellen angelegten Übernachtungsstellen nutzen (Karten am Touristbüro und Kanuverleih). Viele schöne Zeltplätze besonders am Ostufer und auf kleinen Inseln, die von der örtlichen Gemeinde eingerichtet sind und von ihnen unterhalten werden. Deshalb ist im gesamten Gebiet eine Gebühr von ca. 2,5o Euro pro Nacht zu entrichten, die an den Kanuzentralen bzw. am TI bezahlt werden können. Nicht nur wegen der mit Motorbooten durchgeführten Kontrollen mitmachen!

FLUSS HELGEÅN (zwischen Helgasjön und Seensystem Åsnen): teilweise Wildnislandschaft mit leichtem Wildwasser, aber auch z.T. langweilig und strömungslos mit acht Landtransporten (Bootswagen notwendig!). Start: am Südende des Helgasjön an Straßenbrücke der 25. Ende: Ort Skatelöv nach Unterquerung der 23 bzw. Freibad Torne in der Nordostspitze des See Åsnen. Empfehlenswerte Alternative: Autotransport bis Skatelöv oder Torne.

★ **ÅSNENSJÖN**: riesiges, abwechlungsreiches Kanurevier mit bis zu 5oo km Fahrtstrecken. In Nordnase des Sees (Kalvsvikfjord) freie, weite Wasserflächen, flache Eiszeitlandschaft im Südwesten mit irritierender Wildnis und unendlich vielen Inseln und Urwaldschären.

Kanuverleih: Getnö-Gård, Lennart Olsson, RYD, Tel. o477/ 24 o11 oder o459/ 86o 16; mit Umkleideraum, Dusche, WC, auf einer Halbinsel in der Südecke des Åsnen; Abfahrt in Alshult!

Campingplatz Urshult, schöner, komfortabler Platz direkt am See, großes Wiesengelände, umgeben von knorrigem Laubwald, inmitten eines riesigen Obst- und Beerenanbaugebietes. 2 km nördlich von Urshult Richtung Vemböo, Urshults Camping, 36o13 Urshult, Tel. o477/ 2o2 43, Kanuverleih. www.urshult-camping.se

Campingplatz Tingsryd, schön unter Birken und Eichen direkt am See mit schönem Sandstrand; im Sommer allerdings recht voll und etwas laut durch Straßenkreuzung (die ruhigen Plätze findet man nach der Rezeption hinten rechts). Kanu-, Surfbrett-, Fahrrad- und Angelbootverleih. 362oo Tingsryd, Tel. o477/ 1o5 54. www.tingsrydcamping.se

Hätteboda Vildmarkscamping, ganz dufter, unheimlich ruhiger Platz auf einer großen, hügeligen Fläche am See. Auf Grund der Größe des Geländes und der geringen Stellplatzanzahl steht man recht einsam. Ohne Strom, aber mit Plumpsklo, Ziehbrunnen, super sauberem Wasser und extra abgeteiltem Kindersee unkonventionell schön. Südlich der 12o zwischen Urshult und Tingsryd am Övre Arasjön.

Startmöglichkeiten: an den genannten Kanuverleihs oder in Skatelöv bzw. Torne; auch mögliche Einsatzstellen an Straße, die den Åsnen durchschneidet. Achtung: Orientierungsschwierigkeiten!

Der am Südende bei der Ortschaft Ryd abfließende Fluß Mörrumsån ist z.t. schweres Wildwasser. Im Sommer (ab Juni) besser zum Lachsangeln geeignet, da unfahrbar. Im Frühjahr nur was für Experten.

Fazit: Von Åby im Norden direkt bis Urshult locker 15o km traumhafte Kanuwanderstrecke. Zeitbedarf: ab einer Woche aufwärts.

✦ MÖCKELNSEENSYSTEM (mit Flüßchen Helgeån): traumhaft schönes Kanugebiet mit vielen Abwechslungen: gewundene Flüßchen mitten durch dunkel drohende Wälder, flache, orientierungsschwierige Vogelseen, große Wasserflächen mit geheimnisvollen Inseln und blühenden Seerosen sowie hindernisreiche Flußbiegungen mit leichtem Wildwasser.

Kanuverleih: K. Johansson, Ryssby Wirtshaus, Tel. o372/ 4oo 12, an der 25 zwischen Ljungby und Växjö (leckeres Essen!).

In Älmhult, Sjöstugans Camping; gemütlicher Platz auf leicht abschüssiger Rasenfläche. Liegt direkt am Badeplatz mit langem, breitem Sandstrand; Jugendherberge mit auf dem Gelände. Anfahrt: Von der Kirche in Älmhult den Ljungbyvägen 1,5 km in nordwestlicher Richtung. 343oo Älmhult, Tel. o476/ 716 oo.

Genauere Infos sonst: Älmhults Turistbyrå, Stortorget. Direkt am Marktplatz, nahe Bahnhof. Tel. o476/ 55 152, Fax: o476/ 55 2oo.

Karten: für Kanutour in jedem Fall notwendig: 4D NO, 4D SO, 5E SV, 4E NV, 4E SV.

Startmöglichkeiten: In Ryssby an der 25, dann je nach Wasserstand zwei Umtragestellen bis in den Möckeln. Oder besser: an der Straßenbrücke Virestad - Liatorp östlich vom Möckeln. Nach 26 Paddelkilometern kommt man in den einmalig schönen, sonst völlig unzugänglichen Vogelsee Steningen mit 3o cm (!) Wassertiefe und seltenen Vogelarten (Fischreiher...). Vorsicht ganz besonders in der Brutzeit! Bis in den Möckelnsee nur eine Umtragestelle. Oder: vom Zeltplatz Sjöstugan für Fortgeschrittene den Helgeånfluß suchen und über z.T. flaches Wildwasser bis Delary paddeln.

WANDERN

Ca. 1oo km gut markierter Rundwanderweg durch das sogenannte Auswandererland mit Startmöglichkeiten an den Jugendherbergen in Ljuder (Grimsnäs Herrgård, 36o53 Skruv, Tel. o478/ 2o4 oo), Långasjö (Stallgatan, 361o5 Långasjö, Tel. o471/5o 31o) und Korrö (Jugendherberge ist spitzenmäßig in einem alten Herrenhof untergebracht!) 36o24 Linneryd, Tel. o471/ 342 49. Einfache Zeltübernachtungsplätze und eingerichtete Windschutze in herrlicher Umgebung entlang der Route. Dort auch ein altes Handwerksdorf mit Cafe und Kanuverleih.

Auch als einzelne Tagesetappen gut zu machen. Dann empfehlenswert ab

Korrö, mit sorgsam restauriertem Handwerkerdörfchen (alte Mühle, Brauerei, Gerberei, Sägewerk) und kleinem Naturpark mit leider nur schwedischen Erklärungen an Bäumen und Pflanzen. Vom Parkplatz aus an Spielgeräten vorbei den orange-roten Markierungen folgen.
Ausführliche Wegbeschreibungen und Karten für 5 Euro an allen TI.

Zelt-, Bulli- oder Wohnwagenfahrer gehen am besten auf Linneryds Campingplatz mit herrlichen Bademöglichkeiten an einer auf Landzunge gelegenen großen Rasenfläche. Anfahrt: 5oo m südlich des Ortes an der 122, 36o24 Linneryd, Tel. o47o/ 344 64.

FAHRRAD
Wahnsinnig schöne Fahrradtour rund um den See Åsnen auf einer stillgelegten Eisenbahnstrecke. Tolle Piste durch einsame Gegenden in urwüchsiger Natur mit lauschigen Rast- und Übernachtungsstellen (Feuerstelle, Trockenklos, Abfalleimer). Länge: ca. 15o km, Zeitbedarf zum Genießen ca. 4 Tage. Karten und Infomaterial am Touristbüro Växjö.

Glasreich und Auswanderergebiet (Evedal - Korrö - Ljuder) lohnen sich im Sommer auch sehr als selbst organisierte Fahrradtouren. Wer sein eigenes Rad nicht dabei hat, kann sich eins leihen bei:
Fahrradverleih: Smålandscykel, Västra Esplanaden 15, Växjö, Tel.: o47o/ 475 48, Preis ca. 1o Euro pro Tag, 3o Euro pro Woche.

SEGELN
Beste Bedingungen! Endlose Wasserflächen, guter Wind. Vorsicht Anfänger: Wind kann schnell zum Sturm werden und meterhohe Wellen in den See treiben und das rettende Ufer ist dann fern!

ANGELN
Hauptsächlich Hecht, Barsch, Aal, teilweise auch Regenbogenforellen und Lachs. Angelscheine bei den örtlichen Touristbüros. Wer sich eine Bezirksangelkarte für ein größeres Gebiet und längeren Zeitraum holt, kommt wesentlich billiger weg. Vorteil: Die Karte ist innerhalb der Familien auch übertragbar.

★ Vetlanda
Schmuckes Städtchen im langgestreckten Tal des Flusses Emån in leicht hügeliger Landschaft; in Umgebung herrliche Seengebiete mit guten Angelmöglichkeiten. Da ein bißchen abseits der ausgetretenen Touristenpfade viel Schweden pur. Bekannt als Goldwäscherstadt.

Lasarettsgatan 1d, 57432 Vetlanda, Tel. o383/ 974 15, Fax: o383/ 97 o41. In der Hauptsaison Mo.-Fr. 9.3o-18, Sa. 1o-14

Uhr. Homepage: www.vetlanda.se oder www.hoglandets-turism.se.

Verbindungen ab Vetlanda

<u>Zug</u>: ca. 1o x täglich zum Eisenbahnknotenpunkt Nässjö mit dort allen Möglichkeiten.

<u>Bus</u>: beste Verbindungen in alle regionalen Richtungen; mehrmals täglich Jönköping, Nässjö, Oskarshamn, Växjö, Malmö und Stockholm.

<u>Flug</u>: nächster Flugplatz ist Hultsfred. Anschluß nach Stockholm; ansonsten über Flugplatz Jönköping.

„Hotel Njudung", gutes Hotel mit moderner Einrichtung, direkt am Bahnhof, Bangårdsgatan 14, Tel. o383/12o9, DZ mit Frühstück ca. 1oo Euro.

„Best Western Vetlanda", gepflegtes Hotel mit Restaurant und Pub im Zentrum von Vetlanda am Marktplatz, DZ mit Frühstück ca. 9o Euro. Tel o383/ 12o 9o.

Juhe

Lillstugan, direkt oberhalb des Zeltplatzes; süßes, kleines, schnukkelig rotes Holzhäuschen an kleiner Nebenstraße mit drei Übernachtungszimmern. Zwei Zimmer mit 4 Betten und ein Doppelzimmer. Buchung übers TI.

Kvarndammensvandrarhem, Jugendherberge im schönen Kvarndammenpark, familienfreundlich. Drei Häuser mit 2- bis 4-Bett-Zimmern. Tel. o383/ 199 21.

Östanå Camping, ganz ländlich außerhalb der Stadt gelegener Platz direkt am See, - Badeplatz gleich mit angeschlossen. Als Urlaubsplatz zu empfehlen, da nicht so voll und gute Freizeitmöglichkeiten (Bootsverleih, Tennisplätze, Golfbahn) vorhanden. Im Sommer auch Busverbindung zur City. Anfahrt: vom Stadtzentrum 3 km, gut ausgeschildert.

„PIZZERIA UND PUB VICTORIA", Treffpunkt der jungen Leute mit preisgünstigem Essen von Pizza über Kebab bis Salat; Preise zwischen 6 u. 1o Euro, Vitalagatan 35.

„MAKRILLS MATBOD", 6 Tage in der Woche geöffnetes Restaurant mit vielen Alternativen beim Tagesgericht. Der Chefkoch hat uns versichert, dass alles selbstgemacht ist. Vitalagatan 9 im Åhlenshaus.

Cafe Forngården, nur im Sommer geöffnet. Untergebracht in einem alten, roten Häuschen innerhalb eines kleinen Heimatmuseums (Njudungs Hembygdsmuseum).

<u>Einkaufen</u>: <u>Hantverksgården</u>, schöne gewebte Sachen, Tischdecken, Kör-

be, Holzsachen etc. von Handwerkern aus der Umgebung. Im Apoteksparken.

SEHENSWERTES

VETLANDA MUSEUM: mit Kunstgalerie, Ölbilder von Künstlern der Umgebung. Ansonsten hauptsächlich historische Haushaltssachen, wie Messer, Pfeile, Türbeschläge, die in alter Schloßruine gefunden wurden. Kyrkogatan 31. Offen: Di. 1o-16 Uhr, Mi.-So. 12-16 Uhr. Eintritt ca. 2 Euro.

KLEVA GRUVA: eine über 3oo Jahre alte Nickelgrube, die im Sommer für Besucher geöffnet ist. Obwohl die Grube aus Sicherheitsgründen saniert wurde, kommt beim Begehen echte Unter-Tage-Stimmung auf. Festes Schuhwerk und warme Kleidung erforderlich. Geöffnet: im Sommer täglich 11-18 Uhr, sonst 11-16 Uhr. Führungen täglich um 12, 13,14 und 15 Uhr. Eintritt: 8 Euro, Kinder bis 12 Jahre 4 Euro. Anfahrt: 15 km östlich von Vetlanda.

FREIZEITMÖGLICHKEITEN

GOLDWASCHEN: Vetlanda wirbt damit, eine „Goldstadt" zu sein; und tatsächlich kann man hier Goldwaschen. Zwar nicht um seinen Urlaub mit den möglichen Funden zu finanzieren, doch ist die Angelegenheit spannend, macht Spaß und man braucht nicht ganz bis Lappland hochzudüsen, um ein bißchen Goldfieber zu spüren. Wirklich professionell gemacht.

Im seichten Tal des Flusses Emån, nicht weit von der Straße, steht kleines Holzhaus, wo u.a. auch andere Mineralien verkauft werden. Hier gibt's für ca. 2o Euro pro Person neben den notwendigen Utensilien auch fachkundige Anleitung. Mittlerweile auch mit Café und Grill.

Offen: 28. Juni bis 15. August tägl. 1o-18 Uhr. Anfahrt: auf der 127 Richtung Oskarshamn ca. 2o km, nahe Ädelfors Ausschilderung „Guldgruva" folgen.

Kanu: Der hier fließende Emån ist nicht so einfach. Im Sommer haben wir auf diesem Fluß schon echte Kanuwandertouren gemacht: das sah so aus, dass wir kilometerlang mit Turnschuhen durch knöcheltiefes Wasser gelaufen sind und die vollgepackten Boote über spitze Steine hinter uns her gezerrt haben. Klartext: bei Touren sich genau über Wasserstand informieren! Am Besten selber viele erreichbare Stellen anfahren und ansehen!

Tagestour: zwischen Ädelfors und Kvillsfors. Ca. 13 km angenehme und leichte Paddelei mit nur einer Schwierigkeit, die Stromschnelle nach der Brücke in Kvillsfors. Angenehmer Ausstieg am dortigen Badeplatz.

Zweitagestour: Startpunkt in Skede (nordöstlich von Vetlanda) bis Ädelfors bzw. Kvillsfors. Bester Einsatz unterhalb des „reningverk" („Reinigungswerk") in Skede. Gute Übernachtungsmöglichkeit nach der Seedurchquerung bei Holsbybrunn im Windschutz am Aspödammen.

Längere Touren: von Holsby nach Målilla; rund 65 km mit insgesamt sechs

Portagen. Empfiehlt sich aber nur bei hohem Wasserstand, da sonst zu steinig. Ca. 4-5 Tage einkalkulieren. Für wandererfahrene Kanuten. Interessante Broschüre mit Kanutouren und Angaben über Kanuvermietungen am TI.

Wandern: Durch dieses Gebiet führt der Höglandsleden als Langwanderweg. Gibt's auf vier praktischen länglichen Karten mit genauen Detailinfos für 6 Euro in jedem Touristbüro.

Wanderambitionierten in der Umgebung von Vetlanda ist der Teil vier vom Höglandsleden zwischen Asa und Ingatorp zu empfehlen. Auf rund 14o km passiert man so alles, was das Wanderherz begehrt: vom schönen Bergrücken mit herrlicher Aussicht bis zu kleinen Seen mit idyllischen Übernachtungsplätzen.

Fahrrad: Höglandstrampen, ein wunderschöner Rundradweg von 35o km Länge, der in 4 verschiedene Etappen unterteilt ist und einen herrlichen Überblick über die småländische Landschaft gibt. Von Nässjö geht es über Aneby nach Eksjö, dann weiter über Karlstorp nach Vetlanda. Die nächsten Etappenziele sind dann Kännestubba und Sävsjö und über Viebäck geht es zurück nach Nässjö. Je nach Wunsch und Können sucht man sich entsprechende Teiletappen aus oder radelt gleich die gesamte Strecke. Ausführliche und gute Informationen in der Broschüre „Radtouren auf dem småländischen Hochland", die man in den TI`s für ca. 6 Euro kaufen kann.

Als Wegweiser dient Schild mit Fahrrad und der Bezeichnung Höglandstrampen.

✶ Nässjö

Industrieller Zentralort südlich von Jönköping und einer der größten Eisenbahnknotenpunkte Schwedens. In wunderschöner Umgebung mit vielen Seen, ausgedehnten Wäldern und unberührten Bergen in den „Highlands" von Småland. Zwar ist das"Hochland" hier nur 3oo-4oo m hoch, dafür aber abseits der Haupttouristenströme, da die meist über die E 4 oder längs der Küste gurken. Einige schöne Zeltplätze in der für südschwedische Verhältnisse recht wilden Natur laden zum Urlaubmachen ein.

Am Bahnhof, Järnvägsgatan 9, Tel. o38o/ 518o 6o, Fax: o38o/ 746 3o. Geöffnet: Mitte Juni bis Mitte August Mo.-Fr. 9.3o-18.3o Uhr, Sa. 1o-14 Uhr, So. 13-16 Uhr. www.nassjo.se

Verbindungen ab Nässjö

Zug: Aufgrund der Knotenpunktlage Anschlußmöglichkeiten fast wie in Stockholm: im IC-Takt täglich Stockholm-> Malmö mit teilweise Kurswagen via Öresundverbindung nach Kopenhagen, Hamburg-> Stockholm: 1 x täglich direkt.

-> Oskarshamn: 6 x täglich. Zwar zeitaufwendig, aber landschaftlich toll.
-> Falköping im IC-Takt alle 2 Stunden.
Ein Bonbon für Eisenbahnfans ist der Krösa tåg, ein Triebwagen der auf Nebenstrecken nach Åseda und Värnamo (über Vaggeryd) schaukelt. Lohnt sich außerdem bei Wanderungen auf dem Höglandsleden (siehe Wandern) als Rückweg z.B. von Lövhult nach Hok. Bei Preisen von 8 Euro recht preisgünstig; fährt allerdings nur im Sommer.

Bus: In Anschluß an den Hauptbahnhof ausgesprochen gute Busverbindungen in alle Himmelsrichtungen, u.a. mehrmals nach Jönköping, Vetlanda und Eksjö.

Flug: Naheliegender Flugplatz Axamo/Jönköping bedient alle inländischen Airports und auch einige internationale Flights.

„Hotel Högland", direkt am Marktplatz und schräg gegenüber Bahnhof. Bestes Hotel am Ort mit üblich hohem Standard; mit über 1oo Zimmern recht groß. DZ mit Frühstück ab 11o Euro, im Sommer reduzierte Preise. Esplanaden 4, Tel. o38o/ 131 oo.

„Hotel Stinsen", heißt soviel wie „Bahnhofsvorsteher" und hat deshalb wohl auf der frontseitigen Leuchtreklame das „i" im Namen durch eine Vorsteherkelle ersetzt. Kleiner als Högland, ordentliche Zimmer. Normalpreise ab 1oo Euro, Reduktionen u.a. mit Biltourschecks. Im Sommer reduzierte Preise. Stora Torget 1, Tel. 741 3o.

Sportzentrum Lövhult, am Beginn des Langwanderweges „Höglandsleden", wo auch Sauna und Küche für Selbstverpfleger angeboten werden. Ideal für Gruppen. In der Nähe auch eine Reithalle und ein Wohnwagenstellplatz. Wohl am lohnendsten im Winter. Anfahrt: im Ort ausgeschildert.Tel. o38o/5111 65.

STF Sörgängens Folkhögskola, Volkshochschule, die im Sommer als Jugendherberge genutzt wird. Wunderschöne, denkmalgeschützte Häuser. Anfahrt: 3 km vom Bahnhof, direkt neben der Ferienanlage Lövhult. In der Regel von Mitte Juni bis Mitte August geöffnet. Tel. o38o/1o6 45.

Sandsjöbaden Camping, unser Empfehlungsplatz für diese Gegend. Landschaftlich außerordentlich reizvoll am Nordende eines Sees, mit nur 4o Stellplätzen auch von der Größe eher idyllisch; zwar kein großartiger Service, dafür aber meist nicht einmal voll belegt! Anfahrt: ca. 25 km südöstlich von Nässjö über die 128.

Weitere schöne Campingplätze in diesem Gebiet stehen unter der Ortsbeschreibung von Eksjö.

„FENIXRESTAURANT", zwar keine Gourmetküche und kein Luxusnobelschuppen, dafür gibt's im Selbstbedienungskaufhausrestaurant aber gutes und preiswertes Essen. Für den sparsamen, aber hungrigen Besucher. Mo.-Fr. 8.3o-17.3o, Sa. 9-14 Uhr. Storgatan 38.

Restaurant „KING LONG" (bitte nicht King Kong lesen!), gemütliches Chinarestaurant zu ganz akzeptablen Preisen. Täglich geöffnet. Rådhusgatan 42.

Ansonsten noch ein ganzer Schwung an Pizzerien, die vom Geschmack her alle ziemlich ähnlich sind. Pizzeria Havana (Storgatan 11, o38o/ 17o 4o), Pizzeria Jamaica (Stortorget 2, Tel. o38o/ 16o 78), Pizzeria Milano (Storgatan 36, Tel. o38o/ 731 6o), Pizzeria Napoli (Centralgatan 8, Tel. o38o/ 51 11 16)

SEHENSWERTES
EISENBAHNMUSEUM: hier kann man einen Einblick in die Geschichte der Eisenbahn erhalten. Mittelpunkt die 8o Jahre alte Dampflok.

HEIMATPARK: draußen, etwas außerhalb der Stadt auf kleinem Hügel mit Wasserturm und dufter Aussicht. Im dortigen kleinen Landhandel kann man Bonbons und Ansichtskarten wie zu Großvaters Zeiten kaufen.

Fahrrad: Trotz des ständigen rauf und runter ungemein reizvoll, da die Gegend so toll ist und die Natur noch weitgehend unberührt und einzigartig. Insgesamt hat TI zehn verschiedene Radrundtouren zwischen 14 und 9o km ausgearbeitet. Können sowohl inkl. Übernachtung etc. gekauft werden, als auch auf eigene Faust zu machen. Fahrräder und Anhänger übers TI zu leihen. Preis für das Fahrrad zwischen 1o und 13 Euro pro Tag.

Wandern: Lohnend in jedem Fall mal eine Teiletappe des Höglandsleden. Brauchen ja nicht gleich alle 361 km zu sein, aber eine Tagesetappe oder zwei, mit Übernachtung unter einem lauschigen Windschutz, bringen es allemal.

Am einsamsten ist das Teilstück von Davidstorp (Vikskvarn) nach Asa; hier wird man garantiert kaum jemanden treffen; das sicherlich schwierigste Stück ist im ersten Teil von Hok nach Davidstorp, da es über den hohen Tomtabacken geht, wo man teilweise sogar klettern muß. Ausreichend Proviant mitnehmen!

Unser Tipp ist aber vom Ausgangspunkt Lövhult bis Hok zu wandern und von dort mit der Bimmelbahn wieder zurück. Für die rund 45 km lange Strecke benötigt man ca. 3 Tage.

✱ Eksjö
Kleines, für schwedische Verhältnisse geradezu niedliches Städtchen. Hübsche, zart gelb, rosa, grün und rot gestrichene Holzhäuschen in recht langer Einkaufsstraße unterscheiden sich wohltuend von anderen schwedischen Reißbrettstädten. Der mächtige, weiße Kirchturm schaut bedächtig auf die mit grünen und gelben Planen bedeckten Marktstände vor dem Stadshotel. Idyllisch, der mit Kopfsteinpflaster gestaltete Gården und Heimatort des Künstlers Albert Engström. Fazit: eine Perle!

 Norra Storgatan 29, Tel. o381/ 361 7o, Fax: o381/ 361 79. Geöffnet im Sommer täglich 8-2o Uhr.
Homepage: www.eksjo.se oder www.hoglandets-turism.se

 Knuffiges, rotes Holzhäuschen direkt am Fluß neben dem Turistbüro und beim Museum. Sogar einzelne 1- und 2-Bett-Zimmer sowie Selbstverpflegungsmöglichkeit in eigener Küche. Viel Atmosphäre. Offen im Sommer täglich 8-9.3o und 15-2o Uhr. Tel. o381/ 361 8o, Österlånggatan 31.

Eksjö Camping, 3-sterniger Platz ganz in Stadtnähe an kleinem See. Parkähnlich. Nebenan für alle frei zugänglich öffentlicher Badeplatz. Wasserrutschbahn, Kanu- und Surfverleih. Direkt vorbei führt der Höglandsleden. Anfahrt: 8oo m vom Ort, gut ausgeschildert.

Movänta Camping, ausgesprochen schöner Platz in leichtem Bogen direkt am See. Von fast allen Stellplätzen Blick auf See mit drumherum liegender Panoramalandschaft. Zum Urlaubmachen und länger Verweilen. Anfahrt: ca. 1o km östlich von Eksjö an der Straße 33 in der Nähe von Hult.

Spilhammarbadets Natur-Fiskecamping, kleinerer, unter Bäumen gelegener und deshalb etwas schattiger Platz an einem Flüßchen, das zwei kleinere Seen miteinander verbindet. Wunderschöner Badeplatz ist über Holzbrücke zu erreichen. Ausgesprochen gute Angelmöglichkeiten. Einfache Sanitäranlagen. Anfahrt: 2 km östlich von dem durch Astrid Lindgren bekannten Örtchens Mariannelund, ca. 7oo m von der 33.

Mycklaflons Camping, direkt am Mycklanflonsee neu angelegter Campingplatz mit allem Komfort. Brot und Kuchen aus eigener Herstellung. Anfahrt: von Eksjö in östlicher Richtung die 33 Richtung Vimmerby. Nach ca. 1o km in Hult in südlicher Richtung abbiegen. Ausschilderung folgen. Insgesamt 2o km.

✺ Vimmerby

Die Stadt Astrid Lindgrens. Bei der Einfahrt ein eher unromantisches Industriegebiet. Erst in der Nähe des Touristbüros und den dahinter liegenden geduckten, roten Holzhäusern kommt wenigstens ein bißchen Astrid Lindgren Stimmung auf.

Klar: die Filmdrehplätze der „Kinder von Bullerbü" oder des „Michel aus Lönneberga" liegen alle etwas außerhalb. Trotzdem: wer was für Schweden und Astrid Lindgren über hat, muß auch einmal hier gewesen sein. Für Kinder unverzichtbar der riesige Kinderspielpark „Die Welt von Astrid Lindgren".

 Västratullportsgatan, Tel. o492/ 31o1o, Fax: o492/ 13o65. Geöffnet im Sommer: Mo.-Fr. 9-2o Uhr, Sa. 9-17 Uhr, So. 11-16 Uhr. www.turism.vimmerby.se. Hier gibt es an Buden einen

kostenlosen Plan, auf dem ein Rundweg entlang sämtlicher Lindgren-Stätten abgebildet ist. Auch Pullis, Läufer, Holzhandwerk und viele andere Utensilien zu kaufen.

Statistisch gesehen soll Vimmerby die meisten Warenhäuser pro Einwohner in ganz Schweden haben. Außer im Touristbüro fanden wir noch ganz interessante Kunsthandwerkssachen im Geschäft Boa, wo es neben A.-Lindgren-Büchern auch viele Kunstgewerbesachen gibt. Adresse: Prästgårdsgatan 26.

Verbindungen ab Vimmerby

Zug: 4-5 x täglich Anschluß an die Hauptlinie nach Stockholm über Vimmerby; in die andere Richtung geht's über Hultsfred.

Bus: 8 x täglich mit dem Schnellbus nach Västervik sowie Verbindungen über Hultsfred nach Oskarshamn und 1 x mal täglich nach Göteborg. Gut ausgebautes Regionalnetz in die nähere Umgebung.

Im Juli ist es immer sinnvoll eine Unterkunft im Voraus zu buchen.

„Stadshotel Vimmerby", das beste Hotel am Ort, moderne Zimmer, meist in rot gehalten. Kellerbar und Restaurant sind genauso im Hause wie Sauna und Solarium. DZ mit Frühstück normal ab 11o Euro, Sommer- und Familienzimmer ab 122 Euro. Stora Torget 9, Tel. o492/ 121 oo. www.vimmerbystadshotell.se

„Hotel Karl IX.", ordentliches Hotel in der ersten Etage eines Geschäftshauses direkt am Marktplatz. Alle Zimmer mit Dusche/Toilette. Bieten auch für Familien mit Kindern extra preisgünstige 4-Bett-Zimomer (12 qm) an, 95 Euro inkl. Eintrittskarte für Astrid Lindgren. Sevedgatan 37, Tel. o492/125 15. www.hotellcarl4.se

„Motel Ronja", 1993 erbautes Hotel in ehemaliger Fabrikanlage im Industriegebiet. Wesentlich größere (25 qm) Familienzimmer als im Hotel Karl IV. In Fußgängerentfernung zur Stadt und zum Kinderpark. Ab 65 Euro. Stora Masshallsgatan 16, Tel. o492/ 167 oo. www.hotellronja.se

„Pippis Sommarhotell", liebevoll restauriertes, altes gelbes Schwedenhaus, das die Welt von Pippi Langstrumpf widerspiegelt. Im Dachboden ist ein Zirkusraum untergebracht, wo die Kinder so richtig toben können. Vermietet werden Mehrbettzimmer (4-Betten), die sich entweder im Haupthaus befinden oder als kleine Hütten in Michels Hof untergebracht sind. Bettwäsche und Handtücher sind mitzubringen oder man leiht sie sich dort aus. Kleintierzoo vorhanden und Kanuverleih. Preise: Mehrbettzimmer 6o Euro, Frühstück Erwachsene 6 Euro, Kinder bis zu 12 Jahren 4 Euro. Kanumiete: Tag 2o Euro, Woche 65 Euro. Hultsfredsvägen, Tel. o492/122 59. Geöffnet Mai bis September.

Hörestadshult, 2-etagiges, rotes Bauernhaus mit 2-, 4- und 6-Bett-Zimmern. Selbstbeköstigung möglich. Im Juli Vorbestellung sinnvoll. Öffnungszeiten tägl. 8-1o und 18-21 Uhr. STF Vandrarhem, Hörestadshult, Vimmerby.

Vimmerby Vandrarhem, renoviertes gelbes Holzhaus, zentral gelegen. Vierbettzimmer, gemeinsame Küche. Järnvägsallén 2, o492/1oo 2o.

Nossenbaden Camping, leicht abschüssiger, mit lichten Birken bestandener Platz an kleiner Nebenstraße. Direkt am See mit nettem Badeplatz. Der Platz wurde um eine große, höher gelegene Wiese inkl. neuer Sanitäranlagen erweitert, so dass die Engpässe zur Hochsaison, was das Platzangebot angeht, nicht mehr existieren. Anfahrt: gut beschildert, ca. 3 km außerhalb des Ortes an Straße nach Västervik. www.nossen.nu

Wohnwagenstellplatz Björkbacken, ordentlich angelegter Platz, mit 3o Hütten (4 Pers.) und Wohnwagenstellmöglichkeit, Jugendherberge und Hotel auf dem Platz. Kein Wasserzugang, aber Freibad. Anfahrt südlich des Stadtzentrums an der 33, Traktorgatan. Tel. 0492/ 798 9o. www.bjorkbacken.com

Astrid Lindgrens Världs Stugby & Camping, für Liebhaber von Astrid Lindgren direkt neben dem Märchenpark angegliederter Hütten- und Campingplatz. www.astridlindgrenswelt.com

PIZZERIA LILLA KROGEN, Sevedegatan 26. Wurde uns von einem einheimischen Freund empfohlen. Besonders gut schmecken soll das Filetsteak bzw. alle anderen Fleischgerichte. Reichhaltig. Im Sommer gute Möglichkeit, auf der Dachterrasse zu speisen! Abends Preise ab 12 Euro.

SEHENSWERTES

DIE WELT VON ASTRID LINDGREN: Hier schlagen Kinderherzen höher und jeder Familienvater mit kleinen Kindern, der im Umkreis von 3o km vorbeifährt, ohne mit dem Nachwuchs hier reinzugehen, bekommt zu Nikolaus mindestens eine Rute. Klartext: hier ist ein Märchenpark aufgebaut, der die wichtigsten Stationen der Lindgren Erzählungen zeigt.

So findet man hier z.B. die Mattisburg aus der Geschichte Ronja Räubertochter, die Villa Villekulla von Pippi Langstrumpf und den Katthulthof, in dem Emil (so heißt der Michel auf schwedisch!) aus Lönneberga spielt. Der Clou dabei: alle Häuser sind original in Kindergröße!

Es ist schon herzallerliebst zuzuschauen, wenn Familienväter auf den Knien vor der Mattisburg liegen und verzweifelt nach ihren Kindern rufen, die verschmitzt grinsend hinter Türen und Fenstern verschwinden, wohlwissend, dass ihnen hier doch kein Erwachsener etwas anhaben kann. Die entsprechenden Streicheltiere dürfen dazu natürlich auch nicht fehlen. Erweitert um den „Astrid Lindgrengården", der einen lohnenswerten Überblick über Astrid Lindgrens Leben und ihrer Werke gibt. Astrid Lindgren selbst sorgte noch zu Lebzeiten für die exakte Darstellung ihrer Welt.

In der Hochsaison Mitte Juni bis Mitte August 1o-18 Uhr. Preise: Erwachsene 2o Euro, Kinder (4-12 Jahre) 11 Euro, Familienkarte 55 Euro.

ASTRID LINDGRENS GEBURTSHAUS: Hier hat sie zu Lebzeiten sogar noch ab und zu gewohnt, wenn ihr das Leben in der Großstadt Stockholm zu hektisch wurde. Im Nebengebäude ist ein kleines Geschäft, das der verstorbene Bruder von Astrid Lindgren geführt hat und jetzt von seinen Kindern und ihren Familien weitergeführt wird. Hier gibt es außer ihren handsignierten deutschsprachigen Büchern noch Kunsthandwerksgegenstände. Prästgårdsgatan 26.

ASTRID LINDGREN GÅRDEN, hier kommt man abgesehen von der Kinder Erlebniswelt der im Jahre 2o02 verstorbenen Person Astrid Lindgren näher. Museum und Ausstellung. Eine Wanderung durch Astrid Lindgrens Leben und Schaffen. Gut gemacht. Dem Kinderpark angeschlossen. Eintritt ist im Kinderparkeintritt inbegriffen. Ganzjährig geöffnet.

In der Nähe des Marktplatzes liegt der BÅTMANSBACKEN, eine Straßenschlucht malerischer Häuser, die früher den Bootsleuten gehörten.

AUSFLÜGE

Um ein bißchen „Lindgren Feeling" zu bekommen, lohnen die original Drehplätze, wo die Filme gemacht wurden. Die kann man alle an einem schönen Nachmittag mit dem Auto verbinden.

KATTHULT: das richtige Katthult, in denen die Michelfilme gedreht wurden, heißt in Wirklichkeit Gibberyd und liegt rund 25 km nordwestlich der Stadt. Auch der Tischlerschuppen, in den Michel immer dann eingesperrt wurde, wenn er Unsinn gemacht hatte, ist zu besichtigen.

BULLERBYN: Das original Bullerbü heißt Sevedstorp. Hier wurde Astrid Lindgrens Vater geboren. Liegt ca. südwestlich 15 km von Vimmerby.

LILLA LANDET: wer kennt sie nicht, die Geschichte vom kleinen Däumling Nils Holgersson, der auf seiner Gans Martin über alle Landschaften Schwedens fliegt. Schweden en miniature mit allen wichtigsten Sehenswürdigkeiten ist im „kleinen Land" (lilla landet) auf gut 2o.ooo qm nachgebaut. Man schlendert durch die Miniaturhäuser und Landschaften und erhält hervorragende Landeskenntnisse. Für große und kleine Menschen. Geöffnet in der HS täglich 11.3o - 2o Uhr, Eintritt Erw. 14 Euro, Kinder 7 Euro; Anf.: nördlich von Vimmerby auf der Straße Richtung Linköping im Örtchen Södra Vi. www.lillalandet.com

NORRA KVILL NATIONALPARK: siehe unter Ausflüge von Västervik. Einige Kilometer südlich des Nat.-Parks steht auch Norra Kvill Eken, die sogenannte „Christuseiche", ein absolutes Naturdenkmal, da es sich mit fast 7 m Durchmesser und 14m Umfang um eine der ältesten und größten europäischen Bäume handelt.

Kanu: Hier schlummert eine Kanuperle, der Stangån. Ideal für kürzere Etappe oder längere Tour; vom Startpunkt Ydrefors ca. 3o km nordöstlich der Stadt schlängelt sich der Stangån in einer riesigen Kurve an Vimmerby vorbei wieder Richtung Norden. Bester Einsatzpunkt am See Össjön, da weiter oberhalb recht steinig und längere Landtransporte notwendig. Am See Juttern geht's wieder Richtung Süden zum Ausstiegspunkt am Südende des Sees bei Djursdala. Oder als Alternative Richtung Norden Verlängerung zum See Åsunden mit vielen weiteren Möglichkeiten.

Kanuverleih: am nördlich der Stadt gelegenen See Krön am dortigen Badeplatz; dort auch gute Routeninfos. Tel. 600 02 oder an „Pippis Hotel" Tel. 12 259.

Kanutour Virserum-> Hultsfred: nichts für Anfänger, da einige beschwerliche Portagen zwischendurch und häufig niedriger Wasserstand mit vielen Steinkontakten. Deshalb wohl nur im Frühjahr für Canadier geeignet, sonst besser mit dem Kajak. Start: Ålefors nördlich von Virserum auf dem Skärveteån; durch die Seen in den Gardvedeån und bei der Mündung in den Emån flußaufwärts bis Rosenlund und den gut paddelbaren Silverån flußauf bis in den See Hullingen; Zeitbedarf 2-3 Tage, Infos und Boote: Virserums stugby, Sommarhemvägen 57080 Virserum. Tel. 0495/ 312 91.

Wandern: Hier läuft der Langwanderweg Sevedeleden entlang, der auf Teiletappen sich als Tagestour anbietet; einziger Nachteil: Rückfahrt an öffentliche Verkehrsmittel gebunden. Touristbüro gibt kostenlos Einzelkarten heraus und berät bei Busanschlüssen.

Ideal: Rundwanderweg Mariannelund-> Övrakulla-> Mossebo-> Mariannelund, 50 tolle Kilometer, die für Fußlahme notfalls auch Ausstiegsmöglichkeit bieten. Neben unberührter, wilder Natur führt der Trail an Sehenswürdigkeiten wie der alten Christuseiche vorbei. Kostenlose gelbe Orientierungskarte am Touristbüro verlangen. Bester Startpunkt: Mariannelund. Zeitbedarf: ca. 3-4 Tage.

Fahrrad: ergiebige Fahrradgegend. Besonders lohnend Tour auf dem alten Königsweg, in sanft hügeliger, idyllischer Umgebung zwischen Storebro und Skillingarum. Nähere Infos am TI. Günstiger Fahrradverleih ist bei: Motorsport, Storgatan, für ca. 7 Euro/Tag.

Südschweden/Landesinnere 241

VÄTTERNSEE

Unendlich langer und doch recht schmaler, tiefblau schimmernder Riesensee im Herzen Südschwedens. Fährt man südlich in die Talsenke nach Jönköping, kann es an hellen Sommermorgen vorkommen, dass bläulich flackernde Spiegelbilder fiktive Städte im aufsteigenden Dunst des wahnsinnig klaren Sees leuchten.

Rundherum breiten sich wie auf einer überdimensionalen Landkarte gemütliche Dörfer, umgeben von grasgrünen Wiesen und lichten Wäldern aus. Im unteren Drittel des Sees die Perle Visingsö, eine Kulturinsel von Denkmälern und Überresten längst versunkener Zeiten.

In der Nordspitze Nationalpark Tiveden, absolute Urwaldwildnis, in der zwischen Klippentempeln und umgestürzten Baumriesen immer noch Elfen und Kobolde zu tanzen scheinen.

Der 12o km lange und bis zu 14 km breite See ist auch einer der tiefsten. Südlich der Insel Visingsö bis zu 128 m. Daher friert er im Winter erst spät zu, wird aber im Sommer auch nur allmählich warm (August). Die wahnsinnige Klarheit (man kann teilweise 15 m tief sehen) kommt einerseits von den klaren Quellflüssen des Tiveden Nationalparks, andererseits von unterirdischen Quellen des Sees.

★ Jönköping

An der Südspitze des Vättern, auf Seenniveau. Wie ein Hufeisen windet sich die Stadt mit ihrem Industrieort-Pendant Huskvarna (Nähmaschinen, Waffen- und Elektronikindustrie) um das Seeende.

Rundherum blau funkelnde, bewaldete Höhenzüge, die die meist mehrgeschossigen Steinhäuser dieses Verkehrsknotenpunkts wie ein Kessel einschließen. Zentrum schwedischer Land- und Forstwirtschaft.

Unübersehbar direkt an der E 4 das riesige A 6 Einkaufsparadies.

 Direkt im Stadtzentrum, Juneporten, Västra Storgatan 16, 55189 Jönköping. Tel. o36/ 1o 5o 5o, Fax: o36/ 1o 77 68. Geöffnet: Mo.-Fr. 8-18 Uhr, Sa. 1o-14 Uhr. www.jonkoping.se und über ganz Östergotland www.soderkopingsbrunn.se

Verbindungen ab Jönköping

 **Auto**: Beste Verkehrsverbindung im Schnittpunkt wichtiger Reichsstraßen und Durchgangsstationen. Die E 4 als Nord-Südverbindungen Richtung Stockholm. Sehr gut ausgebautes Straßennetz. Alternativstrecke in Südrichtung über die 26 „Nissanstigen". Richtung Helsingborg hat Vorteil: weniger Lkw, schönere Landschaft bei annähernd gleichen Kilometern.

242 Südschweden/Landesinnere

 **Zug**: 1 x täglich direkter Anschluß an Hauptlinie Stockholm-> Jönköping. 2o x Verbindung nach Göteborg und Stockholm, aber mit Umsteige in Nässjo oder Falköping. Außerdem mehrmals täglich Verbindung Vaggeryd-> Jönköping.

 **Bus**: an Hauptlinie Stockholm-> Helsingborg der schnellen SWEBUSS Überlandbusse. Abfahrten Hauptbahnhof Jönköping.

 **Flugzeug**: 6 x täglich Verbindung Stockholm und 4 x täglich mit Kopenhagen. Flugplatz Axamo ca. 1o km westlich der Stadt an der 4o Richtung Göteborg. Flugauskünfte: Tel. o36/ 31 1o oo.

 „Hotel Winn", riesiges Luxushotel direkt zwischen E 4 und Vätternsee; berühmt wegen seiner fantastischen Seelage, die allerdings nur Zimmer nach vorn raus bieten. Nach hinten ist's mit vierspuriger Autobahn weniger romantisch. Große französische Betten auf Zimmern und Indoorswimmingpool. Preise. DZ ca. 115 Euro, im Sommer ca. 85 Euro. Adresse: Strandvägen 1, 56136 Huskvarna, Tel. o36/ 39 65 oo. Homepage www.hotelwinnskp.com

„Savoy", älteres, aber ordentliches Haus im Stadtzentrum. 1o Min. zum Hauptbahnhof. DZ mit Dusche und Frühstück 85 Euro, im Sommer ab 7o Euro. Brunnsgatan 15, 55255 Jönköping, Tel. o36/71 94 8o.

„Sunds Herrgård", Familienbetrieb 2er deutsch-schwedischer Familien in einsam romantischer Lage, außerhalb der Stadt. Besonders viele deutsche Familien kommen jedes Jahr wieder, um hier das große Freizeitangebot zu nutzen: Rundwanderwege, Tiergehege mit Hirschen und Wildschweinen, Angeln, Sauna, Jagen, Tennis, Reiten, Surfen, Kanu... Für längeren Aufenthalt bestens geeignet; leckeres und opulentes Essen. Unterbringung in kleinen einfachen Holzdoppelbungalows (unseres roch etwas nach Pferd) und im gelben Hauptgebäude. Preis: DZ mit Frühstück ca. 1oo Euro. 56o28 Lekeryd, Tel. o36/ 82o o6. Anfahrt: von Jönköping über 133 Richtung Aneby ca. 25 km vom Zentrum.

Tipp: Hier sehr große Kunstgalerie mit Ausstellungsstücken einheimischer Künstler, selten große und geschmackvolle Auswahl, zudem recht preiswert. Wegen Öffnungszeiten vorher anrufen.

Große, sehr ordentlich geführte **Jugendherberge**: Vandrarhem Huskvarna mit modernen 1- bis 4-Bett-Zimmern ohne Massenschlafsaalcharakter. Im Schwesternort von Jönköping. Unweit vom Bahnhof und der E 4 in Huskvarna. Adresse: Odengatan 1o, Tel. o36/ 148 87o.

Rosenlunds Camping, freies, schattenloses Rasengelände auf kleinem Hochplateau mit Blick aufs Wasser, allerdings keine direkte Bademöglichkeit im See. Uferzone ist Naturreservat mit steil abfallendem Lehmkliff. Sieht stark aus! Ca. 5 Min. Fußweg zum Badeplatz am See in Kauf nehmen. Gleich nebenan großzügig angelegte Bade- und Schwimmgelegenheit mit Sprungturm in Form eines Streichholzes und großem Wellenbad! Gut zur Orientierung. Anfahrt: von der E 4 Abfahrt Rosenlund, dann ca. 2 km der Beschilderung folgen.

Camping Axamo, herrliche Lage im Wald an einem kleinen See mit Sandstrand und Sauna. Trimm-Dich-Pfad am Platzeingang. Anfahrt: 7 km westlich von Jönköping, 1 km von der Reichsstraße 4o entfernt.

 Restaurant „Trottoaren" im „ELITE STORA HOTELLET", Spezialität hier: gebratener Vättern-Saibling mit Sauce Hollandaise und Kartoffeln. Echt lecker. Preise ab 2o Euro. Hotellplan, ca. 5 Min. vom Bahnhof. Tel. o36/ 1o oo oo.

 **EINKAUFEN**

Jeden Samstag riesiger Markt im Zentrum, nicht nur mit Obst und Gemüse, sondern auch halber Flohmarkt mit wortgewandten Marktschreiern. Auf Västra Torget von 7 bis 12 Uhr.

A 6 Shoppingcenter, großes Einkaufszentrum mit Parkplätzen wie an Bundesligastadien. Vielzahl von Shops, Boutiquen, Fachgeschäften, Lebensmittelgeschäften, Ikea, Cafés etc.. Im Fadenkreuz dieses Shoppingcenters ein haushoher Berg aus Steinen, aus denen Wasser sprudelt und wo Kinder am Beckenrand des Sterilsees balancieren. Massenkauferlebnis! Geöffnet Mo.-Fr. 1o-2o, Sa. 1o-17 Uhr, So. 11-17 Uhr. Von der E 4 nicht zu übersehen, Schildern A 6 „Köpcenter" folgen. Hier auch das Tropikhuset und das Militärhistorische Museum, beide täglich geöffnet von 1o-17 Uhr.

Kunsthandwerk: vgl. auch Hotels: Sunds Herrgård.

Konsthantverkarna, Zusammenschluß von Kunsthandwerkern aus Jönköping, die in der alten Streichholzfabrik ihre Kunsthandwerke ausstellen und auch verkaufen. Sehr schön. Öffnungszeiten: Di. – Fr. von 12- 17 Uhr, Sa. von 1o-13 Uhr, So. von 13-16 Uhr. Tändsticksgränd 2o.

In Smedbyn (Dorf der Schmiede) produzieren und verkaufen Künstler und Kunsthandwerker vor und in kleinen, rotgestrichenen Häuschen. Keramik- Holz- und Kunstartikel zu erschwinglichen Preisen. Lohnend! Anfahrt: von E 4 auf die 132 Richtung Aneby abbiegen. Dann gleich im Stadtkern von Huskvarna.

Atelje Bänste-Boa, Souvenirs und Kunstgegenstände von Keramik bis Birkenrinde. Geöffnet: Mo.-Fr. 11-18 Uhr, So. 13-16 Uhr, Sa. geschlossen. Hyltan Rogberga, an Straße Richtung Nässjö. Tel. o36/ 931 21.

SEHENSWERTES

STREICHHOLZMUSEUM: von hier stammen die weltberühmten Tändsticka. Innen drin ganz anschaulich Maschinen zur Streichholzherstellung. Etikettsammlung und Geschichte des Feuers, Kurzfilm über Entwicklung des Streichholzes. Maximal 45 Min. einkalkulieren. Geöffnet: Mo.-Fr. 1o-17 Uhr, Sa. 1o-15 Uhr, So. 1o-15 Uhr. Eintritt 2 Euro, Kinder unter 15 Jahren frei. Tändsticksgränd 27 am Hauptbahnhof.

STADTPARK, nicht nur zum Promenieren und Faulenzen besuchenswert, sondern auch mit sehenswertem FREILICHTMUSEUM: kleine Holzkirche von 1680 mit tollen Wandmalereien. Angeschlossener Tierpark und Vogelmuseum. Abends häufig Tanzveranstaltungen und Konzerte.

AUSFLÜGE

Das im Guinness-Buch der Rekorde vermerkte höchste Standbild der Welt (103 m). Absolut wahnsinnig, die dort originalgetreu nachgebaute „Bounty" aus gestrichenen Holzbohlen mit Gewirr von Takelage an haushohen Masten. Überall stehen lustig beeindruckende Holzskulpturen rum. Anfahrt: vom Zentrum auf 33 Richtung Nässjö, nach ca. 10 km ist Statue (wie Sendemast) bereits zu sehen. Bei Kirche in Rogberga rechts abbiegen, Schild Riddersberg folgen.

TABERG, plötzlich aufragender Aussichtsberg (343 m) mit bis weit hoch hinauf bestandenem Wald und ganz kahlem, schroffem Gipfel. Bei schönem Wetter grandios gigantische Aussicht. Oben auf Gipfel Kaffeestuga. Anfahrt: von Jönköping 15 km südlich über die E 4. Abfahrt bei Torsvik. Auffahrt auf Gipfel mit Auto möglich.

ROSENLUNDS ABENTEUERBAD: Wellenbad, Sprungtürme, Rutschen, Pools etc., ein Bad für die ganze Familie. Anfahrt: direkt neben dem gleichnamigen Campingplatz.

WANDERN

Sog. „Bauerleden". Abwechslungsreicher Trail durch liebliche Kulturlandschaft und jahrhundertealten Urwald in echter Einsamkeit. Führt meist durch zusammenliegende Waldgebiete, entlang kleiner plätschernder Wasserläufe. Startpunkt nördlich von Huskvarna (Brunstorp) bis Gränna am Vättern, ca. 50 km. Mindestens 2 Tage einplanen.

Ein Stück Lapplandfeelig mit quatschendem Moor, düster unfreundlichen Moortümpeln und sich im Wind wehenden Wollgrasfeldern gibt's im „Dumme Mosse". Großes Moorgebiet 10 km westlich von Jönköping. Ca. 6 km Wanderweg, meist über Holzbohlen mit gemütlichem Lagerplatz (Lagerfeuer) auf halber Strecke.

Ideal für Tagesausflug. Fotoapparat (seltene Vögel) und Gummistiefel nicht vergessen. Startpunkt: Flugplatz Axamo an der 40. Dort auch einfacher Campingplatz.

KANU

Vätternsee selbst weniger interessant, da zu wenig Abwechslung wegen zu großer Wasserfläche. Gefährlich für windempfindliche Canadier! Besser das Seengebiet von Bunn und Ören östlich von Gränna. Idyllische Einsamkeit in wald- und seenreichem Gebiet. Kanus gibt's an kleinerem Lebensmittelgeschäft im Örtchen, Tel. 036/ 540 37 und Bunns Kanotcenter, Tel. 036/540 16.

Ideal auch das Kanugebiet um den See Stråken! Wahnsinnig viele Möglichkeiten: auf flußähnlichen See Stråken (ca. 3o km) eingerichtete paradiesische Übernachtungsstellen (rot-gelb ausgeschildert) auf winzigen Inseln und am Seeufer, an denen man beim Lagerfeuer die Welt vergessen kann. Längere Touren auf Fluß Tidån, bis maximal zum Vänern (!) See bei Mariestad (16o km, Zeitbedarf ca. 5-7 Tage). Dann allerdings mehr was für Fortgeschrittene, die sich über Umtragestellen an alten Kraftwerken und Mühlen nicht beklagen.

Schönstes Stück bis Tibro (ca. 5o km, ca. 2-3 Tage), durch einsame Wildnis und entlang entlegener Auwälder. Von Tibro durch 2 km Landtransport auch Anschluß an unteres Seensystem Örlen! Ausgangspunkt mit Zeltplatz direkt am Fluß. Kanuverleih, -verkauf und Eindecken von Equipment bei den sehr netten und auch deutschsprechenden Leuten der Kanuzentrale Kyrkekvarn, 56o42 Sandhem, Tel. o515/ 61o o5 www.kyrkekvarn.com Anfahrt: von Jönköping über Mullsjö 47/48 bis nach Sandhem (ca. 35 km), dort 1 km nördlich des Sees Stråken direkt am Fluß Tidån.

✶ Gränna

Kleines, unterhalb eines mächtigen Felsen klebendes, langgezogenes Städtchen mit alten, bunten Holzhäusern, steilem Marktplatz, Fähranleger zur Kulturinsel Visingsö und traumhaftem Blick auf den See. Heimatstadt des Polarforschers S. Andrée und Zentrum schwedischer Fesselballonfahrerei.

An allen Ecken und Enden gibt's die berühmten, pfefferminzbonbonähnlichen rot-weißen Zuckerstangen, eine kariesfreundliche Leckerei. „Polkagrisar" aus Wasser, Zucker und Aromastoffen.

Infostelle direkt am Andréemuseum, Brahegatan 38-4o, 56322 Gränna. Tel. o39o/ 41o 1o, Fax: o39o/ 1o2 75. Geöffnet: täglich 9-16 Uhr. Homepage: www.grm.se.

Feinschmeckerlokal „GYLLENE UTTERN", mit spitzenmäßigen Fischspezialitäten. Uns schmeckte der Vättern-Saibling besonders. Preise mittags ab 17 Euro, abends leicht das Doppelte. Toller Seeblick. Anfahrt: von E 4 Abfahrt Gränna, dann südlich des Ortes.

Grännastrandens Familiencamping, großes, baumloses Rasengelände direkt am Wasser, mit süßem, kleinem Sandstrand und Blick auf Visingsö und Gränna. Knuffige Hütten direkt an der Einfahrt. Tipp: abends Spaziergang zum Grännaberget machen. Traumhafter Sonnenuntergang! Anfahrt: von der E 4 Schild Gränna/Visingsö folgen. Im Ort direkt am Fähranleger nach Visingsö. Tel. o39o/ 1o7 o6.

Vätterledens Camping, Ausweichplatz, nicht so schön wie Grännastrandens, Wiese mit einzelnen Laubbäumen und ca. 7oo m zum Wasser. Anfahrt: von E 4 Abfahrt Ölmstad beim Motel „Vätterleden". Nur im Sommer geöffnet.

Getingaryds Camping, auf einem Bauernhof gelegen. Liegt direkt am Wasser. Anfahrt: 1o km nördlich von Gränna. Nur im Sommer geöffnet.

Jugendherberge: gibt's gleich zwei.
Eine direkt am Campingplatz und Fähranleger in einfachem rotem Holzhaus. Vandrarhem Grännastranden, Box 14, 56322 Gränna, Tel. o39o/ 1o7 o6.

Die andere etwas schwerer zu finden. Am besten direkt ins TI, das dient nämlich auch als Rezeption und dort Wegbeschreibung und Schlüssel abholen. Gränna Vandrarhem SVIF, Bergsgatan Tel. o39o/ 41o 1o. Nur im Sommer geöffnet.

SEHENSWERTES

ANDRÉEMUSEUM, Originalrequisiten der tödlichen Polarexpedition S. A. Andrées mit einem Fesselballon von 1897. Die 33 Jahre später gefundenen Überbleibsel beinhalten sogar Originalfotos, die die Gruppe selbst kurz vor ihrem Tod gemacht hat. Spannend. Geöffnet: 11-17 Uhr.

Direkt an E 4 nördlich von Gränna kommen nahezu alle Stockholm-Fahrer am BRAHEHUS vorbei. Die heutige Ruine ist Überrest des 1644 erbauten und 17o8 abgebrannten Schlosses. Heute nur wegen toller Aussicht lohnend.

Feste: Am 11. Juli ist großer Ballonflugtag in Gränna, zur Erinnerung an S. A. Andrée. Riesenansturm! - Ganzjährig in Gränna: Ballonflugschule! Infos über die oben genannte Homepage, oder www.visit-smaland.com.

✦ Insel Visingsö

Lange, schmale „Perle" des Vätternsees. Schöne, große Bauernhöfe, weite, goldgelbe Getreidefelder, ausgedehnte Johannis- und Erdbeerplantagen und jede Menge Kulturen. Schnurgerade Reihen hochaufgeschossener Eichen und überall Ackerbau. Die Insel ist in der Mitte längs durch einen Sandrücken aufgeteilt. Im Norden fantastische Sandstrände. Lohnend für Tagesausflug.

Es geht die Sage über die Entstehung dieser Insel, dass der Riese Vist zu einer feuchtfröhlichen Hochzeit auf das andere Seeufer wollte. Da ihm zu nachttrunkener Stunde der Schritt hinüber zu groß war, warf er einfach eine Erdscholle mitten in den See und konnte so trockenen Riesenfußes mit seiner Frau Vista rüber.

Übrigens steht Vista heute noch an der Uferstraße von Jönköping nach Norden bei Vista Kulle als 11 m hohe Holzskulptur von Calle Örnemark.

Fährüberfahrt: Jeweils zur vollen Stunde. In Hochsaison teilweise auch halbstündlich mit kleinen Fährbooten. Fahrzeit: 2o Minuten. Preis: 8 Euro/Person, Auto 25 Euro inkl. aller Insassen.

Am besten Auto in Gränna stehen lassen: auf der vergleichsweise kleinen Insel mit flachen und verkehrsarmen Straßen (14 km lang, 2 km breit) ist das Mietfahrrad ideal und preiswert.

Außerdem lassen sich die Touristen gerne mit den typischen Pferdedroschken „Remmalag", in denen man Rücken an Rücken sitzt, kutschieren. Preis pro Person und je nach Tour ca. 8 Euro.

 Direkt am Hafen. Hamnen, Tel. o39o/ 4o193, Fax: o39o/ 4o193. Im Sommer täglich 9-2o Uhr geöffnet. Hier auch Fahrradverleih und Vermittlung von Campinghäusern.

 Erstadvikens Camping, offizieller Platz ohne viel Logistik, aber sehr beschaulich. An Inselnordspitze neben kleinem Sportflugzeugplatz. Tel. o39o/ 4o5 83.

 **Jugendherberge**: Visingsö STF Vandrarhem, 56o34 Visingsö. Eingeschossiges Holzhäuschen mit 7 lauschigen 4-Bett-Zimmern und Kochgelegenheit. Fahrradverleih. Tel. o39o/ 4o1 58.

VISINGSÖ VÄRDSHUS, in historischem Holzgebäude wird gute schwedische Hausmannskost serviert. Preise à la carte ab 18 Euro. 2oo m vom Hafen. Tel. o39o/ 4o 191.

SEHENSWERTES

Außer Kaffeetrinken, am Hafen rumgucken und einfach Faulenzen gibt's eine Menge Kultur. Hier eine kleine Auswahl:

BRAHE KIRCHE, Barockkirche die 1636 endgültig vollendet wurde. Innen aus Holz geschnitzte 12 Apostel, imponierende Kanzel und Chorgestühl sowie die Holzfigur der „extatischen Brigitta" eines Lübecker Meisters aus dem 15. Jahrhundert.

KUMLABY KIRCHE, typisch schwedische Dorfkirche mit schönen Wand- und Deckenfresken. Am interessantesten jedoch durch enge Treppe auf Kirchturm zu steigen und tolle Aussicht zu genießen.

SCHLOSSRUINE VISINGSBORG, ehemals eines der schönsten Schlösser Schwedens; nach Brand 1718 blieb nur noch der Südflügel.

ÖRTAGÅRDEN, neben der Schloßruine für uns schönste Sehenswürdigkeit. Der riesige Kräutergarten: über 4oo beschriftete Kräuter und Pflanzen bezaubern durch ihre Farbenpracht und ihren atemberaubenden Duft. Geöffnet: täglich 1o-17 Uhr.

★ Tranås

Zentrum der schwedischen Pelzindustrie mit weitverzweigtem Seen- und kilometerweitem Waldgebiet. Idealer Ausgangspunkt für Wassersportler, Angler und Modeinteressierte. Das Städtchen selber entstand erst - fast wie im Wilden Westen - nach Eröffnung der Haupteisenbahnlinie Malmö -> Stockholm 1919. Im Sommer viele Schweden.

 Beim Bahnhof, Stationsplan 1, 57382 Tranås. Tel. o14o/ 683 33, Fax: o14o/ 534 11. Mo.-Fr.1o-17 Uhr. In der Hochsaison auch am Samstag 1o – 13 Uhr. Hier gute Tipps für Kanu- und Fahrradtouren sowie günstige Pelzangebote. www.tranas.se.

Verbindungen: Tranås ist mit dem Auto zu erreichen über die 133 von Gränna. Liegt an der Eisenbahnhauptlinie Stockholm-> Malmö, außerdem verkehren Busse von Eksjö nach Tranås.

 Hättebadens Camping, direkt am See im Waldgelände. Restaurant und Kanuverleih sowie Hüttenvermietung. Rummel gibt's im Juli, wenn sich halb Schweden hier trifft. Anfahrt: 3 km östlich des Ortes an der 131, Tel. o14o/ 174 82.

 **Jugendherberge**: STF Vandrarhem, baumumstandene, kleine Herberge im Freilichtmuseum. Hembygdsgården, 573oo Tranås, Tel. o14o/ 151 66. Anfahrt: von der 32 Richtung Eksjö ausgeschildert.

 **EINKAUFEN**

Tranås ist in ganz Schweden als "Pelzstadt" bekannt. Hier auch häufig Pelze mit kleinen Fehlern zu niedrigeren Preisen, die allerdings eher für Schweden interessant sein dürften.

Ydre-slöjd, Kunst- und Handarbeitszentrum mit recht großer Auswahl an Holzarbeiten, schönen Websachen, Keramik, Kunstschmiedearbeiten etc. Lohnend! Anf.: Die 32 nördlich bis zum Ort Sommen, dort links der Hauptstraße folgen.

TROLLEGATER; abenteuerliche Urgebirgshöhle mit fast 1oo m langem unterirdischem Gang und kleinem Labyrinth. Taschenlampe nicht vergessen! In der Nähe auch die beschaulichen Naturschutzgebiete Hallstad ängar und Hackelboön. Anf.: Von Tranås nach Kisa. Von dort in nördlicher Richtung auf der 34 bis Rinforsa. Dort links ab Richtung Längsbo.

 **Kanu**: Hervorragendes Gebiet auf weitverzweigtem, inselreichen See Sommen. Riesige, fast meerähnliche Wasserflächen und einsame, kleine, nahezu flußähnliche Seearme mit dichtverwachsenem, tiefgrünem Nadelwald. Grundsatz: je weiter östlich von Tranås, umso einsamer. Im Westteil viele Inseln nicht zum Übernachten geeignet, wegen vieler Sommerhäuser. Besser im östlichen Schärengebiet!

Tourenvorschlag: Vom Campingplatz ca. 15 km in östlicher Richtung auf Ort Malexander zu halten. Südlich davon einsam romantische Halbinsel Aspenäs. Vom Herrenhof Håredal ganz im Osten per Landtransport (ca. 1,5 km) in den Örnsjön. Vorbei an hervorragendem Zeltplatz Pinnarp (Kanuverleih) erreicht man mit einigen Umtragungen den Ort Kisa und das weit-

verzweigte und nicht überfüllte Seenrevier des Åsunden und Kinda-Kanals. Dort ideal für Kanuanfänger mit hundert km weiteren Strecken.
Tour Tranås-> Åsunden ca. 5o km, Zeitbedarf ca. 3 Tage. Nichts für blutige Anfänger.
Verleih: kleine Kanuzentrale am Campingplatz Hättebadens, die Boote und Ausrüstung verleihen. Außerdem Kanuverleih bei Rocen's Kanotuthyrning, Buntmakaregatan 11, Tel. 12o 76.
Benötigte Karten: Topk. Nr. 7F NV - NO, 8F SO - NO.

Fahrrad: Phantastische Touren über kleine Nebensträßchen (teilweise unbefestigt) um östliche Teile des Sommensees. Dabei kleine Fähre (2 Euro) bei Blåvik benutzen. TI bietet auch diverse kleinere Tourenvorschläge an. Verleih am TI sowie Davidsson Cykelaffär, Vallgatan 15 oder Rydholms Cykel, Sveagatan 1o.

Angeln: im See Sommen herrliche Forellen. Angelkarten und Prospekte im TI.

Wandern: Kleinere Tages-Rundtouren (3-8 km) im Freizeitgebiet Illern. Fernwanderweg Holavedsleden! Ausgetretener Pfad, teilweise über landwirtschaftliche Wege mit schönen Aussichten, an zwei Schlössern vorbei. Startpunkt: Zeltplatz Hättebaden. Gesamtstrecke Tranås-> Gränna 59 km, ca. 3-4 Tage.

Rundfahrten auf dem Sommensee mit altem Dampfboot S/S Boxholm II. Von Ende Juni bis Mitte August an verschiedenen Tagen. Informationen im TI.

★ Ödeshög

Hier trennen sich meist die Welten: die Kilometerfresser und Asphaltcowboys knallen auf der E 4 Richtung Stockholm. Die wenigsten genießen die landschaftlich wesentlich schönere Straße 5o entlang des Sees via Motala! Um über die E 2o/E 18 Richtung Stockholm zu kommen, Umweg ca. 8o km und Zeit ca. 1 1/2 Std.
Im Örtchen selbst scheint die Zeit stehen zu bleiben. Klartext: außer Zeltplatz und Jugendherberge läuft da nicht viel.

 Direkt am Marktplatz, Torget, 5998o Ödeshög, Tel. o144/351 67, Fax o144/314 63. Geöffnet: Mo.-Fr. 1o-17, Sa. 1o-14 Uhr. www.ostgotaporten.com

 Klockargårdsängens Camping, Ödeshög, hügeliger Platz auf dem große Felsbrocken rumliegen, gleich nach Einfahrt Platz suchen, weil man sonst in Geräuschnähe zur Autobahn kommt. Durchgangsplatz gasmüder E 4 Driver, kein Seezugang. Anfahrt: Abfahrt von der 5o in Richtung Zentrum Ödeshög auf Södra Vägen.

Jugendherberge: STF Vandrarhem, rotes Holzhaus mit süßer schmaler Einfahrt durch vorgelagertes Torgebäude in kleinem Freilichtmuseum. Ideal für Leute, die ihr Zelt nicht mehr aufschlagen wollen. Reitmöglichkeit. Södra Vägen 63, 59931 Ödeshög, Tel. o144/ 1o7 oo. Anfahrt wie zu Zeltplatz, nur Stückchen weiter.

Ein paar Kilometer weiter der seltsam unheimliche OMBERG, ein sich steil aus der Ebene erhebender Berg, der fjordähnlich zum Vättern abfällt. Oben wiegen sich gelbe Anemonen und blühende Orchideen sanft im Wind. Herrliche Spaziergänge.

Außerdem liegt in dieser fruchtbaren Ebene das Naturreservat TÅKERN, ein ausgedehnter ganz flacher Vogelsee, in dessen Röhrichtdickicht es nur so zwitschert und plärrt. Über 25o Vogelarten finden hier ein einmaliges Reservat. Tipp: Mit Vogelbestimmungsbuch auf den Beobachtungsturm bei Svanshals steigen.

✱ Vadstena

Anmutig idyllisches Kleinstädtchen mit verträumten Straßen. Als wir da waren, tippelten katholische Nonnen mit ihren dunklen langen Kutten durch die Stadt. Das Kloster der Hl. Birgitta aus dem 14. Jh. hat diese friedvolle Oase an einer lauschigen Vätternbucht bekannt gemacht. Fast holländisch das Pracht- und Lustschloß im Renaissancestil, von keinem geringeren als Gustav Vasa erbaut.

Direkt am Schloß. 5928o Vadstena. Tel. o143/3157o, Fax: o143/ 31579. Geöffnet im Sommer: täglich von 9-19 Uhr. Ab hier pendelt das schwarz-gelbe Stadtbähnle durch die Innenstadt. Homepage: www.vadstena.se.

Vätterviksbadets Camping, langgezogener Platz direkt zwischen See und Straße. Familiengerechter Platz mit Full-Service. Campinghütten. Zusätzliches Schwimmbad mit toller Rutsche. Kanuverleih. In Umgebung schöne Spazierwege. Anfahrt: auf der 5o ca. 3 km nördlich von Vadstena.

Jugendherberge: STF. Modernes 2-geschössiges Gebäude mit 2- und 4-Bett-Zimmern, Waschmaschine. Skänningegatan 2o, 592oo Vadstena, Tel. o143/ 1o3 o2.

Einkauf: Im Ort unbedingt nach Spitzenklöppelarbeiten umsehen. Die mittelalterliche Tradition stammt noch von den ersten Klosterfrauen. Heute zwar nicht superbillig, aber Spitzenqualität.

VADSTENA SLOTT: Vadstenas Schloß direkt am Wasser und Yachthafen wurde Mitte des 16 Jh. gebaut und bis heute ausgesprochen gut erhalten. Es erlebte seine Blütezeit unter der Regentschaft Gustav Vasa's, der hier u.a. die 16-jährige Katarina Stenbock heiratete. Der Durchgang durch die drei

Stockwerke bietet heutzutage Ausstellungen zum Thema Möbel und Kunst. Ganzjährig geöffnet, im Sommer Führungen täglich 11-17 Uhr.

KLOSTERKIRCHE oder auch Blaue Kirche beherbergt wertvolle Kunstsakralgegenstände sowie die Gebeine der hl. Birgitta. Ganzjährig täglich 9-19 Uhr.

★ Motala

Kleinstadt am Vätternsee, dort wo der Göta-Kanal in den See mündet. Zur Jahrhundertwende und Hauptbedeutung des Kanals war sie wichtigste „Technologie-Schmiede" Schwedens in Bezug auf Werkstätten für Reparatur des Kanals und ihrer Passagierfähren. Aber auch in Fabrikation von Dampfloks „Made in Scandinavia".

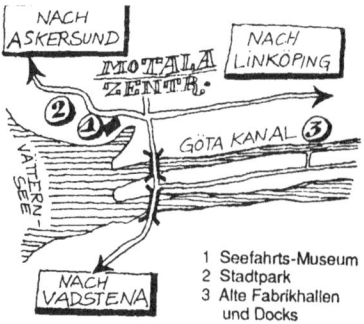

Die Stadtstruktur in ihren Straßen wurde 1823 von Graf Baltazar von Platen angelegt. Motala als Zentrum der Kanalbau- Aktivitäten wurde gewählt, da der Ort zentral im Bereich des neuen Kanalsystems lag: eine Kanal-Querverbindung Stockholm/Ostküste nach Göteborg/ Westküste, die nach ihrer Fertigstellung 1832 den gewaltigen Umweg um die Südküste Schwedens erheblich abkürzte.

1 Seefahrts-Museum
2 Stadtpark
3 Alte Fabrikhallen und Docks

Motala war nach Kanalfertigstellung nicht nur das Verwaltungszentrum der Kanalgesellschaft. Hier lagen die wichtigsten Eisengießereien und für damalige Verhältnisse modernsten Fabriken. Von daher wurde Motala auch Ende des vergangenen Jahrhunderts, als die ersten längeren Eisenbahngleise in Skandinavien verlegt wurde, Technologiezentrum für Eisenbahnbau. Viele der auf skandinavischen Strecken eingesetzte Dampfloks stammten von Motala.

Vom damaligen „Flair" ist nur wenig übriggeblieben: schöne Landschaftsszenerie am Kanal in den letzten Metern bis zum See. Zu sehen die alten Fabrikhallen und Docks (3, siehe Karte), ab Brücke gut 1 km und bei den alten Fabrikhallen links an den Kanal!

Sehr lohnend auch das SEEFAHRTSMUSEUM (1): informiert recht anschaulich über den 1832 eröffneten Kanal. (Siehe auch Seite 4o.)

RADIOMUSEUM: in der ehemaligen Rundfunkstation untergebracht. Informiert anschaulich über Entwicklung des Rundfunks in Schweden. Alte Sendeanlagen noch original vorhanden. Werktags ab 14 Uhr geöffnet. Adresse: Radiovägen.

 Am Hafen. Box 253, 59186 Motala, Tel. o141/ 22 52 54, Fax: o141/ 214 57. Geöffnet: Mo.-Fr. 9-18 Uhr. Homepage: www.motala.se

Verbindungen ab Motala

Zug: Täglich häufige Verbindungen zu Umsteigebahnhöfen Mjölby und Hallsberg, an Stockholm - Helsingborg - Göteborg angeschlossen.

Bus: Täglich mehrfache Abfahrten vom Bahnhof zur Provinzhauptstadt Linköping sowie entlang des Vätterns nach Ödeshög und Askersund.

„Vättervägens Pensionat", ganz einfache, kleine Durchgangspension im Zentrum, preiswert, DZ ohne Frühstück ab 55 Euro. 59123 Motala, Tel. 0141/ 21 24 38.

Z-Parkens-Camping, einfacher Platz an einem Sportplatz von Laubbäumen umgeben, zwischen Straße und Vättern, zum Baden ca. 2oo m Fußweg. Durchgangsplatz. Anfahrt: auf 5o ca. 3 km nördlich vom Städtchen.

Strandbadets Camping, bessere Alternative. 3-Sterne-Platz in Wald- und Wiesengelände, direkt am See „Boren", an der Mündung des Göta-Kanals. Anfahrt: 2 km südlich des Örtchens Borensberg.

Småängsbadet, kleiner, einfacher, aber durchaus idyllischer Platz direkt am See in landschaftlich reizvoller Lage. Anfahrt: Von Motala über die 36 bis Borensberg, dort auf die 211 Richtung Örmon. Hinter dem Örtchen Tjällmo in westlicher Richtung (Prästköp) abbiegen. Nach ca. 1o km.

Jugendherberge: STF Vandrarhem, gemütliches Häuschen nahe tollem Sandstrand und Freizeitpark. Fahrradverleih. Skogsborsgatan, 59152 Motala, Tel. 0141/22 52 85. Anfahrt: über die 5o ca. 4 km nördlich des Zentrums.

Vandrarhem Medevi Brunn, einstöckiges, gemütliches Hozhäuschen ausschließlich mit 2- bis 4-Bett-Zimmern und Café sowie Restaurant im Hause. Empfehlenswert. Nur bis Anfang August geöffnet. Tel. 0141/ 911 oo. Anfahrt: ca. 2o km nördlich von Motala über die 5o im Örtchen Medevi.

AUSFLÜGE

Mit einem der weißen Nostalgie-Schiffe auf dem GÖTA-KANAL. Dann aber in jedem Fall die schönere Route Richtung Osten nach Linköping wählen! Geht zunächst als Kanal zum kleineren Boren See. Danach beginnt der schönste Teil: ab Ort Borensberg verläuft der Kanal auf einem Damm als breite Wasserstraße bis zu den Schleusenstufen bei Berg, gesäumt von Alleebäumen.

Die Schleusen bei Berg überwinden eine Höhe von gut 37 m runter zum Roxensee, dann kurze Reststrecke über seinen Westzipfel nach Linköping.

Gehört als Teiletappe des Göta-Kanals sicher zu den lohnenden Abschnitten, obwohl auch der Kanalabschnitt Karlsborg/Westufer Vätternsee rüber nach Sjötorp/Ostufer Vänernsee sehr reizvoll ist, jedoch mehr Zeit benötigt, da zunächst der Vätternsee überquert werden muß und auch der Rücktransport nach Motala komplizierter ist. Abfahrt der Schiffe Motala siehe Karte (1), Abfahrtszeiten übers TI.

> TIPP FÜR AUTOFAHRER (Göta-Kanal, Strecke Motala-Linköping): Der erste Teil bis Borensberg flott über breit ausgebaute Landstraße. Unbedingt Stopp in Borensberg, direkt an der Stelle, wo die Straße den Kanal überquert: Schleuse und das malerische „Göta Hotel", eines der meistfotographiertesten Motive im Kanalbereich! Direkt beim Hotel beginnt ein Schotterweg direkt am Kanal entlang unter den Alleebäumen. Für Autofahrer gesperrt, aber heißer Tipp für Fahrradfahrer (siehe unten, „Sport").
>
> Die Straße folgt zunächst südlich dem Kanal, von dem man nur wenig mitbekommt; schöner Kanalabschnitt ab Ostende des Norrbys See. (Kanal als Autofahrer bei Råby nach Norden überqueren: die Landstraße bis Ljungsbre folgt näher dem Kanal. Allerdings unterhalb des Kanals; von diversen Parkplätzen an der Straße kommt man zu Fuß rauf zum Kanal.) Für Schleusenliebhaber mit weiteren Ambitionen die fünfstufige Schleusenanlage von Borenskult. Anfahrt: von Motala auf der 36 Richtung Linköping. Ausschilderung Borenskult folgen. Parkplatz an der obersten Schleusenstufe.

Der Göta-Kanal-Abschnitt Motala bis Linköping für die Schiffsfahrt sicher lohnend. Zu unseren Favoriten für Kanalfahrten im Bereich der Region gehört jedoch der wesentlich schmalere und „lauschigere" Kinda-Kanal, Details siehe Kapitel Linköping!

Berühmt im ganzen Land: Varamobaden. Schwedens größtes Seestrandbad. In einer fantastischen Bucht breitet sich 5 km weißer Sandstrand am kristallklaren Wasser des Vätternsees aus. Bei tollem Wetter knubbelt sich das nackte Fleisch wie an der Cote d'Azur. Drumherum Freizeitpark mit Surfschule, Wasserrutschbahn usw.

Fahrrad: Lohnende Touren südlich des Sees „Boren" und entlang des Kanals! Freundliche Gegend mit kleinen verschlafenen Örtchen und niedlichen Gehöften, vor denen überdimensional große Trecker stehen.

Entlang des alten Treidelpfades am Götakanal führt ein moderner Fahrradweg, der von Motala über 1o5 km via Söderköping in das kleine Örtchen Mem führt. Entlang der Borensbergschleusen, vorbei an dem Aquädukt von Ljungsbro, der lohnenden Schleusentreppe von Berg bis zum tollen Schärengürtel von St. Anna. Übernachtungsmöglichkeiten in der JHB von Ljungsbro. Weitere Infos und Vorbuchungen im TI.

Wandern: Wunderschöne Spaziergänge durch das Wald- und Wiesen-Naturschutzgebiet Staffanstorp. Seltene Vögel. Startpunkt: nördlich von Vinnerstad.

✷ Linköping

Lebendige Industrie- und Shoppingstadt im Schnittpunkt alter und neuer Verkehrswege. Fußgängerzone mit Geschäften und Cafés. Der Großstadt-

254 Südschweden/Landesinnere

flair Linköpings hebt sich wohltuend von kleineren Städten der Umgebung ab. Die riesigen Saab-Scania Werke (Flugzeugteilebau) ziehen sich kilometerlang bis an die Stadtperipherie.

Linköping ist Bischofs- und Unistadt. Seine nähere Stadtumgebung mit Industrie und Ackerbau ist relativ unattraktiv; in der weiterer Umgebung aber lauschige Göta-Kanal-Abschnitte und wander-/kanuträchtige Waldgebiete am <u>KINDA-KANAL</u>, die auch für Autofahrer und zum Baden zu den landschaftlich schönsten der Region gehören.

 In der Bibliothek, Östgötagatan 5, geöffnet Mo.-Fr. 1o-17 Uhr. Tel.: o13/2o 68 35, Fax o13/12 19 o3. Zusätzlich findet man noch Infokioske an strategisch wichtigen Punkten der Stadt. Homepage: www.linkoping.se.

Verbindungen *ab Linköping*

Wegen zentral wichtiger Industrieanlagen beste Connections:

 **Zug**: Im IC-Takt rund um die Uhr mit Stockholm und Malmö sowie über Kopenhagen nach Hamburg (2 x täglich) und 1 x täglich nach Berlin. Außerdem nach Luleå, Nässjö, Kalmar, Västervik, Sala und Norrköping häufige Abfahrten.

 **Bus**: von/nach Mjölby und Motala stündlich, ca. 2-stündlich nach Atvidaberg und 5 x täglich Söderköping und Kopenhagen.

Flug: über Flugplatz Linköping direkt nach Stockholm und Kopenhagen mit allen weiteren innerschwedischen Anschlüssen.

 „<u>Hotel Ekoxen</u>", Luxus-Hotel. Im Umkreis berühmt wegen ausgezeichnetem Restaurant, Gartenlokal und Piano-Bar. Helle, schöne Zimmer mit allem Luxus, im Haus das reinste Fitnesszentrum: Sauna, Squash, Solarium, Schwimmbad und sogar kleine Turnhalle. Hier auch das TI. DZ mit Frühstück 16o Euro, Sommerpreise ab 8o Euro. Klostergatan 68, Tel. o13/ 2526oo. www.ekoxen.se

„<u>Scandic Hotel</u>" am südwestl. Stadtrand Rydsvägen. Moderner Flachbau, 2 Stock, die Zimmer mit TV o.k.. Bei ca.115 Euro/DZ reichlich überquotiert! Tel. o13/445 5o oo.

„<u>Hotell du Nord</u>", kleines Traditionshotel von 1884 in knallrotem Haus. Zentral gelegen , ca. 13o m zum Bahnhof und 25o m ins Stadtzentrum. Zimmer mit Bad und TV, einige mit kleiner Küche. DZ ca. 66 Euro inkl. Frühstück. Tel. o13/ 12 98 95. www.hotelldunord.se

„<u>Park Hotel</u>", altes, 3-geschossiges Haus gegenüber vom Bahnhof, an lauter 4-spuriger Hauptverkehrsstraße. Sonntags bis donnerstags höhere Preise als Freitag/Samstag. DZ mit Frühstück So.-Do. ca. 11o Euro, Fr.- So. ca. 65 Euro. Järnvägsgatan 6, Tel. 12 9o o5.

„<u>Hotel Östergyllen</u>", ordentlich und gepflegt. Allerdings einfach ausgestattet mit Toilette und Dusche im Flur. 2oo m vom Bahnhof. Preisgünstig: DZ mit Frühstück 75 Euro. Hamngatan 2 B, Tel. 1o 2o 75.

Südschweden/Landesinnere 255

Jugendherberge: Vandrarhem Linköping, 5-geschossiges, in moderner Kastenbauweise erstelltes Haus mitten im Zentrum der Stadt. Sehr komfortable 1- bis 5-Bett-Zimmern mit Du./WC und Kochmöglichkeiten. 7oo m südlich vom Hauptbahnhof. Klostergatan 52 A, Tel. o13/ 35 9o oo.

Glyttinge Camping, Stadtcampingplatz im Freizeitpark auf gepflegtem Rasengelände, durch Hecken in einzelne Parzellen unterteilt. Gute Sanitäranlagen, sogar mit Solarium, Waschmaschine und gemütlichem Speiseraum. Kein See, dafür 5 Min. Fußweg zur Badeanstalt. Lila-Fahrradverleih und knatschrote Minihüttenvermietung. Trotz permanentem E 4-Brummen und gelegentlich vorbeirauschenden Zügen ganz passabel. Anfahrt: von E 4 Richtung Zentrum, ab Kreisverkehr ausgeschildert, Berggårdsvägen.

Sandvikens Camping, absolut ruhige Lage in Blicknähe zum See. Ca. 3 Min. Fußweg zu schmalem Sandstrand hinter Fußballfeld. Winziges Areal mit vielen schwedischen Dauercampern. Gute Sanitäranlagen. Landschaftlich schöner als Glyttinge. Anfahrt: 22 km nördlich von Linköping Richtung Berg, Stjärnorp.

Außer gutklassigen, aber nicht billigen Standardrestaurants im Hotel Ekoxen und Frimurare zwei Smörgasbord-Tipps (allerdings nur sonntags):

KISA VÄRDSHUS, in altmodischem Gasthaus aus 17. Jh. mit runden Türbogen und guter Hausmannskost gibt's sonntags riesige Schwedenplatte mit vielen Spezialitäten. Preis: 22 Euro, mit Linköping-Karte 5 Euro Rabatt. Anfahrt: zum 5o km südlich gelegenen Ort Kisa über 34, dort Tingshustorget I, Tel. o494/ 122 22.

HORNS VÄRDSHUS, im gleichnamigen Hotel mit zart rosagefärbtem Speisesaal. Preis: 16 Euro, mit Linköping-Karte 1o Euro. Anfahrt: 6o km südlich im Dörfchen Horn am Südausgang des Asunden-Sees.

SEHENSWERTES
LINKÖPINGS KATHEDRALE, mit hoher, weithin sichtbarer, vergoldeter Turmspitze, im wahrsten Sinne des Wortes überragend. Überraschende Dimensionen, innen stolpert man unsicher über eingelassene Grabstellen vorbei an pompöser Kanzel. Auf Altarrückseite gefielen uns besonders drei riesige Gobelins. Der ursprünglicher Bau von 1152 wurde mehrfach erweitert. Gesamteindruck: schlicht, aber ergreifend. Geöffnet täglich 9 – 18 Uhr.

ST. LARS KIRCHE, im Stadtzentrum, Anfang des 19. Jahrhunderts erbaut. Grünlich schimmernde Holzbänke, einfacher Holzaltar. Beeindruckend dahinter, die in Stein eingelassenen Monumentabdrücke. Etwas kitschig: goldene Kanzel. Führungen stündlich zwischen 11 und 16 Uhr.

GAMLA LINKÖPING (im südwestlichen Ortsbereich an der Straße nach Jönköping): Besuch lohnt: lebendiges Freilichtmuseum mit Häuserkomplex über Areal ca. 3oo x 3oo m. Seine roten und weißen Holzhäuser verbreiten Altschweden-Atmosphäre. Über holprige Kopfsteinpflasterwege zieht alte Mähre Wagen bei kleiner Stadtrundfahrt hinter sich her. Die niedrigen Hauseingänge ragen gerade bis zur Nasenspitze. Kopf einziehen beim Reingehen! Innendrin riechts nach Holz und Altertum. Kleine Stadt wie im 19. Jh., Post mit altem Kontor, betagter Krämerladen (mit Informationsmaterial), ehrwürdige Goldschmied-, Keramik-, Spitzen- und Kleidermacherhandlung. Beim Holzschnitzer gefielen uns die geschwungenen Kerzenständer besonders gut. Einkaufsmöglichkeit!

Herzallerliebst auch die antiquierte Volksschule mit original Klassenzimmer, in denen die pädagogischen Peinigerwerkzeuge auf dem Lehrerpult liegen. Öffnungszeiten: Mo.-Fr. 1o-16 Uhr, Sa./So. 12-16 Uhr, Führungen im Sommer täglich von 11-16 Uhr im Stundenrhythmus.

LUFTWAFFENMUSEUM, neueröffnete Halle mit original alten Kriegsvögeln und Zubehörartikeln. Draußen steht eins zum Reinklettern, innen Überblick über Luftwaffengeschichte. Im Sommer tägl. 1o-17 Uhr geöffnet. Montags geschlossen. Anfahrt; etwas außerhalb der Stadt in Malmslätt, Buslinie 2o5.

VRETA KLOSTER und SCHLEUSEN, nördlich der Stadt, jenseits der E 4 liegt alte Klosterkirche Vreta aus 12. Jahrhundert. Daneben altes Zisterzienserkloster von dem aber nur Überreste rumliegen. In unmittelbarer Nähe die Berg-Schleusen. Imposante 7-stufige Schleusentreppe des Göta-Kanals in landschaftlich reizvoller Lage. Daneben gepflegter Wiesenstreifen zum in Badehose-Hinflegeln und neugierig bei Schleusenvorgängen (37 m Höhenunterschied) zugucken. Anfahrt: 11 km nördlich Richtung Berg.

Kanu: Südlich der Stadt riesiger Flickenteppich von See- und Flußlandschaft. Wenig bewohnt, große, einsame Wälder und reiches Tierleben. Rund um See Asunden, Kinda-Kanal und Fluß Stangån (eine Perle!) hervorragendes, einfach zu paddelndes Kanuwanderrevier mit Anschluß an See Sommen (vgl. Textteil bei Tranås), hinter der sich manche Tour im Dalsland verstecken kann.

Schönster Trail über Fluß Stangån. Startplatz südlich des Möckeln-Sees (nördlich Ydrefors, dort kleiner Nationalpark Norra Kvill) an alter Papierfabrik. Bis Vimmerby drei kleine Umtragestellen in traumhafter Urwaldgegend. Ab See Åsunden und Kinda-Kanal Richtung Linköping mit mehr Segel- und Motorbootverkehr rechnen. Aber über Kisa mit einigen Portagen ins Sommen-See-Revier reinzukommen. Weitere hundert Kilometer an Kombinationsmöglichkeiten auch ins Kleinseengebiet um Atvidaberg.

Kleinere Touren auf dem in beide Richtungen befahrbaren Fluß Svartån zwischen Tranås und See Roxen bei Linköping. Gutes Infomaterial an Infobüro in Linköping, Kisa und Tranås.

Sätravallens Kanuzentrale (Campingplatz), Bestorp, 59o55 Sturefors, Tel.

o13/ 4oo 19, 2o km südöstlich von Linköping; - Vårdnäs Stiftgård, Rimforsa, Tel. o13/ 412 oo.

 **Wandern**: Start- und Endpunkt des Langwanderweges „Östgötaleden" Linköping-Åvidaberg-Österbymo. Ideal für Anfänger auch mit Eiletappen. Hauptsächlich durch Wälder, vorbei an Quellen und Aussichtspunkten. Viele Wasserkontakte mit angelegten Windschutzen, Feuerstellen und Plumpsklo. Gut markiert. Startpunkt südlich der Stadt an Freizeitanlage Vidingsjö.

 **Baden:** Tinnerbäcksbadet, ein modernes, mit vielen Attraktionen ausgestattetes, kombiniertes Frei- und Hallenbad ist die Schwimmalternative für schlechtes Wetter. Wasserrutsche, Sprungturm, Wellenbad, Sauna und Solarium lassen manchen regengrauen Tag vergessen. Eine der besten Badeanlagen Schwedens! Wegen der unterschiedlichen Öffnungszeiten an einzelnen Tagen und in Vor- und Nachsaison am TI erkundigen oder unter Tel. o13/ 2o7155.

 Fahrrad: Schöne Tour ab Linköping entlang des Göta-Kanals nach Borensberg (Vgl. Kapitel Sport/Motala). Streckeninfos mit vielen Tourenvorschlägen am Touristbüro Linköping, Fahrradverleih am Hotel Ekoxen, Tel. 25 26 oo.

AUSFLÜGE

Mit Motorbooten über GÖTA-KANAL, unbedingt in Westrichtung nach Borensberg fahren, in andere Richtungen geht's ziemlich lang und öde über den Roxen See. Streckendetails siehe Kapitel „Ausflüge"/Motala. Abfahrten täglich abwechselnd, einfache Fahrt ab 18 Euro.

Für unseren Geschmack noch schöner der KINDA-KANAL. Traumhaft schön durch enge Flußpassagen, zugewachsen, - kleine schilfbestandene Seen mit Kiefern am Ufer, dann wieder Kanalstrecken durch Wälder und Wiesen, malerische Mini-Schleusen mit Häuschen. Besonders schön die Schleusenanlagen von Sturefors und Vist. Achtung Kanuten! Kanus werden nur „flußabwärts" von Süd nach Nord geschleust. Enge Steinbauwerke, in die Natur eingebunden, Kleinod schwedischer Wasserstraßen!

Analog schmal und mini sind die Dampfer, die im Sommer die Strecke bedienen. Abfahrt Linköping im Sommer Mi., Fr. und So., die 8o km bis Rimsforsa 21 Euro, ein Tag, superrelaxing und unbedingt lohnend, wer auf sowas steht! Allg. Infos unter: www.gotakanal.se

Mit eigenem Auto kommt man nur selten an den Kanal. So doch zur schönen Schleusenanlage Sturefors (von Flair Spitze!) und zu den Schleusen bei Vist (im Flußbecken Ansammlung an Weekend- Motorjachten). Die Landstraße kreuzt den Kanal bei Vist und führt südlich nach Bestorp fernab vom Kanal, auch wenn Schotterpisten über die Hügel an den Rängensee führen, leider abseits vom Kanal.

Trotzdem auch per Straße (ab Vist!) lohnend: Waldlandschaften, Schloß am Rängensee mit Restaurantbetrieb und ausgesprochen schöner Seebereich im Südteil des Rängen bei Bestorp/Garnvik. Mininester mit hübschen schwedischen Holzhäusern, Kiefernwälder, schilfbestandene Ufer und viele Badebuchten! Ein Schweden, was von seiner Landschaft definitiv Spaß macht!

Schneller Rücktransport über die gut ausgebaute, so doch langweilige „34" , die durch weitgehend flaches Wald- und Weideland retour nach Linköping führt.

TIERPARK KOLMÅRDEN: riesiges Vergnügungszentrum im amerikanischem Stil, gehört mit zu den meistbesuchten Ausflugszielen Schwedens. Laut schäppernde Kirmesmusik begrüßt die Besucher schon am nicht gerade billigem Parkplatz (2 Euro). In Reih und Glied vollklimatisierte Luxusbusse, im Freizeitpark jede Menge Chance, Geld loszuwerden: Zoo, Safaripark, Wachsfigurenkabinett, Delphinarium, Tropicarium und 2,5 km Gondelfahrt rund um den Vergnügungspark. Spaß macht's vor allen Dingen den Kindern, die in Rutschbahndörfern, Trollhäusern, großzügigen Spielplätzen und beim Ponyreiten auf ihre Kosten kommen.

Offen: im Sommer täglich 1o-18 Uhr, ansonsten kürzer. Eintritt: 29 Euro Tel. o11/24 9o oo. Anfahrt: von E 4 nördlich Norrköping groß ausgeschildert. Über schmale Küstenstraße mit beidseitig großen Reklameschildern und halbmeterbreitem Strand. www.kolmarden.com

WESTKÜSTE DES VÄTTERNSEES

Die einsamere der beiden Seeseiten. Sanft hügeliges, fast wellenförmiges Gelände mit saftig grünen Weiden, umstanden von endlosen Wäldern und immer wieder dem tiefen Blau des Sees. Zwischen kleinen Dörfern malerische Sandstrände, allerdings nahezu ohne Möglichkeit wild zu zelten. Bekannt für ausgezeichnete Angelmöglichkeiten, insbesondere auf ausgewilderte Regenbogenforelle, Bachforelle und Saiblinge.

★ Gebiet Hökensås

Im unteren Drittel schmaler Urgebirgskamm Hökensås, parallel zum See mit tiefem Nadelwald und fast nordländisch anmutendem Einschlag. Unzahl kleiner traumhafter Seen mit klarem, kaltem Quellwasser.

 Hökensås Camping, großes, freies Gelände in Waldgebiet mit vielen kleinen (Angel)-Seen in Umgebung. Gleich dazu beliebtes Feriendorf, nicht direkt am Wasser. Viele Dauercamper. Fahrradverleih. Anfahrt: Von 195 in Brandstorp 1o km westlich Richtung Schild „Stugbyn" folgen oder 48 über Tidaholm Richtung Blåhult.

Feriendorf: Brandstorps Stugby, speziell auf Angler ausgelegtes Feriendorf, das speziell für Selbstversorger vorgesehen ist. Hütten jeweils für bis zu 6 bzw. 14 Pers. Bei 38 bzw. 8o qm aber lieber immer mit weniger Leuten rein!. Preise im Hochsommer 39o Euro (Nebensaison 27o Euro) pro Woche und 65 Euro (Nebensaison 5o Euro) pro Tag für kleines Haus 7oo Euro (37o Euro Nebensaison), im Hochsommer 145 Euro pro Tag für großes Haus. Anf.: 4o km nördlich von Jönköping, 1 km von der 195 entfernt. Buchung über TI oder Hökensås Sportfiske, 56693 Brandstorp, Tel. o5o2/ 5o3 5o.

Im Fleckchen <u>HABO</u> eine der ausgefallensten <u>Holzbarockkirchen</u> Schwedens: innen rundherum mit biblischen Motiven bemalt. Hier auch die Kanuzentrale Kyrkekvarn bei Mullsjö.

In <u>MULLSJÖ</u> ein Campingplatz: 3-Sterne-<u>Mullsjös Camping</u>. Anlage in Waldgelände, Segeln, Wasserski, Tretboote, Kanuverleih. Fernsehanschluß an allen Plätzen. Toll, häufig voll. Am Kreisverkehr südlich von Mullsjö, ca. 3oo m Richtung Bottnaryd.

<u>Baden</u>: zwei dufte Badestellen mit kinderfreundlichen Sandstrand nördlich von Bankeryd und Fagerhult.

<u>Wandern</u>: vom Zeltplatz ausgeschildert; gut markierte Rundwanderwege zwischen 5 und 1o km. Leicht zu gehen. Im mittleren Drittel schmaler Küstenstreifen mit fruchtbaren Äckern und eingezäunten Wiesen.

★ Hjo

Weit gedehntes Dorf mit älteren Häusern im winzigen Stadtkern, in dem junge Mädchen an vielen Festtagen wie vor hundert Jahren in langen, sich überlappenden Kleidern rumlaufen. Ehemaliger schwedischer Kurort.

Im Bibliotheksgebäude, Floragatan 1.Tel. o5o3/ 352 55, Fax: o5o3/ 352 95. Geöffnet: im Sommer täglich 9-19 Uhr, sonst 1o-15 Uhr. www.hjo.se

„**<u>Hotel Bellevue</u>**": modernes, weißes, terrassenförmiges Hotel am seichten Hang mit phantastischem Seeblick in wunderschönem Park. Zimmer nach Osten mit ungerader Endzahl verlangen. Haben Seeblick! Im Park Annexen mit zwar weniger Komfort, dafür aber gemütliche „Hexenhäuschen". Z.T. mit Türmchen und Balkonen. Großer Swimmingpool mit temperiertem Seewasser und eigenem Strand. Gutes Restaurant „Seaside".
Sommerpreise im Hauptgebäude: DZ mit Frühstück ab 9o Euro, im Nebengebäude z.T. ohne Dusche ab 55 Euro. Bangatan 2, Tel. o5o3/ 12o oo.

<u>Jugendherberge</u>: <u>Villa Eira</u>, mit viel Ähnlichkeit zu Pippi Langstrumpfs Villa Kunterbunt. Herzallerliebstes, hellgraues Holzhaus im Stadtpark mit teilweise überdachten Balkonen. Stadsparken 54433 Hjo, Tel. o5o3/ 1oo 85.

<u>Hjo Camping</u>, langgezogener, fast baumloser 3-Sterne-Platz mit viel Seeblick. Kleiner Sandstrand und Campinghütten. Anfahrt: an 195, 800 m nördlich des Ortskerns.

<u>Spezialität</u> in Hjo: Der im Vättern gefangene Sik (= Felchen oder Ruke) wird in kleiner Räucherei direkt am Hafen geräuchert. Ihn gibt's in allen Speiselokalen.

Restaurant mit gepflegter Atmosphäre im „HOTEL BELLEVUE", Preise um 2o Euro. (Billiger geht's, wenn man Fisch direkt an Räucherei kauft und selbst vorm Zelt zubereitet.)

Einkauf: Röda Boden, großer Keramikladen mit z.T. eigenwilligen Design im Ort, Skövdevägen. Auch Sonntagnachmittag auf! An Jugendherberge und am Marktplatz Töpfereien.

Feste: Mitte Juni findet ein großes Fahrradrennen rund um den Vänersee statt. Anfang Juli gibt,s ein Hafenfest mit Jazzfahrten auf dem Ausflugsdampfer S/S Traffiken.

Mitte August Akkordeonfest. Dann erblüht der Flecken und Leute aus allen Teilen feiern hier ein traditionelles Stadtfest. Außerdem am ersten Wochenende im August das sog. "Felchenfest" ("Sikens Dagar") im Hafen, wo dem hier traditionell gefangenen Vätternfisch ein Fest gewidmet ist.

SCHMETTERLINGSAUSSTELLUNG und AQUARIUM mit Vättern-Fischen im Kurhaus.

★ Karlsborg

Weit ausgebreitetes Örtchen auf „Nasenspitze" am Vättern und Durchgangsort des Göta-Kanals. Berühmt wegen ihrer wahrlich riesigen Festungsanlage mit 3 m dicken Mauern, die ein richtiges Dorf mit Einrichtungen und Kirche beinhaltet. Auch heute noch zur Soldatenausbildung genutzte Festung, die uns persönlich nicht so gefiel. Regelmäßig geführte Touren von der Info-Zentrale. Rundherum viele militärische Anlagen.

 Ankarvägen 2, Tel. o5o5/ 1735o, Fax 17349. Geöffnet: Mo.-Fr. 9-17 Uhr, zur absoluten Hochsaison sogar täglich 9 – 18 Uhr. Homepage www.karlsborg.se.

 Karlsborg Camping, 3-Sterne-Platz im lichten Wäldchen direkt am See. Allerdings etwas laut durch Nähe zur 49. Ideal als Ausgangspunkt für Bootstouren auf Göta-Kanal. Kanuverleih. Anfahrt: direkt an 49 ca. 1 km nördlich des Zentrums.

 STF Vandrarhem Gula Villan, zweistöckiges, fast herrenhausähnliches Holzhaus, auf das stolz die Schweden-Fahne flattert. Geräumige 4- bis 6-Bett-Zimmer. Lohnend, da direkt am Wasser. Ankarvägen, 5463o Karlsborg. Tel. o5o5/ 446 oo.

Granvik, kleines, rotes Holzhaus, das früher als Schule genutzt wurde. 3- bis 6-Bett-Zimmer. Ideal als Ausgangspunkt für Touren im Tiveden Nationalpark. Anfahrt: nördlich von Karlsborg über 49, ca. 1o km bis Granvik, Tel. o5o5/ 61o 75.

AUSFLÜGE

Lohnende BOOTSTOUR über Göta-Kanal nach Töreboda. Durch zwei geschwungene Seen bis Töreboda als romantisch schmale Kanalgasse. Gute

Rückfahrmöglichkeiten Töreboda-> Karlsborg mit Bus! Strecke Karlsborg -> Töreboda Di. u. Do., Preis: ca. 22 Euro pro Strecke, Busrückfahrt ca. 5,5o Euro.

 Fahrrad: Schöne Rundtour um See Viken, besonders einsam die Südseite. Wilde Zeltmöglichkeiten im nördlichen Seebereich. Strecke Karlsborg - Forsvik - Beateberg - Påvelstorp - Halna - Undenäs - Forsvik. Unbedingt 1: 1oo.ooo-Karte besorgen. Strecke ca. 61 km, Zeitbedarf 2 Tage.

Pakettouren mit vier festgebuchten Übernachtungen verkauft das TI Mariestad für ca. 16o Euro. Auch auf eigene Faust machbar, Strecke: Sjötorp - Töreboda - Karlsborg - Älgarås - Sjötorp. Dabei unbedingt die scheinbar aus dem Spielzeugland stammende, echte Minifähre in Töreboda für Kanalüberquerung benutzen. Unterwegs kleiner, neuer und direkt am Kanal gelegener Zeltplatz Vassbacken (Tel. o5o6/ 52o 56). Total gemütlich, ruhig und für Radler am Kanal bestens geeignet. Anfahrt: Die Straße 2oo südlich von Töre und auf Nebenstrecke Richtung Vassbacken.

<u>Fahrradverleih</u>: Karlsborgs Cykel & Sport in Karlsborg, Tel. o5o5/ 1o1 8o und am TI.

✦ Tiveden Nationalpark

Eines der wildesten Waldgebiete Südschwedens. Stark hügeliges, von riesigen Felsbrocken übersätes Gebiet mit Urwaldfeeling. Teilweise furchteinflössende Moore in einsamen Talsenken, kolossale Steinkolosse, mystische Gruften und dramatische Abgründe. Sehr lohnende Wanderwege; in den versteckten Mooren brüten noch die Kraniche, ansonsten relativ wenig Wildtiere.

Laut Volksglauben hausen in diesem geheimnisvollen und gefährlichen Waldgebiet <u>Trolle und verzauberte Kobolde</u>. Viele, von Aberglauben geprägte Sagen verbindet der Volksmund mit diesem Gebiet. Die starken Fels- und Steinablagerungen mit entsprechenden Höhlen stammen aus der letzten Eiszeit. Im 17. Jahrhundert kamen finnische Einwanderer in den Tiveden, die u.a. auch viele Kohlenmeiler anlegten.

1983 wurde das relativ kleine Gebiet zum Nationalpark erklärt, mit dem Ziel, ein größeres, zusammenhängendes Waldgebiet in seiner natürlichen Beschaffenheit zu belassen. Der ehemals von Menschen schon durchforstete Wald soll sich langsam wieder zu echter Urwaldwildnis entwickeln. Das passiert!

 Kleines Blockhaus mit Parkplatz mitten im Park. Von der 49 ca. 7 km nördlich von Granvik dem Schild Tiveden folgen. Schmale, hügelige Straße windet sich quer durch Park. TI auf halber Strecke. Wenn geschlossen, liegen Infobroschüren mit Sehenswürdigkeiten und Wanderwegen im offenen Briefkasten aus.

 Campen im Park verboten. Zeltplatz und Jugendherberge in Karlsborg benutzen. Außerdem zwei gute Zeltplätze als Ausgangspunkt für die weitere Umgebung:

Tivedsbadets Camping, schöner. langer Sandstrand, von Wald umgeben, mit seichtem Ufer, ideal für Familien. Seichtes Wasser, Bach, Sauna, Wandermöglichkeit, Surfverleih und Angeln. Einfache Sanitäranlagen. Anfahrt: von E 2o bei Finnerödja Richtung Tived. Dann bei Ullsands am Nordufer des Sees Unden.

Revelbadets Camping, Platz am Seeufer mit eindrucksvollem, wildem Naturgebiet unter Kiefern und Sandboden, der sich schnell auch in den Schlafsack gesellt. Ganz einfache Sanitäranlagen. Surfverleih. Anfahrt: an der 2o5 am See Östra Laxsjön, 15 km südöstlich des Ortes Laxå bei Askersund.

Stenkällegården Camping, neu errichteter 3-Sterne-Platz direkt am See Bocksjön. Ideal als Basislager für den Nationalpark. Anfahrt: ca. 18 km nördlich von Karlsborg von der 49 Richtung Stenkällegården abbiegen.

Camping Tiveden, schöner Platz direkt am See mit niederländischem Besitzerpaar. Einfach toll! Campinghütten, Sauna, Kanuverleih. Anfahrt: Von E 2o bei Finnerödja in südliche Richtung abbiegen. Einige Kilometer vor dem kleinen Ort Tived.

Im alten finnischen Örtchen Tivedstorp kann man kleine Übernachtungshütten mieten, dort auch beliebtes Kaffeehäuschen.

 **Wandern**: Quer durch den Park führen phantastisch markierte Rundwanderwege zu den schönsten und wildesten Stellen. Entsprechendes Material gibt's am Infoblockhaus. Hier auch Schnittpunkt der extrem gut markierten Wege bis zu 1o km Länge. Wegen der vielen Gesteinsbrocken und Höhenunterschiede sehr schwer zu gehen. Pro Stunde selbst für Erfahrende max. 2-3 km einkalkulieren. Festes Schuhwerk dringend geboten!

Schönste Tour zum Stenkälla (2 km): Unter drei gigantischen Steinblöcken eine geheimnisvolle Höhle. Im April bin ich da noch brusttief im Schnee versunken. Fotoapparat nicht vergessen. Ebenfalls zu empfehlen: zur Trollkyrka (Trollkirche). Kurzer, aber anstrengender Trail über Stock und Stein in den unberührtesten und wildesten Teil des Gebietes. Hoch oben von steilen Felswänden traumhafte Aussicht.

Bei warmem Wetter zum Badeplatz Vitsand tippeln oder auch fahren (von Tivedstorp). Märchenhafter Strand! In kurzer Entfernung riesige Höhlen (Tärnekullen) und der größte Felsblock im ganzen Nationalpark mit tollem Rundwanderweg.

Außerdem führt der 3oo km lange Fernwanderweg Bergslagsleden durch den Park. Hauptsächlich bergiges und schwer zugängliches Gebiet, vorbei an idyllischen Waldseen. Trails, die auch im Sommer wenig benutzt sind, mit grasbewachsenen Windschutzen und Schutzhütten. Schönste Teiletappe: von Tivedstorp nach Stenkällegården am Bocksjön. Ca. 12 km für einen Tag.

Südschweden/Landesinnere

Kanu: Kein ideales Gebiet, weil keine Langtouren möglich. Allerdings dafür landschaftlich sehr reizvoll in schmalen, langgezogenen, tiefblauen Seen. Geeignete Seen im nördlichen Teil an Landstraße 5o3 Tived-> Askersund: Bosjön, Bergvattnet und Sävsjön.

PROVINZ VÄSTERGÖTLAND

Die Ecke von Göteborg bis hin zu dem Bereich zwischen den beiden großen Seen VÄNERN und VÄTTERN. Unterschiedliches, weitläufiges Gebiet mit viel Kulturlandschaft, aus den Ebenen plötzlich auftauchenden Tafelbergen, mittelalterlichen Kirchen und Klöstern, Binnenseeufern an den beiden Riesenseen, heimeliger Kleinstadtidylle und wildnisähnliche Bereiche im Norden (Tiveden) und Süden (See Fegen).

In der Südwestecke rund um den Industrieort BORÅS liegt das sogenannte „Weberreich", Zentrum schwedischer Textilindustrie. Vielzahl von Textilgeschäften und Versandhäusern, schönes skandinavisches Design.

Südlich des Vänernsees das Gebiet um die Städte GRÄSTORP und VÅRA: weite, platte Ackerbaugebiete, nahezu kein Wald, reine Kulturlandschaft.

Wald- und seenreich das Gebiet nordwestlich von Göteborg bei Alingsås und im Süden unterhalb von Kinna und Svenljunga. Kanu- und Wandergebiete.

Die SEEUFER: der Vänernsee mit dem herrlichen Schloß Läckö, dem verträumten Berg Kinnekulle und den schönen Städtchen Lidköping und Mariestad, der Vätternsee mit der Kleinstadtidylle von Hjo und Karlsborg. Die aus den weiten Ebenen herausragenden Tafelberge von Skövde, Skara und Falköping.

Der GÖTA-KANAL, der sich wie ein blaues Band zwischen den beiden Seen herschlängelt und zum Bootfahren, Fahrradfahren und Spazierengehen einlädt.

✶ Skövde

Hauptstadt der Provinz Västergötland. Das eher industriell wirkende große Kalk- und Zementwerk am Rande der Stadt täuscht über den wahren Charakter des Ortes: ausgesprochen geschäftsreiches Städtchen zwischen den beiden größten schwedischen Seen Vänern und Vättern. Die Stadt selbst liegt in einer weiten Ebene mit einem für diese Gegend typischen Tafelberg im Hintergrund. Ideal zum Einkaufen.

 Kleines, eigenständiges Häuschen direkt am Marktplatz mit guten Parkmöglichkeiten. Sandtorget, Tel. o5oo/ 44 66 88, Fax: o5oo/ 41 54 15. Geöffnet: Mitte Juni bis Mitte August Mo.-Fr. 1o-18 Uhr, am Wochenende 1o-13 Uhr. www.turistcentrum.se.

Verbindungen ab Skövde

Zug: durch direkte Anbindung an Hauptstrecke Stockholm -> Göteborg völlig problemlos. Im IC-Takt ist man mit dem modernen X-2ooo-Zug in gut 2 Std. in Stockholm und in nur 1 Std. in Göteborg.

Bus: auf Zugabfahrtszeiten abgestimmte Busverbindungen in die gesamte Region (z.B. Hjo, Mariestad, Falköping) vom direkt gegenüber dem Bahnhof befindlichen Gummibahnhof.

"First Hotel Billingehus", weißer, moderner Hotelkomplex hoch oben über der Stadt auf dem gleichnamigen Berg mit super Aussicht nicht nur auf Skövde, sondern die ganze Region. Im Winter Skizentrum, da direkt vor Hotel Piste und Loipe starten. Ansonsten aber auch jede Menge Aktivitäten von Schwimmbad über Relaxzentrum mit Poolen, Sauna, etc. Zimmer alle auf „highest standard". - Passend dazu hervorragendes Restaurant (auch was die Preise angeht!) mit Traumaussicht, da direkt hinter Fenster der Hügel steil abfällt. Ca. 3 km vom Zentrum. DZ mit Frühst. am Wochende im Sommer 75-16o Euro. Alphyddevägen, Tel. o5oo/ 445 7oo.

„**Quality Hotel Prisma**", 3-stöckiger Gebäudekomplex mit futuristischem glasbedachtem Eingangsbereich. Ruhig am Stadtrand in Parknähe mit üppigem Grün und schönen Spazier- und Joggingwegen. Kostenlose Sauna, Hallenbad und Whirlpoolbenutzung. Ansprechende helle Zimmer. DZ mit Frühstück ab 8o Euro. Ekedalsgatan 2, Tel. o5oo/ 488 ooo.

„**Västerhöjdsgården**", der unteren Preiskategorie zuzuordnen, aber dennoch sehr zentral mitten in City. DZ mit Frühstück ca. 6o Euro. Wennerbergsgatan 9, Tel. o5oo/ 413832.

Jugendherberge: Vandrarhem Skövde, mitten im Freizeit- und Naherholungsgebiet Billigens mit allerdings nur 18 Betten. Sonst auf Campingplatzhütten (4 Pers. ab 5o Euro) ausweichen. Adresse: Alphyddevägen, Tel. 47 16 33.

Billinges Camping oben auf dem Plateauberg hinter dem gleichnamigen Nobelrestaurant. Vorteil: man kann viele Freizeitmöglichkeiten rund um das Hotel mitbenutzen (Wanderwege, Kinderspielplatz, Grillstelle etc.). Nachteil: von der landschaftlichen Ruhe und Ungestörtheit ist zumindest nach vorne zum Hotelbereich hin wenig zu spüren. Unseres Erachtens am besten als Wintercampingplatz zum Skifahren geeignet. Empfehlenswert allerdings für Durchgangsfahrer die Hütten mit 4-6 Betten, ab 5o Euro/Nacht. Anfahrt: 3 km nordwestlich vom Stadtzentrum die 49 nehmen, Schild „Billingehus" folgen.

FIRST HOTEL BILLINGEHUS, Feinschmeckerrestaurant im obengenannten Hotel. Erstklassige internationale Menüauswahl bei super Aussicht. Auch schönes Draußenrestaurant. À-la-carte-Preise ab 35 Euro.

Disco: unten im Restaurant „Bogrens Depå", St. Sigfridsgatan.

SEHENSWERTES

ST. LUCAS KIRCHE: obwohl modern, eine der interessantesten und beeindruckensten in Schweden. Die ganze Kirche ist kreisrund, ganz schlicht, völlig ohne Treppen, also fast schneckenähnlich. Direkt hinter dem Altar riesiges Fenster mit Superblick auf die Stadt, die weite Ebene und bei klarem Wetter auf die andere Seite des Vätternsees. Erst beim zweiten Hinsehen erkennt man, dass die Fensterbalken das Kreuz bilden. Sagenhaft. Oben am Hotel Billingehus, direkt daneben.

VÅMBS KYRKA: ebenfalls lohnende Sache. Eine aus dem 12. Jahrhundert stammende Kirche in ausgeprägtem Romanikstil. Zu erkennen an den Rundbögen und den Turmfenstern. Im Stadtgebiet unterhalb des Billingen-Berges.

HELENSGÅRDEN: das Heimatmuseum der Umgebung, untergebracht in einem der ältesten Häuser der Stadt (18. Jh.) im Helenspark. Dort auch Möglichkeit zum Kaffeetrinken.

AUSFFLÜGE

SILVERFALLET: In schönem Laubwaldgebiet ein 5o m Wasserfall. Im Sommer allerdings oft schmales Rinnsal, festes Schuhwerk nötig. Anfahrt: nördlich des Kleinortes Lerdala, nordwestlich von Skövde.

ASKEBERGA: Große, spitze Findlinge sind als Grabmal der Wikinger zu einer Schiffssetzung zusammengesetzt. Übrigens zweitgrößtes in Schweden, - Weitwinkelobjektiv nicht vergessen! Anfahrt über die 2oo Richtung Nord bis Tidan, ab dort ausgeschildert.

Wer gerade in dieser Ecke ist und sich für Natur und Vogelwelt interessiert: Tipp ist der Besuch des ÖSTEN SEES. Neben dem Hornborgasjön ein beliebter und belebter Vogelsee. Beste Aussichtsmöglichkeit vom Vogelturm in der Nähe des Parkplatzes an der Kirche von Odensåker, westlich des Sees und westlich vom Ort Tidan.

HORNBORGASJÖN: Mekka für Ornithologen. Im Frühjahr findet hier die Kranichbalz statt, aber auch im Sommer ein Gewirr von seltenen Vögeln. Aussichtspunkt vom 8-eckigen, retdachgedeckten Pfahlhaus am Seerand mit Lichtbildervortrag und Cafeteria. Von dort orangefarbig markiertem Rundweg folgen, der zuerst über Pfahlstege führt und schließlich zu einem älteren Holzbeobachtungsturm. Vorsicht! Nur was für schwindelfreie, da recht steile Holztreppen. Fernglas und Tele nicht vergessen! Nicht vom Weg abgehen, Naturschutzgebiet! Anfahrt: von Skövde Richtung Skara, auf halbem Wege bei Varnhem in südl. Richtung abbiegen.

Ins sogenannte „WEBERREICH" in die Gegend um Borås.

BORÅS: im Stadtkern freundlich, fast idyllisch, doch gleichzeitig Zentrum der schwedischen Textilindustrie. Hier sind die Versandhäuser, aus denen die Schweden ihre schicken Anziehsachen beziehen. Viele Fabriken mit integrierten Verkaufsstellen und eine Vielzahl von Stoffsonderangebotsgeschäften. Sie sind Ziel vieler einkaufswütiger Leute aus fast ganz Skandinavien.

ZOO: interessanteste Seenswürdigkeit von Borås. In einem riesigem Gelände gibt es eine Savannenlandschaft mit entsprechender Tierwelt wie Nashörnern, Elefanten und Giraffen und natürlich eine nordische Tierwelt für den, der sich die Mühe ersparen will, Elch, Bär und Wolf in der freien Wildbahn aufzulauern. Als Attraktion kann man auf Elefanten reiten! Im Sommer täglich ab 1o Uhr geöffnet.

Im örtlichen TEXTILMUSEUM (Tekomuseum) werden Textilmaschinen aus 2 Jahrhunderten gezeigt. Teilweise laufen die „Dinger" noch, und da das Ganze in einer ehemaligen Textilfabrik untergebacht ist, entsprechendes Weberfeeling. Öffnungszeiten: So.- Fr. 12-16 Uhr.

Wandern: Oben auf dem Tafelberg „Billingen" verläuft der 29 km lange Billingeleden. Durch Wiesen und Felder, vorbei an Feuerstellen und idyllischen Übernachtungsmöglichkeiten in Windschutzen. Recht einfach zu gehen, auch in Turnschuhen machbar. Spezialkarte vom TI besorgen! Startpunkt am See Simsjön.

Angeln: In den beiden Seen Hållsdammen und Åstorpsjön wimmelt es von Edelfischen. Grund: sie sind eingesetzt worden, so dass so mancher Petrijünger mit wohlschmeckenden Forellen von der Angeltour zurückkehrt. Angelkarten nicht vergessen. Zu kaufen am Campingplatz.

✦ Skara

Ein inzwischen über 1.ooo Jahre altes Örtchen, das schon von weitem aus der Ebene an seinen beiden penetrant nach oben zeigenden Kirchtürmen zu erkennen ist. In der doch recht überschaubaren City fielen uns die vielen Steinhäuser auf. Im ganzen Land bekannt durch das Skara Sommarland (riesiger Freizeit und Vergnügungspark).

 TI seitlich neben der Domkirche. Skolgatan 1, Tel. o511/ 325 8o, Fax: o511/ 325 84. Von Mitte Juni bis Mitte August Mo.- Fr. 9-19 Uhr, Sa. 1o-14 Uhr, So. 13-17 Uhr geöffnet. Homepage www.skara.se

Verbindungen ab Skara

 **Zug/Bus**: über Nachbarorte Skövde und Falköping Anschluß ans Bahnnetz. Passend zu den IC-Anschlüssen stündliche Busabfahrten vom Busbahnhof an der Skaraborgsgatan. Von hier auch Verbindungen in die näheren Nachbarorte wie Lidköping und Mariestad sowie in die größeren Zentren Göteborg (2 x tägl.) und Örebro (4 x tägl.).

„**Skara Stadshotellet**", die Nr. 1 am Ort. Mit Disco und Fitnessraum. Ausgezeichneter Mittags- und Abendtisch. DZ mit Frühstück ca. 1oo Euro. Järnvägsgatan 5, Tel. 24o 5o.

„**Skara Motel**", ausgedehnter Gebäudekomplex an der Umgehungsstraße am Stadtrand, ca. 15 Gehminuten zur City. DZ mit Frühstück ca. 95 Euro. Vilangatan 4, Tel. 131 1o.

„**Hotel Skadskällaren**", dreistöckiges Haus nähe Busbahnhof. Gutes Durchschnittshotel mit Sauna und Pub. DZ mit Frühstück ab 85 Euro. Skaraborgsgatan 15, Tel. 134 1o.

„**Hotel Loke**", freundliches Hotel im Zentrum mit noch recht angenehmen Preisen. DZ mit Frühstück ca. 75 Euro. Klostergatan, Tel. o511/ 2oo 2 o.

Jugendherberge: mehrere rote Holzhäuschen im Vasapark. Neben den 2-, 4- und 6-Bett-Zimmern auch Möglichkeit zur Selbstverpflegung in zentraler Küche. Geöffnet: morgens 8-1o, abends 17-2o Uhr. Vasaparken, Tel. 121 65.

Die Campingplätze in der Gegend um Skara sind für Durchgangsübernachter und Sommarland-Besucher ausgelegt und ausgelastet:

Skara City Camping, direkt am örtlichen „Autobahnkreuz" neben Skara Motel. Großer Platz ca. 15 Gehminuten vom Stadtkern. Die 16 roten Holzhütten meist schnell vergeben.

Simmatorps Herrgård ‚s Camping: Durchgangsplatz an der E 2o besonders für Wohnwagenfahrer geeignet. Campinghütten mit 2 und 4 Betten. Minigolfanlage, Angelmöglichkeiten. Anfahrt: an der E 2o, ca. 5 km westlich von Skara.

Skara Sommarlands Camping: Attraktion des Platzes ist die Nähe zum Sommarland. Fast immer gerammelt voll, obwohl der Platz riesige Ausmaße hat. Am schnellsten sind die mehr als 3oo Hütten belegt. Für Leute, die richtig Hullygully und Action suchen. Anfahrt: an der 49, ca. 8 km östlich von Skara Richtung Skövde. Homepage: www.sommarland.se

KRÅKS VÄRDSHUS, beschauliches und gutes Restaurant im Museumspark. Teilweise mit Kletterpflanzen berankes gelbes Haus auch mit Draußensitzplätzen. Unten im Keller katakombenähnliche Atmosphäre. Gute schwedische Hausmannskost, spezialisiert auf Fleisch. Preise ab 2o Euro. Mo.-Fr. 11.14.3o Uhr geöffnet. Stadsträdgården, Tel. 211 o7.

CANTON, Pizza- und Chinarestaurant in einem, von Chinesen geführt. Preisgünstiger als Kråks Värdshus. Marumsgatan 5, Tel. 126 19.

SEHENSWÜRDIGKEITEN
Viele (wenn nicht die meisten) Leute kommen nach Skara wegen SOMMARLAND. Auf einem riesigen Gelände gibt es alles das, was einem die

moderne Freizeitindustrie verkaufen will: Disco, Spielhallen Restaurants, gewaltige Wasserrutschbahnen, Achterbahnen, Motorboottouren, Abenteuerschiffe, Minizoo, ein Sagenpool mit Stromschnellen, Grotten und Wasserfällen.

Das Ganze umrundet von einer Eisenbahn und von so vielen Menschen bevölkert, dass einem ganz schwindlig werden kann. Alles unter der Devise: „Sommarland sehen oder sterben", wobei auch der Geldbeutel bei dikken Preisen blutet...

Anfahrt: auf halbem Wege zwischen Skara und Skövde nicht zu übersehen.

DOM von Skara: mit seinen zwei Kirchtürmen das alles überragende Bauwerk der Stadt. Zwischen 11. und 19. Jh. mehrfach umgebaut, unterschiedliche Baustile. Interessant die romanischen Reliefs an der Sakristeitür und das Glasmosaik im Seitenchor. Im Sommer täglich 9-2o Uhr.

GÖTA-KANAL: Schleusen bei Trollhättan (siehe Seite 71) in früherem Ausbauzustand Ende 19. Jhd.

Nicht weit entfernt Västergötlands neu eröffnetes FREILICHTMUSEUM mit rund 3o alten Häusern der Region Skaraborg aus verschiedenen Epochen. Hier werden auch alte Bronzeschilde aus dem 8. Jhdt. v. Chr. gezeigt, die von einem Bauern 1985 beim Pflügen auf seinen Feldern gefunden wurden. Sie gehörten zu einer alten Opferstätte im damals noch bis hierhin reichenden Vänernsee. Im Sommer häufig kulturelle und touristische Veranstaltungen. Offen Mai bis September tägl. 9-19 Uhr, sonst kürzer.

AUSFLÜGE

Mit der MUSEUMSEISENBAHN nach Lundsbrunn! Alte Waggons plus Dampflok, Fahrten im Juli und August, Preis 8 Euro, Infos für Abfahrten beim TI!

VALLEBYGDEN: Naturreservat mit Laubwald, Seen- und Flußlandschaft. Schöne Wanderwege auch für Tagesausflüge in Turnschuhen. Nicht wild, aber romantisch. Anfahrt: bis Varnhem, dann Richtung Nord bis Öglunda.

VARNHEMS KLOSTERKIRCHE: wunderschön gelegen bietet die Kirche sowohl kulturell als auch naturmäßig viel. In der Klosterkirche liegen bedeutende Männer wie Knut Eriksson oder Birger Jarl begraben. Klosterkirche kann als Startpunkt für den 11 km langen Pilgerweg zwischen Häggum und Varnhem dienen.

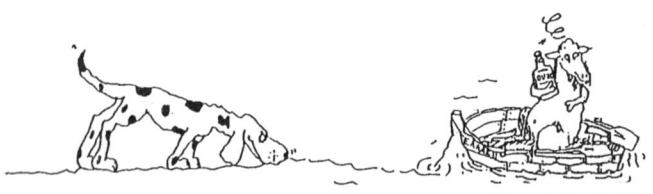

In eigener Sache:

Es liegt in der Natur der Dinge, daß bei der Fülle an konkreter Information, die dieses Buch enthält, sich im Laufe eines Jahres einiges ändern kann.

Deshalb bitten wir um Mitteilung von Abweichungen. Wer uns ansonsten irgendwelche ausgefallenen Tipps wie neue Routen, schöne Hotels mit viel Atmosphäre oder ähnliches schickt, wird bei der Neuausgabe dieses Buches namentlich zitiert.

Bitte schreibt uns, wir freuen uns über jeden brauchbaren Tipp, weil wir es wichtig finden, daß man nicht irgend ein blödes Laberbuch, wie leider viele Reiseführer, mit sich schleppt, sondern etwas, was wirklich nützlich und hilfreich ist.

Schweden Redaktion

Hauptstr. 4o, 82229 Seefeld
schweden@velbinger.com

VÄNERNSEE

Der See ist fast zehnmal so groß wie der Bodensee. Segel-, Surf- und Angelgebiet. Recht unterschiedliche Regionen drumherum:

Südecke

Vom Trollhättekanal mit dem Fluß Götaälv durchzogenes Gebiet, mit Vänersborg und Trollhättan. Dort zu bestimmten Zeiten gigantische Wasserfälle.

Südostseite

Übergang von bewaldeten, elchreichen Hügeln zu ausgedehnt platten, landwirtschaftlichen Nutzflächen der Provinz Västergötland. Entlang des Sees schöne Badeplätze.

Im Westen

Dalsland; seen- und waldreiche Provinz mit vielen Kanu- und Wanderstrecken.

Norden und Nordwesten

Provinz Värmland, bereits Mittelschweden. Direkt am Vänern weniger Badeplätze. Im Landesinnern dafür jede Menge Seen, Wald und Wildnis mit wildromantischen Urlaubsplätzchen, wo sich Elch und Bär gute Nacht sagen.

✶ Trollhättan

Industrie- und Schleusenstadt am Südausläufer des Vänernsees. Neben der Energiegewinnung durch zwei große Wasserkraftwerke dominiert eine Technikindustrie, die von Volvo Aero bis Saab-Automobile alles rund um Motoren, Antriebsaggregate etc. produziert. Dennoch machen die vielen Spazierwege entlang des Flußufers und das große Shoppingcenter Överby die Stadt für den Besucher interessant. Volksfeststimmung kommt aber immer dann auf, wenn während des Sommers bei den Fallens Dagar die gigantischen Schleusen geöffnet werden. Tausende von Besuchern aus nah und fern lassen sich dieses lohnende Spektakel mit Oktoberfeststimmung nicht entgehen. Prädikat: Sehenswert! In der Umgebung reizvolle Wald- und Seenlandschaft mit den elchreichen Gebieten von Halle- und Hunneberg.

Geschichtlichen Erkenntnissen zufolge siedelten schon vor rund 7.000 Jahren Jäger und Fischer am Ufer des Götaälvs, der hier in einem mächtigen Wasserfall zu Tal donnerte.

Während bereits Gustav Vasa von einer schiffbaren Verbindung zwischen dem Vänernsee mit seinem Einzugsgebiet und der Hafenstadt Göteborg träumte, dauerte es bis zum 18. und 19. Jahrhundert, bis Karl XII. dem Ingenieur Christopher Polhem den Auftrag erteilte, die gigantischen Wasserfälle durch eine Schleusenanlage zu umgehen. Die im Jahre 1800 in Betrieb genommenen ersten acht Schleusenanlagen erwiesen sich bei zunehmendem

Transportaufkommen als zu klein, so dass 1844 neue Anlagen parallel dazu gebaut wurden, um die Fahrrinne dem des Göta-Kanals anzupassen.

Nach weiteren Umbauten 1916 und 1972-75 erhielt die heute noch von Schiffen bis zu 4.000 BRT und einem Tiefgang von bis zu 5,4 m benutzte Schleusentreppe ihr jetziges Aussehen. Der so entstandene 82 km lange Trollhättekanal von Trollhättan bis Göteborg ist Teil des Göta-Kanals, einer der wichtigsten Wasserstraßen des Landes. Hier werden jährlich ca. 4 Millionen Tonnen Güter transportiert. Neben seiner wirtschaftlichen Bedeutung steht heute auch die Freizeitnutzung durch Segel-, Motor- und Ausflugsboote aller Art ganz oben auf der Hitliste.

Åkersjövägen 1o (Nohab), 46183 Trollhättan. Tel. o52o/ 488 472, Fax: o52o/ 488 424, geöffnet in der HS täglich 1o-18 Uhr. Direkt an der den Fluß überspannenden Seilbahn. Das TI verkauft zum Preis von 1o Euro die sog. Sommer-Karte, die Museumseintritte, Seilbahnfahrten und kostenloses Parken beinhaltet. Homepage: www.visittrollhattan.se

Verbindungen ab Trollhättan

Zug: über die in der Nähe liegende Zentralumsteige Öxnered nördlich der Stadt beste Zugverbindungen in alle Himmelsrichtungen mit häufigen Abfahrten Richtung Göteborg, Stockholm, Uddevalla, Borås, Karlstad, Oslo. Der örtliche Hauptbahnhof liegt an der Hauptlinie Göteborg-> Vänersborg.

Bus: ebenfalls großstadtmäßig aufgebaut mit Direktverbindungen nach Göteborg, Vänersborg, Uddevalla und Borås.

Flug: Mehrmals täglich Direktflüge nach Stockholm Arlanda und Bromma.

„**First Hotel Kung Oscar**", zentral und dennoch angenehm ruhig gelegenes Hotel in Stadtmitte. Geschmackvoll eingerichtete Zimmer. Sauna im Hause. Drottningsgatan 17, Tel. o52o/47o47o; DZ zwischen 7o und 12o Euro incl. Frühstück.

„**Hotel Bele**", einfacheres, kleineres Hotel im Zentrum der Fußgängerpassage, dennoch mit eigenem Parkplatz. Alle Zimmer mit Kabel-TV. Sauna, Solarium und „Kneipe" im Hause. Kungsgatan 37, Tel. o52o/ 1253o; DZ zwischen 55 und 8o Euro.

"**Scandic Hotel Swania**", recht großes, klassisches Stadthotel direkt am Trollhätte-Kanal gelegen. Mit Restaurants, Casino und Night-Club ist es nicht nur das Beste, sondern auch das teuerste Hotel am Ort. DZ mit Frühstück 17o Euro, Storgatan 49, Tel. o52o/89 ooo.

Jugendherberge: STF Vandrarhem „Gula Villan", schönes gelbes Haus in zentraler Lage, das auch 2-Bett-Zimmer anbietet. Schöner Garten. Preiswert und gut. Preise zwischen 12 und 17 Euro p.P. Tingsvallavägen 12, Tel./Fax o52o/129 6o.

Camping Hjulkvarnelund, gleich hinter dem Eisenbahnanlagen des Hauptbahnhofs liegender City-Campingplatz zwar am

Ufer des Götaälv, der allerdings hier keine Schwimmöglichkeiten bietet. Stattdessen liegt das beheizte Freibad Älvhögsborg nur wenige 1oo m entfernt. Ordentliche Sanitäranlagen, wobei angenehmerweise die warmen Duschen im Preis inbegriffen sind. Je nach Verkehr auf den um den Platz herum führenden Gleisen zu den Industriezentren gelegentliche Geräuschbeeinflussung. Zu den Wasserfalltagen am 3. Juli-Wochenende knüppelvoll. Anfahrt: von der 45 auf den Tunhemsvägen abbiegen.

Stenrösets Camping und Freizeitdorf, in landschaftlich ansprechender Lage 7 km südlich des Zentrums. Auch Hüttenvermietung und Einkaufsmöglichkeiten. Anf.: südl. der Stadt ausgeschildert

„GILLETS MATSALAR", klassisch schwedische Mahlzeiten mit auch leckerem Fisch. Im Sommer ganz schön zum Draußensitzen. Preise ab 8 Euro, Storgatan 22 Tel. o52o/ 12o 12.

„SLUSSCAFEET", sehr beliebt wegen der Salate, dem Eis und dem frischen Kuchen. Lecker auch das Brot mit ordentlich viel Krabben. Gleich neben den Schleusen mit Draußenterrasse. Tel. o52o/ 41 13 45.

Einkauf: Handkraft: in gemütlich altem Holzhaus stellen die besten Kunsthandwerker der Stadt ihre Handarbeiten nicht nur aus, sondern verkaufen sie auch. Teilweise ganz schöne Sachen dabei. Adresse: Magasinsgatan.

Shoppingzentrum Överby: nördlich der Stadt gelegenes, respektabel großes Einkaufszentrum, in dem man vom Supermarkt bis zu Boutiquen alles findet, was der Kaufsüchtige begehrt. Die 3.ooo Parkplätze sagen alles. Anfahrt: auf der 44 und 45 in nördlicher Richtung

SEHENSWERTES

Die WASSERFÄLLE: Natürlich sind die strömend gischtschäumenden und wild brausenden Wasserfälle die Attraktion der Stadt. Einfach beeindruckend, wenn sagenhafte 3oo.ooo Liter Wasser pro Sekunde(!) durch das alte Flußbett donnern. Zu sehen gibt's das Spektakel in jedem Fall während der alljährlich stattfindenden Wasserfalltage jeweils mit Start am 3. Juli-Wochenende. Dann öffnen sich die gigantischen Schleusentore stündlich zwischen 12 und 23 Uhr, wobei die abendlichen Öffnungszeiten durch die Beleuchtung am beeindruckensten sind. Drumherum findet eine jahrmarktähnliche Veranstaltungspalette mit allerlei Buden, Konzerten, Verkaufsständen etc. statt, die bei gutem Wetter Zehntausende anzieht.

Außerhalb dieser Wasserfesttage werden die Schleusen in der Regel im Mai und Juni samstags und sonntags um 15 Uhr geöffnet, im Juli und August noch zusätzlich mittwochs. Sicherheitshalber aber vorher am TI anrufen, da aus technischen bzw. Wasserhaushaltsgründen Veränderungen der Termine möglich sind.

Die SCHLEUSEN: Rund um die drei Schleusenwege, wovon die beiden alten von 18oo und 1844 nicht mehr benutzt werden, verlaufen idyllische Spazierwege, die bei etwas Phantasie eine Vorstellung von den Strapazen damaliger Schleusenbaumaßnahmen erahnen lassen. Der Aussichtsturm ermöglicht zumindest ansatzweise den Blick aus der Vogelperspektive. Anfahrt: am Rande der City südwestlich des Stadtkerns.

Innovatum Kunskapens Hus und Seilbahn, innovativ gemachtes Haus nicht nur zum Thema Industriegeschichte, sondern auch zur Zukunft. Hier kann man im Internet surfen und an einer Experimentieranlage mit "Kopf und Hand" lernen. Hier können Kinder und Erwachsene auch Lego-Roboter bauen und programmieren. Geöffnet in Hochsaison 1o-18 Uhr. Kunskapens Hus liegt am westlichen Ende von Schwedens südlichster Seilbahn, die in rund 7 Minuten in 3o Metern Höhe den Fluß überquert. In der Hochsaison Fahrzeiten täglich zwischen 1o-18 Uhr. Mit der Sommer- Karte (siehe TI) kostenlos nutzbar.

Das KANALMUSEUM: untergebracht in einem alten Lagerhaus aus dem Jahre 1893 an der oberen Schleuse. Zeigt anschaulich die Entstehungsgeschichte des Kanals sowie die gewaltigen Umwälzungen für Natur und Mensch, die dieses Bauwerk mit sich brachte. Außerdem regelmäßig Filmvorführungen. Geöffnet zur Hochsaison täglich 11-19 Uhr. 1,5o Euro Eintritt.

SAAB AUTOMUSEUM: in jedem Fall etwas für Fans schwedischer Autos. Vom allerersten Saabmodell bis zur aktuellen Neuentwicklung kann man die geradezu explosionsartige Entwicklung der schwedischen Autoindustrie an Hand der Originalwagen bewundern. Selbst der Saab-Rennwagen, der die Rallye Monte Carlo 1951 gewonnen hat, ist hier noch zu sehen. Geöffnet täglich 1o-18 Uhr. Anfahrt: südlich des Stadtkerns innerhalb des Nohabs Industriegebietes am Åkerssjövägen.

AUSFLÜGE

Shippertouren mit dem Kanalboot M/S Strömkarlen (www.stromkarlen.se), das mit Café und Restaurant an Bord den Fluß entlang dieselt. Termine und Preise am TI.

✦ Vänersborg

Schönes Städtchen am Südende und Ausfluß des Vänernsees, das durch großzügige Umgehungsstraßen vom lästigen Durchgangsverkehr befreit ist. Lockend für alle Schweden-Fahrer das benachbarte Elchgebiet Halle- und Hunneberg, wo man besonders während der Morgen- und Abenddämmerung dem sympathischen Waldbewohner begegnet. Gute Einkaufsmöglichkeiten, besonders Kunsthandwerk, viele Cafes.

 Zentral am Hauptbahnhof. Vermittelt Hotel- und Ferienzimmer. Anschrift: Box 147, 46222 Vänersborg, Tel. o521/2714oo, Fax o521/2714o1. www.vanersborg.se

 Camping Ursand, langgestreckter Platz in aufgelockertem Waldgelände direkt am Vänern, schöne Bucht mit 1o m breitem Sandstrand. Rund um Platz gute Wanderwege im Wald!

Im Sommer recht voll. Großer Kinderspielplatz, Boots- und Fahrradverleih sowie kleine Gaststätte mit Aussicht auf den Vänern. Tel. o521/ 18 666.

Sikhalls Camping, schön gelegener 2-Sterne-Platz unterhalb einer Landnasenspitze direkt am Vänern. Surf- und Kanuverleih. Als Urlaubsplatz zu empfehlen. Flacher Badestrand. Anfahrt: von der 45 nördlich von Vänersborg vor Brålanda Richtung Åstebo abbiegen. Schildern Badeplatz und Sikhall folgen. Dort auch noch schöner weiterer Campingplatz Sörbo Strand Camping im Anschluß an einen öffentlichen Badeplatz.

Jugendherberge: Vandrarhem Hunneberg, ruhig gelegenes, fast herrschaftsmäßig anmutendes Haus direkt zwischen den beiden Elchbergen Halle- und Hunneberg. Gut vom 1,5 km entfernten Bahnhof Vargön zu erreichen. Anfahrt: Die 44 in östlicher Richtung, ca. 8 km Vänersborg. Bergagårdsvägen 9, Tel. o521/ 22 o3 4o.

Karlsgårdens Vandrarhem, familienfreundliche Anlage mit guten Spielmöglichkeiten für Kinder und preisgünstigen Familienzimmern mit/ohne Küche und WC. Anfahrt: ca. 5 km südlich der Stadt der Beschilderung Ri. Öxnered folgen.

AUSFLÜGE

Tafelberge HALLE- UND HUNNEBERG: großes Elchgebiet mit reicher Flora, schöne Spazierwege. Das TI in Vänersborg führt Elchsafaris durch. An der 44 östlich von Vänersborg. Dort auch „Älgens Berg" das königliche Jagdmuseum mit dem Schwerpunkt Elch. Hier kann man schauen, riechen, berühren und anfassen und noch alles Weitere über Geologie, Flora und Fauna des Berges erfahren. Liegt auf Hunneberg, dem Nachbarberg von Halleberg. Mai - Sept. täglich 1o - 18 Uhr geöffnet. Eintritt Erw. 6 Euro, Kinder 3 Euro.

WASSERPALAST, Abenteuerbad mit Wasserrutschbahn, Strudelkanal, Höhle mit Wasserfall, Wasserpisten, Whirlpool und Sauna. Etwas für kalte Regentage. Eintritt 5 Euro. Im Vänernpark.

✴ Lidköping

Idyllisches Handels- und Porzellanstädtchen an malerischer Vänernsee-Ecke. Paradiesische Bucht für Badefans und Windsurfer. Kilometerlange, traumhafte Sandstrände und ständig blasender Wind garantieren bei schönem Wetter echte Erholung.

Im Hinterland um Lidköping blühende Kulturlandschaft mit kolchosengroßen Äckern und blühendem Weideland. Im ganzen Land bekannt als Porzellanstadt, mit der heute noch arbeitenden „Rörstrand Manufaktur".

Zentral am Bahnhof gelegen, Bangatan 3, Box 2o13, Tel. o51o/ 2oo 2o, Fax: o51o/ 271 91. Geöffnet im Sommer: Mo.-Sa. 9-2o Uhr, So. 13-18 Uhr. Homepage: www.lidkoping.se

Zug: mehrmals täglich zu den Umsteigebahnhöfen Herrljunga und Hallsberg mit Anschlüssen an Hauptlinie Göteborg-> Stockholm.

Bus: Linie 5 oder 1oo nach Trollhättan und 1 oder 2oo nach Skövde.

„Stadt Lidköping", weißes Luxushotel mit großen Zimmern in Altstadt. DZ mit Frühstück ab 11o Euro, im Juli ca. 85 Euro. Gamla Stadens Torg 1, Tel. o51o/ 22o 85. www.stadtlidkoping.se

"Park Hotel", zweistöckiges, walmdachgedecktes, rosafarbenes Haus mitten in der Stadt mit rund 65 Euro für das DZ mit Frühstück auch das günstigste Hotelangebot. Mellbygatan 24, Tel. o51o/ 2439o. www.parkhotell.org

Jugendherberge: langgezogenes Eckhaus im Zentrum bei Bahnhof und Stadshotel, Nicolaigatan 4, Tel. 664 3o.

Hällekis Falkängen, am Fuße des gleichnamigen Tafelhügels, was für Naturfans mit schönen Wanderwegen in der Umgebung. Drumherum alte Handwerksbetriebe mit Produktion und Verkauf von Zinn-, Silber- und Porzellanarbeiten. Falkängsvägen, 53374 Hällekis, Tel. o51o/ 54 o6 53. Anfahrt: Von Lidköping in nordwestlicher Richtung über den Kinnekulle (Berg, tolle Straße!) nach Hällekis.

Lidköping Krono Camping, luxuriöser Platz mit eigenem Badestrand und beheiztem Schwimmbad und allem nur erdenklichen Camperluxus. Auch vollständig aufgebaute 6-Personen-Zelte zu mieten. In der offiziellen Bewertung einer der besten Plätze Schwedens. Nur 1 km vom Zentrum. Teuer. Anfahrt: 1 km nördlich des Altstadtmarktplatzes. Tel. o51o/ 26 8o4.

Filsbäcks Camping: direkt am Seeufer mit sehr vielen Stellplätzen direkt am Wasser. Ausgesprochen kinderfreundlicher Platz, da es schön flach in den Vänern geht und die Wassertemperaturen wegen der Buchtlage etwas höher liegen. Kanu- und Fahrradverleih. Anf.: ca. 8 km westlich der Stadt Richtung Götene. Tel. o51o/ 54 6o 27.

Läckö Camping: Ausweichalternative, wenn es auf den anderen zu voll wird. Ganz einfacher Platz in toller, von Felsen und Wald umgebener Gegend. Surfverleih. Anfahrt: von Lidköping ca. 2o km nördlich des Schlosses Läckö, nur 2oo m vom Schloß entfernt. Tel. o51o/ 484 66o.

Kinnekulle Camping: gefällt uns wegen seiner Lage am See (Sandstrand) und Nähe zum Wandergebiet Kinnekulle noch mit am besten. Anfahrt: von Lidköping 15 km Richtung Hällekis, dort am alten Hafen. Tel. o51o/ 544 1o2.

Ein Paradies und Eldorado für Badesüchtige und Surfer! Rangiert bei den Schweden als „Riviera" oder „skandinavische Seychellen".

Der HINDEN: 5 km lange und steinwurfbreite Nase, die frech in den Vänern weist. Ringsherum Traumstrand mit glasklarem Wasser, weißen Kieselstei-

nen und tiefgrünem Wald. Je weiter man zur Spitze tippelt, umso leerer wird's. Wegen fehlender Straße allerdings viel Zeit zum Hinwandern einkalkulieren. Kinderfreundlich flaches Wasser.
Anfahrt: 12 km westlich von Lidköping Richtung Skalunda bei Svalnäs.
„Hindens rev" ist eine schmale Randmoräne, die beim Zurückweichen des Eises vor 1oo.ooo Jahren übrigblieb.

Wandern: Ideal und traumhaft am blühenden Berg Kinnekulle mit romantischen Hainen und schmalen, gut begehbaren Pfaden zum Umherstreifen und Entspannen. Vom Gipfel aus sagenhafter Blick auf den in blauem Horizont verschwimmenden Vänern, die bläulich schimmernden Plateauberge im Süden und die stillen, weiten Ackerebenen im Osten. Auch gut zum Mountain-Biking.

Markierter Autoweg führt zwar rund um den Berg zu allen Sehenswürdigkeiten, ist aber nur ein Abklatsch im Vergleich zu fantastischen Spaziergängen, die von verschiedenen Rastplätzen ausgehen. Oben gibt's Restaurant, Dusche und Sauna.

Die in dieser Gegend üblichen Plateauberge sind Relikte der Eiszeit: Sand, Lehm und Kalkablagerungen erstarrten in Jahrmillionen zu hartem Gestein. Eiszeiten haben sie dann plattgeschliffen.

Kanu: Trotz der riesigen Wasserfläche äußerst interessant, weil die Landspitze von Lidköping sehr schärenreich ist. Tausende kleine Inseln rund um Kållandsö (bei Schloß Läckö). Möglicher Start- und Zielpunkt: Brücke bei Ullersund oder Läckö Camping, Strecke ca. 3o km und an einem Tag zu schaffen. Geruhsam und mit Robinsoninselübernachtung an der Inselwestseite.

SEHENSWERTES
SCHLOSS LÄCKÖ, weißes Türmchenschloß auf Vänernseenase in Dornröschenumgebung. Annähernd 25o prächtig ausgemalten Räume sind mit wechselnden Kunstausstellungen verschiedener Museen belegt. Leider nur schwedische Beschriftung. Täglich Schloßführung im Sommer stündlich von 11-17 Uhr.
Gleich unterhalb des Schlosses an Landungsbrücke Bootsausflugsmöglichkeit ins herrliche Schärenrevier. Badehose nicht vergessen! Rechts vor dem Schloß Badeplatz mit Tretbootverleih.
Anfahrt: 2o km nördlich der Stadt Richtung Otterstad ausgeschildert. Eintritt ca. 7 Euro.

VÄNERNMUSEUM, schon im Eingangsbereich tritt man auf den Kalksteinboden des "Großen Wassers", womit nichts anderes als der Vänersee, Europas drittgrößter See, gemeint ist. Im Erdgeschoss der absolute Höhepunkt: ein wie eine Kompassnadel schwebendes, drei Meter langes Glasboot (!), das Richtung Vänern zeigt. Im geologischen Zentrum erzählen Steine die Geschichte der Erde. Auch für Kinder interessant, die den Küstensegler "Dahlia" erkunden können. Insgesamt stark gemacht! Direkt am Vänern zwischen Freibad und Campingplatz Framnäs. Geöffnet: Mo.-Fr. 1o-17, Sa/So 12-17, Eintritt 3 Euro.

EINKAUFEN

Porzellan-Manufaktur der berühmten schwedischen Firma Rörstrand (bekannt für blau-weiße Muster). Neben Röstrand-Museum (Entwicklung der Porzellanherstellung vom 18 Jh. bis heute) preisgünstiges Porzellangeschäft mit z.T. 1b-Qualität zu 5o % Preisen. Geöffnet: Mo.-Fr. 1o-18 Uhr, Sa. 1o-14 Uhr, So. 12-16 Uhr. Fiskaregatan 4.

Außerdem Kunstgewerbezentrum Falkängen im Ort Hällekis. In echtem Hüttenmilieu kann man Künstlern aus allen Landesteilen bei Holz-, Wollgarn- und Leinenverarbeitung zusehen. Kaufmöglichkeit. Anfahrt: 2o km nordöstlich der Stadt am Seeufer und Fuß des Kinnekulle Berges.

AUSFLÜGE

Traumgebiet für Ornithologen und Biologen: HORNBORGASJÖN. Im April jeden Jahres kommen tausende von Kranichen in dieses Seen- und Sumpfgebiet. Gegen Mitte April Balzzeit! Dann kann man faszinierenden und fantastischen Kranichentanz beobachten. Beste Plätze bei Hof Dagsnäs und Bjurum, auch im Hochsommer von Vogeltürmen aus Beobachtungsmöglichkeit seltener Vögel. - Anfahrt: nach Skara, dann der 47 Ri. Falköping folgen, ca. 13 km nördlich von Falköping gelegen.

Ein über 23 m langes Wikingerschiff mit 11 m hohem Mast, 87 qm Segel und 16 Ruderpaaren fährt zu Charter- und Ausflugszwecken über den Vänern. Beeindruckend die Holzbauweise mit der typisch wikingermäßigen Gallionsfigur am Bug. Heimathafen ist Blomberg am Berg Kinnekulle. Abfahrtzeiten am TI.

✦ Mariestad

Kleine Perle an Flußmündung aus Nähe Einmündung des Göta-Kanals in den Vänern. Herrliches, kleines Holzhausaltstadtviertel, richtig schön.

 Esplanaden 1, 5423o Mariestad. Tel. o5o1/ 75 58 5o, Fax: o5o1/ 75 58 59. Öffnungszeiten: 1o-16.3o Uhr, Mittagspause von 12.-13 Uhr.

2) Turistbüro Sjötorp, Kanalmuseet, 54o66 Sjötorp, Tel. o5o1/ 514 34, geöffnet zur Hochsaison 1o-18 Uhr.

 „Hotel Wictoria", kleines, nettes Hotel im Zentrum mit nur 32 Betten. Schöner Garten mit Terrasse. 5oo m zum Tennisplatz. Drottninggatan 7, Tel. o5o1/ 139 o5, DZ mit Frühstück ab 6o Euro. www.hotelwictoria.se

„Hotel Aqua", gutes und preisgünstiges Hotel im Stadtzentrum mit 4o Betten,. Dusche und WC auf Flur. Freundliche Besitzer. DZ mit Frühstück um 5o Euro. Viktoriagatan 15, Tel. 195 15.

„**Bergs Hotel**", kleines, einfaches, sauberes Hotel mit nur 5 Zimmern und 8 Betten, Dusche und WC auf dem Flur. Zentral gelegen. DZ mit Frühstück ca. 6o Euro. Kyrkogatan 18, Tel. 1o3 24.

 Camping Ekudden: riesiges Gelände mit Waldstimmung und ausgedehntem Ufer- und Strandbereich. Sehr schön ruhig, außerhalb der Stadt. Mit Wasserrutsche und zusätzlichem Schwimmbad sehr familienfreundlich. Im Juli allerdings knüppelvoll. Anfahrt: 2 km nordwestlich der Stadt, ausgeschildert. Tel. o5o1/ 1o 637.

Askeviks Camping: leicht abschüssige Wiese an der Vänern-Straße. Direkt am Wasser, allerdings mit nur mäßigem Strand. Zelt gut abspannen wegen häufiger starker Winde! Ideale als Ausgangspunkt für den Göta-Kanal mit Boot oder Rad. Fahrradverleih. Anfahrt: an der 64, ca. 25 km nördlich von Mariestad, ca. 5 km nördlich des Göta-Kanals. Tel. o5o1/ 51 4o9.

Torsö Camping, schöner, von Birken bestandener Rasenplatz an einer windgeschützten und langgezogenen Bucht der Mariestad vorgelagerten Insel Torsö. Gute Bademöglichkeiten. Anfahrt: Nach Überquerung der Brücke Richtung Nolby halten, - ausgeschildert. Tel. o5o1/ 213 13.

 Herzallerliebste, windschiefe **Jugendherberge** mit Aussentreppe und Wagenremise, urige Atmosphäre. Anfahrt: am Hafen Hamngatan 2o, Mariestad, Tel. o5o1/ 1o4 48.

AUSFLÜGE

Entlang des Göta-Kanals oder über die neue Brücke auf die SEEINSEL TORSÖ mit zwei schönen Sandstränden, vielen vorgeschichtlichen Funden und einer duften Fischräucherei, auch z.T. mit frischem Fisch. Am Westende der Insel. Von dort kann man noch mit der Fähre (1o Min., retour 3 Euro) rüber nach Brommo. Fahrradverleih am Fähranleger.

 Das TI bietet ein 4-tägiges Fahrradpaket längs des Göta-Kanals und durch den Nat.-Park Tiveden an. Im Preis inbegriffen sind Fahrradmiete, Übernachtungen in Herbergen, Lunchpakete und Karte. Preis 16o Euro. Hat man ein eigenes Fahrrad dabei, kann man mit Hilfe der Karte die Tour natürlich auch selber organisieren.

Wer über die E 2o via Örebro weiter nach Stockholm will: alle Details mit ausführlichen Infos zu Örebro und Eskilstuna ab .... Seite 326
Details zur Nordseite des Vänernsees siehe ab .... Seite 297

Wir beschreiben zunächst die Westseite des Vänernsees und die Provinz Dalsland.

PROVINZ DALSLAND

Schweden in Miniatur; das Land, in dem der Film „Ronja Räubertochter" gedreht wurde. Heißt deshalb unter Liebhabern nur noch „Ronjas' Land". Traumland der Kanuten mit irrsinnig vielen klaren Seen, zu weitverzweigtem Seensystem gehäkelt. Riesige Wasserflächen, bezaubernde Weiher und idyllische Teiche wie eine glitzernde Perlenkette verbunden!

Schwedens kleinste und zugleich seenreichste Provinz vereinigt in sich nahezu alle Landschafts- und Naturformen. Im Westen und Süden schlummern meilenweite Moore, karge, fast lappländische Heiden mit verkrüppelten Zwergbirken und kleinen Kiefern, unter denen beinahe kitschig bunte Multbeeren gedeihen. Inmitten grandioser Kargheit sprießen Oasen unvergleichlicher Fruchtbarkeit: riesige, hochhaushohe Tannen, gewaltige, knorrige Eichen und mannshohe Farne.

Im Westen anmutige Täler mit tiefen, einsam gewaltigen Waldregionen, in denen Biber, Fuchs und Elch zuhause sind.

Phantastische Auwälder, über denen Bussarde und Fischadler in schwindelerregender Höhe in frischer, klarer Luft majestätisch kreisen. Außerdem das Seglerparadies des unendlich scheinenden Vänernsees, der nur ganz selten dunkelblau von der Straße aus hinter großen Tannen hervorblinzelt.

Gen Norden zieht sich der Dalslandkanal, eine natürliche, mit Schleusen verbundene Wasserstraße, auf der es im Sommer von Touristenbooten aller Art wimmelt. Die meisten Touristen kommen entlang der 45 über die Städte Trollhättan und Vänersborg.

Übrigens ist jede 7. Campingplatzübernachtung auf allen dalsländischen Campingplätzen kostenlos.

✶ Mellerud

Zentralörtchen des südlichen Dalslands ohne besonderen Reiz, mit gepflegten Häuschen, Vorgärten und ein mit Supermärkten umgebener Parkplatz. Eisenbahnknotenpunkt und Ausgangspunkt für Ausflüge. Im Umland Kultur- und Weideland.

 Zwischen Marktplatz und Straße zum Bahnhof kleines, aber freundliches Büro. Storgatan 17. Geöffnet tägl. 9-18 Uhr, zwischen 12 u. 13 Uhr Mittagspause. Tel. o53o/ 183 o8, Fax 182o9. www.mellerud.se

Verbindungen ab Mellerud

 **Zug**: An der Hauptstrecke Göteborg-> Karlstad mit häufigen Anschlüssen in beiden Richtungen. Von hier aus auch absolut lohnende romantische Nebenstrecken mit einzügigem Schienenbus, der über Hügel und enge Kurven Ri. Bengtsfors hol-

pert. Ganz vorne hinter Führerhaus im Stehen Lokomotivführer-Feeling! Von hier aus besonders abends viele Elche zu sehen.

Bus: Mehrmals täglich Expressbusse auf der Strecke Göteborg-> Åmål-> Karlstad. Spärliche Verbindungen nach Ed und Bengtsfors.

„Hotel Restaurant Stinsen", direkt neben Bahnhof; recht große Zimmer mit Farb-TV. Zimmer zum Bahnhofsvorplatz verlangen, um Zuglärm etwas zu vermindern! DZ mit Dusche und Frühstück ca. 7o Euro. Nya Järnvägshotellet, Tel. o53o/ 13o 67.

„**Wärdshus på Dal**", schönes, nach einem Brand neu gebautes Hotel mit modernen, mittelgroßen Zimmern direkt an der 45. Bestes am Ort mit reichhaltigem Frühstück. DZ mit Dusche ca. 9o Euro. Im Zentrum, Tel. o53o/ 12 664.

Vita Sandars Camping, moderner, riesiger Platz direkt am Vänern. Sehr schöner, langer, feinkörniger Sandstrand an familienfreundlicher Badebucht, von Bäumen umgeben. Einzeln numerierte Stellplätze in absolut ruhiger Lage. Beheizter Warmwasserpool. Lohnend! 26 schöne Campinghütten. 2-Bett-Hütte ab 3o Euro pro Nacht, 4-Bett ab 42 Euro pro Nacht. 19o Euro pro Woche. Kanuverleih. Anfahrt: von der 45 ca. 1,5 km nördl. der Stadt Richtung Sunnanåhamn.

Brålanda Camping: ganz einfacher, nicht sonderlich lohnender Durchgangsplatz ohne Seezugang, stattdessen Swimmingpool. Nahe der 45. Anfahrt: 2o km südlich von Mellerud, ca. 1 km westlich der 45 im Örtchen Brålanda. Tel. o521/ 13o 747 www.bralandacamping.se

Ragnerudssjöns Camping: schöner Platz. Ganz romantisch am See gelegen. Echt toll. Mit Fahrrad- und Kanuverleih, nahe des herrlichen Wandergebiets Kroppefjäll. Im Sommer leider knüppelvoll. Anfahrt: von der 172 bei Högsäter in östlicher Richtung abbiegen.

Hallebäcks Camping, idyllisch-winziger Platz mit vier Hütten und 16 Stellplatzmöglichkeiten mitten in der Natur mit biberreichen Bächen in der Nähe. Anfahrt: am Südende des Sees Ränn. Tel. o53o/ 32 11o.

AUSFLÜGE

Bootsfahrten: 1o km nördlich von Mellerud in Köpmannebro Beginn des Dalslandskanals und Startpunkt eines Passagierschiffe. Fahrpläne hängen an Dampferbrücke aus. Preise für Tagesfahrten: 23 Euro. Hier auch Kanu- und Fahrradverleih.

Ponton-Boote: auf schwimmbare Untersätze, sogenannte Pontons, kann man mit Wohnwagen, Bulli oder Wohnmobil fahren und so motorbetrieben in eigenem „Hausboot" über Seen und Kanäle schippern. Lustige Sache. Preis: 55o Euro/Woche. Buchungen unter: o53o/ 3o3 13 oder beim TI. Anfahrt: Straße 45 von Mellerud Richtung Karlstad. Beim Windkraftwerk links abbiegen. Nach 12 km Ausschilderung „Dalbo" folgen.

✱ Håverud

Bekannt durch sein Aquädukt: Eine enge, von Stromschnellen durchzogene Schlucht wird mit einer Wasserbrücke und - auf verschiedenen Ebenen - von einer Straßen- und Eisenbahnbrücke überquert. Fürs Kraxeln bei der Suche nach den vermeintlich besten Fotografierstellen braucht man festes Schuhwerk!

 Direkt am Aquädukt im Dalsland Center. Tel. o53o/ 3o8 8o. Geöffnet Juni und August 1o-18 Uhr, im Juli 1o-19 Uhr.

Verbindungen: 2 x täglich rattert in der HS der Schienenbus in Richtung Bengtsfors oder Mellerud.

„**Håveruds Hotell und Konferens**", super schön direkt am Wasser gelegen mit gutem Restaurant und gehobener Ausstattung. DZ mit Frühstück ab 9o Euro. Unweit des Dalsland Centers in Håverud. Tel.: o53o/35ooo

 Håveruds Vandrarhem: Recht noble, mit viel Holz eingerichtete Herberge mit schönem Blick auf die Schleusen. Zum Durchgangswohnen lohnend. Museivägen, Håverud, Tel. o53o/ 3o2 75.

SEHENSWERTES

Neben dem Aquädukt und Dalsland Center noch:

Die <u>SKALLERUDS KIRCHE</u> mit phantastischer Aussicht auf den See. Viele schmiedeeiserne Grabkreuze und Inventar aus dem 17. Jh. Kurz vor Köpmannebro Richtung Dals Långed.

<u>KANALMUSEUM</u> und <u>INDUSTRIEAUSSTELLUNG</u>: Nach Umbau ganz interessant geworden: zeigt die Lebensweise der Menschen längs des „Kanals" und die Baumaßnahmen. Am interessantesten sind natürlich die Schleusungsvorgänge mit natürlichem Wasserdruck! Fürs Dalsland ein touristisches Muß. Eintritt 2.5o Euro.

<u>DALSLANDS MUSEUM</u>, das 1995 errichtete Museum liegt naturschön auf einer Anhöhe mit Blick auf den Dalsland-Kanal und enthält auf zwei Etagen jede Menge dalsländischer Kunstobjekte. Nur zwei Kilometer vom Aquädukt entfernt in Upperud/Åsensbruk. Geöffnet tägl. 11 – 18 Uhr, Eintritt 4 Euro.

<u>HANTVERKSHUSET UPPERUD</u>, sollte man in keinem Fall verpassen. Auf nicht weniger als 4 Etagen gibt es in einem alten Speicherhaus jede Menge Kunsthandwerk vom Weihnachtsmann bis zum Mittsommerbaum aus Stroh. Hier kann man jenseits des üblichen Touristenkitsches schöne Erinnerungsstücke für zu Hause finden. Geöffnet April - Dez. tägl. 1o - 18 Uhr, Jan - März nur am Wochenende. Anf.: Von Håverud über den Upperudvägen auf der Seeostseite entlang bis ins nahe gelegene Upperud.

<u>FELSZEICHNUNGEN</u> im Naturreservat Högsby/Tisselskog. Auf einer

Fläche von fünf Fußballfeldern findet man an die 3oo ominöse Kreuze, Kreise, Linien und Kämme. Der Phantasie bei der Deutung sind keine Grenzen gesetzt. Direkt am See Råvarpen südlich von Långed. Auch als Schiffsausflug von Håverud zu machen. Zeitbedarf ca. 4 Std. Abfahrt am Mittag. Preis ca. 13 Euro.

✱ Åmål

Einzige Stadt im Dalsland mit nicht weniger als drei autobahnähnlichen Abfahrten. Im Gegensatz dazu ein kleines Zentrum mit Hauptstraße und Park/ Marktplatz. Drumherum peinlichst gepflegte Grünanlagen mit eleganten Holzhäusern. Am 2. Wochende im Juli findet jedes Jahr ein großes Bluesfestival statt, das Tausende von Besuchern in die dalsländische Hauptstadt zieht.

 Hamngatan 1. Tel. o532/ 17o 98, Fax: o532/ 16 75o. Geöffnet im Sommer täglich 1o-14 und 15-19 Uhr. www.amal.se bzw. regional www.dalsland.se.

Zug: an Hauptstrecke Göteborg-> Karlstad mit täglich mehrfachen Abfahrten sowie teilweise direkt nach Stockholm oder mit Direktumsteige in Karlstad.

Bus: Außer Expressbussen Verbindungsmöglichkeiten in umliegende Provinznester täglich Göteborg-Karlstad-Stockholm..

„**Stadshotellet**", aufwendig modernisiertes Luxushotel gleich gehobenen Stils wie mehrfach in Schweden. Moderne, große Zimmer, an Wochenenden Tanz. DZ mit Dusche ab ca. 85 Euro. Kungsgatan 9, 662oo Åmål, Tel. o532/ 616 1o.

 Örnäs Camping, kleiner Platz direkt neben Hafenanlagen und Fußballplatz am Vänern. Sehr unebene Fläche auf einer Kuppe. Stellplätze für Wohnwagen direkt am Wasser. Im Sommer recht voll. Nicht unser Geschmack. Anfahrt: 1 km südöstlich vom Marktplatz. Tel. o532/ 17o 97.

 STF Vandrarhem Åmål, kleinstadtidyllische, nette JH in modernem Gebäude nur 6o m vom Wasser entfernt, aber dennnoch zentral (1,5 km vom Bahnhof) gelegen. Schöne 2- und 4-Bett-Zimmer mit Kochmöglichkeit. Empfehlenswert. Ganzjährig geöffnet. Gerdingsgatan 7, Tel. o532/ 1o2 o5.

RONJA-AUSSTELLUNG: Astrid Lindgrens bekanntes Kinderbuch Ronja Räubertochter wurde in der Umgebung verfilmt (siehe S.29o). Die Stadt hat der Story jetzt noch eine Ausstellung gewidmet, in der u.a. das Studiomodell der Mattisburg zu sehen ist. Für Räuber-Fans! Neben dem Stadshotell, geöffnet im Sommer Mo.-Fr. 12-19 Uhr, Eintritt ca. 2 Euro.

EISENBAHNMUSEUM mit drei Dampfloks, mehreren Triebwagen und Dieselloks in direktem Anschluß an den Bahnhof. Zusätzlich eine Reihe von Eisenbahnkuriositäten des Dalslands. Geöffnet: Ende Juni bis Mitte August tägl. 13-16 Uhr. Eintritt ca. 2 Euro.

Die Gegend von Bengtsfors, Billingsfors und Dals Långed

Drei winzige, langgestreckte Örtchen am wunderschönen Laxsjön. Bengtsfors ist im Sommer Treffpunkt und Durchgangsort vieler deutscher Touristen. Zentraler Kanuverleih und Ausgangsort für Touren.

Bengtsfors Turistbyrå, direkt am Marktplatz gleich hinter der Brücke. Tel. o531/ 52 63 55, Fax: o531/ 52 6o 18. Geöffnet im Sommer von Mo.-Fr. 1o-18 Uhr und Sa. und So. 1o-16 Uhr. Auch Verkauf von schönen Andenken und ausgewählten Kunsthandwerkssachen. www.turism.bengtsfors.se.

Phantastische **Bahnnebenstrecke** mit dem Schienenbus Mellerud-> Bengtsfors, Personenverkehr allerdings nur im Sommer. Bengtsfors -> Årjäng jedoch nur mit Draisinen befahrbar.

Busverbindung nach Åmål.

„Hotel Dalia", erstes Hotel am Ort mit modernen großen Zimmern. Die lästige Straße zwischen Hotel und dem Wasser wurde verlegt, daher jetzt ruhiger. DZ um 7o Euro. Karlsbergsvägen 3, Tel. o531/ 72 7oo.

„Hotel Hemgården", rotes Holzhaus an der Schleuse Bengtsfors. Einfache Zimmer. Vermietung von Kanus und Fahrräder. DZ mit Frühstück um 6o Euro. Brogatan, Tel. o531/121 73.

Dalslands Camping och Kanotcentral: großer, in einer Mulde gelegener Platz direkt an wunderschönem Badeplatz mit feinem Sandstrand. Von fast allen Plätzen aus Blick auf See mit weitem Kanurevier. Zentraler Kanuverleiher für die gesamte Gegend. Auch Hütten- und Zimmervermietung. Anfahrt: 2,5 km westlich von Bengtsfors an der 172 Richtung Halden. Tel. o531/ 1oo 6o.

Laxsjön Camping: inmitten eines großen Erholungsgebietes und Platz mit dem meisten Tourismus! Großes, leicht zum See hin abfallendes Wiesengelände, umgeben von dichtem Wald. Alle nur denkbaren Freizeitmöglichkeiten: Kanu-, Fahrradverleih, Freiluftkirche und ein temperiertes Schwimmbad, - das laut Leserbrief allerdings zugewuchert war. Die Bimmelbahn von Mellerud nach Bengtsfors hält direkt am Zeltplatz. Günstig für Fahrradfahrer und Leute ohne Auto. Trotz der vergleichbar vielen Camper lohnend! Anfahrt: 3,5 km nordwestlich von Dals Långed, kurz vor der Kreuzung mit der 172. Gegenüber der Einfahrt Kunstschmiede mit ganz schönen Sachen; auch Verkauf. Tel. o531/ 3oo 1o.

Südschweden/Landesinnere 285

Jugendherberge: Vandrarhem Bengtsfors, direkt am Freilichtmuseum „Gammelgården" in altertümlicher Atmosphäre. Box 65, 666o1 Bengtsfors, Tel. o531/ 61 o 75. Anfahrt: östlich der Brücke vor der Straßenunterführung rechts.

Vandrarhem in Dals Långed, alte, schnuckelige Kanalvilla, in dem ehemals der Kanaldirektor wohnte. In schöner Lage nahe den Schleusen. Sehr zu empfehlen! Långbron, 66622 Dals Långed. Tel. o531/ 411 16. Anfahrt: ca. 5o m vom dortigen Bahnhof.

Restaurant BALDERSNÄS, auf Landzunge im Laxsjön. Sehr gutes Essen in einem von Efeu umrankten Schloß. Besonders schön im Sommer: draußen auf der Terrasse mit Blick auf gepflegten Schloßpark speisen. Preis: ab 13 Euro.

FALKHOLTS GÄSTGIFVERI: Der ehemalige Schankwirt vom Schloß Baldersnäs hat sich selbständig gemacht und ist schon nach kurzer Zeit für seine ausgezeichnete Küche bekannt geworden. Seine Spezialität sind Bibergerichte. Einzigartig im weiten Umfeld. Anfahrt: ca. 25 km südlich von Bengtsfors zwischen Steneby und Ed. Tel. o531/ 350 7o.

SEHENSWERTES

HERRENHOF BALDERSNÄS: ein scheinbar aus dem Mittelalter stammender Herrensitz inmitten eines wunderschönen Parks mit kleinen Spazierwegen. Weiß gestrichene, schmiedeeiserne, kleine Bogenbrücken führen über winzige Wasserläufe immer wieder zu den lieblich plätschernden Ufern des Laxsjöns. Auf dem Gelände Handwerks- und Kunstgewerbelädchen, in denen man den Künstlern in alten schwedischen Trachten bei der Herstellung der Produkte zusehen kann. Auch Verkauf. (Tipp: Dals Långed ist wegen der dort ansässigen Kunstgewerbeschule bekannt. Allerdings keine übertriebenen Erwartungen hegen: Es gibt nur 3-4 recht unscheinbare Geschäfte!)

GAMMELGÅRDEN: wunderschön gelegenes Heimatmuseum mit rund 2o verschiedenen Häusern wie Schmiede, Vorratshaus und Mühle. Gleich nebenan das „Halmens Hus", ein Museum, das sich mit dem Strohhandwerk befasst. Wunderschöne Ausstellung. Im Museumsladen hochwertige und schöne Arbeiten aus Stroh, aber auch anderen Materialen. Lohnt sich. Öffnungszeiten im Sommer täglich 11-18 Uhr. Eintritt Museum 3 Euro. Anfahrt: Vor der Brückenunterführung.

Im Sommer unterschiedliche Aktionstage, dann sind die Häuser geöffnet und in einigen Hütten wird gearbeitet. Besonders schön Mitte Juli der „Tag des Handwerks". www.gammelgarden.com

In STENEBY romantisch mitten im Grünen gelegene KIRCHE. Zum Fluß runter merkwürdig riesige Löcher (sog. Gletschermühlen) in hartem Fels, die von Eiszeitauswaschungen stammen. Die größte „INGRIDS KAMMER" ist 7 m tief. Festes Schuhwerk anziehen, manchmal recht steil.

AUSFLÜGE

Lohnend in jedem Fall von Bengtsfors aus Autotour entlang/rund um den SEE LELÅNGEN. Toll einsame Gebiete mit vielen Elchen.

Kanuzentralen: außer an den beiden Campingplätzen noch bei:

Silverlake Canoing mit Transportservice! Slussen; täglich 8-18 Uhr geöffnet, Tel. 121 73. www.silverlake.se

Fritid och Sjöliv: Kanalvillan, Stenebyvägen 11, Tel. 411 16 oder an der Schleuse im nördl. gelegenen Gustavsfors Ri. Årjäng, Tel. o531/ 411 16. www.kanalvillan.com

★ Ed

Altes, anheimelndes Fremdenverkehrsörtchen, reizvoll zwischen zwei Seen, inmitten der waldreichsten und dünn besiedelsten Ecke des Gebietes. Vom Ort aus herrliche Aussicht auf den kleineren See (Lilla Lee) mit kristallklarem Wasser und herrlichen Bademöglichkeiten.

Mühlbocks, Strömstadsvägen 2, 66831 Ed. Tel. o534/ 19o 22. Geöffnet: im Sommer von Mo.-Fr. 1o-18 Uhr, Sa./So 1o-16 Uhr. Homepage: www.dalsed.se.

Verbindungen ab Ed

Zug: Ed liegt an der Eisenbahnstrecke Göteborg-> Oslo. 3 x täglich Züge in beide Richtungen.

Auto: bequem über die 166 auch von Norwegen zu erreichen. Wahnsinnig schöne Piste westlich des Sees Stora Lee mit vereinzelt traumhaft schönen, wilden Zeltplätzen. Auf halber Höhe in Nössemark kostenlose Autofähre über See.

Bus: Verbindungen nach Bengtsfors und Mellerud mehrfach täglich.

„**Hotel Carl XII.**", schönstes Hotel im ganzen Dalsland! Große, helle Räume mit Möbeln im englischen Stil. Luxusklasse. DZ mit Bad und Frühstück ca. 1oo Euro. 66831 Ed, Tel. o534/ 611 55.

„**Mühlbochs Hotel**", Ferienhausanlage mit Wohnungen mit Sonnenterrassen und herrlicher Aussicht über den See Lilla Lee. Kein direkter Seezugang, dafür aber ein Schwimmbad. Die Wohnungen sind für 4 bis 6 Personen ausgerichtet. Preise für eine Woche in den Sommermonaten zwischen 425 Euro und 5oo Euro je nach Größe. Adresse: Strömstadsvägen 2, Tel. o534/ 123 5o.

Natura Camping Gröne Backe: große, schattenlose Rasenfläche auf einer Halbinsel direkt am See in Wildnisumgebung. Leider ist man vom Wasser recht weit weg und die schönen Stellplätze mit Wasserblick sind schon morgens weg oder an Dauercamper

vergeben. Dafür auch in Hochsaison nie übermäßig voll. Gute Angelmöglichkeiten (Lachsforelle) mit dort leihbaren Ruderbooten. Wer Wassernähe und Wasserblick sucht, ist am Laxsjön Camping (siehe Bengtsfors) besser aufgehoben. Anfahrt: 2 km südlich von Ed, von der 166/164 ausgeschildert. Tel. o534/ 1o1 44.

 Jugendherberge: kleine, 2-stöckige Jugendherberge, allerdings nur bis Mitte August geöffnet. Strömstadsvägen 18, ca. 1 km vom Bahnhof entfernt. Tel. o534/ 1o1 91.

SPORTMÖGLICHKEITEN IM DALSLAND

 Kanu: Unendliche Möglichkeiten und Tourkombinationen in Schwedens seenreichster Provinz. Von gemütlicher Tagestour bis zu 3-wöchiger „Wildnisexpedition" alles drin! Um exakte Infos für eine spezielle Tour zu haben, in jedem Fall 1: 1oo.ooo Karte „Kanotland-Dalsland-Nordmarken" im Touristbüro oder Buchhandel kaufen! Gleichzeitig ist in diesem Gebiet ein Obulus von ca. 2 Euro für die Übernachtung auf den von der Gemeinde zur Verfügung gestellten Wildnisplätzen längs der Kanurouten zu entrichten.

Seit ca. 25 Jahren ist die Kanuwoge dermaßen über das Gebiet hereingebrochen, dass im Juli täglich bis zu 1.ooo Kanadier auf den dalsländischen Seen herumschippern.

Folge: Umweltgefährdung und teilweise sogar -zerstörung durch bedenkenloses Lagerfeueranzünden, Müll vergraben (Füchse und Dachse buddeln alles wieder aus!), unbeabsichtigtes Stören der Vogelbrut sowie teilweise autobahnähnlicher Bootsverkehr an einzelnen Knotenpunkten (Schleusen). Aus diesem Grund hat der dalsländische Touristenrat feste Lagerplätze mit Trockenklos, Müllabladestellen und Windschutzen eingerichtet, um den Abenteurerstrom gezielt zu kanalisieren. Deshalb: bitte auch benutzen! Dies gilt insbesondere für größere Gruppen. Gleichzeitig bestehen für bestimmte Insel- und Uferregionen Näherungs- bzw. Betretverbote. Einzelne Feuerfahnen (gelbes Kreuz auf rotem Grund) verbieten, wenn sie gehißt sind, sämtliches Feuermachen auch auf dafür vorgesehenen Stellen.

Um den „Massenansturm" zu entgehen, möglichst folgende Strecken/Seen meiden:

* Dalslandkanal von Köpmannebro bis Bengtsfors,
* den Laxsjön und den Västra Silen Richtung Årjäng.

Weitgehend unberührter dagegen der See Lelången nördlich von Bengtsfors und der Stora Lee (häufig starker Wind) nördlich von Ed sowie die Tour von Köpmannebro über Fengersfors und Edsleskog. Dort unendlich schmale Wasserstrecke mit bewaldeten Ufern und verträumten Buchten.

Grundsätzlich gilt: Je mehr (und je strapaziöser) Überträge man macht, um so tiefer dringt man in die „Wildnis" ein und um so einsamer wird es. Im Norden schließt sich nahtlos das gewaltige Kanurevier der Provinz Värmland an.

> Tipp für Wildwasserfans: Zwischen der Umtragestelle am Stenebyälven nördlich der verrohrten Umtragestelle, hinter dem Ivosjön und der Einmündung in den Laxsjön, 2 x Schwallstellen mit je nach Wasserstand WW I-II. Vorsicht an der ersten Flußbiegung: mittendrin dicker Felsbrocken, der das Boot schnell in zwei Teile zerlegt. Besser umtragen!
>
> Außerdem spitzenmäßige WW-Stelle bis zu WW III nördlich von Billingsfors am Ausfluß des Sees Bengtsbrohöljen. Auf 5oo m spritzt und schäumt wenig verblocktes, dafür allerdings stark strömendes Wasser bis zur Brust der Kanuten.
>
> Schwallstrecken ebenfalls auf dem Hognerudsälv (westlich von Svaneholm zwischen Östra Silen und See Ommeln).

Selten genutzte, aber ungemein spannende Tour: entlang der Vänernküste von Köpmannebro bis z.B. Åmål und von da aus mit Bahn oder Bus zurück! Hunderte winzig kleiner Witzinseln ziehen an einem vorüber und der weite Ausblick auf den Vänern gibt das Feeling einer Küstenfahrt.

Kanuausleih mit Zubehör in Köpmannebro Upperud, Bengtsfors, Ed und Gustavsfors.

BOOTSFERIEN AUF DEM DALSLAND-KANAL

Eine der schönsten Wasserstraßen der Welt! Vorbei an kleinen, verschlafenen Orten, rot gestrichenen Gehöften, riesigen Wäldern, kargen Einöden und klaren, tiefen Seen.

Der Begriff „Kanal" paßt eigentlich gar nicht. Natürliche Wasserläufe mit 1o km gegrabenem Kanal und vielen Schleusen sind zu einem 25o km langem Seelabyrinth verbunden, auf dem man mit eigenem oder gemietetem Kajütboot echten Alternativurlaub verleben kann.

> Der Kanal wurde 1864-68 für den Transport von Salz, Zucker und Munition sowie zur Verschiffung dalsländischer Industrieerzeugnisse (aus Eisenhütten und Sägewerken) gebaut, dadurch konnte das gesamte Inland über den Vänern mit der offenen See verbunden werden.

Besonderer Pfiff: mit einem 2-stündigen Landtransport auf Tieflader (vom schwedischen Nössemark zum norwegischen Halden; Preis: ab 195 Euro bei AB Norman, Nössemark, 66831 Ed, Tel. o534/ 3o1 18) kann man von hier das Skagerak erreichen und über Göteborg, den Vänernsee wieder zum Ausgangspunkt zurückkommen. Zeitbedarf insgesamt ca. 3 Wochen. Aber auch kleinere Touren bis zu einer Woche auf motorgetriebenen und segelbaren Kajütbooten bringen's voll.

Beliebteste Tour: von Köpmannebro nach Bengtsfors. Auch für Anfänger möglich. Voranmeldung unbedingt erforderlich bei: Dalsland Turistråd, Box 181, 66294 Åmål, Tel. o532/ 143 66. Preise der Boote: je nach Länge (ab 5 m) und Personen (ab 2) sowie Saison zwischen 148 und 2o2 Euro pro Woche. Die Vermieter verlangen grundsätzlich keine Seemannspatente, setzen jedoch gerade bei größeren Booten Navigationskenntnisse und Erfahrung voraus!

Billiger und einfacher geht's mit zwei Sightseeing-Schiffen von Köpmannebro/Håverud nach Bengtsfors und zurück oder mit einer Rundtour von Håverud. Einfach dufte, bei einer Tasse Kaffee die Landschaft langsam an sich vorbeiziehen zu lassen. Fotoapparat besonders für die Schleusen nicht vergessen. Buchung bei allen Touristbüros.

Oder extrem unkonventionell auf von Motoren angetriebenen Pontonflößen, auf die man mit Wohnwagen oder Bulli fahren kann. Buchung unter Tel. o53o/ 3o3 13 bei Dalbo.

WANDERN

Phantastische Wanderstrecken:

* **Kroppefjäll**: sagenumwobenes Wald- und Bergland im Südosten der Provinz. Der sogenannte „Karolinerleden" schlängelt sich als Trampelpfad bergauf und -ab über sanfte Hügel und sumpfiges Gelände mit wippenden, leicht faulenden Planken. Daneben schaukelt Wollgras seicht im sanften Nordwind. Auf halber Strecke die tolle Karolinerstuga, für jeden Wanderer offen. Sorgsam gehäkelte Herzchengardinen verdecken nur kaum den Wildnisblick auf einen von Schlangen bewohnten Teich mit blühenden Seerosen. Unterwegs Unmengen von Blaubeerfeldern, die die Wanderzeit leicht verdoppeln.

Gesamtstrecke: ca. 1o km, die man aber nicht „rund" wandern kann, keine Rückfahrmöglichkeiten. Weg zurückgehen oder nur bis zur Stuga auf der Hälfte.

Zeitbedarf mit Anfahrt ca. 1 Tag. In jedem Fall Gummistiefel oder Gamaschen benutzen, da regen- oder taufeuchtes Gras teilweise bis zum Knie reicht.

Schöne Rückwegvariante von der Karolinerstuga aus führt durch das Marketjärnsmossen, der ca. 2oo m westlich der Stuga in südlicher Richtung abzweigt und ca. 1 km weiter westlich wieder auf ihn stößt. Viele kleine Seen, Blaubeeren ohne Ende, Kraniche, Biber- und Elchspuren... Zeitbedarf hierfür ca. 2 Std. Vorsicht bei anderen Wegen! Die anfangs gut ausgeschilderten Trails verlieren sich irgendwo. Deshalb unbedingt sehr gute, neu erstellte Wanderkarte am TI besorgen. Preis 7,5o Euro.

Möglicher Startpunkt: Kirche von Järbo. Zu erreichen über die 166 Mellerud/Ed, in Bäckefors auf der 172 ca. 7 km Richtung Färgelanda, dann rechts ab. Anderer Startpunkt: Forsebol südlich von Dals-Rostock.

* **Für den „Autowanderer"**: guter Einblick in das Gebiet auf der Straße von Granan im Osten über die Hügel nach Tångelanda im Westen.

* **Pilgrimsleden**: abwechslungsreicher Trail im Ostteil des Dalslandes. Einsamer Pfad mit einzelnen Kontaktstellen zur Zivilisation. Rauschende, riesige Wälder mit plätschernden Bächen und schmalen, tiefgrünen Seen. Viele traumhafte Übernachtungsstellen mit wahnsinniger Aussicht an einsam erhabenen Gewässern. Am Flatsjön viele Biber! Nicht sonderlich be-

schwerlich, obwohl der Trampelpfad auf und ab teilweise auch durch Kulturland führt.

Gesamtstrecke: 51 km für 3, besser 4 Tage.

Start: An der Holmskyrka (Kirche) nördlich von Mellerud nahe des Campingplatzes Vita Sannar. Schönstes Stück allerdings von Upperud bis Zielort Edsleskog (15 km westlich von Åmål).

Teiletappen mit Hilfe der kleinen blauen Schilder „Pilgrimsleden" an Straßenüberquerungen gut zu finden. Sonst mit orangefarbenen Punkten gut markiert. Aber Vorsicht bei Rodungen! Dort genau nach 1: 7o.ooo Karte halten: Gibt's in jedem Touristbüro. Schuhe gut imprägnieren, Trail teilweise pfützig.

* **Nationalpark Tresticklan**: absolut unberührte Wildnis nahe der norwegischen Grenze in dichtem Urwald mit großen Mooren. Der erst 1996 errichtete Nationalpark zeichnet sich durch seine einzigartige Rißtallandschaft mit Wildnischarakter aus. Der Park ist geprägt durch zerborstenen Felsengrund, in dem sich in Spalten Moore und Seen gebildet haben. Zwar von der Fläche her nicht riesig, für südschwedische Verhältnisse aber absolut wild. Anfahrt: von Ed Richtung Nössemark, dort Parkplatz und Ausschilderung.

* **Sörknatten/Vingnäs-Gebiet**: hier liegen die Originalschauplätze des Films „Ronja Räubertochter". Faszinierende Wald- und Seengebiete und eine in Nord-Süd-Richtung verlaufende Bergkette. Bei Spaziergängen in diesem Gebiet glaubt man wirklich, dass jeden Augenblick Ronja mit Birk um die Ecke geritten kommen. Nähe Dals Långed, Richtung Tisselskog/ Aussichtspunkt Vingnäs fahren.

DRAISINEFAHRTEN

Durch Stillegung des oberen Teils der Bahnnebenstrecke Bengtsfors-Årjäng besteht Möglichkeit, die Strecke per Draisine zu befahren. Nicht zum „Pumpen" wie viele annehmen, sondern eine Art dreirädriges Fahrrad, das auch als Tandem zu mieten ist, aber schon als Singledraisine bis zu 3 Personen Platz bietet. Bei in den Sommermonaten durchaus häufiger anzutreffenden Gegenverkehr haben die aus Bengtsfors kommenden Draisinen grundsätzlich Vorfahrt. Ein normal starker Mann kann eine Draisine kurz aus den Schienen heben und dann anschließend wieder reinstellen. Trotz des Nachteiles mit der Vorfahrt erscheint uns bei stundenweiser Anmietung die Strecke von Årjäng aus interessanter, da man von Bengtsfors aus zunächst relativ lange parallel zur Straße fährt. Unbedingt die Sicherheitsvorschriften bei Übernahme beachten! Man fühlt sich recht sicher auf den Dingern, doch bei zu hohen Geschwindigkeiten bergrunter oder auch nur bei kleinen Kollisionen entgleisen die Draisinen recht schnell, was jedes Jahr zu zum Teil nicht unerheblichen Verletzungen führt. Ansonsten super Sache, die man unbedingt gemacht haben sollte!

Gesamtstrecke 52 km, Preis pro Std. für die Einzeldraisine ca. 8 Euro, am Tag 25 Euro, für 24 Std. 38 Euro, für Tandems ca. ein Drittel teurer. Leider bei Übernahme in Bengtsfors und Abgabe in Årjäng (bzw. umgedreht) 12 Euro Einweggebühr (Tandem sogar 24 Euro). Auch Möglichkeit per Kanu wieder zurückzukommen. Verleih am Bahnhof von Bengtsfors, Tel. o531/ 52 68 o1, Bahnhof Årjäng o573/71 17 9o oder Anmeldung über TI Bengtsfors und Årjäng. Rechtzeitiges Vorbuchen notwendig.

FAHRRAD

Duftes Gebiet für Fahrradtouren wegen abwechslungsreicher, wild romantischer Landschaft, geringer Verkehr auf Nebenstraßen und gut zu überschauendes Gebiet. Die Touristenbüros geben hervorragende Tourenbeschreibungen auch auf deutsch mit einsamen Badeplätzen, wilden Zeltplätzen heraus. Gut gekennzeichnet: rotes Schild mit Fahrrad darauf. Übernachtungen können auch als Paket über TI vermittelt werden. Preis: 5 Euro. Fahrradverleih (auch Tandems) an Touristenbüros in Ed, Bengtsfors, Köppmannebro und am Campingplatz in Ed oder beim Mountainbike-Spezialisten in Bengtsfors, Franserudsvägen 1, Tel. o531/ 611 69.

REITEN

Verschiedene Arrangements des TI in Åmål mit Hotelübernachtung, Pferdevermietung etc. Wegen der Länge des Geländes in der Nähe des Kroppefjälls nur etwas für erfahrene Reiter. Preis pro Person: 8 Tage ca. 49o Euro. Tage- oder stundenweise Vermietung in der Regel nicht möglich.

Ein Freizeitzentrum in Dals-Långed hält ein großes Pferdeprogramm für Anfänger und Fortgeschrittene bereit. Zusätzlich Kurse zum Goldwaschen, Bogenschiessen, Klettern etc. Dalslands Aktiviteter, Steneby Gård, Dals-Långed, Tel. o531/ 33o 86. www.dalslandsaktiviteter.se

---

Details zur Nordseite des Vänernsees ....siehe ab Seite 297

Details zur Ostseite des Vänernsees ....siehe ab Seite 275

Mittelschweden

SCHNELLFINDER

Provinz Värmland 294
1) Entlang Vänernsee 295
2) West-Värmland 301
3) Frykental 310
4) Klarälvtal 315
5) Ostvärmland 320
6) Kristinehamn-Stockholm 325

Provinz Dalarna 336
Siljanseegebiet 340
Norddalarna/Kupferstraße .. 356
Grövelsjön-Gebiet 361

MITTELSCHWEDEN

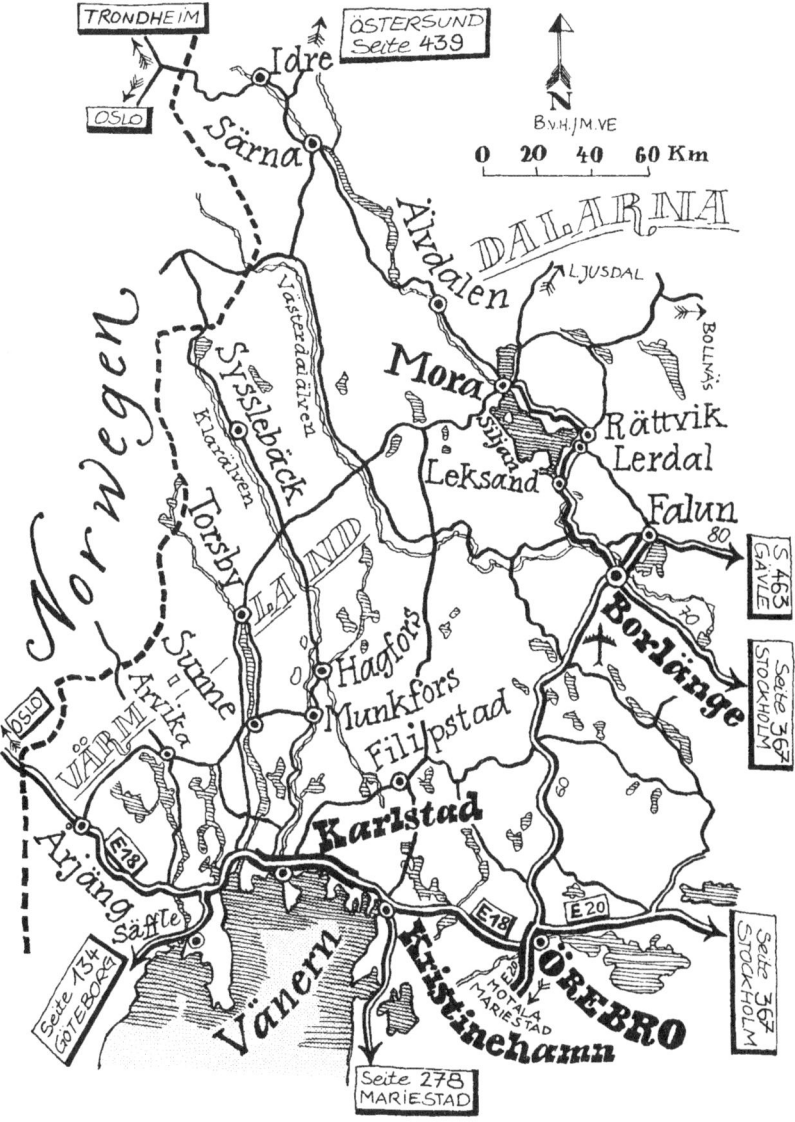

PROVINZ VÄRMLAND

Ungezählte Seen, lange, schmale Flußtäler mit romantischen Sandstränden und einsamen Bergkuppen. Schier endlose Wälder, in denen wild brausende Stromschnellen und stille Pfade gemächlich die Zeit an sich vorüberziehen lassen. Das Land nimmermüder Biber in funkelnd blauem Wasser, der majestätisch dahin trottenden Elche (in Nordvärmland gibt es mehr Elche als Menschen!) sowie noch vereinzelt vorkommender Bären. Värmland ist aber auch das Land der Lieder und Künstler, in dem an sonnenüberfluteten Abenden fröhliche Volksfeste bis spät in die Mittsommernacht über die einzigartig schön bewaldeten Höhen hallen. Eines der allerschönsten Gebiete Schwedens.

Värmland erstreckt sich vom obersten Drittel des riesigen Vänernsees weit entlang der norwegischen Grenze und sieht auf der Landkarte aus wie der Rücken eines sitzenden Elches. Teil der schwedischen Seenplatte. Touristische Informationen lassen sich über die Värmland Homepage www.varmland.org abrufen.

1) Entlang des **Vänernsees** noch Kulturland und etwas Industrie. Beste Möglichkeit zum Baden an sonnenwarmen Klippen mit glattgeschliffenen Felsen oder zum Faulenzen an feinsandigen Stränden in einsamen Buchten. Zwischen den vorgelagerten Inseln beste Surf-, Segel- und Angelgelegenheiten. Zentralort und Hauptstadt des Gebiets: die 4oo Jahre alte Sonnenstadt Karlstad. Direkt im Anschluß.

2) **Westvärmland,** absolutes Eldorado für Wanderer und Kanuten; unbegrenzte Wildniskanutouren in nahezu unüberschaubarem Gewirr von Seensystemen inmitten unberührter Abgeschiedenheit. Fantastische Rundwandertrails im menschenleeren und weltvergessenen Naturreservat Glaskogen. Zentralort Arvika, in dem auch viele Künstler und Musiker zu Hause sind. Schöner Rundfahrradweg, Värmlandsleden, der durch die schönsten Ecken des Landes führt. Ab Seite 3o1

3) Das **Frykental**, langgezogene, liebliche Täler mit tiefen, klaren Seen und wildnisähnlichen Waldgebieten. Von vielen Touristen bevorzugtes Gebiet mit schönen Parks und hervorragenden Bade-, Wander- und Kanumöglichkeiten. Zentralort: Sunne. Seite 31o

4) Das **Tal des Klarälvflusses**, nördlich von Karlstad, auch Pilgerstraße genannt, auf der in grauen Vorzeiten die Menschen von Karlstad nach Norwegen pilgerten. Auf fast 5oo km windet sich der Fluß durch im Norden enge Täler vorbei an bläulich schimmernden Höhenzügen durch weitgehend unberührte Natur. Der Klarälv durchzieht riesige Wälder mit noch vielen Bibern und Elchen, um schließlich breit und träge im Vänern zu münden. Ab Seite 315

5) **Ostvärmland**, abseits ausgefahrener Touristenrouten liegendes, abgeschiedenes Wald- und Seengebiet. Alte Erzgruben und mineralreiche Felsen liegen totenstill in einem entlegenen Wildnisparadies, in dem man heute noch mit vorsintflutlichen Draisinen über stillgelegte Bahnstrecken holpern kann. Zentralort: Filipstad am naturschönen Berglagskanal. Ab Seite 32o

6) **E 18/E 2o Kristinehamn -> Stockholm**, eigentlich kein Teil von Värmland, bietet

sich aber als Querverbindung nach Stockholm hier an. Führt in ca. 23o km über die E 18/E 2o vorbei an Örebro, Eskilstuna und Torshälla. Ab Seite 325

1) ENTLANG DES VÄNERNSEES

Sehr wenig Kontakt der Straße mit Seeufer. Weder viele öffentliche Campingplätze, noch gute Chancen zum Wildzelten. Bei SÄFFLE riesige Landnase, die weit in See hineinreicht, mit Feldern, Wiesen und Fichtenwäldern. Liebliche Gegend, allerdings ohne touristische Infrastruktur (Hotels, Zeltplätze). Probleme beim Wildzelten, da ansässige Bauern (verständlicherweise) nicht unbedingt erfreut reagieren.

Vänernsee: Europas drittgrößter und Schwedens größter See mit 14o km Länge und 75 km Breite größer als das gesamte Ruhrgebiet. Von den 1oo.ooo Seen Schwedens besitzt er 1/3 der Gesamtfläche. Angelparadies für Freizeit- und Berufsfischer. Berühmt der in allen Restaurants angepriesene Vänernlachs.

✶ Säffle

Durchgangs- und Industriestädtchen mit reizvoller Seen- und Waldumgebung an riesiger Landnase, die in Vänernsee hereinreicht. Große Zeltplatzkapazitäten.

Olof Trätälja, alter Wikingerstadtgründer, soll eine wunderschöne Königstochter entlang dieser „Wikingerstraße" nach Säffle gebracht haben. Sein mit lichten Fichten bewachsener Grabhügel ist heute noch südlich der Stadtkirche am Wasserturm zu sehen.

Im Stadtzentrum, Brovillan 5, Tel. o533/ 68 1o1o, Fax: o533/ 416 89. Geöffnet: im Sommer Mo.-Fr. 9-19 Uhr, Sa. 1o-17 Uhr, So. 12-17 Uhr. Hier auch Infos über Kanu- und Fahrradverleih, Bootsfahrten auf dem Vänern sowie Hüttenvermietung. www.varmland.org oder für die Stadt mit Umgebung: www.saffle.se.

Empfehlenswertes Restaurant KNUSESUNDS HERRGÅRD mit Wild- und Fischspezialitäten zu akzeptablen Preisen (Elchsteak ca. 15 Euro). Näsvägen auf dem Weg nach Ekenäs. Tel. o533/ 123 45. www.knusesundsherrgard.se

Camping Duse Udde, sehr schöner Platz in phantastischer Wald- und Wiesenumgebung direkt am Vänernsee. Absolut ruhig gelegen, familienfreundlich mit vielen Kinderspielgeräten. Über 4o Hütten zu vermieten. In direkter Umgebung markierte Rundwanderwege. Ausleihmöglichkeit nicht nur von Kanus und Fahrrädern, sondern auch Ruder- und Motorboote. Dort auch das Duse Udde Restaurant „Leuchtturm". Trotz der starken Frequentierung im Juli für längeren Urlaub zu empfehlen. Anfahrt: von der 45, ca. 6 km südlich vom Zentrum Säffle.

Krokstad Herrgård, die auch als Konferenzcenter fungiert und Bed&Breakfast Übernachtungsmöglichkeiten anbietet. Anfahrt von Säffle der Industrigatan Richtung Süden und der Ausschilderung Duse Udde Campingplatz folgen. Tel. o533/69 1o 3o.

Leuchtturm Luringen, mitten im Vänernsee am Ende einer Reihe winziger Inseln liegt ein jugendherbergsmäßig ausgebauter Leuchtturm mit insgesamt sieben 2- bis 4-Bett-Zimmern. Super Naturreservat drum herum. Preis ca. 16 Euro, zusätzlich aber 13 Euro Bedarfsbootsverkehr (Gebrüder Örnvald, Tel. o5333/ 231 65 oder 231 3o in Ekenäs) zu zahlen. Bootsfahrt ca. 1/2 Stunde. Buchung auch zusätzlich über TI Säffle.

AUSFLÜGE

SCHÄRENINSEL LURÖ: Von Ekenäs (Südspitze der Vänernlandnase) lohnende Fahrten mit Fischerbooten in das verwirrend schöne Schärengebiet zur Insel LURÖ mitten im Vänernsee. Außer der Jugendherberge gibt es zwar nur einige wenig aussagekräftige Ruinenreste zu sehen, doch dafür lohnt die schöne Bootsfahrt, die Wanderung über die Insel und die schönen Klippen- und Sandstrände. Badezeug nicht vergessen! Die Überfahrt dauert eine halbe Stunde und nimmt die Fahrgäste 4,5 Std. später wieder mit zurück. Schöner Tagesausflug für den man den eigenen Proviant nicht vergessen sollte. Kleinigkeiten wie Eis, Kaffee oder Tee sowie frischgeräucherter Fisch gibt es neuerdings am Bootssteg zu kaufen. Abf.: Im Sommer täglich außer montags und donnerstags um 9.3o Uhr ab Ekenäs, Rückkehr gegen 16 Uhr. Preis 14 Euro. Vorbuchungen sinnvoll (vgl. Jugendherberge).

SCHLOSS LÄCKÖ liegt auf der anderen Seeseite des Vänern und wird ebenfalls von Ekenäs aus jeden Sonntag im Sommer angefahren. Abfahrtszeiten am TI.

Draisinentouren: die in Schweden besonders bei deutschen Touristen so beliebten Draisinentouren kann man von Mittsommer bis Ende August auch in Svanskog, rund 3o km westlich von Säffle unternehmen.

ECHSTEDTSKA GÅRDEN: alter Familienhof mit beeindruckenden Rokoko-Möbeln und Wandmalereien in wunderschöner Lage in der Nähe des Sees Summeln. Geöffnet täglich 11-18 Uhr, Eintritt 3 Euro. Anfahrt: 17 km nördlich von Säffle über die 545 Richtung Arvika.

Vorsicht bei Kanutouren: Vogelnaturschutzgebiet auf den Inseln und teilweise meterhoher Wellengang auf dem Vänernsee außerhalb der windgeschützten Gebiete machen das Paddeln nicht ungefährlich! Zudem sind die Mitnahme eines Kompaß, besser sogar GPS, und der perfekte Umgang mit Seekarten unabdingbare Voraussetzungen für Touren im Inselgewirr vor Ekenäs.

Für Richtung Norden Reisende: Wahnsinnig schöne Piste entlang der norwegischen Grenze durch wirklich unendliche Einsamkeit. Jede Menge Kurven, tiefe Wälder und höchstwahrscheinlich auch mit Elchblick. Viel Zeit zum Gucken lassen, die Strecke wird man nicht so schnell vergessen! Von Säffle über die 545 nach Arvika und von dort weiter über Gunnarskog, Lekvattnet, Östmark, Röjdafors, S. Finnskoga bis Sysslebäck hoch im Norden des Klarälvtals. Ca. 23o km, Zeitaufwand ca. 2 Tage. Einmalig!

Weiter nördlich in Grums an der E 18 holt einen die Wirklichkeit wieder ein; graue Fabrikhallen und stinkende Schlote verbreiten bestialischen Gestank. Möglichkeit zur Besichtigung der Papierfabrik. Alle Lüftungsluken schließen, aufs Gaspedal und weg.

 Sävsjön Bad und Camping, anheimelnder Platz mit familiärer Atmosphäre. Leicht abschüssiges Gelände direkt am Wasser. Trotz der 1o km südlich von Grums, je nach Windrichtung Geruchsbelästigung durch Zellulosewerk möglich. Anfahrt: Von der E 18 bis Segmon in nordwestlicher Richtung abbiegen, dann noch ca. 3 km.

✦Karlstad

Sonnenstadt im breiten Mündungsdelta des mächtigen Klarälv-Stromes in der Nordspitze des Vänernsees. Trotz gigantischer Autobahnabfahrt und Umgehungsstraßen gemütlich. Überschaubarer Stadtkern mit breiten Einkaufsstraßen und ein wenig Großstadtfeeling.

Trutzig massive Steinhäuser stehen an etwas überdimensioniert erscheinendem Marktplatz in Steinwurfnähe zum gemächlich dahinströmenden Fluß, auf dem noch in den letzten Jahren winzige tuckernde Schlepper gebündelte Baumstämme wie Streichholzketten hinter sich herziehen. Moderne Handels-, Verwaltungs- und Ausbildungsstadt, die im Sommer von Touristen gern als städtische Abwechslung beim Ausgangs- oder Endpunkt erlebnisreicher „Wildnisaufenthalte" in weiterer Umgebung benutzt wird.

Die direkte Umgebung von Karlstad ist weniger interessant: leicht hügeliges, teilweise offenes Gebiet mit Feldern, Wiesen und Bauernhöfen; kein Kontakt zum Vänern.

Ihren Namen erhielt die Stadt - wie sollte es anders sein - 1584 von König Carl IX. gleichzeitig mit den Stadtprivilegien. Wie schon der mittelalterliche Gerichts- und Handelsplatz Tingsvalla verdankt die Stadt den günstigen Verkehrswegen - am Fluß und See sowie zwischen Oslo und Stockholm gelegen - ihre ständige Blüte.

 Bibliotheksgebäude, Vastra Torggatan 26, Tel. o54/ 29 84 oo. Geöffnet Mo.-Do. 9-18 Uhr, Fr. 9-17 Uhr, Sa. 11-15 Uhr. Zentralbüro für ganz Värmland, hier auch beste Infos/ Buchungsmöglichkeiten für alle Aktivitäten der Provinz einholen. www.varmland.org oder www.karlstad.se

Verbindungen ab Karlstad

Zug: extrem gute Verbindungen, da sowohl an der Hauptstrecke Stockholm-> Oslo, als auch Karlstad-> Göteborg; täglich häufige Abfahrten mit den schnellen X-2ooo-Zügen.

Bus: Schnellbus, Drottningsgatan 43 mit Cafeteria, täglich Verbindung Gävle-> Göteborg und fast stündlich Anschlüsse an Hauptachse Oslo-Stockholm.
Linienbusse in nahezu alle Teile der Provinz mehrmals täglich: Arvika - Säter - Ekshärad - Filipstad - Karlskoga - Årjäng - Åmål. Busauskünfte unter o2o/22 55 8o.

Flug: Flugplatz Karlstad mit 5 x täglich Stockholm, 3 x täglich Göteborg, 2 x täglich Oslo, 2x täglich Kopenhagen, Tel. o54/55 5o oo. www.ifv.se

Auto: beste Straßenverhältnisse. Autoverleih:
- Avis, Hamngatan 24, Tel. 15 26 6o
- Toyota Biluthyrning, Gjuterigatan 5, Tel. 85 41 oo
- Europcar, Hagalundsvägen 29, Tel. 18 23 2o
- Hertz, Kökarlsvägent 7, Tel. 56 15 oo

Wegen der günstigen Lage ist Karlstad beliebte Kongress- und Handelsstadt mit entsprechend überdimensionierter Bettenkapazität. Da im Sommer auf dem Gebiet allerdings nicht viel läuft, häufig super Dumping Hotelpreise, selbst in echten Nobelherbergen! Tipp: In jedem Fall vorher TI nach Sonderangeboten fragen. Die angegebenen Preise sind die offiziellen, im Sommer (Wochenende) teilweise bis zu 5o % reduziert.

„**Scandic Hotel Winn**", neues Hotel, große Zimmer mit allem Luxus (TV, Video, Sauna). Manageratmosphäre. Zimmer nach vorne mit Blick auf Fluß verlangen! DZ ab 8o Euro mit Frühstück. Norra Strandgatan 9-11, Tel. o54/ 776 47 oo. www.scandic-hotels.com

„**Ibis Hotel Karlstad City**", grauer Hoteleckklotz direkt am Klärälv, 5o m vom Marktplatz, superzentral gelegen, große Zimmer nach vorne zum Fluß nehmen, recht preisgünstig: DZ ab 7o Euro mit Frühstück. Västra Torggatan 2o, Tel. o54/ 17 28 3o.

„**Scandic Hotel Klarälven**", sehr empfehlenswert wegen schöner Lage am Fluss, etwas außerhalb der Stadt (7 Min. zu Fuß), modern eingerichtete, große, helle Zimmer. DZ ab 8o Euro mit Frühstück. Sandbäcksgatan 6, Tel. o54/ 18 776 45 oo.

„**Hotel Carlton**", älterer Hotelklotz im Zentrum, DZ ab 5o Euro. Järnvägsgatan 8, Tel. o54/ 673 77 oo. www.carltonhotel.se

„**Hotel Gustaf Fröding**", riesiger, weißer Hotelsilo an der östlichen Umgehungsstraße. DZ um ab 8o Euro. Höjdgatan 3, Tel. o54/ 67 oo oo. www.gustaffroding.se

Skutbergets Camping, absolut riesige Anlage mit allen Freizeitmöglichkeiten: Surfen, Kanu, Sauna, Frühsport, Trimm-Dich-Anlage, Rundwanderwege, Autowäsche. Schöner

Strand, teilweise als FKK eingerichtet. Romantisch vorgelagerte Schären, links im Blickfeld allerdings Schlote. Wer mal wieder etwas Trubel braucht, ist hier richtig. Für unseren Geschmack allerdings etwas zu groß. Anfahrt: auf der E 18, ca. 7 km von Karlstad in westl. Richtung, dann links ab noch 1 km. Tel. o54/ 53 51 21.

Bomstad- Badens Camping, wesentlich kleiner und mit viel schönerem Strand als Skutberget. Weniger Luxus, dafür aber auch nicht so brechend voll. Neue Hütten mit Selbstversorgungsmöglichkeiten. Anfahrt: Auf der E 18, ca. 1o km westlich von Karlstad, erst Ausschilderung Skutberget folgen, vorher aber rechts abbiegen. Tel. o54/ 53 5o 68.

Hammarö Turistcenter, auf einer Karlstad vorgelagerter Halbinsel direkt am Vänernsee. Lohnender Urlaubsplatz auch für Familien mit Kindern. Anfahrt: 12 km südlich der E 18 bei Mörudden auf Hammarö. Per Bus mit Linien 2o4, 2o5, 2o6 plus Fußmarsch (1 km). o54/ 51 77 11.

Jugendherberge: Vandrarhem Ulleberg, riesiges, etwas hellhöriges Gebäude mit hohen Zimmern und ein wenig Krankenhausatmosphäre auf Gängen. Gemütliche Sitzecken im Eingangsbereich der Flure mit TV und Sesseln zum Hinflegeln. Super reichhaltiges Frühstück. Adresse: Vandrarhem, 65342 Karlstad, Tel. o54/ 56 68 4o. Ca. 4,5 km vom Zentrum mit Buslinie 11, 21 und 32 erreichbar.

Landschaftlich sehr schön gelegene JH Hammarö auf vorgelagerter, mit zwei Brücken verbundener Insel. Schöne Badebuchten und Felsstrände. Djupsundsvägen, 66334 Skoghall, Tel. o54/ 51 o4 4o.

Restaurant im „GUSTAF FRÖDING", draußen an der E 18; besonders lecker der leicht rosarote Vänern-Lachs. Preise ab 16 Euro, täglich bis 24 Uhr geöffnet. Höjdgatan 3, Tel. o54/ 83 1o oo.

Restaurant „BORGMÄSTARHOLMEN" im Scandic-Hotel. Spezialität: Lachs nach Art des Hauses, sehr reichhaltig. Preise ab 2o Euro, Sandbäcksgatan 6, Tel. o54/18 71 2o.

Restaurant „SKOGEN", bekannt für üppiges Smörgasbord am Mittag, Preise ab 2o Euro, Mariebergsskogen, schöne Umgebung.

„MUNKEN", gemütlich eingerichtetes Kellerrestaurant mit etwas hektischer Atmosphäre, reichhaltiges und recht preisgünstiges Essen, hervorragend auch hier: Vänern-Lachs. Preise ab 15 Euro Västra Torggatan 17.

SEHENSWERTES

Das FRIEDENSMONUMENT (1955 von Ivor Johnsson) auf dem Marktplatz und der DOM (173o) an der Kungsgatan begegnen dem regen Stadttouristen auf Schritt und Tritt.

Weniger Touristen im ALMEN-VIERTEL, Verlängerung der Tingsvallgatan, ein Häuserkarree, in dem die dunkelrot gestrichenen und leicht windschiefen Holzhäuser an das gemütliche 18. Jh. erinnern.

VÄRMLAND MUSEUM, das völlig neu gestaltete Museum fällt nicht nur durch seine ausgefallene Architektur mit sich leicht nach innen wölbenden Aussenwänden auf. Das siebeneckige Gebäude, das mit dem alten Museumsbau verbunden wurde, erzählt alle Sinne ansprechend die Geschichte Värmlands. Man kann Värmland sehen, hören, schmecken, riechen und fühlen. Schon der Eingangsraum mit einem fünf Meter hohen Monolith aus Schiefer ist ein eigens eingerichteter Ruheraum. In anderen Räumen auch spezielle Angebote für Kinder zum Schreinern, Schnitzen und Malen. Insgesamt lohnend! Anfang Juni bis Mitte August tägl. 1o-18 Uhr, Eintritt 4 Euro. Sandgrundsgatan.

Für Familien mit Kindern immer lohnend: „MARIEBERGSSKOGEN", großer, tivoliähnlicher Vergnügungspark mit Buden, Riesenrad, Tierpark, schönem Gartencafé und hervorragendem Restaurant. Öffnungszeiten: Tierpark täglich 7-22 Uhr.

ALSTERDAL, naturschöne Park- und Kulturlandschaft mit saftig grünen Birkenhainen. Gemütliche Spaziergänge zum Lustwandeln und Radeln. Dort auch alter Herrenhof (Alsters Herrgård) des schwedischen Lyrikers G. Fröding. Anfahrt: über die E 18 in östlicher Richtung nach 5 km ausgeschildert.

EINKAUF: Die großen Einkaufsstraßen bieten einiges zum Shopping. Besondere Andenken dieser Gegend: Westen, Schuhe, Taschen etc. aus weichem, gut riechendem Elchleder. Aber auch Glas und Keramik. Lohnend die Glas- und Porzellanabteilung bei Domus. Ein Original von Kunsthandwerksgeschäft sei hier noch erwähnt: Lilla Boden, V. Torggatan 17.

FREIZEITMÖGLICHKEITEN

Gemütliche Schippertouristentour auf dem Klarålven Fluß. Abfahrt täglich 14 Uhr am Café Slusswakten. Dauer: 1 1/2 Stunden. Oder mit der M/S Vestvåg die Schärenwelt des Vänernsees erkunden. Infos im TI.

Außerdem seit neuestem Charterboottouren für Angelfreunde. Fangspezialität: Vänern-Lachs für Feinschmecker. Infos über TI.

Segel- und Motorbootverleih bei idealen Wasserbedingungen über TI oder Tel. o54/ 51 77 11.

Wasserski, am Campingplatz Skutberget, Tel. 351 39.

Außerdem Kanuverleih an beiden Zeltplätzen und Fahrradverleih über Touristbüro.

2) WESTVÄRMLAND

Rund um Arvika und Årjäng lieblich romantische Natur. Gigantisches Puzzle aus See und Land in dem Wanderer und Kanuten voll auf ihre Kosten kommen.

★ Arvika

Zentralort des westlichen Värmlands und im Sommer besonders Magnet für wildnishungrige Deutsche und Holländer. Im Halbkreis am oberen See-Ende mit einem vom Geodreieck gezeichneten Grundriß. Gegenüber vom Bahnhof gepflasterter und mit Blumenkübeln umsetzter Marktplatz. Ringsherum freundlich provinzielle Bank- und Geschäftshäuser, zwei Einkaufsstraßen, fünf Kreisverkehre. Trubel.

In Bahnhofsnähe, Storgatan 22, 67131 Arvika. Tel. o57o/ 817 9o, Fax: o57o/ 817 2o. Geöffnet ganzjährig. In der Hochsaison Mo.-Sa. 9-18 Uhr, So. 12-16 Uhr.
Homepage: www.arvika.se.

Zug: an der Hauptlinie Stockholm-> Karlstad-> Oslo mit Abfahrten im IC-Takt und dem schwedischen Hochgeschwindigkeitszug X-2ooo.
Bus: mehrmals täglich Richtung Kil/Karlstad und Charlottenberg, am Freitag und Sonntag nach Säffle.

„<u>Oscar Statt</u>", mitten im Zentrum. Nach Besitzerwechsel komplett renoviert. Große Markisen an Erdgeschoßfenstern. Jetzt bestes Hotel am Ort. DZ mit Dusche und Frühstück ca. 85 Euro im Sommer. Torggatan 9, Tel. o57o/ 197 5o. www.oscarstatt.se

„<u>Hotel Bristol</u>", 4-stöckiges Eckhaus an Hauptgeschäftsstraße im Zentrum. Einzel-, Kombi- und Dreierzimmer, alle mit Dusche, Toilette; TV, Video, Telefon. Im Sommer: DZ mit Frühstück ca. 7o Euro. Kyrkogatan 25, Tel. 132 8o.

<u>Ingestrands Camping</u>, lohnender Platz unter Birken direkt am Wasser, nah an phantastischem Badeplatz. Sauna. Daneben Kanuzentrale mit allen Leihmöglichkeiten. Schöne Spaziergänge vom Parkplatz aus. Anfahrt: 4 km südlich von Arvika an der 175.

<u>Brunskogs Camping</u>, großer, freier Platz direkt an 61. 2oo m zu kleinem Badestrand. Durchgangsplatz. Anfahrt: zwischen der 61 und See Värmeln, ca. 2o km östlich von Arvika. Tel. o57o/ 529 33.

<u>Glaskogen Camping</u>, super zentral im Naturschutzgebiet gelegen, von daher ideal als Ausgangspunkt für Tages- bzw. Mehrtagestouren. Für Zelte Rasenfläche rund um das Haupthaus, allerdings auch einzelne Lagerplätze durch Bäume voneinander getrennt. Im Sommer meist recht voll. Lebensmittelgeschäft, Bootsverleih und Sauna vorhanden. Anf.: Schildern Lenungshammar folgen. Tel. o57o/ 44o 7o.

<u>Sölje Camping</u>, recht unbekannter und deshalb auch nicht überlaufener Platz

direkt am See mit angeschlossenem sehr schönem Badeplatz. Kanuverleih. Anfahrt: westlich des großen Glafsfjorden an dem Ort Glava vorbei Richtung Süden bis zum kleinen Ort Sölje. Dort nach wenigen hundert Metern rechts. Ca. 3o km von Arvika. Tel. o57o/ 464 141.

Treens Camping, sehr schön gelegener und einsamer Platz direkt am See. Die insgesamt 48 Stellplätze sind schnell belegt. Anfahrt: von Arvika über Gunnarskog Richtung Gräsmark. Ca. 15 km nördlich von Gräsmark bei Fredros. Tel. o57o/ 77 4o 85.

Jugendherberge: STF Vandrarhem Brunskog-Bergamon, zweistöckiges, rotes Gebäude mit versteckten Annexen. Schöne Zimmer, Fernsehecke unten im Flur. Dort auch Startpunkt des 8 km langen Wanderweges auf dem Brunskogsfjäll (Richtung Edane). Adresse: Bergamon, 67194 Brunskog, Tel. o57o/ 521 41. Anfahrt: 2o km östlich Arvika, kurz hinter der Kirche.

Birkekleva, Jugendherberge mit 42 Betten sowie 4 Duschen und 4 Toiletten auf dem Flur. Küche für Selbstversorger vorhanden. Tel. 4o4 21 im Örtchen Glava, südlich des großen Glafsfjorden auf der Seewestseite.

SEHENSWERTES

FORDONMUSEUM: eines der größten Oldtimer-Museen des Landes mit alten Cabriolets, motorbetriebenen Fahrrädern und herrlich restaurierten Pferdekutschen. Nicht nur etwas für Regentage. Adresse: Thermiavägen 2. Geöffnet: Mo.-So. 11-18 Uhr, Eintritt: 4 Euro.

Außerdem im Zentrum liegendes FREILICHTMUSEUM. In restauriertem Großbauernhof rund 2o alte Schwedenhäuser mit Kunstschmieden, Töpfern usw. Mitte Juli auch Verkauf. Sagudden. 3oo m vom Bahnhof am Seeufer.

RACKSTADMUSEUM, idyllischer weißer Gebäudekomplex, in dem sich die sog. Rackstad-Künstler verewigt haben. Helle, hohe Räume mit Bildern aus der spätromantischen Epoche in Schweden, die besonders stimmungsvolle Lichtmalerei zeigen. Etwas für Kunstinteressierte. Geöffnet im Sommer tägl. 11 - 17 Uhr, Eintritt 3 Euro.

Einkauf: Schöne Handtaschen aus Elchleder, Tassen, Schalen, Kerzenständer, Läufer und Wolle. Klein, aber fein. Arvika Konsthantverk, Kyrkogatan 17b.

Klässbols Damastweberei: eine der wenigen noch bestehenden Webereien in Europa. Handtücher, Servietten, Leinen, Stoffe werden in einem hohen, lichten Raum perfekt in Szene gesetzt. Tolle skandinavische Muster und schwedisches Tuchdesign. Dort auch Verkauf. Bei der Produktion in den laut ratternden Werkstätten kann man zuschauen und die großen, schier unglaublich funktionierenden elektrischen Webstühle bewundern. Spannend! Mo.-Fr. 9-18 Uhr, Sa./So. 1o-15 Uhr. Klässbols Linneväveri. 2o km südlich von Arvika an der 175.

Die auf der anderen Straßenseite unterhalb des schönen Mühlencafes gelegene Glasbläserei ist nicht überzeugend.

WANDERN

Außer phantastischen Rundtouren im Glaskogen gibt es den 24o km langen Finnskogleden, den 4o km langen Finnleden und den 21 km langen Finnvägen, die alle durch altes finnisches Siedlungsgebiet führen. Nähere Details vergleiche ab S. 3o9. Rund um Arvika zusätzlich eine Reihe kürzerer Wanderungen, die auch als Tagestouren zu machen sind:

Djupdalsled, vom Ausgangspunkt "Jössestugan" am Ostufer des Sees Rakken nördöstlich der Stadt führt schöner, 7 km langer, grünmarkierter Wanderweg meist am See entlang. Zeitbedarf ca. 2,5 Std.

Sotar Blixt-leden, ebenfalls vom Startpunkt "Jössestugan". Ist mit 11 km etwas länger (Zeitbedarf ca. 3,5 Std.) und an der orangefarbenen Markierung zu erkennen. Der etwas merkwürdige Name geht auf ein einheimisches Unikum mit gleichem Namen zurück, der hier immer spazieren ging.

Gravås-Arvika-leden, 17 km langer, mit blauen Zeichen markierter Trail, der den Vorteil bietet, dass man mit dem Bus von Arvika Richtung Gunnarskog fahren und an der Bushaltestelle "Myrevägen" aussteigen kann, um genüßlich durch Wald, Feld und Wiesen zum Ausgangspunkt zurück zu wandern. Nimmt man morgens den ersten Bus gut als Tagestour machbar.

FESTE: Gammelvala in Brunskog: Eine Woche lang wird in örtlichem Heimatmuseum die Zeit um hundert Jahre zurückgedreht: alte Köhler zünden echten Kohlenmeiler an, Handwerker kerben hölzerne Dachrinnen, drehen Seile, schwingen Dreschflegel und flechten Spankörbe. Betagte Frauen in bunten Trachten kämmen Wolle, waschen mit Holzasche und backen Brot. Im altbackenen Kolonialwarenladen werden Süßigkeiten, Würstchen und Tischdecken verkauft. Kein Krimskrams oder Tingeltangel. D a s gesellschaftliche Ereignis der Saison mit viel Andrang. Jedes Jahr in der letzten Juliwoche.

FREISTAAT MOROKULIEN: An der schwedisch-norwegischen Grenze wurde 1914 ein Friedensmonument errichtet, das an den damals schon 1oo-jährigen Frieden zwischen den beiden Ländern erinnern soll. Das Areal drumherum ist reichsfreies Gebiet, unübersehbar ist der über 16 m hohe Holzsoldat. Anfahrt: an der Straße 61 nördlich von Arvika Richtung norwegische Grenze bis Eda.

★ Årjäng

Durch Kreuzung mit viel befahrener E 18 häufig Durchgangsstation vieler Autotouristen. Am Seenordende im Herzen der wald- und seenreichen

Nordmark, deshalb idealer Ausgangspunkt zum Kanufahren und Wandern. Das Städtchen selbst ist mit seinen Standardgeschäften längs der Hauptstraße nicht sonderlich lukrativ. Auffällig im Stadtzentrum die vielen Norweger, die zum preisgünstigen Einkaufen rüberkommen. Årjängs Wahrzeichen ist ein riesiger, fast 1o m hoher Holztroll mitten im Stadtzentrum, der Eiffelturm von Årjäng, vor dem im Sommer regelmäßig Veranstaltungen stattfinden und Kinder auf einer Rutsche toben können. In ganz Schweden ist Årjäng zudem als Pferde- und Traberstadt bekannt.

 Direkt gegenüber dem Giganto-Troll. Torget, Box 9o6, 67229 Årjäng. Tel. o573/ 141 36, Fax: o573/ 141 35. Geöffnet: Mo.-Fr. 9-19 Uhr, Sa. 9-18 Uhr, So. 12-17 Uhr. Homepage www.arjang.se/turism.

Verschiedene **Busunternehmen** fahren bis zu 1omal täglich die Strecke Oslo - Stockholm über die E 18. Von daher super gute Verbindungen auch mit den anderen großen Städten längs der Europastraße wie Karlstad oder Örebro mit Anschluß an Haupteisenbahnlinien. Zusätzlich 1mal täglich über die 172 via Bengtsfors zur Zugeinsteige Mellerud.

„Nordic Hotel", moderner, nüchterner Steinbau mit Blick auf die vielbefahrene E 18. Schwimmhalle und Restaurant im Hause. Am Cityrand an E 18 Kreuzung. Normalpreis DZ mit Dusche und Frühstück ca. 9o Euro. Sommer-Sonderkonditionen um 8o Euro. Arvikavägen, Tel. o573/ 711 o7o. www.hotellnordic.se

 Årjäng SweCamp Resort Sommarvik, leicht abschüssiges Wiesengelände in phantastisch ruhiger Umgebung direkt am See. Kleiner weißer Sandstrand auf Halbinsel. Fahrräder und Kanus zu vermieten. Leider sind die Stellplätze mit Wasserblick schnell vergeben. Mit 5 Sternen gehört er mit zu den 8 besten Plätzen in Schweden, der auch ganzjährig geöffnet ist. 6o Hütten, fast alle mit eigener Dusche und Toilette. Viele Jugendgruppen. Mit Abstand schönster Platz in Umgebung. Deshalb ziemlich voll. Rechtzeitig ankommen. Anfahrt: 2 km südlich von Årjäng, von 172. Nicht umbedingt etwas für den, der Beschaulickeit, Ruhe und Seeblick vom Stellplatz aus sucht.

Järnsjöns Camping, durch Bäume etwas aufgelockerter Platz zwischen See und E 18. Mäßige Sanitäranlagen. Tagsüber ziemlich laut. Schließt schon am 1o. August. Anfahrt: an E 18, ca. 7 km östlich von Årjäng.

Ekeby Camping, ganz einfacher Wiesenplatz direkt am Wasser mit wunderschönem Sandstrand. Ruderbootverleih. Anfahrt: am See Västra Silen, 14 km südlich von Årjäng.

Sundets Camp/Kanucenter, auf Kanufahrer und Gruppen spezialisierter Platz am Nordende des Sees Lelangen, der allerdings auch Einzelgäste nimmt. Gute Ausgangsbasis für längere Touren. Wunderschön gelegener Platz mit Seeblick von allen Stellplätzen und sehr flachem, kinderfreundlichen Sandstrand. Äußerst einfache Sanitäranlagen! Achtung Wohnwagenfahrer: Sehr steile Zufahrt! Anf.: ca. 1o km südlich von Lennartsfors an der Seewestseite bei Trankil.

Elovsbyn Camping und Kanuverleih, einfacher Rasenplatz mit der Breitseite parallel zum Wasser und gleichzeitig privater Kanuverleiher. Einfache Sanitäranlagen. Wegen der Lage direkt oberhalb der Schleuse von Lennartsfors recht starker Bootsverkehr. Einige einfache Hütten. Ideal als Basislager und Einstieg in das umliegende Seensystem Foxen, Lelangen und Stora Le. Anf.: In Lennartsfors von Osten kommend direkt 5o m hinter der Brücke rechts, dann Schild Richtung Trane ca. 8oo m folgen.

Camp Grinsby, wunderschöner Platz am See Stora Bör mit dem Vorteil, dass man von fast allen Stellplätzen Seeblick hat. Und der hat es wegen seiner vielen Inseln in sich! Kostenlose Duschen. Kanuvermietung. Sandstrand. Für längeren Aufenthalt empfehlenswert. Anfahrt: ca. 3o km westlich von Årjäng an der E 18 bei Sillerud.

Jugendherbergen :

STF Blomskog, neu eingerichtete Jugendherberge in einer ehemaligen Schule. Von netter Frau geführt, die fast Hotelstandard anbieten kann. Auf Wunsch auch 2-Bett-Zimmer. Sehr gute Sanitäranlagen im Keller. Kleines Cafe und Selbstkocherküche. Unweit der Draisinenstrecke Bengtsfors - Årjäng; einziger Nachteil: liegt nicht direkt am Wasser. Anf.: von Årjäng die 172 Ri. Bengtsfors, nach einigen KM rechts Schild Blomskog folgen; Str. ca. 13 km folgen, dann rechts abbiegen (Blomskog), nach ca. 3 km auf der rechten Seite. Tel. o573/31o35.

Jugendherberge Alcatraz, was sich wie ein Hochsicherheitsgefängnis anhört ist eine alte Fabrikanlage, die zu einer Kombination aus Jugendherberge, Kanuzentrale und Sommertreffpunkt ausgebaut worden ist. Der Clou ist die Lage in Gustavsfors an der Schleuse, wo im Sommer der zentrale Kreuzungspunkt der Kanuten im gesamten Seensystem ist. Passable Mehrbettzimmer für Leute mit Erlebnisambitionen. Schönes Cafe mit Draußenterrasse im oberen Stockwerk. Direkt an Draisinenstrecke und idealer Ausgangs- bzw. Zielort für Kanutouren im gesamten Großgebiet. Kleiner Laden in fußläufiger Entfernung. Hier ist im Sommer immer was los. Auch Kanuverleih. Tel.: o531/2o3oo. Anf.: Von Årjäng die 172 ca. 2o km in südlicher Richtung. www.alcatraz-se.com

Turistgården STF Töcksfors, ebenfalls in alter Schule untergebracht. Gelungene Renovierung mit sehr guten Sanitäranlagen im Erdgeschoss. Direkt an der E 18 im Ort Tåcksfors. Tel. o573/21o4o. Anfahrt: über E 18 in westliche Richtung nach Töcksfors. www.stfturistgarden.se

SEHENSWERTES

Trabermuseum (Travmusset); Årjäng als Pferde- und Traberstadt verfügt nicht nur über eine eigene Trabrennbahn, sondern besitzt auch das vermutlich einzige Trabermuseum der Welt. Auf dem Rennbahngelände wird rund um das Thema Pferdesport informiert. Neben Dias vergangener Rennen in Årjäng gibt es jede Menge Trikots und Pferdezubehör. Insgesamt gut gemacht, allerdings natürlich besonders etwas für Pferdefreunde. Direkt nebenan nettes, helles Cafe mit Rennbahnblick. Im Sommer Mini-Zoo mit Streicheltieren für die Kinder. Anf.: Vom Ort über die E 18 Richtung Karlstad, nach wenigen Kilometern auf der linken Seite an der Rennbahn. Eintritt 4 Euro, geöffnet Mai–Sept. Mo.–Fr. 11–17, Sa., So. 11-14 Uhr

FREIZEITMÖGLICHKEITEN IN WESTVÄRMLAND

Wer nur mit dem Auto durch die Gegend düst und sich kein Kanu, keine Draisine mietet, einen Ausritt macht oder wandert, ist selber schuld und sieht auch keine Elche oder Biber.

Draisinetouren: Fahrten auf stillgelegter Bahnstrecke Årjäng-Bengtsfors. 52 tolle Kilometer. Preis um 25 Euro pro Tag. Auf dem Weg von der City Richtung Campingplatz Sommarvik mit dem weissen Schild „Dressin" ausgeschildert. Vgl. auch Seite 29o zu Bengtsfors.

Kanu: Eines der absolut besten und schönsten Paddelreviere mit einer Fülle langer, schmaler, herrlicher Seen und sich windender Flüsse. Unendliche Variationsmöglichkeiten von Nord-Süd-Durchquerungen (z.B. Norwegen-Vänernsee) bis zu Rundtouren mit Rückkehr zum selben Ausgangspunkt. Schließt sich nahtlos an dalsländisches Seen- und Kleinflußgebiet an.

Tourenplanung auf eigene Faust mit 1: 1oo.ooo topographischen Karten (12C NV/SV, 11 D NV/SV nördlich von Arvika und 1o B NV/NO/ SN/SO, 1o C SV rund um Årjäng) oder mit Kanotguide Nordmarken, 1: 8o.oooer Karte mit eingezeichneten Trails bzw. mit Arvika Friluftskartan.

Ideal für Anfänger. Rundum jede Menge Campingplätze und Kanuzentralen. Im Juli allerdings schon Kanugewimmel. Spätestens nach erster Portage verlieren sich aber die bunten Boote im endlosen, dschungelähnlichen Wasserlabyrinth mit schlichten 1.5oo(!) Kanukilometern. Im Norden einsamer und weniger Touristen, schwieriger zu paddeln, weniger Einkaufsmöglichkeiten, weiter südlich voller, aber auch erschlossener.

Wegen zum Teil unverantwortlichem Handeln in Sachen Naturschutz (Vergraben von Müll, Fällen von Bäumen für das Lagerfeuer, Entfachen von Feuer trotz Verbot) wird der Großbereich Årjäng mit den Seensystemen Västra Silen, Östra Silen, Lelången per Wasserflugzeug und Schnellboot von insgesamt neun ausgebildeten Rangern überwacht. Sie kontrollieren einerseits besonders Gruppen, die ausdrücklich nur auf dafür vorgesehenen Lagerplätzen übernachten dürfen, und für die das Jedermannsrecht (vgl. Seite 65) nicht gilt, andererseits den Kauf der Naturvårdskarte. *Jeder Kanute, auch die mit eigenem Boot, muß sich am TI oder an den Kanuzentralen eine Übernachtungskarte für das Seenrevier von ca. 2 Euro pro Tag und Person kaufen.* Ehrlichkeit heißt hier die Devise. Die freundlichen Ranger haben übrigens auch Polizeigewalt.

TOURENVORSCHLÄGE

* **Högsäter-Arvika**: große Teile über romantischen Fluß Kölaälv und Seenverbindungen westlich Arvikas. Kanuwagen wegen einiger Umtragestellen notwendig.

Start: Grenzstadt Högsäter am Nordende des Sees Nordsjön. Über Kölaälv durch Hugn nach Åmotfors (Übertrag). Durch Nysocken-See und Jösseälven in Glafsfjord nach Arvika.

Keine Paddelschwierigkeiten. Zwei längere Portagen (5oo m bei Skillingfors und Koppom, sonst noch kurze an Dämmen). Zeitbedarf: ca. 1 Woche, 8o km, Proviantierung in Skillingmark, Koppom und Åmotfors.

* **Vällessjön-Arvika**: über blaufunkelndes Perlenband aus Flüssen und Seen. Fluß Lillforsälven und Vaggeälven teilweise steinig und schwer paddelbar. Mit mehreren Portagen rechnen (Bootswagen!).

Start: Håvilsrud (schwedisch-norwegische Grenze) am Vällensee. Durch Lillfosälven über Tvärud nach Gunnarskog (Verpflegung!) und südwärts durch Vaggeälven und Jösseälven nach Arvika. Zeitbedarf: ca. 5 Tage, 6o km.

Die Tour läßt sich im Norden bei Start im Lomsensee und zweimaliger Überquerung der norwegischen Grenze (keine Paßformalitäten) noch um 4o km verlängern.

* **Rinnensjön-Grums**: schöne Tour über große Seen-, und einsame, manchmal steinige Flußpassagen. Kanuwagen unbedingt erforderlich.

Start: Im Ortsflecken Skog am Nordende des Rinnensees (Vorsicht: scharfkantige Steine!) in großen Värmeln. Am Südende durch Lilla Värmeln an Borgvik vorbei nach Grums. Zeitbedarf: 3-4 Tage, 7o km, Einkauf in Boda, Brunskog, Värmskog und Borgvik.

* **Årjäng Rundtour**: einfach paddelbares Seegebiet mit leichten Portagen und kurzen, fast zu Fuß machbarem Rückweg zum Ausgangspunkt.

Start: Årjäng (Zeltplatz oder Kanuzentrale Risviken). Südlich über den See Västra Silen über Ort Gustavsfors (Schleuse) in See Lelången. Dort nordwärts bis Gyltenäs und mit 1 km Landtransport in Nedre Blomsjön. Durch schmale Seenpassagen bis südlich von Fölsbyn. Von hier 1o km zurück bis Årjäng bei 55 Paddelkilometern! Zeitbedarf: 2-3 Tage. Einkauf in Gustavsfors.

Alternativstrecke: von Gustavfors durch Lelången weiter bis Lennartsfors (Schleuse) Kanuzentrale und durch See Foxen bis Ort Töckfors an E 18. Mit Bus oder per Trampen zurück nach Årjäng. Gesamtstrecke bis Töcksfors ca. 85 km, Zeitbedarf: 5 Tage.

* **Lennartsfors Rundtour**: reizvolle Tour durch Kleinseengebiet. Wenig große Wasserflächen. Zwei längere Portagen, mit Bootswagen einfach.

Start: Lennartsfors. Nördlich in See Foxen. Nach 5 km nordöstlich in schmalen, kanalartigen See Richtung Sundsbyn (Vorsicht: einige Inseln Vogelschutzgebiet!) und östlich nach Fölsbyn. 2 km Landtransport bis See Övre Blomsjön (nicht schon in den See Lilla Tjärnet einsetzen. Absolutes Fahrverbot wegen Vogelbrut!). Über Nedre Blomsjön (1 km Portage) in Lelången und zurück bis Ausgangsort Lennartsfos. Zeitbedarf: 2-3 Tage für ca. 55 km.

* **Langtour Värmland-Dalsland**: weitgehend hindernisfreie Seentour in Nord-Süd-Richtung.

Start: Östervallskog an norwegischer Grenze nördlich Töcksmark im See Östen. Über Töcksmark, See Foxen, Lennartsfors längs durch den gesamten See Lelången (Vorsicht: häufig sehr windig!) bis nach Bengtsfors in Dalsland. Ca. 9o km in 5 geruhsamen Tagen.

Kanuverleih bei vier größeren Paddelzentren

Nordmarkens Kanot & Turist Center, Värmlands Nummer 1. Chef Preben Mortensen ist bekannter Wildniskexperte. Verleiht nicht nur einfach, berät, gibt Tipps und vermietet beste Ausrüstung. Ausgeklügeltes Sicherheitssystem durch Funk- und Alarmtelefone. Außer sämtlichem Zubehör weitere Angebote, z.B. Indianergroßkanus (sog. Voyageur-Kanus) für ca. 2o Leute zu vermieten, Action Camps für Familien, Mountainbike-Touren, Survivaltraining in der värmländischen Wildnis etc. Alles, was das Outdoorherz sich wünscht. Übernachtungsmöglichkeit für Entleiher auf eigenem Campinggelände. Traumhafter Sandstrand in wunderschöner Bucht. Alles sehr gut organisiert, was bei 3o Jahren Erfahrung auch nicht verwundert. Die Top-Adresse im ganzen Gebiet. Sehr empfehlenswert. Kanuzentrale Risviken, Box 24, 67291 Årjäng, Tel. o573/ 38o 6o. Anfahrt: von Årjäng Richtung Campingplatz Sommarvik, ca. 8 km weiter bei Risviken ausgeschildert. Homepage: www.nordkanot.se

Sundet Camp & Kanot, an strategisch äußerst günstiger Stelle mit Touren in alle Himmelsrichtungen. Campingplatz mit Fahrrad- und Surfverleih angeschlossen. Adresse: Box 143, 67292 Årjäng, Tel. o573/ 3oo 16. Anfahrt: 5 km südlich von Lennartsfors direkt am See Lelången.

Arvika Kanotcenter, Box 191, 67125 Arvika, Tel. o57o/ 182 45. Ziemlich überlaufen durch nahegelegenen Zeltplatz. Sehr guter Startpunkt in alle Richtungen. Voranmeldung sinnvoll. Anfahrt: direkt neben Campingplatz Ingestrand in Arvika.

Scandiatrail, Gunnerud, 67292 Årjäng, Tel. o573/ 3oo o1. Kanubasis direkt in der Nähe der norwegischen Grenze. Tourenvorschläge, Kartenverkauf und Kanuschule. Anfahrt: 6 km südlich von Lennartsfors am See Stora Le. www.scandiatrail.com

WANDERN

Glaskogen Naturreservat: wildromantisches, stark hügeliges und dicht bewaldetes Naturschutzgebiet rund um zwei glasklare funkelnde Seen. Viele Elche, Biber, Dachse und Füchse streifen durchs Gelände. Abenteuerliche, gut markierte Rundtrails (insgesamt fast 3oo km) unterschiedlicher Länge mit 6 herrlichen Übernachtungshütten und phantastisch gelegenen Windschutzen. Unvorstellbare Blaubeer- und Himbeerfelder.

Achtung: Bei Benutzung des Naturreservates zum Wandern, Kanufahren etc. muß zwangsweise eine Glaskogenkarte gekauft werden. Ausschließlich mit dieser Karte darf man sich in diesem Gebiet bewegen. Verkauf an den umliegenden Turistbüros sowie am Campingplatz Lenungshammar.

Ausgangspunkt: Lenungshammar (Start- und Endpunkt vieler Wandertrails), kleines Walddorf im Schnittpunkt zweier Seen im Herzen des Glaskogens mit 3o Einwohnern. Infostelle mit Landkartenverkauf am zentralen Zeltplatz in der „Ortsmitte". Direkt gegenüber auch Kanuvermietung. Hier auch der Wohnwagen- und Zeltcampingplatz, der sich ideal als Ausgangspunkt für Wanderungen eignet.

Schönste Tour rund um unteren See Stora Glå. Hauptsächlich durch Wald, entlang der Höhenzüge mit diareifen Aussichten. Toll im warmen roten Abendlicht. Gelegentlich kreuzen Waldarbeiterpfade. Außer „Ortsdurchquerung" von Glava hinreißende Wildnis. Gesamt 6o km für min. 3 Tage. Höhenunterschiede nicht unterschätzen. Tageshöchstpensum 2o km! Auch Tagesrundtouren möglich.

Bei Hüttenübernachtungen unbedingt Kochgeschirr und Liegematte mitnehmen. Ggf. auch Zelt. Manche Hütten (z.B. Tvängen und Älgsjön) sehr klein (2 Personen) und können schon mal besetzt sein. Sonst auf Windschutz ausweichen. Die in Karte eingezeichneten Quellen sind meist Ziehbrunnen mit Holzabdeckung. Trotz z.T. vorhandener Schwimmteilchen (Samen, Blätter) an Oberfläche, Wasserqualität o.k. Bestes Schuhwerk: gute Wanderschuhe. Vorsicht mit offenem Feuer. Bei aufgezogener roter Fahne mit gelbem Kreuz Waldbrandgefahr. Absolutes Feuerverbot!

2 Möglichkeiten zur Anfahrt:
- von Osten über Arvika gut asphaltierte Straße vorbei an Glava bruk bis Lenungshammar
- von Süden über Årjäng bis Ström, dann über 1o km Marterstrecke mit Spurrillen, großen Steigungen, vielen Kurven. Landschaftlich lohnend, aber nichts für Autofetischisten. In keinem Fall mit Anhänger fahren!

Kartenmaterial und Vorabinfos bei Touristbüros in Arvika und Årjäng. Bei Problemen und außerhalb der Saison (1.1.-3o.4. und 1.1o.-31.12. einige Hütten verschlossen) ans TI in Arvika (Tel. o57o/ 817 9o) oder an die Glaskogen Stiftung, Box 114, 67181 Arvika, Tel. o57o/ 916 98 wenden. Im Internet:www.glaskogen.se

Finnskogsleden, sehr schöner, in 15 Etappen aufgeteilter Langwanderweg, der durch Wald, offenes Gelände und altes Kulturland führt. Hier siedelten die alten Finnen, die aus Finnland weggezogen waren, um in dieser einsamen Gegend ihr Glück in der Landwirtschaft zu machen. Überall kann man noch alte Steinmauern, verfallene Scheunen und Spuren alter Besiedelung finden. Die Gesamtstrecke verläuft über 240 km längs der schwedisch-norwegischen Grenze durch echt einsame Ecken. Auch natürlich in Teiletappen machbar. Startpunkt ist Morokulien an der schwedisch-norwegischen Grenze westlich von Charlottenberg, Endpunkt ist Trysil in Norwegen. Die TI´s in Årjäng und Arvika geben einen kleinen Wanderatlas mit allen notwendigen Details heraus. Zeitbedarf ca. 15 Tage.

Finnleden, 40 km Trail mit orangefarbenen Markierungen, der etwas weiter im Landesinneren ebenfalls an alten Katen und Gehöften der ehemals hier siedelnden Finnen vorbeiführt. Geeignete Startpunkte z.B. die Kirche in Mangskog (nordöstlich von Arvika) oder in den Ortsflecken Tobyn und Slobyn. Zeitbedarf 3 Tage.

Finnvägen, (womit man dann sämtliche Wortschöpfungen, die auf einen Zusammenhang mit den alten Finnen hindeuten, ausgeschöpft haben dürfte) rund 21 km langer Wanderweg von der Kirche in Bogen bis zum Herrenhof von Fredros. Viel Wald, viele Elche und viele Birkhühner unterwegs. Ebenfalls orangefarbene Markierungen. Anfahrt zur Kirche von Bogen nach Gräsmark und von dort Richtung Mitandersfors, ca. 6 km vor der norwegischen Grenze ist die Kirche nicht zu übersehen.

 Fahrrad: Verleih auch von Fahrrädern bei Sommarviks Fritidscenter (Tel. 0573/ 120 60). Hochklassige Mountainbikeräder an der Kanuzentrale Nordmarken in Risviken. Außerdem am Campingplatz in Lenungshammar im Glaskogen. Dort auch Fahrradtransportmöglichkeit. Durch das Gebiet von Årjäng führt der Langrundwanderweg <u>Värmlandsleden</u>, der natürlich auch auf Einzeletappen machbar ist. Nähere Infos am TI.

Surfen: Ideales Surfgebiet am Lelången und Stora Le. Durch lange schmale Seen pfeift derber Wind.

AUSFLÜGE

Einsame, weltvergessene, teilweise unasphaltierte Autopisten im gesamten Gebiet. Besonders parallel zur norwegischen Grenze. Längs der Flüsse und Seen einsiedlerische, wilde Zeltplätze. Zum Beispiel Töcksmark - Östervallskog - Järnskog - Skillingmark - Köla, 70 km Wildnis.

3) FRYKENTAL

Rund um Sunne freundlich-liebliches Tal. Längs der langen Seeufer fruchtbare Acker- und Wiesenoasen, die von weitgeschwungenen Hügeln üppig grün durch dunkle Fichtenstämme schimmern. In Rodungen und an Rändern der unermeßlichen Wälder kniehohes Gras, verwildertes Johannisbeergebüsch, jede Menge Blaubeeren und viele Elche. Land der Sagen und Sehenswürdigkeiten. Ideales Urlaubszielgebiet.

✶ Sunne

Touristenort zwischen den Frykenseen im Kreuzungspunkt von Durchgangsstraßen. Großer Tankstellenkomplex an Ortseinfahrt, zahlreiche Geschäfte. Die Stadt lebt von ihrer wunderschönen Umgebung, der Nähe zum Rottneros-Park dem Nils Holgersson Abenteuerpark und Selma Lagerlöfs altem Landsitz. Im Winter Skizentrum.

 Info-Büro direkt am Campingplatz Kolsnäs, Kolsnäsvägen, 68680 Sunne. Tel. 0565/ 167 70, Fax: 0565/ 167 85. Geöffnet: in Hauptsaison Mo.-So 9.00-21.30, sonst Mo.-Fr. 9-17 Uhr. Homepage: www.sunne.info.

<u>Zug</u>: Einwagiger Schienenbus rattert unregelmäßig über die landschaftlich schöne Strecke Karlstad-> Torsby.
<u>Bus</u>: mäßig häufige Abfahrten Richtung Karlstad und Torsby.

 „<u>Quality Hotel Selma Lagerlöf</u>", nicht zu übersehender großer Hotel- und Konferenzblock im Stil alter Herrenhäuser. Zimmer mit Dusche, WC, TV, Sauna, Solarium, Schwimmbecken im Hause. DZ mit Dusche und Frühstück ca. 100 Euro. Ekebyvägen, Reservierungen über Tel.: 0565/ 688 800. www.selmahotel.se

„<u>Länsmansgården</u>", zweistöckiger weißer Herrenhof aus Holz. Haupt- und Nebengebäude alle renoviert; helle, frische Farben in den Zimmern. Schöner Garten direkt am Wasser. DZ mit Dusche und Frühstück ca. 100 Euro. Ulfsby Herrgård, 3 km nördlich von Sunne. Tel. 0565/ 140 10. www.lansman.com

<u>Sunne Swecamp Kolsnäs Camping</u>, großes Gelände mit dünnem Baumbestand direkt an kleiner Bucht mit Badeplatz. Nebenan Freizeitzentrum mit Sauna und Duschen, beheiztes Schwimmbad, Bühne, Minigolf etc. Anfahrt: gegenüber Hotel Selma Lagerlöf an der 45.

<u>Rottneros Camping</u>, am Fluss Rottnan in unmittelbarer Nähe des Rottneros-Parks und Nils-Holgersson-Abenteuerlandes. Hier auch ein Motell und Wirtshaus. Besonders interessant für Leute, die die Nähe zu diesen touristischen High-Lights suchen. Wer mehr Ruhe und Abgeschiedenheit will, dem seien Grässjöns und Humletorps Camping empfohlen. Anf.: Südl. von Sunne an der 45 ausgeschildert. Tel. 0565/ 600 21.

<u>Grässjöns Camping</u>, kleiner, sehr ruhig gelegener Platz direkt am Wasser mit feinem Sandstrand in schöner Umgebung. Wanderwege in direkter Nähe gute Angelmöglichkeiten in klarem Wasser. Anfahrt: Von Sunne in nordwestlicher Richtung nach Gräsmark. Nördlich von Gräsmark bei Forsnäs Richtung Torsby. Dann direkt am Seesüdende des Grässjöns. Von Sunne ca. 25 km.

<u>Humletorps Camping</u>, direkt am Wasser mit schönem Badestrand, Boots- und Kanuvermietung. Leicht abschüssige Rasenfläche mit häufig gutem Seeblick. Bei Schlechtwetterperioden empfehlenswert ins anliegende

Hüttendorf umzuziehen. Anf.: Von Sunne auf der Seeostseite des Mellan Fryken durch Östra Ämtervik bis Bössviken. Dann entlang des Sees Visten bis Humletorp. Von Sunne ca. 35 km.

 Jugendherberge: STF Sunne Hembygdsgård, 2- bis 6-Bett-Zimmer in Nebengebäuden untergebracht. Selbstverpflegung. Hembygdsvägen 7, Tel. o565/ 1o7 88.

Einkauf: Sillegården, Kunst und Kunsthandwerksausstellung. Kaufmöglichkeit von gewebten Sachen oder ganz netten Andenken. Dazugehöriges Restaurant in altnordischem Stil eingerichtet. Geöffnet Mai bis September 11-17 Uhr. Anfahrt: 15 km südl. von Sunne im Örtchen Västra Ämtervik.

SEHENSWERTES

MÅRBACKA, als Museum geführter ehemaliger Wohnsitz der berühmten schwedischen Schriftstellerin Selma Lagerlöf (schrieb u.a. Nils Holgersson). Mächtiges Gebäude, das seit dem Tod der Autorin nicht mehr verändert wurde: alte Küche, Arbeitszimmer, Wohnzimmer... Alle halbe Stunde quetschen sich Touristengruppen aus aller Herren Länder durch. Geöffnet: täglich von Mitte Juni bis Anfang Juli 1o-16 Uhr und Mitte Juli - Mitte August 1o-17 Uhr. Eintritt 6 Euro. Anfahrt: 1o km südöstlich von Sunne.

> Selma Lagerlöf, 1858 auf dem Hof geboren, wurde in Stockholm Lehrerin. Durch den Tod des Vaters mußte das Gut verkauft werden. Erst durch Welterfolge mit Nils Holgersson, der auf dem Rücken einer Gans durch Schweden reist, und dem Buch „Gösta Berlings Saga" konnte sie das Haus zurückkaufen. 19o9 Nobelpreisverleihung. 194o gestorben, verfügte sie testamentarisch die Öffnung des Gebäudes für Besucher.

ROTTNEROS, schön gelegene Parkanlage mit sauber geschnittenen Hekken, prächtig blühenden Rosenbeeten und Rhododendronsträuchern, graziösen Springbrunnen und mehr als 1oo Skulpturen u.a. verschiedener nordischer Meister. Anmutendes, gelbes Herrenhaus mit Säulen. Besonders romantisch abseits des Touristengeplärres still unten am See. Vorbildlich wie überall in Schweden: Geländehilfen für Rollstuhlfahrer. Die ganze Sehenswürdigkeit ist deshalb so beliebt, weil das Rottneros-Haus in einem Roman von Selma Lagerlöf (Gösta Berling) verschlüsselt wie bei Wallraff auftaucht.

Besonders Familien mit Kindern lockt der angegliederte „NILS HOLGERSSON-ABENTEUERPARK". Bei einer Floßfahrt auf dem Abenteuersee, einem Flug auf der Gans von Nils, auf Rutschbahnen oder Hängebrücken kommen die Kleinen voll auf ihre Kosten. Voll im Trend liegt der 1oo m lange und bis zu 6 m lange Kletterwald. Natürlich darf der Streichelzoo auch nicht fehlen, dem sich ein Tropenhaus mit Schlangen, Krokodilen und schillernd bunten Vögeln anschließt. Neben dem Värdshus noch ein Motell und Campingplatz.

Geöffnet: 22. Juni bis 11. August tägl. 1o-18 Uhr, Mitte Mai bis Anfang September Mo.-Fr. 1o-16 Uhr, Sa./So. 1o-18 Uhr. Eintritt: 8-1o Euro, Kinder 3-14 Jahre 3 Euro. Anfahrt: an 45 ca. 5 km südlich von Sunne.

AUSFLÜGE

Unbedingt mit dem Auto in die Gegend westlich und nördlich des ÖVRE FRYKENSEES fahren. Kleine einsame Straßen im Niemandsland zwischen Schweden und Norwegen. Oben, vom Aussichtsturm TOSSEBERG grandioser Rundblick. Steile, aber asphaltierte Auffahrt. Schöne Aussicht auf Frykental bei südlicher Anfahrt über Brunskog und Ämtervik (Frykdalshöjden). Souvenir- und Kunstgewerbeverkauf.

Finnenhof „KVARNTORP", bewohnt bis 1951, und „HOF RITABERG" aus dem 17. Jh. Im Grunde nicht viel zu sehen, aber unheimlich schöne Anfahrt über winzige Straßen. Viele Preiselbeeren und wildromantische Gegend. RITABERG ist ein alter verlassener Bauernhof mitten im Wald, offen zum Selberentdecken. KVARNTORP wird bewirtschaftet. Beeindruckender Brunnen und gemütliche Möglichkeit zum Kaffeetrinken. Lekkere Plätzchen. Geöffnet: Juni bis August tägl. außer Mo. 11-18 Uhr. Eintritt 2 Euro. Anfahrt: über Gräsmark Richtung Lekvattnet. Zum Ritaberg 2 km Spaziergang vom Parkplatz.

Schiffsausflug mit der S/S Freja af Fryken; das 1896 (!) im Frykensee gesunkene, 1994 gehobene und 1996 bei den Renovierungsarbeiten in Brand geratene Schiff verkehrt an verschiedenen Tagen mit unterschiedlichen Streckenführungen zwischen Sunne, Fryksta und Torsby. Wegen der vielen Unglücke sollte man sich ganz beruhigt auf das Schiff trauen, rein statistisch passiert jetzt lange nichts mehr... Abfahrtzeiten am TI oder unter o554/415 9o. Erwachsene 8-38 Euro, Kinder (8-15 Jahre) zwischen 4-1o Euro. Homepage www.angbattfreja.nu

Wandern: im Naturreservat Gettjärnsklätten schöne Tagestouren mit Wahnsinnsaussicht. Recht steil, aber in Turnschuhen zu machen. Anfahrt: westlich von Sunne Richtung Gräsmark. Viele kleine Wanderwege direkt in der Umgebung. Broschüre am TI erhältlich.

Wanderweg Ängen-Fredros, ein 16 km langer Rundwanderweg führt um den See Ängen herum. Das Gebiet ist altes finnisches Siedlungsgebiet, in dem von den zwischen den im 16. und 19. Jahrhundert errichteten Katen noch Gruben, Mauern und Grenzsteine zu entdecken sind. Stramme Tagestour! Ausgangspunkt ist die gemütliche Rokkmakkstugan mit köstlichen Waffeln. Anf.: Von Sunne über die 45 nach Rottneros. Von dort Richtung Gräsmark. Im Ortsflecken Rottne links ab Richtung Ängen.

★ Torsby

Am Nordende des Frykensees. Rund um den Schnellimbiß im Stadtzentrum am Marktplatz einige parallel verlaufende Häuserzellen. Abends gurkt die Dorfjugend mit aufgemotzten Volvos und Straßenkreuzern immer ums

Karrée. Außerhalb der Stadt einsame Waldregionen. Hervorragender Standort im menschenarmen Gebiet für Bade-, Kanu-, Wander-, Angel- und Autoabenteuerurlauber.

Vor Jahrhunderten siedelten sich in diesem Gebiet ausgewanderte Finnen an. Grund: großer Waldreichtum, wenig Konkurrenz. Heute viele verlassene Finnenhöfe in den Wäldern.

 Grasmarksvägen 12, 68580 Torsby. Tel. 0560/ 1o5 5o, Fax: 0560/ 1o5 oo. Öffnungszeiten: Mo.-Fr. 9-16 Uhr. www.torsby.se.

Zug: Endstation der Fryksdalsbahn Richtung Sunne und Kil, 3-4 Abfahrten. - **Bus**: nach Sunne, Karlstad und Hagfors spärlich.

„**Hotel Björnidet**", zentral gelegenes Hotel im Stadtzentrum. DZ mit Frühstück und warmem Abendessen, 60 Euro. Kyrkogatan 2, Tel. 0560/ 138 2o.

 Einige schöne Plätze zum Urlaubmachen in der Umgebung:
Bredviken Camping, großer Platz in naturbelassenem Gelände mit schmalem, etwas steilem Sandstrand. Schönste Plätze unten am Wasser durch kleine Holzhütten belegt. Anfahrt: an 45 ca. 6 km südlich von Torsby. Tel. 0560/ 71 o95.

Lysviks Camping, langgestreckter, gemütlicher Platz direkt am Seeostufer unter hohen Bäumen. Kleiner, aber schöner Sandstrand. Sehr ruhig. Abends noch lange Sonnenschein überm See. Anfahrt: über Ostuferstraße nach Lysvik, ca. 4oo m von Kirche entfernt. Tel. 0565/ 8o4 o7.

Nötöns Camping, sehr schön, direkt am Wasser mit herrlicher Aussicht auf gegenüberliegende bewaldete Hügel. Unter Birken sehr ruhig und beschaulich. Gute Bademöglichkeiten. Kanu- und Fahrradverleih. Sauna. Anfahrt: an 45 nördlich von Torsby bei Vägsjöfors.

Molles Camping, wenig lohnend, direkt an Straße, Durchgangsplatz. Anfahrt: an 45 in Vägsjöfors.

 VÄGSJÖFORS GÄSTGIVAREGÅRD, lecker auf offenem Feuer gegrillter Fisch und Wildgerichte (Elch). Preise ab 15 Euro. In der Nähe des Zeltplatzes Nötön.

Mit dem Auto auf Entdeckungsfahrt gehen. Besonders nördlich von Torsby Richtung Östmark, Finnskoga und nördliche Klarälvtal. Idyllische Nebenstraßen entlang blau plätschernder Bäche und tiefen Wäldern. Vorsicht: zu Dämmerungszeiten viele Elche unterwegs.

 **Wandern**: Hovfjället Naturreservat, rund um buckelförmigen, dicht bewaldeten „Berg" (542 m) schöne Rundwanderwege zwischen 3 und 8 km. Gut markiert, aber teilweise sehr naß.

Phantastische Ausblicke. Gummistiefel anzuraten. Anfahrt: nördlich von Torsby bei Vägsjöfors Skihinweisschildern folgen.
Außerdem mehrtägiger Rundwandertrail rüber ins benachbarte Klarälvtal. Startpunkt: Vägsjöfors, Zeitbedarf ca. 3-4 Tage.

Kanu: Frykensee: langgestreckte Seen mit viel freier Wasserfläche zwar hindernisarm von Torsby bis Karlstad, allerdings wegen weiter Wasserstrecken eintönig; manchmal starker Wind: unter Land halten! Campingmöglichkeiten bis auf wenige Ausnahmen nur auf offiziellen Zeltplätzen.

Röjdan: größtenteils seeartig, aber recht schmal. Ideal für Anfänger mit Tagestouren. Von Nebenstraßen begleitet. Fahrbar im Sommer nur ab See Kläggen südlich von Östmark bis Torsby.

Rottnaälven: schönster Kleinfluß der Umgebung. Märchenhaft an einigen Stellen mit von Wasserpflanzen farbig gefärbtem Untergrund. Im Hochsommer an einigen Stellen leider sehr flach. Von Lekvattnet bis Gräsmark schwierigstes Stück. Teilweise Wildwasser, teilweise über flache Stellen ratschen. Insgesamt 2o km. Von nördlicher Brücke bei Gräsmark bis kurz vor Rottneros (Rottnebron) für Anfänger ideal. 35 km.

Kanuverleih: an allen Zeltplätzen.

Reiten/Planwagentouren und eine Vielzahl weiterer Wildnisaktivitäten wie Floßfahrten, Wolf- und Elchsafari, Rafting, Tontaubenschießen etc. vermittelt und organisiert Gammelbyn Anttila, Nyskoga, 4o km nördlich von Torsby. Tel. o56o/ 1o 644.

Seit dem Ende der Einwanderungsperiode der Finnen liegen in Umgebung viele alte BAUERNHÄUSER brach, die die Lebensweise der Zuzügler erahnen läßt. HOF KARMEN KYNNA bei Lekvattnet noch der anschaulichste. In Hochsaison auch Kaffee und Kuchenverkauf. Was für bewölkte Nachmittage.

Torsby Ski Tunnel, ab 2oo3 wird er Wirklichkeit. Ein 2,5 km langer Skitunnel steht ganzjährig mit einer Temperatur von o bis -3 °C für Langlauffreaks zur Verfügung. Preise bei Redaktionsschluss noch offen. Anf.: Im Freizeitgebiet Valberget, ca. 2 km nördlich von Torsby. Tageskarte Erwachsene ca. 22 Euro, 3 Stunden Karte Erwachsene ca. 17 Euro. Homepage www.fortumskituneeltorsby.se

4) DAS KLARÄLVTAL (PILGERSTRASSE)

Nördlich Karlstad zunächst noch langweilig: Felder, Äcker, Wiesen. Langsam und allmählich schmiegt sich die gut ausgebaute Straße immer näher an den Fluß. Folgt endlosen Mäandern, eingebettet in liebliche, dicht bewaldete Täler. Drumherum pure Urwaldwildnis. In immer größeren Abständen menschliche Behausungen - wie Zufluchtsorte im Niemandsland.

Vom Auto aus häufig Blick auf den träge dahinziehenden Fluß. Mit fast 5oo(!) km einer der längsten Ströme Nordeuropas.

Der Name Pilgerstraße (Pilgrimsleden) stammt von wandernden Pilgern im Mittelalter, die zum Grab des heiligen Olavs im Nidaros-Dom zu Trondheim wanderten. Der Gute war norwegischer König und für die nicht immer astreine Einführung des Christentums in Nordeuropa verantwortlich. Heute „pilgern" hier die Autotouristen.

Tipp: Von Karlstad zunächst nicht parallel zum Klaräv, sondern über die landschaftlich wesentlich reizvollere Nebenstraße 24o. Führt kurvenreich an traumhaft kleinen Bauernhöfen vorbei, richtig weltabgeschieden. An der Strecke Molkom-> Älvsbacka-> Hagfors einige versteckte Wildzeltplätze.

✱ Munkfors

Kleiner, traditionsreicher Industrieort (Rasierklingen) im Übergang zwischen Ackerbau und Waldregionen. Kurz vorher Dorfflecken Ransäter, im Sommer Folklorezentrum.

HERRENHOF GEIJERSGÅRDEN, Geburtshaus des värmländischen Allroundgenies (Dichter, Philosoph, Komponist, Politiker) Erik Gustaf Geijer (18. Jahrhundert). Heute geschmackvoll renoviert mit provinziell wirkendem Herrenhofambiente. In der Hochsaison tägl. 9-17.3o Uhr geöffnet. Eintritt 4,5o Euro.

Munkfors Turistbyrå in der City, Tallåsvagen 12, 6843o Munkfors, Tel. o563/ 54 1o 81, Fax: o563/ 54 1o 82. Geöffnet: Im Sommer Werktags 9-18 Uhr, im Juli 9-17 Uhr. Homepage www.munkfors.se

Bus: spärlich über Linie 3o4 Karlstad-> Ekshärad.

„Munkfors Hotel", älterer, aber sauberer „Kasten" am Klarälven. 7 Zimmer mit Bad/ Dusche und WC. Sauna und Solarium im Hause, gutes Speiselokal. Preisgünstig: DZ mit Frühstück ca. 74 Euro. Munkerudsväg 6, Tel. o563/ 522 35. www.munkforshotel.com

Jugendherberge: STF-Häuschen „Annersia", in pilz- und beerenträchtiger Umgebung, neben putzigem Herrenhof. Kleines Ding mit ordentlichen 2- und 4- Bett- Zimmern. Geijersgården, 68493 Ransäter, Tel. o552/ 3oo 5o.

Storängens Camping, schöner Platz direkt am Klarälvufer in wildromantischer Lage. Leicht unebenes Wiesengelände mit abgetrennter Bademöglichkeit. Kalt! Anfahrt: in Ransäter ca. 4oo m von Durchgangsstraße.

FESTE: Im Sommer häufig was los. Ganz eigenartiges Geigenspielertreffen. Kommen aus allen Ecken angereist, spielen sich gegenseitig was vor, veranstalten Spontansessions mit alten Volksliedern im Stile von Landstraßenmusikern. Musik liegt in der Luft. Immer 2 Wochen vor Mittsommer.

Außerdem gleichzeitig größtes <u>Ziehharmonikatreffen</u> der Welt sowie Jahr- und Trödelmärkte (Mitte August).

✦ Hagfors

Letzte „größere Stadt" und Industriebastion (Stahl), bevor weiter nördlich die Einwohnerzahl niedriger wird als die der Elche. Kleines, freundliches Städtchen mit passablen Einkaufsmöglichkeiten. Allerdings auch nicht viel los. Landschaftlich schönste Ecke an vorgelagertem Rådasee.

Sehenswertes der im Winter als Skipiste benutzte Berg <u>VÄRMULLSÅSEN</u>. Von oben Prospektaussicht auf sich schlängelnden Fluß. Rundherum Spazierrundwege.

 Folketsv. 1, 68331 Hagfors. Tel.: o563/ 15 65o, Fax o563/ 13o 14. Geöffnet: Mo.-Fr. 1o-18 Uhr. Homepage: www.expohagfors.com.

Bus: bei gelegentlichen Abfahrten sternförmig in alle Richtungen: Karlstad, Filipstad, Ekshärad, Långflon (norw. Grenze) und Torsby.

„<u>Uddeholms Hotel</u>", hellgelbes, romantisch am See gelegenes Hotelchen von Birkenwald umstanden. Die meisten Zimmer mit Dusche und WC. Teilweise auch preisgünstiger als Jugendherberge zu mieten! DZ ohne Bad mit Frühstück ab 6o Euro. Hotellvägen 6, am Rådasee, Tel. o563/ 234 95. www.uddeholmshotel.com

 <u>Rådastrands Camping</u>, großer Platz mitten im Wald hoch überm See. Steil abfallender Weg zum schönen, feinkörnig weißen Strand. Kanu- und Fahrradverleih. Viele Hütten. Gutes Hechtgewässer. Anfahrt: an der 62 am Westufer des Rådasjön.

<u>Draisinetouren</u>: Auf Teilen des ehemaligen Schienennetzes, das früher Hagfors mit Südvärmland verband, ist eine 15 km (hin u. zurück) lange Draisinenstrecke eingerichtet worden, auf der man durch offene Kulturlandschaft eine rund dreistündige Tour machen kann. Start und Endpunkt am interessanten Eisenbahnmuseum (tägl. 9-17 Uhr), in dem neben alten Stahlrössern die abenteuerlichsten Schienenfahrzeuge zu erklettern sind.

<u>Värmlandsgården</u>, Freizeitanlage mit großem Angebot an Outdooraktivitäten vom Kanufahren über Bibersafaris bis zu geführten Waldwanderungen und Bogenschießen. Im Winter auch Hundeschlittentouren und Snowboard. Dort auch einzelne Hütten zu mieten, Gruppenunterkünfte und Platz für Camping. Anf.: Von Hagfors zunächst über die 246 Richtung Osten. In Geijersholm in Richtung Norden (Appelbo), nach wenigen Kilometern am Deglunden-See ausgeschildert.Tel. o563/91111. www.varmlandsgarden.com

 „<u>BJÖRNS VÄRDSHUS</u>", weißes Wirtshaus mit freundlich familiärer Bedienung. Spezialitäten: gediegenes Elchfilet mit Morchelsoße. Leider nur zu bestimmten Jahreszeiten im Angebot. Tagsüber um 7 Euro, abends à la carte um 18 Euro. Anfahrt: an der 62 in Norra Råda. Tel. o563/ 6o 29o.

FESTE: <u>Klar-Hälja</u>, Klarälvfest. Auftreten armer, alter Bauern, Kohlenmeiler, Almenbesitzer und Flößer in Originaltracht. Leben wie vor 1oo Jahren. Dazu natürlich jede Menge Musik und Volkstanz. Mitte Juli im Heimatmuseum Kärnåsen in Råda.

✦Ekshärad

Straßenkreuzungsort rund um die mit roten Holzschindeln bedeckte Kirche. Auf anliegendem Friedhof unzählige schmiedeeiserne Kreuze, deren schwarze kleine Anhänger wie Blätter einsam im Wind singen.

 Urmakaregränd 2, Torsbyvägen 4, 68o5o Ekshärad, Tel. o563/ 4o1 2o. Fax: o563/ 412 96. www.eksharad.info

„**Hedegårds Pensionat**", nach dem Tod der ehemaligen Wirtin vorübergehend geschlossen - dann aber von neuen, jungen niederländischen Besitzern wiedereröffnet und renoviert. Unterbringung im Hauptgebäude und drei Nebenhäusern. Preisgünstig. DZ mit Dusche/Frühstück ca. 6o Euro. Essen ab 12 Euro. Anfahrt: 3 km nördlich der Kirche an der 62. Tel. o563/ 4oo 24. www.hedegardspensionat.com

 <u>Vandrarhem Ekshärad</u>, kleine **Jugendherberge** mit ausschließlich 2-Bett-Zimmern und angeschlossenem Restaurant „Pilgrimen". Aber auch Selbstverpflegungsmöglichkeit auf dem Flur. Box 1o5, Ekshärad, Tel. o563/ 4o59o. Direkt an der 62.

 <u>Byns Camping</u>, einfacher, kleiner Platz direkt neben Brücke über Klarälv. Gutes Servicehaus. Kanuverleih, 8 Hütten. Anfahrt: auf östlicher Flußseite 1,5 km nach der Kirche.

✦ Sysslebäck

Hier verliert sich die Zivilisation in den endlosen Wäldern Värmlands und des benachbarten Dalarnas. Der Fluß wird reißender und die Landschaft rauher. Kleine, unasphaltierte Nebenstraßen scheinen wochenlang unbefahren gewesen zu sein. Jede Menge Elche.

Vom Aussichtsberg <u>BRANÄS</u> werden für die Urlaubsprospekte immer super Bilder mit Aussicht über die Pilgerstraße geschossen. Erhabenes Gefühl da oben. Anfahrt: 7 km südlich von Sysslebäck über den Fluß Richtung Branäs. Auf Flußwestseite beim Dörfchen Dalby Långav.

 Kommunhuset, 68o6o Sysslebäck. Tel. o56o/ 16 65o, Fax: o56o/ 166 51. Geöffnet im Juli: Mo.-Fr. 9-19 Uhr, Sa. 9-17 Uhr, So. 1o-15 Uhr.

<u>Überlandbus</u> Långflon-> Hagfors.

Entlang der Route gibt's einige Zeltplätze:

Björkebo Camping, einfacher Platz in Flußnähe. Kanuverleih. Finnische Sauna, angenehm leer. Anfahrt: in Gravol südlich von Stöllet.

Klarälvens Camping, modern, gepflegter 3-Sterne-Platz direkt am Klarälvufer. Neues Servicehaus mit Cafeteria, Fernsehzimmer. Rustikale Hütten. Anfahrt: 2 km vom Ort Stöllet.

Värnäs Camping, einfacher, von Wasser umgebener Platz mit guten Bademöglichkeiten. In Umgebung Wanderwege. Aus benachbartem Fischteich gegen Bezahlung Abendbrot zu angeln. Anfahrt: 5 km nördl. von Stöllet.

Sysslebäcks Camping, weitläufige Rasenflächen an kleiner Stromschnelle in abgeschiedener Klarälvkurve. Ideales Basislager für Kanutrips (Kanuzentrale), Wanderungen und Angelunternehmungen. Biber- und elchträchtiges Gebiet. Auf Platz kleine Jugendherberge mit Duschen und Kochnischen. Kleines Hallenbad, Sauna, hervorragende Sanitäranlagen. Zum Urlaub machen. Anfahrt: bei Sysslebäck ausgeschildert.

Höljes Camping, niedlich klein im Birkenwald. Einfacher Platz in dufter Umgebung. Markierte Wanderwege. Anfahrt: bei Ort Höljes.

Dort auch kleine Jugendherberge im Nebengebäude des Wirtshauses.

FLOSSFAHRTEN

Hier feiern Mark Twain und Huckleberry Finn Auferstehung. Auf selbst gebauten Flößen trägt der Fluß weltentrückt und lautlos das Floß an Urwäldern und wenigen menschlichen Ansiedlungen vorbei. Essen, Schlafen, Leben auf 18 qm zusammengebundenem Holz. Bis zu einer Woche lang. Ein Jugendtraum wird wahr!

Klartext: Unter Aufsicht eines Instrukteurs wird das Floß eigenhändig aus mehreren 3 m Holzlagen zusammengebaut. Natürlich schon im Wasser. Keine Nägel, nur Knoten. Bau-Zeitbedarf ca. 3-6 Stunden.
Danach geht's mit eigener oder geliehener Ausrüstung bei max. 2 km/h ca. 1oo km Fluß runter treiben lassen. Besonders abenteuerlich: kleines Zelt auf dem Floß festbinden und darin schlafen. Ist aber gefahrlos, da es keine Schnellen gibt. Vorsicht nur in flachen Kurven, einmal festgefahren kommt man schwer wieder los. Selbst Lagerfeuer ist auf dem Floß möglich. Bei Ankunft in Gunnerud muß das Floß wieder demontiert werden.

Tipp: Bei Nachtfahrten auf der Flußwestseite nur flüstern. Dort viele Biber!

Unbedingt erforderlich: Gummistiefel mit dicker Profilsohle, Turnschuhe, regendichte Kleidung, wasserdichte Säcke und Tonnen, Mückenöl, Hut und Sonnencreme, Spiele (viel Zeit), Angel und Angelkarte. Vorsicht: keine Kopfsprünge in unbekannte Wasser machen!

Preise: ca. 155 Euro pro Person auf 1 Floß inkl. Transport. Mai und Ende August Ermäßigungen. Treffpunkt in Gunnerud und von dort Transport zum

Ausgangspunkt, Badeplatz Branäs. (Auto verbleibt also am Zielpunkt Gunnerud.)

Anmeldung erforderlich bei: Vildmark i Värmland, Box 2o9, 68525 Torsby, Tel. o56o/ 14o 4o, Fax: o56o/ 13o 68. www.vildmark.se
Die Konkurrenz hat den Treffpunkt im Örtchen Likenäs. Branäs Sverigeflotten, Kldra Stran 66, 68063 Likenäs, Tel. o564/ 4o2 27. Homepage www.sverigeflotten.com Familie liegt bei ca. 36o Euro für 3 Tage.

Kanu: Gleiche Strecke (Branäs-Ekshärad) natürlich auch ideal für Anfängerkanuten. Leicht fließendes Gewässer, viele Mäander, viele Ein- und Ausstiege an unweit parallel verlaufender Straße.
Weiter oberhalb spritziger: ab Höljes 3o km Wildwasser, manchmal mit WW III. Ab Sysslebäck ganz einfach. Südlich Ekshärad durch Kraftwerke verbaut. Nicht mehr lohnend. Kanuverleih und -zentrale am Zeltplatz Sysslebäck.

Angeln: Im Klarälv ideales Äschenrevier. Auch Lachsforellen. Am besten natürlich zu Dämmerungszeiten und in hellen Sommernächten. Fliegenfischen oder mit kleinen Blinkern.

Biber- und Elchsafaris: von Touristbüros organisiert. Dauer ca. 5 bis 6 Stunden. Mückenöl mitnehmen.

5) OSTVÄRMLAND

Langgestrecktes Wildnisgebiet östlich des Klarälvtales rund um Filipstad. Trotz typisch schwedischen Naturschönheiten und abenteuerlichster Freizeitangebote (Draisinenfahrten, Felsklettern) und guter Kanumöglichkeiten touristisch weitgehend jungfräulich. Mineralienreiche Ecke mit vielen alten Gruben, Bibern und Elchen. Grenzt im Süden an ebene, weite Acker- und Kulturlandschaft. Weiter nördlich zahlreiche Flußläufe, tiefe Wälder und zunehmend höhere Berge. Mitten drin:

✦ Filipstad

Nüchternes Städtchen mit Kleinindustrie. Überreste ehemalig blühender Eisenerzgruben mit alten Kanälen, Schlackenhügeln und stillgelegten Eisenhütten. Heutzutage Hauptsitz und Produktionsort des weltbekannten Wasa-Knäckebröds.

Seit dem 15. Jahrhundert wurde hier Eisenerz gefunden und gefördert. Drumherum entstanden Häuser und Dörfer, Schmieden und Fördergruben. Stehen heute als Pionierzeitruinen in der Wildnis herum, die sie langsam wieder zurückerobert. Ursprungsort von John Ericsson (18o3-89), Erfinder der Schiffsschraube und gepanzerter Schiffe und Nils Ferlin, einem verehrten Heimatdichter.

 Stora Torget 3D, 68227 Filpstad, Tel.: o59o/ 61 354, Fax: o59o/ 61 371. Geöffnet im Sommer: Mo.-Fr. 9-18 Uhr, Sa. und So. 11-16 Uhr. www.filipstad.se.

Bus: Mit den schnellen SWEBUSSEN mehrmals täglich nach Karlstad, Göteborg und Falun.
Ortsbusse nach Hagfors, Hällefors, Kristinehamn und Lesjöfors.

 „<u>Hotel John</u>", moderner, weißer Gebäudekomplex mit dazugehörigem Restaurant und Taverne. Freundlich helle Zimmer, nach hinten raus mit Seeblick. Sauna, Solarium, Schwimmbecken. DZ mit Dusche und Frühstück ca. 12o Euro, im Juli ca. 8o Euro. John Ericsson Gatan 8, Tel. o59o/ 125 3o. www.hotelljohn.se

„<u>Hennickehammars Herrgård</u>", weißer, schloßähnlicher Gutshof in herrlichem Park. 4 km außerhalb der Stadt, völlig ruhig. Individuell möbliert, große Zimmer in Haupt- und Nebengebäuden mit etwas kitschig geblümten Sesselbezügen. Moderne Sanitäranlagen auf allen Zimmern. Vollpension möglich. DZ mit Frühstück ca. 11o Euro. Filpstad, Tel. o59o/ 6o 85 oo. www.hennickehammar.se

„<u>Kalhyttans Sport- und Herrgårdshotel</u>", älteres, einfaches, gemütliches Hotel in ehemaligem Rittergut. Persönliche Atmosphäre. DZ mit Dusche und Frühstück ab 55 Euro. Tel. o59o/ 141 oo. www.kalhyttansherrgard.se

 <u>Munkebergscamping und Jugendherberge</u>, 3-Sterne-Platz direkt an schöner Bucht. Park und Waldumgebung. Ordentliche Sanitäranlagen. Ruderbootverleih. Campinghütten. Anfahrt: 1 km nördlich der Stadt an der 246. Tel.: o59o/ 5o 1oo.

<u>Sandvikens Camping</u>, Wiesengelände mitten im Wald in wildromantischer Lage. Absolut ruhig an schönem kleinem Badeplatz. Einfache Sanitäranlagen. FKK-Gelände. Gegenüber im Naturreservat Högbergsfältet gute Wandertagestouren. Am Eingang Begrüßungstor im Bonanza-Stil. Anfahrt: 12 km östlich von Filipstad an der 63 Richtung Hällefors. Tel. o59o/21oo

<u>Lesjbyns Camping</u>, ganz kleiner, einfacher Platz für Leute ohne Komfortansprüche. Bademöglichkeit. Gut als Ausgangspunkt für Draisinenfahrten. Anfahrt: 4 km nördlich von Lesjöfors an der 242. Tel. o59o/ 3o717.

<u>Lungsunds Camping</u>, süßer, kleiner Platz auf sonnigem Plateau, das nicht nur einen super Seeblick ermöglicht, sondern auch direkten Seezugang bietet. Einfache Sanitäranlagen. Anf: In Lungsund an der Straßenbrücke der 64 bei Störfors Richtung Westen abbiegen, dann ausgeschildert.

SEHENSWERTES

Im Ort an einem sonnigem Plätzchen, unter Laubbäumen auf einer Parkbank am Marktplatz, sitzt mit großem Zylinder fast lebensechte <u>STATUE</u> des Heimatdichters <u>NILS FERLIN</u>. Fotomotiv.

Üppiger wird des Schiffsschraubenerfinders John Ericsson gedacht. Klotziges <u>MAUSOLEUM</u> mit schlagenden Adlerflügeln auf der Spitze.

LÅNGBAN, eine der mineralreichsten Gegenden der Welt. Leider nicht unter Tage zu betreten. Tiefe umzäunte Löcher und abgewrackte Fördergruben künden von längst vergangenen Zeiten. Daneben kleines <u>MINERALIENMUSEUM</u> im Sommer täglich von 1o-16 Uhr geöffnet. Mineralienfans strömen mit kleinen Hämmerchen durch die Gegend und suchen Steine.

Bestes <u>Kunsthandwerksgeschäft</u> der Stadt: Kjortelgården, Hantverksgatan 17.

FESTE: „<u>Oxhälja</u>", Ochsenkirmes, Flohmarkt, Basar, Kirmes, Musikveranstaltungen, Umzüge. Kurz: Jubel, Trubel, Heiterkeit mit mehr Besuchern als Filipstad Einwohner hat. Jedes Jahr am 1. September-Wochenende.

AUSFLÜGE

Silber- und Eisenberghütten in **NYKROPPA** und Hornkullen. Von Nykroppa führt ein 3 km langer Wanderweg („Silberpfad") zur Silbergrube Hornkulle. Besichtigungen der Grube: Juni bis August täglich 11-17 Uhr.

Vielleicht für viele Besucher interessanter: die „goldträchtigen" Bäche rund um Hornkullen. Goldwaschen ist angesagt. 7 Euro pro Person. Anfahrt: 12 km südlich von Filipstad an der 64 Richtung Kristehamn.

SPORT

Draisinentouren: Auf 3-rädriger, knatschroter Fahrraddraisine über stillgelegte Inlandsstrecke rauschen. Führt durch völlig unberührte Wald- und Seenlandschaft. Irgendwo am See anhalten, Zelt aufschlagen und von Huckleberry Finn träumen. Ein Kindheitstraum! Vorn und in der Mitte gibt's Ablage für Rucksack und Zubehör. Geht leichter als Fahrradfahren. Auch als Tandemdraisine mietbar. Angelgerät und Regenplane nicht vergessen. Mit 15o km die längste Fahrraddraisinenstrecke der Welt und zudem noch entlang des südlichsten europäischen Wildmarkgebiets.

<u>Start</u>: Cafe Oforsen. Endstation im 15o km entfernten Vika in Dalarna. Aber auch Ausstiegsmöglichkeit auf halber Strecke in Tretjärn. Preise: 3-Tages-Tour pro Person 9o Euro. Beinhaltet: Draisine, Routenbeschreibung, Spaten und Abfallsack. Karten nicht im Preis enthalten (ggf. schon zu Hause besorgen - Nr. 12 E SV, 12 E NV, 13 E SV sind sinnvoll). Rücktransport zusätzlich 15 Euro oder zurück trampen.

Auch Kombination Draisinen-Kanutour möglich. 3 Tage mit Draisine hin und über Seeweg mit Kanu zum Ausgangspunkt zurück. Eine Woche ab 15o Euro. Oder Kombination mit der wunderschönen Inlandsbahn (vgl. Seite 39). Trotz 3o vorhandenen Draisinen bei Fahrten Mitte Juni bis Mitte August voranmelden einem örtlichen Touristbüro.

<u>**Weitere Abenteuertouren wie Riverrafting**</u>, Planwagentrekking, Felsklettern, Ballonfahren sind stunden-, tage- oder wochenweise bei Äventyrs-

centrum, Oforsen Cafe (Tel.o59o/35o oo, Fax o243/25 33 4) buchbar. Anfahrt: 55 km nördlich von Filipstad. www.dalamasaventyr.se

Mineralien-Interessierte kommen in der Gegend von Nykroppa, Persberg, Nordmark und Långban voll auf ihre Kosten. Während in Långban die museale Präsentation sehr umfangreich ist und sogar Kaufmöglichkeiten von Mineralien bietet, hat uns die Atmosphäre am Hornkullen (Nykroppa) gut gefallen. Hier kann man mit entsprechendem Entdeckungsdrang und bewaffnet mit Schutzbrille und Hammer (ausleihbar) selber auf Entdeckungsreise ins Land der Mineralien gehen.

Wandern: Wanderweg durch Brattfors-Heide. Dunkel schimmernde Seen, umzäunt von Heidekraut und lichtem Kiefernwald. Durch Eiszeit Hohlwege, eigenartige Schluchtengebilde und seltene Blumen. Gut markierte Rastplätze mit eingerichteten Feuerstellen. 2o km Rundtour in Turnschuhen machbar. Stramme Tagestour! Start: an alter Hütte in Brattfors, 1o km westlich von Filipstad an der 63 Richtung Karlstad.

Kanu: Hervorragendes Gebiet mit Aneinanderreihungen kleinerer und größerer Seen, verbunden mit lieblichen Kleinflüssen. Steht bekannten Paddelrevieren im Dalsland und Westvärmland in nichts nach. Noch ein Vorteil: völlig unberührt, weil weitgehend unbekannt. Viele Kombinationsmöglichkeiten. Tourenvorschläge:

* LUNGÄLVEN-TOUR: richtiger Wildmarksfluß. Große Teile durch unberührte Gebiete. Teilweise schmal, mäandernd und mit sehr vielen Baumhindernissen. Abenteuerlich.

Start: Südende des Sees Alstern an der 63, ca. 2o km westlich von Filipstad. Durch Seen Alstern und Lungen bis Brattfors (erneute Straßenüberquerung) Übertrag. Danach echte Herausforderung: besonders im oberen Teil steinig, mit fahrbaren und zum Teil flachen Schwällen. Ab und zu Biberdämme. Im unteren Teil leichter. Ab dem See Stora Lungen problemlos. Mögliches Ende bei Straßenbrücke Lungsund bei Storfors. Kanuwagen notwendig. Karten: 11 D Munkfors SO und 11 E Filipstad SV. 4o km, wegen der vielen, zum Teil schwierigen Hindernisse ca. 5 Tage.

* SVARTÄLVEN: Wildnisfluß mit dunkel, finsterem Wasser, wo hinter jeder Biegung Biber abtauchen können.

Start an Brücke in Tyfors an der 242 zwischen Filipstad und Vansbro. Bis Hällefors 6 relativ einfache Portagen von 1oo-2oo m. Von hier über Seengebiet Torrvarpen, Halvarsnoren bis Karlskoga an der E 18. An 6 Kraftwerken gibts zwischendurch Portagen. Kanuwagen notwendig, Karten: 12 E SV, 11 E NV/1o SO, 1o E NO. Länge 12o km, 8 Tage. - Streckenabkürzung bei Start oder Ende in Lesjöfors.

* Abzuraten ist von der Tour auf dem sogenannten BERGSLAGS-KANAL

nach Kristinehamn. Zwar einfache, größtenteils hindernisfreie Wasserflächen, dafür aber viele Motor- und Segelboote und an Seeufern kaum Zeltmöglichkeiten! Grund: ein Sommerhaus nach dem nächsten.

Kanuverleih: Hoggerns Kanotcenter in 68800 Storfors und über Touristbüros.

✦ Kristinehamn

Kleines Industriestädtchen mit Einkaufsstraße und Supermarkt. Die Sehenswürdigkeit der Stadt schlechthin: Die monumentale und originale Picasso-Skulptur auf der Landzunge am Vänern, 7 km südlich der Stadt. Die Stadt ist außerdem beliebt als Ausgangspunkt für Schärenfahrten auf dem Vänernsee und gilt als idealer Angelstandort.

 Södratorget 3, 68184 Kristinehamn, Tel. 0550/ 881 87, Fax: 0550/ 881 96, geöffnet in der Hochsaison: Mo.-Fr. 9-13 und 13-16 Uhr. www.kristinehamn.se

 Jugendherberge: STF Sågareboställt, Minijugendherberge mit 16 Betten auf Campingplatz Bartilsvägen. Ideal für müde E 18 Fahrer. Bartilsvägen, Tel. 0550/ 88 195.

 Camping Kvarndammen, schöne Mulde für Wohnwagen an rauschendem Bach. Viele Hütten. Badestrand an künstlich gestautem Mini-See. Wohnhäuser drumherum. Wanderwege (1,5-16 km) in direkter Umgebung. Anfahrt: 100 m südlich der E 18 ausgeschildert. Tel. 0550/ 88 195. www.kvarndammenscamping.com

Revsand Camping, unebener Platz im Wald, direkt an schöner Vänern-Bucht. In Umgebung viele Wochenendhäuser. Anfahrt: von E 18 in Kristinehamn ab auf 64 Richtung Mariestad. Sofort in Järsberg westlich Richtung Revsand abbiegen.

Baggerud Camping, kleiner Zeltplatz mit Zimmervermietung, absolut ruhig an schönem Sandstrand von Wald umgeben. Wanderweg führt direkt am Platz vorbei. Anfahrt: wie zu Revsand Camping, dann aber 6 km weiter Richtung Ed. Tel. 0551/ 400 29. www.baggerud.se

KFUM Skymningen Camping, einfacher, kleiner Platz direkt am Vänernsee. Schöne Badestellen. Anfahrt: Von Kristinehamn Richtung Picasso Statue, dann ausgeschildert. Tel. 0550/ 10 280. www.kfumkristinehamn.se

Angeln: Von hier hervorrangend möglich. Besonders im Vänern-See Lachs, Forelle und Saibling. Sowohl vom Ufer aus, als auch vom Boot. Angelkarte nicht vergessen!

AUSFLÜGE
Tante-Emma-Laden in Ölme; hinter grasgrüner Theke bedient ledergeschürzter, grauhaariger alter Mann im Stile der Jahrhundertwende. Kauf-

erlebnis! Anfahrt: E 18 Richtung Karlstad, Abfahrt Ölme. Geöffnet Mo.-Fr. 12-18 Uhr, Sa. 1o-13 Uhr, So. 13-17 Uhr.

Die alte Kirche von SÖDRA RÅDA: das ehemalige nette Holzkirchlein, das vermutlich im 13. Jh. gebaut, für schwedische Verhältnisse fast aus der Steinzeit stammt, ist im Jahre 2oo1 abgebrannt. Derzeit laufen Planungen, sie wieder aufzubauen.

6) KRISTINEHAMN —> STOCKHOLM

Insgesamt ca. 23o km, führt die Strecke am Hjälmaren- und Malären-See vorbei, mit vielen lohnenden Stopps ins Großgebiet Stockholm.

Von Kristinehamn geht's zunächst in 23 flotten km über die E 18 nach Karlskoga, dort Möglichkeit über die 243 einen Schlenker nordöstlich nach Nora zu machen oder in weiteren 4o km via E 18 direkt nach Örebro. Es empfiehlt sich für schnelles Vorankommen Richtung Stockholm in jedem Fall der weitaus besser ausgebaute nördliche Schlenker um den Mälarensee über die E 18, als die schlechter zu fahrende Südvariante über Eskilstuna.

✸ Nora

Ganz nettes Kleinstädtchen, das in Schweden bei Eisenbahnfreaks besonders bekannt ist. Drumherum sanfthügelige Landschaft mit tiefen Wäldern und stillen Seen.

Die NORA-EISENBAHN: für Eisenbahnfans absolutes Bonbon. 1856 als erste Eisenbahnlinie Schwedens für den Eisenerz-Abtransport aus dem Bergslagsgebiet gebaut. Bis 1978 befahren, wird ihr Equipment heute von einem „Veteranenclub" instand gehalten. Sagenhaft, was in der alten Reparaturwerkstatt so alles rumsteht. Ersatzteile, Loks, Waggons, Interieur, überdimensionale Werkzeuge und alles was dazugehört. Führungen nach Absprache mit dem TI. Ach ja, fahren tun die Dinger natürlich auch noch. Allerdings hauptsächlich an den Wochenenden im Juli. Genaue Termine vorher einholen!

Passend zu Nora im alten Bahnhofsgebäude untergebracht. Alte Eisenbahnwagen stehen davor und träumen von längst vergangenen Zeiten. Tel. o587/ 811 2o, Fax: o587/ 1o5 38. Geöffnet in der Hochsaison: Mo.-Fr. 1o-18 Uhr, Sa. 9-19 Uhr. www.nora.se

Jugendherberge: in alten Eisenbahnschlafwaggons mit dazugehörigem Salonwagen und traumhafter Aussicht vom „Schlafwagenfenster" auf den See. Toll! Tel. o587/ 811 2o. Direkt beim Tourist-Büro.www.norataghem.se

Trängbo Camping, leicht abschüssiger Platz direkt am See mit ganz viel Seeblick. Siedlungshäuschen stehen drumherum. Nicht voll, eher beschaulich. Von hier lohnend mit kleinem Fährboot zur Bade- und Kaffeeinsel Alntorps Ö rüberzuschippern. Cam-

pingplatzanfahrt im Ort ausgeschildert. Tel. o587/ 123 61 Homepage www.trangbocamping.se

Gustavsberg Camping, große FKK-Anlage mit Campingplatz und Badeplatz am See in hügeligem Wiesengebiet ca. 1 km nördlich von Trängbo Camping. Tel. o73/ 642 52 82. www.gustavsbergscamping.com

✹ Örebro

Im Fadenkreuz der Nord-Süd und Ost-West verlaufenden Europastraßen. Von daher zumindest Durchfahrtsort vieler Schwedenurlauber. Schwedens siebtgrößte Stadt. Die in den Außengebieten sich ausdehnenden Industriegebiete stehen im krassen Gegensatz zu dem eher überschaubaren, freundlichen Zentrum.

Wahrzeichen von Örebro: das bullige Schloß mitten in der City, direkt am Fluß. Viele gute Einkaufsmöglichkeiten. Idealer Standort bei Schlechtwetterperioden dort Freizeitzentrum direkt neben dem Campingplatz. Bei mittäglicher Vorbeifahrt an Örebro unbedingt runter von der Bahn und Wahnsinnssmörgåsbord mitnehmen, das es hier zu absolutem Dumpingpreis gibt!

> Schon zu früheren Zeiten spielte Örebro eine wichtige Rolle. Die sich hier befindliche seichte Furt über den Fluß Svartån ließ Birger Jarl 1265 durch einen Befestigungsturm sichern, dem Vorläufer des heutigen Schlosses. Im 15. Jh. kam der Reichsführer Engelbrekt Engelbrektsson hierhin und machte Örebro politisch hoffähig.
>
> Ein wirtschaftlicher Meilenstein war der im 17. und 18. Jh. gebaute Hjälmare Kanal, der über den Mälaren See und Stockholm eine Verbindung Örebros zur Ostsee und damit Anbindung an die internationale Schifffahrt brachte. So konnten die aus dem Erzrevier Bergslagen gewonnenen Bodenschätze und die aus den fruchtbaren Ackerbauebenen stammenden Agrarprodukte schnell und leicht verschifft werden.
>
> Heutzutage dient der Kanal noch zu Tourismuszwecken wie Segel- und Motorboottouren von und nach Stockholm.

Unverfehlbar direkt im Schloß. Slottet, Box 33ooo, 7o135 Örebro. Tel. o19/ 21 21 21, Fax: o19/ 1o 6o 7o. Im Sommer Mo.-Fr. 9-19 Uhr, Sa./So. 1o-17 Uhr geöffnet. Außerhalb der Hochsaison ganzjährig Mo.-Fr. 9-17 Uhr, Sa. u. So. 11-15 Uhr. Homepage: www.orebro.se/turism

Verbindungen ab Örebro

Dem Großstadtcharakter angemessen:

Zug: stündliche IC-Anschlüsse an die Hauptlinie Göteborg-Stockholm von der ca. 3o km südlicher gelegenen Hauptumsteige Hallsberg. Richtung Norden (Borlänge, Mora) häufige Verbindungen.

Bus: Hauptbusbahnhof der Überlandbuslinie SWEBUS u.a. mit Direktlinie Hamburg-> Göteborg-> Stockholm->Helsinki; viele Schnellbusse Richtung

Siljansee/Dalarna. Die örtlichen Länsbusse (Nahverkehrsbusse) rattern im Dauerbetrieb selbst in die kleinsten Dörfer der Umgebung. Häufige Abfahrten Richtung Laxå, Kopparberg, Karlstad, Kumla, Lysekil und Arboga.

Zentraler Auskunftsbeantworter für Bus/Bahn Tel. o2o/22 4o oo.

**Flug**: vom nur 1o km entfernten Flugplatz 6 x täglich zur Drehscheibe Stockholm, 3 x täglich zur größten Umsteige im skandinavischen Luftraum Kopenhagen und 3 x täglich Oslo. Flugauskunft o19/3o 7o 3o.

Vielzahl verschiedenklassiger Hotels. Im Sommer meist wenig lohnend in preisgünstige Hotels zu gehen, da gut-klassige stark rabattieren und bei erheblich höherem Standard nur unwesentlich teurer sind. Besonders zu empfehlen:

„**Svartå Herrgård**", ein idyllisch gelegener Herrenhof direkt am eigenen See in wunderschöner Landschaft, ca. 3o km südlich Karlskoga, zum Urlaubmachen geeignet. Das noch aus gustavianischer Zeit stammende Gebäude mit seinen ausgetretenen Steintreppen ist hervorragend renoviert und hat durch seine antiken Einrichtungsgegenstände echten Charakter. In den Kellerkatakomben Sauna, Billard und Aufenthalts-/Konferenzräume. Hervorragende Küche und gastfreundliche Aufnahme. Mittags üppiges Smörgasbord. Lohnend! DZ mit großem Frühstücksbuffet ab 1oo Euro. 69393 Svartå, Tel. o585/ 5oo o3 oder 5oo 63. Anfahrt: ca. 4o km von Örebro; von der E 18 bei Karlskoga Richtung Degerfors abbiegen, bei Svarta ausgeschildert. Tel. o587/ 123 61. www.svartaherrgard.se

„**Stora Hotellet**", älteres, traditionsträchtiges Haus, renoviert. Ein bißchen mit Charme und nicht im üblichen o8/15-Stil. Recht große Zimmer. Zentrale Lage direkt gegenüber dem Schloß. Im Hause auch Bar und Nachtclub. DZ mit Frühstück ab 8o Euro, Drottninggatan 1, Tel. o19/ 15 69 oo. www.orebro.elite.se

„**First Hotel Örebro**", preisgünstigeres, nicht allzu großes Stadthotel mit Telefon und Fernsehgerät auf den durchschnittlich großen Zimmern. Auch Nichtraucherzimmer! Keine Parkgebühren. DZ mit Früstück um 65 Euro, Storgatan 24, Tel. o19/ 611 73 oo.

STF Vandrarhem Grenadjären, neu erbaute Jugendherberge mitten in der Stadt mit im Grunde hotelmäßigem Standard. Rund ein Drittel der Zimmer sogar mit eigener Dusche und WC. Außer der Küche zum Selberkochen wird ein im Übernachtungspreis inbegriffenes Frühstücksbuffet angeboten. 18 Euro p.P. Empfehlenswert! Fanjunkarevägen 5, Tel. o19/ 31 o2 4o.

Gustavsvik Camping, ausgezeichneter Platz mit in der Hochsaison 3.5oo Gästen pro Nacht. Fast alle Plätze mit Elektro- und Fernsehanschluß, teilweise sogar Wasser- und Abwasseranschluß. Sämtliche nur denkbaren Einrichtungen. Nachts wegen Straßen- und Bahnliniennähe nicht gerade leise. Lebt von der Nähe zur gleichnamigen Freizeitanlage (siehe unter Freizeitmöglichkeiten). Hütten unterschiedlichen Größe und Qualität, 4 Betten 47-85 Euro. Tel.: o19/ 19 69 5o.

Angeschlossen Niedrigpreishotel („Ibis Hotel") speziell für Familien. Echte Alternative zur Campinghütte! Auf Grund des hohen Standards sind auch die Zeltplatzübernachtungen etwas teurer als auf üblichen Plätzen! Preise ab 45 Euro für 2 Erw. u. 2 Ki. Anfahrt: 1 km südlich vom Stadtzentrum, von allen großen vorbeiführenden Hauptverkehrsstraßen ausgeschildert.

Ånnaboda Camping, auf einem Berg außerhalb der Stadt gelegen; eigentlich als Wintercampingplatz gedacht, aber auch im Sommer nutzbar. Hauptsächlich für Wohnmobile und Caravans. Zwar etwas weiter zum Badeplatz am See, dafür aber schöne Spazierwege durch den Wald möglich. Anfahrt: Von der E 18 Richtung Garphyttan abbiegen, ca. 18 km westlich von Örebro.

Hampetorps Camping, nicht so bekannt und überlaufen wie etwa Gustavsvik. Rund 1oo m vom Wasser entfernt. Lohnend mit der kostenlosen Fähre zur Insel rüber zu fahren und dort den schönen Badeplatz an der Ostküste nutzen! Anfahrt: ca. 4o km östlich von Örebro an der 52. Einfahrt an hellblauem Holzgebäude. Tel. o19/ 45 3o 15.

 Der Essenstipp in Örebro: am Schwimmbad/Zeltplatz Gustavsvik gibt's mittags ein ordentliches Smörgåsbord mit Leckereien, die den hungrigen Magen sättigen. Das Ganze für ca. 8 Euro. Sagenhaft. Geöffnet Mo.-Fr. 11-15 Uhr, wobei die Zeit zwischen 12 und 13 Uhr nicht zu empfehlen ist, da dann viele Arbeiter und Angestellte aus dem Industriegebiet kommen und es ziemlich voll wird. Links von der Schwimmbadkasse.

Im ehemaligen Käse- und Weinkeller befindet sich ein auf Mittelalter getrimmter Pub mit Namen SLOTTSSKÄNKEN. Auf der Schloßterrasse bei gutem Wetter Außensitzplätze.

GRYTHYTTAN GÄSTGIVAREGÅRDEN, eines der besten und bekanntesten Lokale in ganz Schweden. Carl-Jan Granqvist hat sich durch seine erlesene Speisenkarte mit ausgewählten Rohwaren einen internationalen Ruf erarbeitet. So kommen z.B. sonst nicht mehr kaufbare Gewürze aus dem eigenen Kräutergarten. Die 1a französische Küche wird in einem historischen Gasthaus mit allerlei Nebengebäuden serviert. Bei dem Ambiente und der Qualität bezahlt man gerne ab 35 Euro aufwärts. Wochentags 12-14 Uhr, am Wochenende 12-15 Uhr, im Sommer abends täglich 19-21 Uhr. Tischbestellung unter o591/ 633 oo sinnvoll. Anfahrt: ca. 6o km nördlich von Örebro an der 244 südlich von Hällefors. www.grythyttan.com

SVARTÅ HERRGÅRD, auch hier hervorragende Speisemöglichkeiten in nobler Atmosphäre; siehe unter Hotels.

SLOTTSKÄLLAREN (Schloßkeller), diesmal nicht direkt im Schloß, sondern als Kellerrestaurant im Stora Hotellet (siehe Hotels). Teilweise (nicht täglich!) preisgünstige Fischgerichte aus eigenem See. Direkt gegenüber dem Schloß, Drottninggatan 1.

RESTAURANT SVALAN, Ausgesprochen reichhaltiges, qualitätsmäßig gutes und zudem noch preisgünstiges Buffet. Allerdings auch nur mittags

11.3o-14.3o Uhr, samstags geschlossen. Brunnsparken, Adolfsberg, Tel. 24 4o 1o.

EINKAUFEN

Örebros City steht was Geschäfte angeht Stockholm oder Göteborg in nichts nach. Großstadtmäßige Fußgängerzone mit Boutiquen, Sportgeschäften, Kaufhäusern etc.
Kaufrauschartig wird's im riesigen Shoppingcenter Marieberg an der E 2o. In über 7o(!) verschiedenen Geschäften, u.a. mit einer großen IKEA-Filiale, nach dem Motto „Alles unter einem Dach" kann man kaufen, bis man arm wird. Uns persönlich allerdings zuviel Rummel.

Örebro Läns Hemslöjd: verkaufen Kunstgewerbegegenstände der Region aus Holz, Textilien, Keramik etc. Autorisierter Laden. Engelbrektsgatan.

SEHENSWERTES

WADKÖPING ist Örebros Altstadt in Form eines Heimatmuseums am Stadtpark nahe des Flusses. Angelegt als Karrée roter Holzhäuser, die sich teilweise krumm und windschief aneinanderducken. Die Häuser stammen ursprünglich original aus der alten Stadt und sind hier wieder aufgebaut worden. Neben den kleinen Lädchen gibt's hier die sogenannten „Kungsstugan", ein sehr schönes Blockhaus, in dem schon mal Karl IX. (155o-1611) übernachtet hat. Im Sommer auch häufig Theatervorführungen und Feste.

Auch Einkaufstipp: Hier gibt's ein Antiquariat, einen Keramikladen, einen alten Tante-Emma-Laden usw. Alles mit Milieukauferlebnis! Die Geschäfte sind Di.-So. 11-17 Uhr geöffnet. Natürlich kann man auch zu anderen Zeiten durchschlendern.

Das SCHLOSS VON ÖREBRO (Örebro Slott), wuchtig dickes Wasserschloß im Zentrum. Die vier Rundtürme, die teilweise niedriger sind als das Hauptgebäude dominieren die Anlage. Seit der Erbauung im 13. Jh. wurden hier viele, für die schwedische Geschichte wichtige Reichstage abgehalten. Nach zunehmendem Verfall wurde es umfassend renoviert. Eine Ausstellung behandelt die Schloßgeschichte. In der Hochsaison tägl. Führungen um 16.3o Uhr. Im Reichssaal finden auch Veranstaltungen (Konzerte, Schauspiele) statt.

SVAMPEN, den pilzähnlichen Wasserturm erkennt man schon von weitem. Die u.a. auch nach Saudi-Arabien exportierte Technik sorgt auf 5o m Höhe für den in der Stadt erforderlichen Wasserdruck. Von dem in dem „Hut" befindlichen Café herrlicher Ausblick in alle Himmelsrichtungen. In der Hochsaison 11-17 Uhr geöffnet. Eintritt frei.

FREIZEITMÖGLICHKEITEN

FREIZEITANLAGE GUSTAVSVIK (www.gustavsvik.com) schlägt alle Rekorde! Nordeuropas größtes Hallenbad mit Wellenbad, riesiger Indoorrutsche, Jetstream (kannten wir vorher auch nicht: durch Düsen werden starke Wasserströmungen erzeugt, gegen die oder mit denen man dann schwimmen kann...), Whirlpools und verschieden temperierte Becken in unterschiedlichen Badeabteilungen, integriertes Café, Sauna, Solarium etc.

Kurzum: tolles Abenteuerbad, das draußen noch weiter geht: Bootsteich, Sonnengarten für FKK-Fans, Bräunungsmulde (windgeschützt!), Tretboote, Wasserski, ferngesteuerte Motorboote, Minigolf und angeschlossen eine große Turnhalle mit Tennis, Badminton usw. sowie ein Pferdehof für die lieben Kleinen.

Bei dem irren Angebot natürlich stark frequentiert, doch verläuft sich einiges auf dem mehrere Hektar großen Gelände. Preise je nach Tageszeit und Wahl verschiedener Bäder unterschiedlich. Zwischen 3.5o und 9 Euro für Erwachsene, für Familien und Zeltplatzbesucher Extravergünstigungen.

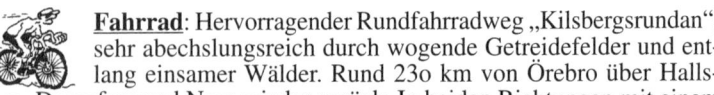

Fahrrad: Hervorragender Rundfahrradweg „Kilsbergsrundan"; sehr abechslungsreich durch wogende Getreidefelder und entlang einsamer Wälder. Rund 23o km von Örebro über Hallsberg, Degerfors und Nora wieder zurück. In beiden Richtungen mit einem weißem Fahrrad auf blauem Schild und orangefarbenen Bändchen zwischendurch beschildert. Bei Teiletappen gute Rückfahrmöglichkeiten mit den Regionalbussen. Karten, Abfahrtszeiten, Übernachtungsmöglichkeiten etc. am TI.

Für Leute mit weniger Kilometerambitionen und Fahrradtagestoureninteressierte gibt es den Hemfjärden Runt, eine rund 4o km lange Rundfahrradstrecke um den See Hemfjärden. Höhepunkt ist sicherlich die Sundüberquerung mit der kleinen Fahrradfähre. Kostenloser Infoplan am TI.

Kanu: SVARTÅN: rund 8o km schönes Kanuwandergewässer. Man passiert fisch- und vogelreiche Seen, paddelt durch wildmarksmäßige Sumpfgebiete und schippert durch aufgelockerte Kulturlandschaft und kann mitten in der Stadt am Schloß seine Fahrt beenden. Bei 8 Umtragestellen ohne größere wassertechnische Schwierigkeiten auch für Anfänger machbar. Zwischen Stockas und Backa großer Biberstamm. Einsatzort am Rastplatz am See Ölen östlich von Degerfors und über See Toften bis Örebro am Hjälmaren.

Zeitbedarf ca. 5 Tage. Topographische Karten 1o E SO, 1o F SV.

JÄRLEÅN: im Oberlauf ziemlich schwere, bei Niedrigwasser unfahrbare Stromschnellen, im Unterlauf meist angenehmes Zahmwasser. Recht viele Biber und verschiedene Vogelarten. Achtung: das Kraftwerk Axbergshammar schließt und öffnet automatisch je nach Wasserstand seine Schleusen, so dass mit dramatischen Wasserstandsveränderungen gerechnet werden muß! Nach dem Abfluß aus dem Norasjön beim Ort Hammarby 5 km lang schwere Wildwasserstelle, für Canadier meist unfahrbar, da zu niedrig. Ist ein Naturreservat. Parallel läuft (zum Stromschnellenanschauen) ein Wanderweg.

Bester Einsatzpunkt für Wanderfahrer an der Mühle von Järle. Von hier 5 Portagen bis zum See Väringen, wobei die 1oo m lange Stromschnelle bei Ringholm nur was für Experten ist. Ab See Väringen Fortsetzungsmöglichkeit über Arbogaån bis in Mälaren.

Von Järle bis See Väringen 25 km, 2 Tage. Kanuwagen sinnvoll, Karten 11 F SV, 1o F NV.

NITTÄLVEN: spannender Kleinfluß, der sich durch urwüchsige Waldlandschaft schlängelt. Hinter jeder Kurve kann ein Elch stehen oder ein Biber abtauchen. Beste Fahrzeit allerdings im Frühling, da im Sommer in aller Regel zu niedriger Wasserstand und dann wirds elendig beschwerlich und macht keinen Spaß mehr.

Bei Normalwasser bester Startplatz an der Kolbron, ca. 8 km vor der Einmündung in den See Salbosjön westlich von Kopparberg. Mit zwei Umtragungen über den Rällsälven in den Norrsjön und weiteren drei Portagen vorbei am Ort Stora in den Rasvalen. Weitere fünf Umtragestellen folgen auf dem Storån bis See Väringen.

Ca. 9o km, 5 Tage, Kanuwagen notwendig. Karten 11 E NO, 11 F NV, 11 F SV. Anfahrt von Örebro über die 6o Richtung Kopparberg.

 **Wandern**: Langwanderweg Bergslagsleden (28o km) passiert das Gebiet um Örebro in Nord-Süd-Richtung. Wahnsinnig abwechslungsreiche Tour vorbei an phantastischen Seen, tiefen Wäldern, einsamen Höhenrücken und Natur pur. Auf insgesamt 17 Teiletappen zwischen 7 und 23 km lassen sich mit Hilfe der öffentlichen Verkehrsmittel individuelle Routen zusammenstellen. Die einzelnen TI's geben Wegbeschreiben inkl. Detailkarten aus. Lohnend.

Angeln: Hervorragende Angelgewässer im nördlichen Landesteil in den Seen rund um Nora. Hauptsächlich Barsch und Hecht. Angelkarten nicht vergessen! Kostenlos dagegen ist das Lachsangeln mitten in der City.

AUSFLÜGE

Mit dem Ausflugsschiff MS/Lagerbjelke gibt's Sightseeing-Touren auf dem HJÄLMAREN und SVARTÅN-Fluß.

NATURRESERVAT OSET: Im Mündungs- und Deltabereich des Flusses Svartån in den Hjälmaren-See liegt besagtes Vogelschutzgebiet. Im Frühjahr, besonders Mai, Gewimmel und Versammlung unterschiedlichster Vögel wie Reiher, Fischadler, Kranich etc. Aber auch im Sommer lohnend. Ca. 3 km vom Schloß über Engelbrektsgatan, Oskarsvägen und Slebäcksvägen zu erreichen. Dort auch der ornithologisch hochinteressante Tysslingen-

See, an dem im März/April bis zu 3.500 Schwäne rasten. Aber auch während des Sommers ein lohnender Ausflug zu den Vogelbeobachtungstürmen am Nord- und Südende.

ASKERSUND: Idyllisches Städtchen am Nordende des Vättern, ca. 40 km südlich von Örebro. Heißt unter Insidern auch „New Orleans von Schweden", wohl wegen des dort alljährlich stattfindenden Jazzfestivals, im Juni in der Woche vor dem Mittsommernachtsfest. Sehenswert das barocke Rathaus am Marktplatz und das Schloß Stjernsund, von Mitte Mai bis Ende Juni zu besichtigen. Ein Städtchen mit Charme. Anfahrt: über die 50 in südlicher Richtung.

Von Örebro geht's über Arboga in ca. 40 km über die E 20 nach:

✱ Eskilstuna

Freundliche Industriestadt an kleinem Verbindungsflüßchen zwischen den beiden großen Seen Hjälmaren und Mälaren. Recht dicht besiedeltes Gebiet. Bekannt ist Eskilstuna durch die Produktion von Spezialwerkzeug, Scheren und Messern. Recht idyllisch im Vergleich zu den eher kühlen Steinhäusern wirken die alten roten Holzhäusern und die von Laubbäumen umstandenen Rademacherschmieden.

Namensgebend war der heilige Eskil, der am Handelsplatz Tuna begraben wurde. Mitte des 17. Jahrhunderts begann der Schmiedemeister Rademacher hier mit der Metallverarbeitung, so dass die Stadt 1659 ihre Stadtrechte erhielt, die Steuererleichterungen, Zollfreiheit und freien Handel brachten. Bis heute hat die Stadt ihren Namen als metallverarbeitende bis in die ganze Welt erweitert.

 Rademachergatan 50, Tel. 016/ 10 70 00, Fax: 016/ 14 95 00. Geöffnet im Sommer werktags 10-18 Uhr, am Wochenende 10-14 Uhr. Homepage: www.eskilstuna.se.

Verbindungen ab Eskilstuna

 **Zug**: -> Stockholm: 20 x tägl., mit dem Schnellzug über die neugebaute Svealandsbahn in nur 60 Min.
-> Hauptumsteige Katrineholm mit Anschlüssen nach Göteborg im Pendelverkehr 8 x täglich
-> Västerås: 15 x täglich
-> Lappland: 3 x täglich

 **Bus**: Gute Überlandverbindungen z.B. -> Katrineholm (7 x), -> Strängnäs (17 x), -> Nyköping (9 x) und natürlich auch -> Stockholm.

 **Flug**: Nächster Flughafen in Västerås, ca. 45 km entfernt. Von hier außer häufigen Stockholm-Anschlüssen

Mittelschweden 333

"**Best Western Stadshotellet Eskilstuna**", zweifellos das beste und luxuriöseste der Stadt. Geschmackvoll eingerichtete Zimmer mit allem Luxus, exquisite Restaurants und Nachtbars sowie freundlich vornehmer Service. Im Keller des Hochhauses futuristisches Freizeitzentrum namens Oase: mit Schwimmbecken, (Kunst)-Palmen, Whirlpools, Sauna etc. und einer videokameragesteuerten Golfsimulationsanlage ausgestattet! DZ mit Frühstück (und was für ein riesiges) im Sommer ab 95 Euro, Hamngatan 9-11, Tel. 17 78 oo.

"**City Hotel**" deutlich kleiner als das Stadshotellet, fast familiär. Wurde uns als guter Tipp empfohlen. Für Zugfahrer und Interrailer angenehm in Bahnhofsnähe. Relativ preisgünstig. DZ mit Frühstück ab 80 Euro. Drottninggatan 15, Tel. o16/ 1o 88 5o. www.cityhotell.se

"**Ibis Hotel Eskilstuna**", bißchen außerhalb in der Nähe von Golfplatz und Eisstadion. Gutes Durchschnittshotel der Ibis Hotelkette. DZ mit Frühstück ab 80 Euro. Strängnäsvägen 6, Tel. o16/ 51 o4 1o. www.ibishotel.se

"**Sundbyholms Slott och Konferenshotell**", ein besonderes Schloß- und Konferenzhotel. Idyllisch außerhalb der Stadt auf einer Nasenspitze am See gelegen. Tolle Umgebung mit herrlichem Buchenwald. Dufter Sandstrand direkt am Mälaren. Eigener Gästehafen. Häufig für Kurse und Konferenzen ausgebucht. Lohnt sich aber auch schon als Tagesausflug. DZ mit Frühstück zu Sommerpreisen ab zwischen 13o-25o Euro, Tel. o16/ 42 84 oo. Anf.: nördlich der Stadt Ri. Sundbyholm. Das beste Hotel am Ort. www.sundbyholms-slott.se

Jugendherberge: Vandrarhem Eskilstuna, modernes Flachdachgebäude mit schönen 2- und 4-Bett-Zimmern. Fast auf Hotelniveau sogar mit WC, Dusche und TV. Direkt am Vilsta Campingplatz. Tel. o16/ 51 3o 8o. Anfahrt: siehe dort.

Vilsta Camping, 3-Sterne-Platz südlich der Stadt in der Nähe einer Villensiedlung. Direkt am Fluß mit kleiner Badebucht. Auf der ansonsten grünen Wiese mit Wald im Hintergrund tummeln sich viele Deutsche, bei ihnen wohl recht populärer Platz. Joggingmöglichkeiten, Sauna, Pferdevermietung. Anf.: südlich von Eskilstuna zwischen der 23o und 53, im Ort ausgeschildert. Tel. o16/ 1o o18o.

Mälarbadens Camping, dreisterniger Platz direkt am Wasser mit modernisiertem Sanitärgebäude und guten Kinderspielmöglichkeiten. Einige Campinghütten. Recht stark frequentiert. Viele Dauercamper. Anfahrt: 5 km nördlich von Torshälla. Tel. o16/ 34 31 87.

Hjälmaresunds Camping, sehr schöner Platz mit neugebautem Sanitärgebäude. Direkt am Wasser. Ist in privaten Händen, aber für jedermann offen. Anfahrt: über die 56 bzw. 23o südlich von Eskilstuna am See Hjälmaren Richtung Stora Sundby. Tel. o16/ 65o 15.

RESTAURANT TINGSGÅRDEN, direkt am Eskilstunafluß gelegen. Wunderschöne Umgebung. Möglichkeit draußen auf einer Brücke zu essen. Bekannt für leckeres Essen. Preise um 15 Euro. Rådhustorget 2.

"AKROPOLIS", von Bekannten besonders empfohlen, griechisch-schwedischer Stil. Abends Preise zwischen 1o und 14 Euro. Fristadstorget, Tel. o16/ 14 9o 74. www.akropolis-ea.nu

„MING PALACE", bei Eskilstunalern sehr beliebtes Chinarestaurant, Preise um 13 Euro. Rademachergatan 17, Tel. o16/ 14 43 o3.

SEHENSWERTES

Die <u>RADEMACHERSCHMIEDEN</u>, d i e Sehenswürdigkeit von Eskilstuna schlechthin. In niedrigen, puckligen, rotgedeckten Häusern arbeiten Kupferschmiede, Eisenschmiede und andere Handwerker wie vor Hunderten von Jahren. Natürlich werden die hergestellten Produkte hier auch sofort verkauft. Einzelne Räume als kleine „Museen" eingerichtet. Nur Vorsicht bei den unheimlich niedrigen Räumen, selbst Marlen hatte sich eine Beule am Kopf geholt. Ein gutes Restaurant und Cafeteria laden zum Verweilen ein. Im Sommer tägl. um 14 Uhr Komödientheater, Eintritt 6 Euro. Öffnungszeiten tägl. 1o-16 Uhr. Museumseintritt frei.

<u>PARKEN ZOO</u>: kein normaler Zoo, sondern im Grunde großer Ferienpark mit allem was das (Kinder-)Herz begehrt: Wasserspielplatz mit temperierten Becken (Badehose nicht vergessen!), kirmesmäßige Vergnügungen, Blumenskulpturen und weißen Tigern usw. Doch der Zoo selbst hat ein sehr schönes Flamingotal und als Bonbon einen Pandabären. Nach unseren Beobachtungen jedoch von Kindern am meisten geliebt das „Phantomland". Phantomgrotte, Schatzkammer und mystische Brunnen erinnern an eine Videowelt. Beliebtestes Ausflugsziel der Umgegend!

Eintritt für Erwachsene ca. 11 Euro, Kinder 8 Euro, von Mai bis Sept tägl. ab 1o Uhr, Schließungszeiten je nach Monat und Wochentag sehr unterschiedlich, meist gegen 18 Uhr. www.parkenzoo.se

<u>TINGSGÅRDEN Glashandwerkshof</u>: lohnender Handelshof aus dem 18. Jh. mit sehr schönen Glasgalerien, Läden, nettem Café und Restaurant. Einkaufsmöglichkeit für ausgefallene Glassachen. Liegt unverfehlbar mitten in der Altstadt!

✶ Torshälla

Kleines, direkt am Mälaren gelegenes Städtchen mit eigenständigem Charakter. Neben einer Reihe alter Holzhäuser besitzt die 1873 neu aufgebaute Stadtkirche alte Malereien aus dem 15. Jh. im Mittelschiff. Neben dem romantisch wirkenden Rathaus gibt es ein Heimatmuseum in der Lillagatan und die sehenswerte Glasaustellung Klockberget. Öffnungszeiten: Di.-Fr. von 12- 18 Uhr, Sa. und So. 12-17 Uhr. Einfach mal rumstöbern.

Kanu: Von Åker nach Vagnhärad; trotz der hier recht hohen Bevölkerungsdichte besonders im Oberlauf noch durch wilde, unberührte Landschaft. Insgesamt leichte Paddeltour mit geringfügigen Niveauunterschieden, da hauptsächlich über langgestreckte Seen.

Während er sich im Oberlauf noch wildnisartig durch den Wald schlängelt, geht's im mittleren Bereich (ab See Klämmingen) und im unteren Bereich (See Sillen) zunehmend in eher eintöniges Ackerland über. Startplatz am Parkplatz des Sees Visnaren unterhalb von Åker (bei Mariefred). Ausstieg in Vagnhärad an der Straßenbrücke. 4o km, 2 Tage, 3 kürzere Portagen. Unentwegte können bis in die Ostsee weiterpaddeln. Karten 1o H SV, 1o H SO, 9 H NO.

Kanuroute Ändebol-Katrineholm-Nyköping; landschaftsmäßig sehr abwechslungsreiche Strecke. Von tiefen Nadelwäldern über lichte Laubwälder bis hin zur offenen Kulturlandschaft. Ausgezeichnet als Anfängertour zu machen, da keine wassertechnischen Schwierigkeiten. Hauptsächlich Seepaddelei, wo man lange Arme kriegen kann. Gut markiert, Reihe von installierten Übernachtungsplätzen. Start am Parkplatz unterhalb der Bahnlinie in Ändebol (südlich von Katrineholm) in den See Tisnaren und über die Wasserstraße Bjälken-Viren-Forssjösjön-Fluß Akforsån (schönstes Stück)-Yngaren-Hallbosjön-Langhalsen in den Nyköpingsån bis Nyköping. Gesamt 9o km mit 12 Umtragestellen, wovon nur eine etwas länger und beschwerlich ist. Zeitbedarf ca. 8 Tage; auch Teiletappen, z.B. bis Katrineholm machbar. Karten: 9 G NV, 9 G NO, 9 H NV, 9 H SV

Wandern: Sörmlandsleden; Langwanderweg über 1ooo km von Stockholm über Katrineholm mit Abstecher nach Eskilstuna bis nach Nyköping. Sehr abwechslungsreich durch die schönsten Landesteile. Gut markiert, mit Windschutzen ausgebaut. Jedes TI gibt Infos mit Schwierigkeitsgradeinstufung und Karten über Teiletappen heraus. Drauf achten, dass öffentliche Verkehrsmittel benutzbar werden!

Von Eskilstuna/Torshälla sind es noch ca. 11o km über die E 2o bis Stockholm. Lohnende Stopps unterwegs, z.B. Mariefred mit Schloß Gripsholm. Alle Details zu dieser Region im Kapitel „Umgebung Stockholm" ab Seite 4o8.

PROVINZ DALARNA

Dalarna heißt übersetzt „die Täler". Eine der abwechslungsreichsten und schönsten Gegenden ganz Schwedens: wildromantische Fluß- und Seenlandschaft, tiefe, grenzenlose Wälder und breite, von rauschenden Wasserfällen - und leider auch einigen Staumauern - unterbrochene Wasserströme, entlang derer in farbenfrohen Trachten Musikanten aufspielen. Ungezählte Elche und etwa 1oo Braunbären trollen sich entlang menschenleerer Seen, weiter Ebenen, Wälder und Wiesen.

Wappentier ist aber das knatschrote, bunt verzierte und handgearbeitete Dala-Holzpferdchen, das dem staunenden Besucher von Schlüsselanhängern bis zum mannsgroßen Denkmal überall begegnet.

Der Süden der Provinz ist Bergbaugebiet. Zwischen Ludvika, Avesta und Sala liegen seit Alters her tiefe Erzgruben, die Zink, Silber, Kupfer, Eisenerze und Blei ans Tageslicht befördern. Entsprechende Industrievorkommen. Trotz Wälder und Seen bestimmt der uninteressanteste Teil Dalarnas.

Ganz anders der vielbesungene Siljansee im Herzen der Wildnisprovinz mit entlegenen Wäldern, mächtigen Bergen und sanft grünen Hügeln. Von Rättvik bis Mora und von Leksand bis Orsa rund um den tiefblau schimmernden Riesensee ideales Feriengebiet.

Im Norden der Provinz wird es grenzenlos! Entlang des Flusses Österdalälv führt die Kupferstraße durch gewaltige Wälder hinein in weite Wildnisgebiete, in denen die Bären den Menschen beobachten, und Elche beim vereinzelten Auftauchen von Zweibeinern nur kurz aufschauen und dann gemütlich weiter äsen. Schwedens südlichste Fjällgebiete mit Startpunkt des Kungsledens.

Weitere Infos unter: www.dalarna.se

✱ Falun

„Hauptstadt" Dalarnas, Industrie- und Wintersportort. Trotz aufwendiger Straßenführung wirkt das Städtchen provinziell. Eine Haupteinkaufsstraße, in der sich Geschäft an Geschäft reiht. Die im Stadtkern etwas erhöht liegende Kirche, obligatorisch am Marktplatz, wird nur von der weiter draußen gelegenen Skisprungschanze überragt.
Innerhalb der Stadt einige Holzhäuserviertel, davor das größte Loch Schwedens, die Kupfergrube. Von hier kommt die an nahezu alle schwedischen Holzhäuser gestrichene rote Farbe („Falu-röd"). Aus Falun stammt auch die überall angebotene Wurst (Falukorv).

> Die Stadtentstehung und -geschichte ist eng mit der riesigen Kupfergrube verbunden. Seit dem 11. Jahrhundert arbeitete man in der Grube. 1641 bekam Falun die Stadtrechte und war im 17. Jahrhundert zweitgrößte schwedische Stadt und derzeit größter Kupferproduzent der Welt. Infolge der Erzgewinnung und Kupferschmelze siedelten sich immer mehr Men-

schen an, was Handel und Verwaltung nach sich zog. Verstärkt im Winter auf den zugefrorenen Flüssen und Seen handelte man mit der norwegischen Kupferstadt Røros. Diesem Kupferweg „Kopparleden" folgt heute noch die Straße 7o Richtung Norwegen.

Einer alten Sage nach soll ein weißer Bock die Kupfergrube entdeckt haben. Der Geißbock hatte nach der Futtersuche plötzlich rot gefärbte Hörner. Der Bauer fand das merkwürdig, schlich ihm nach und entdeckte die Kupfergrube.

Die überall in Schweden und Skandinavien zu sehende Farbe ist ein Abfallprodukt des Bergwerks, die aus verwittertem, eisenvitriolhaltigem Rotstaub hergestellt wird. Vorteil für die Farbe: sie ist billig, lange haltbar, leicht aufzutragen und überdies noch giftfrei.

Auch die Wurst ist sozusagen ein Nebenprodukt des Bergbaus: dringend benötigte Seile für die Kupfergrube wurden im 17. Jahrhundert aus Ochsenhaut hergestellt. Die dafür nötigen Tiere wurden geschlachtet und das riesige Fleischaufkommen mangels Kühltruhe geräuchert und zu Wurst verarbeitet.

 Trotzgatan 1o-12, 79183 Falun. Tel. o23/ 83o5o, Fax: o23/ 833 14. Geöffnet im Sommer: Mo.-Fr. 9-19 Uhr, Sa. 9-18 Uhr, So. 1o-17 Uhr. www.welcome.falun.se

Verbindungen ab Falun

Zug: Im zweistündigen Intercity-Takt-Anschlüße von/nach Stockholm (Uppsala), Göteborg und Gävle.

Bus: Täglich die 7o hoch ins Fjäll zum Grövelsjön (Startpunkt des Kungsledens) über Mora. Außerdem regelmäßig nach Sundborn (Carl Larsson!) Linie 64. Am Wochenende 3 x täglich Expressbusse nach Göteborg über Karlstad und Stockholm.

Abfahrt: Buszentrale schräg gegenüber Bahnhof. Nicht zu übersehen.

Flug: Dala Airport Falun/Borlänge gehört mit zu den meist frequentierten Inlandsflughäfen. Über Stockholm oder direkte Flüge zu allen schwedischen Airports. Auskunft und Buchung Tel. o243/ 39o 9o.

„**First Hotel Grand**", Luxusliner mitten im Ort. Alle Zimmer tipp-top mit allen Schikanen. Nach verschiedenen Preisklassen für größere, kleinere, Zimmer fragen! Swimmingpool und Solarium. DZ mit Frühstück im Sommer ab 75 Euro. Trotzgatan 9-11, Tel. o23/794 88o.

„**Scandic Hotel**", neues Luxushotel, 1 km vom Zentrum direkt an der Sportanlage Lugnet. Zımmer, Restaurant, Pub, Swimmingpool - alles vom Feinsten. DZ im Sommer ab 7o Euro. Svärdsjögatan 51, Tel. o23/669 22 oo .

„**Park Inn Falun**", Luxushotel im Zentrum. Geschmackvoll eingerichtete Zimmer von eigenem Badezimmer bis zur Satellitenempfangsmöglichkeit. Relaxcenter mit Whirlpool. Irre die Aphroditensuite mit achteckigem Bett und Spiegeln darüber! Doppelzimmer mit Frühstück ab ca. 75 Euro. Bergskolegränd 7, Tel. o23/ 7o1 7oo.

„**Samueldals Pensionat**", 5 km außerhalb Richtung Borlänge in naturschöner Lage. Golfplatz gleich nebenan und Draußen-Pool. Zimmer nur teilweise mit Dusche, ab 4o Euro. Tel. 71 12 25.

„**Solliden Pensionat**", solide Zimmer mit Toilette und Dusche 1o km außerhalb der Stadt. DZ mit Frühstück ab 7o Euro. Dort auch angeschlossene Dependance mit JH. Centralvägen 36, Tel. o23/ 325 9o.

Jugendherberge: im ehemaligen Schulheim an Einfallstraße nach Falun. Viele Kontaktmöglichkeiten mit anderen Leuten. Adresse: Box 3oo2, Tel. o23/ 1o5 6o.

Lugnet Camping, Platz direkt unterhalb der Skisprunganlagen am Freibad mit 5o m Becken. Kleine Asphaltstraßen durchteilen terassenförmiges Gelände am Eisstadion. Gepflegtes Servicehaus mit Toiletten und Duschen. Neugebaute Hütten mit Dusche, WC und TV. Anfahrt: von Hauptstraßen gut ausgeschildert: „Lugnet".

Bjursbergets Camping, durch kleine, fast unbefahrene Straße getrennter Platz in wahnsinnig schöner Wald- und Seeumgebung. Plätze für Wohnwagen und Bullis auf häßlichem, großflächigem Platz am Skilift, für Zelte jenseits der Straße, toll im Waldgebiet mit kleinem Bach. 1oo m zum traumhaften Seebadeplatz mit Sandstrand. Rundherum 35 km langer Wildmarksrundwanderweg. Anfahrt: an der 8o Falun-> Rättvik, bei Bjursås der Beschilderung Bjursberg folgen.

„RATHAUSKELLER", sehr gemütlich in ehemals altem Gefängnis. In verschiedenen kleinen Räumen, die Namen unterschiedlicher Persönlichkeiten tragen. Schmiedeeiserne Abtrennungen. Exzellente Küche. Normale À-la-carte-Preise ab 15 Euro. Mittags preiswerte Tagesgerichte. Direkt gegenüber dem TI.

Im Kaufhaus Åhléns leckeres Salatbuffet (für 7 Euro gibt's Riesenteller) und vegetarische Gerichte. Natürlich nur mittags.

Einkauf: Souvenirs und einige schöne, teilweise auch praktische Schmiede- und Holzkunstarbeiten neben der JH: werktags 1o-18 Uhr.

SEHENSWERTES

Unbedingt lohnend die KUPFERGRUBE („Gruvan"). Mit Hotelfahrstuhl, Gummiumhang, Helm und deutschsprachigem Führer geht's 55 m in die Tiefe und Kälte. Unten ganz gut ausgeleuchtet; beeindruckend die ehemals super primitiven und mordsgefährlichen Arbeitsbedingungen. Unser Führer erzählte mehrfach mit erhobener Stimme von den Problemen zahnloser Bergarbeiter, die zur Beleuchtung brennende Holzspäne im Mund transportieren mußten, um sich an den steilen Leitern festzuhalten. Ebenso ungerührt schilderte er uns einen grausamen Leichenfund eines Arbeiters, der durch das vitriolhaltige Wasser über Jahrzehnte in der Grube konserviert blieb.

Die planlos wild kreuz und quer getriebenen Stollen brachten die Grube 1687 zum Einsturz. Rundgang ca. 1 Stunde. Warme Sachen anziehen, da 8

Grad kalt. Gummistiefel empfehlenswert. Hose unten hochkrempeln! Geöffnet im Sommer täglich 1o-16.3o Uhr, Eintritt 8 Euro. Im Ort den weißen Schildern „Gruvan" folgen.

Das gegenüberliegende STORA-MUSEUM zeigt in fast 2o Räumen die nahezu tausendjährige Historie des Kupferbergbaues. Zwar nicht so interessant wie eine Fahrt in die Stollen, doch besonders an regnerischen Nachmittagen als Ergänzung durchaus angebracht. Eintrittskarte für Grube gilt auch da.

Ganz interessant sind die drei alten Stadtteile ELSBORG, GAMLA HERRGÅRDEN und ÖSTANFORS. Alte Holzhausviertel, in denen noch die niedrigen, kleinzimmrigen Behausungen der Grubenarbeiter aus dem 17. Jahrhundert zu finden sind. Übrigens in der UNO-Liste über internationale Kulturschätze verzeichnet.

CARL-LARSSON-HOF in Sundborn: Trotz vieler Touristen ein Ort der Stille und Beschaulichkeit. Das Haus des berühmten schwedischen Malers C. Larsson ist in seiner Ursprünglichkeit erhalten geblieben. In traumhafter Landschaft, umgeben von weit ausladenden, dicht bewaldeten Hügeln an einem romantischen Flüßchen, das hinterm Haus träge unter winzig weißer Holzbrücke dahinfließt. Im Gebäude selbst süße Urigkeiten, geschmackvoll alte Schränke, Kinderportraits an den Türen, stilvolle Tischdecken wie in einer überdimensionalen Puppenstube.

Besuch des Hauses nur mit Führung. Die herumführenden Mädchen laufen auch schon in langen, weiten Kleidern mit gedämpften Farben herum, so wie auf C. Larssons Bildern. Geöffnet im Sommer täglich 1o-17 Uhr. Eintritt 8 Euro. Innen herrscht Fotografierverbot. An der Kasse Anmeldung für gewünschte Führung in entsprechender Sprache. Anfahrt: 15 km nordöstlich von Falun Richtung Svärdsjö.

Carl Larsson, 1853 in Stockholm geboren, gehört mit zu den schwedischen Aushängeschildern, was Malerei angeht. Viele der jugendstilähnlichen Aquarelle und Zeichnungen seines Hauses, seiner Kinder und Frau strahlen Wärme und Behaglichkeit aus. Er starb 1919 in seinem Haus in Falun.

Die Töpferwerkstatt am Parkplatz profitiert vom Besucherstrom, lohnt sich aber nicht sonderlich.

LUGNET: Das Sportzentrum mit den riesigen Sprungschanzen ist auch im Sommer beeindruckend. Lohnend in jedem Fall die Fahrstuhlfahrt auf den 9o m hohen Turm mit toller Aussicht und Cafeteria. Im Sommer Mo.-Fr. 8-19 Uhr, Sa./ So. 9-18 Uhr. Eintritt 2 Euro.

Unten Dalarnas SPORTMUSEUM, das nicht nur die dreimal hier stattgefundenen Weltmeisterschaften dokumentiert, sondern auch einen Überblick über die 2oojährige Sportgeschichte der Provinz zeigt. Offen: im Sommer Mo.-Fr. 1o-15 Uhr, Sa. 1o-14 Uhr. Eintritt 2 Euro.

Wandern: Am Zeltplatz bei Bjursås einsamer Wildmarksrundwanderweg durch entlegene Waldgegend und an tollen Aussichtspunkten vorbei. Unterwegs Übernachtungsmöglichkeiten in Hütten. 35 schöne Kilometer, Zeitbedarf 2-3 Tage. Gummistiefel sinnvoll. Ggf. Voranmeldung: Tel. o23/ 5o5 48. Außerdem unterschiedlich lange Wanderwege (2,5-1o km) ab der Sportanlage Lugnet, die im Winter als Loipen benutzt werden.

Kanu: 6o km Kanutour über Seen und Flüsse, ca. 35 km nördlich von Falun am See Balungen starten. Gut „ausgebaut" mit Windschutzanlagen als Übernachtungsmöglichkeiten. Allerdings 8 Landtransporte (bis zu 2 km lang). Kanuwagen unerläßlich.

Route: See Balungen-> Vågsjön-> Svärdsjön-> See Runn. Zeitbedarf ca. 4 Tage. Verleih: im Örtchen Enviken, in Svädsjö im Järnhandel (Eisenhandlung). In Falun: Gullnäsgården, nördlich an Straße nach Rättvik. Tel. o23/ 1o4 o6. Dort auch Surfbretter.

Kanuverleih: Gullnäsgården, Tel. o23/ 1o4 o6; Svärdsjö Järnhandel, Tel. o246/ 51o 3o; Korså Bruk, Tel. o246/ 7oo 77.

Fahrrad: zu leihen (außer an der Jugendherberge) bei Cykel o. Fjällspecialisten, Tel. o23/ 638 62. Preis: ab 5 Euro pro Tag, 3o Euro pro Woche.

Reiten: Svedens Ponyclub, nach Vorbestellung auch ein stündige Ausritte möglich, ca. 7 km Richtung Svärdsjö.

SILJANSEEGEBIET

Anmutiger, traumhafter See, von schier unübersehbaren Wäldern umschlungen. Sanfte, tiefgrüne Höhenrücken umgeben das leuchtende Blau des imposanten, meergroßen Sees mit seinen vereinzelten Inseln. Rundherum einige freundliche Touristenstädtchen mit schönem Kunsthandwerk und uralter Folkloretradition.

Auf gut ausgebauten Straßen ein Landschaftsgemälde nach dem nächsten, anhalten und Fotos machen lohnt sich absolut. Landschaftlich eine der schönsten Ecken Dalarnas. In riesigem Kreis drumherum weitere naturschöne Seen mit verbindenden Flußläufen, weiten Ebenen und jeder Menge ursprünglicher Natur.

Weitere Infos über: www.siljan.se

Der Siljansee, Orsasjön, Skattungen und Oresjön sowie eine Reihe kleinerer Seen im Osten liegen in einer runden, im Durchmesser ca. 6o km langen Senke, die nach außen von recht steiler Böschung begrenzt wird. Vergleichbar mit einem riesigen Suppenteller. Diese merkwürdige geologische Formation stammt von einem gewaltigen Meteoriteneinschlag im Paläozoikum (Altzeit) vor 36o Millionen Jahren.

Wie von einem Tennisball getroffen entstand ein riesiger Krater, der in der Mitte im Laufe der Jahrmillionen zurückfederte, so dass sich um die angehobene Mitte am Schüsselrand Wassermengen ansammeln konnten. Dank dieses Ereignisses wurde in einem Gebiet mit kristallinhartem Gestein kalk-, lehmreicher und sandiger Boden gebildet. Ursache für die abwechslungsreiche, traumhafte Wildnislandschaft mit Sandstränden. Seit neuestem vermuten Wissenschaftler unermeßliche Gasvorkommen in diesem Gebiet.

✦ Rättvik

In der Ostecke des ausgedehnten Siljansees. Kleine Einkaufsstraßen mit Urlaubsfeeling, bunte Fähnchen, Cafés, Souvenirshops, zwischen denen Touristen schlendern. Am Marktplatz thronen Kinder auf fast mannsgroßem, hier ausnahmsweise grauem Rättvik-Holzpferd. Am Strand unten ewig lange Brücke (625 m) zum Anlegen von Schiffen, da der Strand extrem flach ist. Über die 8o von Falun kommend, bei Söderås traumhaft schöner Blick auf gesamtes Siljan-Gebiet.

Im Bahnhof gegenüber dem Marktplatz. Riksvägen 4o, 79532 Rättvik, Tel. o248/ 79 72 1o, Fax: o248/ 12 251. Ganzjährig geöffnet, während der Saison: Mo.-Fr. 1o-19, Sa.+So. 1o-17 Uhr. www.siljan.se

Zug: über Falun/Borlänge mehrere Anschlüsse täglich nach Stockholm und Göteborg.
Bus: regelmäßiger Pendelverkehr auf der Strecke Rättvik-> Mora. Während des ganzen Jahres täglich Schnellbusse nach Stockholm..

„**Hotel Hantverksbyn**", im grauen Gebäude bei Handwerksdorf mit meilenweitem Seeblick. Ordentliche Zimmer, alle mit Dusche, WC und TV. DZ mit Halbpension ca. 95 Euro. Gärdebyn, am Hügel südlich des Ortes an der Kreuzung der 7o/8o.Tel. o248/ 3o2 5o. www.hantverksbyn.se
„**Hotel Lerdalshöjden**", oberhalb der Stadt mit tollem Blick auf Siljansee, direkt neben Skipiste. Schöne Zimmer. Viele Freizeitaktivitäten. DZ mit Frühstück ab 1o5 Euro. Mickelsgatan, Tel. o248/ 511 5o. www.lerdalshojden.se
„**Hotel Gärdebygården**", selber Besitzer, dem auch das Hantverksbyn gehört. Knallgelbes Haus aus dem Anfang des 2o. Jhd. mit Seeblick. Eher Pension als Hotel. 44 Zimmer, Restaurant Sauna und Solarium vorhanden - Hunde willkommen. Kleines Ruderboot zum Angeln. Nur im Sommer geöffnet. DZ mit Frühstück ab 95 Euro. Tel. o248/ 3o2 5o.

Siljansbadet, Camping- und Badeplatz direkt am See unterhalb des Ortes. Unter vereinzelt stehenden Bäumen pfeift der Wind ganz schön: gut gegen Mücken und für Surfer. Schmaler Sandstrand mit kinderfreundlichem, extrem flachem (warmem) Wasser. Wegen Straßennähe aber recht voll. Anfahrt: nördlich vom TI Bahngleise überqueren. Tel. o248/ 51 691. www.siljansbadet.com
Rättviksparkens Camping, innerhalb des Freizeitgebietes mit temperiertem Schwimmbad und Minigolf-Anlage. Großes, mehrfach unterteiltes

Waldgebiet von kleinem Fluß durchflossen. Viele Hütten. Kleiner Tierpark. Anfahrt von der 7o, im Ort auf Centralgatan abbiegen, dort ist dann Volkspark ausgeschildert. Tel. o248/ 56 111. www.rattviksparken.se

Sinksjöbadet Camping, kleiner, einfacher Platz, naturschön, direkt am See. Nicht voll, da kaum bekannt. Nach meinem Geschmack schönster in Nähe von Rättvik. Keine E-Anschlüsse, winzige Lebensmittelauswahl. Anfahrt: über die 3o1 Richtung Boda, ca. 25 km nördlich von Rättvik. Tel. 423o3.

Jugendherberge, bestehend aus drei Blockhäusern von bestem Standard. Eingang Centralgatan/Mässhallen, gleichzeitig Einfahrt zum Feriendorf Domarbacken. 4-Bett-Zimmer, während der Saison als 2-Bett-Zimmer gegen Kostenzuschlag. Nähe Volkspark Rättviksparken. Die alte JH nebenan dient bei Überbelegung als Ausweichquartier. Unbedingt vorher anrufen, großer Andrang! Tel. o248/ 561 o9.

„HANTVERKSBYN WÄRDSHUS", beim gleichnamigen Hotel. Leckere „Handwerksplatte" mit Reis. Tolle Aussicht. Preise abends ab 18 Euro.

SEHENSWERTES

HEMSLÖJDSSTUGAN in altem Holzgebäudekomplex mit ortstypischem Kunstwerk. Mit Trachtenkammer, Webstube und Verkauf von Souvenirartikeln. Echtes Kauferlebnis! Im altem Gebäude des Touristenbüros.

RÄTTVIKS KIRCHE lohnt sich besonders Sonntagmorgen. Dann kommen, wie zu grauer Vorzeit, die Einheimischen mit langen, verklinkerten Kirchbooten angerudert. In alten Trachten, frisches Birkengrün am Boot und mit Fidelmusik geht's zur 11-Uhr-Messe. Um die Kirche herum stehen noch Unterstände für die Kirchenbesucher, die früher dort ihre Pferde anbanden. Das ganze Schauspiel findet allerdings verständlicherweise nur im Sommer bei gutem Wetter statt. Innen drin schöne Holzskulpturen wie Teile der Kirche aus dem 14. Jahrhundert.

RÄTTVIKS KULTURHAUS, mit Natur- und Kunstmuseum, Leseraum und Bibliothek, direkt am Anfang der Hauptstraße, neben dem Enå-Flüßchen. Geöffnet: Mo.-Do. 11-19 Uhr, Fr. 11-15 Uhr, Sa. 11-14 Uhr und So. 13-17 Uhr. Bibliothek sonntags geschlossen.

RÄTTVIKS GAMMELGÅRD, Sammlung verschiedener mittelalterlicher Holzhäuser mit dazugehörigem Inventar wie Werkzeuge, Trachten usw. Nettes Café in Sjurberg, 2 km vom Zentrum Rättviks. Führungen nur an bestimmten Tagen. Vorher beim TI erkundigen.

DALHALLA, ein aus einem stillgelegten Kalksteinbruch entstandene Konzertbühne, die - überdacht - in der wunderschönen Umgebung von Rättvik liegt. Wegen der sagenhaften Akkustik inzwischen zum berühmten Konzertstandort ausgeweitet. Einfach mal auch ohne Vorstellung hinfahren und eine

Führung mitmachen. Vorstellungen zwischen Ende Mai und Ende August, die wegen der einmaligen Akkustik und des großartigen Ambientes lohnen, allerdings mit Eintrittspreisen zwischen 25 und 5o Euro auch nicht gerade billig sind. Kartenvorbuchung über TI absolut notwendig! Anfahrt: 7 km nördlich der Stadt Richtung Mora. Von der 7o Richtung Kullsberg/ Nittsjö abbiegen und Ausschilderung folgen.

FOLKMUSIKENS HUS, Haus der Volksmusik und Folklore für ganz Dalarna. Neben Ausstellungen und Ausbildungen finden dort auch traditionelle Volkstanzveranstaltungen statt. Dalagatan 7.

Der vor 36o Millionen Jahren hier eingeschlagene Meteorit prägte nicht nur die Landschaft, sondern hatte auch Einfluß auf die waagerechten Gesteinsschichten, die heute in Dalhalla farbenfroh zu sehen sind. Der 199o stillgelegt Steinbruch wurde wegen seiner dem goldenen Schnitt vergleichbaren Ausmaße (4oox175x6om) und seiner unglaublichen Akkustik als natürliches Amphietheater entdeckt und seit Beginn der 9oger Jahre nach und nach zu einem Musikstandort par excellence ausgebaut.

EINKAUFEN

Hantverksbyn, Kunsthandwerkshäuschen außerhalb der Stadt auf einer Anhöhe mit Seeblick. In einigen grasbewachsenen Holzhütten produzieren verschiedene Künstler Läufer, handgearbeitete Wandbehänge, schmiedeeiserne Kerzenständer, Holzlampen usw. Zwischen üblichem Souvenirkram findet man gelegentlich auch ausgefallene Sachen. Nicht immer haben alle Hütten geöffnet. Anfahrt: auf Anhöhe 2 km vor Rättvik an der Straßenkreuzung der 7o und 8o. Offen von 1o-19 Uhr. Die meist nur wenigen Handwerker kommen gegen 11 Uhr.

Gudmunds Träslöjd, auf Holz spezialisiert. Stellt die Dalarna Pferdchen her. Um sich vom üblichen Dalarna zu unterscheiden sind Rättviker Holzpferdchen grau und nicht wie üblich rot. Die bunt bemalten Holzclogs gefielen uns weniger.
Anfahrt: Sjurberg an der 7o nördlich von Rättvik, Nähe Heimatmuseum. Geöffnet: Mo.-Fr. 1o-18 Uhr, Sa. 1o-16 Uhr.

Nittsjö Keramikfabrik: Im mächtigen, etwas verfallen wirkenden Steinbau sitzen Arbeiterinnen und Arbeiter und produzieren jede Menge Keramik, fast wie am Fließband. Auch Verkauf. Nach Besuch von Hantverksbyn allerdings etwas enttäuschend.. Verkauf geöffnet: Mo.-Fr. 9-18 Uhr, Sa. 9-14 Uhr, im Juni/Juli So. 12-16 Uhr. Trotz der Tatsache, dass die gesamte Fabrik im Juli geschlossen hat, kann man während dieser Zeit werktags zwischen 11 und 16 Uhr beim Töpfern zusehen. Während der übrigen Jahreszeit ist die Fabrik Mo-Fr zwischen 9 u. 18 Uhr und samstags von 9-14 Uhr geöffnet.
Anfahrt: von der 7o, nördlich der Stadt ausgeschildert.

Rättviks Tunnbrödbaggeri, Bäckerei, in der super dünnes und ebenso leckeres Flachbrot gebacken wird. Immer frisch! Ågatan 8.

SPORT

Riesenspaß für Kinder und Erwachsene auf über 725 m langer **Sommerrodelbahn**. Auf Schlitten mit Rädern und Bremse saust man bei phantastischem Seeblick den Slalomhang runter. Mit Skilift geht's wieder hoch. Anfahrt: Im Ort über Werkmästergatan zum Gipfelrestaurant Tolvasstugan. Geöffnet täglich 11-2o Uhr.

Angeln: Gutes Angelgewässer im Siljan, Sinksjön, Ensen für Hecht, Barsch, Forelle. Im Sinksjön besonders gut Regenbogenforelle, im Ljusaxen auch Lachsforelle. Weitere lukrative Gebiete um Furudal/Ore.

Reiten: Rättviks Reitclub im kleinen Örtchen Backa. Bestellung einen Tag im voraus notwendig. August geschlossen. Anmeldung über TI.

Kanufahren auf dem Siljansee ist wenig lohnend wegen viel zu großer Wasserfläche und teilweise starken Winden. Wesentlich besser für Baden und Surfen geeignet. Verleih am Strand. In Furudal (4o km nördlich von Rättvik) Kanuzentrale bei Ore Fritid.

Hier die schönsten Tourenvorschläge:

* Start in Oresjön (Schnittpunkt der Straßen 3o1 und 296) über Skattungen und Öreälv in Orsasjön. 45 km ab 2 Tage machbar.

* Seengebiet Amungen mit Einsatzort in Dalfors an der 296. Phantastisch kleines Wasser in einsamer Wildnis. An Seeostseite Verbindung mit Seensystem des Fläten und Mållingen. Alternative: Am Südende hinaus über See Balungen Richtung Svärdsjö und Falun. Von Tagestour bis einwöchiger Wildnistour alles drin!

* Seegebiet Ljugaren, trotz Nähe zu Rättvik in absoluter Einöde. Über im Sommer sehr steinigen Creek (4 km Landtransport) Marnäsån Anschluß an o.g. Kanutrail Amungen-Falun. Einsatzstelle: bei Born, 13 km nordöstlich von Rättvik.
In allen Fällen topographische Karten besorgen! Kanuverleih: Ore Fritid in Furudal.

Fahrrad: Hervorragende Möglichkeit im gesamten Großraum. Rund ums Meteoriteneinschlaggebiet entlang der schönsten Seen und Sehenswürdigkeiten haben die angrenzenden Gemeinden über 3oo km lange Rundfahrradwege eingerichtet. Mit Windschutz und Feuerstellen, über meist niedrigrangige Nebenstraßen. Gut mit kleinen Metallschildern ausgeschildert. Abschnittweise auch unasphaltierte Pisten. Schönstes Stück zwischen Rättvik und Furudal. Gesamtstrecke 31o km, Minimum 5 Tage. Verleih über das Sportgeschäft hinter den beiden Banken am Marktplatz.

Wandern: Meist entlang alter Sennhüttenpfade durch großartige, leicht hügelige Landschaft. Inmitten tiefer Wälder und Moore an kleineren Waldseen vorbei führt der „Siljansleden", ein 34o km langer Rundtrail am Tellerrand der Salatschüssel „Siljansgebiet". Windschutze und Übernachtungsgelegenheiten in 1o-km-Abständen. Wegen forstwirtschaftlicher Nutzung des Gebietes können auch schon mal große Kahlschläge vorkommen (z.B. Grönklitt Richtung Hornberga), die natürlich wenig motivierend sind. Schilder und orangefarbene Kringel an Bäumen machen die Orientierung einfach.

Für Mehrtagestouren feste Wanderschuhe bzw. Gummistiefel, guter Rucksack und regenfeste Kleidung notwendig. Entsprechende Karten in allen TI's zu kaufen. Unsere Lieblingsetappe in absoluter Urwaldwildnis: Furudal-Grönklitt (nördlich vor Orsa) 52 km, 4 Tage.

AUSFLÜGE

In jedem Fall mit eigenem Auto auf Entdeckungs- und Rundfahrt gehen. Schöne Strecke entlang der Siljanwestküste über Haute-volée-Hotel-Ort Tällberg, Gesundaberget mit filmreifer Aussicht auf ein Meer von Wasser und Inseln und Insel Sollerön mit einigen Kunsthandwerksgeschäften.

Für Freunde unliebsamer Schotterpisten gibt's die Möglichkeit, die Tellermitte zu durchqueren und abends mit eigenem Auto auf „Elchsafari" zu gehen. Z.B. von Orsa nach Dalbyn am Oresjön!

Elchsafari; das TI vermittelt eine super Elchsafari, die auch an einer Bärenhöhle vorbeiführt und evtl. sogar die Chance bietet, Bären in freien Wildbahn zu sehen. Eingeschlossen ist ein zünftiges Essen am Lagerfeuer und eine deutschsprachige Führung, die sich im Wald super auskennt. Jede Menge Tierkontakte vom Auerhahn bis zum Elch. Startpunkt ist Finnbacka. 28 Euro für ca. 3 Std. incl. Essen und Getränke. Buchung über TI.

Die „Gustaf Wasa" fährt in regelmäßigem Linienverkehr Leksand, Rättvik, Tällberg und Mora an. Fahrzeiten am TI.

Zum Carl-Larsson-Haus in Sundborn bei Falun (siehe unter Falun).

FESTE: Rättviksdansen/ Folklore Festival: Jedes Jahr Mitte Juli (3o. Kalenderwoche) herrscht hier über eine Woche lang Tag und Nacht Festivalsstimmung. Auf Straßen, Plätzen, Campings wird musiziert und in prächtig bunten Trachten aller Nationalitäten getanzt. Festzüge, Spielmannsgruppen und Heimatvereine ziehen Tausende von Touristen an. Allerdings auch sonst hinsichtlich Musik und Folklore rund um Siljansee viel los. Monatsprogramme am TI.

ClassicCarweek: in der Woche drauf (31. Kalenderwoche, letzte Woche im Juli) geht´s gleich mit einem super Oldtimertreffen weiter. Mindestens 25 Jahre alte Ami- und Schweden"schlitten" kurven durch die Straßen, werden präsentiert und mit motivierendem Rahmenprogramm versehen. Absolut lohnende Sache, sich dann hier auf zu halten. Näheres vorweg unter www.classiccarweek.com.

★ Leksand

Belebt beliebtes Touristenörtchen, malerisch an der Südspitze des Sees und der Flußmündung gelegen. Haupteinfallschneise der meisten Urlauber. Neben den vielen Geschäften auffallend viele rostrote Holzhäuschen wie Puppenstuben, besonders in Tibble, Tällberg und Ullvi. Ideal als Ausgangspunkt für die wesentlich einsamere Westseite des Siljansees.

 Praktisch für Bahnfahrer direkt im Bahnhof, 79330 Leksand, Tel. 0247/ 79 61 30, Fax: 0247/ 79 61 31. Geöffnet während des Sommers: Mo.-Fr. 1o-19 Uhr, Sa./So. 1o-17 Uhr.

<u>Zug</u>: wie Rättvik. **Bus**: Linie 58 Borlänge-> Rättvik, Linie 7o Rättvik-Mora.

 Leksand und Umgebung bieten eine Vielzahl an Hotels. Besonders in Tällberg reiht sich Hotel an Hotel, fast alle im typischen Dalarna-Stil eingerichtet.

„**Hotel Korstäppan**", gelbes Gebäude im Herrenhausstil am Ende einer Birkenallee. Neurenovierte, große Zimmer, alle mit WC, Dusche und TV. Sauna im Hause. DZ mit Frühstück ca. 1oo Euro. Hjortnäsvägen 33, Tel. 0247/ 1231o. www.korstappan.se

„**Tällbergsgården**", romantischer Holzgebäudekomplex in super Hotelgegend. In Haupt- und einigen Nebengebäuden große, gemütlich eingerichtete Zimmer. Die meisten mit Postkartenaussicht auf ausladendes Seepanorama. DZ mit Dusche und Frühstück ca. 1oo Euro. 79o3 Tällberg, an kleinem Kreisverkehr. Holgattu 1, Tel. 0247/ 5o8 5o. Homepage www.tallbergsgarden.se

 <u>Leksands Camping och Stugby</u>, profimäßig geführter Großplatz direkt am See unter lichten, hochgewachsenen Nadelbäumen. Großer Sandstrand, Fernsehraum, 8o-m-Wasserrutschbahn mit aufgewärmtem Wasser, Schwimmbecken, Restaurant, Kiosk. Gelegentlich finden unten am See auf der Tanzfläche Volkstanzaufführungen statt. Anfahrt: Von Leksand in nördlicher Richtung über die Uferstraße Richtung Tällberg. Im Sommer recht voll! Vorbuchung! Tel. 0247/ 8o3 13.

<u>Västanviksbadets Camping</u>, leicht abschüssiges Wiesengelände direkt zwischen Straße und See. Nach der Einfahrt hinten rechts gibt's die besten Stellplätze. Hier Kanu- und Ruderbootverleih. Anfahrt: 4 km westlich von Leksand Richtung Siljansnäs. www.vastanviksbadetscamping.se

<u>Siljansnäs Camping</u>, recht einsam gelegener Wiesenplatz direkt an kleiner Seespitze. Von Bäumen umstanden, mit etwas Wildnisfeeling. Nicht überlaufen! Kanu- und Ruderbootverleih. Anfahrt: im Ort Siljansnäs an der Seewestseite ausgeschildert. Tel. 0247/ 22 6o6.

Jugendherberge: STF Vandrarhem, Parkgården, Box 3o51, Tel. o247/ 152 5o. Um 2-Bett-Zimmer zu ergattern, rechtzeitig vorher anrufen. Sauna, Waschmaschine. 2 km südlich von Leksand. www.vandrarhemeksand.se

SEHENSWERTES

NATURUM, eine Art Naturmuseum mit Aussichtsturm, das Flora, Fauna, Kultur und Umwelt in spannender Form vorstellt.

Unverhältnismäßig große KIRCHE am Ufer in parkähnlicher Landschaft. Liegt an einer ehemaligen Wikingerkultstätte mit weit sichtbarem Zwiebelturm. Innen kunstvoll protzige Barockeinrichtung. Seit dem 13. Jahrhundert x-mal umgebaut.

Gleich daneben Leksands FREILICHTMUSEUM mit Gebäudeteilen aus der gesamten Provinz. Das älteste Gebäude stammt aus dem 16. Jh.

ANWESEN HILDASHOLM: die ehemalige Sommerresidenz des Leibarztes der schwedischen Königin in einem eigenen Ambiente aus Beschaulichkeit, Ruhe, Ästhetik und englischem Garten! Hier kann man bei einem Hausrundgang die europäische Kunst- und Kulturgeschichte an sich vorüber ziehen lassen oder sich in dem wild romantischen Garten verlustieren. Was für Ästhetiker und Seelenbaumler. Geöffnet außer So. in Hauptsaison 11-18 Uhr, Eintritt 2 Euro, Anf. unmittelbar nördlich der Kirche von Leksand.

ZINNFIGURENMUSEUM: in Schaukästen werden mit Hunderten von Zinnfiguren Schlachten und Episoden aus Schwedens Geschichte dargestellt. Größte private Zinnfigurensammlung der Welt. Anfahrt: von Leksand Richtung Tällberg in Hjortnäs. Eintritt: Erwachsene 3 Euro, Kinder 1 Euro.

Abenteuerpark SOMMARLAND, hier schlagen Kinderherzen und die junggebliebener "Erwachsener" höher: Hängebrücken, Bowlingbahnen, Wasserparadies mit Flossrennen, Rutschen durch Tunnel, Reitpferde, Miniautos etc. lassen den Tag zum Spiel und Abenteuer werden. Allerdings mit 18 Euro durchaus saftige Preise. Geöffnet 1o – 17 Uhr, im Juli auch bis 18 Uhr. Anf. Von Leksand in nördlicher Richtung über die Uferstraße Richtung Tällberg. www.sommarland.nu

Einkauf: Kunsthandwerkssachen in Tällberg. Dort u.a. zu empfehlen: Klockargården und - Jobs Boden in Västanvik. Hier findet man ein Komplettsortiment der bekannten handbedruckten Muster. Wirklich nur etwas für Leute, die Spaß an so etwas haben. Västanvik 271. Anfahrt: 6 km außerhalb von Leksand Richtung Siljansnäs.

Käck und Hedbys Schmiede, alte Schmiede aus dem Jahre 1922, in der herrliches Kunsthandwerk hergestellt wird. Gamla Siljansnäsvägen 2o.

FESTE: Im Juli berühmte Kirchbootwettrennen. Mit ewig langen, doppelreihigen, schweren Kirchbooten kämpfen verbissen einzelne Kirchspiele gegeneinander. Ein riesiges Fest.

Außerdem im Juli viele Musikveranstaltungen rund um den Siljansee. Ein absoluter Höhepunkt in der ersten Juliwoche „Musik am Siljan". Nähere Infos beim TI.

Wer zur „Mittsommer" hier in der Gegend ist, hat die Möglichkeit ein traditionelles „Mittsommerfest" zu erleben. Programm und Buchungen am TI erfahren.

✶ Mora

Zentrales Touristenörtchen im Schnittpunkt zweier Seen. Weltberühmt als Zielort des Vasalaufes, des größten Langlaufskirennens der Welt und Geburtsort des schwedischen Malers Anders Zorn.

Nette, zum Bummeln geeignete, einstraßige Einkaufszone, an deren Ende die Kirche wie ein Zeigefinger droht. Unten gemütliche Strandpromenade mit Postkartenlandschaftsaussicht: glitzernder See, dicht bewaldete Höhen und Sonne, die zwischen gewaltig weißen Wolkenbergen alles in strahlend warmes Licht hüllt. Kein Kitsch, sondern Wirklichkeit.

Der Ort ist bekannt für Folklore und gutes Kunsthandwerk: Produktionsort der roten Dalarna-Holzpferdchen und „stahlharter" Fahrtenmesser.

Zur Weihnachtszeit 152o wollte Gustav Vasa in der Gegend um den Siljansee Soldaten für den Krieg gegen die Dänen rekrutieren. Doch die Freiwilligen hörten nur seine Rede an, husteten ihm was und hatten keine Lust zum Sterben. Daraufhin floh Gustav Vasa Richtung Norwegen.

Doch als sich kurz darauf die Kunde verbreitete, die Stockholmer hätten sich auch schon gegen die Dänen erhoben, siegte bei den Männern der Patriotismus und man schickte zwei Boten auf Skiern hinter Gustav Vasa her, um ihm doch Kampfbereitschaft und Siegeswillen zu garantieren. Sie erreichten ihn im 86 km entfernten Sälen und kehrten mit ihm zurück. Das Heer unter Vasas Führung schlug die Dänen vernichtend und er bestieg 1523 den schwedischen Thron.

Vergleichbar mit dem antiken Marathonlauf wird der Vasalauf seit 1922 immer am 1. Märzsonntag durchgeführt, mit mehr als 15.000 Startern aus 3o Ländern! Im Sommer auch als dufter Wanderweg zu machen (siehe unter Sport).

 Direkt am Hauptbahnhof, 79232 Mora. Tel. o25o/ 59 2o 2o, Fax: o25o/ 59 2o 21. Geöffnet im Sommer: Mo.-Fr. 1o-19 Uhr, Sa.+So. 1o-17 Uhr. Ausserhalb der Saison verkürzte Öffnungszeiten. Deutschsprechende Mädchen geben freundlich Auskunft. Homepage: www.siljan.se

𝕍𝕖𝕣𝕓𝕚𝕟𝕕𝕦𝕟𝕘𝕖𝕟 ab Mora

Zug: 4-5 x täglich Anschlüsse nach Stockholm, teilweise direkt oder über Borlänge. Im Sommer tägliche Abfahrt der Inlandsbahn nach Östersund.

Auto: Im Kreuz vier wichtige Verbindungsstraßen in Nord-Süd-Richtung. Idealer Ausgangspunkt, um auf einsam verschlungenen Nebenstraßen Richtung Norwegen zu trödeln: z.B. Våmhus-Älvdalen-Hedbodarna-Ringnäs-Lövnäs-Sörsjön.

 **Bus**: Einige tägliche Verbindungen nach Malung, Falun, Grövelsjön (Fjäll) und Bollnäs. Am Wochenende Expressbusse nach Stockholm und Göteborg.

 „Mora Hotell & Spa", von außen etwas altmodisch, innen aber chic renovierte Zimmer. Telefon, TV, sogar Kühlschrank in allen Räumen. Fast täglich Tanz im Hause. Stadtmitte. DZ ab 9o Euro mit Frühstück. Strandgatan 12, Tel. o25o/ 59 26 5o. www.morahotell.se

„Åsengården Pensionat", landschaftlich reizvolle Alternative: hoch oben überm See mit (von den meisten Zimmern) super Aussicht. Einfache Ausstattung in Sennerei-Umgebung, jedoch mit Kochecke. Auch Hüttenvermietung. Kein Alkoholausschank, dafür vegetarisches Essen. DZ mit Frühstück ca. 55 Euro. Söllerö-Åsen, südlich vom Gesundaberg, Box 13, 792o5 Sollerön, Tel. o25o/ 21o 7o. www.asengarden.nu

 Jugendherberge: gelegen in der Nähe des Zielortes des Vasalaufes. 2- bis 6-Bett-Zimmer mit Frühstück und Restaurant in der JH. Buchungen erfolgen über das Café Mål-Kullan gegenüber dem Vasalauf-Museum, Tel. o25o/ 381 9o.

Prästholmen Camping, auf dem Platz mit den Ausmaßen mehrerer Fußballfelder stehen jede Menge Zelte, Bullis und Wohnwagen kunterbunt durcheinander. Dafür selbst abends noch relativ leise. Aller nur denkbarer Luxus von Kinderrikscha über Miniautoscooter bis Tennis. Kein Seezugang. Teilweise weite Wege bis zu den Toiletten! Anfahrt: in Mora ausgeschildert.

Söllerö Camping, gepflegtes Rasengelände auf leicht abschüssigem Hügel. Deshalb von fast überall phantastischer Blick aufs Wasser und anliegende Hügellandschaft. Fast direkt am „Rasenstrand" Zelten möglich, gute sanitäre Anlagen. Viele Deutsche, Hüttenvermietung, allerdings dicht an dicht. Anfahrt: von Mora Richtung Süden zur Insel Söllerön, dort ausgeschildert.

 „WASASTUGA", unten am See. Spezialisiert auf schwedische und amerianische Spezialitäten, Speisen à-la-carte ab 15 Euro. „MORAKLOCKAN", wahlweise Schnellrestaurant mit Selbstbedienung oder Speisen à la carte: (selten!) Siljanslachs. Nach Karte um 15 Euro, sonst Tagesgerichte ab 8 Euro. An der Rückseite der 7o.

SEHENSWERTES

ZORN-MUSEUM, hat mit Ärger oder Zorn nichts zu tun, sondern ist schlicht und ergreifend eine Sammlung von Gemälden des aus Mora stammenden Malers Anders Zorn (186o-192o). Bilder stellen schätzungsweise zu 1/3 nackte, meist etwas füllige Damen dar. Außerdem in großen gläsernen Vitrinen einige Kunsthandwerksgegenstände (Vasen, Figuren) aus Dalarna.

Viele Bilder stammen nicht von ihm selbst, sondern befanden sich in seiner Sammlung.
Geöffnet im Sommer: Mo.-Sa. 9-17 Uhr, So. 11-17 Uhr. Eintritt: deftige 6 Euro. Vasagatan 36, schräg gegenüber der Zorn-Statue an der Kirche.

ZORN-GÅRDEN, ehemaliges Wohnhaus des Ehepaares Zorn. Heimelig altes Gebäude, das nach dem Tod der Eheleute im ursprünglichen Zustand belassen wurde. Gemütliche Inneneinrichtung aus Mischung von Jugend- und Dalarnastil. Vergleichbar mit Carl-Larsson-Haus in Sundborn.
Geöffnet: Mo–Sa 9–16 Uhr, So 11-16 Uhr, halbstündliche Führungen. Eintritt: 5 Euro. Vasagatan. www.zorn.se

Im Ort 1oo m weiter unterhalb die GUSTAV-VASA-STATUE. Ziel des gleichnamigen Laufes.

GAMMELGÅRD und TEXTILMUSEUM, großes Freilichtmuseum mit Sammlung alter Bauernhäuser aus ganz Dalarna. Vorsichtig beim Reingehen in Häuser: extrem niedrige Türrahmen! Südlich vom Zentrum, geöffnet täglich 12-17 Uhr.

VASALAUF-MUSEUM: am Zielort des Vasalaufes. Zeigt die Geschichte des Rennens mit Hilfe von Film, alten Skiern, Bildern der ehemaligen Sieger. Als kleiner Leckerbissen wird Blaubeersuppe als Kostprobe ausgeschenkt. Täglich geöffnet 1o-17 Uhr, Eintritt 4 Euro. www.vasaloppet.se

DALA-HOLZPFERDCHEN-HERSTELLUNG: Kleine Kinder sitzen auf großem, fast mannshohem Holzpferd und werden von ihren Eltern fotografiert. Selbst die bemalte Telefonzelle leuchtet in bunten Farben. Im Haus drin: Produktionsprozeß. Verwunderlich, dass der alte Herr beim Vorformen der Holzstücke an Stichsäge alle Fingerkuppen behalten hat, bei der Geschwindigkeit.

Gegenüber Verkauf der in wirklich allen Größen zu habenden Holzpferde. Außerdem bunt bemalte Clogs und weniger geschmackvolle Dinge.
Einzig autorisierte und originale Herstellung bei Nils Olsson, Nusnäs, von Mora auf der 7o Richtung Rättvik. Nach 5 km Abfahrt Färsnäs/Nusnäs. Im Ort Nusnäs dem weißen Schild „Dalhästtillverkning" folgen, sonst landet man bei kleineren Quetschen!
Geöffnet im Sommer: Mo.-Fr. 8-18 Uhr, Sa. u. So. 9 - 17 Uhr.

> Die Ursprünge dieser Volksschnitzkunst liegen im 18. Jahrhundert. An langen, dunklen und kalten Wintertagen saß man abends ums wärmende Feuer und schnitzte meist das, was den wertvollsten Besitz symbolisierte: das Pferd war Arbeits- und Transportmittel und Stolz der Sippe. Teilweise dienten die buntbemalten Pferde sogar als Zahlungs- oder Tauschmittel.

EINKAUFEN
Mora und Umgebung sind für ihre Messer sehr bekannt. Werden hier in kleinen mittelständischen Betrieben produziert. Ideal zum Fischen, für Jagd

und als Souvenir. Harter Stahl, mit z.T. schönen Verzierungen und naturledernen Scheiden. Vom Touristbüro bis zum Kaufhaus überall zu haben. Preise je nach Größe und Qualität zwischen 1o und 5o Euro.

Intersport: bestes Sportgeschäft im weiten Umkreis, das besonders in der unteren Kelleretage sehr gute und auch preisgünstige Wander- und Bekleidungsutensilien anbietet. In der Fußgängerzone.

Lisselby, neueröffnetes Handwerkersträßchen im Zentrum, Richtung Campingplatz. In der pflastersteinigen Gasse viele Souvenir- und Handarbeitsgeschäftchen mit jeder Menge Glas, Keramik und Silberschmuck. Nach 18 Uhr leider wie ausgestorben.

Mora Boden: Kunsthandwerksgeschäfte mit typischen Moraerzeugnissen. Besonders günstig sind hier Kuksa zu erstehen. Hamngatan.

Kanu: Verleih auch am Campingplatz Prästholmen. Schöne spritzige Tagestour, nicht unbedingt für Anfänger von Säs an der 7o nördlich von Mora bis Campingplatz, 13 schöne Kilometer.

VASALAUF

Was für absolute Schwedenfans und Härte-Freaks: Außer der langen Reise in Dunkelheit und Kälte noch mit 15.ooo Mitskiangläufern über 86 km zu schwitzen. Bei einem Frühjahrsaufenthalt in Sizilien haben wir einen langbärtigen, dünnen Italiener getroffen, dem die 4.ooo km von Neapel nichts ausmachten und mit seinem alten VW-Bulli und einem Vasalauf-Aufkleber aus dem hohen Norden kam.

Wer die Masse Mensch am ersten Märzsonntag nicht scheut und in gewaltigen Pulks zu 3.ooo startet, bei anfänglichen Massenstürzen Ski und Stökke ganz behält, muß schon eine gehörige Portion Kondition mitbringen, um die 8-fach gespurte Strecke bis zum Vasa-Denkmal in Mora durchzuhalten. Dabei sein ist „alles". Tipp: Eine Woche vorher kann man mit Zwischenübernachtung an den Vorläufen teilnehmen: wesentlich lauer und gemütlicher.

Anmeldung über alle Sportverbände mit ärztlichem Attest und 8o Euro Startgebühr bis Mitte Dezember an: Vasaloppet, Vasaloppetshus 79232 Mora. Tel. o25o/ 3925o. www.vasaloppet.se

Auch im Sommer als dufter Wanderweg zu machen. Traumhafte Windschutzunterkünfte und Hütten in Tagesetappenabständen in herrlicher Wildnisgegend. Hervorragend markiert mit dem Kopf von Gustav Vasa sehr zu empfehlen, da gute Rückkehrmöglichkeiten per Bus auf der Strecke Mora-> Grövelsjön. Startpunkt am Sportplatz in Åsen, nördlich von Transtrand. Endpunkt: Skistadion Hemus in Mora. Gesamtstrecke 86 km, Zeitbedarf ca. 1 Woche, Gummistiefel sinnvoll. Hervorragende Karte (7 Euro) an allen TI's.

AUSFLÜGE

In jedem Fall über die SONNENINSEL SOLLERÖN - einige schöne kleine Kunsthandwerksgeschäfte - zum GESUNDA BERG. Grinsend erzählte uns ein Schwede von der besten Aussicht der Welt über den Siljan See. Und da hat er recht. Endlose Weite, feingestreute, schmale Inseln im tiefen Blau des Sees. Zumindest einen Weg zu Fuß unterhalb der Seilbahn machen: gigantische Blaubeerfelder!

Unterhalb der traumhaften Bergkuppe wohnt der Weihnachtsmann (schwedisch „Tomte")! In wildromantischer Gegend mit super Ausblick haben clevere Businessleute einen WEIHNACHTSPARK (Santaworld) hingesetzt. Im großen Wohnhaus mit überdimensionalem Stuhl, großer Weltkarte und Einaugenfernglas läuft der angestellte Weihnachtsmann auch im Sommer herum. Ansonsten locken das Haus der Trolle, eine Hüpfburg, Kletteranlagen etc. besonders die Kinder. Für unseren Geschmack ein wenig zu kommerziell. Geöffnet tägl. 1o–17 Uhr. Eintritt 14 Euro, Familienkarte 5o Euro.

In benachbarter TOMTEFABRIK sausen tagein-tagaus festgeklebte Spielsachen über ein Fließband. Mit stämmigem Riesenhengst werden - natürlich gegen Extrapreis - Kinder zum Rentier- und Moschusochsengehege gefahren. Ein verwirklichter Kindertraum im schwedischem Stil des american-way-of-life. Geöffnet: täglich 1o-16 Uhr. Eintritt: 1o Euro.

FESTE: Zur Mittsommernachtszeit gehört Mora zum Mekka der Feste. Da kommen selbst die Bären im hinterletzten Wildnisschlupfwinkel kaum zur Ruhe. Überall Musik- und Folklore, Tanz- und Saufveranstaltungen. Im Gegensatz zu vielen anderen schwedischen Provinzen bleiben die aufgestellten Maibäume hier den ganzen Sommer stehen.

Am Wochenende zwischen Mittsommer und Mitte Juli häufig Kirchbootrennen. In traditionellen 15-sitzigen Kirchbooten, mit denen die Kirchgänger früher übern See zur sonntäglichen Messe kamen, rudern verbissen kämpfende Crews gegeneinander. Auch Frauenboote. Riesenspektakel am Ufer. Wegen genauer Termine am TI nachfragen.

★ Orsa

Ortsflecken am oberen Ende des gleichnamigen Sees. Letzte Zivilisationsbasis; nördlich der Stadt eröffnen sich grenzenlos weite Wald- und Wildnisregionen, die nur spärlich von vereinzelten Straßen und Gehöften unterbrochen werden. Bärengebiet, auch wegen des Bärenparks Grönklitt.

 Dalagatan 1, 7943o Orsa. Tel. o25o/ 55 25 5o, Fax: o25o/ 55 25 51. Geöffnet Mo.-Fr. 1o-19 Uhr, Sa.+So. 1o-14 Uhr. Hier auch Geldumtausch. www.siljan.se

Mittelschweden 353

Zug: im Sommer täglich einmal mit der Inlandsbahn Richtung Östersund und Mora.

Bus: fast stündliche Busverbindung nach Mora, Linien 1o4/ 1o5. 1 x täglich Linienverkehr zum Bärenpark Grönklitt. Täglich Expressbusse nach Stockholm und Göteborg.

„Orsa Stadshotel", älteres Gebäude zentral neben ehemaligen Bahnhof. Alle Zimmer mit Dusche/WC. DZ mit Frühstück 7o Euro. Järnvägsgatan 3, Tel. o25o/ 4o9 4o. Homepage www.orsahotell.se

Jugendherberge: STF Gästehaus Orsa, 1 km vom Zentrum entfernt. 2- bis 4-Bettzimmer mit Frühstücksbuffet, Waschküche und Möglichkeit zum Selbstkochen. Ganzjährig geöffnet, Tel. o25o/ 421 7o. www.orsavandrarhem.se

STF Grönklitt, neu eröffnete Jugendherberge direkt neben dem Bärenpark. Im Sommer schöne Wanderwege und sagenhafte Blaubeerfelder. Im Winter ist man direkt an den Loipen bzw. am Lift. Innen gehobener Standard. 15 km nördlich der Stadt. Anfahrt per Bus vom Bahnhof. Tel. o25o/462 oo.

Öreälvens Vandrarhem, schöne Lage direkt am etwas mückigen Fluss. Beste Angelmöglichkeiten. Tel. o25o/55o351. Anf.: 1o km östlich von Orsa.

Orsa Camping, riesiges Gelände direkt am See, mit zusätzlichem Schwimmbad. Zählt zu den besten Campingplätzen Schwedens, da entsprechende Sanitäranlagen, Campinghütten, Aktivitäten etc. Hinter schmalen Baumreihen langer Sandstrand mit sehr flachem und entsprechend warmem Wasser. Nicht vom Gewimmel hinter der Rezeption abschrecken lassen. Ganz hinten auf Platz schöne einsamere Stellplätze. Anfahrt: im Ort gut ausgeschildert.

Våmåbadets Camping, kleiner, urgemütlicher Platz abseits des großen Touristenrummels direkt am See. Schmaler, aber schöner Sandstrand. Wenig Stromanschlüsse. Anfahrt: von Orsa Richtung Våmhus, nördlich des Ortes bei Flußmündung.

Fryksås Fäbodpensionat, ein Komplex mit ca. 1oo Jahren alten Sennhütten. Herrliche Aussicht. Hütten mit Eigenverpflegung und teilweise auch Duschen, aber auch Restaurant im Hauptgebäude. Dort auch zusätzlich zentrale Duschen. 25 Euro pro Nacht, 12o Euro pro Woche. Anfahrt: 13 km nördlich von Orsa Richtung Grönklitt. Tel. o25o/ 46o 15. www.fryksas.nu

„FRYKSÅS HOTEL", neben Bärenpark Grönklitt. Spezialisiert auf Lachsforelle und Rentierfilet. Zum Nachtisch Eis mit heißen, gelben Multbeeren. Anfahrt: 13 km nördlich Richtung Grönklitt. Tel. o25o/ 46o 2o. www.fryksashotell.se

„KUNGSHAGA WÄRDSHUS", von Deutschen geführtes Hotel mit gemütlichem Restaurant. Vom Speisesaal aus wunderschöner Blick auf den Orsasee und die Berge. Besonders gut die Wildspezialitäten. Im Sommer Touristen-Mittagessen. Anfahrt: zwischen Mora und Orsa ausgeschildert. Tel. o7o/ 656 32 o3. www.kungshaga.se

Einkaufen: Im westlich von Orsa gelegenen Ortsflecken Våmhus schöne Korbflechtereien und aus Mädchenhaar geflochtene Broschen. Geschmackssache! Im Heimatmuseum, Sivarsbacken. Täglich 12-18 Uhr.

SEHENSWERTES

BÄRENPARK GRÖNKLITT: In großflächigem, hügeligem Wildnisterrain am Skihügel leben ehemalige Zoobären in verschiedenen Segmenten. Von Aussichtsplattform und von Bergspitze aus kriegt man sie in jedem Fall zu sehen. Außerdem Traumaussicht über Orsas Finnmark, die an unendliche Weiten Kanadas und Alaskas erinnert. Hier leben auch noch wilde Bären, Wölfe und Luchse. Im Winter halten die Bären natürlich ihren Winterschlaf in ihren „Übernachtungshütten". Dort sind Kameras montiert, die die Bilder in die Grönklitt-Ferienhäuser übertragen.
Geöffnet: Mai bis September täglich 1o-15 Uhr, in der Hochsaison 1o-18 Uhr. Eintritt: 1o Euro: Führung (lohnend) zusätzlich 5 Euro. Anfahrt: von Orsa 13 km nördlich Richtung Grönklitt ausgeschildert.

HELVETESFALLET (Höllenfall): Durch cañonartige Schlucht donnert die weißspritzende Stromschnelle des Flußes Ämån. Von leicht schaukelnder Hängebrücke aus tolles Fotomotiv. Seitlich Überreste alter Flößeranlagen. 5-minutiger Fußweg vom Parkplatz runter, - wegen spitzer Steine nichts für Pfennigabsätze. Anfahrt: einfach der Beschilderung von der Straße 81 folgen. Der ca. 5 km vorher ausgeschilderte Storstupet (durch alte Flößeranlagen verbaute Stromschnelle unter hoher Eisenbahnbrücke) bringt's nicht.

FRYKSÅS, hoch über Siljan- und Orsasee gelegenes Almgebiet mit grandios phantastischer Aussicht. Heute Wintersportort mit Cafeteria und Pension. Schnee-Wanderwege in Umgebung. Anfahrt: 12 km nordwestlich von Orsa.

SKATTUNGBYN, winzige Häuseransammlung am Orefluß mit urigem Tante Emma Laden „Swälasgården", in dem man Bonbonièren hinter alter Theke wie vor 1oo Jahren einkaufen kann. Filmkulissenreifes Panorama verwunschener Schluchten und entlegener Urwälder, das Ingmar Bergmann tatsächlich mehrfach in seine Filme einbezog.

ORSA FINNMARK, Europas südlichste Wildnis. Unendlich scheinendes, zusammenhängendes Waldgebiet von schmalen Schotterpisten durchzogen. Allein 6o Bären sollen sich hier noch rumtollen. Hier auf eigene Faust abends Elch- oder Bärensafaris probieren. Aber Vorsicht: wenig Schilder, selbst mit Auto kann man sich verirren! Zwischendurch traumhafte, einsame, verwunschene wilde Zeltplätze. Aber mückig! Gute Angelmöglichkeit.

Fahrrad: Außer Siljansleden gibt's noch schöne Wildnisfahrradtour zu den Wasserfällen Helvetesfallet und Storstupet. Auf Teilstücken geht's leider über die Hauptstraße Richtung Östersund. 45-km-Tagestour. Kostenlose Routenvorschläge im TI. Fahrradverleih an Campingplatz.

Planwagenfahrten: Mit Planwagen im Westernstil eine Woche über unasphaltierte Wildnistrails der riesigen Finnmark! Trutzig starke Pferde zerren im Blumenpflücktempo über rauschende Wildbäche, durch tiefschwarze Wälder zu absoluten Wildnisparadiesplätzen, die schon seit Jahrhunderten auf Entdeckung warten.

Unser Freund Börje weist die Leute an einem Nachmittag in Umgang mit Pferd und Planwagen ein. Danach kann man eine Woche mit seinem Wildnisgespann und ausgerüstet mit Kartenmaterial und Notradio loszockeln. Trainiert starke Pferde und wasserdichte, atmungsaktive Planen bieten Westernromantik für 4 bis 6 Personen. Verpflegung mitbringen. Stroh für Pferd wird unterm Wagen mitgeführt und liegt an diversen Depotstellen. Preis pro Woche 6oo Euro (geteilt durch 4 Personen) inkl. Küche, Liegeunterlagen, Angel. Wegen riesigem Interesse unbedingt schon von zu Hause vorbuchen, selbst für Mai oder September. Direkt an Börje Jansson, Torsmo 11661, 79491 Orsa, Tel. o25o/ 53o 14 schreiben oder ans TI. Tipp: keinesfalls warme Kleidung und Mückenöl vergessen.

FESTE: Orsa-Yra: jeden Mittwoch im Juli Markt, Musik und Unterhaltung im Zentrum und freitags Tanz auf dem Festplatz am See.

NORDDALARNA/KUPFERSTRASSE

Hier wird die Einsamkeit grenzenlos. Fruchtbare Flußtäler mit einzelnen Häuseransammlungen entlang der Straße. Abgeschiedenheit und majestätische Berg- und Fjällgebiete.

Jede Menge Elche, Biber, Luchse, Dachse und die ersten Rentiere trollen sich durch die fast menschenleeren Wälder. Sehr gutes Kanu- und Wandergebiet (Kungsleden) für Abenteuerlustige.

Das gesamte Gebiet „Älvdalen" wird von der langsam aber sicher gen Norden ansteigenden sogenannten „Kupferstraße" (Reichsstraße Nr. 7o) von Mora bis zum Grövelsjön an der norwegischer Grenze durchzogen. Diese Straße verband jahrhundertelang die schwedische Eisenerz- und Kupferstadt Falun mit dem norwegischen Bergwerksort Røros.

Das Gebiet ist nahezu dreimal so groß wie das Saarland und von sage und schreibe ganzen 8.ooo Einwohnern bewohnt! Kein Wunder, dass sich hier die Bären wohlfühlen.

★ Älvdalen

Zentralort der Provinz. Hier gibt's beste Infos! Schwedens berühmteste Porphyrstadt.

Älvdalen, in altem Bahnhofsgebäude an Durchgangsstraße. Dalgatan, 47, 79631 Älvdalen. Tel. o251/ 8o2 94, Fax: o251/ 1o7 55. Geöffnet in der Hochsaison: Mo.-So. 9-18 Uhr.

<u>Verbindungen ins Tal</u>: Nur mit Auto oder Bus möglich. Verkehrsgesellschaft Dalatraffik fährt mehrmals täglich gesamtes Tal bis Grövelsjön von Mora aus hoch.

„**Hotel Älvdalen**", Hotelschmuckstück der Stadt. Geschmackvoll eingerichtete Zimmer mit allem Luxus: TV, Videokanäle, Telefon, schöne Bäder. Sehr gutes Restaurant im Hause. Idealer Halt für Individual- und Gruppenreisende, bevor es in die große Einsamkeit geht. DZ mit Frühstück bei Vorbestellung ab 8o Euro. Dalgatan 77, Tel. o251/ 1o5 oo. www.hotellalvdalen.se

„**Pension Tre Björnar**", einfache, von Künstlerehepaar geführte Pension/Jugendherberge, fast mit Familienanschluß. Gelegentlich auch Kurse für Gäste. Einfache, aber saubere Zimmer. DZ mit Frühst. ab 5o Euro. Dalgatan 31, Tel. o251/ 1o4 82.

„**Wäsabergens Feriendorf**", Hüttendorf, das eine Vielzahl von Freizeitmöglichkeiten (von der Bibersafari bis zuf Floss-Sauna) bietet und drei verschiedene Wohnangebote macht: kleine Wohnung (4 Betten) im Sommer ab 16o Euro, Doppelhaushälfte (6+2 Betten) 21o Euro und die große Wohnung (8+2 Betten) 25o Euro. Anfahrt: 3o km nördlich von Mora, Tel. o251/ 51o o5. www.wasabergen.se

<u>Älvdalens Camping</u>, romantischer Platz direkt am Fluß mit kleiner Stromschnelle. Mittlerweile viele neue Hütten, die ein direktes Zelten am Fluß verhindern. Freibad und hypermoder-

nes Abenteuerhallenbad daneben. Lohnt zum Verweilen! Kanuverleih und Waschmaschine. Anfahrt: mitten im Ort ausgeschildert. Tel. o251/ 123 44. www.alvdalenscamping.se

EINKAUFEN

Unscheinbarer Kunsthandwerksladen bei Campingplatzeinfahrt entpuppt sich im Innern als wahre Kunsthandwerksschatzkammer! Auf zwei Etagen tolle Holzsachen, Lampen, Keramik, Porphyr, Silber, Stoffe zu günstigen Preisen. Selbst bei Durchfahrt lohnt Stippvisite. Mo–Fr 13–18, Do 1o–14 Uhr geöffnet.

SEHENSWERTES

PORPHYRWERK: altes Werk am Bach, in dem die im Großraum vorkommenden knüppelharten Steine zu Vasen, Lampen, Schmuck etc. verarbeitet werden. Innendrin absolutes Gewirr von durch Wasserkraft riemengetriebenen Schneiden, Schleifen und Formern. Trotz anfänglicher Skepsis waren wir beim Besuch positiv überrascht. Allerdings rattern die Werkzeuge bei den Vorführungen aus verständlichen Sicherheitsgründen nicht.

Info zu Führungen beim Touristbüro. Im Hochsommer (Ende Juni bis Anfang August) montags, mittwochs und freitags Führungen um 11 und 14 Uhr.

PORPHYRMUSEUM: 1988 von der Königsfamilie eingeweiht. Gutgemachte Aufarbeitung der Handwerkstradition aus Älvdalen. Große Porphyrsammlung mit geologischer Abteilung. Lohnend, anschließend im Porphyrgården (altes Herrenhaus) Kaffee zu trinken. Nähere Infos über das TI. Geöffnet in Hochsaison tägl. 1o–17 Uhr, Vor- und Nachsaison Mo–Fr 1o–15 Uhr. Nur wenige km weiter im Örtchen Gasvarv große Fischzucht mit Möglichkeit frischen bzw. lecker geräucherten Lachs zu kaufen.

WILDNISPARADIES NAVARDALEN: traumhaftes Wald- und Wildnisgebiet, rund um glasklaren Gebirgssee mit einsam verwunschener Hütte, auf deren Schornstein ein Bär in die Einsamkeit lugt. Unvorstellbar, aber wahr: innendrin wird für die wenigen Touristen bärenstarker Kaffee unterm Bärenfell für wenige Kronen serviert. Hier auch Übernachtungsmöglichkeit mit Selbstversorgung für ganze 9 Euro, allerdings ohne fließendes Wasser und mit Plumpsklo! Rundherum kleinere Rundwanderwege, auf denen man mit Sicherheit von Bären beobachtet wird. Ein Gedenkstein erinnert an den unvergeßlichen Touristdirektor dieses Gebietes: Ove Zacheusson.

Anfahrt: von Älvdalen Richtung Sveg. Nach einigen Kilometern kleinem gelbem Schild „Navardalen" über die unbefestigte Sandpiste folgen. Insgesamt ca. 4o km.

AUSFLÜGE

Mit dem Auto unbedingt mal runter von der Durchgangsstraße 7o, von wo man Wildnis nur erahnt. Auf einer Unzahl unasphaltierter Waldschotterpisten kommt man mitten rein in die endlose Wildmark, wo man zwischen rauschenden Flüssen und meilenweiten Hügelketten noch auf frische Bärenspuren treffen kann. Vorschlag: Nach Navardalen, Abstecher zum Aussichtspunkt Hykieberg und über Trängslet, Åsen wieder zurück.

Wandern: Am Skistation im Ort Älvdalen Startpunkt für 15o km Langlaufloipen, im Sommer als Wanderwege zu nutzen. Vorteil: kehren zum Ausgangspunkt zurück und verschiedene Längen miteinander kombinierbar! Außerdem auf der weltberühmten Vasalaufstrecke von Sälen nach Mora. Unterwegs neu erbaute Hütten. Insgesamt 89 km. (Vgl. auch Mora: Vasalauf)

Außerdem Wanderweg entlang Zeltplatz, allerdings gleichen Weg zurück oder mit Bus (Wasatrafik) oder Autostop.

Schöne Tagestouren im Wildnisparadies Navardalen, auch in Turnschuhen machbar.

Kanu: Fluß Österdalälven durchzieht wie eine blaues Band das Tal von Idre bis Siljansee. Für Mehrtagestouren weniger lohnend, da durch Wasserkraftwerke und Staudämme ziemlich verbaut und viel stehendes Gewässer. Schönster Teil von Idre (Einsatz an Straßenbrücke) bis zur Straßenbrücke Särna, knapp 4o km. Danach staut er sich 65 km seeartig bis Staumauer Trängslet. Was für Leute mit langen Armen!

Nächstmögliche Einsatzstelle dann erst wieder 5 km unterhalb beim Wasserwerk in Åsen. Von hier bis zum Zeltplatz Älvdalen 2 je 2oo und 3oo m lange Umtragestellen beim Väsadamm und Blybergsdamm. Jeweils links anlanden. Bootswagen sinnvoll. Übrige Strecke abwechslungsreich, an der Flußinsel teilweise etwas steinig, aber auch im Hochsommer fahrbar. Åsen -> Älvdalen 17 km. Verleih am Zeltplatz in Idre, Särna und Älvdalen.

Fahrrad: Schöne Touren am Fluß entlang. Am besten auf südlicher Seite radeln. Nebenstraße. Schönste Strecke zwischen Åsen und Väsa-Damm-Kraftwerk. Verleih im Intersport-Fachgeschäft im Ort.

Reiten: Reitstall „gegenüber" Herrenhof, Porfyrgården. Vermittlung von Reiterferien und Kurse über das TI.

Angeln: Ganzes Gebiet äußerst fischreich und lohnendes Revier. Spezialitäten hier: Lachsforellen und Äschen. Angelkarten an allen TIs.

WÄSABERGEN, das Freizeitzentrum in Älvdalen schlechthin. Von Angeln über Mountain-Bike, Bergsteigen, Kanu und Bibersafari, Reiten und Beachvolleyball wird alles geboten. Absolute Hit die Floßsauna, eine mitten im Fluß verankerte, leicht schaukelnde Pontonsauna mit kurzen Wegen für den abschließenden Sprung ins Wasser. Außerdem Rundfahrtmöglichkeit mit einem echten amerikanischen Straßenkreuzer. Väsa, 3o km nördlich von Mora.

★ Särna

Langgezogenes, abgeschiedenes Kirchdorf an der Landstraßeneinmündung. Ewig lange Straßen: nördlich, südlich, westlich und östlich, soweit das Auge reicht: Wald...

 Direkt an der Hauptstraße, Särnavägen 6, 79o9o Särna, Tel. o253/ 1o8 51 oo, Fax: o253/ 32o 55. Geöffnet: im Sommer Mo.-Fr. 1o-19 Uhr, Sa., So. 12-18 Uhr. www.sarnaturism.se

„Hotel Njupeskär", neuerbautes, gemütliches, kleines Hotel mit 16 Zimmer, DZ um 7o Euro. Tel. o253/ 1o5 15. www.njupeskar.com

 Jugendherberge: Särna I, Björkhagen - mitten im Zentrum an Straßenkreuzung in ehemaligem Residenzgebäude des Jägermeisters vom Staatsforst. 2o Betten. Box 535, 77o9o Särna, Tel. o253/ 1o3 08.

Särna II - Turistgården, mit eigener Sauna, nur einige hundert Meter entfernt. Box 185, Tel. 1o4 37.

 Sarna Camping direkt am See mit Sandstrand und Aussicht auf Gebirgswelt. Großes, gelbes Haus mit Cafeteria und Aufenthaltsraum an der Rezeption. Hütten. Kanuverleih. Anfahrt: an der 7o südlich von Särna ausgeschildert.Tel. o235/1o854 Homepage www.sarnacamping.se

SEHENSWERTES

Mächtige Bergkette FULUFJÄLL erhebt sich 3o km westlich von Särna. Oberhalb der Baumgrenze riesig breites Hochplateau, aus dem sich, wie eine schmale, weiße Zunge ein Wasserfall aus gigantischer Höhe (12o m) herabstürzt. Eine Kulisse wie in einem Winnetou-Film.

Rundherum um „NJUPESKÄR" dufte Spazier- und Wanderwege. Oben toller Gebirgssee. Es lohnt auch hochzutippeln! Abends bei gutem Wetter wahnsinniges Fotomotiv. Anfahrt: von der 7o nördlich Särna Richtung Mörkret, von dort zum Parkplatz mit Raststätte (geöffnet im Sommer 1o–2o Uhr) und über Treppe zum Fuss des Falls.

MICKELTEMPLET, Aussichtsturm mit Gaststätte an der Bergstation von Skilift und Sprungschanze. Traumhafter Blick in alle vier Himmelsrichtungen bis nach Norwegen rein. Achtung beim Fotografieren: lästige Drähte und Stahlseile haben schon manche Bilder verschandelt! Anfahrt: 4 km südlich Särna Richtung Sälen.

Waldmuseum LOMKÄLLAN, ein Freilichtmuseum mit 3o ha Waldgebiet. Zu besichtigen sind authentische Gebäude aus der Zeit der Forstwirtschaft in Särna. Waldarbeiter zeigen Werkzeuge und Einrichtungen und erzählen aus der Zeit der Flößerei. Diashows und Ausstellungen vervollständigen das Bild. Ein Spaziergang durch das einmalige Museumsgelände schließt den lohnenden Besuch ab. Im Sommer täglich geöffnet.

★Idre

Kleines Kirchspiel an Ausläufern der norwegischen Gebirgswelt. Bekannter schwedischer Wintersportort. In der Umgebung gibt es die ersten Samen und Rentiere. Idealer Ausgangsort für Fjällwander- und Kanutouren im Grövelsjöngebiet. Idre bezeichnet sich selber gerne mit Recht als „Tor zum Fjäll".

Idre Turism, Framgårdsvägen 1, 79o91 Idre, Tel. o253/ 2o ooo. Geöffnet: im Sommer Mo.-Fr. 1o-19 Uhr, Sa, So. 12-18 Uhr. Hervorragende Broschüren über Wander-, Kanu und Skitouren zu erwerben. www.idreturism.se

Für längeren Familienaufenthalt lohnt sich Feriendorf „__Idre Fjäll__", 800 m überm Dorf gelegen. Mit Wasserrutschbahn, Schwimmbad und Lift. Ideal für Ausflüge ins Fjäll. Tägliche Programmangebote. Buchung über TI.

„__Mon Gård Aktiv-Zentrum__", ehemaliger Bergbauernhof, komplett restauriert. Ferienwohnungen im Bauernhaus oder Blockhäuser zu mieten. Täglich Programmpunkte wie Floßtouren, Angeln, Kanu etc. Buchung über TI. Anfahrt: in Storbo, Straße Idre-> norwegische Grenze. www.mongard.com

Einfacher, mit Bäumen bestandener __Campingplatz__ direkt am See, teilweise Wiese. Für Leute mit höheren Ansprüchen an Natur als an Komfort. Kanuverleih. Anfahrt: an der 7o östlich der Kirche.

__Wandern__: Die „Nationalberge" des Dorfes sind die weithin sichtbaren Bergkuppen __Städjan__ (1.131 m) und __Nipfjället__ des Idre-Fjäll-Massivs. In ihrer Kargheit für den „unbeleckten" Schweden-Urlauber vielleicht enttäuschend. Anfahrt über die hochgelegene Bergstraße zum Parkplatz oberhalb der Baumgrenze. Von dort weiter auf mit Steinmännchen gekennzeichneten Wanderwegen.

Schönste Tour von Sennerei Gränjåsvallen durch wildes Urwaldreservat zum Städjangipfel. Einfache Tour mit 5oo Höhenmeter, die mit Reinhold-Messner-Aussicht über Bergwelt belohnt wird. Mückenöl und feste Wanderschuhe nötig.

Weitere schöne Rundtouren um kräftigen Fjälleindruck zu bekommen: Gränjåsvallen- Nipstugan - Ulandshögen - Rybäckskojan- Gränjåsvallen, ca. 24 km, 2 Tage einplanen. Wanderkarte für 2 Euro am TI.

__Autotourenvorschläge__: Die Touristenbüros von Idre und Särna geben eine Broschüre heraus, die Urlauber an Sehenswürdigkeiten in der Umgebung heranführen soll. Unter dem Motto „Auf den Spuren des Carl von Linné" (Schwedens berühmtester Biologe) werden Kirchen, Forstmuseen, aber auch Anregungen für kurze oder längere Wanderungen gegeben.

__FESTE__: Ab Mittsommer im ganzen Gebiet viele folkloristisch-touristische Veranstaltungen. Bei unserem Besuch eröffnete der Touristdirektor höchstpersönlich das sogenannte „Fjällfestival" vor der Jugendherberge. Nach

Spielmannsmusik und Tanz auf dem Rasen zog die ganze Gemeinde wie beim Schützenfest in den Versammlungsraum und trank... Kaffee! Infos über weitere Festlichkeiten in allen TI's.

★ Grövelsjön Gebiet

Einsame Fjällandschaft in Schwedens hinterletzter Ecke an der norwegischen Grenze. Rundum traumhafter Grövelsjön mit besten Wildnis-, Kanu- Wander- und Angelrevieren. Südlichstes Samengebiet mit vielen Rentieren, Mücken, Elchen und vereinzelt auftauchenden Wölfen, Bären, Luchsen und Vielfraßen. Beliebtes Wintersportgebiet.
Homepage: www.grovelsjon.com

Verbindungen

Bus: von Stockholm mit Direktbus 1 x täglich freitags und samstags, sonst mit regelmäßigem Busverkehr (Dalatrafik) von/nach Mora/Älvdalen. Tel. o2o2/ 32 425. Homepage: www.dalatrafik.se

Flug: für Kanu-, Angel- und Wandertouren. Preise je nach Länge, pro Person. Info über TI oder Tel. o6o/ 17 11 96. Beispielpreise für Hin u. Rückflug Grövelsjön zum beliebten Hävlingen ca. 1oo Euro. Auskunft: Tel. o63/1o3 67o, Fax o63/133 67o

Auto: über Nebenstraße/grüne Grenze via Röstvollen nach Norwegen.

Kein offizieller Campingplatz, allerdings auf Kiesboden <u>Aufstellplatz für Wohnwagen und Bullis</u> (keine Zelte!). Nur als Abstellplatz für Wanderungen geeignet. Anfahrt: Richtung Grövelsjön. Nach Abzweig Richtung Norwegen nach 1 km Ri. Skilift.

Jugendherberge: <u>STF Grövelsjöns Fjällstation</u>, große, hotelähnliche Anlage mit Blick auf den See am Fuße des Fjälls. Idealer Ausgangspunkt. Selbstkochmöglichkeit. Verwunderlich, wo hier in der Wildnis plötzlich die ganzen Autos herkommen. Vorbuchung nötig. Anfahrt: am Ende der Straße zum Grövelsjön. Tel. o253/ 59 68 8o.

Einkauf: Lebensmittelkiosk in <u>Grövelsjögården, Grövelfjäll</u> und STF Fjällstation nur zur Vorratsergänzung! Grövlans Handel in Storsätern. Touristbüro, Tel. o253/ 23o33.

Angeln: Ganze Ecke absolutes Angeleldorado! Im Grövelsjön bestes Forellenangeln. Einheimische erzählten uns, dass im Våndsjön die größten und rotfleischigsten Rodsaiblinge beißen würden. Liegt im norwegischen Grenzgebiet, mit Flugzeug oder Kanu zu erreichen, oder zu Fuß zum

Hävlingen Fischercamp (12 km). Angelführer 2 Euro.

Wandern: Baumloses, oberhalb der Baumgrenze liegendes Fjällgebiet mit nur knöchelhohem Heidekraut und meilenweitem Blick. Ewige, grenzenlose Weite. In der Ferne die runden, weitausladenden, steinig kahlen Fjällkuppen.
Wanderkarte 2 Euro.

Die STF Grövelsjöns Fjällstation ist Ausgangspunkt vieler lukrativer Rundtouren für Fjällfans. Schnittpunkt des südlichen Teils des berühmten Kungsleden. Wer sich nicht mit 15 kg auf dem Rücken quälen will, läßt den prallgefüllten Rucksack zurück und macht von hier mehrere kleinere Touren, ohne gleich ganze Trails gehen zu müssen. Leider wird die wildnismäßige Einsamkeit durch die häufigen Flüge der Wasserflugzeuge, die Angler an ihre Traumstellen bringen, etwas beeinträchtigt.

Karten: Nya Fjällkarten W1 oder Z8 bzw. Gröna Kartan 162c Grövelsjön besorgen!

Tourenvorschläge:

* Grövelsjön-> Storvätteshågna-> Jakobshöjden-> Grövelsjön, 17 km, 1-2 Tage, oberhalb der Baumgrenze, Wanderschuhe reichen.

* Grövelsjön-> Hävlingen (liegt toll am See, schon wieder mit einigen Bäumen, Übernachtung möglich in Hütten, Nottelefon, Kochmöglichkeit, Kanuverleih). - Ryvang (Nordende des Sees), von dort mit Bootsverbindung zur STF Grövelsjöns Fjällstation; 27 km, 2 Tage, 2 Abstiege in grüne Täler runter. Achtung, bis 15 Uhr am Bootsanleger sein! Wanderschuhe. Auch Helikopterflüge möglich.

* Grövelsjön-> alten Hüttenkaten bei Hågnlägret-> Hävlingen (s.o.)-> Jakobshöjden-> Grövelsjön. Sehr abwechslungsreich, schönste Rundtour. 36 km, ca. 3 Tage, auch für Anfänger geeignet.

* Grövelsjön-> Salsfjället-> Svukuriset-> Ryvang-> Grövelsjön: spitzenmäßige Tour für „Wandererfahrene" auf den Spuren des schwedischen Botanikers Linné! Wahnsinnig einsam und abwechslungsreich. In Grövelsjön über Hängebrücke, anfänglich orangefarbene, dann rote Markierungen nach Salsfjället (Norwegen) mit traumhaftem Blick auf Femundsmarka. Weiter nach Svukuriset (Übernachtungsmöglichkeit und Weggabelung) und Ryvang mit Bootsverbindung zurück zur STF-Grövelsjön Fjällstation. 4o km, 3-4 Tage.

* Kungsleden: von hier am interessantesten Richtung Norden wegen aussichtsreicher Fjällandschaft. Einstiegsmöglichkeit des inzwischen von Sälen über Drevdagen führenden Kungsleden - über häufig windiges Lång fjället vorbei an Jacobshöjden zum tiefer liegenden Hävlinge. Wer das Fischercamp nicht mitnehmen will, wird durch dichtes Waldgebiet über Brücke zur Storrödtjärnhütte (Nottelefon) geführt. Achtung: eingezeichnete Hütte am Slagussjön verschlossen! Schlechte Campmöglichkeiten. Die

Hütten am Rogen-See (Rogsbodarna) sind abgebrannt! Als Alternative bietet sich eine Privathütte der Familie Wiberg 8 km nördlich des Rogen-Sees an. Vorher anrufen: 0684/280 22.

Vorsicht: Orientierung im Felsenmeer schwierig. Toll, danach wieder in tiefere, baumbewachsene Region zu kommen. Von Rogenstugan bis Skedbrostugan zwei gleich lange und gleich schwierige Alternativen: abwechselnd sumpfiges mit Planken ausgelegtes und steiniges Waldgebiet. Wenig freie Aussicht. Von Skedbrostugan Anschluß an o.g. Wanderweg zurück über Svukuriset oder weiter nördlich nach Tänndalen. Grövelsjön-> Skedbrostugan: 55 km für 3-4 Tage. Gummistiefel besser als Wanderschuhe. Bis Tänndalen (öffentliche Verkehrsmittel) weitere 20 km.

* Der kleine Töfsingdalen Nationalpark in Tagestourentfernung von Grövelsjön lohnt wenig: äußerst schwer begehbar durch wild durcheinander liegende Felsblöcke, nichts wie Steine, an vielen Stellen total öde und absolut unfruchtbar. Trinkwasserproblem. Nur was für absolute Kletter- und Wildnisfreaks.

Kanu: Auf dem Grövelsjön selbst wenig lohnend. Recht eintönig und zwischen steilen, kahlen Bergwänden wenig Blick. Wesentlich interessanter und traumhaft einsam ab Hävlingen nordwärts. Dicht bewachsenem, dschungel-ähnlichem Seetal nordwärts entlang erheben sich links und rechts karge, rundgeschliffene Fjällhöhen, über die gemächlich Rentierherden ziehen. Wegen schneller Wetterumschwünge, entnervenden Mückenwolken und absolut fehlendem Zivilisationskontakt nichts für Kinder von Traurigkeit.

Schönste Tour nordwärts in den Våndsjön und mit einer längeren Portage in unberührte Wildnis des Bredåsjön und Rogen. Hier kreisen noch Steinadler, äsen Rentiere und man trifft mit etwas Glück auf Spuren von Braunbären und Moschusochsen. Tourmöglichkeiten von 2-14 Tagen. Kanuverleih im Fischercamp Hävlingen. 12 Wanderkilometer nördlich des Grövelsjön.

✱ Sälen

Winziges Örtchen im wunderbar grünem Flußtal des Västerdalälven, in dem Elche umherstreifen, Biberbauten auftauchen und Lachse stromaufwärts schwimmen. Bei Sälen Beginn der nördlichen Gebirgswelt mit erster echter Fjäll-Landschaft; magere, unbewaldete Höhenrücken, über denen häufig der Wind pfeift. Das Transtrandsfjäll trotz karger Wildnis durch Wintersportanlagen ziemlich touristisch. Startpunkt des bekannten Vasalaufes und des tollen gleichnamigen Wanderweges (vergl. Seite 351).

 Im Centrumshuset (Einkaufszentrum), 78067 Sälen. Tel. 0280/ 18 700, Fax: 0280/ 18 7 15. Geöffnet in der Hochsaison täglich 9-18 Uhr. Hier auch Informationen zu Kanu- und Wandertouren - in deutsch erhältlich. www.salen.se

Gleich im Haus auch ein kleines Café mit leckerem Gebäck und Kuchen sowie Apotheke, Systembolaget und weitere Geschäfte.

Verbindungen ab Sälen

Bus: Spärliche Busverbindungen mit Malung. Im Winter Überlandbusse, die Skifans ankarren.

Auto: entlang der 71 Richtung Särna (nicht verwechseln mit Sälen!) und Malung. Wahnsinns-Nebenstraßen Richtung norwegischer Grenze und Siljansee. Selbst am Tag kann hinter jeder Kurve der Elch hervorluken.

Kläppens Camping, mehr ein Wintercampingplatz als ein Plätzchen zum längeren Verweilen mit Zelt. Liegt unterhalb des Skizentrums Kläppen, wo im Winter der Bär los ist. Neugebautes, modernes Servicehaus mit Dampfsauna. Anfahrt: in Transtrand, südlich von Sälen an der 71 ausgeschildert. Tel. 0280/ 24 000. Homepage www.klappenscamping.se

Wohnwagenstellplatz im Wintersportzentrum Lindvallen im Transtrandsfjäll. Nur was für Bullis oder Caravaner auf pfützigem Lehmboden unterhalb der in den Berg gesägten Pisten am Fuß der Lifte. Abzuraten. Anfahrt: von Sälen Richtung Fjäll. Nach einigen km ausgeschildert.

Kanu: Im Gegensatz zu nördlichem Österdalälven ist der Västerdalälven kaum verbaut und auch für Kanuanfänger auf langen Strecken leicht zu befahren. Durch wilde, bewaldete Uferregionen gleitet der Fluß träge dahin. Viele natürliche Staustrecken. Besonders morgens und abends viele wilde Tiere (Biber/Elche) zu sehen. Idealer Wanderfluß.

Einsatzstelle bei der Straßenbrücke in Fulunäs mit leichten Stromschnellen auf einigen Kilometern. Bis zum 100 km entfernten Malung nur eine Umtragestelle (Tandö Kraftwerk) und 6-7 Tage erholsame Paddelei, die an begleitender Straße fast beliebig beendet bzw. gestartet werden kann.

Für Wildwasserexperten sind - bei genügend Wasser - die beiden Quellflüsse Görälv und Fuluälv empfehlenswert. Ab norwegischer Seite ab Ljördal (Görälv) bzw. Mörkret (Fuluälv) schön spritzig.

Kanuverleih und -touren bei: Touristinfo: Tel. 0280/ 18 700.

Wandern: Wildniswanderungen im Trandstrandsfjäll laufen hauptsächlich über im Winter genutzte Skiloipen. Entsprechend gut markiert. Sich aber nicht irritieren lassen, wenn die Kreuzmarkierungen halb im Wasser stehen. Das sind bei zugefrorenen Gewässern im Winter die kürzesten Wege. Insgesamt sehr einsam! Winterwege, die im Sommer nicht zu begehen sind, sind mit Schildern (Kreuz über Wanderer) gekennzeichnet. Am Högfällshotel im Fjäll südlichster Ort und Startpunkt des berühmten Kungsleden. Die ersten 2,5 km sogar für Rollstuhlfahrer asphaltiert.

Von hier aus bis Abisko in Lappland stolze 762 Wanderkilometer. (Wer alle Kilometer abgeklappert hat, bitte Erfahrungsbericht an den Verlag schikken!) Schönes Stück ins Tal runter bis Görälsstugan wieder mit Anschluß an Straßennetz. 32 km bei Abstieg in zwei, bei Aufstieg in drei Tagen zu schaffen. Wanderschuhe oder Gummistiefel. Mückenöl nicht vergessen! Siehe auch Faltblatt „Wanderwege im Sälengebirge".

Reiten: Westernromantik mit Sack und Pack im Fjäll. Spannende Sache auch für Reitanfänger. Ausgangspunkt: Lindvallen im Trandstrandsfjäll. Auskünfte: Tel. o28o/ 21o 47 (Thomas Lind Fjälläventyr).

Angeln: Das Gebiet rund um Sälen ist bekannt für seinen Fischfang. Gute Prospekte geben Informationen darüber, wo und was es zu angeln gibt.

Weiter nach ÖSTERSUND und KIRUNA/LAPPLAND siehe Seite 439 und insbesondere Seite 437.

STOCKHOLM

Stadtteile	368
TOURIST-INFO	370
Stockholmkortet	372
Geldwechsel	372
Verbindungen ab Stockholm / Zusammenfassung	373
Transport in Stockholm	373
Parken	374
Unterkunft	376
Restaurants	382
Cafes	384
Nachtleben	385
Einkaufen	386
Sehenswürdigkeiten	390
Museen	398
Ausflüge in die nähere Umgebung	400
Sport	405
Adressen	406
Detail-Verbindungen:	
nach Oslo	433
nach Trondheim	434
nach Finnland	436
nach Lappland	437

STOCKHOLM

Stockholm schwimmt auf dem Wasser. Liegt an der Mündung des Mälaren auf 14 Inseln umgeben von kristallklarem Wasser mit weiten Meeresengen, schmalen idyllischen Kanälen und nicht weniger als 24o.ooo vorgelagerten Schären. Die sauberste Hauptstadt Europas! Mitten im Zentrum kann man Baden, Surfen und Lachse angeln. Mindestens 3 Tage Aufenthalt einkalkulieren.

Im Sommer, besonders im Juli, gehört Stockholm den Touristen. Während die Schweden den Sommer in ihren Ferienhäuschen verbringen oder beispielsweise ans Mittelmeer fahren, - trifft sich in der Altstadt die halbe Welt - nur keine Stockholmer. Knallweiße Touristenboote rund um die Altstadtinsel Gamla Stan und an jeder Ecke Straßensänger, die wehmütig die „Streets of London" besingen.

Überall trotten Touristen mit um den Hals baumelnden Kameras hinter ihren Führern her und bestaunen verwinkelte mittelalterliche Straßengäßchen gleich neben supermodernen Glas- und Betonbauten auf der Nachbarhalbinsel.

Es macht einfach Spaß, durch die Einkaufsstraßen zu bummeln, in den Parks oder am Seeufer den Leuten zuzusehen, wenn das Tageslicht im Sommer erst gegen 23 Uhr allmählich der Nacht weicht. Meine Lieblingsstadt: halb Land, halb Wasser, halb Brücken in einem Gewirr von Inseln vor dem Hintergrund des sanfthügeligen Festlandes.

Die Altstadtinsel „Gamla Stan" ist Ursprung und ältester Teil der Stadt. Sie wird 1252 zum ersten Mal urkundlich erwähnt. Der angebliche Stadtgründer Birger Jarl hatte mit der Hanse Handelsverträge ausgehandelt und baute ein Festung (an der Stelle des heutigen Schlosses), um sich hier, an der engen Durchfahrt zum Mälarsee vor Seeräubern, Dänen, Estländern und Finnen zu schützen.

Der Stadt kam zugute, dass die alte Hauptstadt Uppsala durch eiszeitlich bedingte Landhebungen sich zu weit vom Meer entfernte und Stockholm durch Schären und Wasserverbindungen ins Landesinnere sowohl wirtschaftlich als auch militärisch interessant wurde.

Trotz zahlreicher Brände im Mittelalter, die die Stadt böse herrichteten, und einer schlimmen Pest 1713-14 wurde die 1634 offiziell proklamierte Reichshauptstadt immer bedeutender. Allerdings blieben die Einwohnerzahlen für unsere Verhältnisse lächerlich gering: 185o hatte Stockholm ganze 93o Einwohner.

Doch durch die industrielle Revolution veränderten sich Verkehrs- (Eisenbahn, Dampfschiffe) und Produktionsbedingungen. 1891 eröffnete Skansen, das erste Freilichtmuseum der Welt, seine Pforten.

196o wurde die Millionengrenze erreicht und eine Stadtentwicklung wie in anderen großen Städten eingeleitet, die mit Ausnahme der Altstadt Büro- und Geschäftshäuser ins Zentrum und die Wohnviertel nach außerhalb verlagert. Heute zählt Stockholm mit Vororten ca. 1,7 Millionen Einwohner.

DIE STOCKHOLMER STADTVIERTEL

Gamla Stan

Altstadtinsel im Herzen Stockholms: winzige, verwinkelte Gassen mit Torbögen, kleinen Plätzen und schummrigen Hinterhöfen. Angelegt 12oo, viele der Häuser aus dem 16.-18. Jh. Kleine, einladende Geschäfte und Cafés gleich neben dem blumenbunten Marktplatz „Stortorget" in Steinwurfweite zum königlichen Schloß. Hier ist immer was los, der schönste Teil Stockholms! Die beiden Hauptgassen: Stora Nygatan und Västerlånggatan. Auch mal in die vielen kleinen Seitengäßchen schnuppern und abseits der Hauptrennstrecke bummeln! Weitere Details Seite 39o.

Norrmalm

Heutiges Stadtzentrum mit modernen Einkaufs- und Geschäftsstraßen rund um den Sergels Torg (vergl. gerasterte Fläche, Karte Seite 371). Hier liegen die meisten Kaufhäuser, aber auch Schuh- und sonstige Geschäfte.

Teilweise als Fußgängerzone ausgebaut, in denen sich die Heilsarmee, Straßenmusikanten bis hin zu politischen Gruppierungen jeglicher Couleur alles trifft. Alles verläuft friedlich und ohne Aufhebens, wie auch die Polizei dezent aber zielstrebig den hier nach Geschäftsschluß stattfindenden Drogenhandel kontrolliert. Warnung: Auch Touristen gegenüber gibt's kein Pardon, zudem viel Streife in Zivil unterwegs!

Südliche Begrenzung des modernen Stadtkerns der Gustav Adolf Platz, östlich das „Stockholm Tourist Office" (siehe nächste Seite), auch beliebter Treff der Schachspieler. An lauen Sommerabenden schwedischer Volkstanz „Hambo".

Södermalm

Liegt südlich Gamla Stan, ein eigenständiger Stadtteil mit einer Vielzahl an Kunstgalerien, Kunsthandwerksgeschäften und viele gute Kneipen.

Kungsholmen

Residenzviertel mit Krankenhäusern und Verwaltungsgebäuden, auf Insel westlich des Hauptbahnhofes. Nicht zu übersehen der klotzige Turm des Stadshuset (Rathaus), Wahrzeichen Stockholms. Davor tummeln sich im Sommer die Surfer, die am einige hundert Meter entfernten Badeplatz „Smedsuddsbadet" starten.

Östermalm

Schließt sich östlich ans Zentrum: Wohnviertel mit Olympiastadion, Museen und den Markthallen. Besonders schön die feudalen Fassaden der Häuser entlang des Strandvägens, einem der nobelsten Stockholmer Wohnadressen. Östlich in Parkanlagen das Technische Museum sowie der Fernsehturm von Stockholm mit super Stadt- und Schärenrundblick!

Stockholm 369

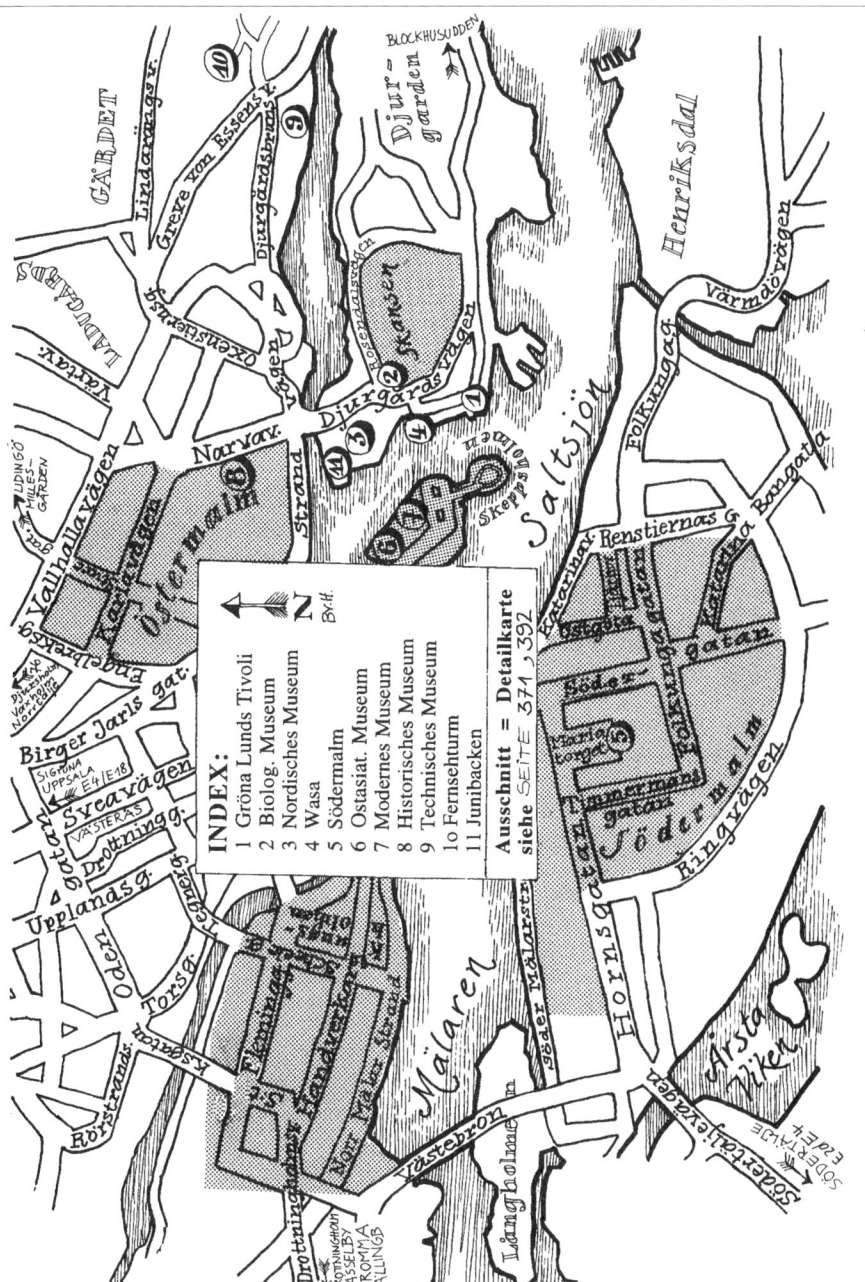

Skeppsholmen

Grüne Mini-Insel, die sich an Östermalm anschließt. Beherbergt das Ostasiatische Museum und das Moderna Museet. An ihrem Südufer liegt Schwedens bekanntester Dreimaster „Af Chapman", heute eine der ausgefallensten Jugendherbergen Europas! www.stfchapman.com

Djurgården

Museumsinsel und Wohnort der Superreichen mitten in Stockholm. Absolutes Muß für Stockholmbesucher das weltberühmte Freilichtmuseum SKANSEN sowie das Vasa-Schiff, das Nordische- und Biologische Museum, der Vergnügungspark Gröna Lund und Junibacken, eine Reise in die Märchenwelt Astrid Lindgrens etc. Benötigen mindestens einen vollen Tag. Unbedingt besuchen! Weitere Details Seite 394.

 Hauptbüro an der Ecke des Kungsträdgården „Schweden-Haus" (Siehe Karte: Nr. 3). Rundum mit allen Infos und Prospekten zu Stockholm und Umgebung bestückt. Adr. Sverigehuset, Hamngatan 27, 1o3 93 Stockholm. Geöffnet: Mo.-Fr. 8-19 Uhr, Sa. 1o-17 Uhr, So. 1o- 16 Uhr. Tel. o8/ 5o8 28 5o8, Fax: o8/ 5o8 28 5o9 Homepage www.stockholmtown

Dabei ein Souvenirshop mit schwedischem Kunsthandwerk mit den niedrigsten Preisen in ganz Schweden. Allerdings megahektischer Betrieb. Genaue Fragen überlegen, Personal hat verständlicher Weise kaum Zeit für längere Gespräche.

Rund um die Uhr geöffnet ist der Touristbüro-Ableger im Hauptbahnhof, der auf Zimmerbuchung spezialisiert ist und den treffenden Namen „Hotellcentralen" trägt. Ebenfalls exzellent bestückt, kompetent. Neben Stadtplänen und Infomaterial zu Sight-Seeing gibt's auch Listen der Unterkünfte mit Preis, Lage etc. Anlaufstelle Nr. 1 für alle, die Unterkunft suchen.

Unter der Homepage www.stockholmtown.com kann man bequem und kostenlos online Hotelbuchungen vornehmen. Vermittlung 6 Euro + 1o% des Hotelpreises, die allerdings am Hotel wieder zurückerstattet werden, so dass effektiv die reine Vermittlungsgebühr bleibt. Zusätzlich hat sich eine private Bed und Breakfast-Agentur etabliert, die bei einer einmaligen Gebühr das DZ für 6o Euro in Stockholm vermittelt. Tel: o8/643 8o 28, Fax o8/643 8o 78.

Weitere TI-Büros: im Stockholm Internat. Airport sowie weitere Infostellen am Stadshuset (Mai – Okt. tägl. 9-17 Uhr) und am Kaknäs Turm (von Mai bis August täglich 9-22 Uhr) sowie in Gamla Stan Västerlånggatan 66/ Kornhamnstorg 49 (werktags 1o-18 Uhr, am Wochenende 11-16 Uhr).
TI an der E 4, eine Ausfahrt nach Huddinge Richtung Stockholm. Allerdings nur im Sommer geöffnet. Dort erhält man ebenfalls Stockholmkarte, Stadtpläne usw. sowie bei IKEA.

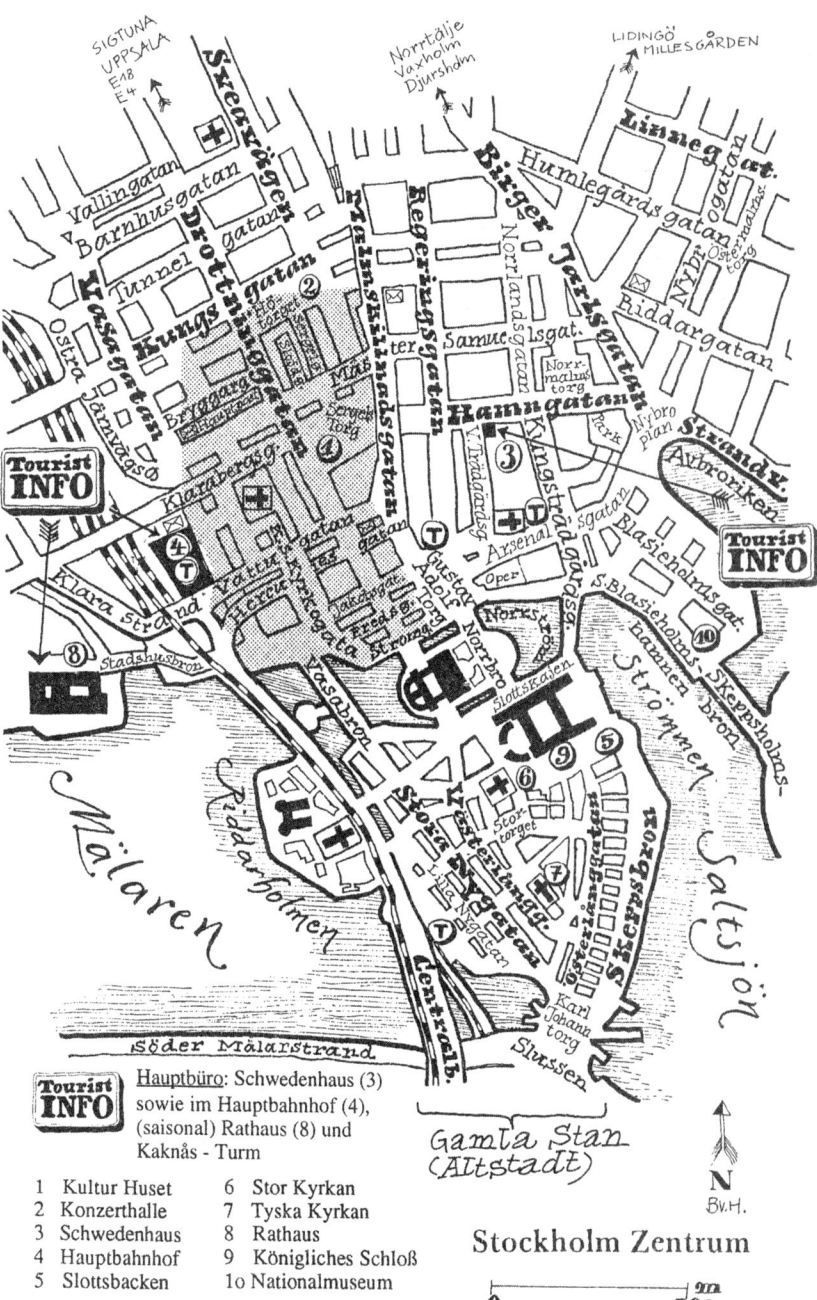

Lohnend in jedem Fall sich vorab die Broschüren „Stockholm This Week",
„Discover Stockholm" und ein Stadtplanfaltblatt kostenlos am TI zu holen,
um immer die aktuellen Daten zu haben.
Außerdem gibt es den digitalen Stadtführer „CITIKEY" mit Karten, Kinoprogrammen, Restaurants, Unterhaltung, Einkaufstipps etc. am zentralen
TI Sverigehuset auf Leihbasis für 7 Euro pro Tag.

STOCKHOLMSKORTET

Für Leute, die neben Shopping auch Kultur wollen,
lohnt sich in jedem Fall der Kauf einer „Stockholmskortet". Berechtigt zum freien Eintritt aller
(7o) Museen, Benutzung aller Verkehrsmittel im
Stadtbereich, freies Parken sowie Vergünstigungen
bei Stadtrundfahrten mit dem Bus und Schiffsausflügen in die Schären und nach Drottningholm.

Der Preis liegt bei ca. 3o Euro pro 24 Std. und lohnt z.B. beim Besuch aller Museen auf
der Museumsinsel Djurgården. Die einzelnen Eintritte dürften teurer kommen als die Stockholmskortet, die zudem freien Transport mit öffentlichen Verkehrsmitteln ermöglicht. Auto
im Bereich sowieso Ballast wegen fehlender Parkplätze! Für längeren Aufenthalt wird die
2- Tageskarte für 45 Euro und die 3-Tageskarte für 58 Euro angeboten. Kinder zwischen 7
und 17 in Begleitung Erwachsener (max. zwei) zahlen jeweils 13, 17 und 2o Euro. Die
Gültigkeit läuft immer ab Kaufstunde jeweils 24, 48 und 72 Stunden.

Wer sich - sinnvollerweise - mehrere Tage in Stockholm aufhält und nicht jeden Tag durch
die Museen marschieren, sondern mehr Bummeln und Shoppen will, kauft sich die
„Transportkarte", die eine kostenlose Benutzung aller öffentlichen Verkehrsmittel ermöglicht. Bei einem Preis von ca. 19 Euro für 3 Tage kommt man, nachdem man einen
Museumstag mit der Stockholmkarte gemacht hat, preisgünstig überall hin. Erhältlich auch
als Eintageskarte für 8 Euro. Beide gibt's im Touristbüro/Hbf. und im Schwedenhaus.

Ähnliches gibt's als „SCHÄRENKARTE" einer Schärenreederei, mit der man 5 Tage unbegrenzt die Schären abklappern und sich mit Schlafsack und Zelt seine Trauminsel aussuchen kann. Preis 32 Euro. Erhältlich beim TI.

Geldwechsel: Viele Banken im Zentrum und Post mit hohen Umtauschgebühren. Deshalb empfehlenswert Forex, die zwischen 3 und 18 % günstigere Konditionen bieten.

Spätdienst: am Hauptbahnhof täglich 8-21 Uhr neben der Zugauskunft (Forex, Cityterminalen 8-18 Uhr), am Flugplatz Arlanda
7-22 Uhr sowie direkt im Sverigehuset am TI, sowie am
Sveavägen 24, Kungsgatan 2, Götgatan 94. Alle Adressen und
Öffnungszeiten unter: www.forex.se.

 **Verbindungen** Details siehe auch Seite 433

Flug: Internationaler Flughafen Arlanda, ca. 4o km nördlich der Stadt mit u.a. täglichen Linienflügen von/nach
Deutschland; Drehscheibe des innerschwedischen
Linienverkehrs (SAS) zu allen schwedischen Airports.

Direkte Busverbindungen vom Hbf. (Cityterminalen) und vom SAS-Terminal bei Norrtull, Slussen und St. Eriksplan, die allerdings rund 4o Min. Fahrzeit benötigen. Preis 8 Euro. Tel. o8/ 6oo 1o oo. Schneller ist man mit der neugebauten Arlandabahn, die in nur 2o Min. direkt vom Bahnhof zum Terminal donnert. Abfahrtszeit alle 15 Min. Preis 16 Euro. Das Taxi kostet rund 45 Euro.

Zug: Hauptbahnhof = Centralstation auch Verbindungen nach Östersund, Oslo sowie Kopenhagen und Hamburg, Berlin. Moderne Videoanlagen auf verschiedenen Etagen. Zugauskunft. Tel. o2o/ 75 75 75. Rechtzeitig vor Zugabfahrt ankommen, da häufig lange Schlangen am Ticketschalter. Regelmäßige Abfahrt des Fughafenzuges. Achtung Railer und Großstadtcowboys: Bahnhof nachts zwischen 1 und 5 geschlossen; keine Pennmöglichkeit!

Bus: Ultramoderner Busbahnhof der schnellen Überland-und Auslandsbusse direkt gegenüber Hauptbahnhof. Cityterminalen, Tel. o8/ 6oo 1o oo.

Schiff: Stockholm ist u.a. häufig Durchgangsstadt für <u>Finnlandfahrer</u>. Im Sommer mehrfache Abfahrten nach Turku/Åbo und Helsinki. Achtung: Unterschiedliche Abfahrtsterminals für Viking- und Silja Line:

<u>Viking Line</u> fährt nach Helsinki direkt im Stadtzentrum (gegenüber Gamla Stan) am Stadsgårdskajen ab. Nähe Slussen (Stadsgården), Adresse: Central Stationen, Tel. o8/ 452 42 oo.

<u>Silja Line</u>: Terminal ist etwas außerhalb am Värtahamnen. Aus dem Stadtzentrum Richtung Lidingö halten. Dann ausgeschildert. Von der E 4 kommend solange draufbleiben, bis Fährschiff mit Värtahamnen ausgeschildert ist. Da haben wir uns selbst schon einmal bös verfranst. Adresse: in der City, Hangovägen 29, Tel. o8/ 22 21 4o.

Transport in STOCKHOLM

Beste, einfachste und zugleich billigste Möglichkeit: **zu Fuß**! Stockholms Zentrum ist nicht so riesig, als dass man es nicht auf Schusters Rappen machen könnte.

Öffentliche Verkehrsmittel sind, wie vieles in Schweden, wohlgeordnet, schnell, sauber und... mit den verschiedenen Stockholm-Karten auch noch kostenlos. Busse, U-Bahn und Stadtbahn (Vorortzüge) bilden den Verkehrsverbund SL (= Storstockholms Lokaltrafik), der von Grisslehamn im Norden bis nach Nynäshamn im Süden und ca. 5o km nach Westen reicht. Umfangreiches Netz, das sich je nach Bedarf kombinieren läßt. Für Leute ohne „Stockholmkortet" gibt es Touristenkarten mit unterschiedlicher Gültigkeitsdauer zwischen 8 Euro für einen Tag und 17 Euro für 3 Tage. Der Einzelpreis einer Karte liegt etwa bei 2,5o Euro. Schwarzfahren kostet übrigens saftige 8o Euro Strafe!

SL-Informationsschalter am Sergels Torg, Tel. 08/ 600 10 00. Dort Linien- und Fahrpläne erhältlich. Die Stockholmkortet (s.o.) gilt für alle aufgeführten öffentlichen Verkehrsmittel.

 **Zug**: Die Vorortzüge des SL fahren ab Slussen bzw. Hauptbahnhof nach Norden (die alte Roslagen-Linie), Süden, Westen und an die Küste (z.B. mit der Saltsjöbanan nach Saltsjöbaden). Fahr- und Linienpläne in den SL-Offices.

 **Busverkehr**: Das Busnetz ist eines der längsten der Welt und führt auch ins Umland. Einteilung in Zonen, beim Umsteigen gelten die Einzelkarten weiter, solange man die Zone nicht verläßt. Linienplan besorgen ist in jedem Fall nützlich. Auskunft unter Tel. 08/ 600 10 00.

 Schnelleres und bequemeres Verkehrsmittel besonders für längere Strecken ist die Stockholmer **U-Bahn** mit der Bezeichnung „Tunnelbana". Hat eines der längsten Strekkennetze Europas (108 km, 101 Stationen). Fährt bis ca. 1 bzw. 2 Uhr nachts. Strenges Rauchverbot auch auf den Bahnsteigen!

Unbedingt empfehlenswert: eine „Spazierfahrt" auf der blauen Linie (10/ 11) von T-Centralen Richtung Akalla! Stationen sind kunstvoll gestaltet: Steinskulpturen, bemalte riesige Grotten, dekorierte U-Bahn-Decken und vieles mehr! Von Stockholmern als „längste Kunstgalerie" der Welt bezeichnet. Besonders interessant: Rathaus, Fridhemsplan, Solna Centrum, T-Centralen (ganz unten) und die Station Kungsträgården.

 **Taxifahren** recht teuer: Die Anfahrt kostet allein ca. 3,50 Euro, dann für 5 km ca. 8,50 Euro. Bei mehr als einem Fahrgast höhere km-Pauschalen. Höhere Preise am Wochenende und nachts. Außerdem 10 % Tip zusätzlich üblich! Ein großes Taxiunternehmen bietet die Dienste unter 08/ 63 290 70 an, ein anderes wirbt mit der kostenlosen Tel. Nr 08/ 612 00 00.

Parken: Stockholm ist werktags notorisch mit Autoverkehr überfüllt. Falschparken ist äußerst teuer: 50-80 Euro! Auch Ausländer werden häufig abgeschleppt, und nette Politessen warten an vielen Ecken. Sie heißen auf schwedisch „lapplisor", was man fast wörtlich mit „Zettelliese" übersetzen könnte.

Empfehlenswert die auch nicht gerade billigen Parkhäuser im Zentrum (Preise stehen an den Parkhauseinfahrten):
- P-Huset Wahrenberg (Vattugatan 1)
- Hötorsgaraget (Slöjdgatan/Sveavägen)
- P-Centrum (Slöjdgatan 3)
- Gallerigaraget (Regeringsgatan 20)
- Elefanten (Herculesgatan)
- am Kaknäs-Turm, von hier mit den Öffentlichen in die Innenstadt

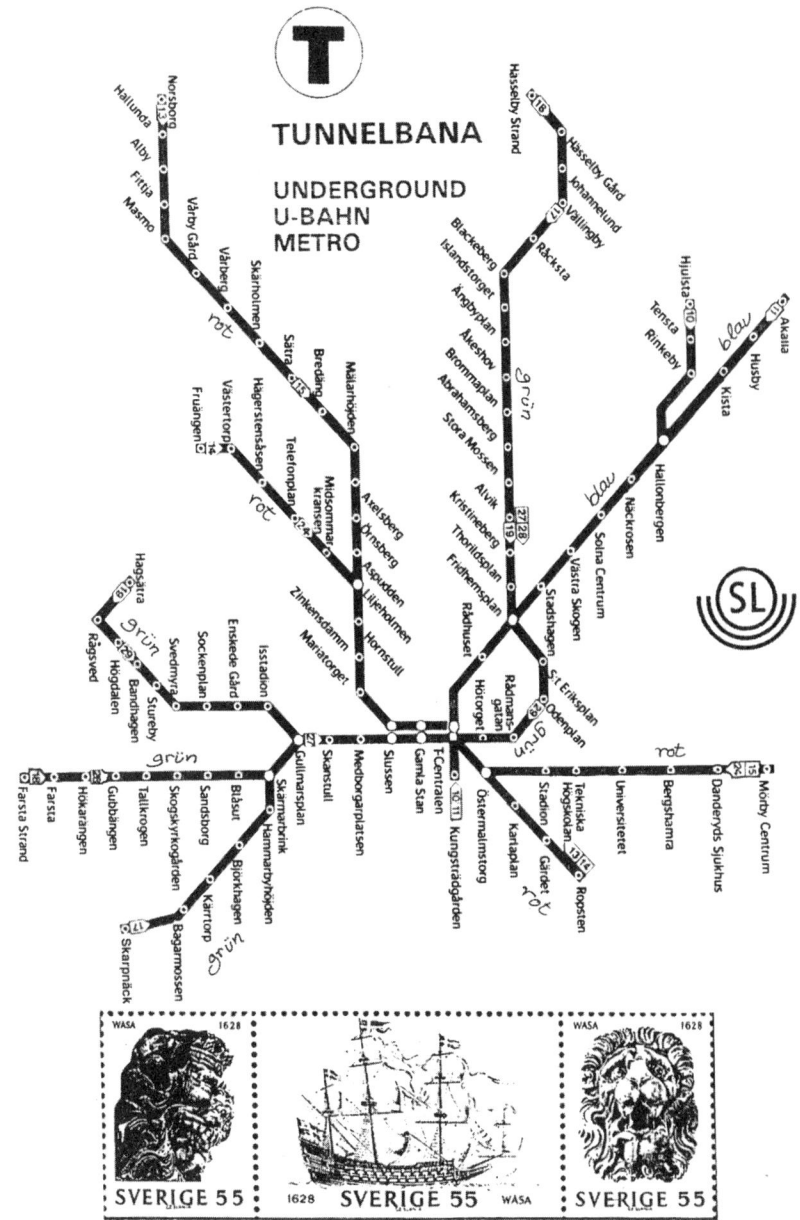

Das Parkproblem entschärft sich allerdings für Besitzer der Stockholmkarte, die zum kostenlosen Parken an allen Parkuhren der Innenstadt berechtigt. Vorher entsprechenden Parkschein am TI im Schwedenhaus besorgen!

Unterm Strich ist man in der Regel jedoch besser bedient, auf das eigene Fahrzeug werktags im Zentrum zu verzichten. Die Entfernungen sind im Zentrum kurz, und die „Stockholmkortet" bietet außerdem freie Fahrt auf allen öffentlichen Verkehrsmitteln. An vielen Stellen bietet auch das U-Bahnnetz im Sinne eines park&ride Systems an mit grünen „P-Flaggen" gekennzeichneten Stellen Parkplätze. So zum Beispiel an den folgenden Haltestellen: Fruängen, Rågsved, Älvsjö, Bandhagen, Sandsborg, Ropsten sowie an fast allen Haltestellen zwischen Abrahamsberg und Hässelby.

Ist der <u>Wagen abgeschleppt</u>, findet er sich wieder in <u>Ropsten</u>, Tel. 67o 94 oo oo, U-Bahnhof Ropsten. Entsprechender Ärger bei Wiederbeschaffung, Strafgebühren etc. gehen separat...

Achtung: Jede Straße Stockholms wird einmal pro Woche nachts gesäubert, dann ist ab Mitternacht das Parken in jedem Fall verboten. Auf Schildern an der Straße oder beim Straßennamenschild angegeben.

UNTERKUNFT: die Preise bewegen sich ab ca. 6o Euro aufwärts. Doppelzimmer für billige Pensionen liegen in der Regel zwischen ca. 68 und 95 Euro und reichen bei 5-Sterne-Luxushotels rauf bis 2oo Euro und mehr.

Bei Bedarf die <u>Zimmervermittlung</u> im Stockholmer Hauptbahnhof besuchen, die sich „HotellCentralen" nennt: spart Rumrennerei in der Stadt. Sehr gute Beratung der jeweils günstigsten Hotels, Komfort, aber auch Sondervergünstigungen und Ermäßigungen. Außerdem wird per Telefon reserviert.

Eine andere Alternative ist in eines der vielen Internetcafes zu gehen und unter www.stockholmtown.com einfach online ein Hotel zu buchen. Der Service ist allerdings nicht zum Nulltarif: Es kostet eine einmalige Gebühr von 6 Euro sowie 1o% vom Totalpreis für die Nächte im Hotel. Dafür zahlt der Kunde allerdings auch nur 9o% des Hotelpreises, so dass unterm Strich die 6 Euro Gebühr übrig bleibt. Lohnt sich aber in jedem Fall! Bei JHB-Buchungen (man spart viel Lauferei) wird eine einmalige Gebühr von 4,5o Euro pro Pers. erhoben. Folgende Ermäßigungen bzw. Möglichkeiten, Geld zu sparen:

1) In den Sommermonaten „<u>Sommerpreise</u>": Ermäßigungen (2o-5o %).

2) Ein Hotel oder Pension etwas außerhalb des Zentrums nehmen, in Nähe von U-Bahn oder Vorortbahn!

3) Die sogenannten <u>Hotelschecks</u> von Scandic, Best Western etc., siehe Seite 55.

Zu den „Preisbrechern" im Bereich ab ca. 5o Euro fürs DZ meist aber ohne Frühstück gehören:

„**A&Be Hotel**", Grev Turegatan, 5o. Etage, Tel. 66o 21 oo, www.abehotel.com „**Good Night Hotel Danielsson**", Västmannagatan 5, Tel. 411 1o 76, „**Tre Små Rum Hotel**", Högbergsgatan 81, Tel. 641 23 71, www.tresmarum.se „**Alexandra Hotel**", Magnus Ladulåsgatan 42, Tel. 45 51 3oo www.alexandrahotel.se

Weitere Hotels:

„**Hotel Stockholm**", Norrmalmstorg. 1, Tel. 44o 57 6o. Im 6. und 7. Stock eines Hochhauses, superzentral. Lange, grüne Flure, an denen mittelgroße Zimmer mit kitschig blumigen Sesseln liegen. Zimmer nach vorn haben kleinen Balkon mit Aussicht über Marktplatz. Im Eingangsbereich Piano-Selbstbedienungsrestaurant mit poppig versnobten Jugendlichen. DZ mit WC/Dusche, Frühstück ab 156 Euro (Sommer und Wochenende: 1oo Euro).

„**Rica City Hotel Stockholm**", Slöjdgatan 7, Tel. 723 72 oo. Mitten in der City, von außen ein wenig unscheinbar, aber eine Luxus-Schatzkiste von innen: großer, treibhausartiger Innenhof in zwei Etagen von einem gewaltigen Glasschiebedach überdeckt. An Fenstern blühende Orchideen unter gestreiften Markisen. Deshalb in jedem Fall Zimmer zum Innenhof nehmen. Zimmer in rosa, hellgrün und himmelblau mit allem Luxus. Gute Küche und Sauna. Echt toll und für den Luxus relativ preiswert: DZ mit WC, Dusche, Frühstück ab 18o Euro (Sommer 12o Euro). www.rica-hotels.com

„**Queens Hotel**", Drottninggatan 71a, Tel. 24 94 6o. Sehr zentral in zwei Etagen eines älteren Citygebäudes. Sehr große Zimmer mit Chinafächern als Nachttischlampe. Dusche auf Flur. Teilweise notdürftig abgetrennte Waschgelegenheit auf dem Zimmer. Zimmer zur Straße recht laut. Preise: DZ ab 75 Euro. www.queenshotel.se

„**Hotel Gustav Vasa**", Västmannagatan, Tel. 34 38 o1. Familiär geführtes Hotel mit Blick in Mutters Küche. Etwas beleibte lebenslustige Wirtin polnischer Abstammung. Knatschbunte, selbstgemachte Reliefmalerei im Aufenthaltsraum im italo-afrikanischen Stil mit Spielautomat. Ältere, große Zimmer, teilweise ohne Dusche mit Metallbettgestängen, 1o-15 Min. Fußweg zur City, gut geeignet für mehrere Leute, weil es auch 3-/4-Bett-Zimmer gibt. DZ o. Dusche, m. Frühstück ab 7o Euro. Bei Mehrbettzimmern ca. 25 Euro pro Person. (Bei Sympathie Preisnachlaß bis zu 2o %.) www.gustavvasahotel.se

„**Rica City Hotel Gamla Stan**", Lilla Nygatan 25, Tel. 723 72 5o . Mitten in der Altstadt gelegenes Kleinodhotel. Kein o8/15-Hotel, sondern im historischen Stil. Die etwas verwinkelten Flure unterscheiden sich wohltuend von den langen, krankenhausähnlichen Gängen großer Hotelklötze. Die normal großen Zimmer mit ihren freundlich hellen Möbeln bieten allen erforderlichen Luxus. Der kleine fensterlose Frühstücksraum war bei unserem Besuch zwar relativ kühl, allerdings mit einem schönen Frühstücksbuffet anders als gewöhnlich. Auch durch die super zentrale Altstadtlage sehr empfehlenswert. DZ mit Frühstück ab 185 Euro, im Sommer 14o Euro. www.rica-hotels.com

„**Hotel Lord Nelson**", Västerlånggatan 22, Tel. 5o6 4o1 2o. Schön gelegen mitten in Gamla Stan. Gemütlich eingerichtet mit Holz und Boot, Bullaugen etc., Sauna. Alle Zimmer mit Farb- TV, Radio, Tel., DZ ca. 2oo Euro, Sommerpreise ca. 135 Euro. Homepage www.lord-nelson.se

„**Hotel Oden**", Karlsbergvägen 24, Tel. 457 97 oo. Große, gemütlich grün eingerichtete Zimmer mit Kochgelegenheit. Direkt an U-Bahn-Station, sonst 15 Min. Fußweg zur City. In drei Etagen, beginnend mit 1. Obergeschoß. Trotz recht lauter Straßenecke gute Isolierung, kostenlos gibt's Kaffee, Tee und Saft. Alle Zimmer mit Telefon, Kühlschrank, Radio, TV. DZ mit Dusche und Frühstück 13o Euro (Sommer 9o Euro). www.hoteloden.se

„**Hotel Anno 1647**", Mariagränd 3, Tel. 442 16 8o. Tatsächlich so alt, aber in noch recht gutem Zustand. Erstreckt sich über zwei verwirrend ineinander verschachtelte Häuser. Reizvoll gemütliche Atmosphäre in top zentraler Lage gegenüber der Altstadt. Wahrhaft große Zimmer mit allem elektrischen Luxus, allerdings z.t. ohne Dusche und Wasser. DZ ohne Dusche ab 13o Euro, mit Dusche bis ca. 19o Euro - je nach Zimmer. Im Sommer ab ca. 13o Euro. www.anno1647.se

„**Kom**", Döbelnsgatan 17-19, Tel. 412 23 oo. Großes, rotes Gebäude, 15 Min. vom Zentrum, alle Zimmer mit Kochgelegenheit. Empfehlenswertes Frühstück auf 5. Etage. DZ mit Dusche 165 Euro (Sommer 115 Euro). www.komhotel.se

„**Scandic Hotel Sergel Plaza**", Brunkebergstorg 9, Tel. 517 263 oo. Das 5-Sterne-Hotel der Stadt direkt am Sergel Torg. Hier begegnet man amerikanischen und russischen Diplomaten auf dem Gang und bekommt von grünbefrackten Boys den Wagen in die Tiefgarage chauffiert. Nicht allzu große Zimmer in schwach rosa. Alle mit handgemachten Eichenmöbeln; bombastische Eingangshalle in weiß-marokkanischem Stil, wo klassische Musik im Hintergrund säuselt, an jeder Ecke echte Kunstraritäten und Spitzen Gourmet-Restaurant mit blau-weißem Kachelofen. Aller erdenklicher Luxus. DZ mit Dusche und Frühstück bis ca. 27o Euro (Sommer 19o Euro). www.scandic-hotels.se

„**Grand Hotel Stockholm**", Blasieholmshamnen 8, Tel. 679 35 oo. Nicht zu übersehender Hotelklotz im Karrée Schloß, Reichstag, Nationaltheater. Nobelabsteige für Superreiche und Politiker. Wenn schon, dann in jedem Fall große Zimmer mit Blick auf weiße Touristenflotte und unermüdliche Lachsangler verlangen. DZ mit Dusche und Frühstück 33o-41o Euro (Sommer ab 19o Euro). www.grandhotel.se

Jugendherbergen: Gibt es eine ganze Reihe, die im Sommer aber auch häufig rappel voll sind. Das Telefongespräch ein paar Tage vorher erspart unnötigen Frust und müde Beine. Hoffnung bleibt allerdings: Die Herbergen buchen in der Regel nur zu 9o % vor, um schlappe Wanderer noch aufzunehmen. Am besten morgens schon da sein. Die mit Abstand preisgünstigste Wohnmöglichkeit in Stockholm: bei Preisen zwischen 15 Euro und 28 Euro, wozu allerdings noch Kosten für Bettlaken (ca. 4,5o Euro) und Frühstück kommen.

„**Af Chapman**", weißer Dreimaster vor der Museumsinsel Skeppsholm. Schwedens bekannteste Herberge, in der jeder echte Stockholmfahrer einmal übernachtet haben muß. Schlafräume in ehemaligen Offiziers- und Mannschaftskabinen (bis 8 Betten) mit original Kojen, die auf Grund ihrer Länge wohl nur für Leute bis 1,8o m geeignet sein dürften. Blick durchs Bullauge auf Altstadt. Fühlt man genau hin, merkt man sogar das sanfte Schaukeln. Spitzenmäßig morgens das Frühstück unter freiem Himmel an Deck. Mit absolut internationaler Besetzung. Am besten morgens um 7.3o Uhr auf der Matte stehen oder nachmittags zwischen 15 u. 16 Uhr auf Warteliste für den nächsten Tag setzen lassen. JH-Ausweis unbedingt erforderlich, sonst wesentlich teurer! Parkmöglichkeit (Gebühr) direkt davor. Rezeption und Kochmöglichkeit gegenüber im JHB Skeppsholmen. Geöffnet: 1. April bis 15. Dezember. Preise ab 14 Euro. Skeppsholmen, Tel. 463 22 66. Zu erreichen mit Buslinie 65 vom Hauptbahnhof Ri. Skeppsholmen. www.stfchapman.com

1888 als Segelfregatte vom Stapel gelaufen. Danach als Frachtschiff in Amerika, Australien und Afrika gesegelt. Nach 1945 sollte es zu Brennholz gemacht werden, bevor sich die Stadt Stockholm für ganze 5.ooo Skr. erbarmte und in Zusammenarbeit mit STF herbergsgemäß umbaute. Seit 1949 Prunkstück von Jugendherberge.

Stockholm 379

Skeppsholmen, riesig gelber Hausklotz direkt hinter Af Chapman in absolut super zentraler Lage. Weiße, fast krankenhausähnliche Gänge ohne die sonst üblich freundliche Atmosphäre. Häufig Ausweichquartier für abgewiesene Af-Chapman-Aspiranten. Natürlich komfortabler, aber kein Aufenthaltsraum und schwer zu regulierende Duschen. Zimmer mit Blick auf Altstadt verlangen. Leider auch keine Kochmöglichkeit. Tipp für Frühstücksmuffel: Nicht teures Breakfast-Ticket (6,5o Euro) kaufen, sondern Verzehr einzeln bezahlen. Nachts bis 2 Uhr geöffnet. Preise ab 15 Euro. Hantverkshuset, Västra Brobänken, Tel. 463 22 66.

Gustaf af Klint, nicht zum Schwedischen Jugendherbergsverband gehörig, preisgünstig im Stadtkern in der Nähe des Viking Fähranlegers. Voranmeldung erforderlich. Preise ab 16 Euro. Stadsgårdskajen 153, Tel.64o4o77. www.gustafafklint.se

Zinkensdamm, größte JH in Stockholm mit fast 5oo Betten. Deshalb absolut internationale Atmosphäre. Nach umfangreichen Renovierungsarbeiten trotz Vorortsatmosphäre mit Wohnsilos und Schrebergärten empfehlenswert. Waschmaschine und Sauna vorhanden. Preise ab 16 Euro. Zinkensväg 2o, Tel. 616 81 oo. Mit Auto schwer zu finden: Stadtteil Södermalm auf Ringvägen fahren und in Hornsgatan abbiegen, dann hinten rechts (Tunnelbanastation: Zinkensdamm).

Columbus Hotel und Jugendherberge: private JH in altem, aber renoviertem Gebäude, das ehemals ein Lazarett war. 1- bis 6-Bett-Zimmer, Preis ca.22 Euro. Tjårhovsgatan 11, 11621 Stockholm, Tel. 5o3 112 oo. U-Bahn-Station Medborgarplatsen. www.columbus.se

Långholmens Vandrarhem, geniales Ambiente in ehemaligem Gefängnis mit original Fangnetzen in den Fluren und bulligen Gefängnistüren. Zwar relativ kleine Zellen, aber tipptopp renoviert. Ein echtes JHB-Erlebnis. Gamla Kronohäktet auf Långholmen, Tel. 668 o5 1o. U-Bahn bis Hornstull oder Buslinien 4o, 54 und 66. www.langholmen.com

City Backpackers Jugendherberge und Hostel, super zentral nur 4oo m vom Bahnhof in älterem Gebäude in vergleichsweise ruhiger Lage. 2-8 Bettzimmer bei ganz ordentlichem Standard. Sauna, Internetzugang und Kochküche vorhanden. Abends keine Rückkehrbeschränkung. Preise ab 16 Euro. Upplandsgatan 2a, Tel.: 2o 69 2o. www.citybackpackers.se

Backpackers Inn, sehr zentral gelegene, aber nur sommergeöffnete (28. Juni bis 1o. August) Herberge mit ordentlichen Sanitäranlagen und 14-Personen-Schlafsälen. Banèrgatan 56, Tel. 66o 75 15. www.backpackersinn.se

MS Rygerfjord, vom Konzept her wohl Af Chapman abgeguckt, ist ebenfalls als Schlafboot umgebaute Herberge, die ganzjährig 13o Betten anbietet. Sehr sauber, gute Sanitäranlagen, zentral gelegen. Wer's etwas eng und skippermäßig mag. Söder Mälarstrand, Kajplats 12, Tel. 84 o8 3o. www.rygerfjord.se

 Autocamper Stockholm: ein nur für Wohnmobile und Bullis (keine Wohnwagen!) eingerichteter Platz mitten im Zentrum auf der Insel Långholmen - mit Freibad, Restaurant, Café. Sichere Alternative zum „wilden" Parken in der Stadt. Recht hohe Geräuschkulisse. 18 Euro/Nacht.

Von Ende Juni bis Ende August geöffnet. Tel. 669 18 9o. Anfahrt: von Süden kommend direkt an der Brücke Västerbron rechts abbiegen.

Bredäng Camping, der profimäßig geführte Großstadtplatz von Stockholm auf den fast alle fahren, weil er von der E 4 ausgeschildert ist und im ADAC steht. Großes Gelände, für Leute mit Zelt aber z.t. etwas abschüssig, so dass man dem Luftmatrazennachbarn nachts gelegentlich schon mal ins Gehege rollen kann. Sehr ordentliche, neu renovierte Sanitäranlagen. Ab 18 Uhr täglich Saunamöglichkeit. Schwimmbad in 2 km Entfehrnung. Lebensmittelgeschäft auf Platz. Gute Kontaktmöglichkeit mit anderen Leuten. Großer Vorteil gegenüber vielen anderen Plätzen: Mit der nur 7oo m entfernten U-Bahn ist man in gut 15 Min. im Zentrum! Ganzjährig geöffnet. Tel. 97 7o 71. Anfahrt: von der E 4 Abfahrt Bredäng ausgeschildert.

Solna Camping, zwar in verkehrgünstiger Lage direkt von der E 18 kurz vor dem Kreuz mit der E 4 ausgeschildert, aber wenig empfehlenswert. Kleines, meist aus Schotter bestehendes Gelände auf dem sich einige alternative Dauercamper häuslich eingerichtet haben. Direkt an der stark befahrenen Hauptstraße. Bei unserem Besuch liefen einige wenig vertrauensvoll wirkende Jugendliche über das nur mit einer Videocamera überwachte Gelände. Tel. 08/6 514 81 5 5o. Anf.: Nordwestlich von Stockholm an der E 18 Ausfahrt Solna.

Stockholm SweCamp Flottsbro, sehr schön auf einem leicht hügeligen Gelände an einem See gelegener Platz mit allen Bequemlichkeiten: von den Waschmaschinen über Café bis zum Spielplatz, - eingebettet in eine schöne Freizeitumgebung. Ganzjährig offen. Mit 12o qm sehr große Stellplatzflächen. Auf Platz auch moderne Ferienhäuser mit Kochgelegenheit. Tel. 449 95 8o. Anfahrt: von der E 4 Abfahrt Haninge, Richtung Huddinge, über die 259 weiter ausgeschildert. Mit dem nicht so häufig wie die U-bahn verkehrenden Pendelzug über die Station Flemingsberg, die man am Besten mit dem Auto anfährt (dort Park&Ride), kommt man relativ umständlich ins Zentrum.

Klubbensborg Camping, kleiner, für Leute mit nicht allzu gehobenen Anspüchen attraktiver Platz mit mehreren Vorteilen: eher familiär und klein, Nähe zum Wasser, Nähe zur U-Bahnstation Mälarhöjden (2 km) und nur 15 Min. Fahrzeit ins Zentrum. Rasengelände gegenüber einem Freizeitboothafen im bürgerlichen Einfamilienhaus-Vorort Hägersten. Niedrige Küche mit Besteck und Kühlschrank und insgesamt fünf einfache Duschen/Toiletten. Viele Jogger und einige Katzen, die nicht nur bettelnd am Campingtisch stehen, sondern auch schon mal nachts die Mülltüte aufreissen. Die abendlichen Kleinflugzeuge können die ruhige und schöne Lage nicht beeinträchtigen. Tel. 08/646 12 55. Anf.: Von der E 4/E 2o Abfahrt Bredäng/Mälarhöjden. Dann rechts über den Slättsgårdsvägen. Auf kleine weiße Schilder „Båtklubb Klubbensborg" achten.

Ängby Camping, einfacher, hügeliger Platz am Ufer des Mälar-Sees mit schönem Badestrand am Mälaren, nordwestlich vom Stadtzentrum. Gefällt uns besser als Bredäng. Neues Servicegebäude. Mit Wasserrutsche und Cafeteria sehr familienfreundlich. Rechtzeitig ankommen, da recht voll. Anfahrt vom Stadtzentrum auf der 275 Richtung Vällingby bis Södra - Ängby, dort links ab. Tel. 37 o4 2o. Auch von hier gute U-Bahn Benutzung (Ängbyplan).

Flatenbadens Camping, einer der schönsten Plätze in Stockholm. In einer Art Lichtung von Birken umstanden recht kleiner, ländlicher Platz, ganz süß gelegen. Kinder werden die benachbarten kleinen Schweine und Hühner lieben lernen. Nur 5o m entfernt toller Badeplatz mit Sandstrand. Nachteile: sehr einfache Sanitäranlagen und kein U-Bahnanschluß. 15 km zur City (Buslinien 811-817 und 828). Tel. 773 o1 oo. Anfahrt: von der E 4 südlich von Stockholm bei Straßenkreuzung „Midsommarkransen" auf 73 Richtung Nynäshamn, in Sköndal die 229 Richtung Tyresö, Abfahrt Flaten.

Farstanäset, in kleinem Mischwald mit Blick auf schmalen See. Durch natürliche Umgebung recht unebenes Gelände. Schmale Holzbrücke für Fußgänger direkt an der Einfahrt. Viele Parzellen mit Meerblick. Insgesamt sehr ruhig mit Strandbad am Meer. Allerdings 5o km südlich des Stadtzentrums. Geöffnet: Ende April bis Anfang Oktober. Tel. 551 5o6 5o. Anfahrt: von der 73 Richtung Nynäshamn, Abfahrt Farsta, dann Richtung Farstastrand bzw. von E 4 Ausfahrt Järna. Nach Kreisverkehr ausgeschildert. Haltestelle für Bus nach Södertälje 2 km. Ab Södertälje (dort auch Park&Rail) mit Pendelzug nach Stockholm.

Rösjöbadets Camping, sehr schöner Platz, leider mit eher dürftigen Sanitäranlagen. In der Nähe ein klarer See mit Surfverleih und Supermarkt mit billigen Preisen. Tel. 96 21 84. Anfahrt: von der E 4 Abfahrt Sollentuna Centrum, dann Straße 262 (Danderydsvägen) 3 km folgen von der E 2o Richtung Sollentuna. Nach Stockholm mit Bus 6o7 Ri. Mörby, dann U-Bahn bis City (Fahrzeit ca. 4o Min.).

Slagsta Marina Bad & Camping, Wiesengelände auf zwei Ebenen an einem Freizeitboothafen, dessen Sanitäranlagen man über ein Codesystem mitnutzt. Relativ ruhig und überschaubar. Im Vergleich zum Klubbensborg Camping etwas weniger attraktiv, dennoch als Standort durchaus okay. Bewachter Platz als solcher recht sicher, lediglich sollte man kein Fahrzeug auf dem unbewachten Parkplatz vor dem Gelände stehen lassen. Dort Einbruchgefahr. Ca. 1 km Fußweg zur U-Bahnstation Fittja, von dort ca. 25 Min. Fahrzeit zur City. Tel. o8/531 774 21. Anf.: von E 4/E2o ab der Abfahrt Eriksberg/Slagsta/Botkyrka ausgeschildert.

Sätra Camping, weniger wegen seiner Schönheit (im Grunde reiner Abstellplatz) als vielmehr wegen seiner Nähe zum Zentrum interessant. Keine hohen Ansprüche stellen! Geöffnet Ende Juni bis ca. Mitte August. Skärholmsvägen, von E 4 Abfahrt Skärholmen (IKEA), Tel. 88 7o 95.

Östermalms Citycamping, der Platz selber ist landschaftlich keine Offenbarung, da überwiegend Sand- und Kiesboden direkt beim Sportplatz Östermalm. Dafür in direkter Umgebung kleines Freizeitgelände mit Spazierwegen und vielen Joggern. Der Vorteil des Platzes liegt eindeutig in seiner sehr super zentralen Lage knapp 2 km vom Stockholmer Stadtzentrum. Auch ein kleines Strandbad (1 km) und die Sehenswürdigkeit Milles Gården (3km) liegen nah, ca. 6oo m zur U-Bahn. Nur Ende Juni bis ca. Mitte August geöffnet. Anf.: nördlich des Stockholmer Zentrums den Lidingövägen stadtauswärts, hinter dem Stadion links in den Fiskartorpsvägen. Tel. 1o 29 o3.

Solvalla Citycamping, Privatcampingplatz des Wohnwagenhändlers Caravania (Ersatzteilverkauf, Zubehör, Reparatur) in der Nähe des Flughafens Bromma und der Trabrennbahn Solvalla. Eingezäunter Schotterplatz mit sanitärmäßiger Grundversorgung in einem Servicewagen. Ganzjährig geöffnet. Tel. 627 o2 7o. Nur 15 Min. U-Bahn-Fahrt ins Zentrum. Anfahrt: von Süden am Inlandsflughafen Bromma vorbei (279) und rechts Richtung Trabrennbahn abbiegen. U-Bahn-Station Rissne.

Gibt's wie Sand am Meer oder Schären vor Stockholm. Viele Renommierrestaurants trotz der hohen Preise voll, Tisch vorbestellen. Typisch für Stockholm ist der Strömming (kleiner Ostseehering, meist mit Dill) als Vorspeise, außerdem Lachs, der mitten in der City gefangen werden kann und Gemüse, das rund um Stockholm angebaut wird. Mittags auf preisgünstige Tagesgerichte achten.

Esspalast „KUNGSHALLEN": nicht weniger als 12 Restaurants mit 8oo Sitzplätzen befinden sich hier unter einem Dach. Wirklich für jeden Geschmack etwas: vom Pizza und Kebab Grill, Sultan, über chinesisches Fastfood (Chop stick), riesiger Salatbar (Sallad), lappländischen Spezialitäten wie Rentier (Lapporten) bis zu feinster schwedischer Küche (Mikaels). Mittags durchaus akzeptable Preise ab 6,5o Euro. Kungsgatan 44, gegenüber dem Hötorget-Platz.

„TULLHUS", auf heimischen Fisch spezialisiertes Restaurant, das durch seine Inneneinrichtng mit Netzen, Ankern und Bildern entsprechendes Ambiente vermittelt. Köstlicher Lachs. Preise ab 19 Euro. Skeppbron in Gamla Stan. Tel. 2o 21 6o.

„ÖRTAGÅRDEN", spitzenmäßiges vegetarisches Buffet auch mit warmen Gerichten, für 1o Euro isst man, was man will. Geöffnet: Mo.-Fr. 1o.3o-21.3o Uhr, Sa. 11-2o.3o Uhr, So. 12-2o.3o Uhr. Nybrogatan 31. Tel. 662 17 28.

Pizzeria „MICHELANGELO", im Zentrum von Gamla Stan. Gemütlicher Italiener, zur Hochsaison allerdings rammelvoll von Urlaubern, unten in den Kellerkatakomben geht's noch weiter. Fleisch- und Fischgerichte o.k., - die Pizza (Salat inklusive) allerdings nicht so gut wie bei „Mamma Rosa". Preise ab 12 Euro. Västerlånggatan 62, Tel. 21 5o 99.

Weitere preisgünstige Restaurants vornehmlich im Stadtteil „Södermalm". Für den Stadtbummler und Preiswertesser gibt's in den beiden großen Märkten „Hötorgshallen" und „Kungshallen" schnelle und einigermaßen akzeptable Allerweltsgerichte.

„OPERAKÄLLAREN", Restaurant mit Weltruf auch wegen ausgefallener Ausstattung (Deckengemälde) und Aussicht auf Schloß und Fluß von der Veranda. Verschiedene lecker gemachte „Hausmannskostgerichte" und Smörgasbord. Preise ab 4o Euro. Opernhaus, Tel. 676 58 o1.

„RICHE", superelegantes Feinschmeckerlokal mit abgerundeter Veranda und Kunstwerken an Wänden. Täglich wird von schwarzbefrackten Ober englisches Roastbeef auf Silberwagen serviert. Preise ab 3o Euro. Birger Jarlsgatan 4, Tel. 679 68 4o.

„DEN GYLDENE FREDEN", alt ehrwürdiges Eckrestaurant in der Altstadt mit mittelalterlichem Kellergewölbe, gute Hausmannskost ab 18 Euro. Österlånggatan 51, Tel. 24 97 6o.

„ULRIKSDALS VÄRDSHUS", Restaurant mit riesigem Smörgåsbord, wo man sich den Bauch so richtig vollschlagen kann. Tolle Lage im Schlosspark ca. 2o km außerhalb der City. Bei Sonnenuntergang lassen die Gäste alle Löffel fallen und singen beim Einholen der schwedischen Flagge die Nationalhymne! Preise ab 28 Euro. Ulriksdals Schlosspark, 17171 Solna, Tel. 85 o8 15. Anfahrt über Roslagsvägen in nördlicher Richtung, Nähe Tankstelle Bergshamra.

„VAU-DE-VILLE", was für Kleinigkeiten und den Hunger zwischendurch beim Shopping. Ganz ordentliches Essen, obwohl meist nur Kleinigkeiten zum Café au lait. Guter Treffpunkt am Kungsträdgården.

„ZUM FRANZISKANER", ältestes Restaurant in Stockholm. Im altdeutschen Stil in Gamla Stan. Mit deutscher Küche (Sauerbraten und Bratwurst) und Schnellimbiß um die Ecke. Preise ab 17 Euro. Skeppsbron 44, Tel. 411 83 3o.

Restaurant „ERIKS" mit zwei Bereichen: im Erdgeschoß bistroähnlicher Betrieb, eher was für den schnellen, großen Hunger, in der 1. Etage Fisch- und Fleischspezialitäten vom Feinsten. Österlånggatan 17, Tel. 23 85 oo.

„FEM SMÅ HUS", in fünf winzig klein verwinkelten Häuschen in der Altstadt mit spitzen Lachsfilet und Steinbutt. Nicht gerade billig: Preise ab 33 Euro. Nygränd 1o, Tel. 1o 87 75.

Ansonsten kann man in Stockholm gut Smörgasbord essen im „DJURGÅRDSBRUNNS VÄRDSHUS". Sehr schön am Kanal in altem, fast gediegenem Stil. Täglich Smörgasbord, am Wochenende billiger. Wochenendpreise ohne Getränke um 25 Euro. Geöffnet: 13-18 Uhr. Djurgårdsbrunnsvägen 68 (Stückchen raus!). Tel. 67 9o 95.

„GRAND HOTEL", in das man sich zu Smörgasbordzeiten (tägl. 11-15 und 18-21 Uhr) allerdings etwas gepflegter anziehen sollte. Ansonsten ausgesprochen gut. Preise um 3o Euro. Adresse siehe Hotel.

„SOLLIDENS RESTAURANT", das Smörgasrestaurant im Skansen. Sehr großer, mit viel Deckenleuchten gepflasterter Essenssaal mit phantastischer Aussicht über Skansen und Stockholm. Ganz in blau gehalten, beste Vierertische am Fenster! Abends Tanz und Unterhaltungsprogramm. Mittags

Tagesgericht um 12 Euro, abends 3-Gänge-Menü für 38 Euro, Smörgasbord ab 26 Euro. Eintritt für Skansen wird von Essensrechnung abgezogen. Geöffnet: Ende April bis Mitte/Ende August.

„STADSHUSKÄLLAREN" bietet etwas absolut besonderes: „Essen wie ein Nobelpreisträger." Hier kann man als Normalsterblicher für schlappe 1oo Euro das bekommen, was die Würdenträger bei den Nobelpreisverleihungen zu speisen gedenken. Kostprobe gefällig? Als Vorspeise getrüffelte Hummerpastete mit Kressesauce und Nobelhörnchen. Hauptspeise: Hasenrücken, Apfelringe mit Gemüse farciert, Calvadossauce, Salat mit Zidergeschmack. Nachspeise: Nobeleisparfait mit Petits Fours. Irgendwelche weitere Wünsche? Dann: Stadshuskällaren, unten im Stadthaus, Stockholms Wahrzeichen.

„CAFE GRÅMUNKEN", gemütlich verrauchtes Eckcafé mitten in der Altstadt. Treffpunkt meist junger Leute, die an Mini-Tischchen maßlos viel Kaffee und ab und zu ein „halbstarkes" Bier trinken. Man muß sich alles selber an der Theke holen. Zu leise säuselnder klassischer Musik kann man die Leute auf der „Rennstrecke" beobachten. Preiswert, bis 22 Uhr geöffnet. Teilweise auch Jazz-Treff. Västerlånggatan 18.

„KRISTINA", ganz in der Nähe, Musik-Café mit historischer Innenausstattung, auch Essensverkauf, bis 23 Uhr geöffnet. Västerlånggatan 68, Tel. 2o o5 29.

„STRANDCAFE", gemütliches Café direkt am Ufer mit Blick auf die kreuzenden Windsurfer. Norr Mälarstrand.

„SUNDBERGS CONDITORI", mit kitschig blumigen Sitzbezügen und Tischplatten im Marmorverschnitt. Aus kupfernen Samowar gibt's siedend heißen Kaffee. Vorsicht bei Preisen: zwei Stück Kuchen und zwei Tassen Kaffee kosteten uns 9 Euro. Järntorget.

„HARD ROCK CAFE", im Sommer mit großen Markisen an den Fenstern ist es im „american style" der 5oer und 6oer Jahre. Ab und zu auch live Gruppen! Nicht billig, dafür aber außergewöhnlich. Was für Nostalgie- und Rock'n Roll Fans. Sveavägen 75.

Stockholms Nachtleben ist etwa so heftig wie das einer mittelgroßen westfälischen Kleinstadt. Zwar verweisen die Stockholmer stolz auf verschiedene Nachtclubs, Discotheken und Piano-Bars, allerdings ist die Angelegenheit echt teuer und auf einzelne Gaststätten und Hotels verteilt. Echte prickelnde Atmosphäre wie etwa in Paris sucht man vergeblich. Da trifft man sich eher in lauer, heller Sommernacht an den unzähligen Seeufern oder Parks (z.B. Kungsträdgården) und genießt am Busen der Natur die „schwimmende Stadt".

Lohnend in jedem Fall die Broschüre „Stockholm This Week", leider nur auf Englisch mit Hinweisen auf aktuelle Veranstaltungen, Konzerte und Revues. Kostenlos an allen Tl's und in den Museen.

Am billigsten kriegt man allabendlich Unterhaltung im Kungsträdgården. Der ist nämlich umsonst! Im Sommer nahezu jeden Abend Tanz oder Musikvorstellungen unter Sternenhimmel.

DISCOBESUCH meist mit etwas „besserer" Kleidung üblich. Oft Einlaß Mädels ab 23 Jahren, Jungs ab 25 Jahren. Für unbedingt erlebnishungrige Leute mit dicken Portemonnaie (Eintritt fast überall ca. 1o Euro) hier ein paar Tipps:

Gleich an der Ecke im Schwedenhaus Disco „Daily News" mit viel jungem Volk. Viele Touristen. Moderne Discomusik. 21-3 Uhr geöffnet.

„Cafe Opera", bis nachts um 3 Uhr geöffnet. Allerdings nicht gerade billig. Für Eintritt, Garderobe und Getränk ist man schnell 3o Euro los. Trotzdem bilden sich lange Schlangen am Eingang. Schon zwischen 19-2o Uhr kommen, dann gibt es die besten Plätze. Im Opernhaus gegenüber Schloß.

„Spy Bar", die Nobel- und Kultdisco in Stockholm, wo man Schwierigkeiten hat reinzukommen. Normalerweise werden VIP-Cards ausgegeben, wenn man aber entsprechend ausdauernd, freundlich, gut aussehend und passend gekleidet ist, schafft man es vielleicht an den Türstehern vorbei zu kommen. Innen kann man vom Fußballstar bis zum Popidol „tolle" Leute treffen. Geöffnet Mi. - Sa. 19 bis 5 Uhr. Birger Jarlsgatan 2o.

„Jazzclub Fasching", cooles Ambiente zu fetziger Livemusik. Für Jazz-Kenner. Kungsgatan 63.

„The Dubliner", für Freunde irischer Folkmusik gibt's regelmäßig Livemusik und irisches Essen. Ausgefallen, aber teuer. Donnerstags Rocknacht. Smålandsgatan 8.

„Hotel Reisen", in dazugehöriger Piano-Bar gibt's dezente Piano-Musik in Casablanca-Film-Stil. Man sitzt dezent und vornehm um den Pianoplayer, unterhält sich mit ihm und wünscht sich „As time goes by". Skeppsbron 12-14.

„Aladdin", groß eingerichtetes, orientalisches Nachtlokal. Hört sich exotischer an, als es ist. Hier gibt's keinen Bauchtanz oder ähnliches, sondern bestenfalls leckeres Moussaka. Außerdem eine riesige Tanzfläche für echt Tanzmutige. Barnhusgatan 12.

„Stampen och Gamligen", gemütlicher Jazzclub in der Altstadt mit schwedischen Livegruppen und allerlei Kram an den Wänden. Wenn nur nicht die hohen Preise wären... Eintritt 13 Euro, Bier 8 Euro. Das alles erst ab 23 Uhr in der Stora Nygatan 5.

Alternative: Einen Abendtrip mit einem Schärenboot! Für ca. 1o Euro gibt es ein Ticket und an Bord Disco und z.T. Life-Jazzmusik. Im Rhythmus der Dieselmotoren vibrieren die Bootsdecks und die Passagiere wenn die

„Blidösund" durch das Inselgewirr schippert. Rechtzeitig bei Skadebanan im Kulturhaus oder in U-Bahn-Zentrale Karten besorgen.

SCHWULEN- UND LESBENTREFFS: Stockholm ist nicht nur eine liberale, sondern auch weltoffene und tolerante Stadt. Dementsprechend gibt es auch eine Reihe von Gay-Treffs:

„Abstrakt", besonders am späten Samstagabend ziemlich interessante Leute zu starker Musik. Gamla Brogatan 46.

„Bitsch Girl Club", reines Frauenlokal, wo „frau" sich jung und alt trifft. Adresse: Kolingsborg, Slussen, Gul Gången.

Weitere Treffpunkte sind das Westende der Insel Långholmen oder der Humlegården.

EINKAUFEN

Stockholm ist nicht gerade billig! Allerdings kann man bei Glas, Porzellan, Leder, Zelt- und Outdoorausrüstungen Geld einsparen.

Normale Öffnungszeiten zwischen 9.3o und 18 Uhr. Lebensmittel gibt es in einigen kleinen Läden und in entsprechenden Abteilungen großer Kaufhäuser teilweise noch bis 22 oder 23 Uhr. Z.B. am Bahnhof oder am Järntorget in der Altstadt.

Die riesigen Kaufhäuser Åhlens, Pub und etwas nobler NK sind mit ausgezeichneten Abteilungen (z.B. Glas, Porzellan, Sportartikel) bestückt und nicht teurer als auf dem Land. Das NK auch Sonntags 1o-16 Uhr geöffnet.

Gallerian ist ein gigantisches, überdecktes Einkaufszentrum mit vielen kleinen Geschäften und Boutiquen aller Art und mit den so typischen Schnellimbiß-Cafés. Als Treffpunkt gut geeignet (Hamngatan).

Ein weiterer gigantischer Einkaufspalast ist Sture Gallerian. Von außen eine Fassade des 19. Jh., von innen ultramodern, edel und recht teuer. Am Ende der Kungsgatan zwischen Stureplan 4 und Grev Turegatan 9-11.

Etwas nördlich außerhalb des Stadtzentrums das mehr als 6o Geschäfte und Boutiquen umfassendes Shoppingcenter Stinsen. Von der Stadt aus kostenlos mit dem jederzeit herumfahrenden roten Doppeldeckerbus zu erreichen. Mit dem Pendelzug bis Sollentuna oder mit dem Auto E 4 Richtung Uppsala, Abfahrt Häggvik.

Im Vorort Skärholmen das angeblich größte, überdachte Einkaufszentrum Skandinaviens: riesiger Komplex, alles unter einem Dach. Nebenan großer Flohmarkt in einer Tiefgarage (siehe unter Märkte). Interessant auch, dass IKEA in Schweden teilweise preisgünstiger als in Deutschland ist. Anfahrt mit Tunnelbana Richtung Norsborg, Bahnhof Skärholmen, oder werktags zu Geschäftszeiten mit dem kostenlosen IKEA-Pendelbus ab Regeringsgatan 13.

Luren-Drejeriet: ganz witziger Laden mit viel Keramik und Designersachen.

Österlånggatan 39-41.
Fartysmagasinet: Art Trödelladen mit allem möglichen Krimskrams vollgestopft. Ganz lustig. Österlånggatan 19.
Blås & knåda, Hornsgatan 26. Kleine Galerie mit ausgefallenem Glassortiment. Ähnlich ist Latona Antik, Västerlånggatan 59.

Kunsthandwerk
Menge kleiner Geschäfte in den schummrigen Seitenstraßen von Gamla Stan. Alle natürlich stark auf Tourismus ausgerichtet. Im Zentrum 2 größere Geschäfte mit Keramik, Glas- und Stoffwaren aus ganz Schweden:

Svensk Hemslöjd, Sveavägen 44, Tel. 23 21 15 und Hantverksbutiken Klockargården, Kungsgatan 55

Im Skansen Park werden in den Sommermonaten in vielen Hütten noch Waren wie vor hundert Jahren hergestellt, die auch verkauft werden!

Viele moderne Grafik-, Vernissage- und Kunstgeschäfte im Stadtteil Södermalm. Allerdings ohne echte Atmosphäre, wohl nur was für Kenner, Hornsgatan 6-5o (U-Bahnstation Slussen).

Handens Werk, gut sortiertes Kunsthandwerksgeschäft mit allem, was man aus Glas, Keramik, Holz, Eisen und Textilien machen kann. Nybrogatan 25.

Wennbergs Slöjd, lappländisches Kunsthandwerk aus Zinn, Silber und Leder. Svartmangatan 11.

Galerie Lapponia, original lappländischer Schmuck. Erlesen und teuer. Sturegallerian 44.

Schuhe/Lederwaren
Herrlich winziges Lädchen mit z.T. selbstgemachten Sandalen und Clogs in hellem und dunklem Leder ab 35 Euro. Hier auch sehr schöne Rucksäkke in verschiedenen Farben aus Rentier- und Elchleder. Preise um 115 Euro. Knulp, Kungsgatan 53, gleich neben Hemslöjdgeschäft.

Landkarten
„Esselte Kartcentrum", Vasagatan, direkt gegenüber Hauptbahnhof. Exzellent: Schweden in jedem Maßstab und jedem Ausschnitt. Mekka der Kartenfetischisten, um sich für weitere Touren einzudecken.

Weitere Möglichkeit: die ebenfalls super sortierten <u>Kartbutiken</u>, angeblich Nordeuropas größtes Kartenangebot von der Wander- bis zu nautischer Karte. Kungsgatan 74, oder <u>STF-Zentrale</u>, Kungsgatan 2.

Outdoorausrüstung

Grossist für Wildnisausrüstung mit vielen Fjällräven- und Caravan-Artikeln, ausgewählt gute Sachen in relativ kleinem Geschäft. Lange Wartezeiten auf fachkundige Bedienung. Nummer ziehen, man wird aufgerufen. Naturkompaniet, Sveavägen 62, U-Bahn-Station Rådmansgatan.

Zelte aller Art zum Wandern, Bergsteigen, Kanufahren. Leider sind die Zelte nicht aufgebaut, sondern prospektmäßig in einem Ordner zusammengefaßt. Nach den neuerlichen Preiserhöhungen leider auch nicht mehr so preisgünstig. Auch Mietmöglichkeiten von Zelten und Schlafsäcken. Tältcentralen, Birger Jarlsgatan 67, U-Bahn-Station Rådmansgatan.

<u>Fjällräven Shop</u>, hat das komplette Sortiment der schwedischen Outdoornobelfirma vorrätig, Kungsgatan 26.

Weitere Sport- und Ausrüstungsgeschäfte gleich in der Nähe: New Sport, Kungsgatan 1o, Naturkompaniet, Kungsgatan 4a.

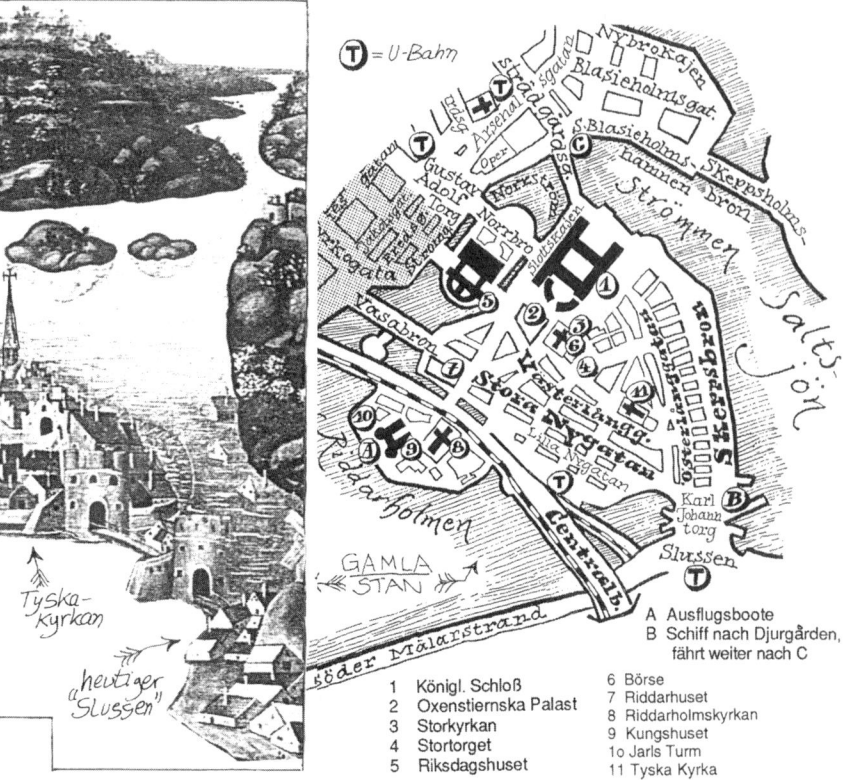

1 Königl. Schloß
2 Oxenstiernska Palast
3 Storkyrkan
4 Stortorget
5 Riksdagshuset
6 Börse
7 Riddarhuset
8 Riddarholmskyrkan
9 Kungshuset
10 Jarls Turm
11 Tyska Kyrka

A Ausflugsboote
B Schiff nach Djurgården, fährt weiter nach C

Märkte

Täglicher <u>Obst- und Gemüsemarkt</u> auf quadratischem Hötorget mit verlockend bunten Südfrüchten zu nordischen Preisen. Einfach mal Obsttag einlegen und auf den Treppen des Konzerthauses dem lebendig bunten Treiben frönen!

Unbedingt lohnend auch die überdachten Märkte, sogenannten <u>Saluhallen</u>. Fest installierte und schnuckelige Markthallen mit geschwungenen Marktständen, an deren Kopfende die Namen der Besitzer stehen. Herrlich bunte Früchte und Beeren wetteifern mit kapitalen Lachsen. Schöne Atmosphäre. Uns gefiel die citynahe Saluhalle am <u>Östermalmstorget</u> am besten.

<u>Flohmarkt</u> in einer Tiefgarage des Einkaufszentrums Skärholmen. Viele Ausländer, die hauptsächlich Gegenstände des täglichen Bedarfs anbieten. Mal ganz schön anzusehen, allerdings keine Kunsthandwerkssachen, sondern viel Krams und Sperrmüllwaren. Schon recht etabliert, um noch tolle Schnäppchen machen zu können. Anfahrt: Mit der U-Bahn bis Skärholmen.

Im Einkaufszentrum nach Schildern „Loppmarknad" Ausschau halten. Geöffnet das ganze Jahr über täglich Mo.-Fr. 11-18 Uhr, am Wochenende ab 9 (Sa.) bzw. 1o (So.) bis 15 Uhr. Samstag und Sonntag 1 Euro Eintritt.

SEHENSWERTES

Das Zentrum wird beherrscht von den Inseln Gamla Stan (= Altstadt), Skeppsholmen und Djurgården, die wir auch in dieser Reihenfolge beschreiben. **Gamla Stan** kann bequem mit der U-Bahn erreicht werden.

KÖNIGLICHES SCHLOSS (1): dominiert in der Altstadt. Gigantisch klotziger Bau ohne viel Schnörkel, an Brücke zur Altstadt. Hier wimmelt's von Urlaubern, die von allen Seiten rein, raus und drumherum gehen und sich wundern: Es ist immer dasselbe Gebäude! (Mit mehr als 6oo Räumen möchte ich hier nicht Fensterputzer sein.)

Der Stadtgründer Birger Jarl hatte an dieser Stelle ein Kastell bauen lassen, welches 1697 abbrannte. Noch auf den glimmenden Überresten beauftragte der damalige König Karl XII. den Neubau des Schlosses, das in seiner großzügigen Planung wegen leerer Staatskassen erst nach 6o (!) Jahren Bauzeit fertiggestellt werden konnte.

Ihre königliche Herrschaft hat vor Jahren dieses riesige Schloß gegen das anmutigere Schloß Drottningholm als Wohnsitz getauscht, - deshalb von innen zu besichtigen (z.B. Reichssaal, Schloßkirche, Antikenmuseum Gustav III.).

Spitzenmäßig und in jedem Fall lohnend die Kellerkatakomben, Schatz- und Rüstkammer! Prachtkutschen, alte Jagdwaffen und mittelalterliche Rüstungen mit phantastischen Lauteffekten und suggestiver Beleuchtung.

Geöffnet: September bis April Di.-So. 12.oo-15.oo Uhr, Mai bis August täglich 1o.oo-16.oo Uhr. Da die einzelnen Museen einzeln durchaus saftigen Eintritt verlangen (jeweils 6 Euro) unbedingt mit Stockholmkarte arbeiten.

Auf keinen Fall versäumen sollte man die farbenfrohe und beeindruckende Wachablösung im Außenhof. Jeden Sonntag um 13.15 Uhr und von Juni bis August täglich um 12.15 Uhr. Während der restlichen Jahreszeit zusätzlich nur noch Mittwoch und Samstag um 12.15 Uhr.

OXENSTIERNSKA PALAST (2): außergewöhnlich schönes Beispiel schwedischer Renaissance-Baukunst. Er verfügt über vier verschiedene Fensterformen, die sich wegen der Ausgewogenheit der Proportionen nicht stören, sondern perfekt ergänzen. Das Gebäude ist zugleich eines der ersten der klassizistischen Epoche in Stockholm. Bis vor wenigen Jahren Sitz der Central Bank, kann innen nicht besichtigt werden.

STORKYRKAN (3): Stockholms Dom, stammt in seinen Ursprüngen von 13o6, anschließend gut 2oo Jahre lang ausgebaut, erneuert und erweitert. Die umfangreichsten Bauarbeiten fanden im 15. Jh. statt: u.a. sehenswert die riesige Holzplastik „Georg mit dem Drachen" (1489) des Lübeckers

Berndt Notke. Im Nordflügel der dreiflügelige Altar aus Silber, Elfenbein und Ebenholz von 1652. Eindrucksvoller Königsstuhl von Nicodemus Tessin sowie die als mittelalterliche Kostbarkeiten gerühmten Gemälde „Die Kreuzigung" und „Das Jüngste Gericht".
Seit dem 15. Jahrhundert werden in der Storkyrkan die schwedischen Könige getauft, getraut und gekrönt.

STORTORGET (4): zentraler Platz mitten in der Altstadt Gamla Stan; gemütliche Cafés, überall winzige Gassen mit Hausbemalung und wunderschöner Giebelhäuser aus dem 16. Jahrhundert. Kaum vorzustellen, dass hier 1520 eine Schar schwedischer Edelleute geköpft wurde...

RIKSDAGSHUSET (Reichstag) (5): auf Mini-Insel Helgeandsholmen zwischen Gamla Stan und heutigem Stadtzentrum. Die jetzige Insel bestand früher aus mehreren einzelnen Inseln, die durch Aufschüttung verbunden wurden. Im Verlauf früherer Jahrhunderte befanden sich hier zunächst Fischerhäuser, später eine kleine Brauerei, dann die königliche Münzprägeanstalt. Auf Mauerreste aus dem Mittelalter stieß man bei dem geplanten Bau einer Tiefgarage unter dem Reichstag, aus der dann stattdessen das lohnende Mittelaltermuseum wurde (siehe Seite 398). Führungen auf deutsch und englisch Mo.-Fr. 11, 12.30, 14 und 15 Uhr. Eintritt frei.

BÖRSE (6): neben Storkyrkan. Wen's interessiert, kann zusehen, wie „auf schwedisch" Aktien gehandelt werden. Das Rokokogebäude (gebaut 1770) enthält zugleich die Nobél-Bibliothek.

RIDDARHUSET (7): gebaut 1640-72 in höllländischem Klassikbarock. Schöne Gestaltung des Daches, sehenswert das Treppenhaus im Inneren. Besichtigung möglich: Führungen Mo.-Fr. 11.30-12.30 Uhr. Eintritt 5 Euro.

RIDDARHOLMSKYRKAN (8): ursprünglich war Riddarholmen eine eigene Insel. Auf dem Platz der heutigen Kirche stand ein Franziskaner- Kloster (ab 13. Jh.). Die Kirche wurden in den folgenden Jahrhunderten mehrfach erweitert und umgebaut. Ihre markante, 80 m hohe Spitze aus Gußeisen stammt von 1841 und war damals das „Non-plus-ultra" an klerikalem Prestige. Heute nicht mehr als Kirche genutzt, eher „Nationalmonument" Schwedens: sie ist Begräbnisstätte vieler schwedischer Könige und dient als Museum.
Geöffnet: 2. Mai bis August Mo.-So. 11-16 Uhr. Im September Sa./So. 12-15 Uhr. Eintritt 3 Euro.

KUNGSHUSET (9): Zentralgebäude von Riddarholm. Gebaut Mitte 17. Jh., war dieses architektonisch schön gestaltete Gebäude zeitweilig auch Sitz der Königsfamilie (ab 1697 für die folgenden 57 Jahre, als ein Feuer den Königspalast (1) unbewohnbar machte). Es beherbergt heute eine Schule.

BIRGER JARLS TURM (10): wichtiger westlicher Verteidigungsturm im Rahmen der Stadtmauer, die im 15. Jh. Gamla Stan umschloß. Nicht zugänglich.

TYSKA KYRKAN (11): Deutsche Kirche, auch unter dem Namen St. Gertrud-Kirche gekannt, liegt im südlichen Teil von Gamla Stan. Die prachtvolle Innenausstattung, vergoldetes Taufbecken mit biblischen Motiven, Altar und kunstvoll verzierte Kanzel, wurde von Geschenken deutscher Kaufleute bezahlt. Der 9o m hohe Turm der 164o errichteten Kirche diente früher den Seefahrern als Orientierung. Portalaufschrift: „Fürchtet Gott! Ehret den König." Svartmangatan.

Wichtigste Gassen in Gamla Stan sind die VÄSTERLÅNGGATAN, ÖSTERLÅNGGATAN und die STORA NYGATAN. Hier wimmelt sich zur Hochsaison der Urlauberstrom durch, viele Boutiquen und kleinere Geschäfte, gemütliche Restaurants in altem Stil und Cafés. SLUSSEN ist südlicher Abschluß von Gamla Stan. Benannt, da hier eine Schleuse eines Kanals durchführt.

Schiffsverbindung (siehe Karte Vorseite, dort „B") von der Südspitze Gamla Stan rüber zur Insel Djurgården. Spart Lauferei und ist zudem als Strecke schön!

STADSHUSET (12): liegt vis-à-vis Gamla Stan auf der Nachbarinsel Kungsholm, Nähe Bahnhof. Mit seinem 1o6 m hohen Turm ist es das Wahrzeichen von Stockholm. Von der Spitze super Panoramablick über die Inselwelt der

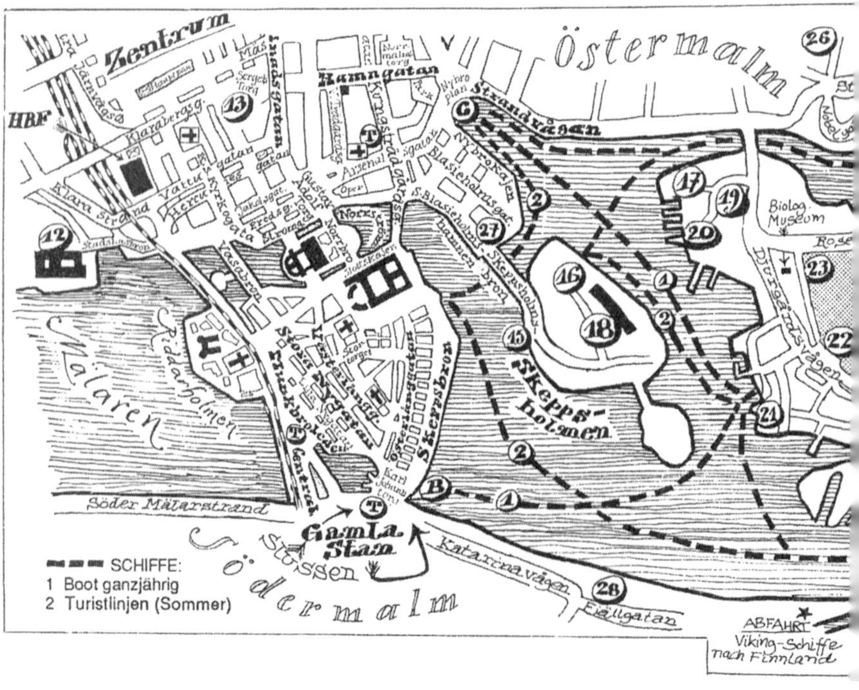

Metropole Schwedens, unbedingt lohnend! - Das Rathaus enthält u.a. eine Reihe Versammlungs- und Festsäle. Beeindruckend der fast fußballplatzgroße „Goldene Saal" mit 19 Millionen Goldmosaiksteinchen sowie der sogenannte „Blaue Saal" (sollte ursprünglich blau gestrichen werden; man hat ihn dann jedoch in Naturstein belassen). Beide werden zu Repräsentationszwecken genutzt.

Täglich Führungen um 1o, 11, 12 u. 14 Uhr, Glockenspiel um 12 und 18 Uhr. Eintritt 5 Euro. Adresse: Ragnar Östbergplan, Hantverkargatan 1, zu erreichen mit der U-Bahn/Station Rådhuset.

KULTURHUSET (13): riesiger futuristischer Glaspalast direkt am Sergels Torg. Hier ist immer was los: wechselnde Ausstellungen, Diskussionen, Spontantheater, Tonbilder über Stockholm, Videos, ausländische Zeitungen, Bundesligaergebnisse usw. Einfach Schwellenangst überwinden und durchstöbern. In oberster Etage modernes Café mit tollem Blick auf Sergels-Platz. Gut als Treffpunkt fußmüder Touristen. Geöffne: Di.-Fr. 11.oo- 19.oo Uhr, Sa./So. 11.oo-17.oo Uhr.

KAKNÄSTORNET (14): Fernsehturm von Stockholm und bester Rundblick über die Stadt und ihre Lage in weiten Grün- und Wasserflächen! Höhe des Turms 155 m, die Aussichtsterrassen befinden sich in 12o-13o m. Der Fernsehturm liegt nördlich der Insel Djurgården Nähe Techn. Museum. Zu erreichen per Auto (zwei große Parkplätze) bzw. mit dem Stadtbus Nr. 69 (Kaknäs). Geöffnet Mo.-Mi. 1o-17 Uhr, Do.-Sa. 1o-21 Uhr, So. 1o-17 Uhr.

	T = U-Bahn Station	
12	Stadshuset	2o Wasa Museum
13	Kulturhuset	21 Gröna Lunds Park
14	Fernsehturm	22 Haupteingang Skansen
15	Af Chapman	23 Bergbahn Skansen
16	Ostasiat. Museum	24 Technisches Museum
17	Junibacken	25 Ethnograph. Museum
18	Architekt. Museum	26 Historisches Museum
19	Nordisches Museum	27 Nationalmuseum

Aussichtspunkte: 12 Rathaus - 14 Fernsehturm - und recht wenig bekannt: 28 Fjällgatan im Stadtteil Södermalm . - Schöner Blick auch Skansen, oben vom Hügel

SKEPPSHOLMEN und KASTELLHOLMEN

Grüne Insel mit Superblick von ihrer Westseite auf die Häuserfront von Gamla Stan und Schloß, - auf ihrer Ostseite auf die schönen Häuser entlang des Strandvägens.

Die Insel ist durch eine kurze Brücke mit dem Festland verbunden. Gleich zu Beginn das 3-Mast-Segelschiff „Af Chapman", heute berühmteste Jugendherberge Europas. Weiterhin auf der Insel: das Ostasiatische und das Architekturmuseum. Details siehe Kapitel „ Museen".

MUSEUMSINSEL DJURGÅRDEN

Ist die östlichste der zentralen Inseln. In jedem Fall lohnend, und gut 1/2 bis 1 Tag einplanen! Hier liegt SKANSEN, einer der ältesten Freizeitparks Skandinaviens, - GRÖNA LUND, das „Tivoli" von Stockholm, sowie wichtige Museen.

Auf öffentliche Verkehrsmittel zurückzugreifen, insbesondere auf die „Stockholmkortet", die neben Gratistransport Schiff/Bus auch freien Eintritt in den Museen bietet, da die Automitnahme so gut wie unmöglich ist. Da man nicht direkt mit der U-Bahn hinkommt, bieten sich folgende Varianten an:

Je nach Ausgangsposition und vorhergehenden Aktivitäten: entweder U-Bahn nach Gamla Stan und von Slussen (siehe Karte: B) mit dem Boot rüber. - Oder: U-Bahn bis „Kungsträdgården" und von dort zur Abfahrt des Bootes (siehe Karte C).

Darüber hinaus die einfachste Möglichkeit über die U-Bahnlinie Richtung Ropsten und an Station Karlaplan aussteigen. Von dort dann ganz einfach mit Buslinie 44 oder 47 Richtung Skansen. Wer nicht so gerne umsteigt und sich den Bus nicht zutraut, nimmt die Straßenbahnlinie 7 mit dem Endhaltepunkt „Waldemarsudde" und steigt am Nordischen Museum aus.

SKANSEN: Schwedens größtes Freilichtmuseum. Unbedingtes und lohnendes Muß für jeden Stockholmbesucher. Hier wird ganz Schweden mit Hütten, Häusern und Tierwelt auf über 3oo.ooo qm dargestellt. Vom Haupteingang (22) geht's steil den Berg rauf. Oben gleich links der Gasthof „Gubbhyllan", gebaut 182o. Mitte der 196oer Jahre wurde er in Einzelteile zerlegt und nach Skansen transportiert. Gutes Beispiel, wie es früher in Landgasthöfen Schwedens zuging. Alles im Original belassen, auch die Ladenkasse.

Im Untergeschoß sowie den anderen Etagen des Hauses: Tabakmuseum. Zu sehen: Tabakdrehmaschinen, alte Dokumente. Im Dachboden: wie früher die Tabakdreher wohnten. Insgesamt recht interessant.

Im anschließenden Freilichtgelände sind mehr als 15o Häuser aus allen Regionen Schwedens zusammengetragen. Alte Bauernhäuser, Scheunen, alles logisch in Nord-Süd-Richtung aufgebaut: von Vorratshäuschen des Lappenlagers, Schafhütten aus Gotland bis hin zum schonischen Herrenhof ist alles vertreten.

Vielfach kann man die Häuser auch innen besichtigen, - Hausfrauen in Originaltrachten stellen Butter wie vor 2oo Jahren her, Künstler produzieren mundgeblasenes Glas und traditionell gekleidete Frauen und Männer arbeiten an alten Spinnrädern. Häufig wird man zum Mitmachen oder Probieren eingeladen bzw. kann auch Kunstgewerbe kaufen. Für Kinder gibt's einen Streichelzoo und Kutschfahrten.

Im nördlichen Bereich von Skansen kleinerer Zoo mit Elchen, Bären, Wölfen, Rentieren, Luchsen und was sich sonst noch in den schwedischen Wäldern rumtreibt. Im südöstlichen Teil und wegen versteckter Lage von vielen Besuchern übersehen: ein lohnendes Aquarium/Terrarium.

Darüber hinaus ist Skansen traditioneller Treffpunkt der Stockholmer bei Festtagen: Hier wird der Mittsommernachtsbaum aufgestellt, treffen sich die Sternsinger zu St. Lucia und hält der König zu Silvester seine Neujahrsansprache. - Tanz, Theatervorführungen und Ausstellungen das ganze Jahr über. Aktuelle Termine siehe Broschüre „This Week in Stockholm" des Fremdenverkehrsamtes!

Offen: Juni bis August tägl. 1o-22 Uhr, Mai 1o.oo-2o.oo Uhr, September 1o.oo-17.oo Uhr, sonst 1o.oo-16.oo Uhr. Häuser und Höfe 1o-17 Uhr. Häuser und Höfe (nicht alle) 11-15 Uhr. Eintritt 8 Euro, Stockholmkarte empfehlenswert. www.skansen.se

> Der Park wurde 1891, damals noch am Stadtrand liegend, von Artur Hazelius gegründet. Durch sein Konzept gelang es, verschiedene Wohn- und Baukulturen pädagogisch interessant darzustellen. Heute ist Skansen zehnmal so groß und liegt durch die Stadterweiterung wie eine grüne Oase nahe dem Stadtzentrum.

Hier auch Restaurant „SOLLIDEN": ab Mitte Juni - auch abends - riesiges Smörgasbord! Gleichzeitig tolle Aussicht auf Skansen und Stockholm. Smörgasbord 22 Euro, Eintrittsgeld für Skansen wird abgerechnet.

VASA- MUSEUM (2o): durch den 199o fertiggestellten Museumsbau für das weltberühmte Kriegsschiff hat Stockholm eine weitere Museumsperle erhalten, die in ganz Skandinavien ihresgleichen sucht! In einer gewaltigen Halle, die durch exakte Raumtemperatur und Luftfeuchtigkeit dem Schiff ewige Haltbarkeit sichern soll, ist die Vasa von insgesamt sieben verschiedenen Ebenen zu betrachten und eröffnet, trotz des verständlichem Zutrittsverbots für das Schiff selbst, eine uneingeschränkte Betrachtung von allen Seiten.

Die Vasa kenterte bei ihrer Jungfernfahrt 1628 nach nur rund 1.ooo m Fahrt und versank im Wasser. 333 Jahre später 1961 gehoben.

Es ist beeindruckend, die Größe des Schiffes in seiner Gesamtheit erfassen zu können! Im Vergleich zur alten Wellblechhalle, in der die Vasa bis 1988 untergebracht war, kommt man jetzt nah ans Schiff und kann aus verschiedenen Perspektiven u.a. die mehr als 5oo (!) Schiffsstatuen bewundern, die im Original erhalten sind.

Das Schiff war nach seiner Bergung 1961 in einer provisorischen Leichtmetallhalle untergebracht. Ein Sturm, der im Oktober 1987 einen Teil des Daches wegriß, dürfte letztlich der „Anstoß" gewesen sein, der Vasa ein neues, repräsentatives und funktionales Zuhause zu geben. Nach rund vierjähriger Bauzeit eröffnete König Karl Gustav XVI. am 15. Juni 199o das neue Gebäude, das seitdem sämtliche Besucherrekorde bricht.

Hier einige facts zum Neubau: Baukosten: ca. 27 Mio. Euro, Fläche: 12.54o qm, umbauter Raum: 117.ooo cbm, Höhe: 34 m. Zulässige Besucherzahl: 1.5oo pro Stunde.

KINOSAAL: direkt neben dem Eingang. Stündlich sehr lohnende Einführung in die Geschichte der Vasa, ihrer Bergung und heutigem Stand der Vasa- Forschung. Die Filme in engl., deutsch und schwedisch. Der Kinobesuch sollte am Beginn des Museumsbesuch stehen.

Die Eingangsebene (Kasse) entspricht übrigens der Wasserlinie des Schiffes. Deutlich zu sehen die Dimensionen des Schiffes: hoch, aber in Relation äußerst schmal. Dies war der Grund des Untergangs. Details siehe unten.

Geschichte: König Gustav Adolf II. (* 9.12.1594) trat als 17- jähriger die schwed. Regentschaft an. Er studierte militärische Kriegstaktiken, organisierte das Militär in Aufbau neu und führte Schweden von einer kleinen, unbedeutenden Nation in mehreren Kriegen zu einer der führenden in Europa.

★Als Prestige- Objekt beauftragte er 1625 den Bau der VASA. Das Schiff sollte das größte und Anzahl Kanonen potenteste Kriegsschiff der Ostsee werden. Die Werft: Skeppsgården/ Stockholm. Am Bau des 69 m langen (!) und mit Masten 52 m hohen Schiffes beteiligt mehr als 3oo Handwerker. Eine für damalige Zeiten gigantische Zahl.

Als König Gustav Adolf II. erfuhr, dass der Feind ein ähnlich großes Kriegsschiff im Bau plante, - erteilte er 1627 den Befehl „ich brauche mehr Kanonen". Dies war gleichbedeutend, daß ein zusätzliches Batteriedeck integriert wurde. Dies steigerte die Höhe des Schiffes und verlagerte wegen Gewicht der zusätzlichen Kanonen den Schwerpunkt der Vasa ungünstig nach oben (Kentergefahr!).

Die nachträglichen Veränderungen machten die VASA zu einem schwimmenden Sarg. Bei Fertigstellung 1628 wurde das Schiff kurz getestet: 3o Soldaten rannten in Kette von einer Seite des Schiffes zur anderen, wobei sich das Schiff gefährlich neigte und der Test abgebrochen werden mußte.

Der Versuch, mehr Ballast im Unterwasser- Schiffsrumpf einzulagern, - scheiterte, da dort kein Platz mehr. Den damaligen Schiffsbauern war klar, daß andere Abhilfe ein breiterer Schiffsrumpf gewesen wäre. Dafür war es zu spät; man hätte ein neues Schiff bauen müssen. - Gemäß heutiger Computer Berechnung hätte das Schiff lediglich 1 m breiter sein müssen. Dann wäre es nicht gekentert. Und so nahmen die Dinge ihren weiteren Verlauf.

★1o.8.1628: Jungfernfahrt. Das überproportionierte Schiff war mit seinem Ruder nur um 7 Grad steuerbar. Nicht gerade optimal im Schärengarten von mehr als 23.ooo Inseln um Stockholm und der schmalen, kurvigen Wasserstraßen. Es wurde daher mit Ruderbooten rausgezogen. Windstärke ca. 4 m/Sek. An Deck rund 15o Mann, weitere 3oo Soldaten sollten später draußen in den Schären an Bord genommen werden.

Nach nur 1.ooo m wurde die Vasa von einer Boe erfaßt, bekam nach Backbord Übergewicht und verschwand bei der Insel Beckholmen im Wasser. Die herausragenden Masten ließ der König später absägen, da sie den Schiffsverkehr behinderten.

★Bergung: der Schwede <u>Andres Franzén</u> hatte im Reichsarchiv detailliertere Informationen zur Vasa gefunden und <u>1956</u> das Schiff mit einem Senklot im Hafen lokalisiert. Es lag in 3o m Tiefe. Anschließend schwierigste Bergungsarbeiten: Taucher gruben mehrere Tunnel unter dem Schiffsrumpf, um später Seile zur Bergung hindurchziehen zu können. Ein nicht ungefährlicher Job, da es an Geld fehlte und mit veraltetem Tauchgeräten gearbeitet wurde. Die Taucher arbeiteten mit schweren Bronzehelmen und Luftschläuchen. Letztere führten rauf zum Versorgungsschiff, - und konnten im Tunnel unter der Vasa sich an den Spanten verhaken oder gar aufreißen... <u>PS</u>: Die Bergung ist in Modellen neben den Kino zu sehen.

<u>1961</u>: 333 Jahre nach der fatalen Havarie erschien die Vasa wieder an der Wasseroberfläche. Erhalten der komplette Rumpf und Seitenbeplankung bis Oberdeck. Das Schiff wurde zur provisorischen Leichtmetall- Halle Skeppsholmen geschleppt und dort ständig mit <u>Glykol</u> berieselt, um das Holz zu stabilisieren.

★Zugleich begann ein <u>gigantisches Puzzel</u>, mehr als 15.ooo Einzelteile zusammenzusetzen. So u.a. das Schiffswappen am Heck des Schiffes, das verstreut in Einzelteilen am Meeresboden lag, mehr als 5oo Holzfiguren, die das Schiff auch seitl. schmückten etc. Die Taucher fanden <u>26 Tote</u>, die mit dem Schiff untergegangen waren inkl. Schuhen und kompletter Bekleidung, - sowie <u>Skelette von Katzen</u> (wichtig an Bord zum Schutz gegen Ratten!).

Gefunden wurden <u>Lebensmittel</u>, so u.a. 333 Jahre alte Butter. Die Taucher probierten sie, wurden danach aber krank... sowie <u>weltältester Rum</u>. Weiterhin Brettspiele zur Vertreibung der Langeweile an Bord, Hüte, Textilien, Kochgeschirr etc. Für die Wissenschaftler eine Fülle wichtiger Informationen zur Erforschung des Lebens im 17. Jhd. an Bord von Kriegsschiffen. - <u>PS</u>: Exponate der Funde im 4. Stock des Museums. Dort auch ein 1 : 1 Modell des Batteriedecks, das man betreten kann. Es ist extrem niedrig (die Menschen waren damals kleiner). Trotzdem: extreme Enge bei 45o Mann an Bord. - Ein weiteres Modell in kleinerem Maßstab zeigt das Schiff im Querschnitt. So u.a. die Küche im Inneren des Schiffes. Sie war mit Backsteinen ausgekleidet, der Rauch zog quer durchs Schiff.

<u>Toiletten</u>: an Bord der Vasa gab es für 45o Mann lediglich 2 Toiletten. Sie waren am Bug frei überhängend Meer angebracht. Ein nicht ungefährliches Geschäft bei Seegang. Zu sehen sind die „Toiletten" ab Museums- Ebene 6. Ansonsten war geplant, direkt über Bord zu pinkeln. Dazu kam es aber bei nur ca. 1.ooo m Fahrt der Vasa vermutlich nicht.

<u>Segel</u>: insges. ca. 1.2oo qm. Gefunden unter Wasser im Trossteil Reste (Exponate auf Museums- Ebene 4 in Vitrine. Sie sind ältestes Segel der Welt). Von den rund 12.ooo m Tauen sind nur noch Reste erhalten.

★Schiffs-Figuren: angefertigt von Künstlern aus Deutschland, Marten Redtmer und Hans Clausnik sowie Holland, Johan Thesson. Die mehr als 5oo Skulpuren waren in <u>leuchtenden Farben bemalt</u> und sollten (abgesehen von Größe des Kriegsschiffes und Kanonenbestückung) dem Feind Respekt einflößen.

Die <u>Farbgebung</u> ist <u>heutiges Puzzle der Vasa- Forschung</u>. Zeitgenössische Darstellungen von 1628 der Figurenbemalung der Vasa gibt es nicht. Mühsam wird rekonstruiert gemäß <u>Büchern</u> damaliger Zeit, die über die Möglichkeiten der Farbmischung mit Pflanzen und Mineralien berichten. Weiterhin mikroskop. Untersuchung der Vasa- Figuren auf Farbreste. Ein eigener Museumsraum neben dem Kino berichtet über den derzeitigem Stand der Forschung.

Vorgelagert Vasa- Museum der <u>Eisbrecher Sankt Erik</u> (BJ 1915) und das <u>Feuerschiff Finngrundet</u> (BJ 19o3). Besichtigung im Inneren im Sommer

möglich. Geplant: der Aufbau weiterer Museumsschiffe im Umfeld.
VASA- MUSEUM: geöffnet Juni bis August tägl. 8.3o- 18 Uhr, zur übrigen Jahreszeit 1o-17 Uhr, mittwochs 1o-2o. In der übrigen Zeit 1o-17 Uhr. Eintritt: 8 Euro. www.vasamuseet.se

JUNIBACKEN (17): Eine wundersame multimediale Reise in einem kleinen roten Zug durch die Kinderbücher von Astrid Lindgren.

> Michel aus Lönneberga im Tischlerschuppen treffen? Karlsson auf dem Dach sehen? Auf Pippi Langstrumpfs Villa Kunterbunt spielen? Kein Problem. Stockholms Märchenhaus Junibacken macht es möglich. Von Vimmerby rattert man an den Streichen von Michel aus Lönneberga vorbei, „fliegt" im Winter über Stockholm, ist beim Brand der Brüder Löwenherz dabei und trifft Ronja und Birk in der Bärenhöhle. Ein absolutes Muss für alle kleinen und erwachsenen Kinder. Selbst der chaotische Tischlerschuppen des kauzigen Petterssons mit seinem Kater Findus fehlt nicht. Computerspiele und ein Café runden das traumhafte Erlebnis für Jung und Alt ab. Geöffnet Mitte Juni – Mitte Aug. tägl. 1o-2o Uhr, sonst Di.-So. 1o-17 Uhr. Eintritt: 1o Euro, Kinder (3-15 Jahre) 8 Euro. Gleich unterhalb des Vasa-Museums.

Vergnügungspark „GRÖNA LUND" (21): im Kopenhagener Tivoli-Stil mit Riesenrad und Wasserrutschen, Kirmes und abends Variété und Live-Auftritte bekannter Künstler. Bedingt durch Veranstaltungen sehr unterschiedliche Öffnungszeiten. Am TI erkundigen! Eintritt Kinder ab 7, 5 Euro. Dazu kommen zwischen 3 Euro und 15 Euro für verschiedene Eintritte (Geisterbahn) oder Fahrbetriebe.

AQUARIA WASSERWELT (neben 21): geht im Umfeld der großen Attraktionen etwas unter, ist zwar klein, aber auch fein. Schon die wasserüberströmte Eingangstür eröffnet eine spannende Erlebniswelt rund um das Thema Wasser. Dicht bewachsener Regenwald, Korallenriffs, Lachstreppen, alles zum Anschauen, Reingehen und Fühlen. Gut gemacht. Am Ende ansprechendes Cafe mit Superblick auf Gamla Stan. Geöffnet im Sommer Mo.-So. 1o-18 Uhr, Eintritt 6 Euro.

MUSEEN

Vasa- Museum siehe Seite 395

Gibt es in Stockholm nicht weniger als 75. Hier eine Auswahl der interessantesten Museen, nach Regionen gegliedert. Der Kauf der „Stockholmkortet" lohnt sich, da er bei nahezu allen Museen freien Eintritt gewährt.

Region Gamla Stan/Altstadt

MITTELALTER-MUSEUM: lohnt sich! Zu sehen innerhalb alter Stadtmauerreste das mittelalterliche Leben von Stockholm. Lichteffekte und Tonuntermalungen. Beeindruckend die Wikingerschiffe.

> Öffnungszeiten: Di.-Do.11-18 Uhr, sonst 11-16 Uhr. Eintritt 5 Euro. Trotz der zentralen Lage fast unter dem Reichstagsgebäude nicht einfach zu finden: liegt auf Reichstagsinsel zwischen Zentrum und Gamla Stan; an der Norrbro(brücke) die Treppe runter. Adresse: Strömparterren, Norrbro.

RIKSDAGEN (Reichstag) auf kleiner Insel Helgeandsholmen, gebaut 1894-19o6, später renoviert und Sitz des Schwedischen Reichtages. Kann Juni bis August im Rahmen einer Führung besichtigt werden; Mo.-Fr. 12.3o Uhr (englisch und deutsch), um 11, 14, 15.3o auf schwedisch.

RIDDARHUSET: gebaut 164o-72 in holländischem Klassikbarock. Prächtige Ausstattung, insbesondere auch Deckengemälde. Besonders schön das Treppenhaus. Durch Gemälde werden bedeutende Schweden geehrt, unter anderem der berühmte Asienforscher Sven Hedin (19o2). Besichtigung werktags 11.3o-12.3o Uhr möglich. Adresse: Riddarhustorget, Gamla Stan.

POSTMUSEUM: Tipp für Briefmarkensammler. Neben dem roten One Pence und blauen Mauritius Two Pence, die im Safe eingeschlossen sind, gibt's Modelle von schwedischen Postflugzeugen, Postwagen etc. Geöffnet: Juni bis Sept. tägl. außer Mo. 12-15 Uhr. Adresse: Lilla Nygatan 6, Gamla Stan.

KÖNIGLICHES SCHLOSS: (9) nicht weniger als 6o8 Räume. Darüber hinaus Palastmuseum, Kutschenmuseum (im Keller des Palastes), Kronjuwelen sowie ein Antiquitätenmuseum Gustav III. Weitere Details siehe Gamla Stan.

STOCKHOLM STADTMUSEUM: zu sehen die Stadtgeschichte von ihren Anfängen bis heute. Interessantes Museum bei der U-Bahnstation Slussen. Geöffnet: je nach Saison tägl. außer Mo. 11-17 Uhr, Do 11-19 Uhr. 5 Euro.

Region Insel Skeppsholmen

NATIONALMUSEUM (27): Nordeuropas bedeutendste Kunstsammlung in riesigem Neu-Renaissancebau neben dem Grand Hotel. Gemälde von Rembrandt bis Renoir, Zorn und Carl Larsson. Im Juli und August Dienstag abends 2o Uhr tolle Sommernachtskonzerte im Treppenhaus. Fotografierverbot! Adresse: Södra Blasiehomhamn (liegt direkt vor der Brücke rüber nach Skeppsholmen). Geöffnet: Di. 11-2o Uhr, Mi.-So. 11-17 Uhr, Mo. geschlossen. Lohnende Führungen Di-Fr 13 Uhr. Eintritt 7,5o Euro.

MUSEUM DER MODERNEN KUNST (18): lohnt sich nicht nur wegen des neuen Gebäudes: neben Gemälden moderner Maler wie Picasso, Dali, Matisse insbesondere auch bewegte Objektkunst (die berühmte Geis mit dem Autoreifen). Geöffnet Di.-Do. 11-2o Uhr, Fr.-So. 11-18 Uhr. Führungen Di-So 13 Uhr. Eintritt 7,5o Euro. Selbes Gebäude:

ARCHITEKTUR-MUSEUM (18): nicht nur für Architekten interessant; wechselnde Ausstellungen zu moderner schwedischer Architektur sowie Stadtplanung und Entwicklung. Großer und interessanter Museums-Shop mit Büchern. Geöffnet: Di.-Do. 11-2o, Fr.-So. 11-18, Eintritt 6 Euro.

Insel Djurgården

BIOLOGISCHES MUSEUM: winziges, aber lohnendes Museum neben dem „Nord. Museum" 19). In einem dunklen, schindelgedeckten Holzbau wird perspektivisch anschaulich die gesamte nordische Tierwelt dargestellt. Über knarrende Holztreppen kann man in drei Etagen seine biologischen Kenntnisse auffrischen, 3o Minuten reichen allerdings für Besuch. Offen: April bis September täglich 1o-16 Uhr, Oktober bis März Di-So 1o-15 Uhr. Eintritt 2 Euro.

NORDISCHES MUSEUM (19): riesige, innen fast kirchenähnliche Halle. Ausstellungen zu manchmal verwirrend vielen Gebieten wie Folklore, Möbel, Spielsachen... Interessant sind Abteilungen u.a. „Samen und Jagd" oder „Spionage im 2. Weltkrieg". Beschriftung schwed., nicht immer engl. Geöffnet Juni-August täglich 1o-17 Uhr, sonst Di-So. 1o-15 Uhr. Eintritt 6 Euro. Liegt gegenüber vom Vasa Museum.

COSMONOVA: verbunden mit dem Naturhistorischen Reichsmuseum werden hier im Imax-Format auf 76o qm Leinwand und mit 15.ooo Watt Musikleistung atemberaubende Filme über den Grand Canyon oder die Serengeti gezeigt. Man glaubt, mittendrin zu sein. Absolut beeindruckend! Frescativägen 4o. Filmbeginn werktags 11-19 Uhr, Sa., So 1o-19 zu jeder vollen Stunde, Eintritt 8 Euro, Kinder erst ab 5 Jahren sinnvollerweise zugelassen. Eintritt für sie 5 Euro.

ROSENDALS PALAIS, Insel Djurgården. Gebaut 1823-27 vom König Karl XIV. für seine Frau, der damals bereits das Zentrum von Stockholm etwas zu „laut" und hektisch war. Besichtigung nur als „geführte Touren": Juni bis August Di-Sa. 11-15 Uhr, Beginn zu jeder vollen Stunde. Im September Sa./So. zu gleichen Zeiten. Eintritt 6 Euro.

Region nördlich Djurgården

TECHNISCHES MUSEUM: (24) relativ klein, trotzdem sehenswert. Unter anderem Oldtimer (Autos, Flugzeuge), alte Straßenbahnen sowie Telekommunikation, Bergbau und anderes. Geöffnet: Mo.-Fr. 1o-15 Uhr, Sa./So. 1o-17 Uhr. Eintritt 6 Euro. Bus Nr. 69: Museivägen.

HISTORISCHES MUSEUM: (26) Am interessantesten die Wikingerausstellung. Hilfreich die Cafeteria zum Regenerieren der müden Beine. Geöffnet: Im Sommer täglich 11-17 Uhr. Eintritt 6 Euro. Adresse: Narvavägen 13-17. Bus Nr. 44, 49 bzw. 5 Min. zu Fuß von U-Bahn, Station Fältöversten.

AUSFLÜGE NÄHERE UMGEBUNG

Stockholm ist nicht nur als Stadt lohnend: wegen seiner Lage zwischen den SCHÄREN (tausende vorgelagerte Inseln) und dem Inselgewirr des MÄLAREN zugleich ungemein lohnende Ausflüge.

Jede Menge schöne Tagesausflüge: Relaxing an Bord auf einem der gemütlichen Schiffe durch die Schären, gemütliche Fischernester. Im Landesinneren (Mälarenbereich) viele Schlösser, ein Oldtimermuseum und für Nostalgiefans eine der schönsten Museumseisenbahnen!

Der Ausflugsbetrieb ist im Sommer gut organisiert. Infos über Routen, Abfahrtszeiten im Touristbüro/Hauptbahnhof bzw. im Schwedenhaus. Auf viele der Schiffstouren gibt's Rabatt mit der „Stockholmkortet". Viele der Dampfer, die auf Mälaren- und Schärenrouten eingesetzt werden, sind der Zeit der Jahrhundertwende nachgebaut und irgendwie stilvoll. Andere Ausflugsboote sind knallmodern.

MILLES GÅRDEN (siehe Karte: 1) im nordöstlichen Stadtbereich auf der Insel Lidingö. Der schwedische Bildhauer Carl Milles hat hier sein Vermächtnis hinterlassen. In einem Park am Meer auf Steinterrasse stehen auf schmalen Säulen geschwungene Figuren, teils mit Engelsflügeln. Geschmacksfrage, ob einem das liegt. Täglich 1o-17 Uhr, 7 Euro Eintritt.

<u>GLOBEN</u>: von den Stockholmern als „achtes Weltwunder" gefeiert: die gigantische Kugel aus Stahl und Glas an der südlichen Peripherie ist schon von der Autobahn aus zu sehen und erinnert von weitem eher an ein Atomkraftwerk als an eine Sportarena.

Bei näherem Betrachten erweist sich die zur Eishockey-Weltmeisterschaft 199o erstellte Mammuthalle mit ihrem im Umfeld aus dem Boden gestampften Stadtteil als neu, edel und kalt. Im Inneren der 16.ooo umfassenden Mehrzweckarena finden Sport- und Kulturveranstaltungen, Popkonzerte u.ä. statt; eine Arena der Superlative (zum Vergleich: Olympiahalle/München ca. 8.ooo Sitzplätze, Grugahalle/Essen ca. 7.8oo)!

Öffnungszeiten: 11.6.-19.8. 1o-16 Uhr, zu jeder vollen Stunde Führungen auf schwedisch. Trotzdem lohnend. Eintritt 4 Euro.

Im umliegenden Umfeld befinden sich ein hypermodernes Hotel und gewaltige Wohnblöcke mit einer riesigen Einkaufspassage. In den großen und lichten Innenhöfen existieren alle nur denkbaren Shops, die teilweise noch mit Außenaufzügen verbunden sind. Hier scheint die Wohnkultur des nächsten Jahrtausends anzubrechen! Das größte Bauvorhaben seit dem Bestehen von Stockholm. Anfahrt mit der U-Bahn bis zur Haltestelle Globe, mit dem eigenen Auto Richtung Söderstadion...

1) Region Mälaren

<u>SCHLOSS DROTTNINGHOLM</u>, Residenz der Königsfamilie seit 17. Jh. - Versailles stand Pate, das Schloß allerdings in Dimensionierung kleiner. Im Inneren prächtige Marmortreppen und Prunksäle. Beeindruckend das „Blaue Schlafzimmer" mit einem Traum von Himmelbett und die Bibliothek, in der goldene Buchrücken ,zig Quadratmeter Wand zieren.

In jedem Fall am Eingang Faltblatt mit Erklärungen zu den einzeln nummerierten Sälen kaufen. Blitzlichtverbot! Schöne Gartenanlagen.

Der Name <u>Drottningholm</u> wurde 1579 dem damals an dieser Stelle stehenden Schloß von Königin Katarina Jagellonika gegeben. Nach Feuersbrünsten wurde 1662 Nicodemus Tessin dem Älteren der Bauauftrag von Königinwitwe Hedwig Eleonora für das heutige Schloß erteilt.

Nach französischem Muster setzte sein Sohn die Arbeiten, besonders Innenarchitektur, fort. Mitte des 18. Jahrhunderts wurden Seitenflügel und Interieur im Rokoko-Stil erweitert. Im abgetrennten und für Besucher gesperrten Teil residieren heute Königin Silvia und Carl Gustav.

Gleich neben dem Schloß befindet sich das <u>SCHLOSSTHEATER</u>. In dem 2oo Jahre alten Original-Bühnendekor fühlt man sich in die Zeit Gustavs III. zurückversetzt. Gleich nebenan kleines <u>THEATERMUSEUM</u>. Geöffnet wie Schloßzeiten. Führungen halbstündlich, jedoch auf englisch jeweils zur halben Stunde, Eintritt jeweils 7 Euro.

Vielfach nicht wahrgenommen das exotische CHINA-SCHLÖSSCHEN hinten im Schloßpark, das Gustav III. mit seinem Hof an heißen Sommertagen als Lustschloß benutzte. Innen Vasen, chinesische Figuren und Seidentapeten. Nach Besichtigung des Schlosses naturgemäß etwas enttäuschend. Aber lohnender Gang durch prachtvollen Park. Öffnungszeiten wie Schloß. Eintritt 7 Euro.

Vor dem Schloß großes Café und Restaurant auch zum Draußensitzen mit weißlackierten Gartenstühlen. Allerdings recht teuer.

Geöffnet: Mai-August täglich 11-16.30 Uhr, September 12-15.30 Uhr, Oktober-April nur Sa/So 12-15.30 Uhr. Eintritt 7 Euro.

Anfahrt mit Schärenboot von Stadshusbron (Nähe Stadthaus). Es fahren die Boote „S/S Drottningholm" und „M/S Prins Carl Philip". Ersteres ein Originaldampfschiff aus der Jahrhundertwende, beide sind liebevoll restauriert. Fahrzeit pro Richtung ca. 50 Min. Oder mit U-Bahn bis Brommaplan, dann weiter mit Bus. - Mit Auto: Richtung Vällingby, am Kreisverkehr Brommaplan ausgeschildert.

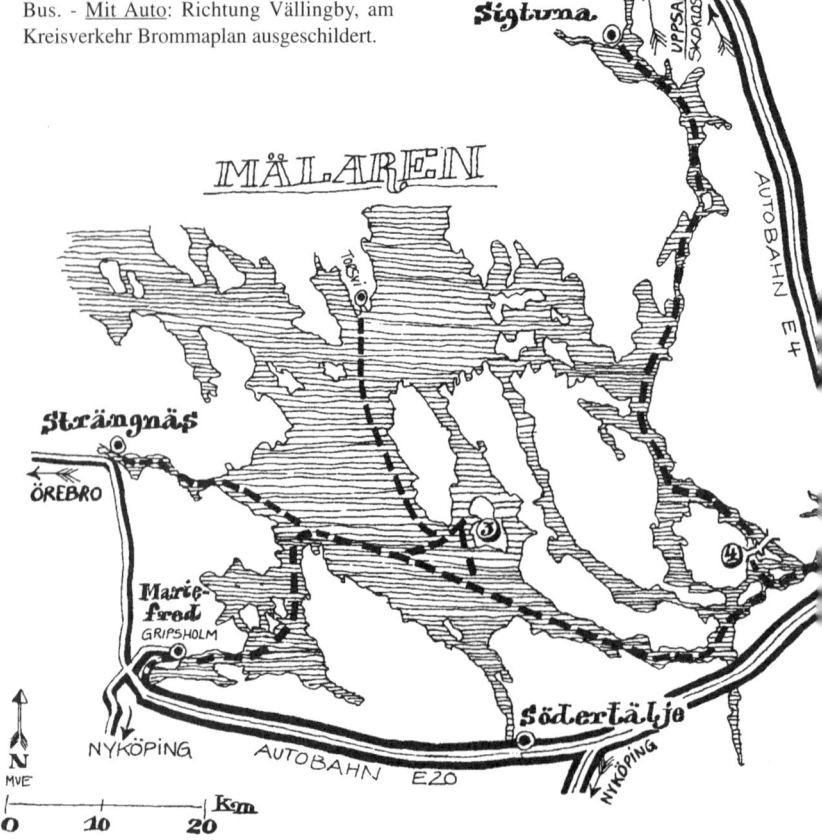

MARIEFRED/SCHLOSS GRIPSHOLM: einer der schönsten Ausflüge im westlichen Teil des Mälaren. Das hübsche Schloß wurde berühmt durch den gleichnamigen Roman von Tucholsky und ist im Sommer Ziel unzähliger schwedischer und ausländischer Besucher.

Schönste Anreise: hinwärts mit dem Schiff (ab Stadhusbron, Fahrzeit 3 1/2 Std., retour mit der Museumseisenbahn nach Läggesta und dort mit der SJ (schwedische Eisenbahn) retour nach Stockholm. Abfahrten: 1o-22 Uhr ca. alle 2 Std. Preis ca. 15 Euro pro Strecke. Alle Details S. 410.

BJÖRKÖ (Birka): Wer sich für Wikinger interessiert - auf der Insel Björkö im Mälaren See lag 8oo-975 Handelszentrum und Hauptstadt der Wikinger. Heute noch zu sehen: Ringmauern, Grabhügel etc. Als Ganztagestour ab Stockholm mit dem Boot inkl. Führer zu buchen. Abfahrt der Boote ab Stadshuskajen oder Rastaholm. Geöffnet Juni-September täglich 11-18 Uhr, sonst bis 17 Uhr.

STRÄNGNÄS: im Westteil des Mälaren. Die hübsche Kleinstadt mit mittelalterlichen Häusern im Zentrum wird im Sommer mit der M/S Victoria als Tour angeboten, die auch Schloß Gripsholm beinhaltet. Weitere Details siehe auch Seite 411.

SÖDERTÄLJE: Industriestadt (Saab-Scania Automobil- und Flugzeugfabrik etc.). Interessantes Museum in Alt-Södertälje (Torekäll Mountain Park

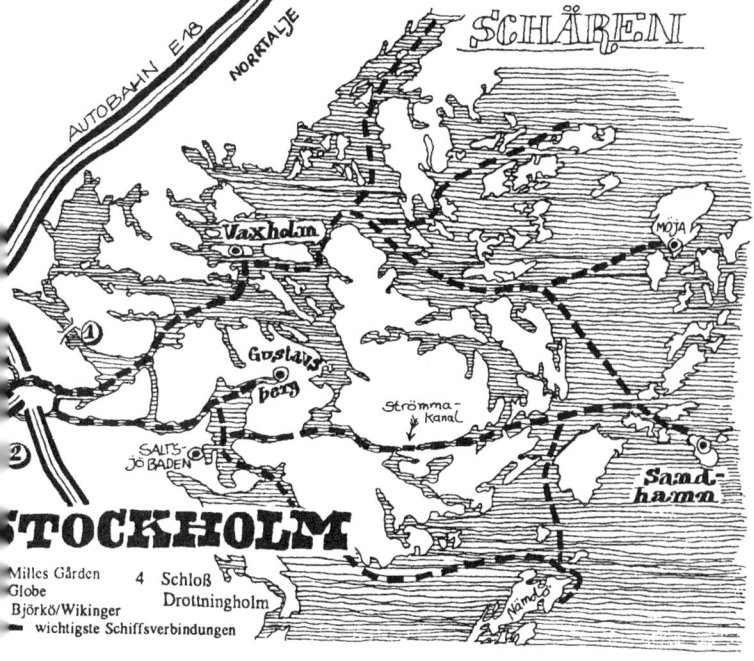

Museum): alte schwedische Holzhäuser, die auch innen besichtigt werden können. Ab Hafenkai Södertälje im Sommer Fahrt mit dem angeblich ältesten, noch in Betrieb befindlichen Dampfschiff der Welt, der S/S Ejdern.

SIGTUNA / Schloß Skokloster: im Sommer per Ausflugsbooten sowohl ab Stockholm und ab Uppsala zu erreichen. Das in seinem Zentrum idyllische Sigtuna (älteste Hauptstadt Schwedens) lohnt den Besuch ebenso wie Skokloster, eines der bedeutendsten Barockschlösser Skandinaviens. In speziellem Gebäude Oldtimermuseum.

Wird in den Sommermonaten auch als Komplettour ab Stockholm per Schiff rauf bis Uppsala angeboten; der Wasserweg war in früheren Jahrhunderten, als es Auto und Eisenbahn noch nicht gab, die Hauptverbindung zwischen beiden Städten. Heute als Bootstrip relaxing, vorbei an Gutshöfen und Weidelandschaften, mit schönem Stop in Sigtuna und Skokloster. Retour dann mit dem Zug.

Details zu Sigtuna Seite 415, - zu Skokloster Seite 42o und - zu Uppsala Seite 416.

2) Region Schären

Neben einer Fülle von Normalbooten, die zwischen den mehr als 24.ooo Inseln und Inselchen durchtuckern (auch Nord-Süd-Verbindungen nach Nynäshamn), besuchen die touristischen Dampfer vorwiegend die Hauptinseln und -attraktionen.
Beides macht Spaß, faszinierend die Menge an Inseln. Teils bewaldet, teils glattgeschliffene Granitfelsen. Jede Menge an Sommerhäuschen, die Schären sind zugleich Eldorado der Segler!

Wer das Normalboot nimmt, benötigt Zeit und sollte sich vorab mit Fahrplänen versorgen, um auf dem ausgewählten „Traum-Eiland" nicht als Robinson Crusoe für einen oder zwei Tage festzuhängen, bis der nächste Dampfer zurückgeht. Sinnvoll die „Båtluffarkortet", die zur 16-tägigen freien Benutzung der Linienschiffe berechtigt (siehe Seite 372).

Die Ausflugsdampfer dagegen die richtigere Wahl, wer knapp mit Zeit ist, da ihre Fahrpläne auf Tagesausflüge abgestimmt sind. Die hier beliebtesten Ziele sind:

VAXHOLM: malerisches Fischernest mit vielen Holzhäusern. Es gibt ein Hotel, mehrere Restaurants, Campingplatz und Jugendherberge. Im Ort Bootsverleih und Segelschule. Die im 15. Jh. erbaute Festung schützte Stockholm gegen Angriffe der Dänen (1719) und der Russen. Museum.

Abfahrt der Schiffe ab Nybroplan (U-Bahnstation gleichnamig), Fahrzeit bis Vaxholm 3 1/2 Std. Im Einsatz sind verschiedene Ausflugsboote, von denen (für Nostalgiefans) die S/S Björkfjärden das älteste Dampfschiff ist. Restaurationsbetrieb an Bord, welcher sich frischen Fisches und des berühmten „Dampfschiff- Steaks" rühmt.

Vaxholm kann auch per Auto und Fähren erreicht werden; dann ist allerdings die Romantik weg...

GUSTAVSBERG: berühmt durch seine Porzellan-Manufaktur, gegründet 1839. Besichtigung möglich. Wird als Tour per Schiff angeboten, kann aber auch per Straße (teils Autobahn) erreicht werden. Als Tour weiterhin: abendliche Trips in supermodernen Schiffen, nennt sich „Grillfest in den Schären", sprich Mampferei vom Salat- und Steak-Buffet an Bord... Abfahrt Nybroplan gegen 19 Uhr, Rückkehr gegen 23 Uhr. Fahrpreis inkl. Essen ca. 32 Euro.

SALTSJÖBADEN: im inneren Schärenbereich, südl. Gustavsberg. Zugverbindung ab Slussen/Stockholm (in der „Stockholmkortet" enthalten), Fahrzeit 3o Min. Fischer- und Jachthafen.

SANDHAMN: als ehemaliges Fischernest, welches am weitesten östlich (also offene Ostsee) liegt, wurde es zum wichtigsten Yachthafen der Schären. Hotel, Restaurants, - macht Spaß, dem Segelbetrieb zuzusehen.

Per Boot ab Stockholm/Nybroplan: Abfahrt gegen 9.3o Uhr, retour gegen 18 Uhr. Fahrzeit ca. 3 Std. pro Richtung im Touristboot, welches die kürzeste Strecke durch den Strömma Kanal nimmt: Er ist sehr schmal und besitzt teilweise nur 1 m Wassertiefe, daher kleine (und moderne) Boote. Aufenthalt Sandhamn ca. 2 1/2 Std.

Der Liniendampfer nach Sandhamn braucht länger, fährt die nördliche Route mit Zwischenstop Vaxholm. Als 1-Tagestrip retour nicht realisierbar.

Nützlich für Ausflüge in die nähere Umgebung Stockholms auch das Heft „Ausflüge in die Umgebung von Stockholm", herausgegeben vom Stockholm Information Service, Schwedenhaus, Kungsträdgården. Enthält Tipps und Preise zu den verschiedenen Tourmöglichkeiten durch die Stockholmer Schären und in die Umgebung. Gibt's beim Touristbüro im Hauptbahnhof oder im Schwedenhaus.

Fahrrad: Wie alle großen Städte ist leider auch Stockholm fahrradunfreundlich! Allerdings gibt's beim TI im Schwedenhaus ausgearbeitete Fahrradstadtrundfahrten. Verleih (auch von Tandems, Kanus und sogar Rollschuhen) bei Skipp o Hoj, Djurgårdsbron, Tel. 6o 57 57.

Zahlreiche Möglichkeiten in offenen Gewässern und Pools. Schönste und zentralste, mit Surfverleih: Smedsuddelsbadet im Mariebergspark westlich vom Stadshuset, Busse 54, 56 und 62 bis Västerbroplan benutzen.

Långholmen, auch für FKK-Freunde. Zwar kein offizieller Nacktbadestrand, hat sich aber so eingebürgert. Tipp: Was zu essen mitnehmen, wegen fehlender Einkaufsmöglichkeit! Anfahrt: kleine Insel am Südende von Västerbron. U-Bahn bis Hornstull benutzen.

Zwar ungewöhnlich, aber echt alternativ: Stadtrundfahrt auf eigene Faust mit gemietetem **Kanu**. Durchaus machbar! Verleih: außer bei o.g. Fahrradhändler (da gibt es auch

Karten) Brunnsviken Kanotklubb, Frescati, Hagvägen 5, Tel. 15 5o 6o.

Adressen:

Arzt
Bei akuten Krankheiten, Unfällen und Verletzungen wendet man sich an folgende Krankenhäuser: Danderyd, Tel. 08/665 5o oo, Karolinska, Tel. 08/517 7oo oo oder S:t Göran, Tel. 08/672 1o oo. Ansonsten sind sog. Medizinische Hotlines eingerichtet, an die man sich zwecks weiterer Informationen wenden kann. Rund um die Uhr: 08/ 32o 1oo, Bei Vergiftungen 08/ 33 12 31, ansonsten .

Not-Zahnarzt
Hilfe bei akuten Zahnproblemen mit Informationen über die diensthabenden o2o/ 687 55 oo oder 08/65 41 117.

Not-Apotheke: Scheele, Klarabergsgatan 64, Tel. 08/ 45 48 13o; ununterbrochen geöffnet.

Polizei: Rund um die Uhr geöffnet sind folgende zentralen Polizeistationen: Kungsholmgatan 37 und Torkel Knutssonsgatan 2o, zu erreichen unter 08/4o1 oo oo. Ansonsten Notruf 112.

Ausländische Zeitungen
Meist abends schon deutsche Ausgabe vom Tage zu haben bei: Presscenter Hästskogången im Einkaufscentrum Gallerian an der Hamngatan.

Car Rent
Autoverleih an verschiedenen Stellen der Stadt, u.a.

Avis im Zentrum, Vasagatan 1o b, Tel.o2o/ 78 82 oo und am Flugplatz Arlanda.

Hertz im Zentrum, Vasagatan 26, Tel. o2o/ 211 211 und am Fluglatz Arlanda.

Budget Biluthyrning, Katarinavägen 16, Tel. o2o/ 787 787

Diplomatische Vertretungen
Deutschland: o8/ 67o 15 oo, Skarpögatan 9, www.german-embassy.se

Fahrrad-Reparaturen
Einzelteile, Einstellungen etc. bei „InterCycling", Birger Jarlsgatan 37, Tel. 08/ 2o 44 99

Flughafen
Årlanda Tel. 08/797 6oo oder 08/ 797 61 oo.

Fluggesellschaften
SAS,Sveavägen 22, Tel. o77o/ 72 7 727

Lufthansa, Norrmalmstorg 1, Tel. 08/ 611 22 88

KLM, Sveavägen 24-26, Tel. 08/ 587 99 757

Austrian Airlines, Strandvägen 1, Tel. 08/ 665 64 8o

Swiss, Engelbrektsgatan 5, Tel. 08/ 587 7o4 45

Frauenhaus
Zum Rat holen oder zum Klönen beim Café Kvinnocentrum, Blekingegatan 67 B, Tel. 08/ 643 22 oo. Frauenbuchladen Mecusa; auch mit englischen Büchern, tolle Postkarten, Infos zu Frauenveranstaltungen, Wollmar Yxkullsgatan 33, geöffnet Mo., Mi., Do. 1o-18 Uhr, Fr./Sa. 11-18 Uhr.

Fundbüro
Gibt's mehrere:
Polisens Hittegodsexpedition,

Bergsgatan 39, Tel. 4o1 o7 88.
Für U-Bahn: Rådmansgatan Tunnelbanastation,
Tel. 7 36 o7 8o.
Am Hauptbahnhof, untere Etage, Tel. 762 2o oo.

Homosexuelle
Das TI gibt eine Broschüre mit Schwulen- und Lesbenkneipen, Cafés, Stränden usw. heraus. Nach kostenloser Gay Map fragen.

Kamera-Reparaturen
Defekte Kameras werden, wenn es überhaupt geht, so schnell wie möglich repariert bei Foto Floryd, Hornsgatan 52, Tel. 4o 27 o7.

Post
Hauptpost für Geldüberweisungen und sonstige Angelegenheiten:
Drottninggatan 53 und an der Stora Nygatan in Gamla Stan. Offen: Mo.-Fr. 9-18 Uhr, Sa. u. So. 1o-14 Uhr.
Das Postamt am Bahnhof ist von 7-22 Uhr geöffnet. Postlagernde Briefe kann man sich zu allen näher spezifizierten Postämtern Stockholms schicken lassen.

Schließfächer
An den Fährhäfen Värtan und Tegelvikshamnen sowie am Hbf.

Straßenmusik
Gibt's an vielen Ecken! Achtung Musikanten: polizeiliche Erlaubnis einholen!

Telefon
Die meisten öffentlichen Fernsprecher in Stockholm funktionieren als Kartentelefone, - viele akzeptieren auch die gängigen Kreditkarten, obwohl man ohne Handy in Stockholm „mega out" ist.

Wäsche
„Albatros Städ- och Kemtvätt", Hornsgatan 81, chemische Reinigung und Waschautomaten, relativ preiswert: 6 kg = 6 Euro.
„Tvättomatt", Västmanngatan 61 B, Waschautomaten, Kleingeld nicht vergessen!

FESTE: Seit 1991 wird Mitte August das Stockholmer Water Festival durchgeführt. In der Stockholmer Innenstadt gibt es über 12o Stände, jede Menge Bier und Krebse sowie ein Feuerwerkerwettkampf, der allein eine Million Besucher anlachte. Da ist dann was los!

408 Umgebung von Stockholm

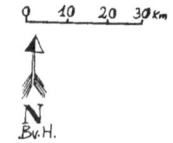

UMGEBUNG VON STOCKHOLM

<u>Östlich von Stockholm</u> zieht sich weithin wie ein blaues Band der Schärengürtel. Für schwedische Verhältnisse recht dichte Besiedlung. Besonders an Küste und auf nahen Inseln viele Sommerhäuser. In Nynäshamn täglich Schiffsverbindungen nach Helsinki und schnelle Katamaran-Verbindungen nach Gotland. Einige schöne Klippen und Sandbadestrände bei Söderby, Årsta und Dalarö.

<u>Westlich von Stockholm</u> das riesige Seengebiet des Mälaren und Hjälmaren. Ausladende Landwirtschafts- und Kulturregion mit vielen Schlössern, Herrensitzen und Kulturdenkmälern. Rund um den Mälaren liegen fast noch einmal soviel Häuser wie in Stockholm: die Wochenend- und Sommerhäuschen der Schweden. Auf dem Gewässer tummeln sich die Freizeitschipper mit allen Arten von Motor- und Segeljachten. Recht dicht besiedelt. In <u>Mariefred</u> liegt eine der bekanntesten Sehenswürdigkeiten Schwedens: <u>Schloß Gripsholm</u>, Details direkt im Anschluß.

Nördlich Stockholms liegen u.a. die interessanten Ausflugsziele Norrtälje, Uppsala, die auch als Stop auf dem Weg nach Lappland lohnen. Details ab Seite 433.

✱ Mariefred

Unweigerlich mit Schloß Gripsholm und Kurt Tucholsky verbunden. Darüber hinaus ist Mariefred ein liebevolles kleines Städtchen am Mälarsee in stiller, freier Natur. Tagsüber natürlich jede Menge Besucher, aber wenn das letzte Ausflugsschiff den Ort verlassen hat: herrliche Ruhe. Ein ausgesprochen schöner und gemütlicher Ort, der zum Übernachten reizt!

Mariefred diente bereits als Kulisse für einen Astrid Lindgren Film. Der Stadtname stammt vom Kloster Pax Mariae aus dem Jahre 1493. Pax (lat.) = Frieden bzw. (schwedisch) = Fred. Doch schon im Jahre 1537 hatte Gustav Vasa das Schloß erbauen lassen. Mariefred bekam 1605 die Stadtrechte und wuchs zu dem heute noch idyllischen 4.000-Seelen-Örtchen heran.

 Hauptstelle im Rathaus nicht zu übersehen. Rådhuset, Tel. 0159/ 297 90, Fax: 0159/ 297 95. Im Sommer Mo.-Sa. 10-18 Uhr, So. 11-15 Uhr. In der Nebensaison nur bis 15 Uhr geöffnet. Hier kann alles organisiert werden, Mögliches und Unmögliches. Infos zur gesamten Region unter www.sormland.se, www.imariefred.nu

 **Dampfboot**: schönste und auch zu Mariefred passendste Verbindungen von und nach Stockholm. Morgens um 10 Uhr schippert man ab Stockholm gemütlich über den Mälaren und erreicht gegen 13.30 Uhr Mariefred. Retour nach Stockholm gegen 16.30 Uhr, Ankunft 20 Uhr. Das Schiff S/S Mariefred, 1903 gebaut, bedient die Route nun schon mehr als 100 Jahre. Mit Kohle beheizt und liebevoll restauriert!
An Bord gibt es einen kleinen Speisesaal mit Restaurantbetrieb und Spezialitäten wie das „Dampfschiff-Steak" mit Kartoffeln und Zwiebeln. Abfahrten im Sommer täglich außer Montag. Preis 15 Euro einfach, retour ca. 21 Euro. Fahrkartenverkauf direkt an Bord. www.mariefred.info

 **Zug**: auch spannend alternative Möglichkeit - mit der Schmalspur-Museumsbahn nach Läggesta zockeln (Fahrzeit 15 Min.) und dort in den „richtigen Zug" nach Stockholm umsteigen. Für Interrailer zum halben Preis. Kann auch in Kombination mit dem Schiff gebucht werden. Weitere Details zur Museumsbahn siehe unten!

TI vermittelt problemlos und preisgünstig **Privatzimmer, Wohnungen und Ferienhäuser**. Privatzimmer liegen meist so um die 40 Euro p.P., zwar ohne Frühstück, die meisten aber mit Küchenbenutzung. Bettwäsche mitbringen, sonst etwas teurer. Voranmeldungen unter Tel. 0159/ 297 90.

Umgebung von Stockholm 411

„Gripsholms Värdhus & Hotel": nicht zu übersehen, Nähe Bootsanleger und Parkplatz. Traditionshotel, das Hauptgebäude stammt von 1493 und war damals ein Kloster, seit 16o9 Hospitz. Sehr viel Stil, mit bemalten Holzdecken, alten Möbeln und gemütlichen Aufenthalträumen, Kamin. Sehr gute Küche. Übernachtung ist Tipp, aber nicht billig. DZ ca. 14o-165 Euro. Kyrkogatan 1, Tel.: o159/ 347 5o. www.gripsholmvardshus-se

„In my Garden Bed & Breakfast": stillvoll und modern eingerichtetes Bed & Breakfast, das einem Architekturmagazin entsprungen sein könnte. Helle und freundliche Zimmer, die alle einen eigenen Namen haben. Teils mit Blick auf den Mälarsee. Alle Zimmer ausgestattet mit TV, Video und CD-Player. Frühstück gibt's entweder auf der Veranda oder im Garten, ebenfalls mit Blick auf den See. So ein „Designer" Bed & Breakfast kostet allerdings seinen Preis. DZ mit Frühstück ab 13o Euro, Suite mit eigenem Balkon ab 17o Euro. Strandvägen 17, Tel. o159/ 133 53. www.inmygarden.se

Djurgårdsporten Vandrarhem, Jugendherberge in rotem Häuschen mit kleinem Balkon vorne dran. Djurgårdsgat.2, Tel. o159/ 124 15. In der örtlichen Volkshochschule werden wahlweise je nach Personenzahl 1-4 Zimmer vermietet. Eigene Küche inkl. Dusche und Toilette allerdings auf dem Flur. Ca. 25 Euro/ Person.

Camping Strandbaden: netter 2-Sterne-Platz direkt am Wasser. Stadt und Schloß sind über Promenadenweg - am Ufer entlang - zu Fuß zu erreichen (2 km). Auch Hüttenvermietung. Meist gut belegt, aber nie überfüllt. Anfahrt: 2 km östlich von Mariefred.

„STRANDRESTAURANGEN": mittags zum preisgünstigen Tagesgericht zu empfehlen. Abends gibt's quer durch den Garten ab 2o Euro. In Wassernähe. Strandvägen 2, Tel. o159/ 133 88. www.strandrestaurangen.com

„MARIEFREDS BISTRO": Durchschnittsessen, ab 15 Euro aufwärts. Nähe Tankstelle und Eisenbahnmuseum.

Gripsholms Slottspaviljong: Art Rundpavillon mit Glasveranda in direkter Schloßnähe. Freundlich, helle Atmosphäre innen drin. Kaffee und Kuchenpreise sind ganz normal!

Einkauf: Auf der Storgatan spielt sich das bunte Einkaufstreiben ab. Viele Leute, die sich über den im Juli ständigen Markt mit Gemüse, Kleider, Karamellen und Teppichen drängeln. Internationales Sprachgewirr von Lacoste-Typen, die gerade mit ihrer Super-Segelyacht angelegt haben, bis hin zu eher gammeligen Bullibesatzung. Macht einfach Spaß dabei zu sein.

SEHENSWERTES
SCHLOSS GRIPSHOLM: mächtiges Schloß mit wuchtigen Rundtürmen, wenige hundert Meter außerhalb der Stadt in ruhiger, beschaulicher Lage.
Im Schloß gibt's die berühmte Portraitsammlung bekanntester Köpfe: vom schwedischen UN-Generalsekretär Dag Hammarsköld, den sozialdemokratischen Regierungschefs Tage Erlander und Olof Palme bis hin zur Opern-

sängerin Birgit Nilsson, um nur vier von 3.ooo Bildern zu nennen. Ohne die gigantische Portraitsammlung abzuwerten, schrieb Tucholsky dazu: „Mir sagten sie nichts. Es gibt Augenmenschen und Ohrenmenschen, ich kann nur hören."

Die Schloßgeschichte beginnt 137o, als die erste hier errichtete Burg den Namen des Reichsvogt Bo Jonsson GRIP erhielt. Das Schloß in seiner heutigen Form wurde um 1537 von Gustav Vasa grundgelegt und hat nach mehrfachen Erweiterungen und Umbauten in der zweiten Hälfte des 18. Jh. seine jetzige Form erhalten.

Im Schloßinnern befinden sich eine Reihe von königlichen Gemächern, die noch im Originalstil möbliert sind. Im Sommer finden häufig Konzerte im großen Königssaal oder „openair" statt.

Übrigens ist wenig bekannt, dass Tucholsky, als er sein „Schloß Gripsholm" schrieb, nie im Schloß selbst gewohnt hat, sondern in einem Sommerhaus auf der anderen Uferseite.

Schloßbesichtigungen: im Sommer tägl. 1o-16 Uhr. Eintritt ca. 7 Euro.

TUCHOLSKY'S GRAB: sehr beliebtes Ziel von Deutschen. Vom Schloß aus über die Uferpromenade gelangt man nach einigen hundert Metern zum Stadtfriedhof. Bereits am Friedhofseingang ausgeschildert. Sein Grab liegt nach Passieren der zwei großen Eichenreihen rechterhand nach gut 15 m - unter der wohl schönsten Eiche des Friedhofs. Auf der einfachen Grabplatte steht der Goethespruch „Alles Vergängliche ist nur ein Gleichnis" häufig mit einzelnen Blumen von unbekannten Verehrern verziert.

Kurt Tucholsky (189o-1935), Erzähler, Zeitkritiker und Satiriker. Als bedingungsloser Pazifist floh er aus Nazideutschland und beging in Schweden Selbstmord. Zu seinen bekanntesten Werken gehört der Roman „Schloß Gripsholm".

HAUS DER GRAFIK: eine umfassende Sammlung grafischer Kunstwerke, eine auf Kinder ausgerichtete Bilderausstellung, die die Exponate auf Kinderaugenhöhe aufgehängt hat, eine Kupferdruckpresse und die Möglichkeit, in einer virtuellen Computerwelt selbst Kunst herzustellen. Geöffnet tägl. außer Mo. 11-17 Uhr. Eintritt 4 Euro.

MUSEUMS-EISENBAHN: im Dreieck Schloß, Schloßcafé und Städtchen prunkt ein weiteres Schmuckstückchen von Mariefred: der Museumsbahnhof! Zusammen mit Museumsstrecken in Norwegen (siehe Velbinger Reihe Band 19) zählt Mariefred zu einer der wichtigsten in Skandinavien.

Eisenbahnfahren wie zu Großmutters Zeiten: im Sommer (Ende Juni bis Mitte August) bis zu 12 mal am Tag. Der Spaß dauert retour ca. 45 Min., inkl. Fototermin in Läggesta. Sehenswert auch der hübsche Holzbahnhof/ Mariefred; im ehemaligen Güterschuppen ein kleines Museum mit Souvenirverkauf, auch Eisenbahnbücher.

NÖRDLICH VON STOCKHOLM

✦ Norrtälje

Kleines Provinz-Durchgangsstädtchen für Fahrten entlang der endlosen Küste sowie Transits nach Finnland (Kapellskär) und zu den Åland-Inseln.

Vereinzelt alte Holzhäuser im Zentrum und am Hafen, der durch riesiges Betonsilo etwas verschandelt wird. Achtung Finnlandfahrer: Die E 2o Norrtälje-> Kapellskär wird regelmäßig von Polizeihubschraubern aus der Luft überwacht. Auch wenn weit und breit die Straße frei ist, brav 9o km/h einhalten!

Norrtälje ist ein alter Handelsplatz, der für seine gute Gewehrfabrik berühmt war. 1719 durch die Russen zerstört, mauserte sich der Ort im 19. Jh. zum Kur- und Badeort.

 Danskes gränd 4-6, Box 8o2, 76128 Norrtälje, Tel. o176/ 719 9o, Fax: o176/ 1o6 18. Werktags geöffnet von 1o-18 Uhr, So. 1o-15 Uhr.

Verbindungen ab Norrtälje

 **Bus**: Hauptlinie Stockholm-> Norrtälje fährt nahezu alle halbe Stunde, Fahrzeit 1 Std.
Nach Uppsala ca. alle 1,5 Std. (Linie 8o7).

 **Fähre**: Verbindungen im 2o km entfernten Kappelskär, dem tatsächlichen Ende der Welt. Außer einem riesigen Fährterminal der Viking Line, einem Campingplatz und einer Jugendherberge ist da reinweg gar nichts.
-> Mariehamn: 4 x täglich (ca. 3 Std.)www.vikingline.de

KLEINER MARKTPLATZ (Lilla Torget) mit ehemaligem Bäcker- und Händlerhaus von 173o. Am Springbrunnen davor Tiermotive aus Schärenlandschaft.

ROSLAGSMUSEUM, in alter, gelber Gewehrfabrik (von 1723) werden für dieses Gebiet typische Ausstellungsstücke gezeigt: marinehistorische Exponate und Bootsmannhäuschen, alte Schuhmacherwerkstatt etc. Hantverkargatan, geöffnet: Mo.-Sa. 11-14 Uhr.

 „**Hotel Roslagen**", schöne Zimmer, ordentlich geführt, Innenpool und Sauna. DZ mit Dusche und Frühst. Sommer ca. 8o Euro, Winter ca. 11o Euro. Stockholmvägen 53, Tel. o176/ 171 8o. www.hotellroslagen.se

„**Pensionat Granparken**", blaues Holzhäuschen mit Garten in der Nähe eines schönen Badeplatzes. Familiäre Atmosphäre. WC u. Dusche allerdings auf Flur. DZ mit Frühstück ca. 6o Euro (Sommerpreis). Gjuterivägen 1o, Tel. o176/ 1o3 54. www.pensionatgranparken.se

 „S/S NORRTELJE", altes Dampfschiff, das früher Schären-Routen bediente, heute jedoch permanent im Hafen ankert (neben dem großen Silo). Als Restaurant umfunktioniert: hervorragendes Essen bei akzeptablen Preisen um 2o Euro. Tel. o176/ 191 4o. www.ssnorrtelje.se

„LUSTGÅRDEN", Holzhaus im Altstadtviertel mit Herzchen auf der Eingangstür. Gemütliche Atmosphäre, Preise zwischen 15 und 2o Euro. Sjötullsgatan 5.

Camping Vigelsjö, freier Rasenplatz an einer Sackgasse. Auf einer Seite von Wald, auf der anderen Seite von rotem Schulkomplex (im Sommer geschlossen) umgeben. 3oo m Fußweg an Pferdegestüt vorbei zum Badeplatz. 1o Campinghütten. 2 km westlich vom Stadtzentrum. Tel. o176/ 1oo 14.

Björkö Camping, gepflegtes Rasengelände direkt an sandiger Bucht. Von fast allen Stellplätzen traumhafter Blick aufs Wasser und vorgelagerte Insel. Ordentliche Sanitäranlagen. Nicht nur als Zwischenstopp nach Finnland, sondern als dufter Ferienplatz zu empfehlen. Anfahrt: an der E 2o von Norrtälje nach Kapellskär, nach ca. 2o km ausgeschildert. Tel. o176/ 4o5 9o.

Alternative für Übergangscamper, die auf Fähre warten: Direkt südlich des Fährenlegers Kapellskär an großem Straßenrondell wilder Zeltplatz am Wasser. Einfahrt neben altem Gebäude mit Pommac-Reklame.

Kapellskärs Camping, 1-sterniger einfacher Platz auch mit Campinghütten, so dass man vor/nach Finnland-Überfahrt nicht unbedingt alles auspacken muß. 1 km vom Fährhafen. Tel. o176/ 44 233.

Sandvikens Camping, ordentlicher Ferienplatz mit gutem Sandstrand an recht kaltem Wasser. Surfverleih. Anfahrt: über die 283 Richtung Älmsta, von dortiger Brücke 4 km. Tel. o176/ 5o3 15.

Jugendherberge: STF Brännäsgården, sehr schönes zweigeschossiges Haus mit vielen Erkern und Gauben mitten im historischen Roslagenstadtkern. Adresse: Bältartorpsgatan 6, Box 814, Norrtälje. Im Stadzentrum. Tel. o176/ 715 69.

Kanu: Ganz schöne 2-Tages-Tour auch für Anfänger über folgende Strecke: Närdingen - Marbroholmsån - Bysjön - Storsjön - Aspålssjön - Kallarmorån - Vällen. Karten am TI. Verleih gegenüber Zeltplatz Vigelsjö.

Achtung Ruderfans: Dort gibt's auch zwei schöne schmale Doppelzweier zu entleihen! Keine Kähne, sondern echte Rennboote!

Fahrrad: Am TI gibt's gut beschriebene Rundtouren südlich um Kapellskär (ca. 24 km).

NATIONALPARK ÄNGSÖ: anmutige, unbewohnte Insel mit üppig blühenden Wiesen und vielfältiger Vogelwelt. Allerdings keine unberührte Natur, - vielmehr gepflegte Kulturlandschaft mit Wiesen, kleinen Gehölzen und Laubbäumen. Mehrere kleine Wanderwege. Absolut nichts für Heuschnupfenanfällige. An der Südspitze bei Naturhafen eine kleine Rasthütte.

★ Grisslehamn

5o km nördlich von Norrtälje nach Eckerö (Storby) bei Deutschen nahezu unbekannte Fährlinie zu Åland Inseln; absolut billigste Möglichkeit rüber zu kommen. Besonders bei Pkw-, Bulli- und Wohnwagentransport unglaublich günstige Tarife! Passende Anschlußbusse von/ nach Stockholm und Uppsala. Abfahrt in der Hochsaison 6 x täglich, Fahrzeit 3 Std. Buchungen über alle TI's oder Eckerö Linjen, Reservierungen Tel. o175/ 258 oo. Homepage www.eckerolinjen.fi Preis pro Person ca. 6 Euro, 9 Euro retour.

Touristbüro Grisslehamn, Inre Hamnen, 76o 45 Grisslehamn, Tel. o175/ 331o2.

SCHÄREN östlich von Stockholm siehe .... Seite 4o4.

★ Sigtuna

Auf halber Strecke zwischen Stockholm und Uppsala. Süßes Sommerstädtchen, eine richtige Perle! Viele malerische Holzhäuser, fast wie eine Reihe Puppenhäuser wirkt die idyllische Einkaufszeile. Überall stehen geschichtsträchtige Reste von Kirchenruinen herum und finden archäologische Ausgrabungen statt; hier wohnen anscheinend nicht die ärmsten Stockholmer. Lohnend der Besuch bei Tante Brun; tolles Café mit weißen Stühlen und schönem Innenhof in dem Frauen in Trachten bedienen- zum Verweilen, Laurentii gränd 3. Insgesamt sehr touristisch.

Sigtuna ist die älteste Stadt in Mittelschweden und reicht geschichtlich bis ins 11. Jh. zurück. Im 12. Jh. geistig-religiöses Zentrum.

Stora Gatan 33, 19323 Sigtuna, Tel. o8/594 8o6 5o, Fax o8/ 59 4 8o6 59. Geöffnet im Sommer täglich 9-19 Uhr. Homepage: www.sigtuna.se/turism Täglich um 14.3o archäologischer Rundgang durch die Stadt ab kleinem Museum.

Camping: <u>Rävsta Friluftsområde</u>, zur Straße hin leicht abfallendes Rasengelände von Wald umstanden. Viele schwedische Dauercamper, die wie eine Wagenburg an den Rändern des Platzes stehen. Trotz der Straßennähe relativ wenig Autolärm, dafür gelegentlich Geräuschbeeinträchtigung durch den Flughafen Arlanda. Für Leute, die ihr Basislager halb zwischen Uppsala und Stockholm aufschlagen wollen und die Nähe zu Sigtuna suchen. Anf.: Von der E 4 nördlich von Stockholm Abfahrt Märsta/Sigtuna. Ca. 4 km vor Sigtuna an der 263.

Sehenswert die <u>MARIENKIRCHE</u>; aus Stein gebaut mit Kalkmalereien im Innern aus dem 14. Jahrhundert. Vor der Kirche ein friesischer Runenstein. - Lohnend auch das nördlich der Stadt liegende Schloß Skokloster (Details siehe „Umgebung Uppsala").

Nordöstlich von Stockholm erstrecken sich weitere leicht hügelige Acker- und Landwirtschaftsflächen. Wegen der Fruchtbarkeit des Landes und der hier schon früh ansässigen Wissenschaft auch als Wiege Schwedens bezeichnet. Trotz vieler einzelner Wald- und Seengebiete überwiegt zivilisationsgeprägtes Kulturland rund um die Uni- und Residenzstadt Uppsala. Weitere Infos unter www.res.till.uppland.nu

★ Uppsala

Schwedens viertgrößte Stadt (17o.ooo Einw.) ist zugleich seine berühmteste Universitätsstadt. In Deutschland nicht zuletzt durch die Ohrwurmmelodie „Ein Student aus Uppsala, - la - la..." bekannt (die Betonung liegt übrigens nicht wie im Lied auf der ersten, sondern auf der zweiten Silbe, also Uppsala). Uppsalas Dom und Schloß gehören zu herausragenden Sehenswürdigkeiten, die alljährlich Zehntausende von Touristen anziehen.

Schon von weitem erkennt man Uppsalas Silhouette mit seinen zwei Domtürmen, die aus der platten Ebene spitz gen Himmel ragen. Bei der Einfahrt mit dem Auto überwiegen Industriegebiete und riesige Autohandlungen. In der City, die vom wuchtigen Schloß überthront wird, wechseln sich moderne Zementblocks der 6oer Jahre mit genüßlich altertümlichen Gäßchen ab. Achtung: Nördlich der Stadt regelmäßig Radarkontrollen auf der E 4. Langsam fahren!

Die Gegend von Uppsala ist bereits seit der Wikingerzeit alter Kult- und Handelsplatz. Während um 1o7o nach Christus hier noch den Gottheiten Thor und Odin Tier- und Menschenopfer dargebracht wurden, setzte sich schon hundert Jahre später das Christentum durch und machte die Stadt zum Bischofssitz.

Nach Bränden in Alt-Uppsala (Gamla Uppsala) wurde der Dom 1164 auf die heutige Stelle versetzt und 1435 eingeweiht. Fast zur gleichen Zeit, 1477, wurde auch das geistige Leben beeinflußt, die erste Universität Nordeuropas gegründet. Um 154o ließ Gustav Vasa auch das Schloß als Gouverneurssitz der Regierung bauen.

Für die gesamte Region ist zuständig: Uppsala Turism, Fyristorg 8, 7531o Uppsala. Tel. o18 / 27 74 8oo, Fax: o18/ 13 28 96. Mo.-Fr. 1o-18 Uhr. Sa 1o-15, So. 12-16 Uhr. Nebenstelle im Dom: Mo-Sa 1o-17 Uhr, So 12.3o-17.oo Uhr in der Hochsaison. www.res.till.uppland.nu

Verbindungen ab Uppsala

Zug: -> Stockholm: stündlich im IC-Takt
-> Sundsvall und Boden im hohen Norden: 6 x täglich
-> Falun bzw. Mora: 6 x täglich
-> Storlien: 3 x täglich, mit Anschluß nach Trondheim
-> Narvik in Norwegen: 1 x täglich

Bus: zum auf halber Strecke nach Stockholm liegenden Flugplatz Arlanda sowie mehrfache Verbindungen nach Sigtuna,

Västerås, Sala und Norrtälje.
Flug: alle Anschlüsse über Stockholms Airport Arlanda.

"**Radisson SAS Hotel Gillet**", typisches Radisson SAS Hotel mit allem erdenklichen Komfort. Zentral gelegen, Zimmer mit TV und teils AC. Pool, Sauna, Solarium und Fitnessstudium im Haus. DZ mit Frühstück am Wochenende ab 80 Euro, unter der Woche ab ca. 170 Euro. Dragarbrunnsg. 23, Tel. 018/ 68 18 00. www.radissonsas.com

"**Basic Hotel**", preisgünstiges Hotel, das auch 4-Bett-Zimmer anbietet. In direkter Bahnhofsnähe. DZ ab 79-120 Euro. Kungsgatan 27, Tel. 480 50 00.

"**Grand Hotel Hörnan**", 5-stöckiges, schon etwas antiquiertes, gelbes Gebäude im Zentrum direkt am Fluß. Sehr große, hohe Räume. DZ mit Bad und Frühst. ca. 125 Euro. Im Juli geschl.! Bangårdsgatan 1, Tel. 13 93 80. www.grandhotellhorman.com

In jedem Fall am TI nach Sonderangeboten fragen oder über die Privatzimmervermittlung (Tel. 10 95 33) ein Privatzimmer (DZ 35 Euro) vermitteln lassen. Keine Buchungsgebühr!

Bahnhofscafé, überraschend gemütlich in grün-weiß mit leckeren Backwaren und großen Kaffeetassen. Vorteil: nahezu permanent offen. Wir bekamen hier selbst sonntagsmorgens um kurz nach 8 Uhr unseren Kaffee.

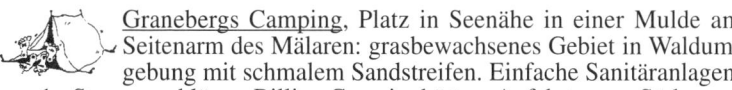
Granebergs Camping, Platz in Seenähe in einer Mulde am Seitenarm des Mälaren: grasbewachsenes Gebiet in Waldumgebung mit schmalem Sandstreifen. Einfache Sanitäranlagen, nur 10 Stromanschlüsse. Billige Campinghütten. Anfahrt: vom Süden auf der E 4 Abfahrt Märsta, dann auf der 601, von Norden Richtung Sunnersta halten, 7 km südlich des Zentrums, Busverbindung (Linie 20) zur City.

Fyrishov Camping, Platz auf Rasenanlage neben einem Fußballfeld. Umgeben von Vorstadthäusern und Kleingartenanlagen an großer Badmintonhalle. Dort auch Sanitäranlagen. Hüttenvermietung, Fahrrad- und Kanuverleih. Anfahrt: vom Zentrum auf der 272 an den Fyrissportanlagen.

Siggefora Camping, landschaftlich reizvoll an einem See von Wäldern umgeben mit sehr guten Angelmöglichkeiten. Allerdings rund 38 km außerhalb der Stadt. Anfahrt: die 72 in westlicher Richtung nach Sala bis Örtchen Järlåsa fahren. Dort in nördl. Richtung abbiegen. Tel. 018/ 39 30 3.2

Jugendherberge: Sunnersta Manor, ursprünglich Herrensitz, der im Sommer als JH dient. Nur 2- und 3-Bett-Zimmer. Rezeption 8-10/17-21 Uhr geöffnet. Super tolles Frühstücksbuffet. Sehr lohnend. 6 km südlich des Zentrums. Sunnerstavägen 24, Uppsala, Tel. 018/ 32 42 20. Anfahrt: von der City den Dag-Hammarskölds-Väg Richtung Sunnersta. www.sunnerstaherrgard.se

EINKAUFEN
Ulva Kvarn, beliebtes Käufer-Ausflugsziel vor den Toren der Stadt. In der ehemaligen Wassermühle hat sich ein Handwerks-zentrum entwickelt. Auf

verschiedenen Etagen und Nebengebäuden sind Keramikwerkstätten, eine winzige Glasbläserei, Spinnerei sowie eine Kunstausstellung und Tischlerei (im Nebengebäude) verteilt. Teilweise wird nach alten Verfahren (z.b. Färben mit Pflanzenfarben) gearbeitet. Natürlich auch Kaufmöglichkeit; teilweise zu herabgesetzten Preisen. Nicht vergessen: im Gartencafé starken Kaffee mit leckerem selbstgebackenem Kuchen probieren. Geöffnet: Täglich 1o-17 Uhr. Anfahrt: auf der 272 Richtung Gysinge, 8 km nördlich vor Uppsala ausgeschildert. www.ulvakvarn.se

SEHENSWERTES

Der DOM, Uppsalas Sehenswürdigkeit schlechthin. Unermüdlich rollen klimatisierte Luxusbusse aus aller Herren Länder an, um Touristen durch die ehrwürdigen Hallen zu schleusen. Trotz der Fülle echt beeindruckend und lohnend.

Wegen Kriegen, Pestepedemien und Einstürzen brauchte man 15o Jahre, um den größten Dom in Skandinavien 1435 fertigzustellen. Zwar wurde er in französischem Gotik-Stil begonnen, doch haben spätere Renovierungen und Umbauten verschiedene Stilrichtungen einfließen lassen. Bei der letzten Säuberung wurden übrigens 6.ooo Brötchen benutzt, um den gesamten Innenraum zu säubern.

Hier eine Kurzführung der wichtigsten Sehenswürdigkeiten für die, die nicht an den offiziellen Führungen (3 Euro pro Person) teilnehmen wollen:

Nach dem Eingang vorne rechts: Baum der Völkerverständigung, gußeisernes Kerzengebilde, das symbolisch die gemeinsame Wurzel aller fünf Kontinente und die Hinwendung zum Kreuz darstellt.

Nach dem Eingang vorne links: Grab von Carl v. Linné, dem berühmten Botaniker und Professor der Uni Uppsala.

Carl von Linné (17o7-78) führte für alle Lebewesen lateinische Gattungsnamen ein. Als Professor und Botaniker bereiste er ganz Schweden und schrieb den ersten Naturreiseführer. Heute gibt es in fast jeder schwedischen Stadt einen Linné-Garten zu seinen Ehren.

Die bombastisch pompöse Kanzel ist, obwohl sie nach Marmor aussieht, aus edlem Lindenholz mit Blattgold hergestellt. Oben drauf thront Apostel Paulus.

1o m von Kanzel entfernt ist ein quadratisch roter Stein in den Boden eingelassen. Er symbolisiert den Mittelpunkt des Domes und ist Ort der Königskrönungen. Genau darüber unterm Dach die „Segnende Hand Gottes".

Der Hochaltar weiter vorn ist der Ort der Bischofsweihen. Das Kreuz besteht aus Silber- und Bergkristallen. Schräg hinter dem Altar liegt das kostbarste, was der Dom zu bieten hat: einen vergoldeten Silberschrein mit den Gebeinen des hl. Eriks. Dahinter das Grab Gustav Vasas, der in einem gigantischen Alabaster-Sarkophag mit seinen zwei Frauen begraben liegt. Auf Gemälden rundherum Etappen seiner Lebensgeschichte.

Geöffnet: täglich im Sommer 8-18 Uhr. www.uppsaladomkyrka.se

Das <u>SCHLOSS</u>: aus der Stadt fast überall zu sehen. Rotes, von zwei mächtigen wasserturmähnlichen Rundkuppeln umgebenes klotziges Gebäude, an dem unten schon Graffitti die Neuzeit ankündigt. Vom kleinen hölzernen Glockenturm neben dem Schloß guter Blick über City, Dom und den Dunst der Hochhäuser der Trabantenvorstadt.

Die ursprünglich von <u>Gustav Vasa</u> 154o geplante Festung wurde 1757 als Residenz umgebaut. Neben blutrünstigen Ermordungen aufsässiger Adliger durch König Erik fanden hier auch Königskrönungen statt. Die neben dem Schloß stehenden Kanonen dienten übrigens zur Einschüchterung des Bischofs - sie waren auf seinen Hof gerichtet. Heute ist das Schloß Amtssitz des Bezirkspräsidenten.

Im Sommer dt. und engl. Führungen. Tel. 727 24 82. Eintritt 7 Euro.

Gleich der Rückseite des Schloßes gegenüber der ehemalige Schloß- und heutige <u>BOTANISCHE GARTEN</u> mit leicht griechischem Einschlag. Schloßöffnung im Sommer täglich 7-21 Uhr.

Die <u>UNI</u>: Vom Unileben der Stadt kriegt man im Sommer wegen der Semesterferien herzlich wenig mit. Allerdings trifft man fast überall auf diverse Fachbereichsgebäude. Direkt gegenüber der Turmseite des Doms das Gustavianum mit großer Kuppel und Sonnenuhr. Im ehemaligen Hauptgebäude der Uni, in dem früher im Rahmen der Anatomievorlesung öffentliche Obduktionen stattfanden, liegt heute das Museum der Universität (<u>Museum Gustavianum</u>) mit wissenschaftshistorischen Sammlungen, in derem Zentrum u.a. der sog. „Augsburger Schrank" steht, ein fantastischer Holzschrank des Augsburger Ratsherren Gustav II. Adolf von 1632. Auch spannend die Archivfilme zur Unigeschichte. Geöffnet Juni bis August tägl. 1o–16 Uhr, Eintritt 4 Euro. Sa. + So. Führung um 13 Uhr auf englisch.

Das „<u>studium generale</u>" mit Theologie, Jura, Medizin, Philosophie konnte ab 1477 aufgenommen werden. Trotz großer Probleme, die durch die Reformation ausgelöst wurden und den Unibetrieb fast zum Erliegen brachten, entwickelte sie sich später zum intellektuellen Zentrum Europas.

<u>LINNÉ-GARTEN</u>: schöner Garten im Spätbarockstil mit Orangerie. Dabei das Linné-Museum: der erhaltene ehemalige Wohnsitz des berühmten Botanikprofessors. Geöffnet: im Sommer täglich 9-21 Uhr, das Museum Di.-So. 12-16 Uhr. Eintritt 3 Euro.

<u>GAMLA-UPPSALA</u> (Alt-Uppsala): historischer Ort, an dem ehemals der Dom stand. Von weitem sichtbar: mehrere kamelhöckerähnliche Königshügel aus dem 6. Jahrhundert. Von oben weite Aussicht auf Stadt und umliegendes fruchtbares Ackerland. Daneben schlichte alte Bischofskirche. Am Parkplatz in Kellerräumen eine Keramikwerkstatt mit meist in blau und braun gehaltenen Kerzenständern, Schalen und kitschigen Wikingerschiffen. Nebenan urig altes Gasthaus Odinsborg, wo man noch Met (eine Art Dunkelbier der Wikinger aus dem 14. Jahrhundert) in silbernen Hörnern serviert bekommt.

<u>WIKINGERMUSEUM</u>: neues Wikingermuseum, das auf 75o qm zum

Thema Macht und Mythos der alten Wikinger informiert. Originalfunde von den Königshügeln und Grabschiffssetzungen. Ketten, Schalen und archäologisch interessante Mosaiksteine runden das Bild der an dieser Stelle lebenden Urschweden um 4oo bis 5oo nach Christus ab. Das ganz in Beton gehaltene Gebäude hat am großen gläsernen Eingang ein Art Amphietheater, das den Blick auf die nahen Königshügel eröffnet. Durch den Bau der neuen Eisenbahnlinie Richtung Norden und den Ausbau der E 4 erwartet man in Zukunft weitere archäologische Funde. Anf.: In der Nähe des Eisenbahnüberganges in Gamla Uppsala. Von E 4 Richtung Gävle und aus der Stadt ausgeschildert. Geöffnet Mai-August 11-17 Uhr. Eintritt 6 Euro.

Kanu: Verleih am Campingplatz Graneberg sowie an „Sunnerstastugan", Dag Hammarskjöldsväg 27o. Tel. o18/ 32 o6 o1. Hier auch Autoanhänger-Verleih! Passable Kanurouten auf den verschiedenen Seitenarmen des Sees Ekoln, südlich der Stadt und auf Fluß Fyrisån.

Fahrrad: Verleih am RF Marina, Lapplandsresan 62, Tel.: o18/ 42 o3 2o.

AUSFLÜGE

SCHLOSS SKOKLOSTER, eine Perle am Mälarsee und bestimmt eine der schönsten Schloßanlagen Schwedens. Ein hellweißes Barockschloß in weitläufiger, gepflegter Parkanlage mit vier mehreckigen, erhabenen Türmen. Ganz Skokloster besteht aus Schloß, Fähranleger, Kirche, Hotel, Kiosk und Automuseum. Innerhalb des majestätischen Schlosses finden sich hauptsächlich Beutestücke aus Schwedens Großmachtzeit: Gemälde und Möbel aus Dänemark, ein mit Silber und Gold bestückter Schild aus Prag, Skulpturen und Kanzeln aus Polen etc.

Das 1654 erbaute Schloß wurde vor 25 Jahren vom schwedischen Staat gekauft und umfaßt neben 2o.ooo Kunstgegenständen auch 3o.ooo Bücher. - Geöffnet: Mai bis September 11-16 Uhr; stündlich Führungen zum Preis von 7 Euro. Zelten im Schloßpark verboten. www.skoklostersslott.se

KIRCHE VON SKOKLOSTER, direkt am Wasser, sieht mit gleich hohem, direkt daneben stehendem Turm ganz witzig aus. Geöffnet: Mai bis September täglich außer Mo. 12-16 Uhr.

Gleich nebenan großes, neu errichtetes MOTORMUSEUM. Von alten Feuerwehrwagen über Flugzeuge bis Motorräder. Altes Propellerflugzeug und Jagdmaschine stehen werbend im seitlichen Innenhof. Geöffnet: täglich 12-16 Uhr. Eintritt 3 Euro.

Anfahrt: als Tagesbootausflug von Uppsala, Anlegestelle: Islandsbron, Preis 12 Euro. Oder mit Pkw unter Einbeziehung einer Besichtigung des idyllischen Örtchens Sigtuna. Ca. 6o km nordwestlich von Stockholm. Auch Ausflugsfahrten per Boot ab Stockholm bis Skokloster (Details siehe Kapitel „Ausflüge Stockholm").

OLDTIMERZUG LENNAKATTEN, Schwedens längster Museumszug von einer zünftigen Dampflok gezogen zockelt auf verschiedenen Strecken am Wochenende im Sommer vom Ostbahnhof (Östra Uppsala) los. Genaue Abfahrtzeiten und Preise am TI.

NORDWESTLICH VON STOCKHOLM
★ Västerås

Große Industrie- und Verwaltungsstadt an der nördlichen Mälarbucht und Hauptstadt der Provinz Västmanland. Durch super zentrale Lage in Mittelschweden Knotenpunkt von Eisenbahn- und Straßenwegen. Hauptsitz der High-Tech-Firma ABB.

Autoloser Stadtkern mit großer, teilweise überdachter Einkaufszone; Parkplätze und -häuser rund um den Cityring. Stadtbeherrschend das modern futuristische Stadthaus mit seinem 66 m hohen Turm. Im Gegensatz dazu der alte Stadtkern Kyrkabacken mit seinen gewundenen Gassen flankiert von windschiefen roten Holzhäusern und dem Dom. Schwedens fahrradfreundlichste Stadt mit über 3oo km Fahrradwegen. Für schwedische Verhältnisse ausgesprochen schöne Stadt.

Geschichtlich gehört Västerås mit zu den ältesten Städten Schwedens. Bereits die Wikinger gründeten hier einen Handelsplatz mit Namen Aros (= Flußmündung), aus dem unter Hinzufügung von „Västra" (= westlich) im Laufe der Jahre Västerås wurde. Als Zentrum geistiger und politischer Macht wurde die Stadt 112o zum Bischofssitz und als Münzprägestadt des Reiches auserkoren. Als Handels- und Umschlagsplatz des eisenerzreichen Bergslagengebiets gewann die Stadt zusätzlich an Bedeutung. Den größten Sprung nach vorn machte Västerås jedoch in jüngster Vergangenheit durch die Ansiedlung zukunftsweisender High-Tech-Industrien, wie z.B. ABB.

 Kopparbergsvägen 3, im Stadtzentrum, trotz Ausschilderung etwas schwierig zu finden. Mit Pkw vorher einen der Parkplätze aufsuchen und dann per pedes losmarschieren.
Tel. o21/ 39 o1 oo, Fax: o21/ 1o 38 5o. Geöffnet im Sommer Mo.-Sa. 1o-18 Uhr, So. 1o-15 Uhr. www.vastmanland.se. Handliche, kostenlose Informationsbroschüre mit allem Wissenswerten über Stadt und Umgebung. Darüber hinaus gibt es einen viersprachigen Touristguide, der per Tastenfeldberührung auf dem Bildschirm die wichtigsten Informationen und aktuelle Termine mitteilt. Zum Spielen schön. - Zur Hochsaison kleine Nebenstelle am Hafen.

Verbindungen

 Zug: häufige Zugverbindungen nach Stockholm (bis zu 15 x tägl.) oder sonst zu fast allen schwedischen Bahnhöfen unter Benutzung der Hauptumsteigen Sala, Hallsberg, Flen und Katrineholm.

Bus: außer großzügig ausgebautem lokalem Busnetz u.a. häufige Abfahrten Richtung Uppsala, Köping und Fagersta sowie ca. 6mal täglich Expressbusse Richtung Stockholm. Am Wochenende auch Expressbusse nach Örebro und Göteborg.

Flug: läuft alles über nahegelegenen Flughafen von Stockholm Arlanda.

Viele Hotels haben in den Sommermonaten, besonders im Juli, geschlossen. Grund: Bettenkapazität und Hotelmanagement sind auf Firmen und Konferenzen eingerichtet und die laufen in Urlaubsmonaten halt nicht. Deswegen vorher unbedingt TI kontaktieren und ggf. nach Privatzimmern fragen!

„Quality Hotel Västerås", edel, nobler Laden mit allem nur denkbaren Luxus. Manageratmosphäre. Liegt bei Niedrigsttarifen immer noch bei ca. 8o Euro für DZ mit Frühstück, Svalgången 1, Tel. o21/ 3o 38 oo. www.choicehotels.se

„Ta Inn Hotel", im Preis-/Leistungsverhältnis eines der günstigsten in der ganzen Stadt. Persönlicher Service in dem 1991 erbautem Hotel. Auch 16 Zimmer mit Selbstversorgungsmöglichkeit. DZ ca. 65 Euro, Ängsgårdsgatan 19, Tel. o21/ 13 96 oo. Homepage www.tainnhotel.se

„Elite Stadshotellet", zentral mitten in der Stadt. First class mit geschmackvoll eingerichteten großen Räumen, 5o Nichtraucherzimmer, einem Raum extra für Allergiker, Kabelfernsehen, Whirlpool etc. Sommerpreise ab 8o Euro, Stora Torget, Tel. o21/ 1o 28 oo. www.vasteras.elite.se

Jugendherberge: Lövudden, eine Art modernes Kurs- und Sporthotel mit Jugendherberge. Ca. 5 km außerhalb der Stadt in traumhafter Lage. 2- bis 6-Bett-Zimmer, Gemeinschaftsküche. Hervorragende Sport- und Freizeitangebote von Sauna über Tennis bis hin zu Kanufahren, Windsurfen und Minigolf. Dufter Badeplatz in Hausnähe. Am besten vor 16 Uhr ankommen, da sonst oft ausgebucht. Telefonische Voranmeldung sinnvoll. In beigeordnetem Hotel DZ ab 55 Euro, in JH normale STF-Preise um 15 Euro. Busverbindung zur City mit Linie 25. Adresse: STF, Lövuddens i konferens- och fritidsgård, 72591 Västerås, Tel. o21/ 18 52 3o. www.lovudden.nu

Johannisbergs Camping, 3-Sterne-Platz mit großer Ausdehnung, so daß man sich auch irgendwo in einer Ecke sein Plätzchen suchen kann, ohne gleich dicht an dicht zu stehen. Schöner Badeplatz am Mälaren und durch die Nähe zur Jugendherberge/ Hotel Lövudden hervorragende Freizeitmöglichkeiten (vgl. JH). Die bei unserem ersten Besuch nicht so berauschenden Sanitäranlagen sollen sich nach Auskunft des TI verbessert haben. Anfahrt: 5 km südl. des Zentrums Richtung Schloß Tidö.

Västerås Camping Ängsö: große Grasfläche aufgelockert durch Laubgehölze an schönem Badeplatz von Wald umgeben. Gefiel uns persönlich fast noch besser als Johannisbergs. Hüttenvermietung. Allerdings teuerster Platz am Ort. Anfahrt: südlich der E 18 ca. 9 km Richtung Ängsö fahren.

Umgebung von Stockholm 423

„HONG KONG", bester Chinese der Stadt. Reichhaltig, gut und vergleichsweise preiswert ab 13 Euro. Stora Gatan 41. Tel. o21/ 13 26 81

„PIAZZA DI SPAGNA", in Coproduktion von Schweden und Spaniern geführte Pizzeria. Von Einheimischen auch deshalb bevorzugt, weil ganz ordentliche Fleischgerichte zu nicht überzogenen Preisen. Pizza ab 9 Euro, bei Mitnahme um 7 Euro. Vasagatan 26. Tel. o21/ 12 41 2o.

„SYSTRARNA ERIKSSON", auch im überdachtem Großeinkaufszentrum Gallerian. Gemütliche Atmosphäre. Besonderer Pfiff: hier gibt's noch selbstgebackenes Brot und Kuchen. Hmm! Weniger zum großen Essengehen als für den Hunger zwischendurch. Gallerian.

Restaurant „STADSKÄLLAREN", in stilvollem Kellergewölbe bei Kerzenlicht und schwarzbefracktem Ober werden schwedische und internationale Gerichte zu gehobenen Preisen (ab 3o Euro) serviert. Stora Torget.

EINKAUF
Neben den großzügigen Einkaufsstraßen mit allem modischen Zip und Zap und dem etwas außerhalb der Stadt liegenden IKEA sowie dem riesigen Shoppingpalast „Multicenter" gibt es außerdem im Stadtzentrum , teilweise etwas versteckt, ein paar nette Kunsthandwerksgeschäfte mit z.T. geschmackvollen Souvenirs aus Glas, Holz, Textil und Keramik. Hier eine Auswahl: Västmanlands Län Hemslöjdsförening, Köpmangatan 1-3; Butik Rustik, Storagatan 4; Nyttovara, Skolgatan 8. Nicht schlecht auch der Outdoorladen von Naturkompaniet mit guter Auswahl schwedischer Markenprodukte in der Köpmangatan 6.

SEHENSWERTES

DOM: Besuch ist unerläßlich, sollte nicht nur lästiges Pflichtprogramm sein. Orientieren kann man sich an dem alles überragenden Turm. Das Wahrzeichen der Stadt wurde im 13. Jh. im sogenannten Backsteinbaustil errichtet. Später kamen Turm und Chor (15. Jh.) und Kirchturmspitze (1694) hinzu. Im Inneren wertvolle Kirchenschätze wie der prunkvolle Sarkophag Erik XIV, der Altarschrein von 1516 sowie Reste mittelalterlicher Wandzeichnungen, die in den 6oer Jahren restauriert wurden. Geöffnet im Sommer täglich 8-19 Uhr. Vor dem von Bäumen umstandenen Dom steht eine Statue von Carl Milles, die den Bischof Rudbeck darstellen soll.

KYRKBACKEN, sog. „Kirchberg", schließt sich gleich nördlich an den Dom an. Die Altstadt von Västerås, die an Originalschauplätzen wieder aufgebaut wurde. Nicht nur totes Heimatmuseum, sondern auch heute noch bewohntes, malerisches Stadtgebiet. Beim Durchschlendern entdeckt man so manches Kunsthandwerksgeschäft, wie z.B. Nyttovara in der Skolgatan.

FREILICHTMUSEUM VALLBY: lohnenswerte Anlage am Fluß Svartå; hier auch nicht nur tot herumstehende Gebäude, mit denen man kaum etwas anfangen kann, sondern ähnlich wie der Skansen in Stockholm arbeiten zur Sommersaison Bürstenbinder, Töpfer, Silberschmiede usw. in den jahrhundertealten, teilweise grasbewachsenen Gebäuden. Für Kinder besonders interessant der Bauernhof mit dem ganzen Vieh. Häufig Theatervorführungen auf der Freilichtbühne. Am Eingang rosaroten Führer holen, damit man auch weiß, was man sieht. Cafeteria. Anfahrt: 2 km nördlich der Stadt an der E 18. Geöffnet tägl. 1o-17 Uhr. www.vallbyfriluftmuseum.se Eintritt frei.

SCHLOSS VON VÄSTERÅS: ursprünglich aus dem 12. Jh. wurde es nach einer Feuersbrunst 1736 grundlegend renoviert. Ist heute Sitz des Regierungspräsidenten und des Provinzmuseums mit Grabfunden von der Wikingerzeit bis zu bergbaugeschichtlichen Funden. Geöffnet: zur Hochsaison Di – So 12-16 Uhr. Freier Eintritt.

ANUNGSHÖG: Schwedens wichtigste prähistorische Grabstätte. Ein riesiger Grabhügel von 14 m Höhe und 6o m Durchmesser und verschiedene Schiffssetzungen (wie Schiffsumrisse aufgestellte Steine) geben Zeugnis von der Geschichtsträchtigkeit dieser Gegend. Anfahrt: 6 km nordöstlich der Stadt.

JAZZENS MUSEUM: einzigstes und erstes Jazzmuseum in Europa. Ganz spannende Sache: Von überall klingt Jazz-Musik und Puppen, die den Jazzgrößen dieser Welt nachgebildet sind, jazzen in Gruppen zusammen. Auch Originalinstrumente weltweit bekannter Jazzkings vorhanden. Große Fotos an den Wänden erzählen Highlights der Jazzgeschichte. Knappe Stunde einkalkulieren. Westlich von Västerås im Örtchen Strömsholm. Von E 18 bei Hallstahammar auf die 252 in südliche Richtung. Geöffnet im Sommer täglich von 13-17 Uhr. www.jazzmuseum.com

AUSFLÜGE

BOOTSTOUREN: von Västerås starten eine Reihe verschiedene Schippertouren über den Mälarsee. Von 2-stündigen Rundfahrten bis zur Tagestour nach Stockholm, Birka und Mariefred. Abfahrtszeiten und Preise am TI.

SCHLOSS TIDÖ: sehr schönes, gelblich verputztes Barockschloß mit prunkvollem Portal. 1625-52 unter Leitung des damals mächtigsten Mannes, Reichskanzlers A. Oxenstierna, erbaut, zeigt es in beeindruckender Weise seine Prunkwohnung mit allem möglichen Inventar. Imponierender Rittersaal.
Im selben Hause angegliedert Schwedens größtes SPIELZEUGMUSEUM mit über 3o.000 Ausstellungsstücken. Im Schloßpark gutes Wirtshaus mit Glasveranda. Schöne Spaziergänge in der Umgebung.
Geöffnet Juni bis August Di.-So. 12-17 Uhr, Führungen (ca. 2o Min.) tägl. 14 Uhr, nur in schwedischer Sprache. Führung 4 Euro, Spielzeugmuseum 2,5o Euro. Anfahrt: 15 km südlich von Västerås.

SCHLOSS ENGSÖ (teilweise auch Ängsö geschrieben): schwedisches Rokokoschloß in Gestalt eines 3-stöckigen, würfelförmigen Gebäudes auf schöner Halbinsel am Mälarsee in kleinem Naturreservat. Seit dem 12. Jh. x-fach umgebaut und erweitert. Im Innern Wohnungseinrichtungen verschiedener Zeitepochen und Gemäldesammlung aus dem 14. Jh. Besonders schöner Park mit einer erhabenen Lindenallee. Geöffnet Juli bis Mitte August tägl. 13-17 Uhr, Eintritt 2 Euro. Anfahrt: E 18 bis halbe Strecke nach Enköping, dann in südlicher Richtung abbiegen.

SKULTUNA MÄSSINGKAMMARE: alte Messingfabrik, die auch heute noch formschöne Kerzenleuchter, Schnupftabaksdosen, Eierbecher, Mörser etc. produziert und natürlich verkauft. Von wildem Wein umranktes und von lichten Birken umstandenes Gebäude, zu dem Busladungen Kauflustiger kommen, um an traditionsträchtiger Stelle erstklassige Qualität zu kaufen. Das von Karl IX. 16o7 gegründete Messingwerk bot durch Punkte wie Nähe zum Västeråser Hafen, genügend Holzkohle, vorhandene Wasserkraft, Nähe zur Kupfergrube in Falun ideale Standortbedingungen.

In der Hochsaison Di-Fr. 1o-17, Wochenende 1o-16 Uhr. Führungen jeweils um 1o und 14 Uhr. Anfahrt: 15 km nördl. von Västerås. Bruksgatan 8

NYKVARNS HANTVERK: beliebtes Einkaufsziel für Holz-, Web-, Keramik- und Schmiedearbeiten. Geöffnet Di.-Fr. 12-18 Uhr, Sa.+So. 12-17 Uhr. Anfahrt: direkt an der E 18 auf halbem Wege (ca. 15 km) nach Enköping. www.nykvarnshantverksby.com

Fahrrad: Mit über 3oo Fahrradkilometern stellt sich Västerås als überaus fahrradfreundliche Stadt dar. Warum nicht mal z.B. mit den Fahrrädern eine Schlössertour am Mälarensee entlang unternehmen? Fahrradverleih bei Prylhuset, Kopparbergsvägen 35, Tel. o21/ 12 12 1o. Außer am Mo. Verleih täglich 11–19 Uhr. Preise ab 7 Euro am Tag. Auch Tandems mietbar. Routenvorschläge beim Verleiher oder am TI.

Wandern: Der Bruksleden (Hüttenweg) führt durch ausgesprochen abwechslungsreiche Landschaftsgebiete: große Wälder, dunkle Moore, klare Seen, kleine Ackerbaugebiete und an Ortschaften vorbei, die früher zum Bergbau gehörten. Wanderlogistik vom Windschutz bis zum Trockenklo hervorragend ausgebaut. Markierung mit orangefarbenen Fähnchen und Steinmännchen. Da Gesamtlänge von 23o km recht mächtig, empfehlen wir zwei Teiletappen, die auch als Rundwanderwege ausgerichtet sind:

* Startplatz in Skultuna und am Toftsjön entlang (Windschutz) und Vargberget, vorbei an der Handbergastuga und von dort wieder zurück. Ca. 4o km, 3 Tage, normale Wanderschuhe reichen.

* Ab Jugendherberge bei Skinnskatteberg in nordöstlicher Richtung zum Wegekreuz beim Windschutz Trummelsberg und von hier am Billsjön vorbei (Nähe Freizeitanlage Högbyn) wieder zurück Richtung Skinnskattebergs Jugendherberge. Auch ca. 4o km, 3 Tage.

FESTE: <u>Arosfestival</u>, teils Stadtfest, teils Karneval, teils Musik-Entertainment, teils Rockfest, teils Kinderfest ist das in jedem Jahr in den vier Tagen vor dem Mittsommerfest stattfindende Festival. Rund eine Viertel Million Besucher machen es zu einer absoluten Großveranstaltung in Schweden. Entweder mitten reinstürzen oder Mitte Juni den Bereich Västerås weiträumig umgehen.

✴ Enköping

Eisenbahn- und Verkehrsknotenpunkt nördlich des Mälaren. Streng rechtwinklig angelegte Straßen und Gassen um die auf einer Anhöhe liegende Liebfrauenkirche (Vårfrukyrkan). Im Umkreis von 12o km wohnt 1/3 der schwedischen Gesamtbevölkerung, so dass Stockholm mit Flugplatz Arlanda, Uppsala, Västerås etc. schnell zu erreichen sind.

Die früher direkt am Mälaren gelegene Stadt hat sich durch Landhebungen etwas ins Landesinnere verlagert. Enköping, erstmals 1164 urkundlich erwähnt, hatte im Mittelalter seine Blütezeit und wurde nach verheerenden Feuersbrünsten 18oo neu aufgebaut.

 Kungsgatan 42, 7458o Enköping, Tel.: o171/ 25o 4o, Fax: o171/ 3654o. Geöffnet Mo.-Fr. 1o-18 Uhr, Sa.+So. 11-15 Uhr. www.enkoping.se

Verbindungen ab Enköping

 **Zug**: Ausgesprochen gute Verbindungen (u.a. stündlich nach Stockholm und mehrmals täglich nach Oslo) an einer der meistbefahrenen Eisenbahnstrecken Schwedens.

 **Bus**: Zu Stoßzeiten morgens und abends alle 2o Min. Verbindungen nach Uppsala, tagsüber stündlich. Nach Strängnäs 2-3 mal täglich, ca. 1o mal tägl. zum Flugplatz Stockholm/Arlanda mit Anschluß an die große weite Welt...

„**Park Astoria Hotel**", direkt unterhalb der Liebfrauenkirche. Nach unserem Eindruck bestes Hotel am Ort. Lange, blaue, freundliche Flure, an deren Ende große, komfortable Zimmer auf den Gast warten. Im Keller Tischtennisplatte, - neben kleinem Schwimmbad und Sauna. DZ mit Frühstück ab 8o Euro, Kyrkogatan 7, Tel. 29o5o.

 Bredsand, an gleichnamigem Zeltplatz. Im Haupthaus 2- bis 6-Bett-Zimmer, daneben 4-Bett-Hütten, die natürlich schnell vergeben sind. Küche für Selbstverpflegung, regelmäßige Busverbindung zum 6 km entfernten Bahnhof. Geöffnet 8-1o und 16-2o Uhr. Adresse: MHFs Fritidsgård, Bredsand, St. Olofsgatan 9 A, Tel. o171/ 8oo 66. Anfahrt: 6 km südlich des Zentrums über die Tullgatan oder Torggatan nach Bredsand fahren. www.bredsand.com

<u>M/S Sjöhästen</u>, Jugendherbege in kleinem Schiff. Ca. 2oo m. vom Zentrum entfernt. Mit kleinem Aufenthaltsraum und kleiner Bar. Tel. o7o4/ 158 122. www.shiphotel.se

 Bredsandsstugby: 2-Sterne-Platz direkt am Wasser. Für Wohnwagen und Bullis einzeln abgetrennte Stellpätze, Zelte können sich so auf Platz verteilen. Anfahrt: wie Jugendherberge.

Härjarö Camping, empfehlenswerter als Bredsandsbadet: liegt am Ende aller Straßen auf schöner Halbinsel direkt am Mälarsee in kleinem Naturreservat. Offenes, grasbewachsenes und etwas terrassenartiges Gelände, das sich für längeren Aufenthalt anbietet. Schöne Wanderwege u.a. am Ufer entlang zu einsamen Badeplätzen, Feuerstellen und Aussichtspunkten. Kanuu. Fahrradverleih. Hüttenvermietung. Anfahrt: von der E 18 östlich Enköping bei Litslena Richtung Härjarö. Tel. o171/ 822 9o. www.harjaro.se

 „ASTORIA": in gleichnamigem Hotel. Recht reichhaltige Auswahl an Fisch- und Fleischgerichten. Sehr schmackhaft und liebevoll angemacht, portionsmäßig allerdings nur für den normal großen Hunger. Preise um 15 Euro, Kyrkogatan 7.

„STADSHOTELLET", bietet ein super Lunchbord für 8 Euro an. Stora Torget.

Einkauf: Im Ort die üblichen Einkaufsmöglichkeiten ohne besondere Highligts. Lohnend dagegen ausflugsmäßige Touren zu Nykvarns Hantverk und Skultunas Messinggießerei (beschrieben unter Västerås).

SEHENSWERTES

VÅRFRUKYRKAN: Ursprünglich stammt die Kirche aus dem 12. Jh., als sie aus Felssteinen erbaut wurde. Doch im Laufe der Jahrhunderte wurde sie um die Orgelempore (17. Jh.), Kronleuchter aus wertvollem Messing (18. Jh.) sowie Altar und Kanzel (18. Jh.) erweitert. In den 7oer Jahren wurde eine umfassende Renovierung vorgenommen, bei der auch die Chorfenster wieder neu eingesetzt wurden.

WESTERLUNGSKA GÅRDEN, winziges Museum über einen verstorbenen heimischen Arzt, der revolutionäre Behandlungsmethoden anwandte: adelige, herrschaftliche Damen, die mit Nervenkrankheiten zu ihm kamen, mußten wischen, putzen und Gartenarbeiten erledigen, was ihnen wohl ausgesprochen gut bekam. Die wenigen Räume zeigen seine Behandlungspraxis. Tel. o171/ 351 19, Geöffnet Di.-So. 12-16 Uhr. Im Innenhof gemütlicher Cafe zum Relaxen. Kyrkogatan, unterhalb des Marktplatzes.

Die KIRCHE IN HÄRKEBERGA: ein wirkliches Kleinod für den Kunstkenner oder Interessierten. In Schweden sehr berühmte Kirche aufgrund der noch ungewöhnlich gut erhaltenen Wandmalereien. Von außen erstmal imponierend die um den Kirchhof befindliche Steinmauer, auffallend der einzeln stehende Turm.

Das Kirchlein selbst stammt aus der Frühgotik, an den hohen Pfeilern, dem dreifachen Ostfenster und an reich verziertem Südportal zu erkennen. Besonderer Clou sind jedoch die Wandmalereien des damals berühmtesten Kirchenmalers Albertus Pictor: zwar schon etwas verblaßt, aber mit etwas Phantasie kann man z.b. an Chorwänden die Weihnachtsszenen und Christi Himmelfahrt im Südteil des Hauptschiffgewölbes erkennen. Viele teilweise skurrile Darstellungen mit tanzenden Frauen und Tiersymbolen; erinnern an einschlägige Szenen aus Buch/Film „Im Namen der Rose".

 Geöffnet: Mitte Mai bis Mitte Oktober 8-18 Uhr, sonst nach tel. Vereinbarung (o171/ 14o 13). Anfahrt: von der E 18 ca. 1o km östlich Enköping in nördlicher Richtung.

FELSZEICHNUNGEN (Hällristningar) von Boglösa/Rickeby. In dieser Ecke konzentriert sich die größte Zahl an Felszeichnungen der Region. Die Entstehungszeit wird auf die letzte Hälfte der Bronzezeit geschätzt, also rund 3.000 Jahre alt. Meist magisch geheimnisvolle und schwer zu deutende Bilder, die laut modernster Forschung zum großen Teil Fruchtbarkeitskulte oder religiöse Darstellungen umfassen. Einige Bilder sind ganz flach gemalt und deshalb nur bei niedrig stehender Sonne mit entsprechender Reliefwirkung zu erkennen. Ein kleines Museum wird von sehr engagiertem Heimatverein unterhalten. Wanderwege zwischen den einzelnen Fundstellen.

Geöffnet: Mitte Juni bis Mitte September werktags 13-16 Uhr. Im Juli werktags von 13-17 Uhr, So. 13-16 Uhr.

Boottouren auf dem Mälaren nach Birka und Mariefred, wobei besonders die Tour nach Birka lohnt. Fahrzeit incl. Aufenthalt und Führung ca. 5 Std. Preis ca. 18 Euro Abfahrtszeiten am TI.

Freizeitzentrum: Hallenbad mit 25-Meter-Becken, Squashhallen, TT-Möglichkeiten etc. Werktags geöffnet 7-22 Uhr, samstags 8-16 Uhr, im Juli kürzere Öffnungszeiten. Eintritt 4 Euro. Idrottshallen, etwas außerhalb der Stadt ausgeschildert.

 **Wandern**: Eine Etappe des Langwanderweges Upplandsleden führt hier vorbei. Von Zeltplatz (Bredsand) zu Zeltplatz (Härjarö) hauptsächlich durch ausgedehnte Waldgebiete. Unterbrechungsmöglichkeit auf halber Strecke bei Straßenkontakt Lillkyrka. Insgesamt 42 waldige Kilometer. Vorteil: gute Rückkehrmöglichkeiten per Bus oder mit Campingplatzbesuchern!

✱ Sala

Die Silbergrubenstadt von Västmanland. Hier geht die Landschaft bereits langsam wieder vom fruchtbaren Acker- und Kulturland in große, weite Waldflächen über.

Sala ist ein ganz hübsches Städtchen: kleines - aber feines - Einkaufszentrum, rosengesäumte Parks mit einem Gewirr von kleineren Seen und Wasserläufen, über die sich ab und zu idyllisch weiße Holzbrücken spannen, ein von Grün umrankter Promenadenweg und natürlich nicht zuletzt die alte Silbergrube mit ihren Bauten und der Möglichkeit, unterirdisch vor Ort das alte

Stollensystem in Augenschein zu nehmen.

 Sala Touristbüro, Stora Torget, 73330 Sala, Tel.: 0224/ 55 2 02, Fax: 0224/ 77 3 22. Geöffnet zur Hochsaison Mo.-Fr. 8-17 Uhr, Sa. 1o-14 Uhr. www.sala.se.

Verbindungen

Zug: mehrmals täglich im Zweistundentakt in Richtung Stockholm, Mora und Västerås.

 **Bus**: mit Hauptlinien nach Uppsala und Västerås ca. 4 mal täglich sowie natürlich gut ausgebautem lokalem Busnetz. Am Wochenende Schnellbusse nach Stockholm, Finnland und Anschlüsse nach Göteborg.

 „**Stadshotellet**", gefiel uns ausgesprochen gut. Geräumige Zimmer, ausgesucht schönes Mobiliar und neben allen technischen Einrichtungen wie TV und Telefon elektrisch verstellbare Betten. War natürlich am Anfang schöne Spielerei per Knopfdruck Bein-, Becken- und Kopfbereich rauf und runter zu fahren, machte sich abends aber auch im Schlafkomfort bemerkbar. Selten so gute Hotelbetten gehabt. Nicht nur deshalb lohnenswertes Hotel. Bråstagatan 5, Tel. 0224/ 130 30. DZ mit Frühstück im Sommer ab ca. 70 Euro. www.salastatt.se

„**Hotel Svea**", persönlicher Service ist angesagt. Zimmer mit Dusche/WC sowie TV. DZ mit Frühstück ca. 60 Euro. Väsbygatan 19. Tel. 0224/ 105 10. www.hotellsvea.com

Als pfiffige Alternative bieten sich **private Sommerhäuser** an, die es hier in Hülle und Fülle gibt. Selbst für eine Nacht mietbar; z.B. für ermüdete Autobesatzungen bei Schlechtwetterperioden, die sich den Stress mit Zeltauf- und -abbau bei Nässe ersparen wollen. Preise je nach Qualität (mit/ohne Sauna, Innen-/Außentoilette). Auch Appartements zu mieten. Vermittlung über TI.

 STF Vandrarhem Sofielund, 28 Betten. Sauna und Selbsthaushaltsmöglichkeit durch Gemeinschaftsküche. Ca. 30 Fußminuten zur City in sehr schöner Lage. Preise um 12 Euro. SMU-Gård, Sofielund Mellandammen, Tel. 0224/ 127 30.

Bråsta Jugendherberge, 20 Zimmer, Sauna und Zutritt zur Gemeinschaftsküche. Fahrradvermietung. Im Sommer geöffnet. Hushållargatan 1, Tel. 0224/ 10 867.

 Silvköparens Camping, an ehemals künstlich erstelltem See, der anno dazumal für die Silbergrube gebraucht wurde. Sehr kinderfreundlich mit Spielmöglichkeiten, seichtem Wasser und Rutschbahn. Der grüne Wanderweg Sala's führt hier direkt vorbei. 5 Hütten zu vermieten. Kanuverleih. Nicht weit von Straße entfernt. Anfahrt: ca. 8 km nördlich der Stadt an der 70 Richtung Borlänge. Tel. 0224/ 59 003.

Stävrebadens Camping, kleiner, weitgehend unbekannter Platz direkt am See in der Nähe eines großen Waldgebietes. Echte Alternative. Anfahrt: 12 km westlich von Sala an der 256. Tel. o224/ 25o 39.

Im RESTAURANT DES STADSHOTELLETS internationale Küche mit (fast) allem, was das Herz bzw. der Gaumen begehrt. Erstklassig, natürlich nicht billig. Abendpreise um 25 Euro. Tel. o224/ 13o 3o.

„LB`S", in Sala mit ausgesprochen gutem Ruf. Sehr gute Pizza, aber auch Fisch- und Fleischgerichte ganz annehmbar, was Portionen und Preise betrifft, - ab 8 Euro aufwärts. Kinderfreundlich. Rådhusgatan 7.

Cafe Norrmanska + Bar: In historischer Umgebung „Norrmanskagården" gelegen. Besonders empfehlenswert das „Sala kaka", ein leckeres Schokoladenplätzchen mit Sahne obendrauf. Für den kräftigen Hunger gibt`s aber auch Pizza und andere Gerichte.

SEHENSWERTES
SALA'S SILBERGRUBE: die Attraktion der Stadt schlechthin! Über Tage kann man an Hand der alten Gebäude, Schachteinfahrten mit Fördertürmen etc. häppchenweise was von der Silbergrubenatmosphäre des 15. Jh. erahnen. Doch richtig spannend wird's erst unterirdisch: man hat die Wahl auf 4o oder 6o m abzusteigen. In jedem Fall die 6o-m-Sole wählen, bringt mehr Feeling! Jedoch kein Aufzug oder Wagen, jeder muß zu Fuß runter. Nach oben geht's wieder mit dem Aufzug.

Über etwas glitschig feuchte Treppen geht's in die beleuchteten Stollen runter, dabei beschreibt der Guide anschaulich die Arbeitsbedingungen der damaligen Zeit. Eindrucksvoll, wenn am 257 m tiefen Königin-Kristina-Schacht ein mit Öl getränktes Tuch zu Demonstrationszwecken geräuschlos in die Tiefe saust.

Seit 2oo6 kann man sogar bis auf 155 m. in die neue Ulrica Eleonora Grube absteigen. Zu sehen gibt's enge Stollen, ein riesiger Saal und den Christinasee. Die Führung dauert ca. 1 1/2 Stunden. Im Aufzug rauscht man runter und danach wieder hoch. Es gibt allerdings auch die Möglichkeit über Leitern herunterzuklettern (und wieder rauf). Wer will, kann die Grube für seine Privatparty mieten, um z.B. im 155 Meter tiefen Festsaal der Ulrica Eleonora Grube Geburtstag zu feiern (Tel. o224/ 677 25o).

Gummistiefel, schmutzunempfindliche Hose und wärmerer Pulli (6 Grad untertage!) empfehlenswert. Cape und Helm werden gestellt. Führungen auch auf deutsch. Es gibt eine Vielzahl unterschiedlicher Führungen (z.B. Abenteuer- Kinderführung, die Königstour, die 6o-Meter-Führung usw.), die teilweise reserviert werden müssen. Die Preise variieren je nach Führung zwischen 3-28 Euro, Kinder zwischen 3 und 6 Euro. Anfang Mai bis August täglich 11-17 Uhr. www.salasilvergruva.se

Die Silbergrube wurde seit dem 15. Jh. betrieben. Später auch zur Bleigewinnung benutzt. Durch große unterirdische Feuer wurde das erzhaltige Gestein erhitzt und durch Begiessen mit Wasser zum Platzen gebracht. Auf diese Weise gewann man ein Stollensystem von über 2o km Länge! Während der Blütezeit bis 157o wurden hier über 2.ooo kg Silber gefördert. Später entwickelte man ein ausgeklügeltes überirdisches Wassersystem (daher die vielen kleinen Seen und Bäche in der Stadt), mit dessen Hilfe man Fördermaschinen und Pumpen betreiben konnte.

VÄSBY KUNGSGÅRD: alter Königshof, in dem Gustav Vasa von Zeit zu Zeit auftauchte und wohl manches Liebesabenteuer erlebte. Heute Museum mit Mobiliar und Gegenständen der Jahrhundertwende. Im Obergeschoss Ausstellung mit Sammelsurium von Haushaltsgegenständen, Werkzeugen etc. Nur im Rahmen einer Führung zu machen. Im Sommer tägl. 13-16 Uhr, sonst Mo.–Fr. 13-16 Uhr. Eintritt 3 Euro. An einziger Ampel in Sala ausgeschildert.

FESTE: Grubenfest: jedes Jahr, jedoch zu unterschiedlichen Terminen in Sala großes Grubenfest. Essen, Trinken, Festivitäten, Musik mit traditionellen Kleidungsstücken etc.

Spielmannstreffen: von überall ertönt Fidelmusik; wo man hinschaut, sieht man Leute in Trachten und alte Kleidungsstücke, Tanz in den Straßen, Stände mit Kunsthandwerk etc. An jedem ersten Sonntag im August.

Angeln: reichlich Edelfische, besonders Regenbogenforellen gibt's am See Järndammen; Angelkarten am TI!

Wandern: Gröna Gången, schöner Stadt- und Umgebungsspazierweg. Hier treffen sich alte und junge Liebespaare und gehen Hand in Hand durch Stadtparks, an kleinen Seen vorbei und durch den Wald. Man trifft auf den Spazierweg fast überall in der Stadt.

Gruvdammsrundan: schöner Rundwanderweg mit Start in Stadt oder am Zeltplatz Silvköparen. Einfach zu gehen, fast im Sonntagsnachmittagsstil. Nur im Nordteil nach Regenfällen etwas feucht und feste Wanderschuhe notwendig, sonst in Turnschuhen machbar. Variante mit 1o oder 26 km. Super genaue 1: 18.ooo Karte für 4 Euro am TI.

Ausführliche Infos zu ÖREBRO, ESKILSTUNA siehe ab S. 326.

NORWEGEN

NORWEGEN NORD - BAND 28

Der Reiseführer für euren Trip in die letzte Wildnis Europas! Die ideale Ergänzung zu unserem Norwegen Süd/Mitte Standardwerk! Es erwartet euch absolute Einsamkeit, Übernachtungen in alten Fischerhütten direkt an der Küste Norwegens und Straßen, die sich verträumt am Meer entlangschlängeln. Das Nordkap, Europas (fast) nördlichster Punkt und heilige Pilgerstätte vieler Norwegen Nord Besucher (die wirklich nördlichste Stelle liegt einige hundert Meter weiter). Mit kleinen Propellermaschinen über tief eingeschnittene Fjorde und karge Berglandschaften fliegen - Abenteuerfeeling pur wie sonst nirgends mehr in Europa! Tromsø, versteckt liegende Unistadt mit viel Nachtleben. Die Lofoten - ein Inselgewirr nicht weit vor der norwegischen Küste mit unheimlich viel Flair und Stimmung, wenn hier abends die Sonne untergeht!

Verlag Martin Velbinger, Hauptstr. 4o, 82229 Seefeld - Tel.: o8152/ 794 1o7, www.velbinger.com

NORWEGEN SÜD/ MITTE - BAND 19

Das Standardwerk für Norwegen - häufig empfohlen! Tief ins Landesinnere reichende Fjorde, atemberaubende Berglandschaften und kristallklare Seen. Norwegen ist das Paradies für Aktiv Urlauber: Kanufahren, - Segeln, - Reiten, - Baden, - Surfen, - Wandern und vieles mehr! In kleinen Wasserflugzeugen Rundflüge über die Gletscher unternehmen oder mit den berühmten Hurtigruten Postschiffen die norwegische Küste hochfahren, relaxen und an Bord die Zeit nutzen um zu lesen, während draußen die grandiose Landschaft vorbeizieht! Oslo: eine der angenehmsten Hauptstädte Europas, überschaubar und voller gemütlicher Parks zum ausspannen.

Verlag Martin Velbinger, Hauptstr. 4o, 82229 Seefeld - Tel.: o8152/ 794 1o7, www.velbinger.com

Verbindungen
STOCKHOLM ➪ LAPPLAND

STOCKHOLM als Drehscheibe hat gute Verkehrsverbindungen nicht nur rauf in den schwedischen Teil LAPPLANDS, - sondern auch für Nordland-Trips via Nachbarländer Norwegen und Finnland.

Beispielsweise keine schlechte Idee: für den Trip rauf ins schwedische Lappland via Norwegen fahren und retour über Schweden. Wobei die norwegische Seite mit ihren grandiosen Fjorden landschaftlich interessanter ist, - die Rückfahrt via Schweden/Küste (E 4) oder Inlandsweg (RV 45) jedoch schneller. Vor allem spart man auch das lästige „Doppel-Fahren" ein- und derselben Strecke! Oder aber man macht eine große Skandinavien-Rundfahrt mit Rückreise via Finnland, mit Helsinki als Bonbon.

④ Stockholm ➪ Oslo

55o km auf der Direktroute (E 18), sehr gut ausgebaute Schnellstraße. Bringt den Einstieg ab Oslo in die Fjorde Mittelnorwegens (Bergen, Sognefjord, Geiranger etc.), die zu den schönsten Norwegens zählen. Ausführliche Infos zu Mittel- und Südnorwegen mit jeder Menge Konkrettipps zu den Fjorden, Wandern, Aktivurlaub im VELBINGER Band 19 „Norwegen/ Süd- Mitte".

Wer rauf nach Lappland fährt, wird vermutlich ab Göteborg, Malmö oder Trelleborg direkt und entlang der schwedischen Westküste nach Oslo fahren und sich STOCKHOLM für den Rückweg aufheben.

AUTO: gut ausgebaute Europastraße E 18, ab Stockholm durchgehende Autobahn bis Örebro, später gut ausgebaute Landstraße mit breitem Standstreifen, so dass auch dicke Brummies problemlos überholt werden können. In kürzeren Strecken weitere Autobahn-Abschnitte bis Oslo. Vorsicht vor vielen Radarfallen! - Bei Zwischenstopps unterwegs möglichst die direkt anliegende Zeltplätze meiden: teilweise ziemlich laut, landschaftlich wenig lohnend, viele Durchgangsfahrer! Fahrzeit mit eigenem Auto ca. 6- 7 Std.

* Alternative E 2o: führt ab Stockholm südlich des Mälaren nach Örebro und besitzt inzwischen weitgehend gut ausgebaute Autobahnabschnitte.

* Alternativen: landschaftlich wesentlich reizvoller Strecke mit vielen Sehenswürdigkeiten via Uppsala -> Sala -> Kopparberg -> Filipsrad -> Kongsvinger/Norwegen: ca. 6oo km, mindestens 2 Tage mit Zwischenstops. Details siehe auch Kapitel „Värmland".

Zug: schnelle und bequem. 3 mal tägl. Direktzügen. Fahrzeit ca. 6 1/2 Std. Ansonsten bis Karlstad, dort dann Umsteigen nach Oslo notwendig. Platzreservierung.

Bus: Im Grunde stündliche Verbindungen die permanent über die E 18 knallen und nur in den größten Städten halten. Zwar etwas langsamer im Vergleich zum Zug, aber preisgünstiger und häufigere Abfahrten. Durchaus eine Alternative.

Flug: bis zu 5 x täglich, Flugzeit ca. 1 Std.

② Stockholm ⇨ Trondheim

Ideale Querverbindung für Leute, die Mittelschweden und Mittelnorwegen als Rundtour bereisen. Zeitbedarf für die mittelnorwegischen Fjorde zwischen Bergen und Trondheim ca. 2 Wochen, plus schwedischer Teil Minimum eine Woche, besser aber 2 Wochen. Als Rundtrip ist die Strecke ungemein lohnend, denn sie berührt die schönsten Gebiete beider Länder.

Stockholm -> Trondheim läßt sich auch zur Anbindung von Süd-/Mittelschweden an Lappland via Norwegen verwenden. Ab Stockholm bis zur Grenze bei Storlien geht's zunächst durch weitgehend menschenleere Urlandschaften von Wäldern und Wildnis sowie durch hügeliges Wald- und Seengebiet.

Ab der norwegischen Seite und Trondheim dann auf der „Nordkap-Route", die ähnlich einsam durch endlose, menschenleere Landschaften führt. Immer wieder entlang der langgestreckten Seen und grandiosen Fjorden. Absoluter Höhepunkt u.a. der Abstecher zu den Lofoten. Ausführliche Details im VELBINGER Band 28 „Norwegen Nord".

Auto: ab Stockholm bis zur norwegischen Grenze gibt's folgende Varianten:
* Schnellste Verbindung: E 4 -> Sundsvall und weiter E 14 Östersund nach Trondheim. Vorteil: gut ausgebaute Straßen und schnell befahrbar. Nachteil: meist langweilige, fast öde Strassenführung, die nur selten landschaftliche Attraktionen bietet. Ca. 9oo km, reine Fahrzeit ca. 12 - 14 Std.
* Kürzeste Verbindung: RV 7o nach Borlänge, weiter die RV 45 nach Östersund, ab dort die E 14 nach Trondheim. Ca. 8oo km, an Fahrzeit in etwa gleichlang via Sundsvall.
* Parallel zur schwedisch-norwegischen Grenze. Eine absolute Superstrecke. Verträumt einsame Ministraßen und gewaltige, menschenleere Waldgebiete. Hier begegnet man mehr Elchen als Menschen, einige schnuckelige WoMoplätze. Nachteil: teils in Orientierung schwierig. Langwierige Fahrerei. Verschiedene Routenmöglichkeiten: z.B. Hagfors -> Sälen -> Särna -> Idre -> Funäsdalen -> Røros ->Trondheim. Ca. 95o km, 3 bis 4 Tage.

Querverbindungen nördl. von Trondheim:
Jeweils ab schwed. RV 45 bzw. E 4 - rüber zur norweg. E 6
* Die RV 342 nach Gäddede/Grenze. Traumhaft schöne Strecke durch endlose Einsamkeit entlang glitzernder Flussläufe und Seen. Erreicht in Norwegen Grong an der E 6.
* Die E 12 via Storuman und Tärnaby, erreicht in Norwegen Mo I Rana an der E 6. Auch „Blå Vegen" (blaue Straße) genannt, da sie endlos an Flüssen und Seen entlangführt. Traumhaft schön!

Nordschweden/Verbindungen

SKANDINAVIEN - ROUTEN
Stockholm nach Lappland
Vielfältige Routenkombinationen, die
insbesondere das Doppeltfahren ein
und der selben Strecke von
STOCKHOLM rauf nach Lappland
und retour vermeiden.

Je nach Zeit lassen sich interessante
Rundtrips legen, - siehe Text!

1 Querverbindung:
  Stockholm - Oslo
2 Querverbindung:
  Stockholm - Trondheim
3 Querverbindung:
  Stockholm - Finnland
4 Verbindung:
  Stockholm - Lappland

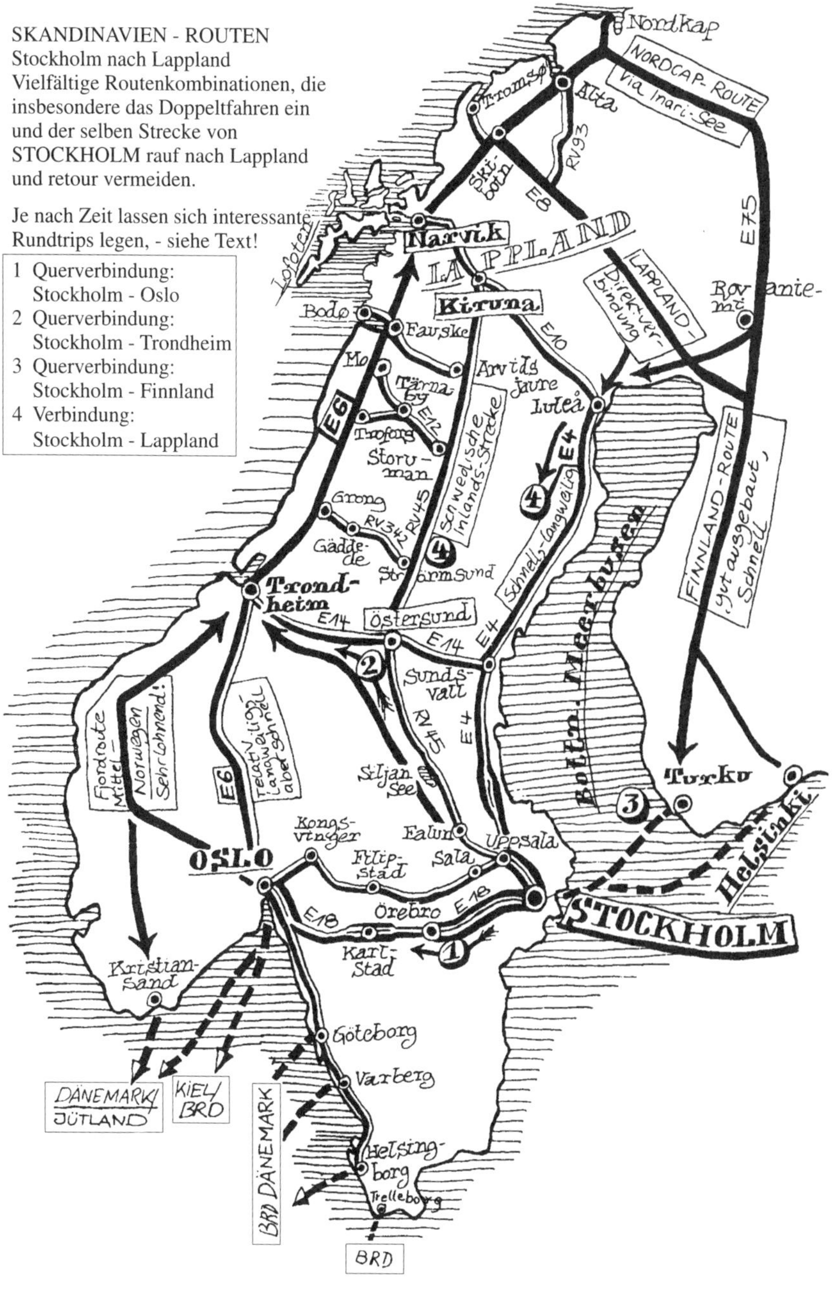

* Die RV 95 ab Arvidsjaur zur norweg. Grenze und weiter durchs Junkerdalen nach Fauske, Bodø Norwegen. Nördliche Querverbindung mit ausgesprochen schönen Streckenabschnitten so z.b. bei Arjeplog/Schweden inmitten einer Seenkette.

Zug: Stockholm -> Trondheim 2 mal tägl., Fahrzeit tags 1o 1/2 Std, nachts mit Liege- und Schlafwagen 12 Std.
Bus: wegen der guten Zugverbindungen nicht lohnend. Läuft meist via Östersund und dortigem Umsteigen mit den sog. Veckorslutbussen.
Flug: tägl. Direktflug Stockholm -> Trondheim. Sonst nach Östersund (fast stündlich) und weiter mit der kleinen norweg. Fluggesellschaft „Norving" nach Trondheim.

③ Stockholm ⇨ Finnland

Stockholm ist Drehscheibe für den Finnland-Fahrer. Ideal: auf der Hinreise Südschweden und Stockholm mitnehmen, in Finnland Urlaub machen und auf dem Seeweg direkt zurück. Oder: die wirklich große Runde über den Polarkreis und durch Norwegen/Schweden wählen. Aber enorme Entfernungen. Mindestens 4 Wochen einkalkulieren.

Fähre: ab Stockholm ist es natürlich wesentlich preiswerter rüber nach Finnland als die Direktstrecke Deutschland-> Finnland. Täglich mehrere Abfahrt.

SILJA-LINE:
Wohl eine der komfortabelsten, - mit riesigen supermodernen Schiffen bis zu 14 Stockwerken, innen integrierter Shopping Gallerie, Vielzahl von Restaurants sowie Disko, Wirlepool etc. Fast die ganze Nacht High Live an Bord. Zum Ausschlafen bleibt da wenig Zeit. Fährt 1x täglich von Stockholm nach Helsinki als Nachtfähre und 2x täglich von Stockholm nach Turku (Åbo).

1x täglich	Stockholm -> Helsinki	Abfahrt: 17 Uhr	Dauer: 17 Std.
2x täglich	Stockholm -> Turku (Åbo)	Abfahrt: 8 + 2o.15 Uhr	Dauer: 12 Std.

Die Strecke Stockholm -> Helsinki kostet mit dem „Autopaket" (1 PKW inkl. 4 Personen und eine Kabine) zwischen 19o und 277 Euro, je nach Kabinenklasse, einfache Fahrt.
Die Strecke Stockholm -> Turku kostet mit „Autopaket" (1 PKW ink. 4 Personen und eine Kabine) für die Tagesfähre zwischen 9o und 13o Euro, einfache Fahrt. Für die Nachtfähre zwischen 18o und 25o Euro, einfache Fahrt.

Buchung: Silja Line, Info Telefon Schweden o8 22 21 4o, www.siljaline.de, Hangovägen 29, 11574 Stockholm Tel. Büro: o8 66 63 33o.

VIKING-LINE:
Hat mit ebenso modernen Schiffsneubauten nachgezogen und ist Konkurrent der Silja.

1x täglich	Stockholm -> Helsinki	Abfahrt: 16.45 Uhr	Dauer: ca. 21 Std.
2x täglich	Stockholm -> Turku	Abfahrt: 7.45 + 2o.1o Uhr	Dauer: ca. 12. Std.

Kostenloser Bustransfer von Stockholm zum Terminal bei Norrtälje.
Buchung: Viking Line, Viking Terminalen, Tel. o8 45 24 2oo. www.vikingline.de

TIPP: bei den meisten Fährverbindungen kann man die Fährstrecke Deutschland (oder Dänemark) nach Schweden plus Schweden nach Finnland als Komplett-Ticket kaufen und liegt damit billiger, als die Strecken einzeln zu kaufen. Nennt sich „Durchgangs-Tarif" bei der Silja Line und „Kombiticket" bei der Viking Line.

Flug: 6 x täglich zwischen Stockholm und Helsinki. Flugzeit ca. 1 Std.

Stockholm ➪ Lappland (Kiruna/schwed. Teil)

Rund 2.5oo - 3.ooo km retour. Lohnt sich mit eigenem Auto nur bei genügend Urlaubszeit. Oben in Lappland (Schweden, Norwegen, Finnland) ist das eigene Fahrzeug von Vorteil, um die großen Dimensionen zu erleben, - und das Wohnmobil, um sich gleichzeitig bei eigenem Heim plus Küche die teuren Übernachtungs- und Restaurantkosten zu ersparen.

Auto: es gibt via Schweden zwei Routen:

| a) | E 4 Stockholm | -> | Kiruna | via schwedische Küste: | 1.265 km |
| b) | RV 45 Stockholm | -> | Kiruna | via Östersund: | 1.45o km |

Beide Straßen sind durchgehend asphaltiert und schnell befahrbar. Allerdings sollte man keinen Stundenschnitt wie auf deutschen Autobahnen einkalkulieren. Die Geschwindigkeitsbeschränkung limitiert zunächst auf 11o, teils 9o km/h. Vorsicht auch bei kreuzenden Rentierherden! - Tankstellen gibt es ausreichend.

* **E 4 via Küste:** an Km und Zeitbedarf kürzer. Sie ist als breite Schnellstraße ausgebaut und besitzt mehrere kürzere Autobahnabschnitte. Auf lange Strecken ist sie seitlich durch Zäune gegen querende Rentiere und Elche geschützt. Trotz Ostseenähe gibt's entlang der Küste nur selten den Blick auf den Bottn. Meerbusen, - ansonsten führt die Küstenroute stupide durch Wald- und vereinzelte Ackerbaugebiete. Achtung: viele Radarkontrollen!

  Die E 4 ist Schnellverbindung. Reine Fahrzeit bei fliegendem Fahrerwechsel und ohne Stop ca. 15 - 18 Std. Für Fahrer in den äußersten Norden Skandinaviens ist die E 4 wichtigste und schnellste Rückreiseroute nach Mitteleuropa in die Heimat.

* **RV 45 durchs Landesinnere:** die landschaftl. teils schönere Route bei lohnenden Stopps im Bereich Jämtland. Ab RV 45 sind Querverbindungen nach Nordnorwegen möglich sowie Stichstraßen zu Wandergebieten im Grenzbereich. Details siehe dort. Fahrzeit Stockholm - > Kiruna via RV 45 ohne Abstecher ca. 2 Tage.

Zug: Stockholm -> Kiruna 2 mal tägl., Fahrzeit halber Tag plus eine Nacht. Die Züge sind äußerst komfortabel und führen auch Schlafwagen mit eigener Dusche mit sich. Bei einer Fahrzeit von einem Nachmittag plus der Nacht im Schlafwagenbett ist man mit Schwedens bekanntestem Zug Nordpfeil (Nordpilen) oben in Kiruna/ Lappland.

Bus: braucht im Vergleich zum Zug wesentlich länger. Zudem hat er den Nachteil, dass man sich nicht die Füße vertreten kann und auch der Bussitz zum Schlafen wesentlich unkomfortabler ist als das bequeme Bett im Zug.

Flug: 5 x tägl. zwischen Stockholm und Kiruna bzw. Gällivare. Aber auch Luleå. Bei zugleich günstigem Preis ist es eine Alternative für Wanderer, aber auch für Leute, denen die langatmige Fahrerei auf den Geist geht. In rund 1 1/2 Std. Flug ist man am Ziel.

Wer mit dem Auto unterwegs ist und nur wenig Zeit hat: vielleicht keine schlechte Idee, das Fahrzeug in Stockholm zu lassen und rauf nach Kiruna per Flug oder Zug. Interessante Variante: ab Kiruna dann mit dem Zug rüber nach Narvik/Norwegen, den sehr lohnenden Abstecher rüber zu den Lofoten und per Flug runter nach Bergen oder Oslo.

Grandiose Sache bei klarem Wetter über den Fjorden und Gebirgsketten. Ab Bergen tägl. Zug über das Hochfjäll nach Oslo mit Verbindung nach Stockholm. Alle Details im VELBINGER Band 19 „Norwegen Süd/Mitte".

Wir beschreiben im folgenden Text zunächst die INLANDSROUTE nach Lappland via Östersund/Jämtland.

Details zur Strecke Stockholm bis Östersund siehe .... Seite 439

Wer die KÜSTENROUTE ab Stockholm rauf nach Lappland nimmt, also via Luleå nach Kiruna fährt, findet alle Details ab .... Seite 463

NORDSCHWEDEN
PROVINZ JÄMTLAND

Mitten im Herzen von Schweden. So groß wie Dänemark bei einer Einwohnerzahl wie deutsche Kleinstadt (135.000). Folge: dünn besiedeltes Gebiet, in dem die Abstände zwischen Zivilisationsflecken immer größer werden.

Wald, Wald und nochmals Wald soweit das Auge reicht, bis zur Eintönigkeit. Dazwischen gewaltig brausende Ströme, die mit unermeßlicher Kraft von den schneebedeckten norwegischen Skanden unaufhaltsam dem Meer zueilen.

Im Osten karge, trostlos weite Fjällgebiete mit atemberaubenden Wasserfällen, unbegrenztem Alaskablick und immer häufiger anzutreffenden Rentierherden. Weniger lieblich, dafür einsam, rauh und weit, mit zunehmender Mückenplage und schlechteren Autopisten.

✱ Östersund

Mitten drin, am gigantischen Storsjön (= Großsee) - extrem kaltes Wasser. Östersund ist Provinzhauptstadt, liegt im Fadenkreuz der Süd-Nord- und West-Ost-Verbindungen. Treffpunkt und Zwischenstopp vieler Lappland-/Nordkap-Driver und Norwegen-Fahrer.

Nach meilenweiter Unendlichkeit echtes Großstadtfeeling mit langer Einkaufsstraße und Treffpunkt der regionalen Dorfrocker mit ihren aufgemotzten Autos und Motorräder unten am Hafen. Ideal zum Nachkaufen von Vorräten und Ausrüstung vor Lappland.

 Gegenüber vom Rathaus in alter Schule. Der etwas hektische Kontor war ehemals Turnhalle und Gymnastiksaal! Rådhusgatan 44, 83182 Östersund. Tel.: (063) - 144.oo1, Fax: (063) - 127.o55. Im Juli geöffnet: Mo.-Sa. 9-21 Uhr, So. 9-19 Uhr. Homepage: www.ostersund.se/turist

Verkauf der sogenannten Östersundskarte (5 Tage gültig, 16 Euro), mit der man u.a. längere Bustouren zum halben Preis bekommt. Viele freie Eintritte. Lohnt sich bei längerem Aufenthalt! Gültig von Anfang Juni bis Ende August.

𝔙erbindungen ab Östersund

Beste Verkehrsanschlüsse, weil die einzig echte Stadt im Großraum:

 **Zug**: -> Göteborg: Direktzug 1 x täglich (Fahrzeit 1 Nacht)
-> Stockholm: direkt 3 x täglich (7 Std.).
-> Trondheim/Norwegen: 2 x täglich direkt (Fahrzeit 5 Std.)
Weitere Züge Östersund bis Reichsgrenze Storlien, von dort

direkte Busanschlüsse nach Trondheim.
-> Küste nach Sundsvall: 5 x täglich mit Anschluß an Nord-Süd-Verbindung (Kiruna -> Stockholm -> Helsingborg) in Ånge.
Zentrale Einstiegsmöglichkeit für die gemütliche „Inlandsbana" in Richtung Gällivare. Polarkreis-Express: 3 x wöchentlich.

Bus: am Wochenende Direktbusse von/nach Stockholm. Mehrmals täglich gute Verbindungen mit schnellen Bussen nach Umeå und Sundsvall.

Flugzeug: -> Stockholm: 7 x täglich, Flugzeit 1 Std. Außerdem kann man sich bei Kleinfluggesellschaften mit Wasserflugzeug und Hubschrauber zum Angeln und Wandern in einsamste Wildnis ausfliegen lassen. Allerdings saftige Preise: Osterman Helicopter AB, Lugnviksvägen 3, 063/ 55 65 3o. www.ostermanhelicopter.com

Auto: Bei Anfahrt mit Auto aus südlicher Richtung E 14 wesentlich schönere Route über Svenstavik nehmen und mit 2 kostenlosen Autofähren ab Marby in die City! Nichts für Eilige!

AUTOVERLEIH: Frösö Biluthyrning AB, www.hyr-bil.nu, Kyrkgatan 32, Tel.: (063) - 57 5o 3o. Inter Rent, Hofvallsgränd 1, Tel.: (063) - 517.24o; Budget, Köpmangatan 25, Tel.: (063) - 1o4.41o

„**Radisson-SAS Hotel**": bestes Hotel in Östersund. Große, helle Räume alle mit Video, Radio, Telefon usw. Versuchen, möglichst in oberen Stockwerken Zimmer mit Seeblick zu bekommen. Im Innen-swimmingpool und Sauna residiert die Haute-Volée. DZ mit Frühstück ab ca. 8o Euro. Prästgatan 16, Östersund, Tel.: (063) - 55 6o oo. www.radissonsas.com

Östersunds Camping, Großcampinganlage an der Einfahrtstraße in Stadtnähe unter Kiefern. Kein Seezugang, dafür Schwimmbad nebenan (6 Euro Eintritt). Morgens rechtzeitig duschen, sonst ist warmes Wasser weg. Anfahrt: an der Hauptstraße südlich des Zentrums ausgeschildert. Tel. 063/ 144 615.

Frösö Camping, großer, schattenloser Platz mit Blick hinunter zum Storsjön und auf bewaldete Höhen. Ca. 8oo m runter zum Wasser. Mini-Golf, Kinderspielplatz und Hütten. Ohne Atmosphäre. Anfahrt: im Zentrum über die Brücke Richtung Frösön. Nach Brücke sofort links Schild „Valla" folgen.

Sandvikens Camping, Östersunds schönster, direkt am kalten Storsjön und im Wald. Über neu gebaute Brücke gut zu erreichen. So. und Di. abends Tanz. Dann lauter. Anfahrt: 1) von der E 14 südlich der Stadt in Brunflo Richtung Marieby abbiegen oder 2) vom Zentrum über die Brücke Frösön – Knytta.. Tel. 0624/ 1o2 47.

Lits Camping, nördlich der Stadt im Waldgelände am Fluß. Künstlich angelegter kleiner See mit angeschüttetem Sand für Kinder zum Baden. Kanuverleih. Gute Angelmöglichkeiten. Anfahrt: an der Flußüberquerung der 45, ca. 2o km nördlich von Östersund.

STF Vandrarhem Östersund, Södra Gröngatan 32, 2- bis 4-Bett-Zimmer. Tel. 063/ 139.1oo

Vandrarhem Jamtli: weißes Holzgebäude mit ordentlichen 2–4-Bett-Zimmern. Pro Person 15 Euro. Ganzjährig geöffnet. Museiplan, Tel. 063/ 12 2o 6o.

Björnen Youth Hostel: weißes Holzgebäude und Teil des Björnen Hotels sehr zentral in City. Der Vorteil ist, dass man die "Logistik" des Hotels wie Sauna, Solarium und Frühstücksbuffet zu nur leicht höheren Jugendherbergspreisen mit nutzen kann. Empfehlenswert besonders für Bahnfahrer, da nur 15o m vom Bahnhof entfernt. Storgatan 61, Tel.: (063) - 517.525.

Frösötornets Härbärge: super Sache, in uraltem Holzhaus mit grasbewachsenem Dach treffen sich Hausbewohner in gemütlicher Gemeinschaftsküche. Sogar zwei Zimmer mit eigenem Kamin, alle mit fließendem Wasser. Dusche auf dem Flur. Zwei Annexen nebenan haben zwar besseren Standard als die Räume im Hauptgebäude, aber längst nicht die urige Stimmung. Preis pro Person 14 Euro. Anfahrt: Richtung Frösön, am Zoo vorbei Richtung Aussichtsturm, gleich nebenan. Buslinie 5 bis Zoo, 5 km vom Bahnhof. Tel. 063/ 51 57 67. www.froson.com/vandrarhem

"HOV", im Freilichtmuseum Jamtli. Täglich nur Smörgasbord, bestes Essen, nur vom Feinsten, so viel man will für knappe 2o Euro. In old-fashioned Fachwerkhaus, an den Wänden gemalte Türen und Blumen. Tel. 063/ 15 o1o3.

"O'Learys Bar & Restaurant", American Sportsbar in der die wichtigsten Sportereignisse übertragen werden. Amerikanische und mexikanische Küche. Freitag und Samstag Abend auch beliebter Nightspot zum abhängen. Storgatan 28, Tel. 063/ 12 66 1o. www.olearys.se

EINKAUFEN

Leif Wikner: bester Naturholzmöbelladen in Jämtland, wenn nicht in ganz Schweden. Gigantisch traumhafte Holzhimmelbetten, reichhaltig verzierte Wiegen, dicke Raumabtrenner, klobige Holzstehlampen. Alles aus tollem nordischen Holz. Zwar sehr teuer, aber ausgesuchte, seltene und ausgefallene Stücke. Unglaublich der in 8oo Arbeitsstunden verzierte "Holz-BMW". Man kann sich auch Tipps zum Selbstbau holen. Die Fahrt lohnt. Anfahrt: 65 km südlich von Östersund: mit zwei Fähren über Frösön nach Marby. Dann über die 321 bis Persåsen nördlich von Svenstavik. Geöffnet: täglich im Sommer 9-19 Uhr, Sa. + So. 9-17 Uhr.

Ganz in der Nähe der Hoverberget-Aussichtsturm mit schönen Wanderungen. Teilweise steil, dafür aber Mordsaussicht. Turnschuhe reichen!

Fjällhalsen: echte Samenkunst: Leder- und Silbersachen, Uhrenarmbänder, Messer. Kein Kitsch wie in manchen Stadtgeschäften. Nicht billig, aber gut. Anfahrt: vom kleineren Ort Hallen (gegenüber Östersund) auf andere Seeseite in die Berge Richtung Fjällhalsen.

SEHENSWERTES

JAMTLI: unkonventionelles Heimatmuseum. Alte Sennhütten, mittelalterliche Bauernhäuser, Wohnhäuser, Gaststätten aus gesamter Provinz. Sie werden bewohnt und in herkömmlicher Weise bewirtschaftet. Kühe, Pferde und Schafe laufen auf Wiesen herum. Es leben tatsächlich Familien (abwechselnd für eine Woche) mit Kindern barfuß in verqualmt niedrigen Hütten, schlafen unter Rentierfellen und bestellen Felder mit Saat-Taschen und Sense. Mithilfe durch Besucher ist erwünscht, somit ein „interaktives Museum".

Im Gasthaus nebenan gibt's dunkles nordländisches Bier und selbstgebackenes Tunnbröd (fladenartiges Dünnbrot). Natürlich ein kommerzielles Unternehmen, aber wesentlich interessanter als die „üblichen" Heimathöfe. In jedem Fall am Eingang deutschsprachige Broschüre besorgen, sonst bekommt man nicht alles mit. Geöffnet: 11- 17 Uhr. Eintritt 1o Euro, mit der Östersundskarte frei. Anfahrt: am nördlichen Stadtausgang am Gelände der Norr Expo-Ausstellungshallen, ausgeschildert. www.jamtli.com

FRÖSÖN KIRCHE: auf der westl. Östersund vorgelagerten Insel, die über Brücke verbunden ist. Eine Steinkirche aus dem 12. Jahrhundert mit rundem Jesusbild über dem Altar. Stammt vermutlich aus deutschem Kirchenbesitz. (Cassettenguide auf deutsch). Schöne Aussicht. Anfahrt: durch Frösön, der Hauptstraße folgen.

FRÖSÖ ZOO: über 7oo Wildtiere aus der ganzen Welt beherbergt der im ganzen Umfeld besonders bei Kindern beliebte Zoo. Mit Museum, einem kleinen Vergnügungspark und überwiegend exotischen Tieren ist der Eintritt von 15 Euro p.P. bzw. 47 für die Familienkarte durchaus vertretbar. In der HS täglich 1o-18 Uhr. In Frösö ausgeschildert. www.frosozoo.se

Storsjöbadet: tolles, ganzjährig geöffnetes Spaßbad mit imposanter Deckenkonstruktion. Neben Stromkanal und Whirlpool ist natürlich die super Rutsche Attraktion des Bades. Nicht nur etwas für Regentage. Geöffnet im Sommer Mo–Fr 1o–2o Uhr, Sa/So 1o–18 Uhr. Mit Östersundskarte frei, ansonsten 8 Euro.

Angeln

Beste Gebiete im Fjäll Richtung norwegische Grenze. Professionelle Sache: mit Osterman Helicopter sich in Fischercamp einfliegen lassen. Flugfirma vermittelt dort Wildnishütten mit Ruderbooten.

Nordschweden 443

Bei **Kanutouren** in dieser Region schon eine Ecke vorsichtiger sein! Sehr kaltes Wasser, schnell wechselnde Wasserstände, immense Wasserwucht und teilweise Probleme beim Einsatz des Bootswagens in absoluter Wildnis erfordern Vorerfahrung! Am besten an autorisierte Kanuzentrale wenden. In Östersund ist der Inhaber ein absoluter Experte. Kennt die ganze Gegend wie seine Westentasche, weiß über Wasserstände genau Bescheid und kann mit Karten und Tourenvorschlägen wertvolle Detailtips geben. Von Tagestour bis 3 wöchiger expeditionsähnlicher Tour ist alles drin. Hier Vorschläge:

* Hårkans Wassersystem: möglicher Startpunkt schon bei Spenes nahe der norwegischen Grenze. Bis Kirchdorf Hotagen am gleichnamigen See vier teilweise schwierige Umtragestellen auf 5o km. Weniger strapaziös ab Hotagen/Dorf bis Lit (an der 45), sehr abwechslungsreich: seeähnlich, leichte Stromschnellen, einige Portagen. Vorsicht: im Hochsommer kann der Hårkan-Fluß zwischen Sandvikssjön und der Mündung im Indalsälven wegen Niedrigwasser recht steinig sein! Ansonsten zwischendurch einige schöne Schwallstrecken. 9o km ca. 4 Tage. Größtenteils unerkundete Wildnis.

* Vom Campingplatz am Laxsjö: 2 km östlich des Hotagensees, über Fluß Storån bis Hammerdal. Ideal im Frühsommer bei entsprechendem Wasserstand. 5o km ca. 2- 3 Tage.

* Aus dem großem Landösjön (Startpunkt bei Rönnöfors oder Granlunda) über Langån bis Indalsälvmündung. Unberührte Wildnis mit vielen Steinadlern, Bibern, Ottern und Orchideenfeldern am Ufer. Auf 4o km gibt's vier Umtragestellen (bei Niedrigwasser möglicherweise mehr). Vor der Mündung in den Indalsälven kilometerlange, mittelschwere Schwallstrecke. Zeitbedarf: 2 Tage.

Weitere Tipps, Karten, Ausrüstungsgegenstände und Organisation von Transport bei: Little Lake Hill Canoe Center, Tel.: 063/ 21 o1 o3.

Fahrrad: Längere Touren wegen enormer Entfernung recht mühselig. Erfordert gute Kondition und ausreichende Proviantierung. Der Supermarkt liegt außerhalb Östersunds nicht gleich um die Ecke!

Kleinere Touren führen etappenweise am See entlang. Rundtour: Frösön -> Sandviken -> Hara -> Oviken -> Månsåsen -> Marby -> Sunne -> Frösön. 80 km, 2 Tage. Bäuerliche Kultur- und Waldlandschaft, viel Seekontakt.

AUSFLÜGE: mit dem altem Schiff S/S Thomee auf dem Storsjön See. Je nach Tour ca. 8 und 1o Euro/Person. Besonders schön sind Abendtrips.

AB ÖSTERSUND

✦ Richtung Nord und Nordwest

Achtung Lapplandfahrer: nicht die ausgetretene und streckenweise langweilige Route RV 45 Östersund -> Strömsund-> Dorotea-> Vilhelmina nehmen, sondern bei genügend Zeit Nebenstrecke quer durch Waldgebiete und über's Fjäll. Selbst im Sommer in höher gelegenen Bereichen noch Schnee rechts und links der Straße, totale Einsamkeit. Im Gebiet mehr Bären als Menschen und verwunschene, heimelige Bullistellplätzen direkt am Wasser.

Eine der schönsten und wildromantischsten Straßen Schwedens. Auf der RV 45 bis Strömsund, dort ab auf die RV 342 bis Gäddede. Schotterpistenfans nehmen die zur 342 parallel verlaufende Nebenstraße über Kärrnäset und Hillsand. Von dort über sogenannte „Stekenjokkstraße" Ri. Klimpfjäll/Vilhelmina. Unterwegs passiert man das Lappendorf Ankarede und den Gaustajokk Wasserfall. Ca. 3o0 km, für die man sich mindestens 2 Tage Zeit nehmen sollte. Zum Vergleich: Strömsund -> Vilhelmina direkt auf der RV 45: ca. 125 km (Fahrzeit rund 2 Std.).

QUERVERBINDUNGEN -> NORDNORWEGEN: ab Östersund RV 45 nach Strömsund und weiter die RV 342 nach Gäddede (TI: 0672 - 1o5.oo, Unterkunft, Tankstelle). Ab hier entweder via sehr gut ausgebauter E 74 und Nordli nach Grong an der norweg. E 6.

Alternative: ab Östersund zunächst die E 14. Nach 22 km im Ort Krokom auf die RV 34o. Landschaftlich eine der schönsten Strecken, entlang von Wasserläufen und Seen zur norweg. Grenze. Führt drüben weiter als RV 765 via Nordli nach Grong an der E 6. Rechtzeitig Tanken, da nur sehr dünn besiedelt. Details zu beiden Routen, norweg. Seite im VELBINGER Band 28 „Norwegen- Nord".

✳ Richtung schwed. Ostküste

Die gut ausgebaute E 14 Östersund -> Sundsvall geht zwar flott (188 km, sogen. „Karolinervägen", 2 1/2 Std.) ist aber etwas langweilig und fade. Besser über die gut asphaltierte und abwechslungsreichere RV 87 -> Hammarstrand/Sundsvall. Schöner Wildniscampingplatz in Bomsund direkt am See (grasbewachsene Lappenkaten) für Zwischenstopp!

✳ Richtung Süden

Wir fahren mit Vorliebe Åsarne-> Vemdalen-> Sveg und dann nicht Ri. Orsa, sondern über Lillhärdal nach Särna oder Älvdalen. Dort gnadenlose Einsamkeit und Weite, stündlich befahren nur ca. 2-3 Autos die Straße.

✳ Östersund -> Trondheim

E 14 („Karolinervägen") nach Storlien/Trondheim. Gut ausgebaute Hauptverbindung (22o km) mit landschaftlich schönen Abschnitten. Weiß schäumende riesige Wasserfälle, einsame Fjällwanderwege.

> Der Name „Karolinervägen" stammt aus dem Jahr 1718, als der schwed. General Armfeldt im Auftrag König Karls diesen Weg nahm, um Trondheim zu erobern. Bei unsäglichem Regen, katastrophaler Ausstattung, ständigem Proviantmangel und überschwemmten Flüssen mußte sich der unentschlossene General im Winter ohne eine Schlacht geschlagen zu haben, mit seinen 1o.000 Soldaten zurückziehen. Im Schneesturm und ohne Proviant starben 3.000 Mann.

✱ Åre

Hauptferienort der Region an der E 14 nach Norwegen. In Schweden bekannter Wintersportort, wo im Jahre 2oo7 die „Alpin Weltmeisterschaften" stattfinden. Seilbahnen und Skiabfahrten. Im Sommer lohnendes Wandergebiet.

 Im Bahnhof. Åre Turistbyrå, Olovsväg 35, 83o13 Åre, Tel.: (o647) - 177.2o, Fax: (o647) - 177.12. Geöffnet: täglich 9-18 Uhr. Vermietung von Ferienhäusern und Buchungen von Hotels. www.areturistbyra.com

Verbindungen

Zug: Hauptlinie Stockholm-> Östersund-> Åre -> Trondheim/Norwegen: 2 x täglich. Fahrzeit nach Trondheim 3 1/2 Std., nach Stockholm 1o Std.

 **Auto**: für Nebenstraßenfans Richtung Norwegen: ab Järpen über die 336 nach Norwegen. Tolle Hochstraße direkt am See entlang. Tolle Bulli-Abenteuer-Zeltplätze. Oder: entlang Tännforsen Wasserfall über Sandvika zur norwegischen E 6.

 „**Hotel Diplomat Åregården**": zentral am Marktplatz, 1oo m vom Bahnhof. 3-stöckiges Holzhaus der Jahrhundertwende, das mit seinem Holzvorbau bei etwas Phantasie in Westernfilm passen könnte. Große, renovierte Zimmer mit hellen Kiefernmöbeln. Urig. DZ mit Frühstück ab ca. 8o Euro. 83o13 Åre, Tel.: o647/ 179 oo. www.diplomathotel.com

Gleich nebenan zum Hotel Åregården gehörende **Wohnanlage** am Hang zum Åresee runter. Komplette Wohnungen mit Wohn-/Schlafzimmer, Dusche und Toilette, Sauna und Swimmingpool im Nebengebäude. Preis je nach Größe und Anzahl der Personen ab ca. 8o Euro.

Für längeren Aufenthalt lohnen sich **Ferienhäuser**, hier ausnahmslos in naturschöner Umgebung:

Hotel und Feriendorf „**Kolåsen**": mitten in der Botanik am See. Blick auf schneebedeckte Bergwelt. Anfahrt: von der E 14 in Järpen Richtung Kolåsen abbiegen. Preis 18o Euro pro Haus und Woche (4 Personen). Fjällhotel Kolåsen, 83oo5 Järpen, Tel.: (o647) - 81o.17.

 Såå Camping: baumloser Platz direkt an der E 14 kurz vor Åre. Weiter „Norwegenblick", allerdings kein Wasserzugang. Durchgangsplatz. Anfahrt: an der E 14 von Åre ausgeschildert.

Åre Strand Camping: recht ordentlicher Urlaubsplatz direkt am See. Weit genug unterhalb der Straße. Schönster zwischen Östersund und Trondheim. Anfahrt: in Åre ausgeschildert.

 **Jugendherberge**: STF-Brattlandsgården, 8 km südöstlich vom Zentrum. Eldorado für Naturfans und Wanderbegeisterte. Bei Vorbuchung auch 1- oder 2-Bett-Zimmer zu haben. Vandrarhem Åre, Brattlandsgården, 83o1o Undersåker, Tel.: o647/ 3o1 38. www.brattlandsgarden.se

 „PENSION MILLESTGÅRDEN": ein ebenfalls von außen unscheinbares Gasthaus, aber drinnen werden köstliche örtliche Spezialitäten wie Hering, Seibling, Auerhuhn, Elch usw. geboten. Und zum Nachtisch leckere Multebeeren mit Sahne. Zusätzlich herrlicher Blick auf das Mullfjållet. Preise um 18 Euro. Anfahrt: an der E 14 westlich des Örtchens Duved.

„HANDÖLS VÄRDSHUS": gemütlich winzige Wirtsstube am Ende der Welt. Hier gibt's auf kochend heißen Steinen (!) Beef- oder Renfilet mit leckeren Saucen (ähnlich Fondue). Vorsicht: Auf dem Anfahrtsweg häufig laufende Rentiere. Rundherum Panorama-Perspektive für kompletten 36er Dia-Film. Anfahrt: 3o km vor Grenzort Storlien in Enafors ab zum 7 km entfernten Handöl.

SEHENSWERTES

Gleich beim Handöls Värdshus zwei lohnende Sachen: Kurz vorher, winzige, wohnzimmergroße LAPPENKIRCHE. Auf jedem Platz liegt wohlgeordnet ein Gebetband. Tür verschlossen. Schlüssel liegt aber rechts neben Tür!

Nördlich von Handöl dreistufiger WASSERFALL, von wankender Hängebrücke überspannt. Panoramaperspektive für Camel-Filter-Reklame! Vorsicht auf der Hängebrücke: sie ist maximal für drei Personen zugelassen, auf fünf handbreiten Brettern wackelt's rüber. Bei gut kniehohem Geländer nur was für Schwindelfreie! Aber rattenscharfes Gefühl und bezaubernde Aussicht! Ein Stückchen oberhalb, längs Straße nach Storulvån gibt's zu 9o% - iger Sicherheit Rentiere zu sehen. Bitte nicht stören!

TÄNNFORSEN: einer der größten und eindrucksvollsten Wasserfälle Schwedens; selbst für den Bleifußdurchreisenden lohnendes Muß. Gewaltige Wassermassen stürzen sich brausend, wild schäumend 38 m in die Tiefe. Häufig fotogener Regenbogen über regenähnlicher Gischt. Besonders abends, wenn die Sonne die Alaska-Wildnis-Silhouette in warmes rostrotes Licht taucht, traumhafte Aussicht!
Anfahrt: von der E 14, ca. 1o km westlich des Örtchens Duved ausgeschildert. Vom Parkplatz wenige hundert Meter entfernt.

RISTAFALLET: nicht ganz so spektakulärer Wasserfall wie Tännforsen, aber ganz nah an der Straße. Für Leute mit Tageskilometerambitionen. Drumherum viel Rentierflechte. Am besten Mittwoch abends Besuch abstatten. Dann übt der örtliche Kanuwildwasserclub unterhalb des Falles zwischen Slalomstangen. Die Jungs haben ganz schön was drauf!

Gleich oberhalb des Wasserfalls kleiner, baumloser Zeltplatz neben dem ewigen Rauschen des donnernden Wassers! Zwischen Järpen und Undersåker an der E 14.

 **Wandern**: gesamtes Sylarna-, Bunner- und Härjångsfjäll ist ein ideales Wandergebiet oberhalb der Baumgrenze. Hervorragend markiert und mit Brücken und Bohlen ausgelegt, so dass man nicht knietief durch Gletscherwasser waten muß. Viele Kombinationsmöglichkeiten mit weiteren Touren. Sowohl als Hüttenwanderung (mit einfachen Verproviantierungsmöglichkeiten) als auch mit Zelt machbar. Wahlweise Gummistiefel oder feste Bergschuhe. Karte und Kompaß nicht vergessen!

Kleine Tagestouren rund um Åre. Mit der Kabinenbahn zur Bergstation hoch und oben schöne Rundwanderungen. Zum Abschluß steilen Fußweg runter (2- 3 Std.).

Beste <u>Ausgangspunkte</u> sind auch mit Eisenbahn zu erreichen: Undersåker, Enafors und Storlien.

* **Undersåker**: Von hier mit Bus nach Vålådalen zur dortigen STF-Fjäll station oder nach Vallbogården für Tagestour.

* <u>Tourenvorschlag</u>: Von Vallbo Richtung Süden über dichtbewachsenen Südhang durchs große Moor Vargtjärnflatet (Planken gelegt). Vorbei an knorrigen Gebirgsketten zur alten Lappensiedlung Grönvallen. Danach über tote Mondlandschaft zum terrassenförmigen Eisseedelta des Issjön vorbei an faszinierender Steinpyramide und trichterförmigen Kratern. Am Eisseedelta achteckige, ehemalig königliche Jagdhütte. Insgesamt 1o km, 3 Stunden, gut markiert.

Gleichen Weg zurück oder nordöstlichem Tal folgen und durch grün- moo riges Delta am Tomröven See entlang zurück. Leichte bis mittelschwere Route, auch in Bergwanderschuhen machbar. Wegen Einkaufsmöglichkeiten zwischendurch nicht zuviel Fressalien mitnehmen.

* <u>Langwanderung</u>: Vålådalen-> Lundörrstugan (1. Tag, 1o km) -> Vålåstugan (2. Tag, 15 km) -> Gåsenstugan (3. Tag, 16 km), letztes Stück zur Hütte geht steil hoch zum Sylarnastugan (4. Tag, 18 km, dort Nottele fon, bewirtschaftete Hütte mit eingeschränkten Proviantierungsmöglichkeiten). Ggf. Tag dort bleiben und zum Gletscher hoch tippeln. Von Sylarna Tagestour nach Storulvån (16 km) mit Taxiverbindung zum Bahnhof Enafors und der E 14. Zeitbedarf: 1 Woche, ca. 75 km. Karte: Stora Fjällkartan 1.

* **Enafors**: vom Bahnhof oder E 14 mit Auto oder Taxi -da steigen häufig Rucksackwanderer aus- zum Ausgangspunkt Storulvån (Parkplatz gebührenpflichtig). Beliebtes, zusammenhängendes Gebirgsmassiv mit weiten, offenen Flächen und hinreißenden Ausblicken oberhalb der Waldgrenze. Am Berg Sylarna teilweise alpines Gebiet mit kleineren Gletschern.

* <u>Tourenvorschlag</u>: der sogenannte <u>Jämtland-Triangeltrail</u>, Zeitbedarf insgesamt 3- 4 Tage, max. 48 km

1. Tag: Storulvån -> Blåhammaren-Hütte (13 km). Über Hängebrücke zunächst durch flaches Gelände. Nach Ulvåtjärnstugan (nur Windschutz) geht's bald in östlicher Richtung bis zum durch kleinere Seen durchsäten

Hochplateau steil hoch. An der Fjällstation gibt's als Belohnung erstmal kostenlosen Orangensaft.

2. Tag: Blåhammaren -> Sylarna (19 km). In südlicher Richtung gemächlich bergab durch einige moorig, quatschige Stellen. Ab Enkälen Windschutz; allmählich wieder bergauf bis man von oben die zackige Sylarna-Silhouette sieht. Nach Überspringen einiger Bäche kommt man ganz schön kaputt an der Sylarna-Fjällstation an. Von hier für Bergerfahrene relativ einfache Besteigung des Lillsylen-Gipfels (1.7o2 m) oder mit Guide hoch.

3. Tag: Sylarna -> Storulvån (16 km). Weg zurück bis zur Brücke, entlang der Telefonleitungen. Vorsicht bei Spåjme-Windschutz. Nicht den unter der Telefonleitung verlaufenden Wintermarkierungen (rote Holzkreuze) folgen, sondern längeren Sommerweg etwas oberhalb. Grund: hier gibt's Brücke über Ulvån-Fluß. Danach zunehmender Birkenwald bis Parkplatz Storulvån.

Skäckerfjällen Naturpark, ausgedehnte Wanderwege und gut angelegte Berghütten in einem Gebiet, das sich an Schönheit mit dem Sarek-Nat. Park vergleichen läßt. Anfahrt: Über Järpen nach Kallsedet.

* **Storlien**: an der Staatsgrenze zu Norwegen. Verkehrstechnisch ideal: Direkte Zugverbindung mit Stockholm. Verschiedene Hotels und Jugendherberge. Vielzahl unterschiedlicher Tourmöglichkeiten. Ein Eldorado für Wanderfreunde. Schönste Touren in südliche Richtung. Kleine Touristinformation im Eisenbahnwagen am Bahnhof.

* Tagesspaziergang: vom Högfjällshotel traumhafter Blumenpfad hoch. Links und rechts duftende Orchideen und seltene Farne, die auf Schildern erklärt werden. Unterwegs Bänke zum Ausruhen und um die Aussicht zu genießen. Bis Ernstkumlet Windschutz ca. 2,5 km.

* Richtung Süden: über Blåhammarens Fjällstation (1. Tag, 12 km) zunächst durch naß sumpfiges, leicht ansteigendes Waldgebiet. Bis zur Hütte, dann steiler. Für die Strecke Blåhammaren -> Sylarna (2. Tag, 19 km) vgl. den Jämtland-Triangel oben.

Sylarna -> Helags Fjällstation (3. Tag, 19 km) in südöstl. Richtung steiler Anstieg. Oben am Mieskentjahke Windschutz äußerst naß und sumpfig. Überquerung vieler kl.Bäche. Helagsstugan mit Nottelefon und Proviantierungsmöglichkeit. Danach Richtung Ljungdalen (4. Tag, 18 km) mit Erreichen der Waldgrenze. Weiter südlich über Fältjägarstugan, Klinken. Fjällnäs Anschluß an Grövelsjön-Gebiet (vgl. Dalarna).

Gutes **Kanugebiet**, allerdings nicht mehr so leicht erreichbar und befahrbar wie in südlicheren Regionen. Plötzliche Wetterstürze, auch im Sommer. Kalte Nächte (Höhe!) und vielfach gänzlich fehlender Zivilisationskontakt setzen Erfahrung und gute Ausrüstung voraus.

Schöne Tour: von See Anjan (Vogelschutzgebiet) in riesigen Kallsjön bis

Järpen an E 14. 63 km, Zeitbedarf ca. 2- 3 Tage. Günstigster Einsatzort: Kirchdorf Melen an 336 nahe norwegischer Grenze. Weitere Infos und alles Notwendige bei:

Kanuzentrale Kolåsen (nördlich der 336 am Äcklingen See), Postadresse: 83oo5 Järpen, Tel.: (o647) - 81o.17.

Außerdem werden vom TI **Floßfahrten** in Grand-Canyon-Stil durchgeführt. Unterhalb (wohlgemerkt) des Tännforsen Wasserfalls geht's mit Riesenschlauchboot durch schäumende Stromschnellen. Notwendige Ausrüstung (Schwimmweste usw.) wird gestellt. Als Tages- oder Wochentour zu machen. Vermittlung über TI in Åre.

Kallsedet: High-Adventure Camp. Camping und Unterkunft in Hütten zwischen Kallsjön und Juvulen. Angeboten werden je nach Saison Skitourenkurse, Schneeschuhkurse, Hundeschlittenfahren, Survivaltrainings, Helicopterskiing, Kanutouren etc. Preis auf Anfrage. Anfahrt: Stenåldersland, High-Adventure-Camp, Kallsedet, 83oo5 Järpen, Tel.: (o647) - 8o1.13.

> *Route ÖSTERSUND ->LAPPLAND/KIRUNA im folgenden Text:*
> *Seitliche Abstecher sind mit waagerechtem Pfeil gekennzeichnet:*

★ Vilhelmina

An der zentralen Inlandsstraße RV 45 und wichtigster Ort für Südlappland. Lange Ortsdurchgangstraße, im südlichen Teil Gewerbegebiet (auch Autowerkstätten) - im mittleren Teil das Ortszentrum mit Restaurant, Supermarkt, Tankstellen und größeres Regional-Krankenhaus. Im Zentrum der Stadt die alte „Kirchstadt" mit fast 3o alten Häusern.

Gegründet als Kirchdorf am Volgsjö ca. 1785. Der Name Vilhelmina stammt (wie auch bei den benachbarten Orten Dorothea und Frederika) - durch eine Umbenennung nach dem Besuch 18o4 der deutschen Königin Fredrika Dorothea Vilhelmina.

Vilhelmina Touristbüro, Storgatan 9, 91232 Vilhelmina. Geöffnet: im Sommer zur Saison 9- 2o Uhr. Tel. o94o/ 152.7o, Fax: o94o/ 1o2.o2. www.vilhelmina.se

𝓥erbindungen ab Vilhelmina

BAHNHOF und BUSABFAHRT liegen nebeneinander. Zu erreichen ab Ortszentrum die Postgatan leicht bergab.

Zug: im Sommer 1 mal tägl. mit der Inlands Bana auf der Nordroute nach Storuman -> Sorsele -> Avidsjaur -> Jokkmokk -> Gällivare. Sowie auf der Südroute: Stromsund ->

Östersund oder von Stockholm per Zug bis Östersund und dann mit Inlandsexpressbus (Linie 45). Reisezeit von Stockholm ca. 1o Std.

**Bus**: 1- 2 mal tägl. -> Storuman -> Sorsele -> Jokkmokk nach Gällivare (Fahrzeit ca. 9 Std.) Dort Umsteigen nach Kiruna sowie Narvik/Norwegen - bzw. nach Luleå/Schweden.
Fahrzeit Vilhelmina -> Storuman ca. 1 Std. Dort mit Umsteigen 1- 2 mal tägl. -> Tärnaby -> Mo I Rana/Nordnorwegen. Details siehe Storuman. - Nach Umeå mehrmals tägl. direkt (ca. 3 1/2 Std.) bzw. mit Umsteigen in Storuman.
Nach -> Dorothea -> Östersund: 1- 2 mal tägl. knapp 4 Std. bis Östersund.

**Flug:** Vilhelmina -> Stockholm/Arlanda 1 mal tägl. Flugzeit ca. 2 Std. Vilhelmina: (o94o) - 31o.42.

„Hotel Wilhelmina": an der Durchgangsstraße RV 45 im nordwestl. Ortsteil. In jedem Fall anhalten und auf Parkplatz den 16-armigen Wegweiser fotografieren! Der verzweifelte Nordkapfahrer muß feststellen, dass es von hier nach Hamburg (1.327 km) näher als zum Nordkap (1.5oo km) ist. Von Rom (3.699 km) ganz zu schweigen...

Das Hotel mit drei Etagen Richtung See, bzw. 1 Etage Richtung Straße. 64 Zimmer mit Bad, TV. Blick wegen hochgewachsener Bäumen nur teils auf den See. Besitzer spricht gut Deutsch und organisiert auch Touren in der Region. DZ mit Frühstück im Sommer ca. 85 Euro. Volgsjövägen 16, 91234 Vilhelmina, Tel.: o94o/ 554.2o, Fax: o94o/ 1o1.56. www.hotellwilhelmina.se

„**Lundquists Rum & Stugmotell**": preiswerter, an der Hauptstraße im mittleren Ortsbereich. Einige einfache Zimmer im gelben Hauptgebäude und Appartements in Annexen nebenan. Selbstkochgelegenheit. DZ mit Dusche ohne Frühstück ca. 5o Euro. Volgsjövägen 64, Tel.: o94o/ 1o2.64, Fax: o94o/ 1o3.57. www.lundqviststugmotell.com

„**Lilla Hotellet**": Granvägen 1, an der Straße runter zum Bahnhof. Grünes, größeres Holzgebäude im unteren Ortsteil und Wohnviertel. Gemütlich familiär mit freundlicher Besitzerin. Alle Zimmer mit Dusche und Frühstück. DZ Sommerpreis ca. 75 Euro. Tel.: o94o/ 15o.59, Fax: o94o/ 15o.42. www.lillahotellet.vilhelmina.com

„**Vilhelmina Kyrkstad**": teils in historischen Gebäuden untergebracht, im nordwestl. Ortsteil. 5o Blockhäuser mit 2- bis 4-Bett Wohnungen und Selbstverpflegungsmöglichkeit. Selber Besitzer wie Hotel Vilhelmina. DZ ohne Frühstück ca. 55 Euro. Kyrkstaden, 91233 Vilhelmina, Tel.: o94o/ 554.2o, Fax: o94o/ 1o1.56.

Forsnäs Camping und Feriendorf: grüßt durch zwei Holzfiguren am Eingang. Ruhig und abgeschieden am Fluß mit rauschenden Stromschnellen. Ebenes Wiesengelände von hohen Hecken umgeben. Gute Angelmöglichkeiten. Plastikfahrradverleih (hier hergestellt). Anfahrt: 7 km südlich der Stadt, ab RV 45 ausgeschildert.

Rasten Saiva-Camping: im südöstl. Ortsteil Vilhelmina, ab Hauptstraße ausgeschildert, direkt am See (=Trinkwasser-Reservoir der Stadt). Wiesengelände mit einigen Bäumen. Belegter als Forsnäs. Gemütlich großer Aufenthaltsraum an der Rezeption mit Sesseln und Rentierfellen. Kanu-, Surf- und Fahrradverleih. Viele Campinghütten.

Jugendherberge: SMU-Gård, kirchliche Jugendherberge in traumhafter Waldlage direkt am See. Für alle offen! 4-Bett-Zimmer mit etwas kurzen Betten und Toilette/Dusche im Flur. Nebenan alte Samenkate, auch zur Übernachtung mietbar. Preis ca. 15 Euro pro Person, für jede weitere nur noch 4 Euro. Anfahrt von Hauptstraße südlich des Ortes kleinem gelben Schild „SMU" folgen.

STF „Tallåsen": gute 2- bis 4-Bett-Zimmer, Selbstverpflegung möglich, nur 1 km vom Bahnhof. Tel.: (o94o) - 141.65. Nur Juni bis August offen.

Einkaufen: „Samegalleriet", hier gibt es samisches Kunsthandwerk aus Rentierhorn, Zinn und Holz und - allerdings nicht zu kaufen - den größten Samendolch der Welt (2,5 m, 87,5 kg). In der Kirchstadt im Zentrum.

VERBINDUNG AB VILHELMINA

Lohnend bei genügend Zeit die westl. abzweigende Straße entlang des Malgomaj Sees nach SAXÄNAS und KLIMPFJÄLL. Am KULTSJÖN ein relativ unbekanntes, aber schönes Wander-, Kanu- und Skigebiet (bis Mitte Juni). Dort auch Hotel Stekenjokk, Saxnäsgården und Klimpfjäll mit Karten, Routentipps und Kanuverleih. In Saxnäs stationiertes Wasserflugzeug für tiefe Wildnisaufenthalte: Polar Flyg, Tel.: (o94o) - 211.1o.

SAGAVEIEN: zweigt in Storsele von der RV 45 ab Ri Nordwest. Landschaftlich großartige Strecke entlang des Vojmsjön Sees und Wäldern nach Dikanäs, Kittfjäll (Übernachtung) und weiter nach Nordnorwegen (Hattfjelldal -> Trofors an der E 6. Alternative: Hattfjelldal -> Korgen/E 6). Alle Details zur norweg. Seite im VELBINGER Band 28 „Norwegen- Nord".

VILHELMINA -> STORUMAN: die RV 45 relativ eben und geradlinig Ri. Nord durch Wälder, 7o km. Obwohl die Straße zum Schnellfahren verführt, solte man dezent fahren. Vorsicht auch vor kreuzenden Rentieren.

NYBYGGARLAND: rund 1o km südl. von Storuman. Ausgesprochen lohnendes Kunsthandwerksgeschäft mit Produkten der Samen. Z.B. Silberschmuck, Zinngegenstände und Produkte aus Birkenrinde, Holz und Leder. Sehr familienfreundlich gestaltet mit Spielplatz, eingezäunten Rentieren, samischen Pfahlschuppen und Wildniscafé.

✱ Storuman

Im Schnittpunkt der wichtigen Süd-Nord Straßenverbindung (RV 45) und Ost-West (E 12 nach Tärnaby, Mo I Rana/Norwegen).

Im Ort Supermärkte, Tankstelle. Sehenswert das alte Eisenbahnhotel, heute als Bibliothek und Museum genutzt. - Vom Stenseleberg bei klarem Wetter weiter Fernblick bis zu 1oo km über die Flußläufe, Wälder und Bergketten.

 Touristbüro Entré Lappland, direkt am Bahnhof, Järnvägstationen. Vermittlung von Privatzimmern und Hütten der Region, Angelkarten etc. Tel.: (o951) - 333.7o, Fax: (o951) - 1o8.oo. Geöffnet im Sommer Mo.-Fr. 9-2o Uhr, Sa./So. 1o-2o Uhr. Homepage: www.entrelappland.se

Verbindungen ab Storuman

 **Zug**: im Sommer 1 mal tägl. Schienenbus der Inlands Bana Richtung Nord/ Gällivare und Süd/Östersund. - Die frühere Gleisverbindung Storuman -> Vannäs -> Umeå ist eingestellt

 **Bus**: 1 - 2 mal tägl. auf der RV 45 Ri. Nord Galliväre sowie Süd Ri. Vilhelmina -> Östersund.
Weiterhin auf der E 12: 1- 2 mal tägl. ab Storuman -> Tärnaby (ca. 2 Std.) -> Mo I Rana/Norwegen (plus ca. 2 Std.). Sowie Storuman -> Lycksele -> Umeå (ca. 3 1/2 Std.)

 „**Hotel Toppen**": hoch auf Hügel. Größeres Hotel mit 64 Zimmern, Dusche/WC. Billiges und hervorragendes Smörgasbord. DZ im Sommer ca. 75 Euro. Tel.: o951/ 777.oo.

„**Luspen Hotell**": im Ortszentrum direkt beim Bahnhof und Badesee. Kleines zweistöckiges Haus zwischen Straße und Bahngleis. Vermietet werden 17 Zimmern mit Bad/WC. Sie sind einfach aber sauber. DZ mit Frühstück je nach Saison ca. 65-9o Euro. Tel.: o951/ 333.8o, Fax: o951/ 1o8.oo. www.hotelluspen.se

 Storumans Fritidscenter: große Freizeitanlage beim Bahnhof vom Wasser umgeben: einerseits durch den vom Kraftwerk (Besichtigung) gestauten Fluß, andererseits künstlich angelegter, eiförmiger Badesee mit Rasen und Badestrand. Es gibt im See sogar einen kleinen Sprungturm. Viele Hütten, teils auch unter Bäumen. Kanu- und Surf-Verleih. Offen: Juni bis September.

 Jugendherberge: im Luspen Hotel, innerhalb des Ortes direkt am Bahnhof. Preise zwischen 15-2o Euro pro Person. Gemeinsame Küche. Tel. o951/333 8o.

TOURENVORSCHLÄGE

 In Ost-West-Richtung verläuft der „**BLÅ VÄGEN**" (= blauer Weg), gut ausgebaute und flott fahrbare Europastraße E 12. Der Name wurde wegen der vielen Flüsse und Seen gewählt. Er beginnt in Russland, durchquert Finnland bis Vaasa (Fähre) und führt von Umeå/Schweden via Storuman -> Tärnaby und weiter nach -> Mo I Rana/Norwegen zur Küste bei Nesna.

Landschaftlich besonders lohnend, schwed. Abschnitt: Storuman-> norwegische Grenze. Durch die tiefen, einsamen Waldregionen des Inlands, entlang funkelnd blauer Seenketten durch wilde Mittelgebirgsregionen zu den schroff kahlen Hochfjällgebieten hoch. An jeder Ecke Postkarten Fotomotive, hinter denen sich noch Lemminge, Polarfüchse, Rentiere, Elche und Vielfraße verbergen. Dabei traumhaft die Wander- und Skizentren Tärnaby und Hemavan.

STORUMAN -> TÄRNABY: ca. 13o km, Zeitbedarf 1 1/2 bis 2 Stunden, bis Mo i Rana/Nordnorwegen weitere 11o km (1 1/2 Std.). Ab Mo I Rana sehr lohnend die Küstenstraße RV 17 nach BODØ. Von dort per Fähre Abstecher zu den LOFOTEN: Gebirgskette bis 1.ooo m im Meer mit zerklüfteten Fjorden. Eine der spektakulärsten Landschaften in Nordeuropa und absolutes „must"! Weiter via Narvik z.b. nach Kiruna/Schweden. Ausführliche Details im VELBINGER Band 28 „Norwegen- Nord".

✱ Tärnaby/Hemavan (an der E 12 nach Mo I Rana/Norwegen)

Im Winter wichtigstes Skigebiet Nordschwedens, erreichbar in Direktflügen ab Stockholm zum Hemavan Airport in breitem Flußtal. Im Sommer beliebtes Wandergebiet mit Vielzahl von Trails sowie gute Angelmöglichkeit.

TÄRNABY am Nordostende des Gautan Sees. Ein langgestreckter Ort an der E 12 unterhalb einer Bergkette mit 5 längeren Skiliften und Vielzahl kleinerer Schlepplifte. Heimatort von Ingemar Stenmark, mehrfacher Ski-Goldmedalliengewinner bei Olymp. Spielen. Im Ort größere Hotels, Restaurants, Supermärkte und Tankstellen.

V. Strandvägen 1, Tel.: (o954) - 1o4.5o, Fax: (o954) - 145.3o. Zur Saison geöffnet täglich 9-2o Uhr. Vermittlung von Unterkünften, Infos zu Skibetrieb, im Sommer Trails und Angeln. Homepage: www.tarnaby.se.

Zwei Campingplätze: ein schöner zum Ferienmachen direkt am Fluß, der andere nur für Wohnwagen mit viel Asphalt. Ausgangspunkt schöner Tages- und Langwanderungen (z.B. Kungsleden Richtung Ammarnäs, Details siehe Kapitel „Kungsleden").

Ab TÄRNABY Querverbindung (RV 74) -> Hattfjelldal/NORDNORWEGEN. Details im VELBINGER Band 28 „Norwegen-Nord".

Die E 12 ab Tärnaby umrundet die Westecke des Laisan Sees und führt nordwärts in breiter Talebene zum Ortsteil HEMAVAN: Das ab 9o-er Jahre expandierende Ski- und Wandergebiet besitzt heute ein großes Angebot an Vermietung von Hütten und kl. Häusern sowie größere Hotels am Hang. Im Tal an der E 12: Tankstelle, Hotels, Restaurants, Airport. Details zu Wanderungen siehe „Kungsleden".

Anschließend E 12 landschaftliche Superstrecke entlang von Seen mit Blick bei klarem Wetter auf die Gletscherkuppen des Okstinden/Norwegen, rauf zum Grenzpass. Dort kühl, Ferienhütten; seit Jahren keine Grenzkontrollen, weiter nach MO. Details im VELBINGER Band 28 „Norwegen Nord".

★ Arvidsjaur

 An der schwed. RV 45, rund 17o km nordöstl. von Storuman. Größerer Ort und Sitz der Regionalverwaltung. Er liegt inmitten einer lieblichen, sanft hügeligen Landschaft, umringt von gewaltigen Nadelwäldern, rauschenden wilden Flüssen und still ruhenden Seen. Rund 2o.ooo Rentiere in der Umgebung.

Schon seit dem 17. Jahrhundert Markt und Kirchplatz, auf dem sich die Samen treffen. Bis heute Treffpunkt für einige Tage im Jahr in 8o hölzernen Lappenkaten innerhalb des Stadtgebiets. Details unten siehe „Feste".

 Im Zentrum: Östra Skolgatan 18c, 93331 Arvidsjaur, Tel.: o96o/ 175.oo, Fax: o96o/ 136.87. Geöffnet: Saison tägl. 9.3o-18 Uhr, im Winter 8.3o- 16.3o Uhr. www.arvidsjaur.se.

Verbindungen ab Arvidsjaur

 **Zug**: im Sommer 1 mal tägl. Schienenbus der Inlands Bana Richtung Nord/ Gällivare und Süd/Östersund. - Die frühere Gleisverbindung nach Jörn ist für den Zugverkehr eingestellt. Dort aber Vermietung von Draisinen für tourist. Vergnügen, Details unten. Die Strecke Arvidsjaur -> Jörn heute per Bus (1 mal tägl., ca. 1 Std.). In Jörn tägl. Zugverbindung nach Stockholm und Kiruna.

 **Bus**: Abfahrt im Ortszentrum Nähe RV 45. Verbindung auf der RV 45: 1-2 mal tägl. Ri. Nord Gallivare bzw. Ri Süd Östersund.

Auf der RV 95 (= „Silvervägen") tägl. 1 mal außer Sa./ So.: Arvidsjaur -> Arjeplog (1 Std.)-> Bodø/Nordnorwegen (plus ca. 5 Std.) bzw. Arvidsjaur -> Skellefteå/schwed. Küste und E 12: Fahrzeit 2 Std.

 **Flug**: ab Regionalairport Arvidsjaur mit Propellermaschinen tägl. nach Arlanda/Stockholm. Tel.: (o96o) - 173.8o.

 „**Laponia Hotel**": größtes und bestes im Ort. Modernes Hotelzentrum mit Sauna, Innen Swimmingpool, Restaurant und Nachtclub. An der RV 45 Nähe des Ortszentrums und gegenüber von einem kleinen See. 115 Zimmer mit TV, Telefon, Dusche und WC. DZ mit Frühstück ca. 13o Euro, im Sommer ab 75 Euro. Storgatan 45, Tel. o96o/ 555 oo. www.hotell-laponia.se

„**Edströms Hotel**": mitten im Zentrum, etwas einfache Zimmer, aber auch mit Dusche und TV. DZ mit Dusche und Frühstück ab 65 Euro. Stationsgatan 9, Tel. o96o/ 171oo. www.hotelledstrom.se

Privatquartiere: Vermittlung übers Arvidsjaur TI.

 GIELAS FRITIDSBY CAMPING: im südöstl. Ortsteil an kleinem See mit Badestrand und Sporthalle. Vermietung von Hütten (4- bis 6-Bett). Ab RV 45 und Ortsbeginn Nähe Hauptstraße.

RENVALLENS CAMPING: auf einer Halbinsel am Fluß. Kanuverleih. Hüttenvermietung. Anfahrt: 4 km nordwestlich von Arvidsjaur. Geöffnet Juni bis Sept.

MOSKOSEL CAMPING: schöner Zeltplatz am Rand des gleichnamigen Ortes ca. 4o km nördl. von Arvidsjaur. Mit herrlich flachem Sandstrand, Kanuverleih. Geöffnet Juni bis Sept. www.moskosel.se

SEHENSWERTES

LAPPSTADEN (Lappenstadt): in Reih und Glied eng nebeneinander stehende Holzkaten, die den Waldsamen gehören. Bei Festlichkeiten sogar bewohnt! Juli täglich Führungen für 2,5o Euro auf schwedisch, englisch und selten deutsch. Innerhalb der Stadt, hinter großer Tankstelle. Lappstadsgatan.

VITJÅKK: Aussichtsberg und Skihügel westlich der Stadt. Dort 3- 15 km lange Rundwanderwege, im Winter Skiloipen. Anfahrt: ca. 9 km westlich der Stadt Richtung Sorsele/Arjeplog.

TROLLFORSARNA: Stromschnellen-Abschnitt des Flußes Piteälven in wohnwagenbestandener „Einsamkeit". Viele donnernd spritzige Schnellen und kleiner canyonförmiger Wasserlauf mit schwankender Hängebrücke. Angelgewässer. Wandergebiet. Anfahrt: 45 km nördlich der Stadt Richtung Jokkmokk bei Åberget ab.

FESTE

MARKT am 2. Freitag im Juli mit einer Art Kirmes/Basar sowie Musikveranstaltungen. Tausende von Menschen, abgesperrte Straßen, hunderte von Verkaufsständen. Idee der Kaufleute zur Umsatzsteigerung. Viel Betrieb!

STORSTEMNINGSHELGEN: großes Lappenfest mit Lassowettkampf, Tanz, Hochzeiten usw. Dann ist die Lappenstadt bewohnt. Am letzten August Wochenende.

Riverrafting: 1o- 2o km auf spritzigem Piteälven mit großen Schlauchbooten und erfahrenen Wildwasserspezies. Bärenstarke Sache! Wasserdichte Klamotten anziehen und Anpacken bei Rücktransport des Schlauchbootes auf Hänger. 3 Touren täglich. Am TI anmelden. Anfahrt mit Auto oder Bus. Preis: ca. 35 Euro.

Draisine: entlang der stillgelegten Eisenbahnstrecke von Arvidsjaur nach Jörn (7o km). Pro Draisine 8 Euro für 5 Stunden. Buchung über Anna-Lisa's Souvenir Shop (Tel. o96o/ 1o3 66) oder das TI.

Bibersafari am Åbyfluss, organisierte Touren vom Heimatmuseum in Lauker oder mit Transport von Arvidsjaur. Preis ab 3o Euro, Zeitbedarf zwischen 4-5 Stunden. Tel. o96o/175 oo (TI) oder direkt bei Guide Dick Pettersson Tel. o96o/ 41o 75.

Air Tour Lappland, mit kleinem Wasserflugzeug ins private Angelparadies einfliegen oder Rundflüge in der Umgebung unternehmen. Sehr lohnend. Tel. o96o/ 12 5oo. www.airtourlapland.se

CENTRUMBADET: beheiztes Hallenbad mit Wasserrutschen Nähe Busstation im Ortszentrum. Angenehme Abwechslung; geöffnet 11-18 Uhr, Eintritt ca. 4 Euro.

Die längste Seilbahn der Welt: in einer Gondel für max. 4 Erwachsene „gondelt" man sage und schreibe 2 Stunden über südlappländische Seen, Wälder und Flüsse. 13,6 unvergessliche Kilometer, die allerdings per Bus zurück gefahren werden müssen. Fast so schön wie fliegen, nur niedriger. Anf.: 1 Autostunde südl. von Arvidsjaur in der Nähe des Örtchen Norsjö am gleichnamigen See. Beschilderung „Linbana" nach „Örträsk" folgen, von wo aus die Seilbahn bis Mensträsk führt. Preis 27 Euro; im Sommer einmal täglich Ab"flug" um 13.oo Uhr.

QUERVERBINDUNG -> NORDNORWEGEN: ab Arvidsjaur über die RV 95 und das Junkerdalen nach Nordnorwegen zur dortigen E 6. Der sogen. *„SILVERVÄGEN"* (Silberweg wegen früherer Minen).

Er verbindet das schwed. SKELLEFTEÅ am Bottnischen Meerbusen via ARVIDSJAUR -> mit der Nordatlantikküste BODØ/Nordnorwegen. Gut ausgebaute Asphaltstraße durch endlose Waldgebiete mit tosenden Stromschnellen bis hoch hinauf zu kahlen, weitläufigen Fjällgebieten. Große Seen links und rechts der Straße, in denen sich die gewaltigen Bergmassive spiegeln. Man begegnet mit großer Sicherheit immer wieder Rentierherden auf der Straße. Zwischendurch einsame WoMo Stellplätze. In Jäkkvik Anbindung an den Kungsleden (Details Jäkkvik Seite 511).

Arvidsjaur -> Grenze (= schönste Etappe) 21o km, ca. 3 Std. Ab norwegischer Seite durch's landschaftl. lohnende Junkerdalen zur E 6. Spazierwege in der Schlucht sowie anspruchsvolle Wandergebiete unterhalb von Gletschern. Details hierzu sowie weiter nach Fauske, Bodø im VELBINGER Band 28 „Norwegen- Nord".

✱ Arjeplog

85 km ab Arvidsjaur auf dem „Silvervägen „ Ri. norw. Grenze. Minisiedlung umgeben von großer, fast jungfräulicher Seenplatte. In der Kommune mehr als 8.7oo (!) Seen, beliebt bei Anglern (Infos und Karte beim TI).

Am Marktplatz Torget 1, 93o9o Arjeplog. Tel. o961/ 222 3o. Geöffnet im Sommer Mo.-Fr. 9-19 Uhr, Sa. 1o-17, So. 12-17 Uhr. Sonst Mo-Fr. 9 - 16 Uhr. www.arjeplog.se

Bus: Mind. 1 mal tägl. nach Arvidsjaur (ca. 1 Std.) und weiter nach Jörn (plus 1 Std., Umsteigepunkt für den Zug nach Stockholm bzw. Kiruna) und Skellefteå am Bottn. Meerbusen.

1 mal tägl.: Arjeplog -> Jäkkvik (ca. 1 Std.) und durchs Junkerdalen nach Fauske an der norweg. E 6 (4 1/2 Std) -> Bodø (6 Std.).

SILBERMUSEUM: das Renommiermuseum Lapplands. In einer ehemaligen Schule wird Lapplandsilber (Teller, Tassen, Armreifen), alte Trachten und allerlei Dinge aus der Geschichte der Gegend gezeigt. Ganzjährig geöffnet, Eintritt ca. 3,5o Euro.

> Nahe der norwegischen Grenze im Nasafjäll wurde im 16. Jahrhundert eine ergiebige Silbererzmine entdeckt. Das Erz wurde zur Weiterverarbeitung damals mit Rentieren und Schlitten zu den Schmelzöfen transportiert.

 Kraja Camping: Camping auf Halbinsel am See Hornavan. Vermietung vieler Hütten, Kanuverleih, beheiztes Schwimmbad. 2 km westl. der Kirche von Arjeplog. Tel. o961/ 31 5o o.

LYKTAN JUGENDHERBERGE: Lugnetvägen 4, beim Silbermuseum. 2- bis 4-Bett Zimmer mit Sauna und Solarium. Tel.: (o961) - 323.oo.

Von **ARJEPLOG** ca. 65 km auf der RV 95 nach **JÄKKVIK**: Mininest am Kungsleden (Details Seite 497). Von dort wird der naheliegende PIELJESKAISE NATIONALPARK erreicht. Das Bergmassiv sieht aus wie 2 Ohren, daher auch der sämische Name „Ohrenberg". Der Nat. Park ist ansonsten hügelig mit Fjällbirkenwäldern, - ein absolut menschenleeres Gebiet ohne markierte Trails, ausgenommen „Kungsleden", der den Park in Nord/Südrichtung via Adolfström durchquert. Ab Jäkkvik Kurzetappe über den Kungsleden: 6 km Aufstieg ab Jäkkvik zur Parkgrenze, weite Fernsicht.

ADOLFSTRÖM: Mininest am Kungsleden mit Kaufmannsladen, Souvenirverkauf und Übernachtungsmöglichkeit. Das Nest wurde übrigens 1996 gekürt als „schönstes traditionelles Dorf Nordschwedens".

BERG TJÄKSA (1.133 m) Im Sommer touristische Hubschrauberflüge zum Gipfel von Adolfström, Superblick. Anschließend Wanderung retour, Infos: TI Arjeplog.

✦ Jokkmokk

Rund 16o km nördl. von Arvidsjaur, an der RV 45. Für nordschwedische Verhältnisse ein noch relativ schöner Ort. Die Hauptstraße mit doppelreihiger Birkenallee. Dazwischen Verkaufsstände mit Lappenkitsch und -kunst sowie den wohl unvermeidlichen Rengeweihen und -fellen.

Im Sommer jede Menge in- und ausländischer Touristen, die aus dem endlosen Nirgendwo lappländischer Weiten kommen und sich hier wie im Fadenkreuz treffen. Folge: an Wochenenden ist hier der Teufel los. Parkplatzprobleme und Warteschlangen in den beiden Kaufhäusern. Jokkmokk ist kunsthandwerkliches und kulturelles Samenzentrum. Anlaufpunkt für Trails in den nahen Nationalpark Muddus, Stora Sjöfallet sowie der weiter entfernten National Parks Padjelanta und Sarek.

> Bis zum 17. Jahrhundert Winterlagerplatz der Samen. Auf Befehl Karl IX. zum Markt- und Kirchplatz auserkoren. Seit dem 19. Jahrhundert Zuzug von Wasserarbeitern im Zuge

der beginnenden Staumauern und Wasserwerke. Bis heute werden in der Umgebung alle Flüsse zur Energiegewinnung verbaut und gestaut.

Etwas versteckt, Stortorget 4, 96223 Jokkmokk. Tel. o971/ 222 5o Fax: 222 59. Geöffnet: Juni bis August täglich 9-19 Uhr. www.jokkmokk.se/turism

Verbindungen ab Jokkmokk

Zug: 1 x tägl. Ankunft/Abfahrt der Inlandsbahn Gällivare-> Arvidsjaur.

Bus: -> Murjek oder Boden, Eisenbahnknotenpunkt für ganz Nordlappland 2 x täglich
-> Luleå: 2 x täglich (außer am Wochenende)
-> Gällivare (Bahnhof): 2 x täglich
-> Kvikkjokk: 2 x täglich, zentraler Wanderausgangspunkt. Im Winter eingeschränkter Busverkehr.

Helikopter setzen Wanderer an verschiedenen Trailknotenpunkten ab oder holen sie ab. Vorbuchen notwendig!
Lapplandsflyg, www.lapplandsflyg.se, Tel. o971/ 21o 4o. Kvikkjokk
Fiskflyg, www.fiskflyg.se, Tel. o973/ 1o2 45. Porjus - oder über's TI organisieren.

"**Hotel Jokkmokk**": mittelgroße Zimmer mit viel Komfort. Angenehmes Restaurant mit Seeblick. DZ mit Frühstück nur im Sommer ca. 85 Euro. Solgatan 45, Tel. o971/ 777 oo. www.hoteljokkmokk.se
"**Hotel Gästis**": altes, gelbes Holzhaus mit bunten Markisen vor Fenstern. Ziemlich kleine Räume. Sehr gutes Restaurant im Hause. Spezialität: Plankstek: Fleisch auf Holzstück mit Bananen. DZ mit Frühstück zwischen 7o Euro (Sommer) und 9o Euro (Winter). Herrevägen 1, Tel. o971/ 1oo.12. www.hotell-gastis.com

Jugendherberge: STF Åsgård. 2- bis 5-Bett-Zimmer. Im Sommer mit Frühstück. Åsgatan 2o. Tel: (o9 71) - 559.77.

Jokkmokks Camping Center: riesiger 4-Sterne-Platz, halb mitten im Wald, halb auf freier Fläche an gestautem Fluß. Sauna, Wasserrutsche, riesigem Kinderspielplatz und sehr flaches, steriles 5o-m-Becken. Alles steht dicht an dicht. Ab mittags Sanitäranlagen nur noch mit Clogs zu betreten. Klar, bei der Menge. Wir verdrückten uns nach einer Nacht wieder. Anfahrt: 3 km östlich von Jokkmokk an der Hauptstraße nach Luleå. Tel. o971/ 123 7o. www.jokkmokkcampingcenter.com

Alternative: gegenüber vom Zeltplatz „Jokkmokk's Camping Center" - bei der Bäuerin Kerstin Gellerstedt fragen. Hat 6 Hütten und jede Menge Platz zum Zeltaufstellen. 1oo m weiter Richtung Luleå als die Einfahrt zum 4-Sterne-Platz, bei den großen roten Häusern.

Ansonsten ganz gute Möglichkeiten zum Wildcampen: südlich von Jokkmokk besonders an den allerdings nicht ganz „unmückigen" Straßenbrücken.

Oder auf den unserer Meinung nach schönsten offiziellen Zeltplatz in ganz schwedisch Lappland: Vuollerim Camping, süßer, schnuckliger, fast parkähnlicher kleiner Platz an größerer Pfütze. An der Rezeption eine fast südländisch kleine Pizzabar. Anfahrt: 48 km östlich von Jokkmokk bei der Ortschaft Vuollerim.

Skabram Stugby und Camping, am See gelegen und nicht so stark frequentiert. Kleiner Zeltplatz. Boot zu mieten. Anfahrt: 3 km westlich von Jokkmokk Richtung Karats. Tel. o971/ 1o7 52. www.skabram.com

SEHENSWERTES

ÁJTTE SVENSKT FJÄLL OCH SAMEMUSEUM: wurde 1989 eröffnet. Unbedingt besuchen, sehr anschauliche Darstellung der Geschichte, Lebensweise und des Jahreskreis der Samen. Auch die Darstellung der schwedischen Fjällandschaft, von Zelten, Schlitten usw. lohnt. Vorteil: kostenlose Handmappe auf Deutsch führt durch das rot bepfeilte Museum. Hier auch Kaufmöglichkeiten für samische Handwerkskunst. Geöffnet: im Sommer täglich 9-18 Uhr. Gegenüber der Kirche.

FJÄLLBOTANISCHER GARTEN: Bestandteil des Ájtte-Museums, der nur wenige hundert Meter entfernt am Kvarnbacken liegt. Hier können allein oder mit Führung die botanischen Schönheiten einer Fjäll-Landschaft bewundert werden. Geöffnet: im Sommer Mo.-Fr. 1o-16 Uhr. Eintritt 2,5o Euro.

MITTERNACHTSSONNE: besonders im Juni faszinierendes Schauspiel vom Aussichtspunkt Storknabben. Mit Auto bis oben fahrbar. 24 Std. Sonnenschein (wenn sie scheint) mit dramatischen Farbspektakeln. Möglichkeit, durch Zeitraffer eliptische Sonnenbahn auf Zelluloid zu bannen. Bei gutem Wetter unvergeßliches Schauspiel. Cafeteria hat dann - natürlich ohne Beleuchtung - bis nachts um 1 Uhr geöffnet. Anfahrt: im Ort ausgeschildert.

Die alte und neue Kirche Jokkmokks. Die alte Kirche auch „LAPPENKIRCHE" genannt stammt aus dem Jahre 1753, brannte 1972 ab und wurde im Jahre 1976 wieder aufgebaut. Wunderschön die Farben, die sich in den Trachten der Samen widerspiegeln. Geöffnet im Sommer von 8-18 Uhr.

Einkauf: außer Lappenständen an Hauptstraße schöne Samenhandarbeiten wie Körbe aus Birkenborke, Zinnstickereien, naturfarbenes Wollgarn, Messer, Gürtel bei Lars Pirak, Jarregatan 4 im Hemslöjden an der Hauptstraße Ajtte Museum und im Jokkmokksstencenter (Mo.-Fr., 1o-18 Uhr, Sa./So. 12-15 Uhr).

Wichtige Adressen für Wanderer

Fjällenheten: im Büro von Länsstyrelsen, Industrigatan 1o, Tel. o971 - 127.8o besitzt hier ein Büro und ist über aktuellen Stand aller wichtigen Wanderinfos auf dem Laufenden: Wetter, Schneehöhe, Wasserstände, weggeschwemmte Brücken, Hüttenbewirtschaftung etc. Besonders für expeditionsartige Touren durch den Sarek hilfreich.

Edvin Nilsson: Klockartorget 9 (an der Straßenkreuzung in Jokkmokk), Tel. 557.65. Schwedens bekanntester Naturfotograf ist ein Nationalparkkenner par excellence. Wenn man ihn antrifft, einfach mal ansprechen oder nur schöne Bilder begucken. Geöffnet im Sommer: Mo.-Fr.: 1o-18 Uhr, Sa./So. 1o-15 Uhr.

FESTE: in der ersten Februar Woche Do. bis Sa. einer der kältesten Jahrmärkt der Welt! (Ähnliches übrigens auch in Alta/Nordnorwegen). Bei oft Minus 4o° C läuft 4 Tage lang alles was Beine hat (bis zu 4o.ooo Menschen) über die zwei Budenstraßen Jokkmokk, die sich im rechten Winkel kreuzen. Vom Schneescooter bis zum Küchengeschirr, von Fellen über Rentiererzeugnisse bis zum silbernen Armreif wird alles verkauft. Abends überall Musik und Tanz. Dieser Markt war der Ursprung von Jokkmokk. Hier trafen sich die Lappen zu Tauschgeschäften, zum Heiraten und um Tote zu begraben (seit dem 17. Jhd.).

Eine Alternative zum frostigen Wintermarkt ist der Ende August stattfindende Herbstmarkt.

Reiten: am Pferdestall von Jokkmokk, - auch stundenweise Pferdevermietung möglich. Tel. o971/ 126 62.

Angeln: trotz ziemlich verbauter Flüsse gute bis sehr gute Möglichkeiten:

Talvatis: ausgesetzte Edelfische mit fast luxuriösen Angelbedingungen wie Arbeitstische, Feuerstellen, Brücken. Vorbildlich: durch Anlegung von kleinen Asphaltwegen sogar für Rollstuhlfahrer machbar. Die Angelkarte kann man in Läden, an Tankstellen oder im Jokkmokk TI kaufen.

Stromschnelle Purkijaurforsen: im schnellfließenden, stromverengten Wasser viele Forellen und Äschen.

Viele Angler sahen wir auch am Pärläven mit teilweise kapitalen Hechten, Forellen und Barschen. 2o km westlich von Jokkmokk.

Wandern: Jokkmokk sollte erster Anlaufpunkt zur Proviant- und Ausrüstungs- Vervollständigung sein für längere Touren im Padjelanta, Sarek, Stora Sjöfallet National Park oder auf dem Kungsleden (vgl. Kapitel Kungsleden).

MUDDUS NATIONAL PARK: rund 5o km nördl. von Jokkmokk an der RV 45. Tiefe nordische „Ur-Wälder" und zusammenhängende Moorgebiete machen den Reiz aus. Auf dem meist mit Holzbohlen ausgelegtem Rundwanderweg ohne große Höhenunterschiede kommt man fast automatisch an tiefer Schlucht und Moor-Aussichtsturm vorbei. Kleiner Rundweg 25 km, größerer 44 km. Hütten (gebührenpflichtig) und Lagerplätze im Park. Landkarten gibt es im TI Jokkmokk für 7 Euro. Für das Innere des Nat. Parkes abseites des Rundwanderweges gilt von Mitte März- Ende Juli. Betretverbot wegen Vogelschutz. Anfahrt: Straße RV 45 in nördlicher Richtung (Gällivare) bis Liggadamm, dann rechts bis Skaite, dort Beginn des Wanderweges.

JOKKMOKK -> GÄLLIVARE (RV 45): gut ausgebaute Landstraße, 9o km und rund 1 Std. mit eigenem Auto, 2 mal tägl. Bus. Gällivare siehe Seite 482 und dort Details zur weiteren Strecke nach Kiruna, Narvik.

Ab **RV 45** führen zwei Stichpisten zu den Wandergebieten KUNGSLEDEN und NATIONALPARKS wie Padjelanta und Sarek.

rund **5 km nördl. von Jokkmokk** zweigt von der RV 45 links eine Stichstraße ab, landschaftl. schöne Strecke in ca. 12o km nach:

✱ Kvikkjokk

Ideales Basislager für Touren insbesondere in den Padjelanta- und Sarek Nationalpark, teils auch Kungsledentouren! Ein Mininest am Saggat See mit Kirche, kleinem Einkaufsladen und:

STF Fjällstation. Letztere komfortabel mit Sauna, auch WoMo-Abstellplatz. Sie ist Infozentrale: Tipps von Gleichgesinnten, die von Wanderungen zurückkehren. Hier auch Nachrichten über beabsichtigte Tour und erwartete Rückkehr zurücklassen. Tel. o971/ 21o 22. Fax: 21o 39.

Kungsleden 3. Etappe: Seite 5o6-51o. Kungsleden 4 Etappe: ab Seite 51o. Kvikkjokk -> Staloloukta/Padjelanta Nationalpark: Seite 513. Weitere Details Trails Padjelanta Nationalpark (auch Querverbindungen nach Nordnorwegen) ab S. 514, Sarek ab S. 517.

HELIKOPTER Landeplatz in Kvikkjokk. Im Sommer Linienflug nach STALOLUOKTA und RITSEM im Padjelanta Nat. Park (3o Min., ca. 7o Euro/Person). Andere Strecken: Kvikkjokk -> Aktse am Kungsleden -> Vietas. Auch Charter der Maschinen.

Bei den weiten Entfernungen lassen sich durch Flug-Charter auch weit entfernte Wandergebiete erreichen. Der Flug abgesehen davon bei klarem Wetter Supersache! Details, Preise und Kontakte/Tel. zu Kungsleden Seite 5o2, - zu Padjelanta/Sarek ab 514.

BUS: im Sommer 2 tägl. auf der Nebenstraße Jokkmokk -> Kvikkjokk. Fahrzeit ca. 2 Std. Im TI Jokkmokk weitere Infos zu Trails ab Straßenendpunkt Kvikkjokk.

rund **5o km nördl. von Jokkmokk** zweigt links von der RV 45 eine Stichpiste ab, in ca. 8o km entlang des Stora Lulevatten nach:

✦ Kebnats/Vietas

Bus: ab Gällivare im Sommer (Mitte Juni - Ende Sept.) 2 mal tägl. Fahrzeit ca. 1 Std. In KEBNATS im Sommer Bootsver- bindung über den Store Lulevatten zur STF Fjällstation Saltoluokta (Anschluss Kundgsleden 3 Etappe Seite 5o6).

Bzw. Busverbindung ab Kebnats nach Vakkotavare (Anschluß Kungsleden 2. Etappe Seite5o4-5o6).

Die Straße führt ab Vietas, Vakkotavare weiter am Nordufer des Akkajaure Stausees nach RITSEM (Bus plus 1 Std.). Weitere Details Padjelanta Nationalpark ab Seite 513.

In eigener Sache:

Es liegt in der Natur der Dinge, daß bei der Fülle an konkreter Information, die dieses Buch enthält, sich im Laufe eines Jahres einiges ändern kann.

Deshalb bitten wir um Mitteilung von Abweichungen. Wer uns ansonsten irgendwelche ausgefallenen Tipps wie neue Routen, schöne Hotels mit viel Atmosphäre oder ähnliches schickt, wird bei der Neuausgabe dieses Buches namentlich zitiert.

Bitte schreibt uns, wir freuen uns über jeden brauchbaren Tipp, weil wir es wichtig finden, daß man nicht irgend ein blödes Laberbuch, wie leider viele Reiseführer, mit sich schleppt, sondern etwas, was wirklich nützlich und hilfreich ist.

Schweden Redaktion

VERLAG
MARTIN
VELBINGER

Hauptstr. 4o, 82229 Seefeld
schweden@velbinger.com

ENTLANG DER KÜSTE NACH LAPPLAND

Die Gegend um <u>Gävle, Gästrikland und Hälsingland</u>: Übergang von lieblichem, mittelschwedisch flachem Kultur- und Ackerland im Süden zu eher herberen, hügeligen Landschaft Norrlands. Malerische Fischerdörfer an stillen Buchten mit herrlichen Sandstränden zum Weltvergessen.

Im <u>Landesinneren</u> fruchtbares Ackerland, lichte Laubwälder, eindrucksvolle Flußtäler und bewaldete „blaue Berge". Besonders schön im Gebiet der Dellen Seen. Hochburg von Spielmannstreffen und Volkstanz.

Insgesamt ein sehr lohnendes Urlaubszielgebiet, durch das viele leider - Lappland im Visier - durchrauschen. Es gibt sogar wieder Braunbären!

Die E 4 ist <u>Hauptverkehrsachse</u>, eine breite und relativ geradlinige Landstraße, die um Gävle und Sundsvall kürzere Autobahnabschnitte besitzt. Schwedens kürzeste Nord- Südverbindung, - mit vielen Radarfallen!

★ Gävle

Überraschend große Küstenstadt an der Flußmündung des Gavleån. Freundlich, pulsierend, irgendwo sympathisch trotz der total rechtwinklig steifen Straßenzüge. Ausladend breite, baumbestandene und doppelreihige Prachtstraße zwischen Rathaus und Theater.

Viele stattliche, alte Gebäude neben gleichhohen Neubauten. Im Stadtkern Altstadt aus kleinen renovierten Holzhäuschen, in denen Künstler wohnen. Verkehrsknotenpunkt.

Mit über 55o Jahren älteste Stadt Norrlands und seit alters her Verkehrs- und Handelszentrum. Durch frühere Holzbauweise viermal vollständig abgebrannt. Zuletzt 1869 mit der Folge, alles rechtwinklig neu anzulegen.

 Office direkt in der Stadtmitte, Drottninggatan 37, Tel. o26/ 147 43o, Fax: o26/ 1o7 831. Im Sommer Mo.-Fr. 1o-19, Sa. 1o-16 Uhr, So. 12-16 Uhr. www.gavle.se/turism

Verbindungen ab Gävle

 **Zug**: -> Stockholm: bis zu 15 Verbindungen tägl. (1,5 Std. Fahrzeit) via Uppsala
-> Sundsvall: 9 x täglich (3 Std.)
-> Malmö und Göteborg: 5 x täglich Kurswagen
-> Östersund: 2 x tägl. (5 Std.) mit Anschluß nach Trondheim/ Norwegen

 **Bus**: Abfahrten gegenüber Bahnhof. Täglich 1 Expressbus nach Göteborg (1o Std.). Mit Zug allerdings einfacher und schneller. Mehrfach täglich von/nach Uppsala/Stockholm.

 **Flug**: Die meisten Flüge laufen über den nicht allzu weit entfernten Airport Stockholm-Arlanda. Zug über Uppsala nehmen!

 Im Sommer echter „Bettenberg". Folge: teilweise Niedrigpreise. Vor Buchung am TI nachfragen.

„**Scandic Grand Central Hotel**": 4-stöckiger, super luxuriöser Eckklotz, zentral am Bahnhof. Große Räume. Trotz Verkehrsdichte leise Zimmer wegen schalldichter Verglasung. DZ mit Dusche und Frühstück zwischen 14o und 155 Euro, Sommer-Wochenende rund 9o Euro. Nygatan 45, 8o32o Gävle, Tel. o26/ 49 58 4oo. www.scandic-hotels.se

„**Hotel Gävle**": familiär geführtes Hotel ohne besondere Atmosphäre, aber ordentlich, preisgünstig und gut. Nah an der Hauptverkehrsstraße. Beim Preis unter Umständen Handeln möglich. DZ mit Frühstück und Dusche ca. 11o Euro, Sommer und Wochenende ca. 8o Euro. Staketgatan 44, Tel.: (o26) - 515.47o.

 Vandrarhem Gävle, grau-gelbes Holzhaus mit süßem, gemütlichem Innenraum, um den wie Wagenburg die Schlafräume gebaut sind. Fast hotelähnlich! Mitten in Holzaltstadt „Gamla Gävle". Södra Rådmangatan 1, Tel.: 621.745.

Vandrarhem Engeltofta, neben riesig weißer Traumvilla in gelbem Holzhaus direkt am Strand. In Villa Cafeteria und Kunstausstellungen. Dufter Badestrand mit sehr kaltem Wasser. Bönavägen 118, Tel.: 961.6o. Anfahrt: nördlich der Stadt von der alten E 4 ausgeschildert (Nähe Zeltplatz). Nur im Sommer geöffnet.

 Engesberg Camping, auf verschiedenen Ebenen im Wald und auf freien Wiesenflächen. Sehr schön am Wasser (kalt!) mit Sandstrand. Schließt am bereits 3o. August. Anfahrt: 1o km nordöstlich der Stadt von der E 4 ausgeschildert. www.engesbergcamping.se

Furuviks Camping, großer Platz, von Kanälen durchzogen, so dass fast jeder einen eigenen „Strand" hat. Der Platz wird durch eine öffentliche Straße in zwei Hälften geteilt. Gegenüber großer Kinder- und Freizeitpark mit Zoo. Tolle kleine Hütten. Es kann schon mal von naheliegender Papierfabrik stinken! Anfahrt: von der E 4 südlich der Stadt bei Mehedeby über Skutskär Richtung Furuvik. Geöffnet: Mitte Mai bis August. Tel. 76 16.

 „**SÖDERHJELMSKA VÄRDSHUS**": herrschaftliche Atmosphäre mit dicken Teppichen und goldrahmenverzierten Königinnenbildern in altem gelbem Holzhaus in Altstadt. Freundliche Bedienung, die auch Speisen empfiehlt. Breite Palette. Preise um 3o Euro. S. Kungsgatan 23.

„SKEPPET": im Keller des Grand Central Hotels. Schiffsatmosphäre mit Bootslampen unter „Deck" und erlesenen Zinntellern. Empfehlenswert: Halstrad gravlax på planka = eingelegter und gerösteter Lachs auf Holzbrett serviert. Preise ab 33 Euro. Nygatan 45.

„CAFE ARTIST": im Winn Hotel. Ländlich eingerichtet. Hauptsächlich Fischgerichte. Preise ab 35 Euro. Norra Slottsgatan 9.

SEHENSWERTES
In der Stadt latscht man als Tourist permanent dran vorbei: SCHLOSS, RATHAUS mit riesiger Skulptur und THEATER. Alles Monumentalgebäude aus dem 17. oder 18. Jahrhundert. Im Vorbeigehen abhaken.

Spaß macht ein Bummel durch die ALTSTADT: Kopfsteinpflaster und niedrige Holzhäuser, die größtenteils von Künstlern bewohnt werden. Alles recht klein, aber lebendig. Es besteht die Möglichkeit, die Künstler zu besuchen.

Begeistert hat mich das EISENBAHNMUSEUM: im alten Rangierbahnhof gibt's jede Menge Loks und Waggons. Teilweise zum Reinklettern oder von Bühnen anzuschauen. Im Freigelände ca. 1,7 km Besichtigungsstrecke. Die älteste Lok stammt von 1855; interessant sind auch die verschiedenen Spurweiten. Etwas für Eisenbahnliebhaber. Eintritt 4 Euro. Geöffnet im Sommer tägl. 1o-16 Uhr, Mo. geschlossen. Rälsgatan 1.

FURUVIKSPARKEN: Schwedens größter Tier- und Vergnügungspark mit einer Vielzahl von Attraktionen, sowie täglichen Auftritten des schwedischen Jugendzirkus „Furuviksbarnen". Gleich dazu großer Tierpark mit Orang-Utans in Europas modernster Affenanlage. Ein Streichelzoo und ein modernes Freibad runden die Sache ab. Geöffnet im Sommer 1o-16 bzw. 18 Uhr. Eintritt 6 Euro, Kinder 2,5o Euro. Am Zeltplatz Furuvik.

EINKAUFEN
GÄVLEBORGS HEMSLÖJDSFÖRENING: repräsentativer Querschnitt durch das Kunsthandwerk der Region: bemalte Körbe, Blumenständer aus einer Art geflochtenem Flachs, Holz- und Eisenkunstwerke, grüne Souvenirholzhähne. Södra Strandgatan, Berggrenska Gården.

FESTE
HAMBO TANZ FESTIVAL: gigantisches Volkstanzspektakel in der Region längs des Ljusnantals mit 8oo Tanzpaaren in farbenprächtigen Folkloreklidern und x-fachen Zuschauerzahlen. Artet in fidelbegleitete Tanzorgie aus, in der die besten Hambo- Tänzer ermittelt werden. Termin: jedes Jahr am 1. Samstag nach dem 1. Sonntag im Juli. Tanzzentren sind Hårga, Bollnäs, Arbrå und Järvsö. Beginn 7.3o Uhr, Ende: spätestens am nächsten Morgen.

Der Hambo Tanz ist ein alter schwedischer Tanz, der der Sage nach auf den Teufel höchstpersönlich zurückgeht. Lucifer soll als unbekannter Geigenspieler so intensiv und lange gespielt haben, dass sich keiner seiner Musik entziehen konnte und sich die Menschen endlos so lange im Kreis drehten, bis selbst ihre Köpfe im harten Gestein verschwunden waren. Genauso wird er auch getanzt!

GÄVLE CITYFEST, großes Stadtfest mit Markt, Musikveranstaltungen, Aufführungen usw. Jedes Jahr im August.

Umgebung von Gävle

★ DALÄLVTAL: romantisches, wasserreiches und bewaldetes Tal südlich von Gävle. Ideal zum Faulenzen, Angeln und Paddeln. Ziemlich unbekannt, wenig Touristen. Zentralörtchen: Gysinge.

Sandsnäsbadets Camping, idyllisch gelegener Platz direkt am Wasser. Rundherum Wildnis, schöne Kanutouren auf see-ähnlichem Dalälven. Kanuverleih, Sauna. Anfahrt: von der E 4 bei Månkarbo über Gysinge Richtung Hedesunda. Dort 3 km südlich der Kirche. Tel. 0291/ 44 12 3.

Nördlich von Gävle (über die RV 83): LJUSNAN-TAL. Landschaftlich wahnsinnig schöne Piste parallel zum teils gestauten, teils wild brausenden Ljusnan. Bei Delsbo zwei tiefblaue, wildnisumstandene Seen (Dellen). Wildnisfans fahren bei Ljusdal nordwärts Richtung Ramsjö. Wild einsame Gebiete mit duften Zeltmöglichkeiten mitten in traumhafter Natur. Goldfunde in der Umgebung!

Blodmyra Camping: kleiner toller Platz abseits der Touristenströme am See Norra Dellen. Anfahrt: Hudiksvall bis Delsbo. Von dort einige Kilometer nördlich.

Hennans Camping: völlig unbekannter, einsam kleiner, einfacher Platz direkt am See. Gutes Kanu- und Wanderrevier. Anfahrt: an der RV 83 bei Ljusdal.

Kurzen Aufenthalt in BOLLNÄS und JÄRVSÖ einplanen. In Bollnäs die Leinenweberei Växbo Lin, die in alter Tradition die Flachsbearbeitung zeigt und verarbeitet. Im sog. Handwerkspaviljongen eine der größten Kunsthandwerkseinkaufsmöglichkeiten in Schweden. Leider reicht die Reisekasse häufig nicht. Schön gemacht der Tierpark in Järvsö, der die Tiere des Nordens zeigt. Über einen 3 km langen Holzsteg wandert man durch die hälsingländischen Natur und kann die einheimischen Tiere erleben.

★ Küstenstreifen um Gävle: **JUNGFRAUKÜSTE**. Runter von der neu- ausgebauten und öden E 4. Die parallel verlaufende alte E 4 ist wenigstens ein bißchen interessanter. Ab und zu über Stichstraßen ans Wasser!
Bis Sundsvall wenig Zeltplätze, davon einige nicht zu empfehlende Durchgangsplätze direkt an der Straße. Die zwei schönsten:

Stenö Camping: auf Halbinsel an verschilfter Bucht unter hohen Bäumen. Schöner langer Sandstrand. Surf- und Kanuverleih. Anfahrt: von der E 4 bei Söderhamn Ri. Sandarne.

Camping Sörfjärden: alter verlassener Platz bei dem die Gemeinde nur noch für Wasser und Plumpsklo sorgt. In Steinwurfweite einsamer Badestrand. Anfahrt: von der E 4 bei Gnarp Richtung Sörfjärden.

✹ Ausflug zu altem lebendigem Fischerdörfchen **MELLANFJÄRDEN**: Gruppe roter Fischerhäuser, wo frischer Fisch verkauft wird. Gutes Fischrestaurant „Sjömarket". Anfahrt: bei Jättendal zur Küste abbiegen.

Kanu: Testeboån, exzellentes Kanugewässer für die ganze Familie. Einfach zu paddeln durch unbewohnte Gebiete weit ab jeglicher Straßentrasse durch Wald- und Moorgelände. Unterwegs Windschutze und wilde Zeltplätze. Fahrbar von Mai bis September. Vorsicht: Vogelschutzgebiet am Lundbosjön. Zutrittsverbot.

Startpunkt: Ockelbo. Endpunkt: Sandviken oder Mackmyra vor Valbo, 55 km, 3- 4 Tage. Ein Landtransport 85o m zwischen Lundbosjön und Öjarensee. Ideal: Freizeitkarte von Gävle. Wegbeschreibung am TI.

Weitere erkundenswerte, fahrbare Kleinflüsse in Umgebung: Unterlauf des Gopån, Lingbo und Teile des Jädraån-Flusses.

Verleih und Infos: Ockelbo, Tel. o297/ 4o8 83 oder Högbo Bruk Kanuschule (nördlich Sandviken), Tel. o26/ 242 loo.

Wandern: lohnendes Gebiet auch für Gelegenheitswanderer. Herrliche Ausblicke, stille, blanke Seen und rauschende Bäche. Jede Menge markierter Wanderwege.

Längster verläuft parallel zur Küste, Gästrike- und Hälsingeleden, 3oo km. Langwandertrail mit Übernachtungshütten und Windschutzen. Auch auf Teiletappen machbar. Von Gävle über Ockelbo bis Bollnäs und Los. Nähere Infos an TI.

Schöner 35 km Rundwanderweg durch weitgehend unberührtes Wald- und Seengebiet. Finnskogsleden. Startet und endet in Annefors südlich von Bollnäs.

Die E 4 weiter Ri. Nord gut ausgebaut, aber meist ereignungslos. Sofern seitlich Waldgebiete, sind sie meist eingezäunt. Schutz vor die Straße kreuzenden Rentieren und Elchen. Kurzer Autobahnabschnitt nördl. von Sölderhamn. Auch das Eisenbahngleis wurde ausgebaut als Hochgeschwindigkeitsstrecke und ist teils von der E 4 zu sehen.

✹ Sundsvall

Fast Großstadtatmosphäre im hohen Norden. 5-stöckige Wohn- und Geschäftshäuser in merkwürdigem Gegensatz zum anmutig phantastischen Küstenstreifen nördlich der Stadt. Bunte Fähnchen flattern am majestätischen Prachtmarktplatz.

Verkehrsknotenpunkt: in alle drei Himmelsrichtungen führen Europastraßen. Nördlich und südl. der Stadt regelmäßig Geschwindigkeitskontrollen auf der E 4. Vorsicht! Jede Menge holzverarbeitende Industrie an der Küste.

 Pavillion am Marktplatz, Stora Torget, 85230 Sundsvall, Tel. 060/ 61 04 50, Fax: 060/ 127 272. Geöffnet: Mo.-Fr. 10-18 Uhr, Sa. 10-14 Uhr. www.sundsvallturism.com

Verbindungen ab Sundsvall

 **Zug**: -> Stockholm 4 x tägl. im Inter-City-Express, Fahrzeit 3,5 Std. - Richtung Norden über Umsteigebahnhof Ånge bzw. Långsele 4 x täglich Anschlüsse -> Trondheim/Norwegen auch via Ånge (Umsteigen).

Flug: Direktflüge nach Stockholm, 4x täglich.

Bus: -> Stockholm: am Wochenende ein Linienbus (dauert länger als Zug!), -> Umeå: 5 x täglich, -> Luleå: 5 x täglich.

 „**First Hotel Strand**": an der E 4 im Ortszentrum und gegenüber vom Casino Cosmopol. 6- stöckiges Gebäude mit großer gelber Leuchtreklame auf dem Dach und daher nicht zu verfehlen. Unterschiedliche Zimmergröße. Vornraus schöner Blick aufs Meer, wegen der Lage aber nicht unbedingt leise. DZ mit Bad, TV und Frühstück ca. 150 Euro. Sommerpreis ca. 79 Euro. Kinder unter 15 frei. Strandgatan 10, Tel. 060/ 641 950. www.firsthotels.se

„**Hotel Baltic**": zentral gelegen an der E4. Vornraus Blick aufs Meer. Sjögatan 5, Tel.: 060/ 14 04 04. Preise: DZ mit Frühstück 180 Euro.

„**Scandic Hotel Sundsvall**": gering zurückversetzt von der E 4 im nördl. Ortsteil. Eines der höchsten Gebäude der Stadt, markiert mit roter Leuchtreklame auf dem Dach. Die 201 Zimmer im Scandic- Standard, komfortabel mit Bad, TV. Nach Möglichkeit Zimmer hintenraus wählen bzw. in oberem Stockwerk. Vornraus E 4 und Küste. DZ ca. 89 Euro. Esplanaden 29. Tel. 060/ 785 62 00, Fax: 785 62 11. www.scandic-hotels.se

„**Clarion Collection Hotel Grand**": Standardhotel in der Stadtmitte. DZ mit Dusche und Frühstück ca. 110 Euro (Sommer 70 Euro). Nybrogatan 13, Tel. 060/ 64 65 60.

 Bergafjärdens Camping: auf Halbinsel, etwas sandig, unter Bäumen. Direkt am Wasser mit schönem, langem Sandstrand. Bester in der Umgebung von Sundsvall. Frühzeitig ankommen, da häufig recht voll. Anfahrt: 25 km südlich von Sundsvall im Ort Njurunda Richtung Björkkön abbiegen. Tel. 060/ 345 98.

Fläsians Camping: grasbewachsenes, terrassenartiges Parkgelände direkt am Wasser. Sehr sauberer, feinsandiger Strand. Surfverleih. Anfahrt: direkt an der E 4, ca. 5 km südlich der Stadt. Tel. 060/ 55 44 75.

Granli Camping: kleinster Platz in der Umgebung. Liegt im Wald, ohne Strand, nur Blick zum Wasser. In unmittelbarer Nähe Papierfabrik. Anfahrt: 5 km nördlich der Stadt von der E 4 ab, Richtung Ortviken.

 STF JJUGENDHERBERGE SUNDSVALL, schöne Anlage mit Blick auf die Stadt direkt am Freilichtmuseum. Komfortable Schlafräume (2- bis 4-Bett- Zimmer) in einzelnen kleinen Holzhütten. Norra Stadsberget, Box 43o, Tel. o6o/ 612 119. Anfahrt: nördlich der Stadtbrücke in Norrmalmsgatan einbiegen.

INSEL ALNÖ JUGENDHERBERGE SLÄDAGÅRDEN: nordöstl. von Sundvall vorgelagert mit Blumen und Gewächsen, die man sonst in Schweden nicht so schnell findet. Schöne Badebucht am Südzipfel. Mit Auto zu erreichen. Anfahrt: nördlich der Stadt am Scandic Hotel Richtung Alnön abbiegen. Tel. o6o/ 61 4o oo.

CASINO COSMOPOL: der alte Bahnhof ist nun zum Casino umgewandelt, wo man sein Geld sowohl bei den unterschiedlichen Casinospielen als auch in den Restaurants und Bars unter die Leute bringen kann. Eintritt Casino 3 Euro, Altersgrenze 20 Jahre, Öffnungszeiten: täglich 13-3 Uhr. www.casinocosmopol.se

Querverbindungen ab Sundsvall

* SUNDSVALL -> ÖSTERSUND: gut ausgebaute E 14 in ca. 19o km Landschaftl. abwechslungsreicher, aber an km länger ist die RV 87 nach Östersund. Details Seite 439, 444. Ab Östersund besteht eine Querverbindung (27o km) nach Nordnorwegen Trondheim bzw. Grong an der E 6. Details S. 444 und im VELBINGER Band 28 „Norwegen- Nord".

* SUNDSVALL -> SOLLEFTEÅ -> ASELE -> VILHELMINA -> TÄRNABY (RV 9o, RV 45, E 12): wichtige Inlands- Querverbindung und kürzeste ab schwed. Küste zu Naturparks, Tärnaby und E 12 nach Mo I Rana/Nord Norwegen. Entfernungen auf der Route nicht unterschätzen. Es geht ewig lang durch Wälder, vorbei an Seen und endloser Einsamkeit. Vilhelmina S. 449, Storuman S. 451, Tärnaby S. 453. Details zum Grenzpass, Wanderungen am Okstindan Gletscher und Mo I Rana/E 6 im VELBINGER Band 28 „Norwegen Nord".

Sundsvall -> Örnsköldsvik   (E 4 und Parallelrouten)

Der absolut schönste Küstenabschnitt auf der schwed. Seite des Meerbusens. Die E 4 führt ab Sundsvall wenig attraktiv zunächst als Autobahn, dann Landstraße via Inland Ri. Nord. Vom landschaftl. schönen Küstenabschnitt erlebt man nichts. - Wer Zeit hat, sollte Abstecher zur Küste fahren. Extrazeit auf schmalen Nebenstraßen 1/2 Tag oder mehr.

Steil zum Meer abfallende bläuliche Höhenzüge in atemberaubender Stille. In verschwenderischer Vielfalt spiegeln sich Fjorde, Berge und Wälder im Durcheinander von mündenden Flüssen, glasklaren Seen und bezaubernder Schärenwelt. Über Geröll, Klippen und feinem Sand verschwindet das Land im Meer. Teils malerisch kleine Fischerdörfchen, - Minisiedlungen, die noch traditionell vom Meer leben.

Tourist INFO Infos, Karten und alles Wissenswerte über den weithin unbekannten Küstenabschnitt in den Touristbüros:

* HÄRNÖSAND: Järnvägsgatan 2, Tel. o611/ 881 4o, Fax: 221 1o. Homepage www.turism.harnosand.se - * KRAMFORS:Torgatan 2, Tel. o612/ 8o 12o, Fax: 1o 784

Homepage: www.kramfors.se - * ÖRNSKÖLDSVIK: Strandgatan 24, Tel. 0660/ 88100, Fax: 881 23. Homepage: www.ovik.se.

Alle sind im Sommer 9-18 Uhr geöffnet. Weiterhin kleinere Blockhütten-Infostände längs E 4.

BERGEFORSPARKENS CAMPING: gepflegte Wiese oberhalb eines Stausees mit Steilufer, unten am See Badestrand. Liegt innerhalb des Freizeitparks und ist ziemlich überlaufen. Kanu- und Fahrradverleih. Anfahrt: ab E 4, ca. 3 km nördl. von Timra.

BYE RAST CAMPING: keine Naturbademöglichkeit am Platz, nur sonnenbeheiztes Mini-Bassin. Durch die Straße ziemlich laut. Etwas zusammenhangloses Gelände. Lohnt nicht besonders. Anfahrt an der E 4, ca. 38 km nördlich von Sundsvall. Tel. 0660/ 45 o55. www.byerast.com

RAMVIK-SNIBBENS CAMPING: einer der besten an diesem Küstenabschnitt: geschützt durch bewaldeten Hügel direkt an schöner Bucht mit lohnendem Sandstrand. Urlaubsplatz. Anfahrt: zwischen E 4 und Mörtsjön, 25 km nördlich von Härnösand. www.snibbenscamping.com

NORRFÄLLSVIKENS CAMPING: von Bäumen bestandener Platz mit Mini-Sandstrand auf naturschöner Halbinsel. 1 km entfernt langer Sandstrand „Storsand" mit Dünen. 2o Hütten. Gefiel uns wegen seiner Abgelegenheit. Feriendorf mit 8o Hütten nebenan. Surfverleih. Anfahrt: von der E 4, Abfahrt Gallsäter, Richtung Nordingra, dann nach Mjällom.

DOCKSTA CAMPING: Durchgangsplatz auf offener Wiese, direkt an der E 4 bei Docksta. 4 km südlich des weithin sichtbaren Skulebergs. Ausgangspunkt für Wanderungen im Nationalpark. Jugendherberge auf dem Platz. Kein Wasserzugang. Tel. 0613/ 4o 4 55. www.docksta.nu

GULLVIKS HAVSBAD: Waldgelände in Buchtnähe mit schönem Badeplatz in Fußwegentfernung. Surfverleih und weitere Aktivitäten. Ab und zu stinkt es von nahegelegenem Zellulosewerk. Anfahrt: am Kreisverkehr Örnsköldsvik Richtung Domsjö abbiegen. www.gulvikshavsbad.se

NATIONALPARK SKULESKOGEN: Nationalpark rund um felsiges Gebirgsmassiv mit nordischen Urwaldpfaden, baumumstandenen Geröllhalden und einer Schlucht, in der zwei schroff gegeneinander stehende, steile Felswände wie im Kinofilm für Stuntmanspringer stehen (Slåttdals skrevan).

8,3 km langer Rundwanderweg in Wanderschuhen oder Stiefeln (teilweise recht feucht) zu machen. Dauer 3 Stunden. Besser aber kleinen Proviantsack packen und ganzen Tag auf Fotosafari gehen. Anfahrt: Bei Docksta (E 4) Richtung Sund ausgeschildert.

Langwanderweg „Höga Kusten": Trail parallel zur Küste teils durch Wildnis, über Wiesen und Berge, nah am Meer vorbei und durch seltene Orchideenfelder. Gut markiert und ausgebaut mit Windschutz und Feuerstellen in Tagesmarschabständen. Recht leicht, auch für Wanderanfänger zu machen. Fast alle 6 bis 1o km Straßen- oder Zivilisationskontakt. Auch Teiletappen lohnend. Gesamtstrecke Veda-> Örnsköldsvik 13o km. Gut bekartet. Im TI erhältlich.

Kanu: * <u>Indalsälven</u>, zur Küste hin größtenteils leichte Paddelei durch großartige Natur. Einzig schnell fließendes, etwas spritziges Stück im Unterlauf zwischen Järksvissle und Sillre. Ansonsten gemütliche Sache mit vielen Ein- und Aussteigemöglichkeiten durch begleitende Straße. Startpunkt in Hölleforsen unterhalb Kraftwerk oder in Forsstrand. Für Landtransporte (Järkvissle, Bergeforsen) ist der Bootswagen hilfreich.

* <u>Ångermanälven</u>: insgesamt fast vollständig ausgebaut. Schönstes Stück zwischen Junsele und Sollefteå. Zwischen Junsele und Kraftwerk Lang björn ziemlich flach.

* <u>Röån</u>: empfehlenswerter Kleinfluß westlich vom Ångermanälv. Bis auf letzte 5 km (Wasserfälle) leicht fahrbarer Wanderfluß in schöner Natur. Startpunkt Vallen nördlich Junsele bis Tara bzw. Tarsele (4o-5o km).

„<u>Hotel Färnlöv</u>", Box 95, 884o40 Ramsele, Tel.: (o623) - 1o6.8o.

* <u>Nätrafluß</u>: von Skorped bis Sidensjö eine Strecke von 5o km mit Übernachtungsmöglichkeiten in kleineren Hütten oder Windschützen. Am Myrefors muß umtragen werden, ansonsten ruhiger Wasserverlauf. Von Sidensjö besteht die Möglichkeit, weiter bis zum Meer zu paddeln, aber dieses Stück ist anspruchvoller und enthält mehrere Portagen.

Bibersafari: 1- bis 3-tägige organisierte Biberexpedition mit der Kamera, auf der man zu Fuß und mit dem Kanu unterwegs ist. Außerdem Infos über Biber, Bauten usw. Anfragen bei örtlichen Touristenbüros.

✱ Umeå

Verkehrsknotenpunkt im Mündungsdelta des Umeälv und im Schnittpunkt der Nord-Süd verlaufenden **E 4** und der nach <u>Mo I Rana/Norwegen</u> führenden **E 12**. Wegen der vielen Wassers (Seen, Flüsse) an der Straße wird die E 12 auch „Blå Vägen" (Blaue Straße) genannt. Entfernung Umeå -> Mo I Rana ca. 48o km. Der schönste Abschnitt zwischen Storuman (S. 451) und Mo (Details VELBINGER Band 28 „Norwegen-Nord").

Umeå ist Unistadt mit für nordische Verhältnisse viel „Flair" zwischen nüchternen Backsteinbauten und verschnörkelter Jahrhundertwendearchitektur. Reizvoll die mit Birken bepflanzten Straßen. Fährhafen mit der kürzesten Verbindung nach Finnland. Die Fähren benötigen nur 3 1/2 Std.

<u>1622 gegründet</u>, hatte das damals gottverlassene Nest bei einer Volkszählung 5o Jahre später stattliche 37 Einwohner! Eine verheerende Feuersbrunst wütete 1888 und legte die

Innenstadt in Schutt und Asche. Seitdem werden Birkenalleen längs der Straßenzüge angelegt, um Funkenflug zu verhindern. Auch so keine schlechte Idee.

 In der Einkaufszone, Renmarkstorget 15, 90326 Umeå. Tel. 090/ 161 616, Fax: 090/ 128 270. Geöffnet: im Sommer Mo.-Fr. 8-19 Uhr, Sa. 10-16 Uhr, So. 12-16 Uhr. Homepage: www.umea.se/turism oder für die Region www.vasterbotten.net

Verbindungen ab Umeå

 **Zug**: 1 x täglich Stichverbindung nach Vännäs. Von hier Anschluß an den berühmten Nachtzug Nordpilen entlang der Strecke Kiruna -> Stockholm. Fahrzeit Umeå bis Stockholm rund 9 Std. Auch Stockholm direkt ohne Umsteige möglich.

 **Bus**: gute Connections in alle Richtungen. Vännäs, Åsele, Vilhelmina, Skellefteå, Vindeln, Lycksele, Örnsköldsvik, Robertsfors, Sundsvall, Östersund, Ammarnäs (Kungsleden!), Luleå, Stockholm und Östersund. - Weiterhin Fernbus via Storuman -> Tärnaby -> Mo I Rana/Norwegen (7 1/2 Std., ca. 28 Euro).

Schiff: Autofähre 1 bis 2 x tägl. mit RG-Line und Botnialink ins finnische Vaasa (Überfahrt 3 1/2 Std.)

Flug: täglich ca. 10 Flüge nach Stockholm (50 Min.) sowie Direktflüge nach Luleå, Östersund.

 „**Scandic Hotel Plaza Umeå**": Hotelhochhaus im Stadtzentrum, Storgatan 40. Moderne und komfortabel ausgestattete Zimmer mit TV, Bad. Das Gebäude hat 12 Stockwerke; Tipp sind die Zimmer in den oberen Stockwerken mit Superblick über die Stadt. DZ ca. 170 Euro, Sommerpreis ca. 95 Euro. Tel. 090/ 20 56 300, Fax: 090/ 20 56 311. www.scandic-hotels.se

„**Best Western Hotel Winn**": rosarote Nobelherberge mitten im Zentrum. Mittelgroße Zimmer. Freundliche Bedienung. DZ mit Frühstück und Dusche ca. 110 Euro, Sommer und Wochenende ca. 90 Euro. Skolgatan 64, Tel. 090/ 71 11 00. www.winnhotel.se

„**Hotell Dragonen**", Västra Norrlandsgatan 5. Dreistöckiges Gebäude. Im Erdgeschoß ein preiswertes Chinarestaurant. DZ mit Bad, TV ca. 100 Euro, Sommerpreis ca. 80 Euro. Tel. 090/ 125 800. www.dragonen.umea.com

 **Umeå Camping Nydala**: großer Platz auf schattenlosem Gelände mit peinlich genau zugewiesenen Stellplätzen. Befindet sich im Umepark (an der E 4 nördl. Umeå). Eine große Freizeitanlage mit Wasserrutschen, Minigolf und Boule, Tennisplätzen etc. Super gute Sanitäranlagen. Einkaufsmöglichkeiten auf dem Platz. 500 m zum Strand. Anfahrt: an der E 4 nördl. von Umeå, ausgeschildert.

 Jugendherberge zentral in Umeå gelegen. 2- bis 6-Bett-Zimmer und Möglichkeiten zum Wäschewaschen. 450 m zum Bahnhof und 350 m zum Busbahnhof. Västra Esplanaden 10, Tel. 090/ 77 16 50.

 „SKYTTENS RESTAURANT", teilt sich in zwei Bereiche: eine Art Schnellimbiß und nebenan echt gutes Speiserestaurant. In nobel rot, auf großem Wandbehang Sonnenuntergang. Wir labten uns an Fischsuppe und Rentiermedaillon (2o Euro). Deutsche Speisekarte verlangen. Direkt gegenüber vom Bahnhof. Tel. o9o/ 135 66o. www.skytten.se

Weitere Restaurants im Bereich Gotgatan, die vom Bahnhof abgeht sowie in der Vasaplan/Radhusetgatan, somit Stadtzentrum.

Einkaufen: Västerbottens Hemslöjd, Kunstgewerbeshop mit Korbflecht- und Holzarbeiten sowie T-Shirts mit aufgemalter Mitternachtssonne, um die die Mücken surren, Renmarkstorget.

SEHENSWERTES

GAMMLIA MUSEUM: über Rentierzucht, Samen- und Stadtgeschichte. Man kann verschiedene Knöpfe drücken und ziehen: echtes Wasser läuft quer durchs Modell. Sehr anschaulich und macht Spaß. Eintritt frei. Im Sommer täglich 1o-17 Uhr.

Gleich nebenan FREILICHTMUSEUM mit alten Häusern aus Västerbotten. Anfahrt: von der E 12 in der Stadt dem Schild „Gammlia" folgen.

ÅLGENS HUS (Haus der Elche): hier kann man alles über die Könige des Waldes erfahren und die zahmen Elche streicheln. Diashow, Video und eine Ausstellung berichten über das Leben der Elche. Als Mitbringsel kann man den hausgemachten Elchkäse kaufen. Anfahrt: Bjurholm, ca. 7o km westlich von Umeå an der 353. Geöffnet im Sommer Di.-So. 12-18 Uhr, Eintritt 8 Euro, Kinder 4 Euro.

 **Baden**: schönste Badestrände in Bettnessand und Norrmjöle, südlich von Umeå und auf den vorgelagerten autofreien Schäreninseln Holmö und Norbyskär. Wenn das Wetter nicht mitspielt: Besuch des Abenteuerbades „Umelagun" im Umepark. Direkt in der Nähe des o.g. Campingplatzes.

Schlauchboot-Wildwassertouren: auf weiß schäumendem und spritzigem Vindelälv durch „kanadische" Wildniseinsamkeit, allerdings vom Wasserstand abhängig. Im Sommer jeden Tag möglich. Anmeldung über Vindelresor Forsknäckarna, Tel. o1o/ 257 89 56. Preis ca. 35 Euro. www.forsknackarna.se

Fahrradanmietung: Cykel & Mopedhanlarn, Kungsgatan 1o1, Tel. o9o/ 14o 17o, Mo.-Fr. 9.3o-17.3o Uhr, Sa. 1o-13 Uhr.

✱ Nördlich von Umeå

Auf der E 4 wird's ziemlich langweilig. Wald, ab und zu Felder, wenig Ostseeküste. Das ist alles. Alle Stunde fliegt eine Stadt mit Industrieanlagen und Schloten am Auto vorbei. Bei Piteå wieder lange, ausgedehnte Sandstrände. Norbottens Riviera. Entsprechend beliebt bei norwegischen und schwedischen Campern.

Pitholmens Camping: zum Verlaufen gigantischer Platz an langem Sandstrand. Alle nur denkbaren Vergnügungen: Autoscooter, Kinderspielland, Schwimmbad mit Musik, Jubel, Trubel, Heiterkeit. Wohnwagen wie auf Wochenmarkt dicht an dicht. Abgetrennter FKK-Badeplatz. Anfahrt: 1o km südlich von Piteå, bei Pitsund von der E 4 Richtung Piteå, am Fähranleger.

Mohems Camping: recht schöner Wiesenplatz direkt am Fluß. Rezeption mitten auf Platz im Wohnhaus. Recht voll. Anfahrt von der E 4 in Pitsund ab, dann 1 km.

Ladrike Camping: direkt an der E 4. Kinderbetreuung, Kanu-, Fahrrad-, Wohnwagenverleih. Durchgangsplatz. Anfahrt: 16 km nördlich von Piteå.

✶ Skellefteå

Industrieort an Flußmündung im Tal gelegen. Ohne besonderen Reiz zum Urlaubmachen. Wichtig höchstens als Durchgangsort nach Finnland rüber (Pietasaari). 2 Abfahrten täglich, Fahrzeit 5 Stunden.

Touristinformationen, Trädgårdsgatan 7. 93185 Skellefteå, Tel. o91o/ 73 6o 2o, Fax: o91o/ 73 6o 18. Geöffnet im Sommer Mo-Fr 9-18 Uhr, Sa 1o-16 Uhr. www.turistinfo.skelleftea.se.

„Hotel Victoria": 7 stöckiges Haus zentral am Hauptplatz Torget. Ordentliches und relativ preisgünstiges Hotel. DZ mit Bad, Frühstück ca. 1oo Euro, Sommerpreis ca. 6o Euro. Trädgårdsgatan 8. Tel. o91o/ 174.7o, Fax: 894 58.

„Rica Hotel Skellefteå": schräg gegenüber vom „Victoria" am Hauptplatz. Gehört zur bekannten Rica Hotelketten. Nobele 5o DZ mit Bad, Frühstück ca. 13o Euro, Sommerpreis ca. 8o Euro. Torget 2, Tel. o91o/ 732 5oo.

„Scandic Hotel Skellefteå": Kanalgatan 75, rund 2oo m vom Zentrum entfernt. Das beste und teuerste Hotel im Ort. Modernes Gebäude, viele Pflanzen im Atriumhof. 1o7 DZ mit Bad, Frühstück ca. 17o Euro, Sommerpreis ca. 9o Euro. Tel. o91o/ 75 24 oo, Fax: 778 411.

Skellefteå Camping: sehr großer Platz, schlängelt sich wie Wurst entlang der E 4 ! Große neue Badeanstalt, kostenlose Sauna. Einfahrt bei der Autoraststätte „Checkers".

ÖRTRÄSK-SEILBAHN: weltweites Unikat, die längste Seilbahn der Welt. Rund 2 Std.(!) schwebt man in Gondeln in 7- 2o m Höhe über Seen und Wälder. Sie wurde in den 4o-er Jahren gebaut für eine Mine in Mensträsk und ist heute große Touristenattraktion. Zu erreichen: rund 75 km östl. von Skelefteå an der RV 37o, Abzweig. ca. 4 km zum Dorf Örträsk, wo sich eine der beiden Seilbahnstationen sowie kleines Museum befindet. Die andere Station in Mensträsk (Übernachtungsmöglichkeit in restaurierten Häusern der damaligen Minenarbeiter).

QUERVERBINDUNG NACH NORWEGEN: die RV 95 verbindet Skellefteå via Arvidsjaur (Seite 454) und Junkerdalen mit Fauske und Bodø/Nordnorwegen. Eine besonders im Grenzbereich landschaftlich schöne Strecke (auch Busverb. tägl., 9 Std.). Lässt sich auch als Roundtour fahren: ab Bodø weiter via unbedingt lohnender Lofoten -> Narvik -> Kiruna (S. 485) -> Luleå (siehe unten). Details zur norwegischen Seite im VELBINGER Band 28 „Norwegen-Nord".

✶ Luleå

Unterkühlte Stadt, von Wasser umgeben auf der Halbinsel im Fluß Luleälv. Zentralort und größte Stadt Norrbottons mit Bezirksregierungsverwaltungssitz und Schwedens größtem Ausfuhrhafen (Kirunaerz).

Entlang der Küste traumhafte Sandstrände mit dem meines Wissens nördlichsten FKK-Beach der Welt. Prachtvolles Schären- und Inselgewirr. Ideal für Motorbootfahrer und Segler. Viele norwegische Camper.

Bei der Stadtprivilegienverteilung 1621 lag die Altstadt noch rund um die mächtige Kirche (heutiges Gammelstad) 1o km landein. Der zunehmende Handelsverkehr mit größeren Schiffen machte den Bau eines tieferen Hafens nötig, wobei 1649 gleichzeitig auch die Stadt Ri. Meer (und dortigem neuen Hafen) verlegt wurde.

Eisenerz aus Kiruna und Gällivare wurde schon seit dem 17. Jhd. mit Rentieren nach Luleå transportiert und dort verschifft. Es waren damals noch sehr kleine Mengen. Zum großen Aufschwung kam es nach Fertigstellung des Eisenbahngleises 1889 (Gällivare), 1898 (Kiruna). Nun konnten große Quantitäten Eisenerz transportiert werden; bei Luleå entstanden Hochöfen zur Eisenverhüttung. Problem allerdings der Export, da das Meer hier oben rund 5 Monate im Jahr zugefroren ist. Das auch im Winter per Zug herantransportierte Erz wird daher in Luleå gelagert, bis der Bottn. Meerbusen wieder befahrbar ist.

Daher wurde ein weiteres Gleis gebaut: Kiruna -> Narvik/Norwegen. Der dortige Hafen ist wegen des warmen Golfstroms ganzjährig eisfrei. Obwohl das Gleis auf norweg. Seite nur 4o km lang ist, dauerte der Bau wegen extremer geologischer, klimatischer und -finanzieller Schwierigkeiten 2o (!) Jahre. Eröffnet 19o2/o3. Details VELBINGER Band 28 „Norwegen-Nord".

 Im Bahnhof Järnvägsstationen 97234 Luleå, Tel. o92o/ 22 24 75, Fax: o92o/ 22 49 95. Geöffnet Mo.-Fr. 9-17 Uhr, Sa./So. 1o-16 Uhr. www.lulea.se

Verbindungen ab Luleå

Zug: läuft alles als „Stichschiene" über Lapplands Zentralumsteige Boden. Teilweise mit Kurswagen.
-> Stockholm: 3 x täglich (Fahrzeit 1o Std.)
-> Norden: Kiruna/Narvik 2 x täglich. Weiterhin: Luleå -> Haparanda an der Grenze mit Anschluß ans finnische Eisenbahnnetz.

Bus: Linienbusse entlang der Küste; brauchen allerdings sehr lange: z.B. 2 x täglich nach Sundsvall 8 Std.! Der Zug ist in jedem Fall bequemer. - Weiterhin nach 4 x täglich Umeå. Am Wochenende Expressbusse nach Stockholm (12 Stunden).

Flug: Drehscheibe für Nordschweden: 12 x täglich Stockholm (1 1/2 Std.), 3 x täglich Kiruna und kleine Strecken nach Umeå und Sundsvall.

„Quality Hotell Luleå": im Zentrum der Stadt, Storgatan 17. Bestes und modern ausgestattetes Hotel mit Businessatmosphäre. Farbauswahl im Hotel erfolgte nach den dominierenden Lapplandfarben. Sauna, Pool. Teuerstes DZ mit Frühstück ca. 17o Euro. Wochenende und Sommer ca. 85 Euro. Tel. o92o/ 2o 1o oo. www.choicehotels.se

„**Hotel Nordkalotten**": originell durch rundgezimmerte Baumstämme, sehr große Zimmer mit ausgefallenen Hellholzmöbeln. Flure in blau und pink. Riesige Sauna. DZ mit Frühstück ca. 135 Euro, Wochenende und Sommer ca. 85 Euro. 6 km außerhalb der Stadt. Luleviksvägen 1, Tel. o92o/ 2o oo oo. www.nordkalotten.com

„**Best Western Arctic Hotel**": renoviertes Hotel in Bahnhofsnähe. Mit Restaurant, Jacuzzi und beheizter Garage (im Winter bei hohen Minustemperaturen wichtig, damit der Wagen wieder anspringt). Bus zum Airport stoppt vor der Tür. Zimmer mit Laminat und Kabel TV. Sandviksg. 8o, Tel. o92o/ 1o 98 o. www.arctichotel.se

„**Hotel Amber**": gemütliches kleines hellblaues Häuschen mit familiärer Atmosphäre. In Bahnhofsnähe. 22 Zimmer mit Bad und Kabel TV. Sauna und Solarium im Haus vorhanden. Kostenlose Parkplätze. Stationsgatan 67, Tel. o92o/ 1o 2oo. www.amber-hotell.nu

Arcus Luleå Camping: moderner Platz mit schönem Strand an meist doch kaltem Wasser. Badepools, wenn das Wasser zu kalt ist. Empfehlenswerte Sauna, viele, schön eingerichtete Hütten. Nebenan Eisenbahnmuseum. Leider von Norwegern recht überlaufen und nicht immer ganz ruhig. Im Juli empfiehlt sich telefonische Platzreservierung Tel. o92o/ 25 oo 6o. Anfahrt von der E 4 in Luleå Richtung Karlsvik. Gut ausgeschildert. Ca. 8 km von der City entfernt.

„MARGARETAS VÄRDSHUS": in ganz Lappland als „Geheimtipp" bekannt. Weißes Holzhaus, obere Etage mit Bärenfellen und -fallen an Wänden. Urig. Geruch von starkem Kaffee, selbstgebackenem Kuchen und altem Holz tut ein übriges. Leider nicht billig. Spezialitäten: geräucherter Rentierschinken mit Meerrettichsahne. Anfahrt: in Gammelstad nicht zu verfehlen.

SEHENSWERTES

GAMMELSTAD: Besuch lohnt, rund um die Kirche dicht an dicht gepflegte kleine rote Holzhäuser, aus denen hell die weißen Fensterkreuze strahlen. Wie Perlen. Traumhaft ruhig, fast verlassen bei unserem Besuch bei tiefblauem Himmel. In der alles überragenden Kirche gefiel uns außer dem barock-goldenem Altar (152o) der große rote Teppich besonders. Fantastisch die selbst gewebten Wandteppiche. Anfahrt: 1o km nordwestl. der Stadt ausgeschildert. Dortiges Visitor Center im Sommer täglich geöffnet 9-18 Uhr. 5 mal täglich Führungen auf deutsch. Preis 4 Euro.

EISENBAHNMUSEUM: in Karlsvik und dortigem ehemaligen Bahnhof. Zufahrt: rund 8 km ab Luleå auf der gegenüberliegenden Seite des Luleålven. Zu sehen: Dampflokomotiven und E-Loks der Eisenerzbahn, u.a. auch aus der Pionierzeit der Strecke. Interessant ist die Lok B 1147, deren Führerhaustür sich nicht seitlich (wie normal) öffnet, - sondern nach vorne. Dort befindet sich entlang des Feuerkessels ein Laufsteg mit Haltegriff. Der Lokführer konnte somit, - sollte die Lok während der Fahrt Zweige und Äste „gefangen" haben, diese bequem von der Lok entfernen und hatte wieder freie Sicht.

Eine Ausstellungshalle dokumentiert in alten Fotos, Plänen und Karten die Baugeschichte. Betrieben wird das Museum von einem privaten Verein (MBV). Es ist im Sommer tägl. geöffnet, auch Fahrten mit Oldtimern.

SCHÄRENWELT LULEÅ: Im Sommer fahren regelmäß Passagierboote in den Schärengarten mit seinen vielen interessanten Inseln. Da sich die Abfahrtszeiten regelmäßig ändern im TI nachfragen oder unter www.lulea.se/skargard.

 **Baden**: dufter Seychellenstrand mit skandinavischen Wassertemperaturen auf kleiner Insel. Vom Südhafen Luleå fährt regelmäßig ein Boot rüber.
FKK-Strandbad Lulviken für Nackedeis reserviert. Wenn die Sonne scheint. Lange Sandstrände in der Nähe des Flughafens.

LULEÅ -> HAPARANDA/TORNIO (E 4, ca. 12o km): gut ausgebaute Landstraße, Fahrzeit wegen Geschwindigkeitsbegrenzung (Achtung Radar!) rund 2 Std. Es ist die wichtigste Querverbindung für Leute, die aus dem äußersten Norden Norwegens (Nordkap bzw. Varanger Halbinsel oder Kirkenes) kommen und via schwed. Ostküstenstraße E 4 nach Hause wollen. Routendetails im VELBINGER Bd. 28 „Norwegen- Nord".

Nordschweden

SCHNELLFINDER

Gällivare/Malmberget 482
Kiruna 485
Jukkasjärvi 491
Nikkaluokta 492
Abisko 493
Björkliden 494
Kiruna->Narvik 494
Riksgränsen 495
Treriksröset 496

LAPPLAND

Letzte Wildnis Europas: Das Reich der Mitternachtssonne. Gewaltige Entfernungen in rauhem, fast menschenleerem Gebiet über Schweden, Norwegen und Finnland verteilt. Im Winter fast 6 Monate Dunkelheit, erbärmliche Kälte bis -45° C, Polarlicht und enorme Schneemassen. Im Sommer trockene, warme, lange Tage mit blühenden Blumen, rauschenden Flüssen, unendlichen Wäldern, glasklaren Seen und wild stechenden Mückenschwärmen, die einen an den Rand des Wahnsinns treiben können.

Durch die Ebenen streifen noch wilde Wölfe, zottelige Bären, Vielfraße und Luchse, über dem Horizont schwebt erhaben der König der Lüfte: der Steinadler. Unter ihnen absolute Stille, die man hören kann. Paradies für Individualisten und Abenteurer, die auf Wandertrails und Kanutrips ursprünglich unberührte Natur entdecken.

DIE ANREISE-ROUTEN wurden bereits auf Seite 439 (Inland) sowie Seite 463 (via Küste) beschrieben und erhalten dort bereits eine Reihe von Ortsbeschreibungen, Routen und Trails im südlichen Teil Lapplands.

Generelle Infos unter www.lappland.se

Im folgenden Kapitel sind nur die nördlichsten Regionen des schwedischen Teils von Lappland beschrieben.

Küstenstreifen
Reihe nicht enden wollender Schären mit bewaldeten Landzungen. Vereinzelt Orte umgeben von breiten Feldern und Wiesen. Träge dahinfließende Ströme mit breiten Flußmündungen. Dazwischen breite, rivieraähnliche Sandstrände.

Landesinnere
Absolut menschenleere Pläne, undurchdringbar endlose, niedrige Tannen- und Fichtenwälder, gottverlassene, menschenfeindliche Moore, rauschende und schnell fließende Flüsse, die sich mit gewaltigen Wassermassen in klare, dunkelblaue, stille Seen ergießen.

Entlang der norwegischen Grenze
Weites Gebirgsland mit kargen, größtenteils baumlosen Felsengebieten. Selbst im Sommer Eis- und Schneefelder. Dazwischen Rentiermoos, niedrige Zwergbirken und milchweiße, eiskalte Gebirgsbäche.

Für Autotouristen aber ganz eigenartig: stundenlang gurkt man über menschen- und autolose Straßen. Kommt einer der wenigen Orte, gleich gerammelte Fülle: Touristen über Touristen und Zeltplatzstädte, die die Einsamkeit einer Großstadtcity an verkaufsoffenen Samstagen vor Weihnachten bieten.

So groß wie Belgien, Holland und Österreich zusammen mit sage und schreibe 27o.ooo Einwohnern.

DIE SAMEN

Häufig auch nicht ganz richtig als „Lappen" bezeichnet. Der Name stammt wohl von der Zusammenstellung ihrer eigenartig geformten Mützen und Trachten, meist aus blauem Wollstoff mit fröhlich bunten Borden verziert. Sie selbst bezeichnen sich als „Sameh", was ganz passend „Sumpfleute" heißt.

Die heute noch insgesamt 35.000 bis 4o.ooo Samen (davon in Schweden 1o.ooo) in Schweden, Norwegen und Finnland sind Nachfahren der ursprünglichen Jäger und Fischer, die aus dem Osten über Finnland kommend, vermutlich aus Sibirien stammen. Ehemalige Rentierjäger und später Rentierzüchter, die bis weit ins letzte Jahrhundert hinein weitgehend als Nomaden lebten. Das Ren diente nicht nur als Schlacht-, Milch-, Trag- und Zugtier (Schlitten), sondern auch als Lieferant wichtiger Rohstoffe wie Leder und Felle.

Im Rhythmus der Jahreszeiten und den Wanderungen der Herden folgend, entstand eine Dreiteilung der Weidegebiete: im Sommer zogen sie mit den Renen auf die fruchtbaren und mückenärmeren Weideflächen im höheren Bergland, im Herbst und Frühjahr ins wärmere untere Bergland und in angrenzende Birkenwälder, im Winter in die vor Schneestürmen und eisigen Winden geschützten Nadelwaldregionen. Auf „halber Strecke" im unteren Bergland wurden Zwischenlager aufgeschlagen, die von festen Winterquartieren in den Ebenen aus erreicht wurden. Nichtsdestotrotz blieben jährliche Wanderungen von 4oo km! Die einzigen echten heute noch ziehenden Samen sind die Kauto-Keino-Samen im Grenzbereich Finnland/Norwegen.

Wie vieles, hat sich auch das Leben der Samen durch Industriealisierung (Erzabbau) und Kommerzialisierung (Tourismus) verändert. Heute ist die strikte Trennung zwischen Same und Schwede teilweise aufgehoben. Kriterien wie Rentierzucht, Sprache und Verwandtschaft sind nur noch zum Teil gültig. Viele arbeiten in anderen Berufen oder größeren Städten. Teilweise wird von ihnen Rentierzucht mit modernen Methoden wie Hubschrauber, Schneescooter und Funk betrieben. Das Bewußtsein zur ethnischen Minderheit der Samen zu gehören ist natürlich bei jedem Einzelnen unterschiedlich ausgeprägt, doch nehmen die Samen in zunehmendem Maße ihre Interessen selber wahr.

In Jokkmokk existiert eine sogenannte Heimvolkshochschule für Samen und an der Uni Umeå ein Lehrstuhl für Kultur und Sprache, außerdem regelmäßig Nachrichtensendungen und Rundfunkprogramme in ganz Schweden in samischer Sprache.

Die politischen Forderungen der organisierten Samen zielen heute auf die Loslösung von der jeweiligen Staatsbürgerschaft, der Errichtung von einflußfähigen Samenparlamenten und der Einräumung eines Veto-Rechts gegen den Bau von Wasserkraftwerken, Militärbasen, Wälderrodungen und durch ihre Nutzungsgebiete führende Straßen.

Im Laufe der Zeit sind auch auf ausländischen Druck hin die skandinavischen Regierungen - besonders auch die schwedische - zu einer stärkeren Achtung der Minderheiten im eigenen Land gelangt. So existiert inzwischen eine eigene Hymne, eine eigene Flagge und seit 1993 auch ein eigenes Samenparlament. Zwar hat es noch nicht so weitreichende Befugnisse wie es sich das wünscht, doch sind erste, auch parlamentarische Schritte getan, die die Zukunft von „Samiland" nicht nur düster erscheinen läßt.

Zum Schutz und zur Anerkennung des Lebensraumes kann man als Gast aber auch selbst beitragen: Ziehende oder stehende Rentierherden nicht beim Fotografieren zu nahe kommen! Säugende Kälber werden durch das Weglaufen unnötig „gestreßt", einzelne Tiere können dem Leittier verloren gehen und die Herde versprengen. Lieber still hinsetzen und den Anblick genießen.

Samenlager und Katen sind samische Wohnhäuser. Nicht einfach hineinrennen, Tor aufreißen und gucken, was da wohl drin ist! Bei uns stolpern ja auch nicht Unbekannte unangemeldet ins Wohnzimmer.
Rentierkoppeln in keinem Fall öffnen oder betreten! Mühsame, wochenlange Arbeit kann durch ungeschicktes Verhalten zu Nichte gemacht werden.

Kultur/Kunsthandwerk
Samische Kultur findet sich hauptsächlich im Handwerk, das fast zu einem weiteren „Industriefaktor" geworden ist. Typisch dafür ist, dass es nur von

einem einzigen in tatsächlicher Handarbeit hergestellt worden ist. Gearbeitet wird mit natürlichen Rohmaterialien wie Holz, Fell, Leder und Silber, alles reichlich mit Ornamenten verziert.

Bei Stoffen häufig bunt, aber nie kitschig. Herrliche Felltaschen, feinsilbrige Armreifen, grobe Holzschalen, lederne, vorn spitz zulaufende Stiefel oder Messer mit verziertem Horngeweih finde ich wesentlich schöner als die auf Autos und Motorräder aufgepflanzten Rengeweihe, die hinterher als Staubfänger in der Wohnung oder im Partykeller landen.

✯ Gällivare/Malmberget

Zwillingsstädtchen in weit geschwungenem Tal am Flußufer. Städtisches Zentrum in der Wildnis mit Blick auf die teilweise von alpinem Wintersport malträtierten Hänge. Im Stadtkern von Gällivare - da ist am meisten los - reihen sich die Geschäfte um den birken- und blumenbestandenen Platz. Das 6 km entfernte Malmberget ist eher Wohn- und Schlafstadt mit bescheidener Einkaufszeile. Gällivare lebt touristisch von der Nähe zu den wichtigsten Nationalparks (Padjelanta, Muddus, Stora Sjöfallet und Sarek) und den Verbindungen zum Kungsleden (vgl. das anschließende Kapitel).

Entsprechend bunt das sonst eher unterkühlte Stadtbild: überall trifft man Wanderfreaks, Möchte-gern-Einödis und waschechte Waldläufer, die nach dem Trail entweder unrasiert und ungewaschen den Supermarkt stürmen oder die vergessene Packung wasserdichter Streichhölzer für die geplante Tour besorgen.

> Vor der „Eisenerzrevolution" in Nordschweden war Gällivare ein alter Samenmarktplatz, der 1742 Hauptort einer gut 5oo Seelen umfassenden Gemeinde wurde. 1751 wurde hier die sogenannte Einörekirche eingeweiht. Der Name stammt von einem Aufruf König Frederiks, der besagte, dass jede Familie eine Öre spenden solle, um samisch heidnischen Festen zu konkurrieren. Der im 19. Jahrhundert einsetzende Abbau des Eisenerzes (Malmberget = Eisenerzberg) schmiedete zwei - für nordschwedische Verhältnisse - Großstädte zusammen. Heutzutage sind Erzproduktion bis zu 1o Millionen Tonnen jährlich an der Tagesordnung.

„KÄKSTAN": soll eine Stadt zeigen, wie sie zur Zeit der ersten Minenarbeiter vor ca. 1oo Jahren ausgesehen hat, Straßenzeile im Westernstil etc. Hier auch Kaufmöglichkeiten und Übernachtungen in 4-Bett-Hütten (35 Euro). Anfahrt: nach Malmberget, „hinterm" Zentrum.

 Centralplan 3, 98236 Gällivare. Tel. o97o/ 166 6o. Fax: o97o/ 667 39. Geöffnet im Sommer täglich von 9-2o Uhr. Hier auch Gepäckaufbewahrung und Sitzecke zum Kartenschreiben.

www.gellivare.se oder zur gesamten Region www.lappland.se. Aktuelle Busfahrpläne zu den Trails unter www.samtrafiken.se und www.ltnbd.se. Flugpläne für Fjällwanderungen unter www.kirunaflyg.se und www.polarhelikopter.se.

Verbindungen ab Gällivare

Zug: -> Östersund/Jokkmokk: 1 x täglich mit der tollen Inlandsbana
-> Kiruna (Narvik): 3 x täglich, ca. 1 Stunde Fahrzeit
-> Boden: 3 x täglich mit Anschluß Stockholm
-> Göteborg: 1 x täglich Kurswagen (ca. 2o Std. Fahrzeit)
-> Stockholm: 2 x täglich

Bus: außer den 4 x am Tag verkehrenden Busverbindungen nach Kiruna und 2 x nach Luleå, die eigentlich nicht mit den Zugverbindungen konkurrieren können, sind die Busse zum Kungsleden ganz wichtig. 2 x täglich in beiden Richtungen nach Ritsem, Vietas und Kebnats. Je nach Fahrtziel 2,5 bis 3,5 Stunden. Achtung: Busse verkehren nur bis Mitte September.

Flug: Besonders interessant für Inlandsbanafahrer, da teilweise starke Rabatte mit Bahnticket gewährt werden: -> Stockholm: 5 x täglich
-> Luleå: 2 x täglich , -> Östersund: 2 x täglich
Flugplatz: Tel. o97o/ 13o 8o.

Autoverleih: Tipp: Inlandsbana-Fahrer, die noch weiter hoch wollen, können sich wesentlich billiger als sonstwo bei Vorlage des Tickets einen Wagen leihen: Alle Firmen machen Sonderangebote, wenn man für mindestens 2-3 Tage ein Auto leiht. Z.B. Hertz, Nya Industriomrädet, Tel. o97o/ 125 5o. Opel Corsa 3 Tage für ca. 14o Euro.

Für Inlandsbahnfahrer empfehlenswert vom Bahnhof vorher am TI anzurufen: Viele Privatleute vermieten gute und schöne Zimmer schon ab 15 Euro ohne Frühstück! Ansonsten:

„**Nya Dundret**", Sporthotel, das sowohl im Sommer als auch im Winter Besonderes bietet! Hoch oben am Berg mit weiter Aussicht über Stadt und Land. Helikopterkiing und Schneescooterfahren im Winter, Fjällreittouren, Goldwaschen und Riverrafting im Sommer möglich. Neben Haupthotel eine Vielzahl moderner und bequemer Ferienhäuser, die zum längeren Urlaubmachen einladen. Außerdem bekannt: die exzellente Küche. 4-Bett-Haus ohne Frühstück und Bettwäsche ca. 6o Euro. 98221 Gällivare, Tel. o97o/ 145 6o. www.dundret.se

„**Lapphärbärget**", was für Eisenbahner und Durchgangsübernachter mit schmalem Geldbeutel. Gemütliches Holzhaus unten am Fluß (Nähe Bahnhof) mit schönem Blick auf die umliegende Bergwelt. Macht wesentlich besseren Eindruck als die offizielle Jugendherberge. 1- bis 4-Bett-Zimmer, gemeinsame Küche und Dusche auf Flur bei ca. 11 Euro pro Bett ohne Bettwäsche. Andra Sidan, Tel. o97o/ 125 34.

„**Grand Hotel Lapland**", 5-stöckiges, gelbes Steinhaus mit Autovermietung unten im Haus. Internationaler Standard mit allem Luxus. Restaurant mit Tanz. Idealer Ausgangspunkt auch für Wanderer, da direkt gegenüber dem Busbahnhof mit Verbindungen ins

Fjäll. DZ mit Dusche und Frühstück ca. 9o Euro. Unser Favorit in Gällivare. Lasarettsgatan 1, gegenüber Bahnhof. Tel. o97o/ 77 22 9o. www.grandhotellapland.com

Gällivare Camping, von mittelhohen Kiefern bestandener, etwas mückiger Platz unten am Fluß, direkt hinter Fußballplatz. Nicht allzu groß, aber mit guten Sanitäranlagen. Nur wenige Hütten, die schnell weg sind. Baden im Fluß nicht so günstig, besser zum Badeplatz Sandviken fahren. In der Nähe Windmühle, wo Heimatverein im Café Kuchen backt und Kaffee serviert. Anfahrt: vom Süden kommend gleich hinter der Brücke rechts, von Kiruna der Straße Richtung Jokkmokk folgen, dann 1 km südöstlich von Gällivare. Tel. o97o 1oo 1o.

Wer bei schlechtem Wetter Zwischenrast einlegen will und schöne Hütten sucht, fährt am günstigsten zum Dundret Gebäudekomplex hoch. Über der Stadt, eigentlich im Wintersportzentrum, werden ganz ordentliche 4-Bett-Hütten für ca. 8o Euro pro Nacht incl. Sauna vermietet. Tel. o97o/ 14o 8o. Ausschilderung Dundret folgen.

Jugendherberge Rallarosen, Andra Sidan: sechs blaßrosa, pavillonähnliche Baracken neben leerstehendem Großgebäude, das bei unserem Besuch eher frostige Atmosphäre verbreitete. 2- bis 4-Bett-Zimmer und Kochgelegenheit. Zentralsauna und Duschen auf Flur. Nur 25o m vom Bahnhof auf anderer Flußseite. Andra Sidan, Tel. o97o/ 143 8o.

Billig gibt's außer in durchschnittlicher „PIZZERIA" (Kyrkalleen 1o) nirgendwo was zu essen.
Dafür kann man g u t essen im: „GRAND HOTEL LAPLAND" auch mit lappländischen Spezialitäten und ansonsten internationaler Küche, aber mit 25 Euro pro Nase muß man abends schon rechnen. Adresse: siehe Hotel.

Einkaufen: Rutan, spezialisiert auf samische Handarbeiten und Holz sowie Produkte aus Birkenrinde. Adresse: Smedjegaten

AUSFLÜGE

EISENERZBERGWERK: Die Führung der Eisenerzberggrube beginnt mit dem Besuch des Museums und einer Diashow. Anschließend geht es mit einem speziellen Bus 815 m tief in die Grube hinein. Hier erhält man einen guten Einblick darüber, wie man heute Erz gewinnt. Start der Führung am Touristbüro. Zeitdauer ca. 3 Stunden, Preis ca. 2o Euro. Führung nur für Personen über 12 Jahre. Lohnend.

AITIK KUPFERGRUBE: größte Kupfergrube Europas im Tagebau. Beeindruckend die riesigen Lkw und Monsterbagger. Die Kupfergrube ist ebenfalls nur mit Führung (14 Uhr am TI) zu besichtigen. Preis: 18 Euro, Kinder (6-12 Jahre) 11 Euro.

GOLDWASCHEN: für ca. 23 Euro kann man sich alten Trappertraum vom

Goldwaschen erfüllen. Sandkörnchengroße Goldkrümel können der Lohn sein. Beim Goldgräber Bo(sse) Lindberg, ca. 2o km nördlich Gällivare Richtung Kiruna.

<u>DUNDRET</u>, Wintersportzentrum hoch oben (823 m) über der Stadt mit tollem Blick auf das ganze Tal. Angeblich soll man von hier aus bei guter Fernsicht fast 1o % des schwedischen Staatsgebietes übersehen können. Im Winter überlaufenes Gebiet mit alpinen Abfahrten und Hundeschlittentouren. 5 km außerhalb der City, ausgeschildert.

FESTE: Meist sind wenig deutsche Touristen in Gällivare, wenn alljährlich am 2. März-Wochenende der <u>Samenmarkt</u> stattfindet. Überall in der Stadt gibt es Stände mit Kitsch und Kunst, Kultur und kunterbuntem Treiben.

✱ Kiruna

Schwedens nördlichste Großstadt: Jedem Schulkind aus dem Erdkundeunterricht als Eisenerzstadt bekannt. Tatsächlich ist „Kirunavaara" (vaara = Berg) die größte Eisenerzgrube der Welt.

Die etwas gewöhnungsbedürftige Innenstadtkonzeption resultiert u.a. daraus, daß man verhindern wollte, dass im Winter kalte und starke Winde durch die Stadt blasen. Deshalb findet man kaum gerade Straßen im Zentrum. Sie ist im Windschatten des Berges Haukivaara gebaut.

Von Ende Mai bis Mitte Juli rund um die Uhr taghell. Wegen seiner Lage Durchgangsort zahlreicher Lappland- und Eisenbahnfahrer. Rundum meilenweite Wildnis-Einsamkeit. Von der Fläche her ist Kiruna die „zweitgrößte Stadt" der Welt, nach Mount Isa in Australien mit 4o.ooo qkm Fläche.

<u>Der Name Kiruna</u> stammt von dem lappischen Wort „Girun" (Schneehuhn), das auch heute noch im Stadtwappen zu finden ist. Erst im 19. Jahrhundert wurde die Stadt durch den beginnenden Eisenerzabbau mitten zwischen die Sommer- und Winterweiden der Kiruna-Samen gesetzt. 19o2/o3 wurde die weltberühmte Bahnstrecke zum norwegischen Narvik fertiggestellt, das durch den Golfstromeinfluß immer eisfrei ist und den Abtransport auch in den hier oben verdammt langen Wintern ermöglicht. Details Seite 494.

Ein weiteres wirtschaftliches Standbein hat die Stadt durch die 45 km östlich liegende <u>Raketenabschußbasis „Esrange"</u> bekommen, die durch seine extrem nördlichen Breitengrade ideale Forschungsvoraussetzungen erfüllt. Bei zunehmender europäischer Weltraumfoschung zukunftsträchtige Ergänzung zur südamerikanischen Abschußrampe Kourou/Franz. Guyana.

Im Umkreis von Abisko und Nikkaluokta: ideale End- und Ausgangspunkte für Wanderungen auf Kungsleden und zum Kebnekaise (höchster Berg Schwedens).

Touristbüro im Kiruna Congress Center (22), Lars Janssongatan 17, 98131 Kiruna. Tel. o98o/188 8o, Fax: o98o/ 18 286. Geöffnet in der Hochsaison Mo.-Fr. 9-21 Uhr, Sa./So. 9-18 Uhr, sonst Mo.-Fr. 9-17 Uhr.www.lappland.se, www.kiruna.se.
Aktuelle Busfahrpläne zu den Trails unter www.samtrafiken.se und www.ltnbd.se.
Flugpläne für Fjällwanderungen unter www.kirunaflyg.se und www.polarhelikopter.se oder www.norrlandsflyg.com

Verbindungen ab Kiruna

Bahn: der Bahnhof (2) in Zentrumsnähe. Abfahrten in komfortablen Zügen -> Stockholm: 2 x täglich, der Nachtzug mit Schlafwagen. Fahrzeit ca. 16 Std.
-> Göteborg: 1 x täglich, Umsteigen in Boden. Fahrzeit je nach Anschlußwarterei in Boden ca. 2o Std. Alternative: Umsteigen statt in Boden in Stockholm; dort häufigere Abfahrten nach Göteborg.
-> Luleå: über Gällivare/Boden 3 x täglich.
-> Narvik/Norwegen: 2- 3 x täglich, Fahrzeit 3 Std. Landschaftlich großrtige Strecke auf der norweg. Seite, Details siehe VELBINGER Band 28 „Norwegen-Nord". Ab Narvik besteht Schnellbootverbindung via Lofoten (sehr lohnend) nach Bodø und ab dort 2 mal tägl. Zugverbindung nach Trondheim. Ab hier Zugverbindung nach Oslo sowie Stockholm.

Bus: für Wanderer (Kungsleden/Kebnekaise) wichtige Busse nach Abisko und Nikkaluokta im Sommer 2 x am Tag. Außerdem in die, in der Wildnis verstreuten „Vororte" Jukkasjärvi, Karesuando, Vittangi und Pajala. Vergleiche auch www.ltnbd.se

Flug: kleiner Flughafen mit nettem Personal, das bei „kleineren" Flügen nach Luleå jeden Fluggast persönlich begrüßt. Außerdem 2 x täglich nach Stockholm.
Flugbasis für einmotorige Wasserflugzeuge und Helikopter. Ausgebuffte, mit allen Wassern gewaschene Tundrapiloten, die Kanu-, Wanderer-, Angler- oder Survivalabenteurer (fast) überall absetzen bzw. abholen. Preis: je nach Strecke und Personenzahl zwischen 11o und 245 Euro.
Kiruna Flyg, Tel. o98o/ 2o 25o. www.kirunaflyg.se
Polarhelikopter, Tel. o98o/ 83 o55. www.polarhelikopter.se
Norrlandsflyg, Gällivare, Tel. o97o/ 14 o 65. Kiruna o98o/ 81 oo o. www.norrlandsflyg.com
Alle bieten nahezu identische Preise.

Autoverleih: Bei unserem Besuch machte uns Europcar das beste Angebot. Avis: Lastvägen 1o, Tel. o98o/ 13 o8 o. Europcar: Växlaregatan 2o, Tel. o98o/ 8o 759. Hertz: Industrivägen 5, Tel. o98o/ 19 ooo.

Lappland 487

„**Scandic-Hotel Ferrum**" (21): stadtüberragender 7 stöckiger Hotelklotz mit 17o Zimmern. Das beste und teuerste Hotel im Ort, zentrale Lage. Große helle Räume, in Relation zum Übernachtungspreis aber etwas einfach ausgestattet. Zimmer mit geraden Endnummern verlangen: Blick auf Cityhalde und bei gutem Wetter auf den Kebnekaise. Großes Frühstücksbuffet. Zwei Restaurants, Sauna, Pub, Solarium. DZ mit TV, Dusche/Bad/WC und Frühstück ab 74 Euro. Lars Janssongatan 15, Tel. o98o/ 39 86 oo. www.scandic-hotels.com

„**Hotel Kebne**" (17): in Bahnhofsnähe. Wesentlich kleiner als Ferrum, niedriger gelegen und weniger schöne Aussicht. Nur Frühstück im Haus. DZ mit Dusche. WC und Frühstück ca. 6o Euro. Konduktörsgatan 4, Tel. o98o/ 68 18o. www.hotellkebne.com

„**Hotel Rallaren**" (23): direkt am Bahnhof und wenige Minuten vom Ortszentrum entfernt. Knallrotes Gebäude - nicht zu übersehen! Mit Sauna und heißem Outdoor Whirlpool, in dem man in Winternächten den klaren Sternenhimmel genießen kann. Kleines Restaurant im Haus. DZ mit Frühstück ca. 13o Euro. Tel. o98o/ 611 26. www.hotelrallaren.se

„**Hotel Vinterpalatset**" (18): kleines, wunderschönes Hotel. Das älteste Hotel in Kiruna, aber tipptopp renoviert. Ein neuer Anbau ergänzt das Zimmerangebot. Mit Restaurant, Sauna, Solarium und Whirlpool. DZ mit Frühst. ca. 6o Euro je nach Hoteltrakt (alt, neu), Järnvägsgatan 18, Tel. o98o/ 67 77o.

„**Hotel E 1o**": modernes Hotel in Zweckarchitektur. Es liegt unweit der E 1o im östl. Ortsteil; Entfernung zum Zentrum ca. 1,5 km. Für Kiruna: DZ mit Frühstück ca. 6o Euro. Lastvägen 9, Tel. o98o/ 84 ooo. www.e-1o.se

„**Ripan Hotell und Camping**" (27): Wohn- und Freizeitanlage nördl. oberhalb des Stadtzentrums am Hang des Haukivaara. Es besteht aus Reihenhäusern, einem Trailerpark, Restaurant, Sauna und einem großen Campingplatz. Direkt bei der Anlage ein großer temperierter Pool. Hotelhütten mit WC und Dusche für 2 Pers. ca. 64 Euro, Campinghütten mit WC/Dusche für 2 Pers. ca. 6o Euro. Lage: oben beim Tvättjärn siehe unsere Kiruna Karte, Entfernung zum Zentrum ca. 1 km. Tel. o98o/ 63 ooo.

„**Ice Hotel**": das sicher originellste Hotel Skandinaviens. Man schläft in einem Riesen-Iglu bei Raumtemperatur Minus 3 Grad auf Eisblöcken. Verständlicher Weise ist das Hotel nur im Winter geöffnet. Danach schmilzt es in sich zusammen und muß im nächsten November wieder neu aufgebaut werden. Lage: Jukkasjärvi, rund 17 km östl. von Kiruna DZ ab 1o7 Euro. Details siehe dort.

Ripans Camping (27): Komfort- Camping oberhalb des Zentrums am Hang des Haukivaara in einer Art Mulde gelegen. Im Angebot Hütten mit Du/WC, Kochzeile und TV. Preis ca. 87 Euro. Weiterhin WoMo Stellplätze mit Stromanschluß. Im Sommer beheizter SW- Pool. Ganzjährig Restaurant, Sauna. Anfahrt: im Ort ausgeschildert. Entfernung Zentrum ca. 1 km, siehe auch unsere Kiruna Karte. Tel. o98o/ 63 ooo. www.ripan.se

GULLRISET HOLIDAY FLATS (16): im südl. Ortsteil von Kiruna Nähe E 1o. Ferienhäuser ausgestattet mit WC/Du. und Kochzeile/Kühlschrank zur Selbstverpflegung. Preise je nach Größe, z.B. für 2 Personen ca. 75 Euro, für 4 Pers. ca. 1o5 Euro. Tel. o98o/ 1o 9 37.

PiilijÄrvi Camping, sehr schöner, aber leicht abschüssiger Platz zum Wasser runter. Toller Blick auf hügelige Urwaldwildnis jenseits des Sees. Vermietung von Hütten und WoMo Stellplätze. An der Rezeption blinzelt dem Besucher ein gewaltiger Elchkopf entgegen. Ein kleiner Kiosk und und ebenso kleines Café sind einzige Einkaufsmöglichkeiten. Rund 1/2 Autostunde von Kiruna entfernt, an der E 1o Richtung Gällivare, 3 km von der E 1o entfernt.

STF Vandrarhem (7): im Stadtzentrum von Kiruna. Ordentliche 2- bis 6-Bett-Zimmer mit Kochmöglichkeit. Ganzjährig geöffnet. DZ ca. 31 Euro, 13 Euro pro Person/Bett. Bergmästeregatan 7. Tel. o98o/ 17 195. www.kirunahostel.com

Yellow House (2o): Mittelding zwischen Hotel und Jugendherberge. Alle Zimmer mit TV; einige haben Dusche und WC im Zimmer, - andere auf dem Gang für Gemeinschaftsbenutzung. Im EG eine Küche für Selbstverpflegung. Preise für DZ ca. 42 Euro, 4-Bettzimmer ca. 56 Euro. Ganzjährig geöffnet. Hantverkaregatan 25. Tel. o98o/ 13 75o. www.yellowhouse.nu

MAT & MUMS, im Stadtzentrum gelegenes einfaches Restaurant, wo Preis-Leistung-Verhältnis stimmt. Berg-mästaregatan 1o.

„SVARTA BJÖRN": was für den eiligen Gast. Zwei permanent laufende Fernseher unterhalten die kauenden Kunden. Haben allerdings fast autoreifengroße, gut schmeckende Pizza. Direkt gegenüber vom Rathaus (3).

„VÄRDSHUS JUKKASJÄRVI": in ganz Lappland bekannt. Spezialisiert auf Fisch und Renfleisch. Schlichte einfache Innenausstattung, aber bestes Essen. Gegenüber Wildmarkszentrale in Jukkasjärvi.

SEHENSWERTES

LKAB EISENERZ- BERGWERK: die größte Untertagegrube der Welt und von Eisengehalt sowie Vorräten reichste Mine Europas. Bis ca. 196o wurde der Abbau oberirdisch betrieben, - anschließend (wegen Konkurrenz von Billig- Bergwerken in Übersee) komplett- Modernisierung und Automatisierung unterirdisch. Die Stollen reichen heute runter bis 1.ooo m.

Besuch unbedingt lohnend und MUSS für jeden Kiruna Besucher. Tickets und Abfahrt ab KIRUNA-TOURISTBÜRO (22) im Sommer Mo.-Fr. stündlich ab 9 Uhr bis 16 Uhr. Sa./So. von 9-15 Uhr. Zu sehen, ein Grubenmuseum in 64o m Tiefe sowie Multimedia Show der LKAB zur Geschichte der Mine bis heute. Vom Minenbetrieb selber ist allerdings nichts zu sehen.

Preis: ca. 24 Euro/Person ab Kiruna Touristbüro (22) inkl. Transport zur Mine. Zeitbedarf ca. 3 Std. Warm anziehen, unterirdisch Temperaturen von

KIRUNA
1 Winter Park
2 BAHNHOF
3 Rathaus
4 POST
5 Bank
6 Hauptschule
7 Jugendherberge
8 Sportkomplex
9 TANKSTELLE Shell
1o TANKSTELLE Statoil

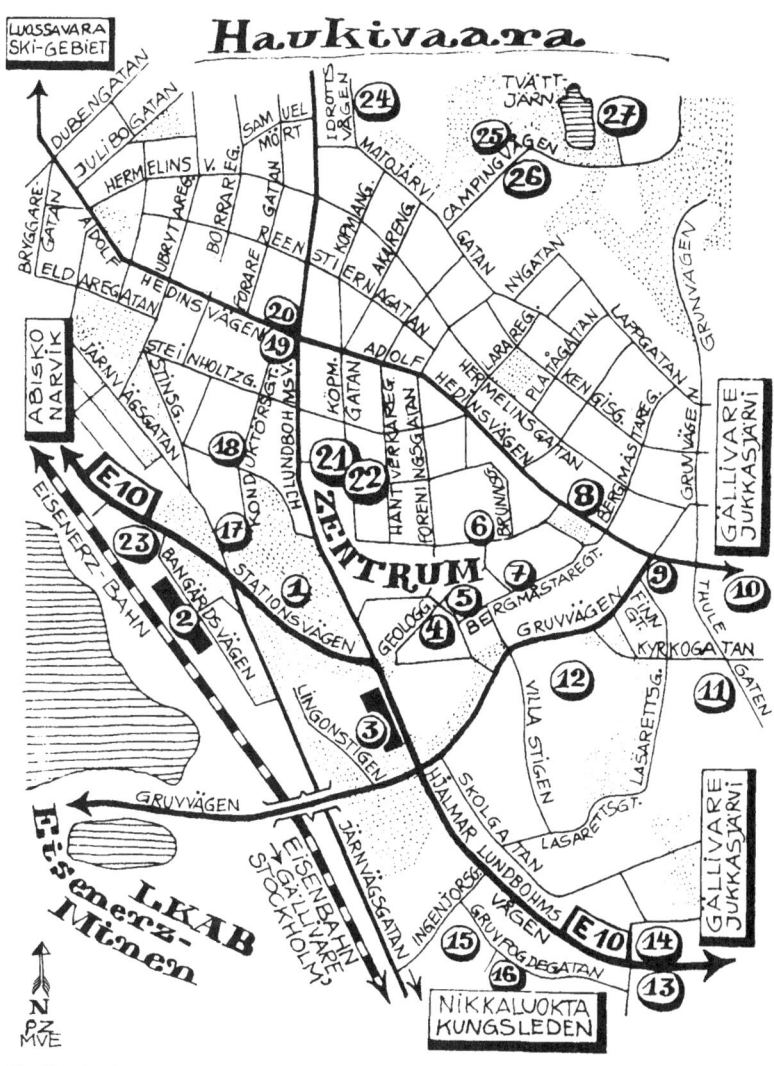

11 Krankenhaus
12 Kiruna Kirche
13 Folkets Freizeitpark
14 Schule
15 Hjalmar Lundsbohms - gården Freilichtmuseum
16 Gullriset Holiday Flats
17 Hotel Kebne
18 Hotel Vinterpalatset
19 TANKSTELLE
20 Yellow House
21 Scandic Hotel Ferrum
22 TOURIST INORMATION, Kiruna Congress Center
23 Hotel Rallaren
24 Mato Järvi Idrotts Plats WoMo Stellplatz
25 Halmfältens Schule
26 Högalids Schule
27 Skistadion, Wintersport Park, Ripan Camping

ca. 8 Grad. Eingefahren in die Mine wird nicht (wie sonst üblich Aufzug) sondern per Bus. Kindern unter 6 Jahren ist der Besuch aus Sicherheitsgründen verboten. Außerhalb der HS (Mitte Juni bis Ende Aug.) reduzierte Fahrten ab TI bzw. nur für größere Gruppen Besuch nach Voranmeldung möglich.

Kirunavaara ist die größte unterirdische Eisenerzgrube der Welt. Die allmächtige Bergwerksgesellschaft LKAB erwirtschaftete bis 2. Hälfte des 2o. Jhds. gigantische Gewinne. Nicht ohne Grund war für Hitler während des 2. Weltkrieges die Eroberung von Narvik (Exporthafen des Kiruna- Eisenerzes) wichtigstes Ziel in Nordnorwegen. Es galt, am Kiruna- Eisenerz (wichtig für den Bau von Panzern, Kriegsschiffen etc.) zu partipizieren.

Heute beschäftigt die LKAB rund 2.5oo Arbeiter und Angestellte in Kiruna und Gällivare sowie der „Pellet- Fabriken". Letztere entstanden im Rahmen der Modernisierung. Statt das geförderte Gestein kostspielig per Zug zu den Exporthäfen Narvik und Lulkeå zu transportieren, - wird es bereits vorab in Eisengehalt separiert (= sogen. Pellets). Dies spart erheblich Transportkosten und den Unterhalt in krassen Wintermonaten der Gleisstrecken. Letztere gehören zu den kostspieligsten Ausgaben der LKAB. Angestellte und Arbeiter sind heute nur zu geringstem Teil in den Minen bzw. Erzverladung Narvik/ Luleå tätig, da vollautomatisiert. Weitere Details Geschichte, Bau der Eisenerzbahn (Ofot-bahn) siehe VELBINGER Band 28 „Norwegen-Nord".

Zur Zeit werden jährlich ca. 2o Millionen Tonnen Erz gewonnen. Export nach Europa sowie Südostasien. Die mächtigen Vorkommen sollen noch für fast 1oo Jahre reichen.

KIRUNA KIRCHE (12): auf einem Hügel östl. des Stadtzentrums; der Architekt ließ sich von einem „Lappenzelt" inspirieren. Finanziert wurde der Bau 1912 von der Minengesellschaft LKAB.

RATHAUS (3): unübersehbar quadratisch wie ein Fabrikgebäude, aus dem in der Mitte ein Turm herausragt. Unbegreiflich, wieso das Gebäude einen Preis für Schwedens „schönstes öffentliches Gebäude" erhielt... Innen riesige Aula, dekoriert mit Bildern. Juni bis August findet im Rathaus eine Handwerkausstellung statt, weiterhin ganzjährig Führungen.

HEIMATMUSEUM JUKKASJÄRVI: 15 km östl. von Kiruna, schön gelegen am See mit alten Gebäuden, Trachten, früher gebrauchten Schlitten usw. Nur als Führung möglich und auch interessant. 2,5 Euro Eintritt.

ESRANGE RAKETENSTATION: in Zusammenarbeit der schwed. „Space Cooperation" und der deutschen „Daimler Benz Aerospace" Startrampe für Satelliten bis 7oo kg Gewicht und Abschußhöhe 7oo km. Sie dienen zur wissenschaftl. Erforschung u.a. der Aurora und High Altitude Clouds. Auch Start von Nachrichtensatelliten. Mit Stratosphärenballons Beobachtung der Ozonschicht. Beteiligt an den Projekten sind auch Firmen und Forschungsinstitute der USA, Schwedens, Europas und Japans. Die Station dient zudem zur Kontrolle und Steuerung von Satelliten, die auf Nordpolar-Routen verkehren.

Organisierte Touren zur Raketenstation vermittelt das Kiruna- Touristbüro (22). Abfahrt Ende Juni bis Ende Aug. ca. 9.oo Uhr zur Raketenstation mit

Besichtigung und Führung. Dauer 4 Std., Preis ca. 21 Euro. Geht aus Sicherheitsgründen nur organisiert.

EINKAUFEN

Kiruna ist eines der Zentren sam. Volkskunst; Verkaufsshops: Wennbergs Slöjd: hat die ausgefallensten Sachen: eigentümliche Keramikvasen, seltene Strickhandarbeiten, exquisite Kleidung und sam. Handarbeit. Gehört zu den besten Kunsthandwerksgeschäften in Schweden. Das Personal spricht teils deutsch. Bergmästargatan 6.

Mátaráhkká: Handwerkzentrum der Samen, 5 km westl. von Kiruna an der Nordkalott-Route (E 1o). Wunderschön gelegen bietet dieses Zentrum echte Samenkunst. Hier kann man nicht nur kaufen, sondern die Herstellung selbst erleben. Wer nichts kaufen möchte, läßt sich im Café verwöhnen. Geführt wird das Zentrum von den samischen Frauen.

FESTE

Markt in Jukkasjärvi: dann platzt das Kirchdorf aus allen Nähten. Entlang der Dorfstraße Gemischtwarenstände von filigraner Samensilberhandarbeit bis zu dröhnenden Musikcassetten. Erstes Wochenende im August

Winterfestival: am letzten Wochenende im Januar findet in Kiruna der internationale Schneeskulptur-Wettkampf statt, wo wahre Kunstwerke gebaut werden. Parallel finden weitere Attraktionen statt wie Hunderennen, Rentierwettfahrten etc.

Kiruna Festival: (www.kirunafestivalen.com) Rock- und Popfestival in der letzten Juniwoche. Die ganze Stadt und noch ca. weitere 4oooo Menschen rocken im Schein der Mitternachtssonne. Ein wahres Erlebnis hoch im Norden.

AUSFLÜGE

Kiruna ist wegen seiner guten Erreichbarkeit (Zug, Flug, Straße) und als größte Stadt im Norden Schwedens guter Ausgangspunkt für eine Reihe interessanter Seitentrips in Schwedisch- Lappland.
Jede Menge Bonbons, z.B. Goldwaschen über den Ausgangspunkt Jukkasjärvi; Wildwasser-Schlauchboot Trips sowie Exkursionen in Wasserflugzeugen entlang einsamer Fjällregionen des Kungsleden, Sarek- und Padjelanta-Nationalparks sowie Abisko. - Lohnend auch die Zugfahrt nach Narvik, insbes. auf der norweg. Seite ab Grenze, Details siehe Seite 494.

✦ Jukkasjärvi

Das 17 km östlich von Kiruna gelegene Dorf am Fluß Torneälven ist die letzte Siedlung vor der Endlosigkeit lappländischer Wildnis. Die Straße endet an der Kirche (schönes, breites Altargemälde). Heimatmuseum, Lappenkaten Wirtshaus und Zeltplatz. In aller Welt berühmt geworden ist diese verträumte Häusersammlung am scheinbaren Ende der Welt durch das in jedem Winter aufgebaute Eishotel.

 Exzellent ist die „Icehotel AB", Marknadsvägen 63, 98191 Jukkasjärvi, Tel. o989/ 66 8oo. Organisieren fast alles: Schlauchboottrips auf Wildwasserflüssen und im Winter Hundeschlittenfahrten.

Die Preise liegen zwischen 8o Euro/Person für eintägige Wildwassertrips bis zu ca. 1.15o Euro für den fast 14-tägigen Trip quer durch Lappland. Gleichzeitig beste Ausrüstung (Verleih) und nach unserer Einschätzung die erfahrensten Scouts nördlich des Polarkreises auf der schwed. Seite.

 „Icehotel AB": eine unserer Lieblingsunterkünfte im hohen Norden. In bequemen Ferienhäusern wohnt man am Busen der Natur am Ende der Welt. Komfortable Hütten mit Dusche, TV und Sauna. Lapplandatmosphäre hautnah. Vorteil: mit eigener Küche kann man auch mal etwas selber bruzzeln. Ansonsten sehr zu empfehlen die ausgezeichnete Küche des Jukkasjärvi Wärdshus mit lappländischen Spezialitäten. 4-Bett Haus ohne Frühstück ca. 8o Euro. 98191 Jukkasjärvi, Tel.: (o989) - 668.oo.

„Eishotel Jukkas": unglaublich, aber wahr. Nach dem Motto „There is no Business like Snow Business" wird in jedem Winter aus 1o.ooo Tonnen Eis und 3o.ooo Tonnen Schnee ein gigantisches 4.ooo qm Hotel-Iglu erbaut, das - so unglaublich es klingt - eine Eissauna, einen Golfraum, ein Kino, eine Kirche und eine Eisbar enthält. Die Innentemperatur liegt konstant bei - 3° C, geschlafen wird auf Rentierfellen und in warmen Schlafsäcken. Übernachtung ca. 1o7 Euro/ Person. Für den Flug muß man ungefähr 45o Euro rechnen. Eisübernachtung zu buchen bei: Icehotel AB, Tel. o98o/ 66 8 oo.

Weitere Infos unter www.jukkas.se

✦ Nikkaluokta

 Rund 67 km südwestlich von Kiruna und Einstieg für den KEBNEKAISE, dem höchsten Berg Schwedens (2.111 m), aber auch für kürzere Teiletappen Tripps auf dem „Kungsleden"-Trail.

Nikkaluokta lohnt sich auch als Kurzabstecher ab Kiruna. Mitte Juli bis Mitte September fährt dreimal täglich ein Bus (Fahrzeit ca. 1 Std.), der Anschluß hat an eine Bootsverbindung Richtung Kebnekaise STF-Fjällstation am Fuß des Kebnekaise.

Ohne Besteigung des Kebnekaise bis in die Gletscherregion läßt sich der Trip in einem Tag retour machen, da der Kiruna-Bus sehr früh am Morgen und spät am Nachmittag verkehrt. In der Hochsaison mittags weitere Busverbindung. Wer in der Hochsaison in der Kebnekaise-Fjällstation übernachten will, sollte ab Kiruna vorreservieren!

Wer nicht die Zeit zum Wandern hat, kann beispielsweise ab Nikkaluokta im Sommer mit dem Helikopter zur STF-Kebnekaisefjällstation fliegen und weiter Richtung Süden zur ebenfalls sehr komfortablen Saltoluokta-STF-Fjällstation. Pro Person und Strecke ca. 8o-9o Euro.

Die Straße von Kiruna nach Nikkaluokta ist eine der schönsten in Nordschweden. In weitläufigem Gebirgstal spürt man selbst im Auto grenzenlose Einsamkeit. Rundum karge, unbewachsene Höhenzüge und bei gutem Wetter Blick auf den schneebedeckten Kebnekaise.

Der Ort besteht aus einigen Lappenkaten, einer Häuseransammlung zur Übernachtung, lieblosem Wohnwagen- und Bulli-Abstellplatz, einem gigantischem „tausendarmigem" Wegweiser, einer Telefonzelle und einer kleinen Kapelle, die auf einem Hügel liegt. Während der Sommermonate und von Februar bis Mai ist ein von Samen geführtes Touristenzentrum mit Campinghütten und Restaurant geöffnet.

★ Abisko

Ist der andere interessante Abstecher ab Kiruna und per Zug bzw. Bus mehrmals tägl. in ca. 1 Stunde zu erreichen. Hier beginnt der „Kungsleden" mit guter Infrastruktur an Übernachtungsmöglichkeiten; auch Kurztrips im Abisko-Nationalpark mit lohnenden Wanderungen. Von Abisko Östra schöne Touren zum „Lappentor" (Lapporten) und zum eindrucksvollen Abiskojokk Canyon. Seit der Straßenfertigstellung gibt's hier einen Massenansturm schwedischer und norwegischer Touristen in den Sommermonaten.

Genau genommen gibt's zwei Abiskos: <u>ABISKO ÖSTRA,</u> das eigentliche Dorf mit Lebensmittelgeschäft und Kirche, wo normales Leben der Einwohner stattfindet. Hier nettes Café direkt hinterm Bahnhof mit tollen alten Landkarten an den Wänden. Relativ preisgünstiges Essen (Renkött).

Zugfahrer und Wanderer steigen aber erst in <u>ABISKO TOURISTENSTATION</u> aus: winziger Minibahnhof, Parkplatz und Hütten/Häuser des STF.

Vorsicht im Umgang mit der Natur. Viele vergessen: Man ist hier mitten im Nationalpark. Details <u>„Kungsleden"</u>: siehe eigenes Kapitel. <u>Beste Karte</u>: Fjällkartan BD6 „Abisko/Kebnekaise/Narvik" 1:1oo.ooo des Statens Kartverk.

Verbindungen ab Abisko

Zug: 3 x täglich Verbindung mit Narvik und Kiruna mit entsprechenden Anschlüssen (Malmö, Stockholm, Göteborg, Luleå).

Bus: 2 x täglich (Juni bis August 3 x täglich) längs der Strecke Kiruna-> Riksgränsen.

Parken: für Wanderer oben am Bahnhof großer Parkplatz. Dort auch der Kungsleden-Start. Blick auf Lapporten (Lappenforte), eine gigantische hufeisenförmige Bergformation.

„**Abisko Turiststation**": hotelähnliche Herberge unterhalb der E 1o Straße. Teilweise wenig urige Atmosphäre, da Sammelpunkt wohlhabender ‚Après-Wanderer'. Küche zur Selbstversorgung und Sauna. Drumherum Hütten, die nur wochenweise vermietet werden. Bettzeug mitbringen. Vorbuchung sinnvoll, Verleih von Wanderausrüstungen. Preis pro Person ca. 75 Euro mit Frühstück, Hütten für 4 Pers. pro Woche ca. 56o Euro. Turiststation, 981o7 Abisko, Tel. o98o/ 4o 2oo. www.abisko.nu

Preisgünstige Unterkunft in der privaten **Jugendherberge** Camp Abisko: ca. 4o Euro pro DZ, Tel.: (o98o) - 4o1.48.

Völlig unebener Camping-Platz unterhalb der Turiststation. Nur was für Leute mit kleiner Hundehütte. Für Bullis und Caravaner unmöglich.

NATURKUNDEMUSEUM ABISKO: absolut lohnend auch bei nur knapper Zeit und schneller Durchreise. Von der Urzeit und Entstehung aus wird das komplexe Zusammenspiel der Natur anschaulich gezeigt. Angestellte machen auch zu festgelegten Zeiten Blumen- und Vogeltouren durch den Nationalpark und längs der Schlucht. Dabei wird der Zusammenhang zwischen dem Museum und die das Museum umgebende Wirklichkeit sehr schön deutlich. Touren sind ohne Schwierigkeiten zu machen.

**Kanu**: Rautasälven, absolute Wildwasserstelle mit sämtlichen Schwierigkeitsgraden. Die hier meist aufgehängten Slalomstangen sind Zeichen dafür, dass Profis trainieren. Auf rund 3,5 km geht's derbe zur Sache. Nur was für Experten, da auch WW-Europameisterschaftsstrecke. Anfahrt: ab Kiruna Ri. Narvik, nach ca. 25 km an erster Brücke.

✱ Björkliden (Nähe Abisko, Ri. norweg. Grenze)

Hotel, Gasthaus, Hütten, Lebensmittelladen. Im Winter Skizentrum, im Sommer Ausgangspunkt für Wanderungen u.a. zum schwer zugänglichen Vadvettjåkka-Nationalpark. Unten an Straße Rallakyrkogården, ein Friedhof, der bei Unfällen gestorbenen Eisenbahn Arbeiter. Sie bauten das Gleis Kiruna -> Narvik Ende des 19. Jhds. und hatten auf der schwed. Seite ihr Hauptbaulager und Versorgungsstützpunkt im nahen Tornehamn am See. Ausführliche Details im VELBINGER Band 28 „Norwegen Nord".

Björklidens Camping, eben planierter, steiniger Platz für WoMo Fahrer und Caravaner. Nicht zum Urlaubmachen, sondern als Basislager für Touren oder nur eine Nacht. Homepage www.bjorkliden.com

Kiruna -> Narvik/Norwegen (Zug bzw. E 1o)

Eine der Hauptverbindungen im nördlichen Skandinavien. Das Eisenbahngleis der **OFOTBAHN** wurde bereits 19o2/o3 fertiggestellt und dient dem

Abtransport des Kiruna- Eisenerzes runter zum ganzjährig eisfreien Hafen Narvik. Seit Gleisfertigstellung Beginn der extrem profitablen Jahre der Eisenerzmine LKAB Kiruna. Details VELBINGER Band 28.
Die **Straße E 1o** wurde erst sehr spät (1984) durchgehend eröffnet. Bis dato Autoverladung per Zug. Sie führt heute bis Grenze paralell zum Gleis und anschließend in Nordschlenker via Ruodejarvi See zur norweg. E 6. Durchgehend asphaltiert. Kiruna -> E 6, Narvik ca. 17o km.

ZUG: unbedingt lohnend, auch als 1- 2 Tagesabstecher Kiruna -> Narvik. Im Sommer 3 mal tägl., Fahrzeit ca. 3 Std. Der Abschnitt ab Kiruna zunächst entlang des Torneträsk und über eine Hochebene zur Grenze. Anschließend beginnt der spektakuläre Teil mit Brücken und Tunneln oberhalb tief eingeschnittener Täler und des norweg. Rombaksfjordes. Auf der norweg. Seite im Sommer tourist. Sonderzüge in Kombination mit Fjordfahrten nach Narvik.
Ausführliche Details siehe VELBINGER Band 28 „Norwegen-Nord"

✭ Riksgränsen

Reichsgrenze zu Norwegen. Die frühere Grenzstation und Kontrollen sind seit 6o-er Jahre aufgehoben, freier Verkehr rüber. Der Ort in 52o m Höhe besteht aus Hotelgebäudekomplex und Versorgungshäusern mit Blick auf einen See, der Bahnstation und WoMo Stellplatz. Im Umkreis eine Vielzahl an Wochenendhäuschen; reger Freizeitbetrieb. Im Sommer Wandern, Angeln, - im Winter Langlauf sowie kleiner Skilift. Abfahrten unter der Mitternachtssonne im Bikini sind bis ca. Ende Juni möglich.

SVEN HÖRNELL- DIASHOW: beim Hotel Riksgränsen. Besuch lohnt, Termine um 15 Uhr bis Mitte Sept., Infos Touristbüro Kiruna.

In Riksgränsen lebte einer der wohl besten Lapplandfotograf Schwedens, Sven Hörnell, der die Fjällwelt wie seine Westentasche kannte und superstarke Fotos von Flora, Fauna, Mitternachtssonne und der Winternatur nördlich des Polarkreises gemacht hat. Viele der Bilder stammen auch aus der Vogelperspektive und bringen im wahrsten Sinne des Wortes ungeahnte Aussichten. - Für mückengeplagte Wanderer gibts im Hotel Riksgränsen Duschen-, Sauna- und Poolbenutzung für ca. 6 Euro.

EISENBAHNMUSEUM: Riksgränsen, berichtet über den äußerst schwierigen Bau des Kiruna-> Narvik Gleises der Eisenerzbahn. Ein kleineres Museum, vorwiegend Fotodokumente.

WANDERN: im Grenzbereich und insbes. norw. Seite eine Vielzahl an Trails. Sie führen oft auf den früheren Versorgungswegen der Eisenbahnbauern und sind Bergland runter zu Fjorden sehr lohnend. Details VELBINGER Band 28 „Norwegen-Nord".

Ins Treriksröset (Dreiländereck) Schweden, Norwegen, Finnland

Stramme 3oo km von Kiruna durch menschenleere Landschaften. Fast eintönig monotone Kiefern- und Birkenwäldchen, undurchdringliche, moorbraune Buschwildnis und Horden entnervender Mückenwolken in endlos langen, hellen Mittsommernächten.

Vorsicht! Im Sommer akute Brandgefahr, außerdem viele straßenkreuzende Rentiere.

 Zeltplätze gibt's in Vittangi, Nedre Soppero, Idivuoma und der Grenzstadt Karesuando (auch Jugendherberge).

Tipp: von Ned. Soppero (ca. 1oo km nordöstlich von Kiruna, via Svappavaara und Vitangi) Abstecher zu Schwedens Goldgräberstadt Lannavaara. Dort mitten in der Wildnis die „Gold Diggers Bar" mit Klondyke-Feeling. Die Leute erklären die Unterschiede bei den Steinen und den Umgang mit den Waschpfannen. Goldschätze wird man nicht finden, aber interessant, mal die Pfanne beim Surren der Mücken kreisen zu lassen. Die Frau des Hauses fertigt aus Steinen Broschen und Anstecker. Goldwaschausrüstung inkl. Tipps ca. 1o Euro.

TOURENVORSCHLÄGE:

Route Kiruna-> Svappavaara-> Vittangi-> Karesuando-> Kilpisjärvi/SF. Rundtourmöglichkeit über Narvik und E 6 wieder zurück (3oo km) oder sogenannte Eishafenstraße von Karesuando parallel zur finnischen Grenze über Pajala (Zeltplatz), Straße 4oo zur Spitze des Bottnischen Meerbusens nach Haparanda (taucht auf jeder Wetterkarte auf). Dort Zeltplatz, Kukkola-Wasserfall und Restaurant, wo man riesengroße Fische mit Netzen direkt aus schäumender Strömung fängt, verkauft oder zubereitet.

Karesuando-> Haparanda (ca. 35o km). Zeitgehetzte Nordkapfahrer düsen schneller, aber weniger romantisch auf finnischer Seite.

Nordkapfahrer Route Jokkmokk-> Gällivare-> Karesuando (ca. 3oo km). Endlose Strecke der Einsamkeit und Monotonie, aber relativ gerade Asphaltstraße. Rechtzeitig tanken, da kaum Siedlungen. Auch Entfernungen und Zeit nicht unterschätzen. Ab Karesuando gehts auf der E 8 nach Skibotn am Lyngenfjord in Norwegen. Man erreicht Nordnorwegen in der Höhe von TROMSØ. Landschaftlich interessanter und abwechslungsreicher ist die Route Kiruna -> Narvik -> E 6 -> Skibotn bzw. Tromsø. Ausführliche Details im VELBINGER Band 28 „Norwegen- Nord".

Der Kungsleden

(map of Sweden showing the Kungsleden trail from Abisko via Singi Schutzhütte, Hemavan/Tärnaby along the Norwegian border; with Kiruna, Gällivare, Östersund, Mora, Karlstad, Stockholm, Göteborg, Malmö. Legend: SÜD-TEIL Seite 362/448 IN PLANUNG — HAUPT-TEIL siehe S. 498)

mit Sarek und Padjelanta National park

★ DER KUNGSLEDEN

Der KUNGSLEDEN (= Königspfad, weil irgendwann mal auf einem kleinen Teilstück schwedische Könige gewandert sind) *ist einer der beliebtesten Trails im Norden Schwedens und steht vielfach als Nr. 1 auf der Liste der Lapplandfahrer, zusammen mit dem Padjelanta- und dem Sarek-Nationalpark. Wegen der riesigen Entfernungen wird der Kungsleden nicht auf der gesamten Strecke, sondern in Teiletappen „bewandert".*

Gewaltige Gebirgsmassive und einsame Hochebenen, in der die Zeit stillzustehen scheint. Nicht selten riesige Wolkenbänke dicht über der Nase, - und eine unendliche Weite, wo man schon heute sieht, wo man vermutlich morgen oder übermorgen ankommt...

Zwischendurch schaukelnde Hängebrücken und eiskalte Gebirgsbäche, die nicht, wie z.B. im Sarek, durchwatet werden müssen. Weit ausgedehnte Täler mit öden Steinwüsten wechseln mit flachbewachsenen Heideebenen. In den tieferen Lagen im südl. Teil des Kungsleden Sumpflandschaften, die Gummistiefel benötigen, sofern nicht Bretterbohlen durchgelegt sind; dort häufig ein weitverzweigtes Flußgeschlinge.

Der Reiz des KUNGSLEDEN liegt in seiner Weite und Einsamkeit: man fühlt sich wie ein winziges Pünktchen in endloser Natur. Er liegt aber auch darin, stundenlang mit sich selbst allein zu sein und sich selbst als Teil der Natur zu erleben.

Der Kungsleden beginnt oben am Torneträsk (Stausee an der Grenze zu Norwegen) in ABISKO, einer Bahnstation der Kiruna->Narvik-Eisenerzbahn. Er geht runter bis Sälen in der Provinz Dalarna.

Weitere Kungsleden-Teilstrecken in Mittelschweden/Höhe Östersund und Mora, bisher zusammen ca. 750 km. Man plant eine Komplettverbindung. Der meistbegangene Teil ist jedoch der in Lappland ab ABISKO bis SINGI- SCHUTZHÜTTE sowie weiter südlich bis KVIKKJOKK (s. Karte).

Pro Jahr dürften ca. 5.000-8.000 Leute auf dem Kungsleden wandern, an erster Stelle Schweden, gefolgt von Deutschen, Schweizern und Österreichern, die ca. 30-35 % ausmachen.

Handwerkszeug

Wetter: eines der Hauptprobleme auf dem Trail. In den kurzen Sommermonaten (Juni bis Mitte August) kann man tagsüber mit knalliger Sonne bis 30 Grad rechnen, jedoch auch mit eiskalten Winden, die dringend dicke Daunenjacken als Windschutz erfordern. Sowie tagelange Regenfälle und orkanartige Winde, die jedes ungeschützt aufgebaute Zelt wegfetzen.

Selbst bis Juni muß man mit Schneefällen rechnen, bei Temperaturen je nach Höhe bis runter zum Gefrierpunkt! Folge: nasse Klamotten, innen feuchtes Zelt, Frieren, Frust etc. Wir haben selbst im Padjelanta-Nationalpark bei orkanartigen Niederschlägen „abgewettert", wobei ich mich zum Pinkeln jedesmal nackt ausgezogen habe, um Wäsche zu spa-

ren...

BESTE WANDERZEIT: Mitte Juli bis Ende August. Dann sind die Temperaturen am besten, - allerdings in tieferen Lagen Wolken von Mücken, die einem den Spaß ganz schön verleiden können.

Vorteil bei spätem Augusttermin: nach dem ersten Nachtfrost sind die Mücken weg. Ende August bis Anfang Oktober: traumhafte Herbstfarben! Der Herbst in Lappland ist allerdings superkurz; schnell kommen die ersten Schneefälle, die Spezialausrüstung wie Ski, superwärmedämmende Schlafsäcke etc. benötigen.

MITTERNACHTSSONNE: auf dem Trail im nördlichen Bereich Abisko–> Kvikkjokk Anfang Juni bis Mitte Juli komplett 24 Std. Fantastisch, in taghellen Nächten kann sich der Körper auf Dauer auf den eigenen Rhythmus einstellen. Einfach Einssein mit der Natur und je nach Lust und Laune sowie Erschöpfungsgrad Schlafpausen einlegen...

WINTER: Kungsleden für Spezialisten. Traumhaft verschneite Einsamkeit und Weite, durch die sich die Skier die Parallelspur ziehen. Kein Laut in der Luft, aber auch keinerlei Leute unterwegs, deswegen die Sache nur zu zweit machen! Beste Monate sind der mitteleuropäische Spätherbst und das Frühjahr ab ca. April/Mai, da in den Monaten November bis Februar fast permanente Dunkelheit herrscht.

Entfernungen: Hauptproblem von Anfängern: 8o km, die auf der Karte „locker" auf 4 Tage eingeschätzt werden, können bei Schlechtwetterperioden im Sommer zu 8-Tages-Märschen werden. In der Regel kann man für 8o km mit 5 Tagen kalkulieren, sollte sich aber 1-2 Tage Reserve halten.

Beim Einkalkulieren der Entfernungen spielen weniger eventuelle Höhenunterschiede eine Rolle (man folgt vorwiegend Tälern und Flußläufen), als vielmehr in tieferen Lagen teils dschungelartiges Weidegestrüpp, durch das man sich kämpfen muß. Aber auch schwer und langsam zu überquerende Geröllfelder. Aber auch schlammig, matschige Trailabschnitte (insbesondere im südlichen Teil), in denen man bis zum Knöchel versinkt, sofern keine Bohlenwege angelegt wurden. Im angrenzenden Sarek fehlende Brücken, reißend kalte Bäche.

Unterkunft: im lappländischen Hauptteil des Trails zwischen Abisko und Kvikkjokk gibt's ca. alle 1o-15 km eine Schutzhütte des STF (Svenska Turistföreningen). Sie sind vorbildlich eingerichtet mit Trockenklo, Hochbetten, teils auch Gasversorgung.

Die Übernachtung zahlt man entweder beim Hüttenwirt (sofern anwesend), - oder man trägt sich bei seiner Abwesenheit in die Liste der Hütte ein. Kostenpunkt ca. 17 Euro/ Person und Übernachtung, wobei man dann den Betrag überweist (Konto siehe STF) oder mit dem nächsten Hüttenwirt abrechnet. Inzwischen werden auch JHB-Ausweise akzeptiert, so dass man in die Rubrik „ermäßigte" Übernachtung reinrutscht. Bitte ehrlich sein, denn der STF-Service ist exzellent und verursacht ihm durch Instandhaltung und Betrieb nicht unerhebliche Kosten!

Sofern der Hüttenwirt nicht anwesend ist: genaue Details am Schwarzen Brett der Hütte! Wer den Kungsleden wandert, sollte vorweg eine Grundsatzentscheidung treffen: ob reine Zelttour - oder reine Hüttentour. Vorteil der Zelttour: individuelle Abschnittsplanung möglich, kein unnötiger Stress mit manchmal vollen Hütten - insbesondere im Hochsommer an strategisch wichtigen Kreuzungspunkten des Trails (wo allerdings auch bei einer vollen Hütte noch ein Schlafplatz auf dem Hüttenboden „drin ist"). Tipp: rechtzeitiges Losmarschieren bringt bei frühem Ankommen auch sicheren Hütten-Bettenplatz!

Nachteil der Tour per eigenem Zelt ist das zusätzliche Gewicht, das man mit sich schleppen muß, - zudem weniger Kontakt zu Gleichgesinnten abends in der Hütte mit Infos etc.,

weniger Komfort in Sachen Kochen. Vorteil allerdings: am „Busen der Natur". Man kann aber auch an den Hütten zelten und die dortige Logistik mitbenutzen. Allerdings zu durchaus deftigen Preisen (1o Euro).

In den STF-Hütten gibt's auch Kochtöpfe. Das Besteck, Toilettenpapier und die Handtücher muß man sich aber selbst mitbringen.

Zeichenerklärung

☐ „STUGA" = Schutzhütte mit Matratzen, Betten.

■ „FJÄLLSTATION" = komfortable STF-Station mit allem Drum und Dran, wie teils auch Mini-Restaurant und Mini-Supermarkt.

Die seitlich oben angebrachten Codesymbole sind identisch mit unserern Kungsledenkarten, aber auch den STF-Karten.

Routeninformation: Hauptansprechpartner ist der STF, vergleichbar mit dem deutschen Alpenverein. Er organisiert den Trail, sorgt für Trailmarkierung, aber auch für die Schutzhütten und Fjällstationen. Unabdingliches Handwerkszeug für den Kungsleden sind:

* „STF-FJÄLL": vom STF herausgegebene, alljährlich aktualisierte Broschüre, die sämtliche Stugas und Fjällstationen auflistet, zudem Übersichtskarten des Trails mit km-Angaben und Verzeichnis der Hütten bringt. Nur in Schwedisch, aber mit dem kleinen Langenscheid-Schweden-Lexikon problemlos lesbar wegen seiner Übersichtlichkeit.

  Erhältlich beim STF-Hauptbüro in Stockholm, Kungsgatan 2, sowie in den großen STF-Häusern in Abisko, Kebnekaise und Kvikkjokk/Lappland.

* „TURISTTRAFIK I FJÄLLEN": eine kleine Broschüre mit jährlich aktualisierten Transportverbindungen oben in Lappland entlang und zum Trail. Also Bus, Zug, Flug und Bootsverbindungen. Ebenfalls vom STF. Im Internet auch unter www.samtrafiken.se oder www.ltnbd.se.

Karten/Literatur: unabdinglich für den Trail sind:

* WANDERKARTEN der Fa. Liberkartor „Nya Fjällkartan" im Maßstab 1: 1oo.ooo. Diese in Zusammenarbeit mit dem STF erstellten topographischen Karten besitzen zusätzlich alle wichtigen Details über Brücken, Watstellen, Schutzhütten, Nottelefone und Ruderboote. Superdetaillierte Karten mit hohem Gebrauchswert, die manchen Wanderführer ersetzen können.

  Preis pro Kartenblatt um 12,5 Euro. Vorbestellung zu Hause lohnt nicht, da oben in Schweden billiger und in jedem guten Buchhandel zu bekommen. Beispielsweise auch in Buchhandlungen in Kiruna und Jokmokk vorrätig, ansonsten im örtlichen TI.

  Wer auf Nr.-Sicher geht, besorgt sie sich in Stockholm vorab. Zusätzlicher Vorteil, dass man sich dort das Kartenmaterial selbst in Augenschein nehmen kann, also nur die Kartenblätter kauft, die man für den Trail wirklich auch braucht.

* „KUNGSLEDEN" von Rüdiger Loht beim Versand. Die 118-Seiten-Broschüre kostet 9 Euro. Ausführliche Tourenbeschreibungen des nördlichen und südlichen Abschnitts. Allerdings nicht mehr ganz aktuell.

Verpflegung: selbst mitbringen von den Einstiegspunkten Kiruna-Jokmokk, Gällivare. Dabei sicherheitshalber für den geplanten Trailabschnitt plus 1 bis 2 Tage einkalkulieren, wenn sich die Sache wegen Schlechtwetter verlängert.

Einige der STF-bewirteten „Stugas" (Schutzhütten) verkaufen zwar Basissachen, wie z.B. Plätzchen und Schokolade, - aber auch die größeren „Fjällstationen" wie Kebnekaise oder Saltoluokta sind keine „Supermärkte"! Auf den Hauptrouten haben sich die Verpflegungs-

möglichkeiten in letzter Zeit deutlich verbessert. Alesjaure, Sälka und Kaitumjaure bieten z.B. guten Verpflegungsverkauf. Wasserprobleme entstehen nicht, sauberes Trinkwasser kann fast überall geschöpft werden.

Orientierung: keine Extremprobleme, da der Trailverlauf in der Regel immer naturgegebenen Richtungen wie Bachläufen oder Tälern folgt, die sich klar in der „Nya Fjällkartan" nachvollziehen lassen.

Gleichzeitig ist die gesamte Wegstrecke von Abisko bis Kvikkjokk durch STEINMÄNNCHEN (teils mit roter Spitze) gekennzeichnet. Trotzdem ist für den Kungsleden die Detailkarte (siehe oben!) und der Kompaß unabdinglich wegen häufig und plötzlich auftretendem Schlechtwetter, wo man vor Suppe kaum die Hand vor den Augen sieht.

Achtung: ROTES DOPPELKREUZ markiert am KSL den sogenannten „Wintertrail". Nur im Winter bei zugefrorenen Seen zu gebrauchen, wobei Abkürzungen eingeschaltet werden.

Entlang der Strecke Abisko-> Kvikkjokk gibt's eine Reihe Nottelefone, mit denen man per in ganz Schweden geltender Notrufnummer 11o Hilfe herbeiholen kann. Handynetze sind nur selten vorhanden. Beste Chancen auf Anhöhen und Berggipfeln.

Kompaß-Benutzung: zunächst muß das benutzte Kartenblatt „eingenordet" werden, d.h. in Bezug der Himmelsrichtung mit der Realität übereinstimmen. Dazu dreht man die Landkarte auf dem Boden solange, bis der dort eingezeichnete Nordpfeil mit der Kompaßnadel übereinstimmt. In der Karte eingezeichnete markante Landpunkte wie Berge, Flüsse etc. können somit mit der Realität verglichen werden.

Gleichzeitig lassen sich mit Kompaß und Detailkarte auch der derzeitige Lagepunkt bestimmen, sofern klares Wetter freie Sicht bietet: dabei werden zwei markante Landpunkte im Sichtschlitz des Kompaß angepeilt und parallel die Karte mit ihrer Nordmarkierung ausgerichtet und mit Bleistift als Linie markiert. Der Schnittpunkt beider Linien ist die derzeitige Lage.

Flußdurchquerungen: zwar sind im Hauptabschnitt Abisko-Kvikkjokk Hängebrücken eingerichtet, doch es kommt immer wieder vor, dass Rinnsale durch starke Niederschläge zu reißenden Wildwassern anschwemmen oder auf den Karten eingezeichnete Brücken bei der letzten Schneeschmelze „den Bach runter" gegangen sind. Dann heißt's aufgepaßt: Stiefel aus, Turnschuhe an, Hose hoch, Beckengurt vom Rucksack gelöst; beim Sturz erweist er sich sonst als böser Klotz am Bein! Dann mit langem Wanderstock langsam schräg aufwärts gegen den Strom waten. Ausreichend Zeit lassen bei der Suche nach der besten Furt. Die breiteste ist in der Regel auch die flachste. Nicht gleich die erstbeste nehmen! Notfalls Rucksack ablegen, um flexibel testen zu können. Oder Nachtlager aufschlagen, denn in den Nachtstunden sinkt das Wasser.

Niemals durchwaten, wenn das Wasser mehr als Knietiefe hat! Die Strömung kann massiv sein - dann Gefahr, dass man sich den Knöchel verstaucht oder weggerissen wird. Ein beispielsweise hinten aufgeschnallter Rucksack zieht den Wanderer in so einem Fall unter Wasser; es hat deswegen schon mehrere tödliche Unfälle gegeben. Eine zusätzliche Absicherung durch Seil ist keine schlechte Idee!

Transport: alle relevanten Einstiegs- und Ausstiegspunkte zum Trail sind mit öffentlichen Verkehrsmitteln zu erreichen. Außerordentlich hilfreich ist dabei die bereits erwähnte Broschüre „TURISTTRAFIK I FJÄLL" des STF mit sämtlichen Bus-, Boot-, Zug- und Flugverbindungen.

Allerdings verkehren die Busse (ausgenommen Einstiegspunkt Abisko) nur ein- bis zweimal täglich, meist sehr früh morgens und spät abends. Was bei der Zeitplanung einzukalkulieren ist und zusätzliche Zeit für den Trail benötigt.

Außerdem bestehen regelmäßige Flugverbindungen mit kleinen einmotorigen Wasserflugzeugen bzw. Helikoptern auf der Strecke Kvikkjokk-> Aktse-> Sitojaure-> Stora Sjöfallet. Weitere Flugrouten auf Bestellung und per Charter. Lohnt sich insbesondere im Kungsledengebiet um Kvikkjokk, um bei weniger Zeit auch nur Teiletappen zu machen. Außerdem super Einblicke in meilenweite Fjällgebiete.

Chartermöglichkeit: bei „Kiruna Flyg" Tel. o98o/ 2o2 5o, „Polarhelikopter" o98o/ 83o 55 oder „Norrlandsflyg" (Gällivare) o97o/ 14o 65. Die Charterpreise liegen je nach Strecke und Personenzahl um 11o Euro.

„Norrlandsflyg" fliegt mit Helikoptern im Juli/August die Strecken Kvikkjokk-> Staloluokta sowie Stora Sjöfallet/Vietas-> Staloluokta. Die Preise liegen hier bei ca. 1oo Euro/Person (inkl. 2o kg Gepäck). Ebenfalls kann man Helikopter chartern von dieser Gesellschaft, z.B. Nikkaluokta-> Kebnekaise für 95 Euro/Person. Tel. Gällivare o97o/ 14o 65. Siehe auch www.kirunaflyg.se und www.polarhelikopter.se

Die SEEN (meist aufgestaute Flußläufe), die während des Trails überquert werden müssen, besitzen Bootsverbindungen. Wobei entweder die Fahne raufgezogen wird, damit der Fährmann auf der anderen Seite bescheid weiß, oder aber reguläre, wenn auch seltene Schiffsverbindungen bestehen. Alle Details im „Turisttrafik I Fjäll"- Heft des STF!

Ausrüstung: nicht ins Fjäll gehören billige Kaufhauszelte, die wasserdurchlässig und windempfindlich sind. Gleiches gilt für unbequeme Billig-Tramperrucksäcke, da sie schnell ausreißen bzw. unbequem am Körper liegen. Und schon gar nicht die Sache in Turnschuhen laufen; sie bieten dem Fuß weder auf Geröllfeldern Halt, noch bei den zahlreichen Durchquerungen von Wasserläufen und Feuchtgebieten einen Nässeschutz. Klartext: auf beste Ausrüstung einschlägiger Outfitter-Shops zurückgreifen!

Das gilt sowohl für gute Wärmeschutzjacken bei den eisigen Winden, Regenschutz, insbesondere aber auch für hochwertiges Schuhwerk! Es eignen sich für den Kungsleden hohe Gummistiefel mit dicker Profilsohle und richtigem Fußbett, um die nassen Stellen durchqueren zu können (keine billigen Kaufhausgummistiefel!). Nachteil: unter Umständen gibt's Schweißfüße! Sehr gute Erfahrungen haben wir mit den speziell für diese Regionen in Schweden entwickelten hohen Schnürlederstiefel gemacht, die am Fußteil einen zusätzlichen Gummi-Überzug haben. In Schweden für ca. 15o Euro in vielen Schuhgeschäften erhältlich. Leistungsfähige und wirklich wasserdichte Markentrekkingschuhe ggf. mit Goretex-Membran sind aber unterm Strich wohl die beste Variante.

Als Kocher für die windigen Fjällandschaften und bei feuchtem Untergrund bewährt sich bei uns seit Jahren bestens die schwedische Sturmküche der Fa. Trangia. Ansonsten komplette Checkliste vorn im allgemeinen Wanderteil.

Sicherheit: Aufgrund der weiten Gebietsausdehnung in Verbindung mit unsicherem und schlechtem Wetter sind Wanderungen auf dem Kungsleden, dem Padjelantaweg und auf allen Nebenstrecken nicht mit Mittelgebirgswanderungen in unseren Breiten zu vergleichen. Zwar braucht man hier wie da entsprechende Kondition und Ausrüstung, aber Leute, die ihre Lapplandwanderung in den Dunstkreis einer „Reinhold-Messner-Expedition" verlegen, sind Angeber und sonst gar nichts. Wohl nicht zu Unrecht müssen Deutsche am häufigsten aus dem Fjäll gerettet werden. Durch das Zusammenkommen „widriger Umstände", das Nichtbeachten der wichtigsten Sicherheitsvorkehrungen und falsch verstandenem Wagemut kann aus dem Trail-Abenteuer schnell ein Alptraum werden. Zur deutlichen Warnung hier die wichtigsten Sicherheitsvorkehrungen:

* Niemals allein gehen.

* Um 1/3 mehr Nahrung mitnehmen, als man eigentlich braucht.
* Am Ausgangspunkt Nachricht über Ziel, Personenzahl, geplante Route und erwartete Rückkehr hinterlassen.
* Von vornherein nicht zu lange Touren planen.
* Nicht mehr als 15 kg mitnehmen (lieber dicke Fotoausrüstung im Wagen oder dem Ausgangshotel zurücklassen - und dafür Mütze, Handschuh und ausreichende Verpflegung mit dabei!).
* Genauestes und neuestes Kartenmaterial verwenden! Kompaß mitnehmen und damit umgehen können!
* Nicht vor Mitte Juli starten; vorher gibt's noch Schneeverwehungen oder starke Schneeschmelze, die die Bäche und Flußläufe stark anschwellen läßt.

Wer sich alleine nicht traut, kann auch an organisierten Touren in kleinen Gruppen teilnehmen. Prospekte beim STF (siehe Text).

1.ETAPPE

Abisko -> Singi (-> Abzweigung Kebnekaise-Nikkaluokta)

Das wohl am meisten begangene Teilstück des Kungsleden, da es superbequemen Einstieg per Bus/Zug - mehrmals täglich - ab Kiruna nach Abisko bringt, mit 2.117 m den höchsten Berg Schwedens berührt und gleichzeitig als Rundtour ab/bis Kiruna realisiert werden kann. Deshalb Hütten fast immer voll belegt, so dass manchmal zwei in einem Bett pennen müssen.

ABISKO bis zur Abzweigung SINGI 6o km (4-5 Tage), wer die Sache als Rundtour via Kebnekaise realisiert, braucht ca. 5-6 Tage (+ 33 km Trail). Mittelschwere Tour, Gummistiefel nötig. Als reine Hüttentour möglich. Karte: BD 6. Essen aus Kiruna mitbringen, unterwegs eventuell in Alesjaure und Sälka Nachkaufsmöglichkeit, - in jedem Fall Kebnekaise-Hütte sowie in der Abisko-Touriststation.

Ausgangspunkt für den Trail ist die ABISKO-TOURISTENSTATION an der Eisenbahn Kiruna-> Narvik. Täglich drei Züge, brauchen ca. 1 Std., bzw. Bus (mehrmals täglich) über die Kiruna-Narvik Straße. Ebenso per Bus/Zug 2-3 mal täglich ab Narvik/Norwegen zu erreichen. Achtung: Nicht in „Abisko", sondern in „Abisko-Touriststation" aussteigen!

Übernachtung in der dortigen STF-Gebirgsstation möglich, liegt direkt an der Straße. Außerdem kleiner Zeltplatz, der allerdings keinen Platz zum Abstellen von Autos bringt (dann ausweichen ins benachbarte Björkliden).

Start: direkt am Parkplatz jenseits der Bahnlinie. Durchquerung des Abisko-Nationalparks mit tiefen, tosenden Wildwasserschluchten und der weithin sichtbaren Lappenpforte (torähnliches Gebirgsmassiv). Die ersten zwei Tage problemlose Tour nach der BD 6-Karte. Am 3. Tag schwerstes Teilstück: Tjäktja-Pass (1.15o m) steiler Aufstieg, wo der Sturm einem derbe um die Ohren pfeift. Dort ganz einfache Nothütte. Schneereste.

Tjäktja-Hütte 3 km vor dem Paß! 12 km hinter der Tjäktja-Hütte die Sälka-Schutzhütte. Hier zweigt ein 25-km-Trail ab (ca. 9 Std.), nordöstlich um den Kebnekaise,

der die Kebnekaise-Fjällstation schneller erreicht als der Trail via Singi. Sowohl nördlich wie südlich der Singi-Hütte zweigt ein markierter Abkürzungstrail vom Kungsleden Richtung Osten/Kebnekaise ab, der Singi nicht mehr tangiert und jeweils 2 km bis Kebnekaise Fjällstation spart.

Kebnekaise-Fjällstation (16o Betten, Restaurationsbetrieb) ist absoluter Touristenmagnet, sehr gut ausgestattet, im Sommer oft voll. Morgens auf 1/2 Std. Anstellen beim Frühstück einrichten! Auf den Gipfel sind's rund 1o km je nach Route. Im Angebot: geführte Gletschertouren (ca. 15 Euro).

Wer die 1. Etappe als RUNDTOUR ab/bis Kiruna macht, hat Ausstiegsmöglichkeit via Kebnekaise-> Nikkaluokta (19 km Trail, sehr lohnend, aber ab Ladtjojaure/km 8,3 per Boot und dann noch eine 5,6 km Tour bis zur Bushaltestelle in Nikkaluokta. Das Boot verkehrt zwischen 21. Juni und 8. September täglich rund 5 mal pro Richtung, braucht 3o Min. und verkürzt die zu wandernde Strecke auf ca. 2 1/2 Std.). - Gleichzeitig gibt's eine Helikopterverbindung zwischen Kebnekaise Tourist- Station und Nikkaluokta, die ca. 95 Euro/Person kostet und großartigen Fjäll- und Kebnekaise-Panoramarundblick bringt!

Nikkaluokta hat Übernachtungsmöglichkeit (sehr simpel!) in alten Lappenkaten sowie auf dem ziemlich öden Bulli- und Wohnwagen-Abstellplatz. Dort auch öffentl. Telefon.

Ab Nikkaluokta tägl. zwei Busverbindungen von/nach Kiruna (eine frühmorgens, die andere abends), Fahrzeit bis Kiruna ca. 1 1/2 Std. entlang des Paittasluspa- Stausees.

Kurztrips im Bereich der 1. Etappe ab Kiruna: nicht umsonst sind die STF-Fjäll-Station-Hütten KEBNEKAISE (16o Betten) und die ABISKO-TOURISTSTATION (4oo Betten) die größten der STF in Lappland. Beide sind ab Kiruna bequem per Bus bzw. Zug zu erreichen. Im Fall Kebnekaise mit Boot plus Kurzwanderung, - und haben beide grandiose Landschaften in der näheren Umgebung. Jede Menge kürzerer Seitentrails von 1 bis 4 Stunden, insbesondere auch im Abisko-Nationalpark.

2. ETAPPE

Singi (von Nikkaluokta oder Abisko) -> Vakkotavare bzw. Vietas/Kebnats

Einstieg wie Etappe 1 über Abisko für Leute, die länger wandern wollen, oder von Nikkaluokta für die, die den Kebnekaise mitnehmen wollen. Infos dazu siehe Etappe 1!

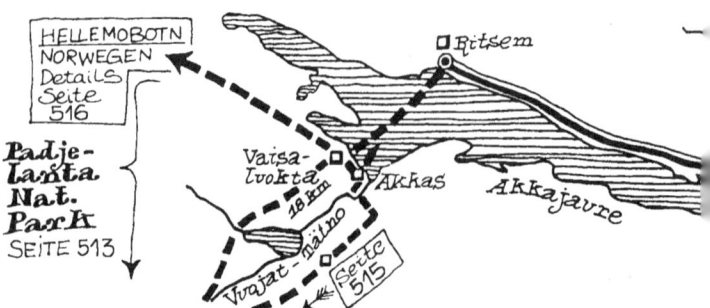

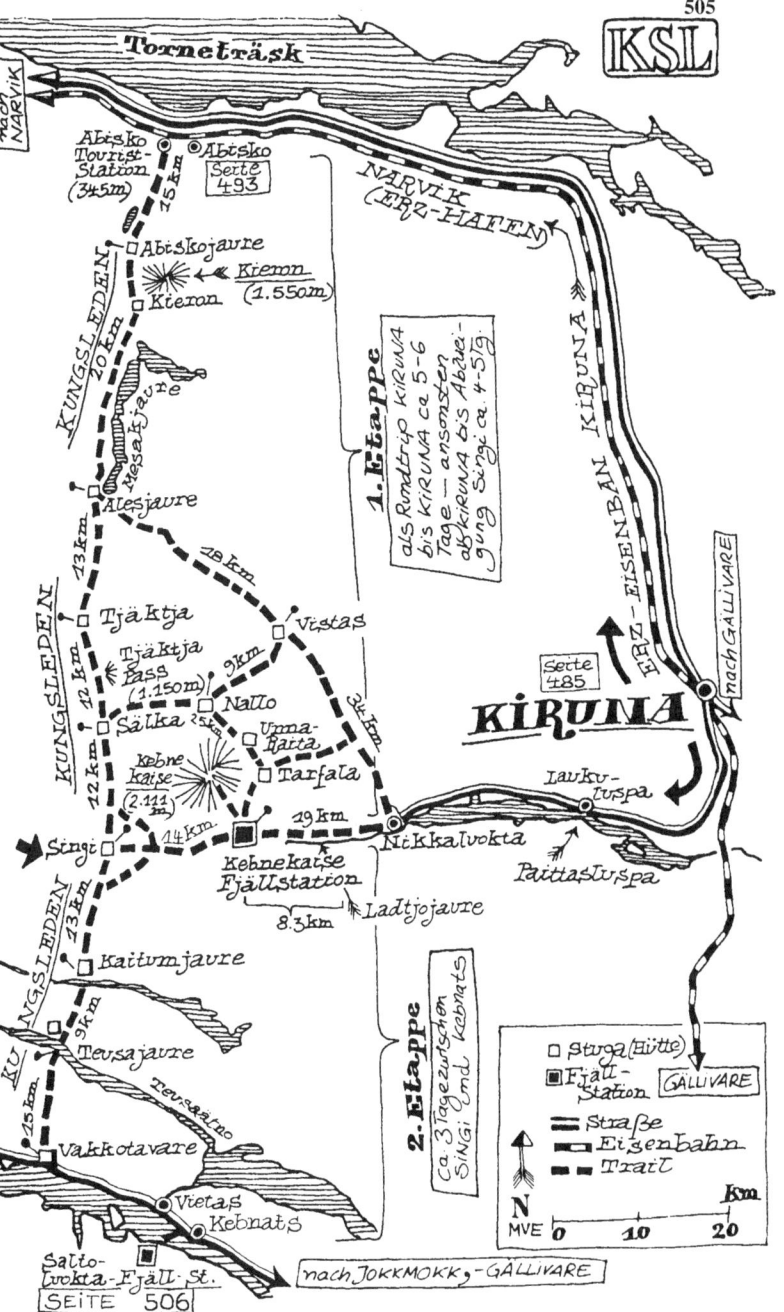

Wer früh aufsteht und direkt vom Kebnekaise zur Kaitum-Hütte wandern will, kann ca. 2 km östlich der Singi-Hütte nach Südwesten schwenken. Abkürzung ohne Hüttenkontakt mit Singi.

ZEITBEDARF: ca. 3 Tage zwischen Singi und Kebnats. Mittelschwer, Gummistiefel unerläßlich. Karte: BD 8. Proviantnachschub auf dem Trail in limitiertem Umfang in der Kaitumjaure-Hütte. Steiler Anstieg zu Kaitum und Teusajaure!

Ab SINGI rüber nach Vakkotavare/Vietas nach langem Kahl-Fjäll endlich wieder Bäume. Superaussicht auf Fjorde von der sehr kleinen Kaitumjaure- Hütte. Nach der Wasserscheide kommt man runter zur STF SCHUTZ-HÜTTE TEUSJAURE. Danach muß über den Teusajaure gerudert werden. 1 km, Vorsicht bei hohen Wellen, Boje beachten! Boot zurückbringen! Auch ein Motorbootverkehr durch einen Lappen (Bezahlung), spart somit das Rudern.

Ab hier Möglichkeiten: 1.) Bootsfahrt 12 km, - 2.) Wanderung 5 km über tolle Blumenwiese, - 3.) Bootsfahrt 6 km, wird alles von einem Samen durchgeführt und kostet beachtliche 55 Euro.

Oder ab TEUSAJAURE-HÜTTE den Kungsleden- Trail über eine Bergkette runter zum Akkajaure (15 km, ca. 6 Std.) nach VAKKOTAVARE, welches ebenfalls 2 x tägl. Busverbindung in den gelb-blauen Postbussen via Vietas/Kebnats nach Kiruna besitzt.

Gleichzeitig geht der Postbus von Gällivare über Kebnats/Vietas und Vakkotavare noch weiter bis RITSEM. Der Bus fährt zwischen Mitte Juni und Mitte September täglich 2 mal pro Richtung die Strecke. Er braucht von Kebnats bis Vietas 15 Min., weiter bis Ritsem ca. 1 Std. Dort gibt's dreimal/Woche ein Boot (in Anschluß zum Bus) über den Stausee Akkajaure rüber nach VAISALUOKTA mit STF-Hütte und Trail runter in den Padjelanta-Nationalpark. Details ab Seite 513.

Von KEBNATS 4 mal täglich ein Boot rüber auf die andere Seite des Stausees zur SALTOLUOKTA-FJÄLLSTATION (15. Juni bis Ende September), die Überfahrt dauert 1o Min. Preis 13 Euro.

3. ETAPPE

Kebnats (Saltoluokta) -> Kvikkjokk

Keine Hochfjälltour wie Etappe 1 und 2, - niedrige Mischwälder, feuchte Sümpfe und nur teilweise kahles, steiniges Gelände. Sie bringt viel Abwechslung mit grünen Tälern, Weidendickichten und herrlichen Blumenwiesen. In Saltoluokta sollte man die 13 km lange Wanderung zum 1.15o m hohen Gipfel des Lulepkierkan mit tollem Blick auf das Sarekmassiv und den Akkaberg einbauen. Lohnt sich!

SALTOLUOKTA-> KVIKKJOKK: 73 km, ca. 4-5 Tage. Mittelschwer, Gummistiefel nötig. Karte: BD 11. Proviant gibt's in Saltoluokta und Kvikkjokk sowie in Aktse bei der Familie Länta.

Wem die Gesamttour zu lang ist, kann auch in Aktse aussteigen und sich einem Wasserflugzeug anvertrauen, das in 3o Min. entweder nach Kvikkjokk oder nach Saltoluokta für ca. 1oo Euro/Person fliegt.

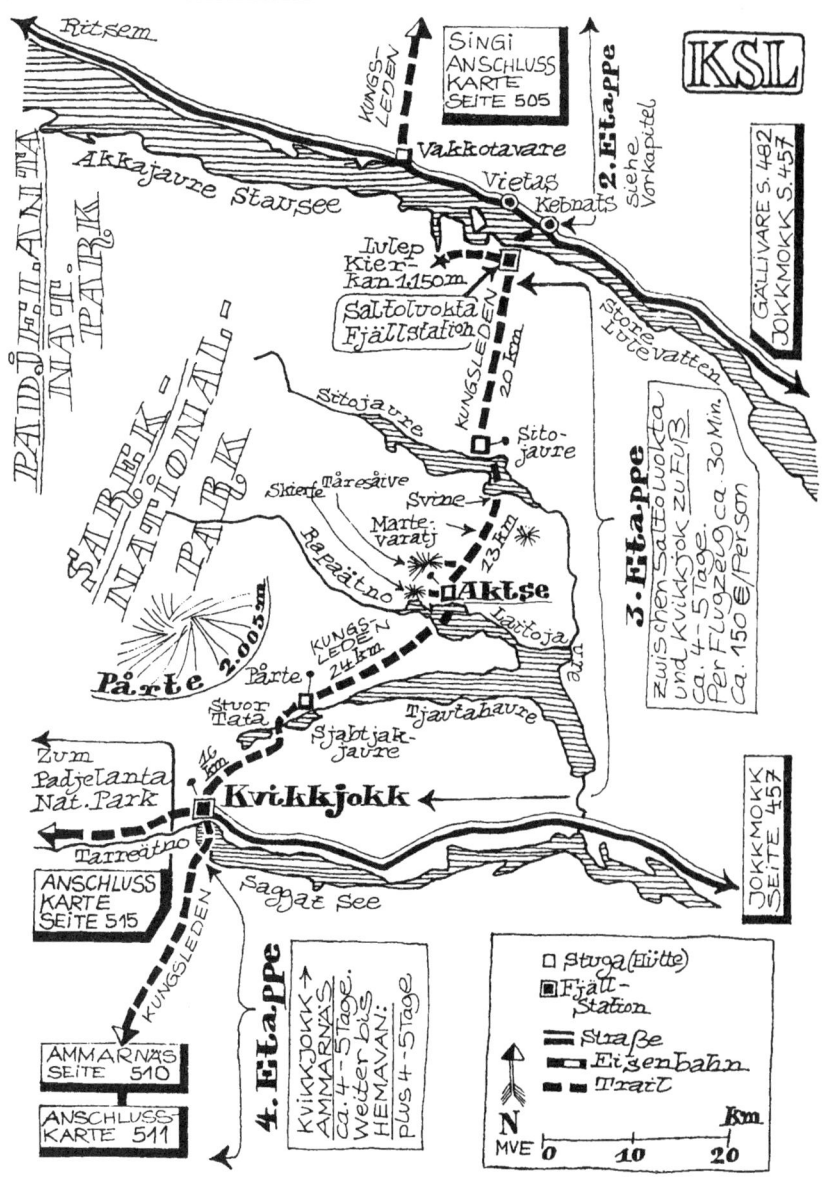

EINSTIEG ist KEBNATS am Stausee Akkajaure (Bus von Gällivare/ tägl.) oder Trailanschluß, wer Etappe 2 macht. In Kebnats während der Saison

(Mitte Juni bis Ende September) viermal täglich Boot über den See zu sehr komfortablen STF-Fjällstation „SALTOLUOKTA". Eine der größten STF-Herbergen im Bereich des Trails, mit Restaurant-Betrieb, Telefon sowie Wasserflugzeug und Helikopterverbindungen entlang des Trails und an den Sarek-Nationalpark.

Der Trail geht zunächst südwärts entlang des Autsotjokk-Tals bergauf durch Nadel-, später Birkenwälder und Fjällgebiete. Auf halbem Weg Windschutz schön zum Pause machen. Dann Abstieg zur Schutzhütte Sitojaure am gleichnamigen Stausee des Flusses. Relativ problemlos nach Karte und Geographie des Tales zu gehen, 6-7 Std.

Die Sitojaure-Schutzhütten haben knapp 4o Betten und Kochmöglichkeit. Mit Telefon kann ein Wasserflugzeug auf Charterbasis bestellt werden. Überquerung des Sitojaure-Sees per Motorboot oder man muß selbst rüberrudern (3x4 km, unbedingt den Bojen folgen! Gefahr: hohe Wellen, Ziel zunächst nicht sichtbar, felsige Untiefen). Prima, wenn man per Motorboot rüberrauschen kann; andernfalls dürfte gegen Mittag die Sache erledigt sein. Kommt man aus anderer Richtung: Fahne hochziehen!

Nun folgt ein landschaftlich schöner 13-km-Trail (gut markiert) zunächst durch Birkenwäldchen, dann steiler Anstieg auf das Hochplateau links am 939 m hohen Martevaratj vorbei, oberhalb der Baumgrenze.

Rechts liegt der 1.o83 m hohe Taresaive. Noch oben auf dem Hochplateau zweigt ein Trail ab (ca. 2 km vor Aktse, siehe BD-Karte). Besteigung lohnt sich, - wesentlich besser ist aber die Besteigung des 1.179 m hohen SKIERFE. Grandioser Ausblick auf den Wasserflickenteppich mit Hunderten von Verästelungen des Rapaätno, der aus dem Sarek-Nationalpark kommt und nach kräftigen Sommerregen gigantische Wassermassen rausschiebt.

Wegen vieler Sedimente (je nach Regenfällen und Wassergeschwindigkeit) ändert sich die Farbe von milchiggrün bis satt dunkelgrün! Weiche Ausläufer steiler Bergketten mit dichter, grüner Vegetation und am Horizont vergletscherte Berge vom Inneren des Sarek. Landschaftlich eines der schönsten Erlebnisse entlang des Trails auf der 3. Etappe.

Die Abzweigung zum Skierfe verläuft kurz vor Aktse und knapp unterhalb der 8oo m-Höhenlinie (siehe Karte BD 1o). Retour ca. 13 km und einen kompletten Tag zusätzlich einkalkulieren, der sich aber lohnt!

AKTSE: die dortige STF-Doppelschutzhütte hat knapp 4o Betten und Proviantnachschub im Sommer, Kochmöglichkeit sowie Telefon für den Charterflieger, aber auch gecharterte Helikoptertrips mit „Norrlandsflyg".

Auch für Wanderer ist Aktse der beste Einstiegspunkt in den Sarek, eine Sache, die allerdings nicht unter 14 Tagen abläuft, extrem hart und schwierig ist, da es u.a. auch an markierten Wegen fehlt, an Proviantnachschub und jede Menge, zum Teil reißender Flußläufe zu durchqueren sind. Zum

Glück filtert dies die Besucher kräftig, denn der Sarek ist reich und einmalig an Fauna und Flora. Details zum Sarek siehe Seite 517.

2o Gehminuten von den STF-Hütten bis zum Bootsanleger am Laitaure. Während der Sommermonate gibt's um 9.1o Uhr und 17.1o Uhr Transfer per Motorboot auf die andere Uferseite. Preis 9 Euro.

Im Anschluß 24 km bis zur STF-Hütte PÅRTE (ca. 8 Std.). Es geht weitgehend durch Wäldchen, nach ca. 5 km anstrengendem Anstieg auf 8oo m und entlang der Ausläufer des Pårtejåkko, sauber in der BD 1o eingezeichnet.

Die beiden STF-Schutzhütten PÅRTE liegen am See Sjabtjakjaure, rund 3o Betten, Kochmöglichkeit und Telefon. Bis Kvikkjokk-Fjällstation noch 16 km (ca. 6 Std.) mit schönem Ausblick auf die Gletscher des Sarek-Gipfels Pårte/25 m und entlang kleinerer Seen. Reiche Vegetation, die mit umgestürzten Bäumen teils nordischen Urwaldcharakter annimmt.

KVIKKJOKK: Mininest am Ende der Welt und in großartiger Natur. Die Lappensiedlung ist über eine Asphaltstraße (ca. 12o km) mit JOKKMOKK verbunden, täglich zweimal Busse (2 Std.) und von dort weiterer Busanschluß (2 x täglich) nach Gällivare und Boden an der Bahnlinie Stockholm-> Kiruna.

Am Ende der Straße in Kvikkjokk ein Parkplatz (ca. 2oo m nach kleiner Kirche). Übernachtungsmöglichkeit auf dem kleinem Privatzeltplatz „Pelleva" oder in der exzellent ausgerüsteten STF-Fjällstation, sogar mit Sauna. Direkt dahinter tost ein riesiger Wasserfall! - Einkaufsmöglichkeit in einem Miniladen und im Dorf.

Routenplanung: Wer auf Fjäll-Wanderungen steht, ist mit der Etappe 1 oder 2 besser bedient. Allerding viel begangen! Ansonsten ist die ETAPPE 3 des Kungsleden die wohl abwechslungsreichste des Gesamttrails oben im Trailbereich/Lappland.

Bei allen Vorteilen: leicht erreichbar, - sowohl via Kiruna nach Kebnats (tägl. Bus) und nördlicher Einstieg via SALTOLUOKTA, - wie auch südlicher Einstieg via Jokkmokk. Hier gibt's täglich Busse Jokkmokk-> KVIKKJOKK, dem südlichen Einstiegspunkt.

Abgesehen von der Flugverbindung mit Wasserflugzeugen und Helikopter auf der Strecke Kvikkjokk-> Saltoluokta, die in den Sommermonaten Anfang Juli bis Mitte August täglich verkehren bzw. auf Charterbasis. Komplettstrecke auf „Linienflug" ca. 1o5 Euro/Person, halbe Strecke ca. 7o Euro. Wer zu dritt eine Maschine mietet auf Charterbasis, kommt kaum teurer, da dies in der Regel das Fassungsvermögen der Maschinen ist.

Kurztrips/3. Etappe: Wegen der leichten Erreichbarkeit per Bus ab Süden/Jokkmokk in rund 45 Min./Bus - täglich im Sommer, bietet sich Jokkmokk/Kvikkjokk als Ausgangspunkt am südlichen Punkt der Etappe 3 an.

Wer ‚s Geld hat: Beispielsweise grandioser Flug von Kvikkjokk rauf nach Saltoluokta mit komfortabler STF-Herberge. Bringt jede Menge landschaftlicher Höhepunkte, - weite Flußtäler, hohe, vergletscherte Sarek-Gipfel und Seen im Ostausläufer. Flug: 3o Min.

Oder ab Saltoluokta Boot über den Akkajaure nach Kebnats mit Bus retour nach Kiruna bzw. ab Vietas (siehe Karte) den Bootstrip nach Teusajaure anhängen plus einer 2-Tageswanderung via Singi-Schutzhütte zur KEBNEKAISE-FJÄLLSTATION, von wo es nach

ca. 8 km leichter Wanderung ein Boot nach Nikkaluokta gibt (siehe Etappe 1) und tägl. Anschlußbus nach Kiruna.

Wem die Gesamtstrecke Saltoluokta-> Kvikkjokk zum Wandern (ca. 4-5 Tage) zu lang ist, kann Teilstrecken mit Lapplandsflyg fliegen, beispielsweise Kvikkjokk-Aktse (ca. 1o5 Euro), wodurch sich der Gesamttrail der 3. Etappe auf ca. 2 Tage reduziert. Wie bereits hingewiesen, ist der Flug landschaftlich grandios, u.a. bei Einklicken in den Sarek-Nationalpark.

Kvikkjokk ist gleichzeitig Ausgangspunkt für den sehr lohnenden Padjelanta-Nationalpark, Details Seite 513.

4. ETAPPE

Die 4. Etappe von Kvikkjokk bis Ammarnäs (18o km) und weiter nach Hemavan (+ 7o km) überwiegend durch ausgedehnte Waldgebiete, recht sumpfiges Gelände und nervende Mückenschwärme. Die Strecke ist inzwischen durch zusätzliches Verlegen von Holzbohlen etwas entschärft. Trotzdem: Nur was für Einsamkeitsfreaks, die sich lieber durch dichtes Gestrüpp schlagen, als herrliche Bergaussichten zu genießen. Und für ausgefuchste und hartgesottene Leute, die unbedingt die Gesamtstrecke des Kungsleden auf ihre Wanderfahne heften wollen.

Die 4. Etappe ist in ihrem ersten Abschnitt Kvikkjokk-> Ammarnäs äußerst selten begangen. Zeltausrüstung und Erfahrung nötig. Erst im letzten Streckenabschnitt (Ammarnäs-> Hemavan) wieder gut markiert und lohnend.

Traildauer: Kvikkjokk-> Ammarnäs ca. 8- 9 Tage, - weiter bis Hemavan ca. 4- 5 Tage. Mittelschwer, Gummistiefel, Zelt, Regenschutz, gutes Kartenmaterial sowie Kompaß, Wärmeschutzkleidung.

Kvikkjokk -> Jäkkvik

Beim Startpunkt <u>Kvikkjokk</u> nach <u>Mallenjarka</u> im Boot übersetzen. Die in Karten eingezeichnete Hütte Tselekjokkatan (ca. 3 Wanderstunden südl. von Mallenjarka) besteht nur aus zwei gut überdachten Pritschen. Weitere anstrengende ca. 7 Std. bis Västerfjäll am aufgestauten Tjeggelvas. Plus ca. 1o Std. ohne Hütte bis Vuonatjviken. Plus ca. 2 Std. bis Saudal am Hornavan. Insgesamt bis Jäkkvik <u>4 Bootsfahrten</u>:

1.) ab Kvikkjokk über den <u>Saggat See</u> (ca. 8,5 Euro pro Pers.) nach Mallenjarka, Fahrplan vorhanden.
2.) ab Västerfjäll (Minisiedlung) über den aufgestauten <u>Tjeggelvas</u>.
3.) ab Vuonatjviken (bei Familie Johanssons melden) über den <u>Riebnesjaure</u> (Überfahrt ca. 17,5 Euro, 3o Min.). Man sollte gleichzeitig bereits in Vuonatjviken die 4. Überfahrt über den Hornavan vorbestellen (Tel. o961 - 43o.15 bei Elin und Tåge Johanson).
4.) ab Saudal über den <u>Hornavan See</u> (knapp 2o Euro, ca. 5o Min.) nach Jäkkvik

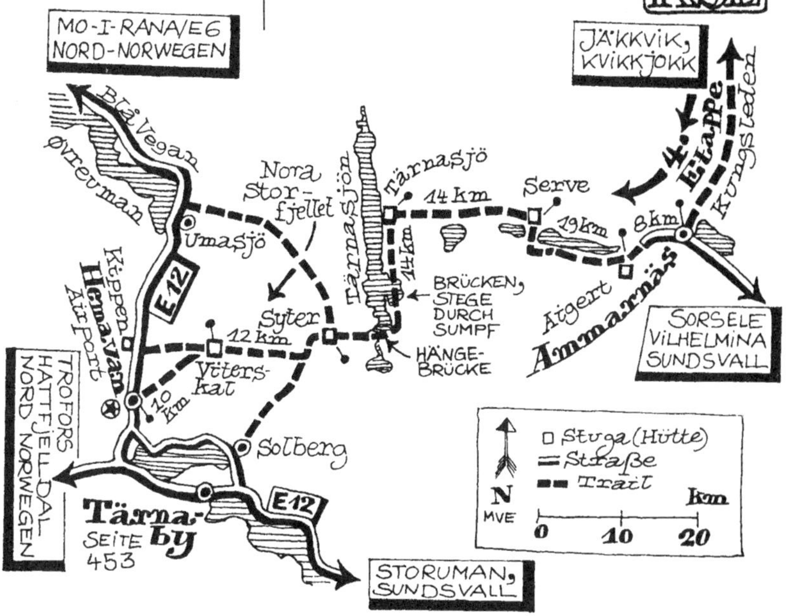

Bei den beiden Johansson in Vuonatjviken und Elin,Tåge Johanson in Saudal auch einfache Übernachtungsmöglichkeit. - In **Jäkkvik**: Zeltplatz und Jugendherberge, Lebensmittelgeschäft und Bus nach Arjeplog und Arvidsjaur 1- 2 x täglich.

Zeitbedarf: 4- 5 Tage (75 km und 26 km Bootskilometer), schwer wegen z.T. schlechter Markierung, Karte: BD 14. Fisch- und Proviantverkauf am Hof Västerfjäll und Vuonatjviken im Trailabschnitt bis Jäkkvik.

Jäkkvik -> Ammarnäs

Ab Jäkkvik führt der Kungsleden in rund 5 Std. Wanderung in südwestliche Richtung durch den Peljekaise National Park mit Wald- Sumpf- und Seengebieten zum kleinen Dorf ADOLFSSTRÖM mit Straßenkontakt und Übernachtungsmöglichkeit. Überquerung des Storlajsan per Boot nach Bäverholmen. Anschließende Wanderung in ca. 4 Std. am Iraft zu den Lappenlagern SVAIPAVALLE und SNJUOLTJE.

Weitere anspruchsvolle rund 1o Std. durch absolute Einsamkeit in Überquerung des Björkfjället. Letztes Stück über Feldweg bis AMMARNÄS.

Zeitbedarf: 3-4 Tage (79 km), mittelschwer, Gummistiefel, Karte: BD 16.

AMMARNÄS (Hotel, Telefon, Lebensmittelgeschäfte) ist der Einstieg für den Trailabschnitt bis HEMAVAN. Voll als Trail zu empfehlen. Sehr gut markierte Strecke mit ausreichenden Übernachtungshütten. Es geht weitgehend über einsame Fjällgebiete mit vielen Rentierherden. Auch ratsam für Kungsleden-Neulinge, da keine schwierigen Passagen durch Flüsse

anliegen. Gut um Eindruck von Fjäll-Landschaften zu bekommen und nach erstem Reinriechen vielleicht später die anspruchsvollere Nordetappe zu machen.

Verbindungen: Ammarnäs ist 1-2 x täglich mit dem Linienbus von Sorsele zu erreichen, Fahrzeit 2 Std. In Sorsele an der Inlands Bana Anbindung an den „Rest Nordschwedens" und Küste. Mit eigenem Auto ab Sorsele nach Ammarnäs über einsame 9o km Straße. Sie führt ständig am Wasser entlang, Flußläufe und aufgestaute Seen. Zunächst Hügellandschaft, bei Ammarnäs dann Gipfel bis 1.ooo m.

Ammarnäs -> Hemavan

Wunderschöne Tour mit herrlichen Aussichtsstellen über Wald- und Fjällgebiete. Allerdings einige schweißtreibende Auf- und Abstiege. Großzügig ausgelegte Bohlen erleichtern Sumpfüberquerungen. Dies besonders im Bereich des Ost- und Südufers des Tärnasjön. STF Hütten siehe unsere Karte. Der offizielle Kungsleden führt via Syter Hütte, Viterskat Hütte und endet in Hemavan, auch wenn es in diesem Bereich viele weitere Trails gibt, da beliebtes Wandergebiet. Achtung: im Bereich des Norra Storfjället Kreuzpunkt von Rentierherden. Nicht hier zelten, da die Tiere gestört werden könnten.

Zeitbedarf: 4- 5 Tage (77 km), mittelschwer, Stiefel sinnvoll, Karte: AC 1 und AC 2, Zelt nicht unbedingt nötig.

HEMAVAN: in traumhafter Lage an der E 12- Hauptverbindungsstraße nach Norwegen. Die Häuser weit vertreut im Tal mit dortigem kleinen Zentrum (auch Tankstelle, Restaurants) sowie am Hang. Der Kungsleden endet beim dortigen großen „Högjfells Hotel", ein riesiger Kasten und markanter Blickpunkt mit seitlichem Turm. Nach der langen Kungsleden Tour bekommt man fast schon einen Zivilisationsschock, wenn man plötzlich wieder Andenkenläden und Eisverkäufer sieht. Hotels und Gebirgshütten bieten ausreichend Übernachtungsmöglichkeit. Im benachbarten TÄRNABY (vgl. Seite 453) weitere Hotels, Supermärkte, Tankstelle sowie Zeltplatz und Jugendherberge.

Verbindungen: Bus 1 x täglich nach Storuman mit Anschlußmöglichkeit nach Stockholm bzw. über Sorsele zurück zum Ausgangspunkt. Oder im Rahmen eines Schweden-Nordnorwegen Rundtrips die E 12 rüber nach Mo I Rana/Norwegen (tägl. Bus) und weiter z.B. -> Narvik. Details im VELBINGER Band 28 „Norwegen- Nord".

Der Kungsleden setzt sich einige hundert Kilometer weiter südlich fort. Es ist geplant, die fehlenden Teilstücke in den nächsten Jahren zu markieren und auszubauen.

Es existieren bereits zwei Teilstücke von Storlien an der norwegischen Grenze bis ins Grövelsjöngebiet (181 km, 12- 14 Tage) und der südlichste Abschnitt von Drevdagen bei Idre in Dalarna bis Sälen (12o km, 8 Tage). Details im Textteil Seite 362 und 363.

Westlich der 3. Etappe des Kungsleden schließen sich die beiden Nationalparks Sarek und Padjelanta an. Details siehe folgendes Kapitel.

PADJELANTA-NATIONALPARK

Schwedisch Padjelanta = Hochland, einer der schönsten Parks für Wander- und Trekkingtouren: weite, baumlose und seenreiche Hochebenen, eingebettet von majestätisch aufsteigenden Berggipfeln, die im Gegensatz zum Sarek weniger schroff und erhaben sind. Größtenteils Heideland, das in tieferen Regionen zu atemberaubenden Orchideentälern wechselt. Kalk- und wasserreicher Boden machen's möglich. Weideland Samen mit ihren Rentiere und große Seen.

Wegen der Nähe zum Sarek mit seinen bis zu 2.090 m hohen Gletschergipfeln sowie weiterer hoher Gipfel und Gletscher auf der norweg. Seite herrscht im Padjelanta Nationalpark meist ein „feuchtes" und unbeständiges Wetter.

Er ist im Sommer gut erschlossen durch Wasserflugzeuge der „LAPPLANDSFLYG" (siehe Kasten), die ihren Stützpunkt in Kvikkjokk, Vietas und Staloluokta haben: Hauptstrecken per Linie, der Rest auf Charterbasis. Viele, im Abstand von Tagesmärschen gebaute STF-Übernachtungshütten (pro Person/Nacht ca. 20 Euro). Nur wenige, relativ leichte Watstellen im Nationalpark, viele Holzstege über sumpfiges Gelände.

Interessant sind Querverbindungen nach Norwegen. Allerdings sehr anspruchsvolle Mehrtageswanderungen und nur für geübte Wanderer mit entsprechender Erfahrung und Ausrüstung. Zu den schönsten in Nordskandinavien gehört der Trail von Hellemobotn/Nordnorwegen (5): gigantischer Canyon mit Wasserfällen, nach Viasaluokta am Akkajaure/Schweden sowie der Trail Stalolouokta/Schweden-> Sulitjelma (2) entlang Hochgebirgsseen zwischen Gletschergipfeln.

④ KVIKKJOKK -> STALOLUOKTA (82 km)

Ausgangspunkt per Straße (auch Bus) ab Jokkmokk zu erreichen. Der Etappenabschnitt bis Staloluokta im Nationalpark dauert ca. 4- 5 Tage, ist mittelschwer, aber in den Sommermonaten wegen genügender STF-Schutzhütten auch ohne Zelt machbar. Gummistiefel sinnvoll, Karten: BD 10 oder BD 12. Proviantverkauf an Såmmarlappa-Hütten.

Ab KVIKKJOKK im Sommer Boot flußauf bis Bobäcken (ca. 8 Euro). Dieser nur ca. 3 km lange Bootstrip spart die Wanderung durch Sumpfgebiete westlich von Kvikkjokk. Danach über Stock und Stein durch gründichten Dschungel mit kindsgroßen Farnen, vorbei an einsamen in der Botanik rumstehenden Nottelefonen zur NJUNJES-STF-HÜTTE mit recht steilem Anstieg ins Tarratal. Im Sommer traumhafte Orchideenwiesen so weit das Auge reicht!

Auf der östlichen Flußseite geht's durch ein langsam aber sicher schmaler werdendes Tal hoch. Ab TARRELUOPAL-HÜTTE eine baumlose fühlbare Weite, in der Rentierherden weiden. Nördlich der Hütte längere, bei Niedrigwasser problemlos in Gummistiefeln passierbare Furt. Danach zur

TUOTTAR-HÜTTE über traumhafte Hochweide, die allerdings bei schlechtem Wetter ein absolutes Orkan- und Regenloch ist, mit wenig Zeltmöglichkeiten. Vorsicht!

Letzte Etappe bis Staloluokta: Abstieg durch dichtes Weidengestrüpp zu den jenseits der Hängebrücke liegenden grasbewachsenen (bewohnten) Lappenkaten. Als Trailknotenpunkt recht häufig Hütten belegt. Bei dort lebenden Tuorpon Samen leckeren, frisch gefangenen Fisch kaufen. Achtung: Nicht zu Schlafenszeiten entlang der Katen gehen, Hunde wecken Samen auf, die dann recht verärgert sind.

Alternativen: Während der Sommermonate gibt's ein tägliches Wasserflugzeug der „KIRUNAFLYG" von Kvikkjokk nach Staloluokta, 3o Min. ca. 11o Euro/Person. Das Flugzeug kann auch für andere Ziele im Nationalpark gechartert werden. Kleine Cessna oder Pipermaschinen mit 4 - 6 Sitzen.

Wer nur Staloluokta im Padjelanta Nationalpark berühren will, fliegt am besten Kvikkjokk hinwärts, da es retour zu Fuß stetig bergab geht, die Sache leichter zu wandern und zudem der Blick in die Täler auch besser ist.

Wer Anschlußtrails, z.B. rüber nach Nordnorwegen oder rauf nach Ritsem (mit Busverbindung nach Saltoluokta/Kungsleden) plant, kann sich mit dem Wasserflugzeug die ersten 4- 5 Tage Trail bis Staloluokta an Zeit sparen.

② STALOLUOKTA -> SULITJELMA/NORWEGEN (42 km)

Von Staloluokta Beschilderung „Staddajåkk" über Brücke folgen. Oberhalb der Baumgrenze durchs trockene Stalojåkka-Tal geht's raus aus dem Nationalpark über recht steilen Anstieg zur SÅRJÅSJAURE- HÜTTE.

Ab jetzt hochalpines Gelände, umgeben von Gletschergebieten. Nach der Grenzüberquerung wechselt die Markierung (Steinmännchen) und größte Schwierigkeit: Flußüberquerung (besonders nach Regenfällen oder später Schneeschmelze). Norwegische SORJUS-HÜTTE (schwedisch geschrieben Sårjås) kann man nur mit vorher entliehenem Schlüssel benutzen (Adresse siehe unten). Grandioser Trailverlauf entlang einsamer Hochgebirgsseen zwischen Gletschergipfeln nach Ny Sulitjelma.

Das norweg. SULITJELMA ist eine ehemalige bedeutende Minenstadt in schmalem Tal an See. Eine der Minen kann besichtigt werden. Unterkunft, Supermarkt, Tankstellen und Bus nach Fauske an der E 6. Details zum Trailverlauf auf der norweg. Seite sowie Sulitjelma und Verbindungen im VELBINGER Band 28 „Norwegen- Nord".

Zeitbedarf: ca. 3 Tage, mittelschwer, auch in Wanderschuhen machbar, Karte: schwedische BD 12. Für Norwegen: 2129 II und 2229 III Statens Kartverk. - Schlüssel für norwegische Hütten als poste restante zur Fjällstation Kvikkjokk schicken lassen von: Sulitjelma Turistcenter, Postboks 55, N-823oo Sulitjelma. - TI in Fauske: Salten Reiselivslag Tel.: Norwegen + 756.44.o3, Fax: 756.433.o3.

③ SULITJELMA -> TARRASÄLVS -> KVIKKJOK

Seit Jahrhunderten traditioneller Weg der Luleå-Samen, die in den Som-

mermonaten mit ihren Rentieren zu Weidegebieten bis Region Sulitjelma wanderten. Eine Extremwanderung von ca. 4 - 5 Tagen nur für absolut erfahrene Wanderer mit entsprechender Ausrüstung. Details im VELBINGER Band 28 „Norwegen- Nord".

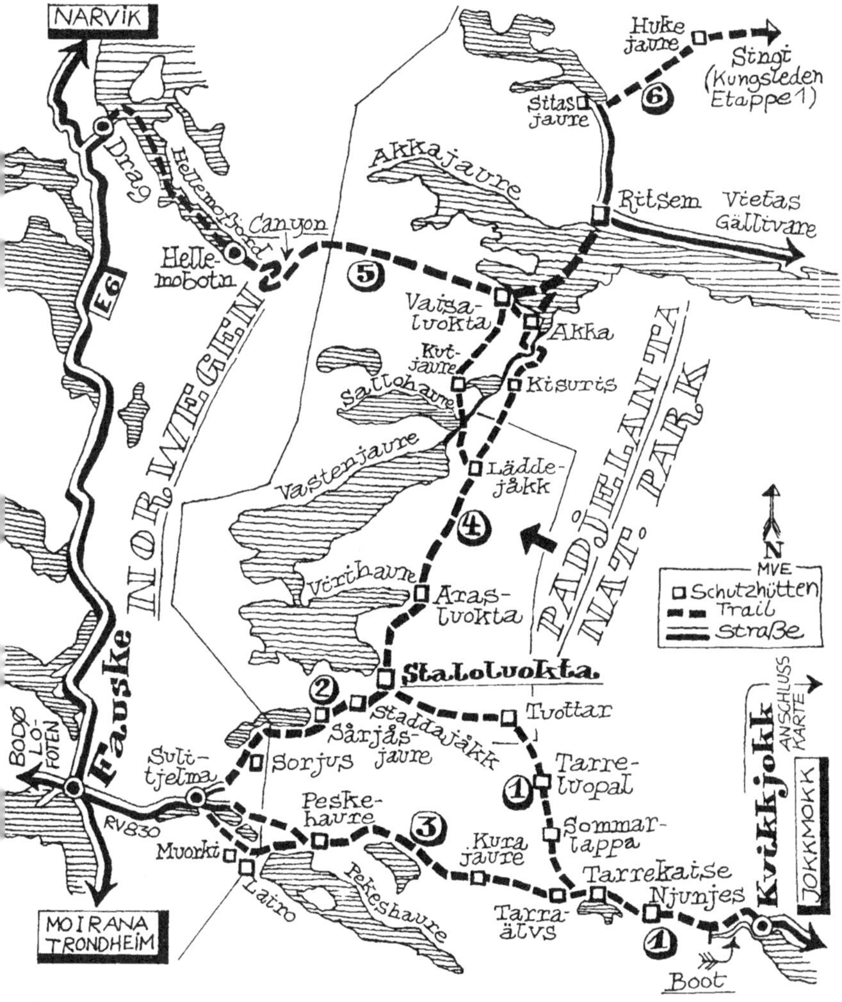

④ STALOLUOKTA -> VAISALUOKTA (63 km)

Der zentrale Süd -> Nord Trail im Nationalpark, auch „*Padjelantaleden*" genannt. Realisierbar ist der Abschnitt in ca. 3 Tagen mit mehreren STF

Schutzhütten unterwegs. Alternativ auch per Wasserflugzeug der „Lapplandsflyg" in ca. 3o Min. Mittelschwere Tour, Karte: BD 1o reicht fast komplett, oder aber Fjällkartan Virihaure 28 G.

Ab Staloluokta gut markiert durch Samenlager in nördlicher Richtung: traumhafte Panoramatour Ri. ARASLUOKTA- HÜTTE (ca. 3 Std.), See- und Bergmotive wie aus schwedischen Heimatfilmen. Vorsicht bei der Überquerung des Arajåkka: nur die gekennzeichnete Watstelle nehmen. Zur 13 km entfernten LÅDDAJÅKKA-HÜTTE (ca. 4 Std.) steiler Aufstieg zwischen zwei Gebirgsmassiven. Vom höchsten Punkt nach vorn und hinten grandioser Fernblick auf funkelnde Wasserläufe und mächtige Gebirgsketten. Von der Hütte durchs Tal parallel zum Fluß und nicht enden wollendem Rentierzaun in östlicher Richtung. Sarekeinstieg möglich.

Nach gut 1o km Weggabelung und nach Flußüberquerung über mehr hochalpinen Trail via Kutjaure Hütte nach VAISALUOKTA (ca. 6 Std. + 5 Std.) oder ins dicht bewachsene Tal runter via KISURISHÜTTE und zur AKKA-HÜTTE (ca. 6 Std. + 4 Std.) zum Bootsanleger Änonjalme am langgestreckten Akkajaure See.

Das letztes Stück führt durch den STORA SJÖFALLET NATIONALPARK mit der gletscherbedeckten Silhouette des weithin sichtbaren Bergs Akka, den heute manchmal noch Steinadler umkreisen. Sowohl von Vaisaluokta als auch von Änonjalme bis September Bootsverkehr 2 x täglich rüber nach RITSEM (Schutzhütte) und Busanschluß via Kebnats (Boot zur STF-Herberge Saltoluokta) bzw. Gällivare, Kiruna. Details siehe „Kungsleden/ 3. Etappe". Weitere Auskünfte bei Fjällförvaltningen, Industrivägen 1o, 96223 Jokkmokk. Tel.: (o971) - 127.8o.

 HELLEMOBOTN, NORDNORWEGEN -> VAISALUOKTA

Eine der schönsten Querverbindungen zwischen Nordnorwegen und dem Padjelanta Nat. Park/Schweden. Attraktion ist ein 6oo m tiefer und an manchen Stellen nur 5o m breiter Canyon mit Wasserfällen. Zu erreichen ab DRAG (rund 5 km Stichstraße ab E 6 nördl. von Fauske) per Schiff durch den engen Hellemofjord bis zu seinem südöstl. Ende/Mini Nest Hellemobotn. Dort steiler Aufstieg in Serpentinen rauf zu einem Plateau mit Aussichtspunkten in den Canyon.

Weiter über eine Hochebene mit Seen nach Schweden. Selbstverständlich keinerlei Grenzkontrollen; die gibts generell nicht zwischen Norwegen/Schweden. Der Trail führt auch auf der schwed. Seite durch absolut einsame unbewohnte Region in ca. 15 Std. zur STF Vaisaluokta Hütte am Akkajaure. Unterwegs keinerlei Hütten, daher Mitnahme Zelt und entsprechender Ausrüstung nötig. Der Trail ist nur relativ selten begangen und anspruchsvoll. Zeitbedarf: ca. 3 - 4 Tage.

Problem ist zudem die seltene und unregelmäßige Schiffsverbindung Drag -> Hellemobotn. In Drag kann man auch Boote chartern für die Fahrt. Wer den Trail wandert, sollte ihn aus o.g. Grund daher in Richtung Norwegen -> Schweden realisieren. Ausführliche Details zur norweg. Seite im VEL-

BINGER Band 28 „Norwegen- Nord".

⑥ VAISALUOKTA -> RITSEM -> SINGI

Querverbindung von der STF <u>Vaisaluokta-Hütte</u> zur STF <u>Singi- Schutzhütte</u> an der 1. Etappe des Kungsleden. Im Sommer ab Vaisaluokta Bootsverbindung über den Akkajaure nach <u>Ritsem</u>.
Ab Ritsem 17 km Straße zur STF Sitasjaure Hütte am gleichnamigen See. Weitere ca. 6 Std. Wanderung zur STF Hukejaure Hütte am Jautasjaure plus ca. 7 Std. zur <u>SINGI- HÜTTE</u>, Details Seite 5o3.

SAREK - NATIONALPARK

Schließt sich östlich an den Padjelanta Nat. Park an, 1.97o qkm. Alpine Gebirgsregionen mit mehr als 1oo größerer und kleinerer Gletscher, Gipfeln um 2.ooo m und wilden Flußtälern.

In den Tälern zäh verfilzter Weidendschungel, jäh aufragende, kahle Felswänden, nimmermüden Bächen, die von bizarren schnee- und gletscherhaubenbedeckten Bergen sprudeln. Überall Feuchtigkeit und Sümpfe, die abermilliarden surrender und blutsaugender Partisanen anziehen.

<u>RAPADALEN</u>, das Tal des Rapaätno, der vielfältig wie ein unentwirrbares Labyrinth verzweigt mit seinen silbergrauen Adern sämtliches saftstrotzendes Deltagrün an sich zieht, das Tor zum Sarek! Eine rauhe, aber äußerst empfindliche Landschaft. So groß wie das Saarland ohne irgendeine Brücke, ohne Schutzhütten oder Nottelefone. Von Menschen ganz zu schweigen.

Ein abgelegener Park und kein Zoo oder Wildgehege wie viele glauben machen wollen. Schwedens niederschlagsreichste Ecke: Schlechtes, erbarmungsloses Wetter ist hier normal! Im Zuge immer mehr rucksacktauglicher Boote und in Anbetracht schlimmer Unfälle ist das Befahren des Rapaätno weiter stromabwärts als bis zum Sarvesjokke verboten!

<u>Einige Anmerkungen für potentielle Sarek-Wanderer</u>: Wanderungen durch den Sarek werden häufig reißerisch als „letzte Wildnis Europas" und „Skandinaviens Alaska" verkauft, wobei mit expeditionsähnlichen Touren geprahlt wird. Das ist vielfach Selbstbeweihräucherung! Tatsache ist:

* Viele der anliegenden Trails (Kungsleden, Padjelanta) bieten durch Hängebrücken und Schutzhütten angenehmere und schönere Wandererlebnisse.

* Anmarsch und Durchquerung sind mühsam und sehr zeitaufwendig; es sind keine markierten Routen vorhanden.

* Es kann nur mit bester Ausrüstung gestartet werden.

* Durch zahlreiche Besucher in der nur extrem kurzen Wanderzeit sind schwere Schäden verursacht worden.

* Es müssen viele tiefe und gefährliche Watstellen durchquert werden (kurz nach unserer letzten Wanderung starb ein 22-jähriger Schwede beim Durchqueren einer Furt nach üblich starken Regenfällen).

* Der STF rät von Sarekwanderungen ab.

Wer trotzdem los will, benötigt zur besten Ausrüstung unbedingt zusätzliche hochwertige und professionelle Wanderstöcke, Proviant für mindestens 1o Tage, Mütze, Fausthandschuhe und lange Unterhosen für Schneefälle im Sommer! Seile, Eisaxt und Steigeisen für Bergbesteigungen, Nya Fjällkartan BD 1o, Kompaß und Höhenmesser.

Tourenvorschläge

Da es keine markierten Trails im Sarek gibt, richtet sich die Route nach den geographischen Verhältnissen, also entlang der Flüsse und durch die Täler. Trotzdem sind auf der butterweichen Moosoberfläche ausgetrampelte Pfade zu erkennen.

Bester Ausgangspunkt Aktse (vgl. Kungsleden) und mit der Lappenfamilie Läntä bis Parkgrenze. Am Fuß des quaderförmigen Umlaufberges Nammatj (Besteigung lohnt: super Talaussicht) vorbei auf Nordostseite des Flusses Rapaätno durch Dickicht bis zum steilaufragenden, gletscherlosen Låddepakte.

Alternative 1: durch das westlich mündendes Tal Sarvesvagge (Vorsicht: schwierige Furt!) bis zur Nationalparkgrenze und dann in südlicher Richtung auf die im Padjelanta Nationalpark liegende Tarraluopal-Hütte (Nottelefon) zu und nach Kvikkjokk zurück.

Zeitbedarf: mindestens 12-14 Tage, 145 km. Kvikkjokk-> Aktse-> Rapadalen-> Sarvesvagge-> Tarraluopal-> Kvikkjokk.

Alternative 2: vom Berg Låddepakte in nordöstlicher Richtung weiter bis zum Skarja-Hochtal, dem Herz des Sarek, umrahmt vom gletscherweißen Gebirgsmassiv des Sarekjåkka und Ålkatj.

Von hier zwei Möglichkeiten: entweder durchs baum- und strauchlose Hochgebirgssteintal Kuopervagge (sehr gefährliche Furt) entlang des Lautojåkka-Flusses auf Låddejåkka-Hütte (Telefon) Nähe See Vastenjaure zu und dann in südwestlicher Richtung nach Staloluokta und von dort mit Wasserflugzeug zurück nach Kvikkjokk. Oder von Låddejåkka-Hütte nordwärts zu den moosbewachsenen Akka-Hütten und mit Boot über Akkajaure nach Ritsem (2 x täglich Busverbindung mit Jokkmokk).

Aktse-> Skarja-Tal-> Låddejåkka (75 km, mindestens 7 Tage) und zusätzlich nach Staloluokta (25 km, 2 Tage) besser nach Akka (35 km, 2-3 Tage). Sehr schwer.

Oder: vom Herzstück des Sareks, Skarja-Tal, nordwärts unterhalb des gletscherbedeckten Gebirgsmassivs, durch keilförmiges Hochgebirgstal Ruotesvagge (gute Zeltmöglichkeiten), auf die an der Parkgrenze liegende Kisuris-Hütte (viele z.T. schwere Watstellen) zu und dann nach Akka mit Boots- und Busverbindung nach Jokkmokk. Die „klassische" Sarek-Durchquerung. Sehr schwer. Aktse-> Skarja-> Akka: 85 km, 1o Tage.

Bei allen Tourplanungen den „Anmarsch" nach Aktse nicht vergessen (deshalb vorteilhafter: Flug!) und mindestens 1-2 Tage Schlechtwetterstopp mit entsprechender Verpflegung.

Bei den diversen Handicaps wie schwierige Anreise, häufiges Schlechtwetter im Sarek (ca. 28o Tage im Jahr), - fehlender Schutzhütten, Nottelefone etc., ist von Wanderungen im Sarek abzuraten, sofern man nicht über fundierte Wandererfahrung verfügt und mit bester Ausrüstung unterwegs ist.

Es gibt in Schweden eine Reihe ähnlich interessanter Trails, die besser erschlossen, leichter zu erreichen sind und weniger Trail-Risiko bringen.

SPORTMÖGLICHKEITEN IN LAPPLAND

KANU

Touren in Lappland sind „hinreissend"! Unendliche Leere in kaum vorstellbaren Dimensionen. Kanu und Fluß als einzig mögliche Fortbewegungsart auf Routen, die mehr Elch-, Ren- oder gar Bärenkontakt bringen als Menschen. Unberührte Einsamkeit mit klarem Wasser und unberührter Wald-, Sumpf- oder Gebirgseinsamkeit, in der Schneehühner vom Paddelschlag aufgeschreckt durch verfilztes, undurchdringliches Polarweidengebüsch flattern.

Bei aller Wildnisromantik kann das aber auch zur tödlichen Gefahr werden! Bei unserem letzten Besuch suchte man schon seit 14 Tagen nach einer deutschen Familie: ein zerbrochenes Kanu, ein Paddel und ein verlassener Bulli waren die einzigen Überreste, die mit Hubschraubern gefunden wurden. Von den Leuten fehlt bis heute jede Spur ...

Klartext: Kanuanfänger, Alleinfahrer und Möchte-Gern-Old-Shatterhands sind nicht nur fehl am Platz, sondern auch selbstmörderisch!

Die wichtigsten Checkpunkte speziell für Lappland:

Wetter: Schneefälle im Juli in den Bergen sind keine Seltenheit und haben genau wie starke Regenfälle einen entscheidenden Einfluß auf Wasserstand. Vorher harmlose Stellen können plötzlich zu unbezwingbaren Stromschnellen werden! Ansehen! Beste Jahreszeit: Juli/August.

Wasser: extrem kalt, auf vielen Flüssen mit ungeheurer Wucht und Strömung, teilweise rheinähnlich breit (Todesfälle nach Kenterungen wegen Unterkühlung und Erschöpfung), häufig lange, natürliche Staustrecken: auf seeähnlichen Gewässern treten dann bei häufig auftretenden Wetterstürzen meterhohe Brecher auf, die offene Canadier wie Walnußschalen abtreiben. Immer dicht unter Land bleiben!

Gefährliche Unterwasserblockungen lassen gerade bei Sturm manches Boot wie Ei zerbrechen. Bis Ende Juni Holztrift auf lappländischen Flüssen. Bei Stromschnellen lebensgefährlich. Befahrung sein lassen.

Ausrüstung: (außer der üblichen) Stiefel mit Profilsohle für Treidelstrecken, mindestens 3o m Seil zum Bootziehen (stilecht: ein geteertes Samenlasso), komplettes Reparaturset, durchgehende Spritzdecke (fehlende Persenning häufigster Grund für Kenterungen bei Sturm und Wildwasser!), Kälteschutzsack, Wollhandschuh, Kompaß, Messer und Axt. Wasserdichte Tonnen, Reservepaddel und Schwimmweste sind ja wohl selbstverständlich... Die neueste topographische Karte haben wir immer dabei, seitdem wir uns beim Blaubeerpflücken in Lagernähe einmal völlig verirrt haben.

Die vier mächtigsten Flüsse Torneälv, Kalixälv, Luleälv und Piteälv strömen wie alle anderen Flüsse auch in Südwestrichtung der Ostsee zu. Von den vieren kann man den Luleälv für Kanupläne gleich wieder streichen; ein Kraftwerk nach dem nächsten - Schwedens Alternative zur Atomenergie (!), trotzdem noch eine Menge „kleiner", attraktiver Kanutrails.

Torneälv

Ermöglicht von Torneträsk/Riksgränsen über Grenzfluß zu Finnland bis Mündung bei Haparanda Lappland-Durchquerung. Aber nur was für absolute Profis mit Expeditionserfahrung. Mindestens 3 Wochen einkalkulieren (414 km). Bietet aber auch auf Teilstücken für jeden etwas.

Zwischen Jukkasjärvi und Vittangi 5o km spritzigstes Wildwasser bis V (Schnelle Pauranki!). Zwischen Vittangi und Junosuando zwei lebensgefährliche Stellen: Ojustankoski und Meraslinkka. Vorher links (!) landen. 3 km Dauerpower an Stromschnelle Kurkkikoski (WW III-IV) vor Junosuando.

Tipp: Kurz vor Ort Junosuando fließt Tärendöälv ab. Recht einfacher, spitzen Wanderfluß durch Wildnis, an einigen Stellen maximal WW II. Mündet in Kalixälv beim Ort Tärendö. Möglicher Ausstieg!

Ab Straßendorf Lovikka an 395 wird Tornio leichter. Bis Pajala kein Problem. Ab Mündung des Muoniälv teilweise harte Brecher (WW II-IV) auf langen Strecken. Ab 1o km vor Ort Övertorneå 4o km seeähnlich gestaut. Bis zur Mündung von Straße begleitet, gut einsehbar. Teilweise natürlich gestaut, teilweise derbe mit Wahnsinns-Wucht tobend.

Vittangi

Entlegener Wildnisfluß. Im oberen Teil eher ruhig, im zweiten Teil vielfach Stromschnellen bis III. Startpunkt im Frühsommer oberhalb Leppäkoski (Esrange-Raketenstation). Bei weniger Wasser am Straßenende der Welt Pahtavaara. Bis Mündung bei Vittangi 5o spannende, beschwerliche Kilometer.

Lainioälv

Durch absolut unberührte Natur mit vielen Schnellen unterschiedlichen Schwierigkeitsgrades. Wildromantische Abschnitte mit traumhaften Lagerplätzen. Im Hochsommer teilweise zu geringe Wasserführung.

Start an Straßenbrücke bei Nedre Soppero (Kiruna-Karesuando). Gleich nach 5oo m schwere Schwelle (WW III) links am Ufer halten! Ansehen! Danach Anzahl Stromschnellen und steinige Abschnitte. Bis auf schwere Stelle Temmin Kikoski (links 7oo m Portage) alle spritzig aber fahrbar. Mündung in Torneälv südlich Junosuando. Passable Ausstiegsstelle. Insgesamt 11o km.

Kalixälv

Fast vom Fuß des Kebnekaise. Ab Nikkaluokta bis Ostsee sehr schwierig, aber phantastischer Wildwanderfluß durch weglose Wildnis vorbei an wenigen Lappenlagern und Rentiergehegen donnern gewaltige Stromschnellen durch verblockte Schwälle, enge Canyons und weite, endlose (Stau-)Strecken.

Im oberen Teil bei Straßenkontakt im Kaalasluspa gegen seichten Strom (fast stehend!) bis Nikkaluokta drei heftigere Seeausflüsse treideln: ganze Zeit Panorama-Bilderbuchlandschaft bergwärts. In Nikkaluokta Möglichkeit 12 km Vistasjokk hoch zu hecheln (tolles Tal). Ggf. Anschlußwanderung an Kungsleden, 49 km.

Von Kaalasluspa bis Straßenbrücke Lappeasuvanto (Gällivare-> Kiruna) 61 km echte Wildnis. Zunehmend WW II-III mit wachsender Tendenz. Auf halber Strecke Saarikoski mit WW IV schwierigste Stelle, bei der das Wasser bis zur Brust schlägt. Für erfahrene WW-Experten.

Von Brücke Lappeasuvanto jetzt mit vielmehr Wasser durch Zufluß des Kaitumälv bis Örtchen Tärendo (98 km) schwierig. Lange, gefährliche und kräftezehrende Schwallstrecken über Kilometer, II-IV, mehrere unfahrbare Wasserfälle (3-4 km Portagieren). Was für Survivalfreaks.

Etappe Tärendo-Morjärv (Nähe Küste) 14o km abwechselnd lange Staustrecken mit entsprechend wild brausenden Wildwasserflüssen. Teilweise unbefahrbar. Vorsicht: am Ostufer des Räktjärvsees Zutrittverbot: militärisches Sperrgebiet.

Kaitumälv

Quellfluß bzw. Oberlauf des Kalixälven: Extremwasser mit pyramidenartigen Katarakten, unbändigem Wasserdruck und elend strapaziösen Portagen. Expeditionsfluß. Unterlauf fahrbar, allerdings mit Schnellenbonbons.

Einstieg Kaitumjaurestugan am Kungsleden, mitten im Fjäll. Nur per Wasserflugzeug zu erreichen. Über lange Stauseen (Windgefahr) noch problemlos, doch nach Tjunoajokk geht die Post ab! Bis Eisenbahnbrücke bei

Minibahnhof Kaitum fast permanent III-IV-Stellen auf längeren Abschnitten. Bei Killingi erster Straßenkontakt.
Bis Straßenbrücke bei Siedlung Neitisuando ähnlich: sprudelnde Katarakte, wasserfallähnliche Stromschnellen, lange WW-Passagen. Ab Neitisuando bis Zusammenfluß mit Kalixälv bei Lappesuvanto „einfaches" Teilstück. 12 km permanent WW II-III. Eine IV-Stelle. Gesamt 148 km.

Piteälv

4o0 km langer Wildfluß vom eisbedeckten Fjäll durch unberührte Wildmark mit wilden Stromschnellen und delta- bzw. schärenähnlichen Seestrecken durch makellose Natur bis zu verwirrenden Ostseeinseln bei Piteå. Achtung: Triftholzgefahr! Vor Befahrung bei TIs erkundigen. Lebensgefahr!
Im Oberlauf zunächst seeähnlich mit für offene Canadier gefährlichen Wellen. Straßenkontakt bei Bergnäsviken oder Stenudden nördlich von Arjeplog. Lohnend „stromauf" ins Fjäll zu paddeln. Traumhafte Wildmark. Mit einigen Umtragungen bis in Peskejaure am Fuß des norwegischen Sulitjelma-Massivs fahrbar (12o km).
Ab Bergnäsviken Straßenanschluß bis stromabwärtiger Straßenbrücke nördlich Moskosel Wasserfälle und schwere Schwallstrecken bis WW III. Kritisch mit offenen Canadiern.
Von Moskosel-Brücke ab geruhsamer Wanderfluß mit zwei Umtragestellen bei Wasserfall und Kraftwerk und einer schwierigen Stromschnelle (WW III). Bis Mündung ab und zu recht munter, aber mit Vorsicht machbar.
Schwieriger wieder im Mündungsbereich Ostsee bei Piteå. Mit genauer Karte im großen Bogen nordöstlich aufs Stadtzentrum zu. Straßenbrücke 88-Piteå ca. 8o km.

Vindelälv

Einer von den vier Großen im hohen Norden (Provinz Västerbotten), weitgehend unverbaut. Führt durch Wildmarkgebiet, aber fast ständig von Straße begleitet. Variantenreich: auf 37o km lange Staustrecken mit einzelnen unfahrbaren Fällen, spritzige, relativ leicht zu fahrende Langstrecken und wüsten Wildwasserstrecken für Lebensmüde.
Ammarsnäs bis Gillesnuole wildwasserträchtiger, schwieriger Fjällfluß mit teilweise unfahrbaren Stellen (4o km). Ab Gillesnuole stauseeähnlich. Schönste Zeltplätze am Südufer. Bis Sorsele (56 km) einfache Schnellen (WW I). Ausstieg für Wanderkanuten bei Straßenbrücke Sandsele (35 km).
Von hier bis Vindelgransele wenig lohnend. Schwere, viele nicht befahrbare Fälle und lange, langweilige Staustrecken.
Nächstes fahrbares Teilstück von Åmsele bis Stryckfors (24 km) für erfahrene Kanuten (bis WW II). Vor unfahrbarer Schwelle „Trollforsarna" aussteigen!

Laisälv

Abenteuerlicher Zufluß des Vindelälvs. Sehr stark vom Wetter- und Wasserstand abhängig. Bei Hochwasser größtenteils einfacher zu fahren, bei Niedrigwasser sehr schwer. Erster mit Auto erreichbarer Startort Adolfström westlich Arjeplog. Für Kanufjällfans unter Mühen stromauf ins Gebirge. Strapaziös. Bootswagen notwendig. Einfacher stromab. Zunächst seeähnlich mit drei unfahrbaren Schnellen, die links umtragen werden müssen. Sonst gemütlich bis Laisvall. Guter Einsatz- oder Endpunkt.

Ab Laisvall Unzahl spritziger, meist fahrbarer Stellen bis WW III. Letztes Stück bis Ort Granselet schwerstes Stück. Ab Langforsen bis Mündung in Vindelälv (12 km) leicht mit Zahmwasser I.

Kanu- und Ausrüstungsverleih
Je nach Start oder Zielpunkt:
Icehotel AB, Wildmarkszentrale, Marknadsvägen 63, Tel. o98o/ 668 oo. Beste und umfassendste Infos.
Ödemarksturer AB, Box 2o67, Kiruna, Tel. o98o/292 81
Lappeasuando AB,3, 982 99 Gällivare,, Tel. o97o/ 5o3 5o.
Arjeplog, Kraja Kanotcental, Tel. o961/ 1o6 3o.
Luleå, Kajak-Klub, Kvartermästargatan 11, Tel. o92o/ 224 32.
Piteå, Camping Ladrike, Tel. o911/ 5o2 5o.
Haparanda, Kukkolaforsens Turistanlåggning, Tel. o922/ 31o oo.

② RIVERRAFTING / SCHLAUCHBOOTTOUR

Wüste, canyonartige Stromschnellen mit sicheren Großschlauchbooten durchwühlen. Wo selbst Wildwasserkanuten abwinken müssen, schieben Ungetüme von Schlauchbooten kleine Gruppen durch sonst undurchdringliche Wildnis. Auch für blutige Anfänger machbar. Von 2-Stunden-Tour bis komplette Inlanddurchquerung mit strapaziösen Fußmärschen.

Infos und Anmeldung
Jukkas AB, Wildmarkszentrale, Marknadsvägen 63, Tel. o98o/ 668 oo.
Nordkalott Resor, Kungsgatan 5, 95132 Luleå.
Lappeasuando AB, 982 99 Gällivare, Tel. o97o/ 5o3 5o.

③ ANGELTOUREN

Inmitten hoher Fjälle beste Fischgründe und Wanderrouten nur mit Wasserflugzeugen zu erreichen. Mit sich oder befreundeten Petrijüngern allein in Wildnis: 1 Woche inkl. Flug mit Wasserflugzeug 325 Euro pro Person. Adresse: Camp Tre Älvar, Rymdvägen 24, 981 45 Kiruna, Tel. o98o/1oo 25.

④ HUNDESCHLITTENTOUREN

Aufregender und wilder geht's kaum noch. Mit Hundeschlitten und 3-5 Huskies durch bitterkalte Nordlandeinsamkeit, wenn die Sonne nur für kurze

Zeit am südlichen Horizont auftaucht und alles in blaß faszinierendes Nordlicht hüllt. Auch für Leute ohne Vorkenntnisse. Vertrautmachen mit Schlittenhunden, Ernährung, Ausrüstung, Überlebenstechnik im Winter.
Von Tagestouren im Basiscamp bis zu 1o-tägigen Expeditionen in Zelten. Was für harte Männer und Frauen. Preise ab 1.4oo Euro. Adresse: Icehotel AB, Wildmarkszentrale, Marknadsvägen 63, Tel. o98o/ 668 oo.

⑤ CROSS-COUNTRY SKIING

Alternative zur beleuchteten Rundloipe. Auf Langlaufskiern quer durch Lappland. Wird meist mit Hundeschlittentouren kombiniert, die Gepäck transportieren. Die große Freiheit Nr. 7, z.B. von einem Husky gezogen durch die lappländische Tundra zu ziehen. Gute Kondition und Erfahrung im Langlauf Grundvoraussetzung. Preise ab 1.35o Euro. Adresse: Icehotel AB Jukkasjärvi.

⑥ FJÄLLREITTOUREN

Schlafsack, Zelt und Proviant nicht mühsam auf dem Buckel, sondern hoch zu Roß auf gut trainierten Islandpferden. Eine Woche durchs Niemandsland. Einmalig intensive Naturerlebnisse: ganz einfach, weil man nicht gucken muß, wo man hintritt. Islandshästar i Norr, Djurgården 446, 981 34 Kiruna, Tel. o98o/ 185 o4 www.islandshastarnorr.se oder Ofelås Guideservice, Puoltsa 1o57, 981 29 Kiruna, Tel. o98o/5oo 13.

Kleiner Wortschatz

Sprache

Schwedisch ist vergleichsweise einfach. Mit etwas Sprachgefühl und groben Kenntnissen (Platt)-deutscher Mundarten kann man Ähnlichkeiten zum Deutschen feststellen! Z.B. uppdrag - Auftrag, utsikt - Aussicht, badhus - Badeanstalt, beställa - bestellen und telefonkatalog ist nichts anderes als das Fernsprechverzeichnis. einfach, oder?

Reingelegt ist man allerdings bei einfachen Worten wie „Öl", das nicht etwa Öl sondern Bier heißt. Djungelolja ist übrigens Mückenöl! Beim „Middag" handelt es sich auch nicht, wie manch kluger Kopf kombinieren könnte um das Mittagessen, sondern ums Abendbrot! „Lunch" heißt nämlich Mittagessen. Wer bei „Bar" an gewisse Etablissements womöglich noch mit „Rum" denkt, tappt völlig im Dunkeln! Das eine ist einfache Milch- oder Snackbar, das andere bedeutet soviel wie „Zimmer frei". Klar!?

Schwierig kann's auh im Wörterbuch werden. ä, ö, ü sowie das a mit „Kringel" drüber (geschriben å, gesprochen wie o) stehen hinten im Alphabet, nicht wie bei uns, eingereiht. Hier die wichtigsten Vokabeln:

Redewendungen

Zwei Redewendungen sollte man als Tourist kennen und entsprechend häufig gebrauchen. Die tagtägliche Begrüßung in Schweden wird ohne viel Drum und Dran durch das einfache Wort „Hej" ausgedrückt. Man bedankt sich, und das geschieht sehr häufig mit dem Wort „tack". Selbst Doppelungen wie „tack, tack" sind nicht ungewöhnlich.

Hey	Hallo, guten Tag
God morgon (dag)	Guten Morgen (Tag) formaler
God afton	Guten Abend
God natt	Gute Nacht
Hej, då	Tschüs, auf Wiedersehen
Tack, tack så mycket	Danke, vielen Dank
Förlåt!	Entschuldigung
Var så god	Bitte sehr
Vad kostar den här?	Was kostet dies?
Talar ni tyska/ engelska?	Sprechen Sie Deutsch/Englisch?
Jag talar inte . . .	Ich spreche kein . . .
Jag behöver . . .	Ich brauche . . .
Jag har . . .	Ich habe . . .

Jag skulle vilja ha
Hur mår ni?
Ja/Nej

Ich möchte . . .
Wie geht es Ihnen?
Ja/Nein

KLIMA

Für Schwedenfahrer ein ganz wichtiger Punkt.

Vädret	Das Wetter
Det regnar	Es regnet
Det är vackert väder	Es ist schönes Wetter
Det är dålligt väder	Es ist schlechtes Wetter
Solen ljuser	Die Sonne scheint
Det blåser	Es weht, es geht der Wind
Det är kallt	Es ist kalt
Det är varmt	Es ist warm, heiß
Det är molnigt	Es ist bewölkt
Himlen är blå	Der Himmel ist blau
solig	sonnig
moln	Wolken
nederbörd	Niederschlag
torr	trocken
frisk	frisch
uppehåll	niederschlagsfrei
snö	Schnee
snödjup	Schneehöhe
dimma	Nebel
åska	Gewitter
skur(ar)	Schauer
sval	kühl
nederbördsområde	Niederschlagsgebiet
Uppsprickande mölntäcke	auflockernde Bewölkung
ostadig	unbeständig
lågtryckområde	Tiefdruckgebiet
dagens högsta temperatur	Tageshöchsttemperatur
väderöversikt	Wetterübersicht
femdygnsprognosen	Fünftagesprognose

ZAHLEN, WOCHENTAGE, MONATE....

Zeiten

Vad är klockan?
Den är tio (10.00 Uhr)
Klockan är tolv på dagen
Det är för sent

Wie spät ist es?
Es ist zehn Uhr
Es ist zwölf Uhr mittags
Es ist zu spät

Vilken tid kan jag träffa er? — Zu welcher Zeit kann ich sie treffen?
Jag kommer om en timme — Ich komme in einer Stunde

ZAHLEN,

noll	0	sjutton	17
ett	1	aderton	18
två	2	nitto	19
tre	3	fjugo	20
fyra	4	tjugoett	21
fem	5	trettio	30
sex	6	fyrtio	40
sju	7	femtio	50
åtta	8	sextio	60
nio	9	sjuttio	70
tio	10	åttio	80
elva	11	nittio	90
tolv	12	etthundra	100
tretton	13	etthundrasju	107
fjorton	14	ett tusen	1000
femton	15	ett tusen-tvåhundra	1200
sexton	16		

Das Datum wird in Schweden in umgekehrter Reihenfolge geschrieben. Also in Schweden am o3/12/25 Weichnachten.

Bei der handgeschriebenen 1 wird der Querstrich weggelassen. Man macht nur einen senkrechten Strich. Da bin ich schon mal bei ‚ner Telefonnummer verzweifelt.

WOCHENTAGE,

Dagar	Tage	Torsdag	Donnerstag
Vecka	Woche	Fredag	Freitag
Måndag	Montag	Lördag	Samstag
Tisdag	Dienstag	Söndag	Sonntag
Onsdag	Mittwoch		

MONATE...

		Maj	Mai
		Juni	Juni
		Juli	Juli
Januari	Januar	Augusti	August
Februari	Februar	September	September
Mars	März	Oktober	Oktober
April	April	November	November
		December	Dezember

ZEITEN

Jahreszeiten	(=Årstiderna)
Våren	Der Frühling
Sommaren	Der Sommer
Hösten	Der Herbst
Vintern	Der Winter

Verkehr: WEG & RICHTUNG

Var ligger . . . gatan?	Wo ist die . . . Straße?
Var star tåget till . . .	Wo steht der Zug nach . . . ?
Var skall jag byta?	Wo muß ich umsteigen?
Hur långt är det till . . . ?	Wie weit ist es nach/bis/zum?
Hur kommer jag (fortast) till . . . ?	Wie komme ich (am schnellsten) nach (zum, zur) . . . ?
Kan ni visa mig på kartan var jag är?	Können Sie mir auf der Karte zeigen, wo ich bin?
Ej för	Nicht für
Vägarbete	Arbeiten
Avspärrad väg	Gesperrter Weg
Enkelriktat	Einbahnstraße
Parkering förbjuden	Parken verboten
Bromsar	Bremsen
Hjul	Rad
Däck	Reifen
Full tank	Voller Tank
Strålkastare	Scheinwerfer
Baklykta	Rücklicht
Reservdel	Ersatzteil
Kuggväsel	Getriebe
Ljus	Kerze
Stötdämpare	Stoßdämpfer
Tändning	Zündung
Koppling	Kupplung
Växling	Gangschaltung
Vår bil har gått sönder	Unser Auto ist nicht in Ordnung
Var finns det en bilreperatör?	Wo gibt es einen Automechaniker?
En punkterin på framhjulet (bakhjulet)	Eine Panne am Vorderrad (Hinterrad)
Vad kostar reparationen?	Was kostet die Reparatur?

Auf Verkehrsschildern

Arbetare på vägen	Baustelle
Dålig väg	schlechte Wegstrecke
Ej genomfart	keine Durchfahrt
Förbjuden genomfart	Durchfahrt verboten
Lämna företräde	Vorfahrt achten
Återvändsgränd	Sackgasse
Kör sakte	langsamer fahren
Trafikomläggning	Umleitung
Tjälskador	Frostschäden
Vägkorsning	Kreuzung
Lekandebarn	spielende Kinder

Geldwechsel

Pengar	Geld
Växling av pengar	Geldwechsel
Var ligger närmaste bankkontor?	Wo liegt die nächste Bank?
Jag skulle vilja in den här resecheken	Ich möchte diesen Reisescheck wechseln
Vad är kursen?	Wie ist der Kurs?
Småpengar	Kleingeld

POST    TELEFON

Frimärke	Briefmarken
Jag skulle vilja ha frimärken	Kann ich Briefmarken haben?
Jag vill sända brevet per flyg	Ich möchte den Brief mit Flugpost schicken
Poste restante	Postlagernd
Finns det några brev till mig?	Gibt es Briefe für mich?
Var är brevlådan?	Wo ist der Briefkasten?
Var ligger närmaste postkontor?	Wo ist das nächste Postamt?
Vad kostar detta brev (brevkort) till Tyskland?	Was kostet dieser Brief (Postkarte) nach Deutschland?
Finns det en telefonkatalog?	Haben Sie ein Fernsprechverzeichnis?
Vad kostar samtalet?	Was kostet das Gespräch?
Jag skulle vilja beställa ett samtal till Tyskland	Ich möchte ein Gespräch nach Deutschland bestellen.
Jag skulle vilja lämna in det här telegrammet	Ich möchte ein Telegramm aufgeben

ARZTBESUCH

Jag känner mig dålig	Ich fühle mich schlecht
Var snäll och kalla hit läkare (ambulans)!	Rufen Sie bitte einen Arzt (Krankenwagen)!
Var bor (ligger) närmaste läkare (apotek)?	Wo wohnt (liegt) der nächste Arzt (die nächste Apotheke)?
Jag har ont här	Ich habe hier Schmerzen
Jag har huvudvärk (tandvärk, färklyning)	Ich habe Kopfschmerzen (Zahn schmerzen, eine Erkältung)

Im Hotel

Hotellet	Hotel
Finns det något (inte för dyrt) rum ledigt?	Haben Sie ein freies (nicht zu teures) Zimmer?
Jag skulle vilja ha ett rum med bad	Ich möchte gern ein Zimmer mit Bad
Kan vi få se rummen?	Können wir die Zimmer sehen?
Har ni ett rum (enkelrum, dubbelrum)?	Haben Sie ein Zimmer (Einzelzimmer, Doppelzimmer)?
Vad kostar rummet med enbart frukost	Was kostet das Zimmer nur mit Frühstück
Har ni ett garage till min bil?	Haben Sie eine Garage für mein Auto?

Im Restaurant

restaurang	Restaurant
dagensrätt	Tagesgericht
för- /efterrätt	Vor- (Nach) Speise
Middag	Abendessen
smörgås	belegte Brote
smörgåsbord	kaltes Buffet
varmrätt	warme Gerichte
Kan jag få se på matsedeln?	Kann ich bitte die Speisekarte haben?
Är den här platsen upptagen?	Ist dieser Platz (Tisch) besetzt?
Vaktmästarn, kan jag få betale	Ober, ich möchte bezahlen
Jag skulle vilja ha något att dricka	Ich möchte etwas trinken

Einige Sorten Fisch, Fleisch, Gemüse und Obst:

Forell	Forelle
Rödspätta	Scholle
Kräftor	Süsswasserkrebse
Krabba	Krabben
Kalv	Kalb
Pannbiff	Gehacktes
Grönsaker	Gemüse
Ärter	Erbsen
Hallon	Himbeeren
Plommon	Pflaumen
Laxforell	Regenbogenforelle
Gädda	Hecht
Lax	Lachs
Fläsk	Schweinefleisch
Köttbullar	Fleischklöße
Grönsallad	Grüner Salat
Svamp	Pilze
Sparris	Spargel
Äpplen	Apfel

EINKAUFEN

Bokhandlare	Buchhandlung
Konditori	Konditorei
Bageri	Bäckerei
Slakteributik	Fleischerei
Tobakshandel	Tabakgeschäft
Tidningskiosk	Zeitungsstand
Fotoaffär	Fotogeschäft
Varuhus	Warenhaus
ett kilo	1 Kilogramm
ett dussin	1 Dutzend
ett halvt dussin	1|2 Dutzend
Det är förr mycket	Das ist zuviel
Vad kostar den?	Was kostet dies?
Var är ... ?	Wo ist/sind...?
ris	Reis
bröd	Brot
makaronor	Nudeln
potatis	Kartoffeln
Matolja	Öl
ättika	Essig
salt/socker	Salz/Zucker
peppar	Pfeffer
tomater	Tomaten
lök	Zwiebeln
kött/korv	Fleisch/Wurst
mjöl	Mehl
ost/pålägg	Käse/Aufschnitt
yoghurt	Joghurt
mjölk	Milch
smör	Butter
solkräm	Sonnencreme
tvål	Seife
tandkräm/-borste	Zahncreme/-bürste
kondomer	Verhütungsmittel
rakblad	Rasierklingen
läkedryck	Limonade
vykort	Ansichtskarten

Was man zum Wandern und Kanufahren wissen sollte!

Begriffe, die häufig bei Wanderungen in Lappland benutzt werden, stehen in Klammern jeweils dahinter.

ås	Bergrücken
väg	Weg/Straße
vattenkvarn	Wassermühle
vatten	Wasser/Gewässer
vattendrag	Wasserlauf
vattenfall	Wasserfall
vik, viken, bukt (luokta)	Bucht
udde, näs	Landzunge
sjö (jaure, haure, träsk)	See
älf, älven (ätno, jokk)	Fluß
vadställe	Furt/Watstelle
ström	Strom
skär	Schäre
mynning	Mündung
källa	Quelle
kust	Küste
fors	Stromschnelle
bäck	Bach
brygga	Brücke, Anlegestelle
dal (vagge)	Tal
fjäll	Gebirge, baumlose Hochebene
glaciär, jäkel (jekna)	Gletscher
topp (kaise)	Gipfel, Höhe, steiler Gipfel
bergvägg (pakte)	Bergwand
kling	steile Felsküste, Hügel, Gipfel
skog	Wald
skyddsomrade	Schutzgebiet (auch militärisches Sperrgebiet)
stuga	Hütte
tältplats	Zeltplatz
lagerplats	Lagerplatz
vindskydd	Windschutz
roddled	Übersetzstelle mit Ruderboot
Allemannsrätten	Jedermannsrecht

NOTIZEN

NOTIZEN

NOTIZEN

NOTIZEN

INDEX

A
Abisko 493
Abisko Nat. Park 493
Åbo 373
Åby 227
Ädelfors 232, 83
Åhus 165
Akka 516, 515
Akkajaure 507, 515
Aktse 507, 508, 518
Älmhult 229
Alnön 469
Alsterdal 300
Älvdalen 356
Åmål 283
Ammarnäs 510
Amungensjön 344
Ångermanälven 471
Angermanland 99
Ängsö Nat.-Park 414
Anjansjön 448
Arboga 332
Åre 445
Årjäng 303
Arjeplog 456
Arlanda 373, 36
Arvidsjaur 454
Arvika 301
Askersund 332
Åsnensjön 228
Åstol 149
Astrid-Lindgren-Land 238
Åsundensjön 256
Ätran 130, 81

B
Baldersnäs 285
Balungensjön 344
Bauerleden 244
Bengtsfors 284
Berglagsleden 331
Bergslags-Kanal 324
Berlin 26
Billingen 267
Billingeleden 267
Billingsfors 284
Birka 403
Björkliden 494
Björkö 403
Blå Jungfrun Nat.-Park 183
Blå Vägen 452
Blåhammaren 448
Blaue Küste 194
Blekinge 171, 98
Blekingeleden 180
Blomskog 83, 305
Böda 191
Bohus Län 96, 148
Bollnäs 466
Bolmensjön 217
Borås 268
Borås 266
Borensberg 252, 253
Borgholm 188
Bornholm 159
Braås 224
Branäs 318, 320
Brattfors Hede 323
Bredäng 380
Bredåsjön 363
Brückenverbindungen 14, 15
Bruksleden 425
Brunskog 303
Bunnerfjäll 447
Burgsvik 210
Byxelkrok 191

D
Dalälvtal 466
Dalarna 336, 98
Dalby Söderskog 118
Dalhalla 342
Dals Långed 284
Dalsland 280, 98
Dalsland-Kanal 288
Degeberga 166
Djurgården 399, 370
Dreiländereck 496
Drevdagen 362
Drottningholm 401
Dumme Mosse 244

E
Echstedtska Gården 296
Ed 286
Eketorp 193
Ekshärad 318
Eksjö 235
Emån 232
Enafors 447
Engsö Schloss 425
Enköping 426
Eriksberg 173
Eskilstuna 332
Esrange 490
Evedal 222

F
Falkenberg 129
Falun 336
Färjestaden 192
Fårö 211
Filipstad 320
Finnkogsleden 309
Finnland 436
Finnleden 310
Finnvägen 310
Fjällbacka 154
Flaten 381
Forsakar 166
Foxen 307, 308
Frederikshavn 22, 24, 138
Frösö 442, 440, 441
Frykensjön 315
Frykental 294, 310
Fryksås 353
Fulufjäll 359
Fulunäs 364

G
Gäddede 444
Gäddevik 133
Gällivare 482
Gamla Stan 390, 368
Gasstationen 58, 59
Gästrikeleden 467
Gästrikland 463, 99,

Gävle 463
Gedser 18
Geijersgården 316
Gesundaberget 345, 352
Gettjärnsklätten 313
Ginstleden 128
Glaskogen 308
Glasreich 225
Glava Bruk 309
Glimmingehus 163
Göta-Kanal 252, 253, 257
Göteborg 134
Gotland 202
Gotska Sandön Nat. Park 208
Gränna 245
Grenå 22
Gripsholm 411
Grisslehamn 415
Grönklitt 354
Grofle-Belt-Brücke 21
Grövelsjön 361
Gunnarskog 297
Gustafsvik 327, 330
Gustavsberg 405

H
Hagfors 317
Halland 96, 124
Hallandsleden 128
Halle- und Hunneberg 275
Hällekis 278
Halmstad 125
Hälsingeleden 467
Hälsingland 99, 463
Hamburg 27
Handöl 446
Härän 220
Härjångsfjäll 447
Härjedalen 99

Hårkan 443
Härkeberga 427
Harnösand 469
Håverud 282
Håvilsrud 307
Hävlinge 362
Helagsfjäll 448
Helgasjön 226
Helgeån 228
Helsingborg 13, 119
Helsingör 13, 121
Helvetesfallet 354
Hemavan 512
Hinden 276
Hirtshals 23, 24
Hjälmaren 409
Hjo 259
Höganäs 123
Högby 191
Högklint 209
Höglandsleden 233, 235
Högsäter 307
Högsby 282
Hökensås 258
Hönö 145
Hornborgasjön 278
Hornkullen 323
Hovfjället 314

I
Idre 360
Immelnsjön 168
Indalsälv 471
Inlandsbahn 39
Ivö 167

J
Jacobshöjden 362
Jäkkvik 510
Jämtland 439, 99
Jamtli 442
Järbo 289
Järleån 330
Järpen 448
Jokkmokk 457
Jönköping 241
Järvsö 466
Jukkasjärvi 491
Jungfrauküste 466
Junosuando 520

K
Kaitum 506
Kaitumälv 521
Kalixälv 521
Kalmar 180
Kappelskär 413
Karesuando 496, 83
Karlsborg 260
Karlshamn 171
Karlskrona 176
Karlsö 207, 208
Karlstad 297
Karmen Kynna 315
Kåseberga 162
Katthammarsvik 211
Katthult 239
Kebnats 462
Kebnekaise 504, 505
Kebnekaise Fjällstation 504
Kiel 19, 20, 138
Kilsberg Rundan 330
Kinda-Kanal 257
Kinnekulle 277
Kiruna 485
Kisuris 516
Kivik 163
Klarälv 294, 315
Klarälvtal 315
KlässbolsDamastweberei 302
Kleva Gruva 232
Klimpfjäll 451
Klintehamn 209
Knisa Mosse 190
Kölaälv 307
Kolmården 258
Köpmannebro 287, 288
Kopparleden 337
Korrö 229
Kosta 225
Koster-Inseln 158
Kramfors 469
Kristianopel 179
Kristiansand 24
Kristianstad 163
Kristinehamn 325
Kroppefjäll 289
Kullaberg 122
Kultsjön 451
Kungälv 146
Kungsbacka 132

Kungshamn 153
Kungsholmen 368
Kungsleden 497, 362, 457, 461
Kuopervagge 518
Kupferstrasse 356
Kvarntorp 313
Kvikkjokk 461, 509, 510, 513
Kyrkhult 170

L
Läckö 296
Låddepakte 518
Lagan 220
Laholm 124
Lainioälv 521
Laisälv 523
Laitaure 509
Landskrona 118
Långban 322, 323
Lannavaara 496
Lappland 479, 99, 438, 463
Lappstaden 455
Laxsjön 286, 284
Leksand 346
Lelången 287, 307
Lennartsfors 308
Lenungshammar 309
Lesjöfors 321
Lessebo 225
Lickershamn 209
Lidköping 275
Likenäs 320
Lilla Karlsö 208, 207
Lindvallen 364
Linköping 253
Ljugaren 344
Ljugarn 211
Ljungby 214
Ljusnantal 466
Luleå 475
Lummelunda 208
Lund 116
Lungälven 323
Lurö 296
Lysekil 151

M
Mälaren 401

Malmberget 482
Malmö 109
Mårbacka 312
Marieberg 329
Mariefred 410
Mariehamn 413
Mariestad 278
Marstrand 148
Medelpad 99
Mellerud 280
Mickeltemplet 359
Möckeln 229, 226
Mora 348
Mörbylånga 193
Morokulien 303
Mörrum 81, 175
Motala 251
Munkfors 316

N
Naantali 413
Nammatj 518
Närke 98
Narvik 494
Nässjö 233
Näträan 471
Navardalen 357
Nikkaluokta 492, 503
Nils Holgersson Park 312
Nipfjället 360
Nissan 128
Nittälven 331
Nittsjö 343
Njunjes 513
Njupesskär 359
Nora 325
Norddalarna 356
Norra Kvill Nat.- Park 199, 239
Norrbotten 99
Norrmalm 368
Norrtlje 412
Nusnäs 350
Nyköpingsån 335
Nykroppa 322

O
Öckerö/Hönö 145
Ödeshög 249
Öland 186, 98
Olofström 170

Omberg 250
Örebro 326
Öresundbrücke 14, 15, 21
Örnsköldsvik 469
Orrefors 226
Orsa 352
Orsa Finnmark 354
Orust 150
Oskarshamn 194
Oslo 433
Österdalälven 358
Östergötland 98
Östermalm 368
Östersund 439
Ostgötaleden 257
Ostküste 159
Ostkustleden 196
Ostvärmland 320

P
Padjelanta Nat.-Park 513, 461,
Padjelantaleden 513
Pajala 520
Pårte 509
Persberg 323
Pieljekaise Nat.-Park 457
Pilgrimsleden 289
Piteälv 522, 455
Puttgarden 13, 14, 21

R
Rødby 13, 14, 15, 21
Rapaätno 517
Rapadalen 517
Rättvik 341
Rautasälven 494
Rickeby 428
Riksgränsen 495
Rinnensjön 307
Ristafallet 446
Risviken 308
Ritaberg 313
Ritsem 504, 506, 516
Röån 471
Rogensjön 363
Röjdafors 297
Romelåsen 118
Ronja´s Land 280, 283
Rønne 159
Ronneby 174

Rostock 15, 17, 18, 106
Rottnaälven 315
Rottneros 312
Ruotesvagge 518
Ryvang 362

S
Säffle 295
Säffle Kanal 43
Sagavägen 451
Sala 428
Sälen 363
Sälka 503
Salsfjäll 362
Saltoluokta 506, 508, 509
Saltsöbaden 405
Samen 480
Sandefjord 157
Sandhamn 405
Sarek Nat.-Park 517, 461
Sarekjåkka 520
Sårjås 514
Särna 359
Sarvesvagge 518
Sassnitz 18
Saxnäs 45
Schären vor Stockholm 404
Schonen 96, 105
Sevedeleden 240
Sigtuna 404, 415
Siljanseegebiet 340
Silverfallet 266
Simrishamn 162
Singi 498, 503, 504, 506
Sitojaure 508
Sjabtjakjaure 509
Skäckerfjällen 448
Skåne (Schonen) 105, 96
Skåneleden 117
Skanör-Falsterbo 109
Skansen 394
Skara 267
Skärholmen 387
Skarja 518
Skattungbyn 354
Skellefteå 474
Skeppsholmen 370, 394
Skierfe 508
Skokloster 404, 420
Skövde 264
Skulesskogen Nat.-Park 470
Slite 210
Slussen 392
Småland 214, 98
Smögen 153
Smygehamn 159
Smygehuk 108
Söderköping 200
Södermalm 368
Södermanland 98
Södertälje 403
Södra Råda 325
Sollerön 352
Sölvesborg 174
Sommarland 268
Sommensjön 248
Soppero 496, 521
Sörknatten 290
Sörmlandsleden 335
St. Anna 201
Staddajåkk 514
Städjan 360
Staloluokta 513, 514, 515
Stangån 239
Stekenjokkvägen 444,
Steneby 285
Stockholm 367
Stora Alvaret 194
Stora Glå 309
Stora Karlsö 207, 208
Stora Lee 287
Stora Sjöfallet Nat.-Park 516
Store Mosse Nat. Park 220
Storlien 448
Storuman 451
Stråkensjön 245
Strängnäs 403
Strömstad 156
Sulitjelma 514
Sundborn 339
Sundsvall 467
Sunne 311
Svaneholm 115
Svappavara 496
Svartälven 323
Svartån 330
Sveg 444
Svinesund 158
Svukuriset 362
Swinoujscie 159
Sylarnafjäll 447, 448
Sysslebäck 318

T
Taberg 244
Tåkern 250
Tällberg 345
Tännforsen 446
Tanumshede 155
Tärnaby 453, 512
Tarraluopal 513
Teusajaure 506
Tidö Schloss 424
Tingsgården 334
Tisselskog 282
Tiveden Nat.-Park 261
Tjäktja Pass 503
Tjolöholm 133
Tjörn 148
Tjustleden 199
Töcksfors 305, 310
Töfsingdalen Nat.-Park 363
Tofta 209
Torneälv 520
Torneträsk 498, 520
Torsby 313
Torshälla 334
Torsö 279
Tosseberg 313
Tranås 247
Trandstrandsfjäll 364
Travemünde 16, 106
Trelleborg 16, 106
Treriksröset 496
Tresticlan Nat.-Park 290
Triangeltrail 447
Trollegater 248
Trollforsarna 455
Trollhättan 271
Trollhätte-Kanal 42
Trondheim 434, 444
Turku 373
Tylösand 127

U
Uddevalla 150
Ullared 127

Umeå 471
Undersåker 457
Uppland 98
Upplandsleden 428
Uppsala 416

V

Väderö 123
Vadstena 250
Vaisaluokta 515, 516
Vakkotavare 504
Vålådalen 447
Vallebygden 270
Våmhus 353
Vänernsee 271, 294
Vänersborg 274
Våndsjön 363
Varberg 130
Värmland 98, 294
Värmlandsleden 310
Värmullåsen 317
Värnamo 218
Värtahamnen 373
Vasalauf 351
Västerås 421
Västerbotten 99
Västerdalälven 364
Västergötland 98, 264
Västervik 196
Västmanland 98
Västra Silen 287, 307
Vätternsee 241
Vaxholm 404
Växjö 220
Ven 118
Vetlanda 230
Vietas 462
Vilhelmina 449
Vimmerby 236
Vindelälv 522
Vingnäs 290
Virestad 229
Visby 202
Visingsö 246
Vitjåkk 455
Vittangi 520
Vogelfluglinie 13, 14, 18
Vreta Kloster 256
Vuonatjviken 510

W

Weberreich 264
Westvärmland 301

Y

Ystad 159

VERLAG MARTIN VELBINGER

FAX: o8152/ 794.111   Hauptstr. 4o   D-82229 Seefeld am Pilsensee   **TEL**: o8152/ 794.1o7

SÜDOST - EUROPA

Bd. o4	Griechenland/Gesamt	22,8o EUR
Bd. 3o	Griechenland/Kykladen	18,5o EUR
Bd. 32	Griechenland/Dodekanes	18,5o EUR
Bd. 31	Griechenland/Peloponnes	25,5o EUR
Bd. 35	Ungarn	21,5o EUR

SÜD - EUROPA

Bd. 11	Toscana/Elba	21,95 EUR
Bd. 15	Golf von Neapel/Campanien	18,95 EUR
Bd. 12	Süditalien	21,95 EUR
Bd. 14	Sardinien	2o,95 EUR
Bd. 23	Sizilien/Eol. Inseln	23,5o EUR
Bd. o6	Südfrankreich	22,8o EUR
Bd. 46	Côte d'Azur/Provence	22,8o EUR
Bd. 13	Korsika	24,8o EUR

WEST - EUROPA

Bd. 25	Bretagne/Normandie/Kanalinseln	24,8o EUR
Bd. 26	Französische Atlantikküste/Loire	24,8o EUR
Bd. 24	Irland	22,5o EUR
Bd. 17	Schottland	23,5o EUR
Bd. 27	Südengland	22,5o EUR
Bd. 57	Wales	21,5o EUR

NORD - EUROPA

Bd. 18	Schweden	24,8o EUR
Bd. 19	Norwegen/Süd-Mitte	24,8o EUR
Bd. 28	Norwegen/Nord	29,8o EUR
Bd. 29	Finnland	22,5o EUR
Bd. 5o	Dänemark	24,8o EUR

STÄDTEFÜHRER

Bd. o7	Paris	19,8o EUR
Bd. 1o	Wien	22,8o EUR

AMERIKA

Bd. 53	USA/Westküste Kalifornien	23,5o EUR
Bd. 54	USA/Oregon Washington	23,5o EUR
Bd. 58	USA/Südwesten	23,5o EUR
Bd. o3	Mexiko	24,8o EUR
Bd. 36	Chile/Antarktis	21,5o EUR

NAHER OSTEN/AFRIKA

Bd. 44	Togo	16,8o EUR
Bd. 51	Marokko	22,8o EUR

VERLAGS PROGRAMM

Reihe unkonventioneller Reiseführer im Verlag Martin Velbinger, Seefeld bei München. Mit vielen Tipps vollgepackt, - alles, was man zur Planung und für unterwegs braucht. Die Fülle hilfreicher Details und Infos zu - Hotels - Restaurants - Verbindungen - Sport - Stränden etc. besticht, der locker- lebendige Stil macht Freude zum Lesen und motiviert zum Selbstentdecken und Ausprobieren. - „Eine Reihe von ungemein hohem Gebrauchswert" -

> "Ein oder zwei Tipps können schon den Kaufpreis des Buches wieder einsparen!"

VERLAG MARTIN VELBINGER

Hauptstr. 4o, 82229 Seefeld bei München
Tel.: 08152/794 1o7, Fax: 08152/794 111, post@velbinger.com

WWW.VELBINGER.COM